多维视角下的学校发展

首都师范大学教育学院教育经济与管理研究所 编

教育科学出版社
·北京·

序　言

　　教育正处于一个变革的时代。从整个世界的范围来看，社会发展中的不确定性因素增加，人们的需求呈多样化趋势，学校组织的生存环境发生了深刻的变化。这一变化使得学校发展面临着严峻的挑战，如何应对这一挑战成为当前具有关键意义的课题。社会变革对学校教育提出了新的要求，工业时代流水线式、标准化的学校教育所培养出来的学生不再适应时代的需要。为了应对这一形势，国际教育变革的浪潮此起彼伏。一开始，变革主要集中在改善教学方法、课程设计、教学设备及资源投入等方面，但效果不甚理想。自 20 世纪 80 年代开始，随着组织和管理科学的进步及商业、工业管理发展的成功，人们开始相信，如果想要加强教育质量，就必须把焦点从教室层面转到组织层面，并改善学校的系统与管理，学校组织层面的变革进入教育工作者视野。

　　首都师范大学教育学院教育经济与管理研究所的《多维视角下的学校发展》一书从学校组织的教育决策和发展战略，学校组织和管理创新，学校制度安排与治理，学校领导力，校长与教师专业发展，学校教育生产和资源配置，学校文化、品牌与经营七大主题入手，对上述学校组织发展的重要问题进行了分析。本书的特色是汇集了学校组织发展各个主题的研究论文和报告，这些研究论文和报告运用了组织学、社会学、制度学、经济学和管理学等多学科的最新研究方法对学校发展问题展开了多学科、多层面的分析；同时，对学校组织决策、教师专业化、组织文化品牌和学校教育生产等主题的研究，也反映了学校发展领域的最新研究进展，具有前瞻性。

　　随着社会、政治及经济环境的转变，要求学校组织为迎合未来而要具备变革能力的需求也日渐增加，学校组织的发展面临着前所未有的挑战与机遇。理解现代学校组织变革与发展的特征，把握新时期学校组织变革的走向，成为当前学校教育研究不可回避的问题。而这一问题的研究与探讨，又首先需要我们对学校组织及其变革有一个全面的认识与了解。这里,人们既可从学校组织结构、组织决策及其面临的挑战来探讨,也可以从组织领导力和专业人员以及现代信息科技对其影响的角度来思考,还可以从深层的学校组织文化和组织经营的角度来思考。多维视角的分析有利于充分认识当代社会背景下学校组织变革面临的复杂任务环境及其变革的难度,进而寻求解决学校组织变革中存在的主要问题的多种途径和方法。从这个方面来讲,这本书是一个很好的探索和开始。

2011 年 5 月 6 日于北京

前　言

　　我们正处于经济社会转型时期。在从计划经济向市场经济过渡的进程中，身置其中的教育也遇到了很多的矛盾和问题。学校作为教育事业的基本单元，如何在社会变迁进程中更好地承担责任、发挥功能、实现价值，进而围绕着实现素质教育的目标，该如何进行学校组织结构创新、构建什么样的管理和评价制度、采用什么样的教学方法等，都需要重新定位和思考。学校发展研究成为我们面临的紧迫课题。

　　近几年，围绕学校发展这一主题，首都师范大学教育学院教育经济与管理研究所全体教师连续撰写、发表了一系列研究论文及报告，很多成果被学界同人广泛关注并多次引用，产生了较大的学术影响。为了系统梳理和总结我们的研究成果，反思研究过程和方法，同时，也向学术界同人汇报和交流学术研究经验，推动学校发展研究在中国的深入开展，我们从众多已经发表和准备发表的成果中筛选了部分论文，形成了《多维视角下的学校发展》这本书。

　　西方研究学校发展的文献极其丰富，呈现出蔚为壮观的多种视角与观点竞争的局面，且在很多方面已形成系统的理论，如教育组织决策、组织再造、校长领导力、教师专业化、学校文化等。西方学校发展的相关研究为我们提供了大量可以借鉴的资源。按照美国组织理论专家哈罗德·莱维特（Harold Leavitt）的基本观点，组织变革包括四个相互作用和相互依赖的主要部分：任务变革（组织的目标，例如，提供服务，生产产品等），人员变革（执行任务的人）、技术变革（工具、计算机等）以及结构变革（工作流程、制定决策的权力、沟通等）。如果将这些认识组织变革的维度应用到学校组织变革中去，我们大致可以将学校组织变革维度分为学校组织任务变革、学校组织人员变革、学校组织技术变革、学校组织结构变革、学校组织文化变革等方面。

　　《多维视角下的学校发展》一书集中从七大方面对上述学校组织发展的

重要问题进行了分析，它们是：教育决策和发展战略、学校组织和管理创新、学校制度安排与治理、校长领导力、教师专业发展、学校教育生产和资源配置、学校文化及品牌与经营。该书的目的在于大胆借鉴和吸收国外先进理论与研究方法，尤其是近年来西方学校发展研究的最新成果，并将其应用于我国学校发展研究中，在这个过程中结合我国学校发展的实际加以调整和创新，构建本土化的学校发展理论，以指导我国学校发展的实践，解决学校发展的问题。

教育经济与管理研究所
2011 年 3 月 10 日于北京

目　录

第一章 教育决策与发展战略

　　理解现代教育和学校发展与变革的特征，把握新时期教育和学校发展与变革的走向，成为当前教育研究不可回避的问题。本部分论文系统回顾了改革开放以来我们对教育认识的变化，对新形势下教育的定位、发展影响因素、治理机制和研究方法等重大问题进行了深入的理论探讨和前瞻性思考。着重研究了教育组织决策的思维范式问题，认为传统的机械思维范式有明显的缺陷，提出了新的适应思维范式；探索了教育决策的科学性本质和层次；通过研究教育组织决策系统的分解和协调、决策权的来源与分配，以及集权和分权选择和测度，理清了教育组织决策系统各要素之间的关系；设计了教育组织决策系统的三个模块、六个模型。

改革开放以来对教育认识的三大变化

孟繁华
The Three Changes of Education Cognition Since the
Reform and Opening of China
Meng Fanhua

改革开放30年以来，中国社会经济发生了一系列重大变迁，这些变迁对教育产生了重大影响。扫描这30年教育的变化，人们对教育的认识从模糊到清晰，从片面到完整，从单纯到系统，教育学科逐渐走向成熟，教育事业也实现了跨越式发展。

一、教育定位：从工具价值到教育公平

党的十一届三中全会端正了党的政治和思想路线，确定了党和国家工作重点从阶级斗争转移到经济建设上来。20世纪80年代开展的教育定位或教育本质问题的大讨论，实质上是从对教育作为阶级斗争工具的"左"的理解中解放出来，对传统的"教育是上层建筑"学说进行了反思，提出了"教育是生产力"等学说。

"教育是上层建筑"学说主要是把教育视为社会意识形态之一，进而强调教育的政治功能，并具体化为教育是阶级斗争的工具。而"教育是生产力"学说是针对"教育是上层建筑"学说而提出来的，其理论根据是马克思主义教育与生产劳动相结合的论述。它是与中国所提出的"教育必须与生产劳动相结合"的教育方针，和"培养有社会主义觉悟的有文化的劳动者"的培养目标相吻合的。

20世纪90年代以来，中国的教育正在面对全新的情况，中国开始建构社会主义市场经济，社会结构开始发生深刻的变化。一个逐步发育成熟的市场体系对教育造成了极大的挑战。人们对教育定位的认识逐渐跳出了"生产力—上层建筑"框架。

市场经济的建立使传统的计划经济共同体发生改组，分化出市场领域、政治领域和介于这二者之间的一个社会领域，即第三部门。不同社会领域的产出

是不同的，社会的调节和控制手段也是不同的。教育属于第三部门，学校及其他教育机构是介于政府和企业之间的非营利性社会组织；教育产品是非垄断性的公共物品，可以通过政府和非营利性机构两种资源配置机制来向社会提供。为此，市场应当有限介入，政府应当保持它的调节功能。

教育领域正逐步形成影响教育运行的三种力量，这就是学术力量、政治力量和市场力量，其中市场力量是一种新兴的、对教育构成巨大影响的力量。在义务教育阶段，应当更多地体现社会公平，使适龄少年儿童都接受一种条件基本相同的教育。所以教育的供给在更大程度上只能依赖于政府。而义务教育以外的其他各级各类教育，如职业教育、高等教育等，并不是社会成员普遍享有的，这里的教育公平主要体现为机会均等。机会均等保证受教育权利分配上的程序平等，并不保证结果的平等。

二、研究方法：从科学到人文

改革开放初期，教育学术界认识到，必须冲破政治上极"左"路线的桎梏，摆脱教条主义思维方式的束缚。从这时开始，学界的教育研究方法意识逐渐觉醒。

早在1979年，中国著名教育学者李秉德先生就在《教育研究》的创刊号上撰文指出："教育研究必须讲求科学的研究方法。"作为一种传统的教育研究方法，教育实验研究自改革开放以来就呈现出前所未有的繁荣景象。全国各地都掀起了教育实验热潮，人们逐渐认识到，没有教育实验，教育科学的发展将是十分困难的，甚至提出了"教育科学的生命在于教育实验"的口号。总的看来，这个时期的教育实验具有内容广泛、形式多样、层次高低不一、范围大小不同、分布面广、参与人员多、影响大等特点，为中国教育研究方法的科学化作出了应有的贡献。自那时开始，教育研究中开始系统使用教育统计方法、系统方法和数学方法等。

进入21世纪初，教育研究在向纵深发展过程中更趋于理性。教育研究视野国际化、教育研究观念现代化、教育研究体系科学化、教育研究价值取向应用化。当代教育研究方法发展的特点，可以这样概括：人们既尊重从自然科学借鉴过来的实证规范、实验规范，并试图使其更加适用于研究教育现象，同时，将人文主义研究规范从冷宫中解放出来，使它焕发出了新的活力。于是，在当代教育学研究中，吸收现代科学成就，整合教育研究方法论体系，成为寻求教育理论新的突破的人们所关注的又一个热点。面对教育研究的这些重要变化，以及随着人们对教育及教育研究本身的进一步认识，中国很多教育科研人员的教育科研方法论意识觉醒，呼吁建立一整套的具有中国特色的教育研究方法论体系。学界认为，长期以来，在包括教育研究在内的人文科学研究的方法论前提上，存在着严重的自然科学方法论倾向，即"唯科学主义倾向"。教育研究是教育研究主体的活动，教育研究主体的主体性贯穿于教育研究过程的始终。教育研究的过程和成果是教育研究主体性的物质外化和表现形式，体现着教育研究主体的人生观、价值观和教育观。由此确定，教育研究的主体性问题是教育研究的人文科学方法论的核心问题。在此背景下，中国的教育科研方法出现了嬗变。质的研究方法就是典型代表。质的研究者以整体性的观点进行研究，他们不把研究的场所、人群、团体缩减为变量来处理，而是将现场的所有人、事、物看做是一个整体，研究者往往需要花很多时间在现场，运用多种方法收集多重资料，以便从多个角度发现所有研究问题的脉络，以描绘一幅完整的图画。质的研究强调在自然情境中作自然式探究，在自然的情境中收集现场自然发生的事件的资料。质的研究注重情境脉络，从现场的关系结构中去发现事件发生的连续关系和意义。

与此同时，这一时期还涌现出很多新的教育研究方法，如行动研究方法、叙事学方法等。

三、动力机制：从竞争到合作

改革开放后，随着社会主义市场经济的逐步建立，我们不断引入竞争机制，竞争价值和竞争思维则一直主导着社会组织的变革，竞争已日益成为人们社会生活中的重要内容和手段。在教育领域引入"竞争机制"也成为日常话语和制订教育政策的选择方案。竞争在这一特定的历史时期发挥了重要作用，冲击、消解了以往的计划经济体制和平均主义，激发了教育活力，提高了教育效率。以竞争主导的教育持续了 20 多年的时间。

进入 21 世纪，人们发现，不断强化的竞争机制偏离了教育的目的。首先，竞争导致了基础教育发展不均衡的问题，违背了教育公平的核心价值。其次，竞争导致了过度强化个体差异，而不是面向全体师生。如在教师队伍建设上，往往试图通过竞争机制的简单办法调动教师的积极性，频繁运用个体奖励的办法。在学生管理方面也多是习惯于采用鼓励竞争的办法，如评选"三好生"制度，这与面向全体学生的理念相背离，也难以实现促进学生健康成长的目的。

从教育自身来看，过度竞争是教育公共管理异化的反映。过度竞争不仅是外部因素的反映，也是教育系统内部存在问题的产物。过度竞争的弊病不但源于教育本身的某些特性，也还掺杂了某些人为的因素。如重点学校和普通学校、重点班和普通班、优生和差生等的划分，甚至一些地方更是热衷于在西方也遭到摒弃的"末位淘汰制"。这使教育差别超出了既有的界限，给学生、教师和学校都造成了潜在的压力，从而大大加强了教育竞争的激烈程度。从本质上讲，教育是人的生存系统从微观的联合到宏观的进化所不可或缺的一种重要的共生机制，教育是社会发展的原动力。而在实践中，教育时常成为人们竞争的手段和工具，学校在应付各种各样的竞争中，在一定程度上忘记了教育的本质。

合作是人们为实现共同目的或各自利益而进行的相互协调的活动，也是为共享利益或各得其利而在行动上相互配合的互动过程。由于系统是诸多元素相互联系、相互作用而形成的相对独立于环境的整体，合作使教育获得一种共生机制和持续发展机制。合作的目的是"双赢"，就是将存在于传统竞争关系中的非赢即输、针锋相对的关系改变为更具合作性、共同为谋求更大的利益而努力的关系。合作采取的思维方式，是对排他性竞争意识的一种超越，是在互相补充的基础上，通过契约或隐合同对资源进行配置的过程。从当前教育现状看，一切基于过度竞争的教育公共治理方案，都应该重新梳理。

党的十七大提出了建设社会主义和谐社会的宏观目标，以此为标志，推动教育事业发展的动力机制正在发生着重大变化，走向合作成为必然的选择。

（该文发表于《首都师范大学学报（社会科学版）》，2009年第1期）

从竞争到合作：教育公共治理的运行机制

孟繁华

From Competition to Cooperation：Public

Education Governance Mechanism

Meng Fanhua

近几年来，教育公共治理已经成为我国教育界研究的一个热点问题。总体看，这些研究大都是以公平与效率、集权与分权为维度进行考察的。其实，研究教育公共治理还有一个重要维度，就是竞争与合作。以此为线索进行研究，与建设社会主义和谐社会的宏观背景相一致，也与对教育实践中诸多矛盾的解决相契合。

一、什么是教育公共治理

公共治理已经成为现代社会公共管理的重要理念和价值追求，教育也不例外。它的实质是建立在市场原则、公共利益和合法性认同基础上的合作。关于治理的定义有很多表述，概括起来不外两点：治理关注的是过程，而不是制度形式，所以它强调权威、权力的行使以及行使的方式。在管理过程中，政府原来意义上的绝对权威受到了挑战，出现了另外一些多元主体组织，这些组织都以合作的姿态卷入管理过程。

治理是在全球化、信息化、市场化、民主化等语境下出现的新型公共管理范式。它给公共管理带来了如下变化：从关注公共项目和政府机构转向关注政府治理的工具，从等级制向网络化转变，从公私对立到公私合作转变，从命令和控制向谈判和协商转变。

教育公共治理是区别于传统行政管理模式的一种新型公共管理模式。在这种模式中，政府与非政府组织、国家与公民社会、公共机构与私人机构相互合作，共享管理权利，并通过多种管理手段与方式达到共同分享责任与义务、增进和实现公共利益的目的。教育公共治理主要包括以下特征。首先是治理主体多元化。教育公共治理不仅仅由政府承担，而且也包括非政府组织、学校和家长等多种主体。政府不应是教育公共产品和公共服务的唯一提供者，而应从繁重的具体事务中解脱出来，致力于发展战略和统筹规划，提供有效的制度安排和政策设计，为公共治理的其他主体发挥作用创设良好的制度环境。其次是治理机制复合化。教育公共治理机制是由政府、社会和学校这三大治理机制构成的，三大治理机制形成合作互补关系。只有合作，这三大现代治理机制共同运行才能有效发挥作用，并弥补各自的缺陷。再次是治理手段多样化。除行政的手段以外，更多的是强调各个主体之间的自愿平等合作。最后是治理重视价值理性。治理的价值不仅要重视效率，更要强调公平正义，目的在于促进人的全面发展。显然，与以往的行政管理不同，以上三方面趋势均建立在合作基础上，合作机制是现代教育公共治理的必然选择。

二、是竞争机制还是合作机制

教育公共管理以竞争为导向，还是以合作为导向，反映了管理主体的核心价值。如果说从新中国成立到"文化大革命"结束，"斗争"成为主导人们行为的核心价值的话，那么改革开放后，随着社会主义市场经济的逐步建立，竞争价值和竞争思维则一直主导着社会组织的变革，竞争已日益成为人们社会生活中的重要内容和手段。在教育领域，引入"竞争机制"也成为日常话语和制订教育政策的选择方案。当然，竞争在特定的历史时期发挥了重要作用，激发了教育活力，提高了教育效率。但在当前形势下，其弊端越来越突出，甚至由于过度竞争造成了诸多问题。

过度强化竞争机制最大的弊端是使教育偏离了教育目的。首先，善于树典型、树标杆，而不是面向全体学校，导致了基础教育发展不均衡的问题，违背了教育公平的核心价值。基础教育不均衡问题表面看是师资、经费的供给差别造成的，其实从本质上看主要是过度强化竞争机制的结果。其次，过度强化个体差异，而不是面向全体师生。如在教师队伍建设上，往往试图通过竞争的简单办法调动教师的积极性，频繁运用个体奖励的办法。在学生管理方面也多是习惯于采用鼓励竞争的办法，如评选"三好生"制度，这与面向全体学生的理念相背离，也难以实现促进学生健康成长的目的。事实证明，竞争机制只能在一定条件下对部分人起作用，无法实现帕累托优势（相关解释见《中国教育报》2008 年 4 月 19 日第 3 版《学校组织再造》一文），无法达到整体优化。

从教育自身来看，过度竞争是教育公共管理异化的反映。过度竞争不仅是外部因素的反映，也是教育系统内部存在问题的产物。过度竞争的弊病不但源于教育本身的某些特性，还掺杂了某些人为的因素。如重点学校和普通学校、重点班和普通班、优生和差生等的划分，甚至一些地方还热衷于在西方已遭到摒弃的"末位淘汰制"。这使教育差别超出了既有的界限，给学生、教师和学校造成了潜在的压力，从而大大加强了教育竞争的激烈程度。从本质上说，教育是人的生存系统从微观的联合到宏观的进化所不可或缺的一种共生机制，教育是社会发展的原动力。而在实践中，教育时常成为人们竞争的手段和工具。学校在应付各种各样的竞争中，在一定程度上忘记了教育的本质。

无论是远古还是现代，人类的活动中总会面临资源稀缺的问题，而人类解决生存资源稀缺问题只能依靠合作，而不能依靠竞争。人类演进的历史表明，社会组织的形成与建立，其实质就是借助联合的力量，以合作的形式创造生存与发展的最大空间。正如美国学者尼尔·瑞克曼（Neil Ratkham）所指出的，真正的变革，指的是组织之间应以团结合作、合力创造价值的方法来产生变化。

合作是人们为实现共同目的或各自利益而进行的相互协调的活动，也是为共享利益或各得其利而在行动上相互配合的互动过程。由于系统是诸多元素相互联系、相互作用而形成的相对独立于环境的整体，合作使教育获得一种共生机制和持续发展机制。合作的目的是"双赢"，就是将存在于传统竞争关系中的非赢即输、针锋相对的关系改变为更具合作性、共同为谋求更大的利益而努力的关系。合作采取的思维方式，是对排他性竞争意识的一种超越，是在互相补充的基础上，通过契约或隐合同对资源进行配置的过程。从当前教育现状看，一切基于过度竞争的教育公共治理方案，都应该重新梳理。我们应该以合作理念为主线，构建基于合作的教育公共治理运行机制。

三、基于合作的教育公共治理框架

从基于竞争的公共行政转变到基于合作的教育公共治理，政府、社会和学校三者间的关系将会发生一系列变化。这种关系的复杂性，使怎样开展教育公共治理也众说纷纭。从现实看，我认为我国的教育公共治理应首先从以下几个方面入手。

（一）重新定位政府角色

长期以来，政府集学校的举办者、办学者和管理者为一身，这种多重合一的角色造成的直接后果是政教不分。在教育公共治理模式下，政府必须转变职能，变"政府控制模式"为"政府监督模式"，重组政府、社会和学校的权力关系，充当质量控制者的角色。政府应在平等合作的基础上，把办学权交给学校，使之成为一个独立的法人实体，以发挥其治理的积极性，强化它们的绩效责任和自我负责的态度。在管理上，政府应更多地依靠行政合同而不是行政手段、行政命令来管理学校。以统一的行政模式来管理众多学校，有悖于时代的要求，也会由于不同利益相关者的偏好，引发社会矛盾。只有这样，政府的作用才会变得更加行之有效。

（二）构建政府、社会和学校之间的合作伙伴关系

在教育公共治理模式下，政府、社会和学校的关系是一个"生命"系统，其目的在于创造共同价值，更好地促进教育发展。之所以构建这种关系，是为了避免政府失灵、市场失灵和学校失灵。首先，政府失灵往往表现为对教育的无效干预和过度干预，现实中过度干预现象更为明显。其次，市场失灵是指由于市场机制本身的缺陷而不能实现教育资源的有效配置。市场机制具有"唯利"和"垄断"的特征，其手段是竞争，往往会偏离公平的教育理念。最后，学校失灵表现为学校的盲目自信。由于学校制度或组织的缺陷，学校有时也不能靠自身实现有效的教育资源配置。学校承担怎样的社会责任，培养人才的素质目标以及"规格"，均需要政府和社会的参与。显然，政府、社会和学校都不能一相情愿，必须建立良好的合作伙伴关系，共同进行教育治理。

（三）建立教育公共治理的协商机制

现代教育公共治理已经远离了传统的科层体制，而代之以契约和协商。教育服务的专业特性、控制方式匹配性和服务目标三个方面决定了科层制不适应教育发展的需要。首先，教育作为专业性活动，必须给予教师相当的专业自主权，而这种专业自主权正是科层制所不能提供的。其次，教育活动及其结果有

许多方面是很难量化检测的，测量机制上存在不确定性。而科层制管理采取的是从上至下的控制方式，教育管理者难以与管理目标契合，导致科层制失效。最后，学校的办学目标是培养学生，提升学生素质，而科层制管理强调的是严格的程序，对来自服务对象的各种诉求缺乏回应能力。为此，在当前形势下，建立协商机制，使政府和学校的管理方向与教育过程和目标相契合，成为解决教育问题的关键。

建立协商机制可以从以下角度考虑：首先，政府与学校协商。对于那些政府倡导的举措，以及带有实验性质的各种教育改革与探索活动，学校可以根据自己的条件决定是否予以响应及响应的程度。其次，学校与家长协商。家长对学校提出提供教育服务的需求，学校必须充分了解家长的意见，回应其要求。最后，政府与社会协商。政府应该通过媒体公开教育主张和教育政策，也应该了解社会对教育的真实评价，并主动与社会代表协商，达成共识。

总之，我们应该在教育公共治理过程中通过合作，把所有的教育观念、教育政策和教育方案都集中到促进人的全面发展上来，纠正由于过度竞争造成的偏差，促进教育的发展。

（该文发表于《中国教育报》，2008 年 11 月 14 日）

教育管理决策功能模型

孟繁华

A Function Model for Education Management
Decision-making
Meng Fanhua

结构是面向系统内部而言，而功能则是面向系统外部而言的。教育管理决策功能即教育管理决策系统发挥的作用，要看能否在有限的教育管理决策资源条件下，借助合理的教育决策系统结构，使教育的社会效益和经济效益尽可能提高[①]。效率（Efficiency）是指系统的产出增量与投入增量之比，也可以理解

---

① 安文铸. 现代教育管理学引论［M］. 北京：北京师范大学出版社，1995：77，144.

成某项事件的边际效用。而效益（Effectiveness）表达了产出与投入（包括有形的和无形的、直接的和间接的）的直接关系。显然，效率和效益是既有关联又有很大区别的概念。一般来讲，效率低，效益就差；但效率高，效益不一定就高；反之，效益高，效率就肯定不能差。在社会经济发展到一定的水平之前，教育组织环境相对稳定，教育组织面临的基本问题是效率问题，只要组织能提高效率，就可以确保其生存和发展。时至今日，教育组织已经发生了巨大的变化。首先，组织外部环境已经从相对稳定转向日趋不稳定。现代科学技术的迅猛发展，市场需求的不断更新和日益细化分化，都标志着组织环境在日新月异地发展变化。效率已不再是左右组织生存和发展的唯一的重要因素了，组织的环境适应性在决定组织命运中居于举足轻重的地位。其次，从"标准化"向适应"市场"需求多样化、个性化的方向发展，将使教育组织面临的决策种类、风险和不确定性急剧增加，组织决策也更多地转向非程序化、非确定型决策。组织环境和决策模式的变化已使现有的集权制组织结构的适应性大为降低，这就必然使组织决策过程复杂化。适应不了社会需求的教育，其效率越高，伴随的灾难越大。因此，组织工作方向的选择显然比提高效率更重要。以下考察国内外教育管理决策功能演变过程，提出两个模型，以期能阐释当前教育管理决策的有关现实问题。

一、模型 I：行政/服务—机能模型

教育行政学的观点和理论问世已经有近百年了。20 世纪 60 年代以前，有关教育管理学说的称谓一直使用教育行政学[①]。在英文中，"管理"用词一直是 Administration，而非 Management。后来才产生了一般意义上的教育管理学，而教育行政学只是作为教育管理学的一个分支。这说明在历史上，应用行政的原理和方法进行教育管理决策的研究和实践长期占据主导地位。直到现在许多教育决策者仍然自觉不自觉地沿用着这一定式。

效率和效益不是一个新的管理决策理论问题，它是 20 世纪初伴随着科学管理的产生而被提出来的，是科学管理的重要内容和基本原则。研究一下管理思想史，会发现科学管理产生的主要动因是对管理效率现状不满，由此产生了新的管理决策效率的要求和愿望。科学管理的奠基人泰勒（F. W. Taylor）认为，很多工人做工时在"磨洋工"，在工作时间内远未尽其所能；管理人员没有科学管理的规划，仅凭经验行事，纪律涣散；工厂中劳资关系紧张，充满敌对情绪，相互不协作。归根结底，工厂管理效率低下，急需寻找一种每个工人

---

① 安文铸. 现代教育管理学引论 [M]. 北京：北京师范大学出版社，1995：77，144.

从事劳动的"最佳方式"和工厂管理工人的最有效率的方法。法约尔（H. Fayol）在对管理过程研究后认为，成功的管理人员如想保持较高的管理效率，必须在工作中遵循经过验证而行之有效的管理原则，他列出了实行分工和专业化、给管理人员权力等14项管理原则。现代管理科学更是为提高管理决策效率把最新的科研成果应用于管理活动，特别是统计学和计算机技术的应用，使管理活动最大限度地数学化和模型化，增强了管理活动的客观性、规律性、必然性，极大地提高了管理效率。

过去，美国一般把"行政"理解为对于工作的科学管理和讲求实效①。认为，"行政"主要是调整组织机构各个部门之间相互作用的因素，从而有效地达到提高本部门的工作质量。后来这个概念有所变化，但核心内容依旧。"现代行政学之父"，德国法学家、社会学家施泰因（L. V. Stein）始创的教育行政管理理论认为，教育是国民的公共事务，只能由代表国民一般权利的国家来干预，教育行政学就是研究国家通过行政和立法干预教育的管理和内容、依据和界限的科学，他的教育行政的法律适应性原则是最有影响的观点。韦伯（M. Weber）也在早期实际运用了教育行政的概念②，其基本观点是，提高行政效率，必须根据人类行为的理性标准开展活动。任何理想的和严格的教育行政包括：有层次的组织，功能的专门化，规定人员的能力与资格，有一定的档案记录以及行为准则五种元素。后来，博比特（F. Bobbitt）把这种理论运用到教育管理上来，提出为提高学校教育行政效率，应确定学生的理想标准，规定学校生产的方法，教师的必备资格，提供教师明确的工作准则。显然，以上这些教育管理理论贯穿着一个基本思想，就是通过规范管理决策行为，调动组织自然机能的发挥，追求效率。具体行为是必须在恰当的时间，以恰当的规则、恰当的强度、恰当的顺序完成恰当的事情。以上这些理论都是从组织内部出发看问题的，并且针对现实问题进行管理决策。

在现实的管理决策中，我们也经常听到看到"管理就是服务"、"领导就是服务"等表达，这些表达除了作为口号和宣传的意思外，还有更深层的意义：管理决策者应该通过即时服务，满足"客户"的现实需求。这里有两点需要强调：一是这种需求来自组织外部；二是决策者应该即时提供服务以满足这种需求。这样，"服务"在管理学意义上，就是通过外界对组织的需求，调动组织机能的发挥，追求效益。

行政决策强调规范和标准，但是，在社会经济飞速发展的今天，其规范和

① 刘文修. 关于教育行政学问题 [J]. 教育科学参考资料选编，1981（9）.
② 吴秀娟，张济正. 探析西方教育管理理论的产生和发展 [J]. 华东师范大学学报：自然科学版，1983（2）：54－60.

标准也会随着社会的发展而产生相应的变化，一旦规范和标准发生变化，行政
决策机能的发挥将会受到牵制，所追求的效率必将受到影响。同理，"客户"的需求也会随着社会的发展而发生相应的变化，一旦发生变化，即时的"服务"所产生的效益也会大打折扣。因此，行政决策产生的效率不能超越标准的稳定，它产生的只能是短期效率；即时"服务"所产生的效益也不能超越"客户"需求的稳定，它只能产生短期效益。如图1所示。

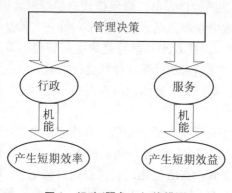

图1　行政/服务—机能模型

社会环境变化越来越快，一套规范的标准和"服务"方式的适用期在逐渐缩短。社会上一些经济组织效率和效益波动不定，导致其迅速发迹与迅速衰退，用这个模型就可得到解释。当然，由于教育功能具有迟滞性的特点，在短期内结果不易显现。但可以认定，如果标准和"服务"方式不根据形势进行适当的调整，问题积累到一定程度，必将产生破坏性后果。因此，我们必须认识到用这个模型的局限性，认识到这个模型只能给教育组织带来短期效率和短期效益。

二、模型Ⅱ：整合/创新—适应模型

任何系统都具有整合（Intergrate）性，这是因为系统中若干要素经自组织演化后，本身增加了新的功能。从一般意义上说，整合是使这些要素形成新的整体功能向着实现系统目标的方向进行有效运作。由于管理决策系统本身对要素进行整合的内在要求，整合后系统将显现出整体性的新功能。

信息技术的迅猛发展使社会各层面的活动量大大增加，知识流量大大加速。时间的压力要求作出更快反应，传统的追求规范化、标准化和等级制的管理决策思路严重地阻碍了这种反应和决策。随着信息网络、知识网络的发展，人们提出了"以全球知识为基础的组织"（Global Knowledge-based Organization），以适应知识经济的发展和全球化的新趋势。托夫勒在谈到创造财富的新经济体制——知识经济时，也强调，"相对标准化的结构让位于母体组织，特定的项目小组，收益中心，以及不断多样化的战略联盟，合资企业和国际财团——许多这类组织都是超越国界的"。他还强调，"经济不断增长的复杂性要求更高的整合和管理"，"管理如此复杂的公司要求新的领导形式和极端高度的系统

整合。而这又要求向组织输送越来越多的信息"。①

传统的管理决策方式和方法不断被更新。美国就呈现出五个新趋势：从短期效率和目标导向转向长期效率和目标导向；从专门职能转向跨职能的整合；从重视投资者利益转变为重视所有的利益相关者；从追求规模和范围经济到追求速度经济；从追求效率和稳定到追求创新和变革。② 随着这些发展趋势的变化，管理决策的新趋势也随之产生：管理决策中心人本化、管理决策组织扁平化、管理决策权力分散化、管理决策手段信息化。各种管理决策新法也应运而生，如重新设计流程、及时生产、灵活生产、横向管理、柔性制造、团队建设、集成管理等。美国著名管理学家爱迪思（I. Adizes）说过，必须让所有的休戚相关者（Stakeholder）都意识到，如果他们合作，他们自己的需求也将得到满足。必须创造出一种"大家都赢"的气氛，在这种气氛中，工资不是唯一的交换手段。当休戚相关者觉得满足顾客的需求时，他们的需求也得到满足，也就是说，他们相互需要满足彼此的需求，这样就得到整合。西方的这些管理理论、管理技术和管理方法都是人类智慧的结晶，我们应根据国情，进行有效的整合，为我所用。

整合意味着我们在进行决策时要具有相互依赖的意识，要有把组织与更大的体系连接起来的共同命运感。当自我利益与共同利益相一致时，在整合方面就取得成功，因此组织才有长期的发展前景。

与创新相对的概念是维持，维持是保证一个决策系统的各项活动顺利进行的基本手段。在科学技术日新月异的今天，知识增量越来越显示出在现代管理决策中的重要性，从而使管理决策的创新远胜于维持的意义。任何管理决策系统都是由众多要素构成的，是与外部不断发生物质、信息、能量交换的动态的、开放的系统，外部环境的不断变化必然会对系统的活动内容、活动形式和活动要素产生不同程度的影响；同时，管理决策系统内部的各种要素也是在不断发生变化的，而且，内部某个或某些要素在特定时期的变化会引起系统内其他要素的连锁反应，从而对系统原有的目标、活动要素间的相互关系等发生影响。在这种情况下，如果管理系统不及时根据内外变化进行适时的调整，那么就有可能被变化的环境所淘汰，或为改变了的内部要素所冲击。因此，管理的创新功能被凸显了出来。

创新就是要打破原有的秩序，因为其内部存在着或出现了某种不协调的现象。这些不协调对系统的发展提供了有利的机会或造成了某种不利的威胁。创新活动正是从认识、发现和利用旧秩序内部的这些不协调现象开始的。这个起

---

① 金吾伦. 第三次革命——管理革命［J］. 科技潮, 1998（4）: 60.

② 应焕红. 管理创新可兵分六路［J］. 企业改革与管理, 1999（3）: 14 – 15.

点变成现实的行动的第一步依然表现为思维的运动。因为当管理者敏锐地观察到了旧秩序中的不协调现象之后，还要透过现象找到原因，并据此分析和预测不协调现象的未来变化趋势，估计它们可能给组织带来的积极或消极后果，在此基础上，努力利用机会或将威胁转换为机会，寻找解决问题的方法，作出消除不协调和使系统在更高层次实现平衡的创新构想。

但是，在现实中，人们往往重视管理决策的维持功能，而忽视了其创新功能。有人误把"权变"等同于"创新"，而忽视了管理决策者基本的职责。这种倾向的发生不仅影响到决策者的政绩，而更重要的是其对事业发展的不利影响。从教育发展的角度看，应创造一种决策者人人讲创新、求创新，抓住"创新"灵感，把握时机，付诸实践的环境与机制，真正提高创新在决策实践中的地位和作用。

由上可以看出，管理决策的整合可以修正单纯通过"行政"进行决策的缺陷，不再以固定的标准来调动组织机能，可以使教育管理决策理论和方法更加适应现代社会快速发展的要求。因此，通过整合可以使教育组织产生长期的效率；同理，通过创新，可以克服单纯"服务"的缺陷，不再只是用满足"客户"的眼前需求来调动组织机能。这同样可以使得教育管理决策理论和方法更加适应现代社会的要求，从而产生长期的效益。如图2所示。

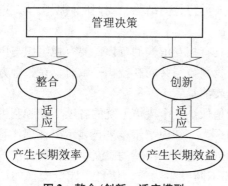

图2　整合/创新—适应模型

以整合取代行政，以创新取代"服务"，是使教育管理决策立于不败之地的大势所趋，因而也是教育组织功能得以产生长期效率和效益的根本保障。唯有如此，才能从根本上改变忽左忽右、忽上忽下、忽紧忽松的状况，教育发展才具有可持续性。

三、模型 I 和模型 II 的比较分析

上述两个模型分别适用于不同的时代和环境，我们在对其进行把握时应该注意到我们所面临的时代特征和环境特征。同时，需要说明，我们倡导"整合/创新—适应模型"，并不是完全抛弃"行政/服务—机能模型"。有时后者在一定条件下还是有效的。当然，随着时代的发展和社会环境的进一步发展变化，其有效性会越来越弱。以下从多个角度对这两个模型进行简要的比较

分析。

（一）决策主体思维方式

决策主体思维方式体现机械思维范式的要求是教育组织决策功能"行政/服务—机能模型"的特征，而"整合/创新—适应模型"体现了适应思维范式的要求。

机械思维范式规定决策主体高度集权，在制订总体目标的过程中表现为亲力亲为，很少听取组织内其他成员和外界环境的意见，目标的制订过程是"自上而下"的；在组织结构上遵循金字塔的等级制度，其信息传导路径也是"自上而下"的；功能取向上以短期效率和效益为根本目的，教育管理决策追求短期效率和效益，较少考虑其社会责任。模型Ⅰ正体现了这种思维方式。

教育组织决策目标的"整合/创新—适应模型"扬弃了机械思维范式，体现了适应思维范式的要求。适应思维范式要求决策者适度分权；在组织结构上"内部市场"打破机械思维范式的金字塔的等级制度，用网络系统取代等级制度；组织共同体是组织管理的新形式，不再把效益作为组织的目标，而是把组织看成是由组织和社会组成的有机系统。这就打破了"自上而下"的目标制订过程，形成了上下结合、内外结合的信息传导路径。使得我们不再把短期效率和效益作为组织决策的目标，而是把教育组织看成是由教育组织本身和社会环境组成的有机系统。教育管理决策不但要追求短期效率和效益，更要追求社会责任，从而形成可持续发展的演化态势。显然，模型Ⅱ体现了适应思维范式的要求。

（二）管理决策体制

模型Ⅰ所遵循的决策体制非常单一，决策者既是"运动员"，又是"裁判员"，决策者包揽了决策过程的几乎一切环节。这与计划经济体制的大环境有关，也是机械思维范式所决定的。

模型Ⅱ遵循了现代教育组织决策体制的基本要求，体现了适应思维范式的要求。现代教育组织决策体制是由教育信息系统、教育智囊系统、教育决策系统和教育监控系统等构成的教育决策体系。教育决策信息系统的建立是为了适应信息剧增的现实。现代教育决策要求在准确、及时和尽最大可能充分提供信息基础上筹划未来，教育决策的效能越来越取决于它的信息系统的完善程度。现代教育事业的因素错综复杂，信息数量急剧增加，给决策者带来了沉重负荷，决策者处理信息的能力是有限的，因而迫使决策者不得不依靠更多的人协助分担负荷。因此，在各级教育决策机构的外层建立起专门的信息机构是非常必要的。建立教育决策智囊系统可迅速充分利用信息系统所提供的大量数据资料，采取一定的方法和手段，对决策对象进行系统研究，分析决策对象的结构形态、结果和多种影响因素之间的有机联系，反复研讨取舍，最终提出完整的备选方案，提供给教育决策者选择。教育决策系统是整个教育决策的核心，是由决策者组成的决策群体。决策系统的主要任务是以信息系统提供的可靠信息为基础，充分运用决策者长期积累的经验和科学知识，对智囊系统提交的各种备选方案作出选择。而教育决策监控系统是对于决策实施过程中对其进行有效的监督和控制，使其朝着既定目标前进。监控系统应及时察觉出现的问题，提出相应的补救措施，同时也为以后积累经验。

（三）方法系统

模型 I 在决策方法上，遵循线性、一元性、逻辑性和确定性的规范计划方法。一般的具体方法是通过对已经发生事件的模拟，获得相应的参数，以此建立模型，回归得到未来的目标值。其模型的基本形式是 $X = f(t)$。

模型 II 在决策方法上从整体入手，采用程序性和非程序性相结合，逻辑性和非逻辑性相结合，非线性、多元和不确定性等思维方法进行思考；明确了制定发展战略的根本目的在于使教育产生可持续的连续发展，而不是线性增长；信息采集不但来自组织内部，而且广泛来自环境；指导控制上的手段不再只是运用权威，而是内部领导层的合力，形成一种新的平等关系；在生态意义上的演化是智能增长式的。以此建立的主体与客体、系统与环境相互适应的整合/创新—适应模型。

（四）管理决策动力结构

模型 I 所体现的决策动力结构是控制型的。这种动力结构不论决策对象是"经济人"，还是"社会人"，都是以自上而下的控制序列为前提，其差异仅表现为控制方式不同。其工作表现为服从、僵化、埋头苦干和各行其是。

模型 II 体现了决策动力结构是自主型的，它的具体运用必然促使教育组织决策结构分散化，因为既然要求"整合"、"创新"，组织中的决策者必然增加，这就必然要求管理组织的动力结构从控制型转化为自主型。自主型动力不以"自上而下"的控制序列为前提，其基本特征是实现分散化决策结构的要求，赋予教育组织各级决策中心以应有责任，让他们拥有充分的决策自主权，这是一种服务于组织决策结构分散化的动力结构。其工作表现为机动、参与、合作和创新。显然这有利于组织成员充分发挥各自的作用，调动广大参与者的积极性，从而形成组织共同体。

（该文发表于《教育研究》，2001 年第 3 期）

教育管理决策目标模型

孟繁华

On the Two Objective Patterns of the
Education Decision-making

Meng Fanhua

目标（Objective）规定着教育管理决策的指向，是教育管理决策所要达到的目的。一般来说，教育管理决策目标应与教育组织总体目标相一致，而这种一致性可作为一项具体的标准对实际决策的绩效进行衡量。目标可以是近期的，也可以是长期的；可以是局部的，也可以是全面的。无论什么类型的目标都存在一些共性的问题：教育管理决策目标应该以什么思维方式制定？选择怎样的制定目标的具体方法才能对教育管理决策系统的良好运作起到促进作用？以下就从目标角度提出两个模型，以此为依托对上述问题进行阐释。

一、教育管理决策目标的计划——规范模型

关于教育计划的概念，美国教育学家安德森（C. A. Anderson）认为："教育计划（Plan）是为未来教育的活动准备一套决定的程序。"特纳（Tuner）认为："教育计划是一种知识系统，这一知识系统包括了系统分析、作业研究及工艺学三个方面融合的活动，而计划的主要目的在于目标的达成。"[①] 而希恩（Sheehen）认为，教育计划"必须是针对整个教育系统的，它要联系教育系统各个方面，把教育政策协调起来。"[②] 综合之，教育计划包括了定义组织的目标；制定全局战略以实现这些目标；开发一个全面的分层计划体系以综合和协调各种活动。因此，从概念出发，这些对教育计划的阐释，或以国家教育政策为中心，或以教育行政效率为中心，或强调计划的过程和手段，或从计划的决策合理性来理解，反映了教育计划作为实现教育目标的过程，包含着对教育现状的分析、对未来发展的预测以及建立实施方案等程序和

---

① 金国辉. 教育计划管理 ［M］. 合肥：中国科技大学出版社，1992：15.
② 约翰·希恩. 教育经济学 ［M］. 郑伊雍，译. 北京：教育科学出版社，1981：87.

步骤。同时，教育计划也是量化了的教育目标，也就是需要我们回答教育计划做什么和怎么做。

关于做什么的问题各种观点比较一致，这里不再赘述。怎么做的问题，规范的教育计划方法告诉我们，要遵照计划—规范模型实施。计划—规范模型要求，在制定教育计划时，必须首先制定严格而明确的教育目标，教育计划的各项活动与教育目标一一对应、具有严格的因果关系，两者不能有任何的超越和延误。总体目标一般是由高层根据组织发展的可能性和另外一些因素，通过比较、综合和发展的方法制定的。例如，今年某项事业增长 6%，明年的增长率目标定为 6.5%。这个 6.5% 就是高层通过分析自身过去的情况和比较其他类似组织的情况作出的。这只是体现了高层的意志，下级则通过行政命令接受这个总体目标，不存在"讨价还价"。而高层决策者决定目标后，再把整体目标分解成若干子目标落实到中层，最后再对子目标进行分解，形成基层的目标。当我们制定了总体教育目标，并层层分解目标后，教育计划也要与相应部门的

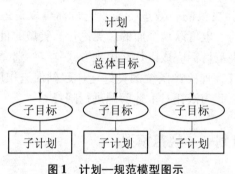

图1 计划—规范模型图示

目标直接严格对应。显然，这是一种单向的过程：由上级给下级规定目标，并通过教育计划实施。这种方法体现了目标的传统作用，即高层决策者施加控制的一种方式。它实际上假定高层最了解应当设立什么目标，因为只有他们掌握组织的全部信息，并纵观组织全貌。显然这是一种"自上而下"的决策目标作用过程。计划—规范模型如图1所示。

以计划—规范模型制定和实施教育目标，有一些难以克服的困难。其中一个重要的问题就是目标在自上而下的分解和解释过程中，最终会丧失目标的一致性。因为总体目标在化为具体目标过程中，必须经过组织层级的层层过滤。在每一层级上，相应的决策者，都要对总体目标进行分解，并不得不加上一些更加明确一点的描述，从而形成本层级的目标。这些分解以及所谓更加明确性的描述是本层级决策者自己的行为，同一层级的各个部门会按照对自己有利的方向进行解释。其结果是，总体目标在自上而下的分解和解释过程中，以及按照计划的具体实施过程中，理论上强加给各层级的子目标与各层级自己的解释并不一致，因而各子目标之和不等于总体目标。同时，由于没有整合目标的一致性，组织内部各个部门的关系也就得不到整合，在实施目标的过程中也许可以得到短期的效果，但是不具备可持续性。

以目标为导向进行管理决策即目标管理（Management by Objectives,

MBO），早在 40 年前，著名管理学家德鲁克（P. Drucker）就在他的《管理实践》一书中进行过描述。他试图解决决策（组织）整体目标转换为组织单位和每个成员目标的有效方式。MBO 通过一种专门设计的过程使目标具有可操作性，这种过程一级接一级地将目标分解到组织的各个单位。决策（组织）的整体目标被转换为每一级组织单位的具体目标，即从整体组织目标到经营单位目标，再到部门目标，最后到个人目标。因为较低层单位的管理者参与设定他们自己的目标，因此，MBO 的目标转化过程不绝对是"自上而下"的了，也有"自下而上"的成分。最终结果是一个目标的层级结构，在此结构中，某一层的目标与下一层的目标连接起来，而且对每一组织成员都提供了具体的绩效目标。因此，每个人对他所在单位成果的贡献都很明确。如果所有的人都实现了他们各自的目标，那么他们所在单位的目标也将达到，而整体决策（组织）目标也会实现。

MBO 比前述纯粹"自上而下"的单向计划—规范模型有所进步，但是正如斯蒂芬 P. 罗宾斯指出的，在管理者和雇员坐下来开始 MBO 过程之前，管理者的头脑里通常已经有了一套对雇员的目标，这些事先设想好了的标准，规定了管理者愿意接受的最低目标；如果高层与下级之间不能达成协议，MBO 的高层决策者趋向于利用他的权力把目标强加给下级；MBO 不过是一种工具，它使管理者看起来是用参与的方式设定目标，实际上还是在分派目标①。可见，从本质上来讲，MBO 没有脱离计划—规范模型范畴。

计划—规范模型是典型的机械思维范式的产物。英国经济学家希恩就曾指出："大多数国家确实都曾正式表示要搞教育计划，但同样确实的是这类计划并不总是很落实的。"应该说，大多数国家的教育计划没能取得令人满意的结果。观察我国教育管理决策的现实，决策大都就是按照计划—规范模型操作的。在某些情况下，如对于一些可量化的科学性程度较高的决策问题，这个模型还是有效的。但是，对于大量不可量化和科学性程度较低的决策问题，这个模型就不适用了。当前实际决策时存在的问题是，不管目标是什么类型都套用这个模型，这正是一些教育管理决策目标难以实现的症结之一。例如，20 世纪 80 年代以来，各地制定了一些教育规划和发展战略，方法就是建立数百个数理方程，联立求解。然而，"计划不如变化快"，这些规划没有符合后来的实际，其根本原因就在于自觉不自觉地沿用了"自上而下"的计划—规范模型。另以实施素质教育为例，高层决策者意识到了"应试教育"的缺陷，提出要实施素质教育，这是完全正确的。但是，下级分解这个目标时，出现了各自的理解，许多子目标与总体目标并不一致。出现了诸如"上午搞应试教育，

---

①　斯蒂芬 P. 罗宾斯. 管理学 ［M］. 孙健敏，译. 北京：中国人民大学出版社，1999：162.

下午搞素质教育"、"素质教育就是减少文化课,增加音体美"等荒谬的做法。直至今日,提出实施素质教育已经有6年了,但效果仍不明显,理应从决策目标制定过程和方法上进行反思。

值得肯定的是,2000年3月召开的全国七届人大三次会议政府工作报告中,没有涉及以往必然提及的经济发展年增长率。根据有关报道的解释,其原因与本文的观点相同。

二、教育管理决策目标的可能—满意模型

从宏观上看,教育决策目标要受到社会、经济和教育本身诸因素的影响,因此教育决策目标绝大多数是复杂的多目标决策问题。这诸多的影响因素大致上可分为两类:一类是需求因素,一类是供给因素。计划—规范模型只是考虑了供给因素,没有或只部分考虑需求因素。可能—满意模型正是从需求和供给两个因素入手,全面地制定和实施教育目标。有需求,就有一个决策主体与需求者的关系问题。需求因素正体现了教育决策目标能够达到最高的满意程度,它反映了合理性的效用标准,即教育目标对社会的用处或价值;供给因素则要求教育决策目标不超过其所能够支撑的最大可能性,这体现了决策合理性的可行性标准,就是决策要合信息条件性、合组织条件性、合物质条件性与合环境条件性,也就是决策合理性的"真"的标准;同时这两个元素的相互关联体现了创新标准。因此,确定教育决策目标,必须兼顾供给与需求两个方面的条件,使其达到目标的既可能又满意。以下就以这个思路探讨教育管理决策目标的可能—满意模型。

(一) 可能度、满意度和可能满意度的概念

我们可把可能、满意、合理这类定性表述,分别以可能度、满意度、可能满意度的概念予以定量描述,并规定可能度、满意度和可能满意度的并合运算规则与方法(规则与方法体现合理性的创新标准),可以使得通过定量计算大致确定某一决策目标的合理性成为可能。可能度是对某一事件 r 发生的可能性的定量描述,以 $p(r)$ 表示。如果某一事件 r 肯定会发生,那么其可能度为最高,$p(r) = 1$。如果某一事件肯定不会发生,那么其可能度为最小,$p(r) = 0$。这样,对介于肯定会发生和肯定不会发生之间的各种可能性的程度,就可以用 $p(r) = 0 \sim 1$ 之间的某个实数来表示。同样,满意度是对某一事件 s 发生的满意程度的定量描述,以 $q(s)$ 表示。当事件 s 的发生被认为是完全满意时 $q(s) = 1$,完全不满意时 $q(s) = 0$。介于完全满意和完全不满意之间的满意程度可以用 $q(s) = 0 \sim 1$ 之间的某个实数表示。如果一事件 a 的发生以既可能又满意为

合理，那么合理的程度可以用可能满意度予以定量描述，以 $w(a)$ 表示。当事件 a 的发生既完全可能，又完全满意时，被认为是完全合理的，其可能满意度 $w(a)=1$。如果事件 a 的发生是完全不可能的或者是完全不能满意的，则被认为是完全不合理的，其可能满意度 $w(a)=0$。介于完全合理和完全不合理之间的合理程度，可以用 $w(a)=0 \sim 1$ 之间的某个实数来表示。

当某一事件 r 的发展变化表现为 r 量值的改变时，其可能度 $p(r)$ 也有相应的改变。$p(r)$ 随 r 值改变的图像轨迹即为可能度曲线。以师资需求问题为例，r_A 表示某一级教育总量，师资配比恰当。在正常情况下这一级教育总量 $p \leqslant r_A$ 时，其师资支撑起这级教育完全可以做到，取 $p(\leqslant r_A)=1$。那么，教育总量增加后，同样规模的师资对其进行有效支撑的可能度是多少呢？一种途径就是设法找出这些师资肯定支撑不起来的教育总量 r_B，则 $p(\geqslant r_B)=0$。而 $r_A \sim r_B$ 之间的可能度用线性内插，呈三折形曲线，其关系式为：

$$p(r)=\begin{cases} 1 & \text{当 } r \leqslant r_B \text{ 时} \\ (r-r_B)/(r_A-r_B) & \text{当 } r_A < r < r_B \text{ 时} \\ 0 & \text{当 } r \geqslant r_B \text{ 时} \end{cases}$$

同理，可以定义满意度曲线 $q(s)$ 和可能满意度曲线 $w(a)$。

（二）可能满意度的并合规则

如果我们要对某一事件 a 进行决策，就要研究它的可能满意度曲线 $w(a)$。假如事件 a 与其他两个事件 r、s 满足关系式 $f(r,s,a)=0$，并且已知 r 的可能度曲线 $p(r)$、s 的满意度曲线 $q(s)$，就可以通过并合运算求得 a 的可能满意度曲线 $w(a)$。并合运算的关系式为：

$$w(a)=\begin{cases} \max(\min\{p(r),q(s)\}) & \text{弱并合} \\ \max(p(r) \times q(s)) & \text{强并合} \end{cases}$$

其中，$r \in R$，$s \in S$，$a \in A$。

如果从不同角度对事件 a 进行可能满意分析，将得到 a 的不同的可能满意度曲线 $w_1(a)$，$w_2(a)$，又可以将 $w_1(a)$ 和 $w_2(a)$ 按上述方法进一步并合，得到关于 a 的综合可能满意度曲线。此时，$r=s=a$，

$$w(a)=\begin{cases} \min\{w_1(a),w_2(a)\} & \text{弱并合} \\ w_1(a) \times w_2(a) & \text{强并合} \\ q_1 w_1(a)+q_2 w_2(a) & \text{加权并合} \end{cases}$$

这种并合可以根据决策问题的需要，以适当的并合方式进行多次，直至最后形成一个关于决策目标的总体的可能满意度曲线。

（三）简化的可能—满意模型

如果 $p(r)$、$q(s)$ 和 $f(r, s, a) = 0$ 等函数式成立，根据上述并合规则可得到相应的公式解。当约束条件 $r = as$，$r, s, a \in R_1$（实数集）时，可以得到 $p(r)$ 和 $q(s)$ 为三折形曲线时的弱并合解：

$$w(a) = \begin{cases} (-r_B + as_B)/[(r_A - r_B) - (s_A - s_B)] & \text{当 } 0 < \text{解} < 1 \text{ 时} \\ 1 & \text{当解} \leq 1 \text{ 时} \\ 0 & \text{当解} \leq 0 \text{ 时} \end{cases}$$

以教育发展规划为例，凡是涉及教育产出总量、人均值推求教育人口的决策问题，都符合约束条件 $r = as$。诸如从师资和师生比求下一年的招生数；从教育经费和生均经费求下一年招生数；从校舍面积和人均校舍面积求下一年招生数等，都属于 $r = as$ 类型。

用可能—满意模型制定和实施决策目标，表面上这是一个技术问题。实际上，它反映了确定决策目标新的思维方法，目标的作用不再是组织高层决策者施加控制的一种方式。由于目标有多元和不确定特征，严格意义上的解决方案很难制定，所以，目标的确定不再是"自上而下"的了，而是先在各层级分别应用可能—满意模型，最后在整体上用这个模型进行总体把握，使其达到组织内部决策的相互"适应"；在决策主客体关系上，也不再是主体对客体的单向的规定、计划，而是追求相互之间的和谐和适应。

三、两个模型的比较分析

（一）决策主体思维方式

决策主体思维方式体现机械思维范式的要求是教育管理决策目标"计划—规范模型"的特征，而"可能—满意模型"体现了适应思维范式的要求。机械思维范式规定决策主体高度集权，在制定总体目标的过程中表现为亲力亲为，很少听取组织内其他成员和外界环境的意见，目标的制定过程是"自上而下"的；在组织结构上遵循金字塔的等级制度，其信息传导路径也是"自上而下"的；目标取向上以短期效率和效益为根本目的，教育追求表面化、数量上培养人的短期效率和效益，较少考虑其社会责任。"计划—规范模型"正体现了这种思维方式。

教育管理决策目标的"可能—满意模型"中的可能性反映了制定的决策目标符合客观规律的程度，其程度用"可能度"进行测量。而决策组织的"满意"则意味着组织内部成员在目标问题上形成了一致性，或者说在制定目标的过程中组成了共同体，并且这种一致性或共同体可以通过"满意度"进行衡量；"满意"包含的内容既有高层决策者的满意，也有下层成员的满意。同时，也隐含包括环境的"满意"，这其中最重要的是客观要求的"满意"。这就打破了"自上而下"的目标制定过程，形成了上下结合、内外结合的信息传导路径；可能与满意的结合，使得我们不再把短期效率和效益作为管理决策的目标，而是把组织看成是由组织本身和社会环境组成的有机系统。教育组织不但要考虑短期效率和效益，而且也要考虑其社会责任，从而形成可持续发展的演化态势。

（二）决策体制

教育管理决策体制指教育决策的组织形式和组织结构，是教育决策者见之于客观行动的主观能力之支点。它直接制约着教育管理决策的得与失、成与败。"计划—规范模型"所遵循的决策体制非常单一，决策者既是"运动员"，又是"裁判员"，决策者包揽了决策过程的几乎一切环节。这与当时计划经济体制的大环境有关，也是机械思维范式所决定的。

现代教育管理决策体制是由教育信息系统、教育智囊系统、教育决策系统和教育监控系统等构成的教育决策体制。教育决策信息系统的建立是为了适应信息剧增的现实。现代教育决策要求在准确、及时和尽最大可能充分提供信息基础上筹划未来，教育决策的效能越来越取决于它的信息系统的完善程度。现代教育事业的因素错综复杂，信息数量急剧增加，带来了决策者的沉重负荷，决策者处理信息的能力是有限的，因而迫使决策者中不得不有更多的人协助分担负荷。因此，在各级教育决策机构的外层建立起专门的信息机构是非常必要的。建立教育决策智囊系统可迅速且充分利用信息系统所提供的大量数据资料，采取一定的方法和手段，对决策对象进行系统研究，分析决策对象的结构形态、结果和多种影响因素之间的有机联系，反复研讨取舍，最终提出完整的备选方案，提供给教育决策者选择。教育决策系统是整个教育决策体制的核心，是由决策者组成的决策群体。决策系统的主要任务是以信息系统提供的可靠信息为基础，充分运用决策者长期积累的经验和科学知识，对智囊系统提交的各种备选方案作出选择。而教育决策监控系统是对于决策实施过程中对其进行有效的监督和控制，使其朝着既定目标前进。应及时察觉出现的问题，提出相应的补救措施，同时也积累经验。可见，"可能—满意模型"顺应了现代教育体制的要求。

（三）方法系统

"计划—规范模型"在决策方法上，遵循线性、一元性、逻辑性和确定性的规范计划方法。一般的具体方法是通过对已经发生事件的模拟，获得相应的参数，以此建立模型，回归得到未来的目标值。其模型的基本形式是 $X = f(t)$，这体现了机械思维范式对决策方法的要求。

"可能—满意模型"在决策方法上从整体入手，采用程序性和非程序性相结合、逻辑性和非逻辑性相结合、非线性、多元和不确定性等思维方法进行思考；明确了制定发展战略的根本目的在于使教育产生可持续的连续发展，而不是线性增长；信息采集不但来自组织内部，而且广泛来自环境；指导控制上的手段不再只是运用权威，而是内部领导层的合力，形成一种新的平等关系；在生态意义上的演化是智能增长式的。以此建立的主体与客体、系统与环境相互适应的"可能—满意模型"。

四、决策动力结构

"计划—规范模型"所体现的决策动力结构是被动型的，或者说是控制型的。这种动力结构不论决策对象是"经济人"，还是"社会人"，都是以自上而下的控制序列为前提，其差异仅表现为控制方式的不同。其工作表现为服从、僵化、埋头苦干和各行其是。

教育管理决策"可能—满意模型"的具体运用必然会促使教育管理决策结构分散化，因为既然要求"满意"（不是个别人满意，而是组织满意），组织中的决策者必然增加，这就必然要求管理组织的动力结构从控制型转化为自主型。自主型动力不以"自上而下"的控制序列为前提，其基本特征是实现分散化决策结构的要求，赋予教育组织各级决策中心以应有责任，让他们拥有充分的决策自主权，这是一种服务于管理决策结构分散化的动力结构。这样通过既可能又满意的目标制定过程，使教育组织和社会组成一个有机系统，以利于组织成员充分发挥各自的作用，调动广大参与者的积极性，从而形成组织共同体。

[该文发表于《北京师范大学学报》（人文社会科学版），2001 年第 3 期]

教育管理决策环境模型

孟繁华

An Environment Model for Education
Management Decision-making

Meng Fanhua

　　美国著名管理学家西蒙（H. Simon）把决策行为的表现分别称为"踌躇—选择模式"和"刺激—反应模式"，这是对巴纳德（I. Barnard）关于逻辑过程和非逻辑过程划分的发展，是从认知角度研究决策行为的结果。从不同的视角和目的对决策问题进行研究，其研究结果往往可以相互印证、相互补充。环境包含了决策系统之外的所有内容，显而易见，这种环境经常处于变化之中，而且随着社会的发展越来越剧烈。环境的变化对决策系统会产生非常重要的影响。可以说，现在教育决策的问题在很大程度上已经成为教育决策系统的外部问题。因此，本文以环境为视角对决策问题进行研究，提出两个模型，以期能较好地阐释教育管理决策系统与环境的关系。

一、模型 I：教育管理决策环境的动力—均衡模型

　　决策系统的演化有其内部结构的原因，也有外部环境的原因。系统的内部结构原因是内力，而外部环境原因是外力，即动力。均衡（Equilibrium）就是寻求一种系统与外部环境的平衡。

　　当外部环境发生变化时，环境对决策系统就会产生一定的刺激，也就是环境动力会作用于决策系统。这时，决策系统会针对环境的情况作出相应的反应。这种反应可以是即时的，也可以是延迟的；可以是轻度的，也可以是强烈的；可以是单一的，也可以是广泛的。教育管理决策的动力—均衡模型所推崇的反应是均衡的，即决策系统对于外部环境的反应要掌握时间上的均衡、强度上的均衡和广度上的均衡。

　　关于时间上的均衡，美国学者林德布卢姆（C. E. Lindblom）在他的公共决策渐进理论中提出了决策的分支方法（Approaches by branch）。他认为，决策者应该根据过去的经验，对现行政策作小的修改。决策过程只是一个稳健的

连续过程，每次仅仅是缓慢的小变，但长期看来却可能积小变为大变。他解释说，决策者掌握的人力物力总是有限的，他们自然不能在一个既定的时间内考虑全部可选择的方案，也不可能理解其决策的全部后果或他们选择的方案所要产生的全部价值因素，因此只能采用渐进决策。回顾我国改革开放政策的轨迹，正是实行了时间上均衡的渐进决策，从而保证了目标的实现。[①] 这种在时间上均衡的掌握，对于教育决策同样有其适用性。

关于强度上的均衡，英国学者穆尔（Carol-lyrne Moore）认为，决策就像走钢丝，关键是平衡，即要掌握好"度"[②]，这正是决策的艺术所在。要掌握好"度"，就必须了解影响"度"的因素。一般来说，"度"的大小与信息的把握有关，而信息的准确性和全面性主要看外部环境变化的剧烈程度。当外部环境变化剧烈时，一般不容易获得充分的信息。如果外部环境信息的准确性与全面性很大，决策的把握也大，那么可调性（Alignability）就可以留得小些，大家可以达成共识，齐心协力共同达到最佳决策目标；反之，如果信息不足而感到决策的把握不很大，那么决策的可调性就应留得大一些，以便应付外部环境的变化。

关于广度上的均衡，同强度上的均衡类似，同样需要把握好"度"。如果来自外部环境信息的准确性与全面性很大，决策的把握也大，那么决策的广度（Extent）就可以大一些，可以组织辖区全面实施；反之，如果信息不足而感到决策的把握不很大，那么决策可以先在小范围内实施，先积累经验。若成功，就全面推开；否则，立即中止。

显然，教育管理决策的动力—均衡模型提供给我们解决决策问题的一种方法，这种方法的核心就是以环境的变化为切入点，把握环境与决策实施的均衡。其框图如图1所示。

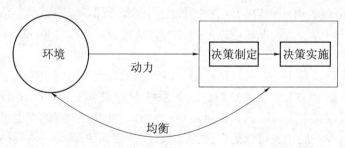

图1　教育管理决策的动力—均衡模型

---

① 斯蒂尔曼. 公共行政学：下［M］. 李方，潘世强，译. 北京：中国社会科学出版社，1989：99.

② 黄孟藩，王凤彬. 决策行为与决策心理［M］. 北京：机械工业出版社，1995：99.

动力—均衡模型考虑到了环境的影响，比把决策系统看做封闭系统有了很大进步，更加贴近实际。现实中大量的教育管理决策自觉不自觉地运用了这个模型。但从方法论上看，它只是针对环境变化形成的动力这个原因，以被动的均衡方法应对，产生决策结果。这个模型实际上假设，当系统成员试图对付变化或干扰时，只有一个基本目标，即试图重新确立平衡点，隐含地寻求稳定，认为稳定高于一切。

二、模型 Ⅱ：教育管理决策功能的动力—适应模型

教育管理决策系统在运行过程中，除了从一个均衡点达到另一个均衡点外，它很可能要寻求其他目标，也就是说，目标具有可变性。这样，系统不一定通过一个原来的平衡点摆动或移到一个新平衡点上对干扰作出反应。它完全可以力图通过系统与环境的交换来应对干扰，系统可以依此获得对干扰进行调节的适应能力。适应性不仅表明针对教育决策事件所作出的简单的调整，它实际上是由调节、修改或改变环境及系统本身的许多努力组成的。这可以处理任何对系统造成压力的影响。

为了便于对教育管理决策系统进行研究，可以认为这个系统通过一些互动（Interaction）为教育发展获得效用。我们可以把与环境中个人的行为相关的影响，或来自于环境中其他条件的影响看成是穿越教育决策系统边界的互动。当我们想要论及教育决策系统和环境之间关系的相互性、论管理决策系统之外的一切系统都是它的环境。它的环境可分为两个部分：教育内部和教育外部。前者是由教育系统中除了教育管理决策系统之外的其他系统组成的，按照上述关于互动的解释，这一系统不包括教育外部环境，它们是教育的功能部分。后者是由教育系统之外的所有系统组成的，它们是社会的功能部分。如下所示。

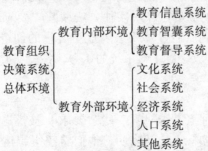

教育内部和教育外部这两个环境被看成教育管理决策系统的外部系统，它们一起构成了教育管理决策系统的总体环境。这个总体环境作用于这个系统，会产生各种干扰（影响），干扰一般会使系统造成压力，从而在产生动力之后，改变系统本身。当然，并不是所有的干扰都会对系统造成压力，有些干扰

对于系统的持续发展是有益的。

我们可以设计出一种用来处理环境对决策系统影响的方法，把各种影响浓缩成基本上可以处理的若干指标。这可以借助于"输入"和"输出"的概念达到目的。

（一）系统输入

输入用来描述教育决策系统中各种行为是怎样影响系统中发生的事情的。输入起着概括性变量的作用，这种变量集中反映与教育压力相关的所有环境事件。可以说，输入起着至关重要的工具作用。当然我们可以泛泛地进行上述设想，也就是说输入包括了系统外部环境的一切可能的方式，如改变、修改或影响系统的所有事件。虽然我们不可能罗列全系统输入的所有因素，但是，如果我们把注意力局限在某种输入上，把它们看做是穿越参数到决策系统之间边界的指标，根据它们对于压力的作用，得出最重要的影响，那么，我们就可以极大地简化分析环境影响的工作。这样也就无须再分别研究和描述各种不同环境事件的后果了。为了达到这一目的，可以把对重要的环境影响的考察集中到两种主要输入上，即要求和支持①。

1. 输入要求

我们把教育管理决策系统设想为一个开放系统，"要求"给我们提供一把理解总体环境怎样影响系统的钥匙，"要求"汇集由环境转达给系统的大量事件。"要求"作为一个变量关键在于它能使我们把系统所处环境中的事情与系统中的各个过程联系起来，同时，我们把"要求"选定为核心变量，就可以连续地关注教育中争论的要点，而不管"要求"之间的冲突是大还是小，是简单还是复杂。

处理进入系统的"要求"的能力与"要求"的总量及通道现有的容量有密切关系。一个系统的成员可以用某种方法缩减"要求"的总量或增加系统的容量，从而解决问题。通过"要求"通道容量的创造性调节，可以处理不稳定的"要求"，这样就缓解了对系统的压力，各种"要求"就恰当地输入到系统中了。

2. 输入支持

各种各样的输入进入系统时，一些"要求"被挑选进入系统。当系统成员提出"要求"时，实际上也就表明，他们希望组织运用手中掌握的力量和资源，使系统朝着他们的"要求"所包含的目标推进。但是，环境条件变化的干扰给系统调节会造成压力，如果没有系统成员的支持，系统在将"要求"

---

① 戴维·伊斯顿. 政治生活的系统分析 [M]. 王浦劬，译. 北京：华夏出版社，1999：41.

转变为输出时就会遇到困难。我们把由环境中各种干扰形成的输入确定为支持。这样，就可以把外界环境的变化归结为一个中心问题：这些改变了的外界环境对支持的变化产生了什么影响？支持成了把系统与其环境联结起来的一个重要概括性变量。

（二）系统输出

教育管理决策系统是一个开放的、具有自我调节能力的系统。输出并不代表一个内部过程的终点，而是代表系统与其环境之间的一种互动，它是鉴别系统与其环境所发生的积极联系的主要方法。

输出有助于把系统的反作用方式概念化，通过这种反作用方式，系统反作用于环境，从而通过适时调整随后的支持与"要求"的输入，间接地反作用于自身。输出是一条持续不断的活动链条的组成环节，而输入和输出组成一个反馈环，在这个反馈环中它们直接或间接地相互影响，并且共同影响系统的其他部分及其环境。

我们可以把这个系统看做是一种它与环境的相互关系具有目标趋同的效应，因此，系统成员应该适应其环境，把环境作为一种资源加以利用，而不是抵触环境的变化。系统应力图利用、影响和创造那些可能影响系统的条件，并对其作出建设性的调整。如果系统面临稳定的环境或有利的环境变化，那么系统处理问题就比较简单，可采用常规的办法。但是，很多情况下系统会面临环境中的不利条件，系统成员无法以其个人能力来处理这些不利因素，系统必须采取某些行动。当外界环境变化所产生的问题由相应变化的"要求"和支持反映出来时，我们对系统输出的考察有助于我们进一步理解系统处理干扰的方式。[1][2]

关于教育管理决策的动力—适应模型可用图2进行表述。

教育管理决策系统必须适应它周围环境条件的变化才能有生命力。随着社会的发展，教育管理决策系统应该逐步走向开放，通过输入与输出不断地与周围环境发生物质、能量和信息交流。教育管理决策系统应该根据外界环境的变化进行自行调节，进入一种适应状态。在这种状态下，系统与环境之间不是机械的均衡，不是僵化的稳定，而是一种动态平衡。这时，系统不再是被动的应对环境的变化，使其返回机械的均衡态，而是主动地适应环境变化，充分利用

---

① Lei D, Slocum J W, PITTS R A. Designing Organizations for Competitive Advantage: the Power of Unlearning and Learning [J]. Organizational Dynamics, 1999, 27 (3).

② Lewis M L. Decision-making Task Complexity: Model Development and Intial Testing [J]. Journal of Nursing, 1997, 36 (3).

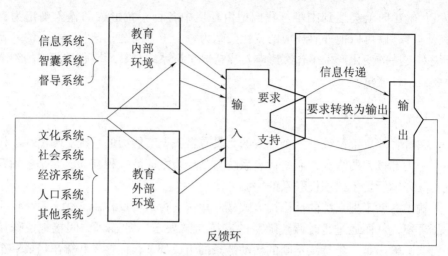

信息系统
智囊系统
督导系统

教育内部环境

文化系统
社会系统
经济系统
人口系统
其他系统

教育外部环境

输入

要求

支持

信息传递

要求转换为输出

输出

反馈环

图2　教育管理决策的动力—适应模型

环境变化的有利因素，或超前或滞后有意识地使系统的某个部分远离均衡态（制造问题），使系统与环境良性互动。

三、模型 I 和模型 II 的比较分析

观察当前我国教育管理决策现象，不难发现"动力—均衡模型"占据了主导地位。如不久前教育部针对当前中小学生课业负担过重的现象，作出了关于减轻中小学生过重课业负担的行政决策，这肯定会起到一定的作用。但是，如果仅仅片面追求决策的所谓"针对性"，追求机械的均衡，尽管可能一时有效，但最终必然会造成决策的可持续性不强、副作用过大、治标不治本的结果。大力倡导使用"动力—适应模型"，做到"辨证施治"，应该是医治某些教育管理决策问题的一剂良药。

同时应该认识到，上述两个模型分别适用于不同的时代和环境特征，我们在对其进行把握时应该注意到所面临的时代特征和环境特征。我们倡导"动力—适应模型"，并不是现在就要完全抛弃"动力—均衡模型"，后者在一定条件下还有一定效果。当然，随着时代的发展和社会环境的一步变化，其有效性会越来越弱。以下从多个角度对这两个模型进行简要的比较分析。

（一）决策主体思维方式

"动力—均衡模型"对应于机械思维范式的要求，而"动力—适应模型"体现了适应思维范式的特征。

机械思维范式要求决策主体高度集权，在制定总体目标的过程中表现为亲力亲为，很少听取组织内其他成员和外界环境的意见，目标的制定过程是"自上而下"的；在组织结构上遵循金字塔的等级制度，其信息传导路径也是"自上而下"的；功能取向上以短期效率和效益为根本目的，教育管理决策追求短期效率和效益，较少考虑其社会责任。模型Ⅰ正体现了这种思维方式。

适应思维范式要求决策者适度分权。在组织结构上，"内部市场"打破机械思维范式的金字塔的等级制度，用网络系统取而代之；组织共同体是组织管理的新形式，不再把效益作为组织的目标，而是把组织看成是由组织和社会组成的有机系统。这就打破了"自上而下"的目标制定过程，形成了上下结合、内外结合的信息传导路径。使得我们不再把短期效率和效益作为组织决策的目标，而是把教育组织看成是由教育组织本身和社会环境组成的有机系统。教育管理决策不但要追求短期效率和效益，更要追求社会责任，从而形成可持续发展的演化态势。显然，模型Ⅱ体现了适应思维范式的特征。

（二）管理决策体制

模型Ⅰ所遵循的决策体制非常单一，决策者既是"运动员"，又是"裁判员"，决策者包揽了决策过程的几乎一切环节。这与计划经济体制的大环境有关，也是对机械思维范式的遵从。

模型Ⅱ遵循了现代教育组织决策体制的基本要求，体现了适应思维范式的要求。现代教育组织决策体制是由教育信息系统、教育智囊系统、教育决策系统和教育监控系统等构成的教育决策体系。教育决策信息系统的建立是为了适应信息剧增的现实。现代教育决策要求在准确、及时和尽最大可能充分提供信息基础上筹划未来，教育决策的效能越来越取决于它的信息系统的完善程度。现代教育事业的因素错综复杂，信息数量急剧增加，给决策者带来了沉重负荷。决策者处理信息的能力是有限的，因而迫使决策者不得不用更多的人协助分担负荷。因此，在各级教育决策机构的外层建立起专门的信息机构是非常必要的。建立教育决策智囊系统可迅速充分利用信息系统所提供的大量数据资料，采取一定的方法和手段，对决策对象进行系统研究，分析决策对象的结构形态、结果和多种影响因素之间的有机联系，反复研讨取舍，最终提出完整的备选方案，提供给教育决策者选择。教育决策系统是整个教育决策体制的核心，是由决策者组成的决策群体。决策系统的主要任务是以信息系统提供的可靠信息为基础，充分运用决策者长期积累的经验和科学知识，对智囊系统提交的各种备选方案作出选择。而教育决策监控系统在决策实施过程中对其进行有效的监督和控制，使其朝着既定目标前进，并及时察觉出现的问题，提出相应的补救措施，同时也为以后积累经验。

（三）方法系统

模型 I 在决策方法上，遵循线性、一元性、逻辑性和确定性的规范计划方法。一般的具体方法是通过对已经发生事件的模拟，获得相应的参数，并以均衡作为基本条件，建立模型，回归得到未来的目标值。其模型的基本形式是 $X = f(t)$。

模型 II 在决策方法上从整体入手，采用程序性和非程序性相结合、逻辑性和非逻辑性相结合的非线性、多元和不确定性等思维方法进行思考；明确了制定发展战略的根本目的在于使教育得以可持续地连续发展，而不是线性增长；信息采集不但来自组织内部，而且广泛来自环境；指导控制上的手段不再只是运用权威，而是内部领导层的合力，形成一种新的平等关系；在生态意义上的演化是非线性的。以此建立主体与客体、系统与环境相互适应的动力—适应模型。

（四）管理决策动力结构

模型 I 所体现的决策动力结构是控制型的。这种动力结构不论决策对象是"经济人"，还是"社会人"，都是以自上而下的控制序列为前提，其差异仅表现为控制方式不同。从根本上讲，这是一种机械均衡，是头痛医头、脚痛医脚式的动力结构方式。

模型 II 体现的决策动力结构是自主型的。它的具体运用必然促使教育组织决策结构分散化，组织中的决策者必然增加。自主型动力不以"自上而下"的控制序列为前提，其基本特征是实现分散化决策结构的要求，赋予教育组织各级决策中心以应有的责任，让他们拥有充分的自主决策权，这是一种服务于组织决策结构分散化的动力结构。其工作表现为机动、参与、合作和创新。显然这有利于组织成员充分发挥各自的作用，调动广大参与者的积极性，从而形成组织共同体。

［该文发表于《首都师范大学学报（社会科学版）》，2002 年第 1 期］

论教育管理决策系统协调

孟繁华

The Coordination of Education Management
Decision-making System
Meng Fanhua

决策系统是由要素和各要素之间的关系组成的，这个系统应包括形成局部系统和明确它们之间的关系两部分。协调就是为了实现某些共同的决策目标，系统各部分之间的相互调整活动。协调与目标是相联系的，任何行为都可以解释为导向目标的行为，不同的行为或冲突的行为都是因目标的不同而引起的。正是由于这种不同的行为产生了决策系统各部分之间的相互关系，而协调就是要调整这些关系。

一、协调与控制

从控制论的观点看，决策系统就是一个控制系统。其对应关系如图 1 所示。

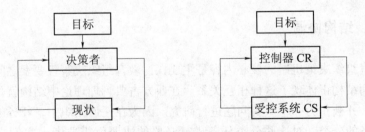

图1　决策系统与控制系统对比示意图

决策系统的协调就是对这些控制器的控制，即总控制。而对教学一级的活动的协调是对最低层次的直接协调，也就是对受控系统的直接控制。由此可见，协调实际上就是总控制。因为决策也可以看成是某些受控系统 CS 的控制器 CR，而决策系统的局部系统本身则包括控制器和受控系统。如图 2 所示。

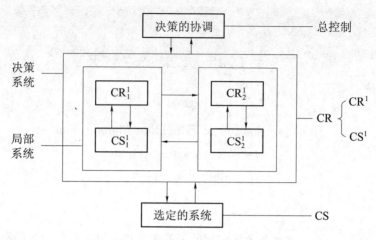

图 2　决策系统协调示意图

通过上面的分析可以看出，协调既是可以从整体上控制系统，也可以控制独立的局部系统。所以，既可以把协调看成是受控的局部系统的总控制器，也可以看成是独立受控系统的直接控制器。

协调分以下三种方式：（1）对系统整体目标和局部系统目标进行控制；（2）对局部系统之间的关系进行控制；（3）对系统例行活动和局部系统例行活动进行控制。上述第一种情况，是属于目标控制和目标管理的范畴，它对于决策系统的影响是很重要的，但在理论上毕竟不是"机制"本身的内容。上述第三种情况下，往往系统的目标和结构是确定不变的，这种协调方式可以不考虑控制变量，只是例行公事。以下我们所讨论的协调是指上述第二种方式。

二、结构协调

教育组织决策机制的核心内容是主要探讨教育组织决策各要素之间的相互关系，而结构正体现了这种相互关系。在西方古典管理理论中结构就是一个基础概念，并被作为一个重要问题进行研究。因为在任何组织中，任务的差异将导致任务的分类，对这些分类任务进行必要的协调就需要考虑它们之间的关系，也就需要研究结构。在现代西方管理理论的系统与权变学派中也把结构问题视为关键问题。但是，上述两种理论的研究方法不同。古典管理理论从任务开始，然后划分和协调这些任务，从而获得一个结构，而系统与权变理论则认为结构是由环境决定。因此，古典管理理论把结构看成是一个封闭系统，而系统与权变理论则把结构看成是一个开放系统。

一个系统可以包括许多不同的方面系统，这样就会有许多类型不同的关系结构。例如，教育系统中具体的命令系统、职责系统和信息交流系统就分别属于串联结构、并联结构和反馈结构。如图 3 所示。

图 3　串联结构、并联结构和反馈结构

一个运行良好的决策系统没有太多的协调要求。按此观点我们应该扩大各局部系统自主权。因为局部系统的自主权越大，相互依赖的情况就越少，协调的要求也会随之减少。

（一）层次结构协调

经典的层次结构是一种上下级的垂直排列关系，这与韦伯的科层组织结构相对应。如图 4 所示。

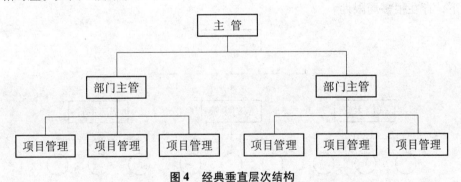

图 4　经典垂直层次结构

这种层次结构的特点是建立在"统一命令"原则基础上的，每个下级只有一个上级，最高层只有一个要素，即只有一个最高主管。

一个复杂的结构系统是由局部系统和它们之间的关系构成的，我们可以持续地将系统分解成若干局部系统，直到分解成一些基本层次为止。那么，这样形成的层次结构就不再是强调上下级之间统一的有序关系了。如图 5 所示。

与经典垂直层次结构不同，在横向层次系统里，人们对命令关系并不感兴趣，它不注重

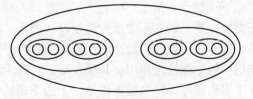

图 5　横向层次结构

不同层次的相互关系，而是强调某一层次的内外关系。可以说，这种层次结构的协调就是对局部系统之间的关系进行控制。外部由独立的控制部门进行控制，它是一种集中协调的方式。而内部控制则属于分散协调，不设置专门的控制部门，它通过相互交流和相互适应来实现。

（二）协调结构的类型

为了有效地作出决策，必须建构一个决策系统。这其中具体的协调结构是关键。目前国内外广泛应用的协调结构主要有直线结构、职能结构、直线—职能结构和矩阵结构。

1. 直线结构

这是最早、最简单的一种协调结构。它的特点是组织中各种职位是按垂直系统直线排列的，各级主管负责人对所属组织的一切问题负责，因此主管负责人必须是"万能博士"。如图6所示。这种结构的优点是，结构简单，权力集中，责任分明，联系简捷，命令统一。缺点是，它要求主管负责人通晓多种知识技能，亲自处理各种业务。当组织规模较大、业务复杂、技术要求高的情况下，存在很多局限性。

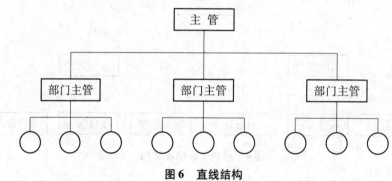

图6　直线结构

2. 职能结构

这种协调结构要求在组织内除主管负责人外，相应地设立一些职能机构用以分担组织职能管理的业务，这些职能机构有权在自己的业务范围内，向下级组织下达命令和指示。因此，下级负责人除了接受上级行政主管人的领导外，还必须接受上级各职能机构的领导和指示。如图7所示。这种协调结构的优点是，能够适应现代劳动技术比较复杂和管理分工比较细致的特点，能够发挥职能机构的专业管理作用；其缺点是，它排斥了必要的集中领导和统一指挥，形成了多头领导，对基层来讲是"上边千条线，下边一根针"，不利于明确划分各级行政负责人和职能机构的职责权限。

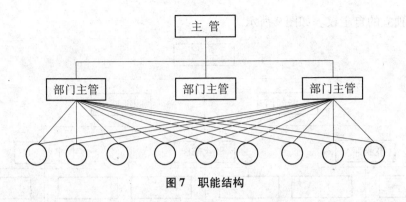

图 7 职能结构

3. 直线—职能结构

这种结构设置了两套系统，一套是按命令统一原则组织的指挥系统，另一套是按专业化原则组织的职能系统。这里的职能管理人员是直线指挥人员的参谋，只能对下级机构进行业务指导，而不能对它们进行直线指挥和命令。这一组织的主要精神，是为了保证每一个单位内部有统一的指挥和管理，避免多头指挥和无人负责现象。如图 8 所示。这种协调结构的优点是，便于调配人、财、物，有利于提高办事效率，职责清楚，使整个组织有较高的稳定性；缺点是，下级部门的主动性和积极性发挥受到限制，部门之间互通情报少，不能集思广益地作出决策。各职能参谋部门和直线指挥部门之间目标不一，容易产生矛盾，信息传递路线较长，使整个组织系统的适应性较差，对复杂情况不能及时作出反应。权力集中于最高层，是一种典型的"集权式"协调结构。

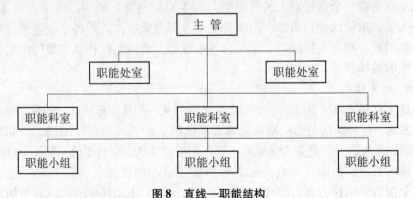

图 8 直线—职能结构

4. 分权事业部结构

分权事业部结构的原则是"集中政策、分散经营"。其含义实际上是在集中指导下进行分权管理。在这种制度中，组织按某种指标分别成立若干事业部。这些事业部必须具有三个基本要素：相对独立的市场、相对独立的利益和相对独立的自主权。如图 9 所示。

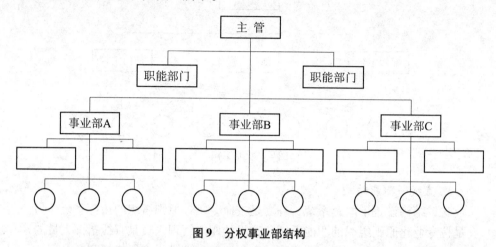

图9 分权事业部结构

国内外学者对分权事业部结构进行过分析和评价，认为其主要优点是：第一，便于组织专业化工作和实现组织内部协作，从而提高劳动效率；第二，可以使最高管理部门摆脱日常行政事务，成为坚强有力的决策机构，同时各事业部自成系统，独立工作，独立核算，可以发挥灵活性和主动性；第三，各事业部有比较、有竞争，由此促进组织共同发展；第四，这种结构是培养和训练管理人才的较好组织形式。组织把各事业部作为自治单位，把各个部尽可能划得小而简单，使各个部的负责人都能从整体的观点来组织这一部门的工作，从而受到全面考验，全面提高人的管理能力。主要缺点是：第一，由于人员重复，管理人员需求量加大；第二，由于各个事业部独立工作，使各个事业部之间人员互换困难，相互支援较差；第三，各事业部考虑问题往往从本部门出发，忽视组织的整体利益。

5. 矩阵结构

这是有利于解决直线职能结构存在矛盾的又一种结构形式。"矩阵"是一个数学术语，这种结构是由纵横两套管理系统组成的长方形组织结构，一套是纵向的职能系统，另一套是为完成某一任务而组成的横向项目系统。如图 10 所示。

横向系统的组织。一般由成立专门的项目小组或委员会，并设立总负责人，全面负责项目方案的综合工作。纵向系统的组织是各职能部门，参加某项目的有关人员在执行日常工作任务方面接受本部门的垂直领导，而在执行具体规划任务方面，接受项目负责人的领导。矩阵组织是个固定性机构，但每个专门项目小组都是暂时组织，在每一个项目工作过程中，不是把这个项目从一个部门转到另一个部门，而是不断更换专门项目小组的成员。

这种结构打破了传统的"一个职工只有一个领导"的原则，使一个职工

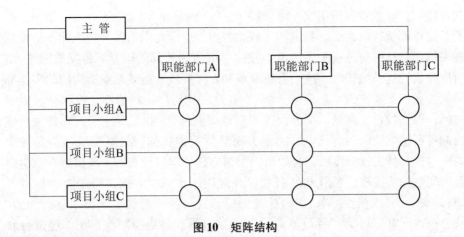

图 10　矩阵结构

属于两个甚至两个以上的部门。这种组织的优点是，加强了各职能部门的横向联系，具有较大的机动性和适应性；使上下左右的集权分权得到较好的结合；有利于发挥专业技术人员的作用，有利于攻克难度较大的问题，对环境的变化适应性较强。其缺点是，由于这种结构是实行纵横向双重领导，如处理不当，易造成工作中的扯皮现象或矛盾。所以，矩阵结构还需要一个继续发展和成熟的过程。这种结构在我国企业组织和科研组织中有所应用，但在教育组织中不多见。

　　结构和功能是直接相关的。如果我们预设教育组织决策系统的其他条件稳衡，那么，可以根据以上分析构造一个数学模型[①]来表达结构和功能之间的关系。

　　F：决策功能；$P[,1]$：必要结构参数；$P[,2]$：合理的政策；S：政策执行力度；I：职工积极性；d：过剩管理决策职能部门；l：过剩管理决策层级。

$$F = \frac{P[,1] * (P[,2] + S + I)}{\sum_{i=1}^{n}(d[,i] + l[,i])}$$

　　组织的功能与精干合理的组织决策结构、合理的政策、执行政策的方式和程度以及职工的积极性成正比；同组织决策结构（部门和层级）的复杂程度成反比。这个数学模型在分析教育组织决策功能和主要因素之间的关系的基础上，揭示了提高组织决策有序性和功能的原则。科学地制定和严格地执行管理的各项政策、策略，功能就可以实现。

　　在我国教育组织中，无论教育行政组织，还是学校组织，大都采用直线结构、职能结构和直线—职能结构，这其中存在诸多问题。根据以上分析，某些

①　任佩瑜. 论管理效率中再造组织的战略决策［J］. 经济体制改革，1998（3）：98－101.

教育组织，如教育科研组织，可以按照矩阵结构的原理构造更有效的组织，而不是简单模仿行政组织。我国的区域教育组织完全可以借鉴分权事业部结构原理来构建自己的集分权关系。由于教育组织内的各部门毕竟不是独立的法人，所以在借鉴这一结构时，应当有所继承和发展。教育行政组织所构建的事业部结构，我们不妨称为"行政事业部"。在这种构造中，在所辖学校和行政组织之间，根据教育发展的需要分设各"行政事业部"。其职责在于：一方面具体协调各所辖学校的教育活动，另一方面具体策划实施行政高层所做的各种决策。这样，从集权角度看，行政组织保留有任免学校校长的人事权、行政组织重大问题的决策权、预算和监督权，并运用工作成绩、效益等主要指标对各"行政事业部"进行控制，用目标控制等方式与各"行政事业部"进行沟通。从分权角度看，每个"行政事业部"独立核算，自主控制，它在不违背行政组织目标和决策范围的前提下，对本部所属学校的人财物拥有调配权，并可以根据行政组织的总体目标制订本部的发展计划，同时相对独立。可见在行政组织下设"行政事业部"，既可使教育发展具有灵活性，同时又可充分发挥专业化分工的长处，反映了学校之间既需要社会协调又需要组织协调的本质要求，不失为处理集权与分权关系的一种正确选择。

（该文发表于《当代教育科学》，2004 年第 15 期）

制度创新：教育改革与发展的关键

田汉族

Institutional Innovation：The Key of the Reform and
Development in Education

Tian Hanzu

制度是指在社会特定范围内统一的、对单个社会成员的各种行为起约束作用的一系列规则。这种规则可以是正式的，如法律规则、组织章程等；也可以是非正式的，如道德规范、习俗等。制度变迁就是指新制度安排替代、转换和交易旧制度安排的过程；制度创新则是指"生产出"一种新的制度安排。《国家中长期教育改革和发展规划纲要》强调了制度在改革中的地位和作用，在许多制度设计中较以往有更大的创新。但并没有把制度创新放在教育改革的优先地位，教育制度创新设计仍存在许多不足。需要引起政策设计者更多重视。

一、制度变迁已成为教育改革和发展的主题

改革开放后，我国具有全局性影响的教育改革文件有三个：1985年《中共中央关于教育体制改革的决定》（以下简称《决定》），1993年《中国教育改革和发展纲要》（以下简称《纲要》）和正在制定的《国家中长期教育改革和发展规划纲要》（以下简称新《纲要》）。从政策文本和出台的背景看，新《纲要》把改革放到了一个更高的位置，而且强调改革的重点是体制机制的创新。

从文本中的词汇分析，新《纲要》突出了制度改革的意义。"制度"、"机制"、"政策（含法律、法制)"、"体制"出现的频率分别为85、74、60、41。而同样几个词汇出现在《纲要》的频率是44、5、28、45；出现在《决定》的频率为14、0、6、26。

从文本内容看，新《纲要》明确提出创新人才培养体制、办学体制、教育管理体制，改革质量评价和考试招生制度，改革教学内容、方法、手段，建设现代学校制度。《决定》虽然强调"必须从教育体制改革入手，系统地进行改革"，但制度改革的内容主要是管理体制改革，涉及中央政府向地方政府简政放权，扩大学校的办学自主权。《纲要》强调"改革包得过多、统得过死的体制"，初步建立起与社会主义市场经济体制和政治体制、科技体制改革相适应的教育新体制。制度改革的内容有所扩大，但局限在办学体制、教育行政体制、高等教育体制改革。可见，新《纲要》制度改革的范围进一步扩大，包括了政府与学校、社会三者之间的权利关系，也包括了学校内部的权利关系。

从我国教育改革进程来看，《决定》是根据当时加快经济建设，多出人才、出好人才的要求，确定以学校教育改革体制为重点，促进教育跟上经济发展形势。结果，政府权力向学校下放，扩大了高校的办学自主权，中央政府将发展基础教育的任务交给地方政府，调动了地方和学校办学的积极性，加快了义务教育进程和高等教育发展。《纲要》是随着经济体制、政治体制和科技体制改革的深化，根据我国社会主义现代化建设"三步走"的战略部署，在教育体制和运行机制不适应日益深化的经济、政治、科技体制改革的情况下进行的。通过改革，改变了政府包揽办学的格局，逐步建立以政府办学为主体、社会各界共同办学的体制，完善了分级办学、分级管理的体制；深化了高等教育体制改革，逐步建立了政府宏观管理、学校面向社会自主办学的体制，逐步实

行了收费制度；改革高等毕业生"统包统分"和"包当干部"的就业制度，形成了"自主择业"的就业制度。新《纲要》是在我国实现了从人口大国向人力资源大国转变，全面推进经济建设、政治建设、文化建设、社会建设以及生态文明建设，以及"优先发展教育，建设人力资源强国"的战略背景下提出的，明确提出："教育要发展，根本靠改革。要以体制机制改革为重点，鼓励地方和学校大胆探索和试验，加快重要领域和关键环节改革步伐。"其改革战略目标是基本实现教育现代化，基本形成学习型社会，进入人力资源强国的行列。从教育与社会的关系来看，前两次改革主要解决教育如何适应社会发展，特别是教育适应经济发展的问题，这一次主要解决教育适应社会全面发展的问题。如果说以往的教育改革主要以增量改革为主，表现为扩大规模和数量，提高效益，以实现教育机会的平等、协调教育与经济之间的量和结构关系；那么新的改革则是以存量改革为主，表现为保障教育公平、提高教育质量，以实现教育过程和结果的公平、协调教育与整体社会的结构和功能性关系。

二、新《纲要》中制度变革的亮点与不足

改革开放以来，我国一直没有停止过教育体制改革，从招生体制、办学体制、学校内部管理体制、教育行政管理体制到教师教育体制、教育评价体制等。但不同时期有不同的改革重点。新《纲要》更突出了体制机制改革的重要性，其中第三部分专门谈到了体制改革，包括人才培养体制改革、考试招生制度改革、建立现代学校制度、办学体制改革、管理体制改革；在第二部分发展任务中就谈到了各级各类教育发展中的制度问题；在第四部分保障措施中，从教师、经费、教育信息、法制的维度设计了相关的制度安排。新《纲要》在制度改革方面有几个亮点：第一是提出了"人才培养制度改革"的问题，并将它排在体制改革的首位，特别强调了改革教育质量评价和人才评价制度，这个制度安排旨在保证教育质量。第二是考试招生制度改革，强调了考试招生制度对培养创新人才的价值，以及各级教育的考试招生制度安排问题，这个制度安排旨在保障教育公平。第三是明确提出学校内部制度安排：建设现代学校制度，扩大学校的办学自主权，加强学校内部管理制度，教育管理"去行政化"。第四是在办学体制改革方面最大的亮点是明确提出了民办教育的法律地位、办学模式及其管理规范问题，提出民办学校实行营利性和非营利性分类管理，集中体现了政府、教育行政管理部门与民办学校之间的关系。第五是提出了深化教育管理体制改革，强化政府的服务职能，肯定了中介组织在教育公共治理中的作用。

但是纵观整个文本，制度变革的地位、作用和路径仍然不太清晰。第一，新《纲要》突出了改革和创新的重要性，提出了体制改革的具体任务，但优先改革体制的指导思想并不太明确。目前，教育改革所遭遇到的问题不仅来自内部，更来自外部，外部体制性障碍是根本性的，无论是教育投入保障、劳动用人制度、办学资质的准入和退出、优质教育资源的有序流动等问题都受到的行政干预过多或不足的影响，以致教育发展出现了严重的体制性问题和结构性问题。第二，新《纲要》提出了许多体制改革措施，但重点仍然不够突出。教育体制改革千头万绪，但最根本的还是政府与学校的关系问题。因为当前人们对教育深恶痛绝的是教育的不公平和教育腐败，而隐藏在背后的根源是教育的政府垄断、教育行政化、教育产业化。如果不改变教育的用人制度、优质教育资源的配置方式，教育改革就没有触及根本。第三，制度变迁的主体和路径不太明确。制度变革是一项复杂的工程，新《纲要》中笼统提到了"教育振兴、全民有责"，需要全社会的参与。教育改革主体有"党和国家"、"政府"、"各级政府"、"学校"、"家长"、"校长"、"学术委员会"、"教育咨询委员会"等。应该说，不同层面的制度创新需要不同的主体。纲要是在广泛的调研并通过各种渠道集中民意和民智的基础上出台，体现了决策者的民主意识。但作为国家层面的决策应该遵循科学的决策程序，更需要国家各个部委、专门的决策咨询机构（公司）和教育管理专业人员（如校长）广泛参与。从制度改革的路径来看，新《纲要》仍然是政府主导型的改革，而不是基层教育机构和学校的自主创新。

三、制度创新应成为教育改革与发展关注的核心

创新是教育改革和发展的灵魂。改革创新包括一般观念创新、技术创新、制度创新。观念创新可以看成是一种非正式制度创新，技术创新是一种微观层次的创新，制度创新包括法律制度和各种正式规则和契约的创新。制度创新就是要解决教育系统的激励问题与资源配置效率问题。从我国现存的教育问题和未来教育发展的目标来看，制度创新是教育改革深化和教育持续发展的关键。无论是"优先发展"、"促进公平"，还是"育人为本"、"提高质量"都需要新的制度安排，而不是制度妥协、调整和简单移植。新《纲要》强调了制度变革的重要性，但并没有突出制度创新的特殊意义。

教育制度的创新是教育改革成功的关键。从我国教育发展的历史来看，没有私学的兴起，就不会改变"学在官府"的局面；没有书院制度的形成，就没有儒学传承；没有高考制度恢复就没有改革初期人才的脱颖而出；没有高校自主权的扩大也就没有我国今天高等教育大众化。20世纪以来，世界范围内

教育改革的本质都是教育制度的变迁。如美国 20 世纪的 20～30 年代以实用主义教育思想为指导的办学模式改革，50 年代末 60 年代初的课程改革，80 年代以来的市场导向的教育改革等都是教育制度创新的典范。

从学理看，教育改革深化阶段的瓶颈因素是制度创新问题。制度创新主要表现为：① 一种特定组织的行为的变化；② 这一组织与其环境之间的相互关系的变化；③ 在一种组织的环境中支配行为与相互关系规则的变化。[①] 可见，教育制度的创新不仅涉及学校内部管理制度，还涉及学校与市场、学校与政府等的关系的调整。目前，我国教育改革进入了深水区，积累了很多的社会矛盾和问题，制度冲突是教育改革深化的最大障碍。如人才培养制度改革，远不是教育一个部门的事，如果仅仅改革教育系统内部的质量评价制度、人才评价制度、考试招生制度，可能推进速度不快，改革成效不大。因为"竞争型社会"已经导致了许多集体无意识行为，整体社会激烈竞争导致了教育社会选择的功利化。而在规划纲要设计过程中提出的办法是"树立系统培养观念，推进大中小学有机衔接，教学、科研、实践紧密结合，学校、家庭、社会密切配合，加强学校之间、校企之间、学校与科研机构之间合作以及中外合作等多种联合培养方式"，谁来加强这种结合，怎样评价这种结合的有效性，并没有明确的指向性。再如"减轻学生的负担是全社会的共同责任"，"必须标本兼治，综合治理"。这些提法原则上没有错，但没有制度的刚性，也没有创新的意义。

四、对教育制度创新的一些思考

制度创新是改革深化阶段的突破口。教育改革和发展需要全面改革和系统创新。教育制度创新需要在更广泛的社会改革框架内进行，需要对现有的不合理的制度进行变革和超越。

首先，关于教育制度创新的主体问题。教育制度创新过程首先解决的是谁来创新的问题。中国的教育改革既有政府等组织寻找有利于自己的外部规则（政府与学校、市场与学校、学校与学校关系）的制度创新过程，又有教育部门特别是学校为寻求恰当的内部规则（激励制度、分配制度等）而自发进行制度创新的过程。表面上看，前者涵盖了整个制度变迁的内容，而大量的案例研究结果表明，在其背后，实际上是内部规则的自发演化。更多的时候由于政府的迟滞或强制行为，会损害教育组织内部规则的发育。因此，教育制度创新

---

① V. W. 拉坦. 诱致性制度变迁理论 [M] //R. 科斯，等. 财产制度与制度变迁. 上海：上海三联书店，上海人民出版社，1994：329.

需要政府部门成立专门的组织来进行制度设计，如霍姆斯小组在美国教师教育改革中就起到了这种作用。政府作为设计者应该给教育一个宽松的发展环境和为教育发展提供坚实的物质基础和政策保障。随着政府与学校和政府的关系的恰当定位，教育管理体制本身的演化将成为中国教育改革更艰难的过程，学校应该是教育制度创新的核心主体。这就需要充分发挥教育家、卓越校长在办学中的作用和优秀教师在教育教学改革过程中的首创精神。此外，教育中介组织也是一支不可忽视的力量。

其次，关于教育制度创新的路径。我国的教育改革深化固然受教育制度创新需求的影响，但在更大程度上受制于权力中心在既定的政治经济秩序下提供新的教育制度安排的意愿和能力，主要依赖政府主导型的教育制度创新。在以政府行政约束为基础的教育制度背景下，教育制度模式的主要特征是集中控制和服从。也许强制性制度变迁在改革初期，具有一定的制度收益。但仅仅依赖这种路径，就弱化了学校创新教育制度的动力，压缩了学校创新制度的空间，导致学校自身制度建设的僵化。要改变这种路径依赖，最终决策者就要充分考虑非政府主体对制度创新的需求与参与及公众对新制度规则的态度和理解，减少改革的摩擦成本；要充分考虑到目标函数与约束条件的差异，根据财政收入与政治支持最大化原则供给制度，避免改革的各种制度"变形"与"扭曲"甚至"流产"。中观层次的教育体制改革则有赖于各级地方政府、各级各类学校的自主创新。如果我们承认人的有限理性和信息的不对称性，那么一揽子改革方案是无法预先设计好的，这意味着初始改革方案都是不完全的，存在再谈判的可能。需要教育组织内部在反复不断的博弈中生成各种教育规则，并凝聚为集体行动的智慧，形成组织"记忆"。这是一种渐进性的创新路径，需要通过教育组织成员的学习机制和博弈机制实现。

最后，关于教育制度创新的试点问题。当政府受制度知识的约束无法确认改革路径时，通过放松管制来激发社会成员的自发改革热情，是一种风险较低的改革方式。试点单位由此可得到双重额外收益：由优惠政策带来的增量收益和由制度创新所带来的增量收益（由于制度垄断带来的"准租金"）。但这会产生如下后果：一是为了获得试点权，有关单位不惜走门路、找关系，出现"寻租"的现象；二是试点单位竞争试点权的首要动机可能是优惠政策带来的种种益处，从而弱化自主制度创新的动机。因此，如果教育制度创新试点忽视了其创新的真正动机，扭曲了制度创新的真实成本和收益，试点单位所取得的改革经验就有较大的局限性。因此，改革试点不仅要保证改革不要偏离总体目标，还要计算改革的成本和收益。

教育制度创新是最重要的教育改革资源和必要条件。怎样避免"解决今天的问题，却带来了明天和将来的问题"的尴尬局面，促进中国教育持续发展,完全取决于教育制度本身能不能继续改善,能不能在我们发现制度存在问题的时候及时解决它。

(该文发表于《广西师范大学学报》(哲学社会科学版),2010年第3期)

高等教育体制改革为何成效不足?

——与经济体制改革的比较分析

王寰安

Why the Reform of Chinese Higher Education
System Makes Less Progress?
——A Comparative Analysis with the Economic System Reform
Wang Huanan

中国的经济发展取得了举世公认的成就,对于这种成就,任何人都不会怀疑这是中国改革开放的结果。改革开放实质上就是改革传统的计划经济体制,建立社会主义市场经济体制。自1978年以来,我国正是围绕上述目标进行了一系列以"简政放权"、"放权让利"为特点的经济体制改革,例如在农村实行家庭联产承包责任制,在工业中实行"利润留成"、"利改税"、"承包制"、"股份制"等一系列的企业管理体制改革,以及放开私营企业发展、引进外资等。从结果来看,经济体制改革的成效是显著的,各种所有制经济竞相发展,市场在资源配置中发挥着基础性的作用,国民经济得到迅速发展,人民生活水平迅速提高。30年以来,我国的高等教育体制改革也遵循着与经济体制改革大致相同的路径和方式,例如扩大地方办学统筹权、下放高校办学权力、发展民办高等教育、实行高校收费改革等。然而从结果来看,高等教育体制改革的成效相对不足,这不仅体现为我们呼吁已久的实现高校办学自主远远没有实现,民间高等教育办学薄弱和边缘化等,也体现为经过这么多年的改革,我们还没有出现世界一流大学以及为数相当的为世界公认的学科领域和专家、学者。那么,究竟是什么原因造成我们高等教育体制改革成效不足呢?本文想就

第一章　教育决策与发展战略

47

这个问题进行探讨。

本文认为，无论是经济体制改革还是高等教育体制改革，"简政放权"、"放权让利"的最终目标都是构建自主经营、自我发展和自我约束的有活力主体，以此提高生产效率，因此实质上是构建一种新的企业或高校所有权制度。本文拟将中国经济和高等教育体制改革看做是围绕企业或高校所有权重建展开的制度变迁，基于所有权制度变迁的分析框架来梳理和分析中国经济和高等教育体制改革的背景、方式、内容和特点等，并通过比较来探讨高等教育体制改革成效不足的根源。

一、一个所有权制度变迁的分析框架

社会经济活动中包含着人们之间的竞争与合作关系，要形成一种有效的竞争与合作关系，必须确立相应的规则或制度，其中，建立排他性、可让渡性的所有权制度至关重要。所有权的排他性，意味着所有权主体（个人、团体或组织）自己独立行使对特定物的支配、使用、处置权，并获取相应的利益和承担相应的损失。而权利的可让渡性，使权利主体能够以他所拥有的权利与他人交换，获得交易利益。正是由于这种所有权制度，才有相关主体间的等价交换、价格机制对社会经济活动的调节及资源的配置功能。诺斯认为，有效的所有权制度是促进经济增长的关键因素①。作为一种规则或制度，所有权主要依靠政府的强制实施来建立或维护②。中国的经济体制改革集中表现为从计划经济制度向市场制度的转变。这是一个极其巨大的系统的复杂的过程，它不是原有制度结构的局部改变，而是全部经济秩序和制度结构的根本变革。发展有效率的所有权制度，构建市场制度的基础结构，这是从计划经济向市场经济转变所必须解决的根本任务③。

由于计划经济实质上是一种政府垄断和管制的经济，向市场经济转变就是要减少和解除国家与政府对社会经济生活的垄断和管制，这就要求政府放弃具体的微观经营权力，将这些权能重新赋予市场主体。因此，这是一种从"政府所有权"向"市场所有权"转变的制度变迁过程。实现这种制度变迁，既

① 道格拉斯 C. 诺斯. 经济史中的结构与变迁 [M]. 陈郁，等，译. 上海：上海三联书店，上海人民出版社，1999：79-209.
② A. 阿尔钦. 产权：一个经典注释 [M] //R. 科斯，等. 财产权利与制度变迁——产权学派与新制度学派译文集. 上海：上海三联书店，上海人民出版社，2000：166.
③ 张曙光. 前言：制度变迁与案例研究 [M] //北京天则经济研究所. 中国制度变迁的案例研究：第一集. 上海：上海人民出版社，1996：2.

可以通过所谓的强制性制度变迁，由政府引入法律、政策和命令强制执行，也可以通过诱致性制度变迁，由个人或团体为响应获利机会自发倡导、组织和实行①。但是，无论是哪种方式，在交易费用大于零的现实世界里，所有权制度变迁的发生要受到交易费用的约束。这种交易费用包括两种：一是制度运行费用。如果新所有权制度的运行费用比旧制度低，新制度就可能会替代旧制度。二是制度转变费用。所有权的转变是一种权利的重新界定，必然影响利益分配，这就需要付出各种协商费用以及对受损者进行补偿等②。特别是在传统的计划经济体制下，政府不仅作为所有权的界定者，还是所有权主体，因此政府完全可能凭借其垄断地位维持其既得利益从而拒绝改革。对此，诺斯认为，政府可能为追求自己的垄断租金而非社会收入最大化而维护一种无效率的所有权制度③。因此，考虑到第二种费用的存在，即使新的制度比旧制度运行费用更低，也未必会发生制度变迁。

为了促进所有权制度变迁，必须降低制度转变费用。学术界认为，首先应该降低信息费用。由于环境的复杂性和有限理性，制度变迁是在不确定条件下进行的。在这种条件下，制度变迁中的信息是不完全的或稀缺的，从而存在着正的信息成本。因此，一定要让制度变迁的核心人物获得充足的资料，并且对另一种制度的组织形式深具信心，他们才可以开始对制度改变作认真的探讨④。其次，可以采用一种增量变革方式，即着眼于在资产增量的配置上引入越来越多的市场机制，以此逐步改革整个体制结构的改革方式，而不是从对资产存量的再配置入手。这样就可以减少利益再分配带来的各种改革阻力，使制度变迁获得最大限度的支持⑤。最后，代理人竞争。现行统治者往往存在对手，如与之竞争的国家或本国内部的潜在统治者。替代者越是势均力敌，统治者所拥有的自由度就越低，统治者愿意提供的服务配置就越高，选民所保留的收入增长份额也就越大⑥。

① 林毅夫. 关于制度变迁的经济学理论 ［M］// R. 科斯，等. 财产权利与制度变迁——产权学派与新制度学派译文集. 刘守英，译. 上海：上海三联书店，上海人民出版社，2000：384.

②④ 张五常. 中国的前途 ［M］. 香港：信报有限公司，1986：172 - 174.

③ 对此，诺斯提出了一个著名的"国家悖论"，即国家的存在是经济增长的关键，然而国家又是人为经济衰退的根源。具体参见：道格拉斯 C. 诺斯. 经济史中的结构与变迁 ［M］. 陈郁，等，译. 上海：上海三联书店，上海人民出版社，1999：20.

⑤ 林毅夫，蔡昉，李周. 论中国经济改革的渐进式道路 ［M］//盛洪. 中国的过渡经济学. 上海：上海三联书店，上海人民出版社，2006：197 - 200.

⑥ 道格拉斯 C. 诺斯. 经济史中的结构与变迁 ［M］. 陈郁，等，译. 上海：上海三联书店，上海人民出版社，1999：27 - 28.

二、经济体制改革的简要回顾

新中国成立以后，我国确立了一种计划经济体制来解决产品的生产和分配问题。在这种体制下，政府是资源配置的主体，包括了解社会的偏好和需求、制订生产计划和组织产品生产和分配等。这种经济权能集中于政府上的经济体制实质上是一种"政府所有权"。其基本特点是：（1）科层制。从中央政府到地方政府到企业，构成了一种自上而下的科层等级体系。中央政府及其职能部门如国家计委、财政部等决定国家总体发展计划和战略，然后将总体计划分解成各中央业务部门和地方政府应当承担的任务，一直把这些计划落实到基层企业。中央政府拥有终极的行政权威，各业务部门、地方政府和基层企业负责执行。企业被弱化为简单的执行者。（2）条块分割。按照行业和地方，分成由中央各业务部门如煤炭部、化工部、冶金部等及其所属中央企业构成的"条条"和由地方政府及其所属企业构成的"块块"。每个"条"和"块"都是一个高度垄断和封闭的市场，并且"条"和"块"之间相互分割。（3）围绕产品生产和分配的各项权能分布在政府机构和政府机构之间、政府机构和企业之间。这种权能不是基于市场交易之上的平等和自愿关系，而是科层组织内部上级与下级之间的命令和服从关系。我们可以将这种权责义务称为计划权利和义务①。

但是，将所有权力都集中于政府的体制，必然是缺乏活力的、僵化的。在经济信息高度分散于社会、企业和家庭的情况下，政府机构不可能获得完备的市场供求信息，预见到各种可能的事件，也就不可能制订出资源优化配置的经济计划。由于企业没有经营权，也不可能自动调整自己的行为，适应环境的变动。产业结构扭曲、企业生产效率低下、职工劳动激励不足等是计划经济体制面临的基本问题②。

针对传统体制的弊端实行的经济体制改革，是要放弃通过完整的计划来对社会经济活动进行控制，力求使企业独立经营，让所有权重新回归企业。1978年以来的中国经济体制改革，正是通过"简政放权"、"放权让利"等方式将各项经济权能重新赋予企业，塑造自主经营、自负盈亏的生产主体，提高经济效率。围绕上述目标，我国主要从以下4个方面来改革传统经济体制：（1）扩大个体经营权力。通过家庭联产承包责任制、利润留成、利改税、股份制、建立现代企业制度等方式扩大农民或国有企业的经营自主权，强化个体利益主体

---

① 盛洪．寻求改革的稳定形式［A］．经济研究，1991（1）：36 – 43.

② 林毅夫，蔡昉，李周．论中国经济改革的渐进式道路［J］．经济研究，1993（9）：3 – 11.

地位。（2）承认非公有制经济。在理论和实践上重新审视和认识个体、私营、外资等非公有制经济，并逐步确立了它们的合法地位。（3）放开市场价格。借助"双轨制"，即政府计划内商品执行计划价格，政府计划商品实行浮动或市场定价这种方式，由点到面、由局部到整体推进价格体制的改革。（4）强化地方政府经济管理职能，赋予其独立利益主体地位。中央政府对地方进行了全面的权力下放，包括财政收支管理权、投资管理权、外资外贸管理权、价格管理权和企业管理权等。尤其是以中心城市、沿海开放城市和经济特区为支点的地方分权改革，更有利于打破条块限制，实现对地方政府的综合权能下放。①

从经济体制变革的特点来看，主要有以下特点：（1）自上而下的政府主导型变革。权力中心（党中央、国务院）凭借行政命令、法律规范及利益刺激，在一个金字塔形的行政系统内自上而下地规划、组织和实施制度创新，其他利益主体只有得到权力中心的授权才能进行制度创新②。同时，不排除在局部领域，存在民间自发倡导、组织和实行的自下而上的所谓诱致性制度变迁，如农村家庭联产承包责任制。（2）渐进式改革。我国采取的是一种渐进式改革模式，即所谓的"摸着石头过河"，坚持从实际出发，先易后难的原则，由浅入深、循序渐进，把改革的力度、发展的速度和社会可承受的程度协调统一起来，避免发生大的社会冲突和动荡。例如，包产到户、财政包干、企业承包和价格双轨制等。

从改革成效来看，经济体制改革是比较成功的，传统计划经济的根基被动摇和瓦解，市场制度被确立，并推动了中国经济社会的迅速发展：（1）市场主体和所有权形式多元化。目前，形成了国有企业、私营企业、外资企业、合资企业、个体户等多种经济成分并存的局面，尤其是非公有制经济对国民经济增长、就业、国家税收等贡献巨大。（2）市场价格在社会资源配置中发挥着基础性作用。目前，除少数能源、矿产价格由国家控制外，大多数商品价格由市场调节，各种产品市场、生产要素市场、股票和期货市场、证券市场等得到长足发展。（3）国民经济得到迅速发展。目前，中国的 GDP 和对外贸易总量排到世界第 2 位，人民生活水平有了实质性的提高。

那么，中国经济体制改革为何能够成功呢？特别是在政府作为制度供给主体的情况下，如何避免政府追求自身垄断租金最大化而拒绝改革或者采用其他低效率的所有权制度体系呢？按照学术界目前的基本观点，大致有以下 4 种因素：（1）改革的起始条件。樊纲认为，一个经济在旧体制下的增长率越低，

---

① 高尚全. 打破条块分割，发展横向经济联系 [J]. 经济研究，1984 (11)：3 – 8.

② 杨瑞龙. 论我国制度变迁方式与制度选择目标的冲突及其协调 [J]. 经济研究，1994 (5)：40 – 49.

越是趋向于停滞，人们对旧体制就越是不满，从而越是不再有什么既得利益需要维护，或者还有既得利益需要维护的人数越来越少，制度变革所遇到的社会阻力就越小，制度转变成本就越低①。改革开放初期，正是我国国民经济的艰难时期，不仅农村温饱问题长期得不到解决，城市工业企业也面临效率低下、大面积亏损的问题，国家财政入不敷出。这种经济环境使政府的体制垄断租金处于较低的水平，有效降低了制度转变成本。（2）信息成本的降低。在改革开放初期，不论是国家领导人还是一般的群众都不清楚改革应该朝哪个方向走。即使当时知道朝哪个方向改革，也面临着一个如何去改的问题。张五常认为，随着中国人走出国门，对世界各国特别是发达国家发展经验的认识有了长足的进展，亚洲"四小龙"崛起历程特别是新加坡、中国香港的发展经验为中国经济体制改革提供了鲜活的样本。这种信息和知识的积累可以大大改变传统观念，降低制度变迁成本②。（3）渐进式改革。渐进式改革通过增量变革来减少既得利益者的抵制，降低制度转变成本。然而，按照樊纲和张五常等的观点，渐进式改革也会增加制度变迁的成本。渐进式改革在改善经济的同时，也会提高政府垄断租金水平，使政府倾向于维持自己的垄断地位，拒绝放权③。这可以从中国目前的部分能源、信息等垄断行业得到例证。（4）地方分权和竞争。张维迎、杨瑞龙等认为，中央政府向地方放权尤其是财政收支管理权对于经济体制改革发挥着巨大的作用，加速了中央高度垄断的集权结构的解体。首先，地方政府作为一种合法性政治组织，可以较容易地突破中央政府设置的制度创新进入壁垒，例如通过向中央游说争取改革试点权、"暗中先做"等，这是微观主体如企业、个人等难以做到的。因此，地方政府可以成为沟通权力中心的制度供给意愿和微观主体的制度创新需求之间的中介环节④。其次，财政包干、分税制等使地方政府成为一个独立的经济利益主体，使权力中心追求垄断租金最大化与建立有效率的所有权结构之间可以实现相容。地方政府为了增加财政税收，会试图增加本地企业数量和扩大地区企业的市场占有率，这样就会迫使地方政府进行制度创新，如放开私营企业准入、吸引外资企业、不断减少政府干预、将企业股权让渡给经理等。张维迎认为，这是中国乡镇企业迅速发展、苏南企业民营化的重要原因，地方政府扮演着推动地方市场化进程及制度创新的第一行动集团角色⑤。因此，中国经济体制变迁模式不完全体现为

① 樊纲. 两种改革成本与两种改革方式 [J]. 经济研究, 1993 (1): 3-15.
② 张五常. 中国的前途 [M]. 香港: 信报有限公司, 1986: 194-197.
③ 同②, 133-141 页。
④ 杨瑞龙. 我国制度变迁方式转换的三阶段论——兼论地方政府的制度创新行为 [J]. 经济研究, 1998 (1): 3-10.
⑤ 张维迎. 价格、市场与企业家 [M]. 北京: 北京大学出版社, 2006: 4-5.

自上而下的强制性变迁，也不完全体现为自下而上的诱致性变迁，还存在一种由地方政府主导的"中间扩散"模式。

三、高等教育体制与经济体制改革的比较

在传统体制下，作为高级人才的输送部门，高等教育是计划经济体制的一个重要组成部分。为了和整体经济体制相"匹配"，高等教育也形成了一种典型的计划模式，存在和经济体制诸多相同的特征，如科层制，由教育部制订全国招生计划，组织统一招生和毕业生分配，地方政府仅仅是协助教育部进行招生和毕业生分配工作，高校成为政府的附属单位；条块分割，教育部和国务院业务部门各自举办自己的高校，地方政府也举办自己的高校。

这种高度集中的高等教育体制存在着诸多弊端，主要是学校专业结构和人才培养规格难以符合社会需求，部委高校和地方高校重复建设以及政府对高校统得过多、过死，使高校缺乏活力等。显然，针对传统体制的弊端实行的高等教育体制改革，也要放弃通过完整的计划来对高校办学活动进行控制，力求使高校独立经营，让办学所有权重新回归高校。高校所有权主要包括两个方面：一是学校创办权、学位授予权、专业设置权等为内容的办学准入权。办学准入权限定了学校举办者能否提供教育服务以及提供哪种层次、领域的服务。二是课程设置、招生、教师人事、财务、收费、学术交流等为内容的资源配置权。资源配置权使学校能够充分组织和调动资源来实现特定的人才培养和科研目标。基于与经济体制相同的改革起点和背景，特别是改革开放以来工农业中的大量改革经验的示范作用，高等教育体制改革也遵循着"简政放权"的基本思路：（1）扩大高校办学权力。一方面，按照举办者、办学者和管理者分开的原则，赋予高校独立法人和自主办学地位，如1998年的《中华人民共和国高等教育法》规定，"高等学校在民事活动中依法享有民事权利，承担民事责任"，"高等学校对举办者提供的财产、国家财政性资助、受捐赠财产依法自主管理和使用"。另一方面，下放高校具体办学权力，包括招生、专业设置、教学、科研、对外交流、人事和财产等各种自主权。（2）放宽社会办学准入。1982年的《中华人民共和国宪法》、1997年的《中华人民共和国社会力量办学条例》等开始正式承认社会办学的合法性，1993年的《中华人民共和国民办高等学校设置暂行规定》、2002年的《中华人民共和国民办教育促进法》等明确规定民办高校及教师和学生享有与国家举办的高校及教师和学生平等的权利。（3）建立高校学费制度。借助招生和学费"双轨制"，招收自费生、委培生，实行"自费"和"公费"两种收费标准的方式进行学费制度改革，并最终并轨学费标准，建立统一的高校学费制度。（4）向地方分权。主要是通过

"共建、调整、合作、合并"的方式将大部分部委院校划归地方管理，增加地方政府对高校的统筹权和决策权，以及将高等职业和专科层次学校的设置权，发展高等职业教育和大部分高等本科教育的权力包括招生、专业设置、收费、教育教学等下放给地方政府。中央部委院校从 20 世纪 90 年代最多时的 360 所减少到 2007 年的 111 所，地方高校目前已占全国高校总数的 94.2% [1]。

　　从改革特点来看，高等教育体制改革总体上也是在中央政府特别是教育部主导下进行的，并遵循着由浅入深、由易到难的渐进式改革路径，这在一定程度上能够降低制度转变成本。例如，在学费改革上，我国最早是从招收自费生和委培生开始，而没有触及计划内学生，然而再实行双轨收费，直到单轨收费，这就避免了改革的突然性，并绕开焦点和矛盾，顺利推进改革。从改革成效来看，高等教育体制改革取得了一定效果：（1）高校办学自主性增加。根据调查，目前高校在教师聘用、职称评定、干部任免、收入分配、经费管理等方面获得了一定的自主权。许多高校进行了包括教师聘任制改革在内的学校内部管理体制改革，通过择优聘任、目标考核、绩优分配等方式提高教师积极性，高校教学和科研成果数量增长较快。中国科学技术信息研究所公布的统计结果显示，2009 年主要反映基础研究状况的《科学引文索引》（SCI）收录的中国科技论文总数为 12.75 万篇，占世界份额的 8.8%，位列世界第二位[2]。（2）学费改革为高校提供了大量的经费来源，有效改善了高校的办学条件。2007 年，学杂费占普通高校经费收入的 33.7%[3]。学费还作为高校教育质量的一种价格信号，对高校办学产生了重要的激励作用。（3）办学主体和形式多元化。民间和社会办学、中外合作办学、独立学院等各种新办学形式出现。截止到 2008 年，全国民办高校共 1504 所，其中本科院校 369 所，专科院校（含高等职业学校）269 所，学校数量占全国普通高校总数的 66.5%[4]。同年，民办高校招生数为 130.5 万人，占全国普通本专科招生总数的 21.5%[5]。但是总体上而言，高等教育体制改革成效是不足的。这首先表现为高校在很大程度上仍然缺乏办学自主权。根据调查，高校在课程设置、专业调整、学位授权、机构设置等方面还缺乏自主权，传统的计划体制因素依然在很大程度上制约着

　　① 张应强，彭红玉. 地方高校发展与高等教育政策调整 [J]. 高等教育研究，2008（9）：7-15.
　　② 李大庆. 中国 SCI 论文统计：突出被引用次数，弱化发表数量 [N]. 科学时报，2010-11-27（01）.
　　③ 国家统计局. 2009 年教育科技和文化统计数据 [EB/OL].［2010-12-09］. http://www.stats.gov.cn/tjsj/ndsj/2009/indexch.htm.
　　④ 教育部. 2008 年高等教育学校（机构）数 [EB/OL].［2010-12-10］. http://www.moe.edu.cn/publicfiles/business/htmlfiles/moe/s4633/201010/109875.html.
　　⑤ 教育部. 2008 年普通、成人本、专科分举办者学生数 [EB/OL].［2010-12-10］. http://www.moe.edu.cn/publicfiles/business/htmlfiles/moe/s4633/201010/109897.html.

高校的活力。特别是我们还没有出现世界一流大学以及为世界公认的学术成果、学科领域和学者等。其次，民办高等教育发展还处于边缘地位。民办高校在创办、学历颁发、专业设置、招生等诸多方面还面临各种障碍。2008 年，369 所具备颁发学历资格的民办本科院校中，独立学院为 322 所，真正的民办高校只有 47 所，有 866 所民办高校不具有颁发学历的资格。民办高等教育总体的层次、水平较低，根本无法对公立高等教育构成实质性竞争。

与经济体制改革相比，高等教育体制改革的起点、背景、内容和方式等基本一致，也能借鉴和学习其他领域的相关改革经验，从而不会面临信息成本较高的问题，那么为何高等教育体制改革却成效不足呢？通过与经济体制改革的比较，笔者认为有两个重要原因：（1）高等教育缺少显性经济收益。高等教育面临和经济领域不同的特点。企业是一种营利机构，通过获取利润进行生存，面临着亏损和倒闭的直接风险，而高校主要是一种非营利机构，通过声誉和品牌进行生存，而声誉和品牌的建立需要一个长期的过程。因此，我们无法根据利润等显性指标来衡量高校的办学效益，即使高校办学质量如人才培养质量下降，其造成的结果也只能间接地在经济发展中表现出来，政府很难进行责任认定并减少对高等教育的财政投入。这种情况使高等教育体制改革面临和经济体制改革不同的初始条件，即政府的高等教育体制垄断租金长期维持不变。这在一定程度上弱化了政府改革高等教育体制的动机。（2）中央政府对地方放权不够，地方缺乏参与高等教育竞争的机会和制度创新空间。从改革内容来看，我国的高等教育体制改革也包含着中央政府对地方政府的放权，但是这种放权远远不够，目前仅限于高等职业或专科层次学校的统筹权和决策权，而普通高校的课程设置权、专业设置权尤其是学校设置权、学位授予权等实质性办学权力仍然由中央政府掌握。这使得高等教育在很大程度上仍然属于一种部门垄断行业。目前，在学位授予权限上，世界上主要存在两种基本形式：一是在颁发办学许可证的同时就让渡学位授予权，如在美国、德国等国家，只要政府允许教育机构使用"大学"（University）或"学院"（College）名称，就有资格授予学士及以上学位；另一种是两者分离，院校须单独向政府申请学位授予权，如俄罗斯、中国。院校获得学位授予权又可分为两种情况：一种是获得涵盖所有学术领域的学位授予权，如美国、英国等，另一种是仅仅获得某个特定领域的学位授予权，如俄罗斯、日本、德国和中国等[①]。由此可见，我国实行的学校创办和学位授予分离模式，并且学位授予也仅仅是针对某个特定学科或专业，因此要创办和发展一所高校，必须从申请办学审批到分批次不断申请具体学科学位授予权。这样，高等教育办学准入就被置于严密的控制之下。具体

①　韩映雄. 世界主要发达国家学位授权制度分析［J］. 高等教育研究，2009（8）：79－82.

在学位授权管理体制上，我国实行国家一级、省、自治区、直辖市一级和学位授予单位一级的三级管理模式。国家一级的管理机构是国务院学位委员会。国务院学位委员会按照授予学位的不同学科门类设立学科评议组，并按学科或几个相近的学科组成若干评议分组。学科评议组的主要任务是评议审核有权授予博士、硕士学位的高校和研究机构及其学科、专业；对新增授予博士、硕士学位单位的整体条件进行审核，对不能确保所授学位水平的单位及学科、专业，可以提请停止或撤销其授予学位资格的建议等。省、自治区、直辖市一级的学位委员会的主要职能是贯彻国务院学位委员会的工作方针和决议，对本地区所属普通高校申请授予学位的单位及其专业点进行初步审核，向国务院学位委员会提出推荐名单和建议，对不能确保所授学位质量的本地区学位授予单位及其学科、专业，有权向国务院学位委员会提出停止或撤销学位授予权资格的建议等。由此可见，我国的学位授予权特别是研究生学位授予权在中央一级，没有经过审核批准，高校和科研机构没有权力发展研究生教育。

由此可见，我国的高等教育还是一个高度部门垄断的行业，中央政府对高等教育办学准入仍然存在严密的管制。这样，地方政府就无法基于自己的利益诉求，参与到高等教育竞争和制度创新中来，无法像在经济领域中那样完成角色的转变：一方面，它仍是计划等级体系中的一级组织，须完成中央政府提出的教育发展目标。另一方面，它又作为地方高等教育的利益代言人，以实现地方办学效益为目标，为高等教育发展开拓制度空间，创新出一种有效率的高等教育所有权制度体系，如扩大高校办学自主权、放宽民间办学准入、探索各种合作办学形式等。目前，随着我国经济社会的迅速发展，社会对高等教育的需求迅速扩大，以及政府对高等教育的财政投入不断增加，这使得高等教育体制改革面临新的形势，即高等教育体制垄断租金水平在不断提高。在这种情况下，可以预见，政府对扩大高校办学自主权力，放宽社会办学准入等的制度供给意愿必然不断减弱，这将加大高等教育体制改革的难度。

四、基本结论和建议

本文把中国高等教育体制改革看做是围绕高校所有权重建展开的制度变迁，并在这个框架下将其与经济体制改革进行全面比较。通过比较分析，我们发现，高等教育体制改革与经济体制改革在改革起点、背景、目标、内容、方式等方面存在很大的一致性：（1）在改革起点上，两者都是对传统高度集中的政府计划体制进行改革，这种体制模式的基本特点是试图消灭个体所有权，由政府通过行政指令来进行社会产品生产和分配；（2）在改革背景上，两者都是针对传统的僵化体制带来的效率低下，运行费用高昂，自我调整能力差和微观主体缺乏活力等问题；（3）在改革目标上，两者都是打破传统的政府集中控制，将经营权能重复赋予企业或高校，重建所有权制度，塑造自我发展和自我约束的经营主体；（4）在改革内容上，都是围绕扩大企业或高校自主经营权、放宽非公有制经济或民间办学准入、实行经营主体自主定价或收费以及向地方下放权力等进行；（5）在改革方式上，都具有在政府主导下分层次和渐进式推进的特点。

中国经济体制改革取得了较大成功，高等教育体制改革取得一定成效。主要原因在于：（1）传统体制的低效率在很大程度上降低了政府体制垄断的租金水平，弱化了政府的体制垄断意向；（2）改革开放后对先进国家的发展经验有了长足的认识，这种信息传播和知识积累在很大程度上降低了制度变迁成本；（3）在政府主导下分层次和渐进式地推进改革，通过增量改革而不是改变存量分配结构来减少改革阻力；（4）地方分权和竞争。通过向地方政府全面放权，将地方政府塑造成独立利益主体，使地方政府成为沟通权力中心的制度供给意愿和微观主体的制度创新需求之间的中介环节，并实现权力中心追求垄断租金最大化与建立有效率的所有权制度之间的相容。

中国高等教育体制改革成效不足，滞后于经济体制改革的主要原因有两个方面：（1）高等教育缺少显性的经济收益，使高等教育体制改革面临和经济体制改革不同的初始条件，高校是一种非营利机构，其资源投入主要依靠政府财政，因此不像企业那样受市场竞争机制的直接影响而面临亏损、倒闭等问题，同时其声誉和品牌的变化需要一个长期的过程，这种情况使高等教育体制的垄断租金能够长期维持不变，弱化了政府的改革动机；（2）中央政府对地方放权不够，使地方缺乏参与高等教育竞争的机会和制度创新空间，中央政府仍然掌握高校设置权、学位授予权等实质性办学权力。在我国的学校创办和学位授予分离模式下，要创办和发展一所高校，必须分批次不断进行申请办学审批和具体学科学位授予权审批。这种高度的部门管制使地方政府无法转变为地区高等教育利益代言人，为高等教育发展开拓制度空间。

基于以上的分析，我们认为，未来中国高等教育体制改革的基本取向应该是强化中央政府向地方政府分权，将高等教育综合办学权能尤其是学校设置权、学位授予权、专业设置权等全面下放给地方统筹，通过地方教育分权和竞争来解决政府向高校"放权难"的问题，并创建有效率的高等教育所有权制度体系。

（该文发表于《高等教育研究》，2011 年第 4 期）

第二章　学校组织与管理创新

　　学校组织管理创新是学校发展的关键环节。在现代社会里，学校处于一个开放的社会环境和系统中，社会在不断变化，学校作为文化传承和进步的载体，也必须在组织管理上不断创新，才能适应社会的发展并引领社会前进。同时，学校作为一种社会组织，要发展，就必须走向合作，建立学习型组织，采用现代教育管理模式，摒弃科层制的弊端，重视校本，珍重现实。只有这样，才能不断创新，发挥每个人的智慧，造就社会栋梁。在学校组织和管理创新中，学校办学体制改革是重中之重，法人治理、对学校与教师之间关系的重新审视则从理性的角度给学校组织管理创新带来一片生机。

走向合作：现代学校组织的发展趋势

孟繁华　田汉族

Tending to Cooperation：The Development
Tendency of Modern School Organization
Meng Fanhua & Tian Hanzu

　　竞争与合作是人类进步的两大动力，也是组织发展的价值导向和运行机制。随着社会主义市场经济体制的逐步建立，竞争价值、竞争思维、竞争理念一直主导着社会组织的变革，竞争已日益成为社会生活中的重要内容和手段。在教育领域引入竞争机制，也成为日常话语和制定教育政策的选择方案。竞争冲击、消解了以往的计划经济体制和平均主义，激发了教育活力、提高了教育效率，在特定的历史时期发挥了重要作用，但在进行现代教育制度设计和制度安排，以及进一步促进学校组织发展方面力所不能及，甚至由于过度竞争而造成了诸多问题。正确认识竞争与合作的内涵和相应的运行机制，重新认识竞争的边界，重新审视、反思教育竞争与合作的关系，构建基于合作的学校组织发展框架，对于促进学校发展有重要意义。

一、竞争与合作：组织发展的价值导向和运行机制

　　竞争与合作的天平偏向哪方，体现了组织发展的价值导向，也是进行组织发展运行机制设计的前提。

（一）竞争

　　竞争是指不同个体或群体为了生存和发展而对稀缺资源进行争夺，竞争优胜劣汰的根本属性使它既是一种激励机制，又是一种淘汰机制。作为激励机制，它使胜利者在实现竞争目标的同时，也获得了需求的满足。作为淘汰机制，它使失败者在失去竞争目标的同时，不得不承受失败的代价。

　　人类的竞争有三种形式，即生存性竞争、竞赛性竞争和合作性竞争。生存性竞争是竞争的初级状态，其目的仅仅是为了获取外部利益；竞赛性竞争立足于组织内部，竞争的目的是实现对群体既得利益的合理分割；合作性竞争以提

高群体的整体竞争能力为目的，通过个体间的联合、互助与合作以及与外部解除战略伙伴关系，尽可能多地将群体外部利益内部化。

竞争导向的组织表现为竞争性的组织结构、竞争性的组织文化、竞争性的组织运行模式和竞争性的组织环境。竞争性的组织结构是指战胜对手的高度统一的集权性组织要素及其关系；竞争性组织文化是一种强调用竞争作为组织管理的主要方法和策略，鼓励内部成员之间进行经常性竞争的观念、思维、制度和活动方式；竞争性组织运行模式和竞争性的组织环境是指组织之间为实现各自的目的而争夺有限资源的状态。在竞争条件下，组织发展主要是一种量的增长。

尽管竞争是推动社会进步和组织发展的重要力量，但竞争并不是万能的。一方面，竞争机制自我调节功能的盲目性、事后性和短期性等特征，常常导致竞争机制失灵，而竞争机制失灵的可能结果一是由竞争不足演化为过度竞争，甚至不正当竞争，过度竞争的结果必然是竞争组织"两败俱伤"，走向竞争动机与目标的反面。二是由竞争趋向集中，由集中趋向垄断，引发新一轮的竞争。另一方面，竞争也有着其特定的适用范围。传统竞争一直体现为一种你死我活的激烈竞争，一方胜利必然意味着另一方失败，结果往往导致两败俱伤。大量的组织发展实践证明，那种以消灭竞争对手为目标的低层次做法不但不能给组织带来最大的成效，而且还会造成社会资源的巨大浪费，不利于社会的可持续发展。

（二）合作

组织是诸多元素相互联系、相互作用而形成的相对独立于环境的整体，正是合作使组织获得一种共生机制和持续发展机制。只有竞争，没有合作，这个组织就不可避免地走向解体。

合作是组织产生的基础，也是组织发展的重要机制。第一，人类是群居合作性的动物，人类个体孱弱的躯体特征和生命过程中漫长的依赖期，决定了人类无论在自然界还是在社会中都不可能单纯依靠个体的力量或能力生存和发展。合作是人类生存的基本前提，也是人类得以发展的基本前提。第二，人类的生存活动中总是要面临资源稀缺和匮乏的问题，而人类解决生存资源稀缺与匮乏的问题只能依靠合作而不能依靠竞争。第三，竞争必须以合作为基础和前提，盲目或过度的竞争却会破坏人类合作，从而破坏人类的生存条件。无论是为了生存或是发展，组织必须依赖和利用合作的力量。人类演进的历史也表明，社会组织的形成与建立，其实质就是借助联合的力量，以合作的形式创造生存与发展的最大空间。有关研究证实了合作型的工作关系对开放式管理、提高员工参与程度等方面具有重要作用。①

对组织内部来说，合作的主要形式是建立学习型组织。学习型组织就是为了适应环境和持续发展而不断进行学习的组织，在整个组织中充满着学习气氛，所有人员都全身心投入并有能力不断学习；它能充分发挥员工的创造性思维能力，是一种有机的、高度柔性的、符合人性要求和可持续发展的组织。学习型组织管理模式已经受到世界各国管理界的广泛重视，成为社会和组织再造生机、发挥创造性、增强竞争力以及获得可持续发展的有效途径。

对组织外部来说，合作的主要形式是建立战略联盟或称合作伙伴关系。这是指由两个或两个以上有着对等实力，为达到共同拥有市场、共同使用资源等战略目标，通过各种协议和契约而结成的优势相长、风险共担、要素水平式双向或多向流动的一种松散的合作模式②。战略联盟的性质是长期合作，是自发的、非强制性的，联盟各方仍旧保持原有组织管理的独立性，既可以不间断地从其他组织获取营养，又可以为伙伴组织作出贡献。

二、竞争导向的学校组织

在竞争理念的强化下，学校组织的发展目标、结构、文化等核心要素都明显带有竞争的色彩，竞争一度成为学校发展的价值导向和主要的运行机制。

（一）竞争导向的学校组织发展特点

1. 学校发展目标的功利性

竞争导向的学校组织发展目标是提高升学率，这有意或无意地排斥了教育的真正目的——学生的全面发展。一段时间以来，一些学校甚至出现了过度竞争现象。教育目标功利化弱化了全面发展的教育目的，教育的科学性、人文性、民主性受到损害。

2. 学校组织发展的封闭性

学校相互间和学校内部的激烈竞争，造成了学校之间封闭、学校内部人与人之间的阻隔。一是学校与学校的封闭。重点学校之间、重点学校与非重点学校之间，城市学校与农村学校之间，大、中、小学之间，职业学校和普通学校之间缺乏交流与沟通。二是学校内部组织之间的分离。如年级组之间、班级之间、学科组之间等合作与联系不够。三是学校内部人与人的封闭。学校领导之间、领导与师生之间、教师之间、学生之间缺乏交往和沟通。四是学校与社会

---

① Tjosvold D, 等. 合作与竞争理论的实验研究 [J]. 管理世界, 2002 (7): 126 – 133.

② 张兰霞, 等. 竞争合作理论述评 [J]. 东北大学学报: 社会科学版, 2002 (3): 184 – 186.

环境和自然环境的相对封闭。忽视了人际间的交互影响、社会交往、社会活动，以及与现代社会和科技发展的联系。

3. 学校组织文化的同质性

学校组织文化的同质性是指学校文化内容、方式及其产品的相似性，主要表现在培养目标的单一、课程内容的刻板、教学方法的僵化，使学校普遍缺乏个性。同质性越高，学校的创新能力和核心能力往往就越低。

（二）竞争导向的学校组织容易产生的问题及其原因

竞争是一个十分复杂的问题和现象。自然的、公平的竞争，可以增强学校内部的活力，提高学校的经济效益和社会效益，但片面以竞争为导向造成的过度竞争的状态则是有害的。一段时间以来，一些人盲目崇拜竞争的作用，视竞争为推动学校组织发展的万能手段，这已经在一定程度上对学校组织发展带来了一些不良后果。

1. 学校教育目标的偏离

理想的教育目标应该促进学生个性的发展，使其各种能力得到充分、自由、和谐的发展。过度竞争往往会过分强化学校的选拔功能，忽视学校的文化传承及对人的发展功能，造成学校教育背离全面发展的育人目标，代之以升学率为直接目标，单纯以考试分数作为评价学生和教师的绝对标准。

2. 学校组织结构的异化

学校组织"自上而下"的单向沟通方式，有使其异化为竞争体系中的"行政组织"或"经济组织"的倾向，学校组织的目的变成了如何实施有效的控制。统一的培养规格、分割的课程体系、标准化的课程内容、精细化的评价手段，以及教师队伍管理等方面均带有过强的行政色彩和功利因素，而学校组织自身的演进规律和文化本性相对弱化。

3. 学校组织文化的缺失

学校是教育者与教育对象共同创设的学习环境，是教学相长的文化组织，与其他组织相比具有智慧性和生成性的特征。但竞争导向的学校组织倡导的是一种占有性、排他性和对抗性的文化。这种组织文化把教师看成是传递文化的工具，学生是接受文化的容器，忽略了文化主体的主观能动性和发展性，容易造成师生创新能力不足。

4. 学校竞争的失范

学校间进行适当竞争，有益于促进教育质量的提高。但缺乏一定规则的竞争，会带来一定的负面效应。一方面，学校之间的差距过大，不均衡现象已经引发了一些社会问题。另一方面，在学校内部，由于学校资源配置的不公平，过度的竞争容易引发学校内部组织冲突和人际冲突。教师的职业倦怠、学生的厌学皆与过度竞争有关。优质教育资源的短缺和教育资源配置的不均衡是学校竞争的客观基础。

优质教育资源短缺，在经济快速发展和居民收入不断增长的情况下，"择校"现象突出；教育资源配置的不均衡使同类学校的竞争不在同一起点上，这一方面助长了教育的寻租行为，另一方面不平等的竞争加剧了学校之间发展水平的差异。同时，竞争激烈的经济环境，严峻的就业形势，使经济竞争延伸到教育领域，并产生了扩散效应。文凭"符号"价值的强化、文凭的生产过程的弱化造成了教育竞争的异化和失范。

从教育自身来看，过度竞争是学校组织异化的反映。过度竞争不仅是外部因素的反映，也是教育系统内部存在问题的产物。过度竞争的弊病不但源于教育本身的某些特性，也掺杂了某些人为的因素。如重点学校和普通学校、重点班和普通班、优等生和差等生的划分，使教育差别超出了既有的界限，给学生、教师和学校造成了潜在的压力，从而大大强化了教育竞争的激烈程度。

三、基于合作的学校组织再造

树立基于合作的学校组织发展观，并在其引领下进行制度和方法创新，实施学校组织再造，是进一步推动学校组织发展的关键。学校组织再造就是要构建学校组织运行和发展的合作创新机制，实现人与人、人与学校、学校与学校、学校与社会的协同发展。

（一）制定基于合作的教育政策

教育政策是指政府在一定时期为实现一定的教育目的而制定的关于教育事务的行动准则，它对学校组织发展和行动方案具有直接的指导意义。以竞争为导向制定的教育政策对于提高效率有重要意义，但在当前形势下，适度弱化竞争、强化合作将有利于从根本上实现教育目的。

制定基于合作的教育政策对我们提出了反思以往教育政策的要求。第一，面向全体学校，而不是个别学校。教育政策具有引导性，适时制定促进校际合作的教育政策，是推进基础教育均衡发展的根本所在，相应的"择校"现象也会逐步解决。第二，面向团队，而不是个体。在教师队伍建设上，基于合作的教育政策，将会促进学校组织整体发展，而通过竞争强调教师的差别，频繁运用个体奖励的办法只能在一定条件下有限地调动一部分教师的积极性，但背离了实现教师队伍整体发展的目标。第三，面向全体学生，而不是少数学生。教育应该以促进全体学生全面发展为宗旨，一切按比例和名额划分的、基于竞争的、只能使少数学生受益的教育政策应该重新梳理，使教育政策导向回到面向全体学生上来。

（二）建立学校间的战略伙伴关系

基于合作的学校与学校的关系应定位于战略伙伴关系。这种关系是一个"生命"的系统，其目的在于创造共同价值，如同企业的战略联盟，其宗旨是不与竞争对手争夺市场、划分势力范围，而是努力与竞争对手共同创造并分享一个更大的市场。构建学校之间的战略伙伴关系，将有利于缩小校际差别，实现共同发展。基于合作的校际间战略伙伴关系应是在共同理念前提下开展的，双方对于学校组织发展的理念应基本一致，共享的理念是形成这种战略伙伴关系的关键。

建立学校间的战略伙伴关系应为合作的双方带来实际的利益，这是合作战略得以实施和成功的前提。利益的来源在于参与合作学校的资源配置的优化，资源及核心能力的互补，合作伙伴之间通过共同开发所创造出的新的发展机会。而这种创新的契机在学校整个战略的实施中是重要驱动力。创新的契机为实施合作战略的双方开创了全新的事业领域，使双方互相影响、互相促进，并延伸了各自的能力范围，而合作双方之间的诚信起着不可或缺的重要作用。

（三）形成共享的学校组织文化

学校组织文化所体现的不仅是学校过去的成功经验，而且是与学校发展战略调整相适应的价值观念与思维方式，不仅是组织记忆的产物，而且是不断学习的产物。合作的前提是共享，通过学习形成共享的学校组织文化机制是进行合作的可行途径。

第一，形成学习机制。要使学校中的教师都具有学习的意愿，学校必须成为具备"自我学习"机制的组织。这种组织机制本身就是一种极好的教育因素，整个学校的教学、管理和其他一切工作都以这种机制为依托，使教师在用中体会所学，在用中发挥所学，满足教师自我提高、自我实现的高层需求[①]。第二，通过团队学习和组织学习，实现学校组织文化的变革。从学校组织文化作用的方式来看，一方面，学校组织文化作为一种现实的力量存在，它对置身于其中的学生、教师、行政管理人员的发展具有巨大的影响；另一方面，由于学校组织文化的实质在于一些无形的假定，它反映在行为中并得到加强，潜移默化地形成强有力的经验。因此，学校变革的一个重要方面就是组织文化。没有这种学校内部人的思考方式、价值信仰、行为方式的"类"结构的改变，就不会出现有效的学校组织文化变革。第三，重视在经验中学习。学习的基础

---

① 吴岩，孔宏. 学习型学校的组织分析 [J]. 教学与管理，2005 (11)：6-9.

是团队的实际经验，团队成员对学校组织工作提出问题，进行反思，增长个人和组织的知识和学习能力。坚持以这种方式来审视经验的目的是在组织成员经过一段时间后，形成一种能够反复从自己的经验中学习并有所增益的终身有用的技能和洞察力。如果这一点能够成为学校组织的一个重要组成部分的话，那么，学校组织就有可能具备一种持续的自我更新与变革的意识和能力。

（四）建立扁平化的学校组织结构

我们处在一个信息化社会，运用一些技术手段，能够轻而易举地实现对大量信息的快速集中处理，在第一时间内将所有有价值的信息传递给高层决策者。这就在根本上动摇了经典管理理论中"管理幅度"论的理论基础，使许多原来仅起到"信息中转站"的中间管理层的作用淡化，当组织扩大规模时，原来加强管理的思路是增加管理层次，而现在的思路却是增加管理幅度。

基于合作的学校组织结构创新，必须考虑到嵌入组织中的整体社会的结构环境，也必须克服学校自身路径依赖的惰性。这种组织必然是一种扁平化的组织，通过破除组织自上而下的垂直高耸的结构，减少管理层次，建立一种紧凑的横向组织，达到使组织变得灵活、敏捷、柔性和富有创造性的目的。

学校组织结构扁平化需要打破传统的、严格控制的、集权性的纵向组织结构，建立灵活多样的以分权性为主导的横向组织结构。基于合作的扁平化的学校组织强调合作与共享，强调团队精神，团队与团队之间、团队成员之间、团队与学校之间是求同存异、互相帮助、共同发展的协作关系。

（五）优化学校领导的角色与行为

基于合作的学校组织是一种通过学习不断促进师生个体和学校共同发展的组织，学校领导的角色和行为应聚焦于此。第一，学校领导要以激发组织成员的内在动力为工作重心，努力营造一种和谐的人际关系，在此基础上搭建共同发展的平台，凝练核心价值，激发每一位成员的积极性。

正如彼得·圣吉所讲的，"领导者是设计师、教师和仆人。他们负责建立一种组织，能够让其他人不断了解复杂性，厘清愿景和改善共同的心智模式，也就是领导者要对组织的学习负责。"[①] 第二，学校领导要从关注目标实现转变为关注学校使命和发展过程，要从过去更多地关注管理目标具体实施与控制，转变到更多地关注学校共同愿景的形成和学校的发展与未来。要把每位成员视为组织的动力源泉，开发和引导组织成员的潜力，注重沟通与激励职能的实现。学校领导要成为校本知识生产的重要一员，成为学习型、创造型、战略

①　Senge P. The Fifth Discipline [M]. London: Century Business, 1993.

型的领导，学校领导的行为方式也呈现民主化和人性化。

（该文发表于《教育研究》，2007 年第 12 期）

试论学习型学校

孟繁华　周举坤
On Learning-based Schools
Meng Fanhua & Zhou Jukun

在社会环境急剧变化，教育内部压力逐渐增大的情况下，基础薄弱校如何从现实的困境中摆脱出来，办学水平一般的中小学如何进一步发展，构建学习型学校是一个可行的答案。随着社会主义市场经济体制的建立和完善，学校建设中也逐渐引入了市场力量，学校之间的竞争在逐渐的加剧。学校要在竞争中处于优势地位，必须具备某种核心能力，从而提升学校效能，这是学校从平庸走向优质的关键。

一、学习型学校的理论基础

一定的学校管理模式总是与一定的学校发展水平相适应，学校管理模式是否适应学校发展，关键要看它是否从根本上提升了学校效能。

长期以来，中小学学校管理模式是基于机械的思维范式而设计的。在这种思维范式下，思维重心放在对事件起预示作用的因果关系上，管理方法是把工作任务分割成易于观察和衡量的部分，然后设计一定的程序，作出计划。基于机械思维范式的学校管理模式特征可以概括成三个部分。第一部分是管理主体方面。决策者高度集权；在组织结构上遵循金字塔的等级制度；目标取向上以短期效率和效益为根本目的，学校追求表面化、数字上的效益，较少考虑其社会责任。第二部分是方法系统。在决策上首先对问题进行分解，然后采用完全程序性、线性、一元性、逻辑性和确定性等方法进行思考；制定发展战略的方法是计划；信息的采集来自组织内部；指导控制的手段是运用权威；在生态意义上的演化是线性增长式的。第三部分是管理对象。管理对象是被动的，或者说是控制型的。这种动力结构不论管理对象是"经济人"，还是"社会人"，都是以自上而下的控制序列为前提，其差异仅表现为控制方式不同，其工作表现为服从、僵化和各行其是。

现代科学的诞生和发展为我们提供了新的方法论的实践基础。人们逐渐认识到单纯从机械力学中获得方法论并不完整，从丰富的社会文化中凝聚的核心价值认识为我们提供了认识教育问题的方法论。在管理主体和管理客体关系上，有两方面问题：一方面是主体对客体的认识是否正确，这是真理问题，是事实因素的提取问题，需要用科学的方法解决；另一方面是客体对主体是否有益，这是价值性问题，用科学的方法从根本上是不能解决的。科学认识和价值认识这两条轨迹的融合为我们提供了教育组织决策的适应思维范式。

适应思维范式摒弃了机械决定论的研究方法，承认事物的不确定性、非线性和复杂性。科学管理和人本管理的融合，正逐步成为学校管理学发展的主题。这不仅是因为学校管理学内在发展的历史逻辑要求，还因为这种深化融合又代表着东西方管理模式的发展融合。崇尚科学方法是西方理性管理模式演变发展的主旋律。① 与西方理性文化形成鲜明对比的东方非理性文化认为人与大自然是"天人合一"，重视自我修养和内心世界的平衡，强调人与人之间的关系融合和社会稳定。与西方理性文化追求"真"相对应，东方文化追求"善"②，强调情感、潜意识和感觉，追求人为目的的价值关系、行为准则。这一切构成了东方非理性文化管理模式的文化基础。20 世纪 80 年代兴起的以日美管理方法比较为方向的研究体现了这一融合，作为 21 世纪学校管理理论发展主题的科学管理与人本管理的深化融合则涵盖了这一发展趋势。

学校管理的适应思维范式，着重强调把握事件发展的统计因果关系，对于一因多果或一果多因的"多"尽可能用概率来描述。同时充分考虑到事件的经济价值、社会政治价值、科学价值、审美价值。管理的方法是从整体出发，注意到系统内各要素及系统与环境的关联、分解与合成的不可逆性。机械思维范式和适应思维范式特征比较见表 1。

表1　机械思维范式和适应思维范式特征比较

内　容	适应思维范式特征	机械思维范式特征
决策者	适度分权	集权
组织结构	弹性关系	等级制

① 刘玉琦. 西方管理理论分析 [M]. 天津：天津教育出版社，1994：12.
② 都星汉. 论管理中的理性和非理性 [J]. 改革与战略，1996：67－72.

内　容	适应思维范式特征	机械思维范式特征
目标	共同愿景	单一目标
方法系统	整体、非线性	分解、程序性和线性
程序技术	模拟	习惯、标准
战略构成	连续变化	计划
信息	全方位	内部
指导和控制	内部领导层	权威
生态界面	非线性增长	线性增长
决策对象	主动	被动
工作角色	协商	服从

需要说明的是，学校发展阶段是与一定的思维范式相联系的。以机械思维范式为主导的学校管理模式适用于学校内部要素较弱以及学校效能较差的情况。在学校发展处于较低阶段的情况下，学校管理往往采用科层管理模式。而以适应思维范式为主导的学校管理模式适用于学校内部要素较强的情况。这种情况下，继续沿用和强化科层管理模式，学校效能将难以提升，必须构建一种全新的学校管理模式——学习型学校管理模式，使之与较高层次的学校发展阶段相适应。科层管理模式学校和学习型学校的适用性如图1所示。

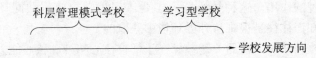

图1　科层管理模式学校和学习型学校管理模式的适用性简介

二、学习型学校的内涵

现代社会的特点是环境变化迅速，反映在学校里就是教育理念、管理方法和活动方式的快速更新。其实这并不是最大的问题，因为这种快速的变化能使人迅速感知，迅速反应。最大的问题在于那些变化并不显著，看起来好像并不是关键的事件。因为这些变化可能是复杂的，其影响可能超出局部感知的限度，使人们往往不能正确预测未来。正是这些容易被忽视的事件最终才可能成为学校发展的关键要素。对这些事件一些学校一时无法觉察，而当意识到这种变化再试图调整时，已经无能为力。当产生变化时，原有结构中比较成功的组织，因为不愿意改变原有的状态以适应新的环境，往往更有可能走向衰弱。学校的这种反应能力与企业相比，相对较弱。

采取科层管理模式的学校管理者认为，学校效能提升的关键在于对学校内部各个要素实施有效控制。从某种角度讲，学校包括六大要素：人、财、物、信息、空间和时间。其实，这六大要素的提升只是学校效能提升的必要条件，要从整体上提升学校效能，仅从这些要素上考虑问题是不够的。在学校六大要素中，人作为对其他要素的支配者在学校发展中起到至关重要的作用，只有使学校中人与人之间以及人与其他要素之间构建一种合理的关系才能实现学校效能的提升，而这种合理的关系有赖于建立一种有效的管理系统，通过这种系统有效的管理系统平台让每种要素发挥其最大功效，从而真正提升学校的整体效能。

做好学校工作涉及两个方面的内容：其一是教育者的素质，这主要指教育者的教育思想、教育方法和专业水平等；其二是学校的组织和管理，这涉及如何协调众多教育者的关系，如何使教育者发挥作用，如何对教育资源进行合理配置，如何使教育组织有效地运转等。这些是学校管理者必须思考的课题。考察众多学校的发展过程，可以发现，一些学校稳步发展；另一些学校则停滞不前，甚至走向衰落。考察后者，其外显指标要素如师资水平、硬件条件等并不差。是什么因素制约了学校发展呢？通过研究，我们发现，一个重要的关键指标——核心精神，可以解释这个问题。一所学校的生存与发展并不仅仅是由物质条件和师资水平决定的，隐藏在背后的学校核心精神，以及由此派生的核心能力起着关键的作用。这种核心能力主要体现为学校成员共同具有的隐性知识，而隐性知识往往是很难从外界环境中获取的。

优质学校和薄弱学校的关键差异在于学校核心精神和核心能力的不同。优质学校具有较强的核心精神和核心能力，而薄弱学校的核心精神却是缺失的，这些学校往往采用科层管理模式，虽然看起来秩序井然，但学校效能往往较差。学习型学校建设正是基于核心精神。核心精神和能力的关键在于组织成员间的组织学习，让组织成员融入到组织学习中，进行对话，追求差异，挖掘信息，形成强大的学习动力，最后达成共识。在这种浓厚的学习氛围中，每个个体将会积极主动地挖掘各种因素的最大效能，合理地将这些效能结合在一起，最大限度地提升学校整体效能。

在学习型学校里，真正的学习主体是团队或学校本身。我们可以从两个维度上表述学校学习类型：第一个维度是从个人到团队，第二个维度是从要求到自愿。由此，我们可以把学校的学习类型划分为"个人—要求式"、"个人—自愿式"、"团队—要求式"和"团队—自愿式"。根据这个类型划分，前三种学习类型只是一般意义上的学习，作为一种学校管理体制上的设计，第四种学习类型"团队—自愿式"才符合学习型学校的建设要求。

世界上所有的组织不外乎两种类型：一类是"权力控制型"，另一类是"非权力控制型"，学习型学校属于后者，那么什么样的管理模式更适合学校呢？现实中许多观点交织在一起，组织与个体，理性与感性，质变与量变，性恶与性善，本土与国际，自然与人为，不同视角有着不同层次的选择与诠释。在学校管理上所采取的方式、方法和手段，均与教育管理者的教育理念直接相关。这里我们不妨把科层管理式学校与学习型学校的几个指标进行一下比较，以便更清晰地对学习型学校进行把握。第一是学习主体。科层管理式学校的学习主体是少数人，他们的学习是被动的学习、被迫的学习；学习型学校的学习主体是全体员工，他们的学习是自愿的学习。第二是教学主体。科层管理式学校的教学主体是外部培训专家；学习型学校的教学主体是一线工作人员和外部培训专家，教学主体得以拓展。第三是学习方式。科层管理式学校的学习方式是专修课程和员工之间的"传帮带"；而学习型学校除此以外，还包括团队协作、个人思考和合作关系。第四是学习时间。科层管理式学校的学习时间主要是在岗前；而学习型学校倡导终身学习。第五是学习内容。科层管理式学校的学习内容主要是专业技术；而学习型学校除此以外，还包括人际关系和合作学习方法。第六是学习地点。科层管理式学校一般要求在课堂等常规场所学习；而学习型学校主张工作和学习的不可分割性，二者地点的统一。

三、如何建设学习型学校

建设学习型学校的核心策略是全体学校成员、所有部门都积极行动起来，促进知识在学校内部快捷顺畅地流动。为了促进知识的流动，需要在学校制度层面进一步促进学习和工作的融合。具体表现在：第一，将学习的责任置于学校的管理指令系统中，成为部门、工作团队和教师的共同职责。第二，工作和学习不可分割地联系在一起，学习是工作的新形式，学习成为人们愿意做的事而不是被迫做的事。第三，建立组织绩效反馈机制，这种机制使组织内各层，包括个人和工作团队，可以根据各种信息及时纠正或改进组织行为。第四，工作团队的管理方式以自治为主，团队成员往往被要求掌握多种技能。

为此必须在组织结构和知识载体两个方面构建平台，对学习型学校的建设提供支持。

（一）组织结构

一定的结构产生一定的功能。长期以来，广大中小学往往采用直线式的组织结构（如图2）。这种结构的优点是，结构简单，权力集中，责任分明，联系简捷，命令统一。但这种组织结构也存在很大的局限性，容易造成知识流动的不通畅，难以形成强力而鲜明的学校核心精神。学习型学校的组织结构应该具有促进组织学习，促进共享知识流动的特点，矩阵结构模式则具备这种功能（如图3）。

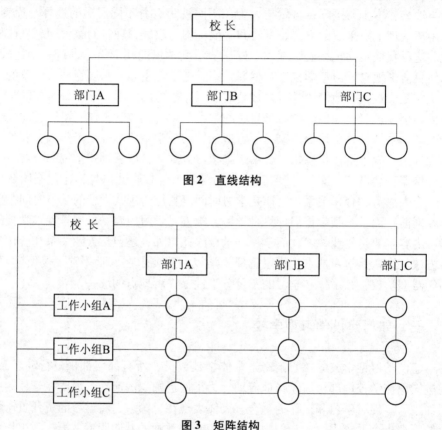

图2　直线结构

图3　矩阵结构

直线结构情况下，一条信息的传递至少要经过两级才能到达，很容易造成失真。广大教职工缺乏与学校管理者在同一个层面上思考问题的机制，无法同舟共济，难以参与学校的管理。矩阵结构则打破了传统的"一个教职工只有一个领导"的原则，使一个教职工属于两个甚至两个以上的部门。这种组织的优点是，加强了各职能部门的横向联系，具有较大的机动性和适应性；正确处理了集权和分权的关系，使两者得到较好的统一；有利于发挥广大教师的作用，有利于调动大家的积极性和主动性；对环境的变化适应性较强。在矩阵结构中，工作过程是以解决问题和成员参与为核心的，矩阵结构是一种共同参与的组织结构，它为共享的知识在学校里快捷通畅地流动提供了组织保障。

（二）知识载体

学习型学校建设的关键在于找到一个知识载体，让知识在学校里流动起来。这种知识一定是团队共享的，都感兴趣的，都有意义的。团队里的每个人成为这种知识流动的节点，并对此加以吸收、再造。这种知识流动的关键在于团队的"对话"和"讨论"能力。在对话和讨论过程中，要坚持同中求异的原则，欣赏不同观点和意见，凝聚共识。教学作为学校工作的核心内容，是在一定文化背景下开展的。没有良好的环境氛围，教学工作难以取得优秀的成绩。我们可以通过构建学习型学校，实现学校的工作理念、思维方式、价值取向、伦理道德和行为习惯等校园文化诸要素的有效提升，为学校工作提供环境支持。构建学习型学校的基本步骤是，通过人际的互相沟通和深层对话，在工作和交往中共同协作，进而生成核心精神和共同理想，互相理解，互相信任，最终形成系统思考的校园文化状态。可简要表示为：沟通→深层对话→协作→团队精神→共同理想→系统思考。在此思路下，可以采取如下的实施策略：以沟通和对话为切入点，形成"上下结合、横向交流、认可差异、扩大共识"的学校运行习惯，促进学习型学校制度和核心精神的形成。在建设学习型学校的过程中，并没有一个现成的模式可以效仿。我们可以根据学校的具体情况和学习型学校建设的基本思想作出设计。

（该文发表于《教育研究》，2004 年第 12 期）

构建现代学校的学习型组织

孟繁华

Constructing the Modern Learning-organization School

Meng Fanhua

从国际上看，这种影响不仅停留在理念层面，而且已经渗透到具体的操作行动中。一定的组织模式对应着一定的效能。在建设北京丰台教育发展服务区的设想中，我们认为，构建现代学校的学习型组织模式是实践学习化社会思想、提升学校效能的重要前提和基础。

一、学校效能与组织模式

学校组织模式是一个宽泛的概念，可以从不同的角度去把握。以组织学习为视角开展研究，最早可追溯到 20 世纪 60 年代。组织学习对于现代组织来讲，不仅是组织的一项重要职能，而且为全面提升组织效能提供了解决方法，并成为组织生存和发展的前提与基础。信息社会和知识经济时代，组织学习变得愈加重要。

学校作为实施教育的组织，其组织模式适应与否对于学校效能（School Effectiveness）起着重要的作用。早在 20 世纪 70 年代很多学者就致力于学校效能特征的研究。这一期间人们认为有效能学校的重要特征包括：有力的行政领导、有序的氛围、基本技能目标明确、成绩取向的政策、高的期望、经常性评估、教职员发展、在职培训、合作的气氛、用于学习的时间、强化和按能力分组。但在 20 世纪 80 年代中期，探讨学校领导与学校效能之间关系的多项研究表明，校长的领导与学校效能的相关并未达到显著差异水平。多项研究显示，有效能的学校和教学的领导有关。研究人员发现在"领导"效能的次级量表上，如教学的管理、情感的投入都达到了显著水平。因此，教育的领导无疑是提高学校效能的因素。另有学者对 1986 年至 1996 年间十多项研究进行了元分析和定性评论，归纳出多项影响学校效能的要素。这些要素不仅涵盖了早期研究的结果，而且还有新的发现，具体体到了每个要素的组成成分。其中，具有不同特征的学校的组织模式对学校效能的影响非常显著。

1997 年 1 月在美国田纳西州孟菲斯举行的"第 10 届学校效能及改善"的国际研讨会中，人们利用面谈方式研究成功学校、次成功学校及不成功学校的不同。研究结果从以下八方面去探讨有效能学校的特点：（1）机构组织。校长与教师分享管理权力。教师们常通过正式或非正式小组工作，组长与校长间联系紧密，共同协作。通过会议制订计划及实行方法。机构文化是重视解决"问题"而非作人事斗争。（2）政策确定。教师常坦诚商讨问题，提出意见，达致共识。在制定决策过程中，教师们得到满足感和自主权，解决问题能力亦有所提升，而他们的决定一般都会得到校长和校董事会的支持。（3）协作精神。教师们态度开放，愿意学习和改进。校内团队精神强，教师通过互助互谅、支持和合作去解决问题和计划工作。（4）远见和使命感。校内的教职员有共同的理想，有清晰的目标和崇高的使命感，在共同目标下去解决问题。（5）学习组织。校长教师间互相信任，思想开放，愿意学习，愿意改善，敢于尝试创新，互动过程明显。（6）社区领导。学校与外界机构接触多，工作得到社区支持和认同。校方愿意通过不同渠道与家长和社区建立良好关系。

（7）校长领导。校长态度开放，愿意接纳他人，因而得到各人的信任。他愿意与任何人和社区沟通，在校内能提供专业意见以支持各小组工作发展。（8）信任。校内各工作人员互相信任，不会各自为政或互相猜忌。显然，在上述特点中"学习"成为直接或间接的核心词汇。这反映出学习对于成功学校效能起着重要作用。

二、组织学习和学习型组织

对"组织学习"和"学习型组织"的研究最早可追溯到20世纪60年代，但直到1990年麻省理工学院斯隆管理学院彼得·圣吉（Peter M. Senge）出版了《第五项修炼——学习型组织的艺术与实务》（*The Fifth Discipline：the Art and Practice of the Learning Organization*）一书，才激起了对组织学习与学习型组织研究和实践的热潮。对组织学习和学习型组织的研究和实践首先是从企业领域开展的，这个时期科技的迅猛发展、组织环境的剧烈变化，已经把组织学习历史地推到了非常重要的位置上。它的诞生绝非偶然，而是组织模式适应组织效能需要的必然产物。在时间上恰与教育领域学习化社会思潮的流行相对应。尽管两者的研究对象不同，分析层次也有差异，但作为同一社会、文化背景下的诞生物，其思想内容、主要观点并行不悖。

"组织学习"（Organizational Learning）的概念实际上是从"个体学习"（Personal Learning）借鉴引申而来的。组织是由个体构成的，个体学习是组织学习重要的前提和基础。另外，组织不是个体的简单相加，组织学习也不是个体学习的简单累积。组织具有记忆和认知系统，通过这些功能，组织可以形成并保持特定的行为模式、思维准则、文化以及价值观等。组织不只是被动地受个体学习过程影响，而且可以主动地影响其成员的学习。因此，个体学习与组织学习之间存在相互影响、相互制约的互动作用。阿吉瑞斯（Agris）和萧恩（Schon）等学者深入地探讨了个体学习与组织学习的关系，他们指出，组织学习主要是具有共同思维模式的个体行为的结果。组织学习过程比个体学习过程更为复杂。[①] 要了解一个组织是否在学习，必须满足以下三个条件：（1）能不断地获取知识，在组织内传递知识并不断地创造出新的知识；（2）能不断增强组织自身能力；（3）能带来行为或绩效的改善。因此，组织学习是一个持续的过程，是组织通过各种途径和方式，不断地获取知识、在组织内传递知识并创造出新知识，以增强组织自身实力，并产生效能的过程。

关于"学习型组织"（Learning Organization）的定义，圣吉指出，学习型

---

① 邱昭良. 学习型组织：即将到来的组织革命［J］. 决策借鉴，1998：3.

组织是这样一种组织，"在其中，大家得以不断突破自己的能力上限，创造真心向往的结果，培养全新、前瞻而开阔的思考方式，全力实现共同的抱负，以及不断一起学习如何共同学习"。① 井口昌野中（Ikujiro Nonaka）用"知识创造型公司"来描述学习型组织，指出知识创造型公司的特征是发明新知识不是一项专门的活动……它是行动的一种方式，是存在的一种方式，在其中，每个人都是知识工作者。派得乐（Pedler）等认为，学习型组织是促使组织中的每一个成员都努力学习，并不断改革自身的组织。加尔文（Garvin）指出，学习型组织是指善于获取、创造、转移知识，并以新知识、新见解为指导，勇于修正自己行为的一种组织。马恰德（Marquadt）指出，系统地看，学习型组织是能够有力地进行集体学习，不断改善自身收集、管理与运用知识的能力，以获得成功的一种组织。科姆（Kim）则认为，几乎所有的组织都会学习，不管其是有意还是无意。学习型组织是指那些有意识地激励组织学习，使自己的学习能力不断增强的组织；而非学习型组织则对组织学习听之任之，从而一步步削弱了其学习能力。② 总之，在学习型组织中，学习的动机是内驱的，人们充满了对未来的美好憧憬，并且通过学习实现组织和个人目标。

人们把与学习型组织相对应的传统的、具有权力等级的组织称为"告诉型组织"（Telling Organization）。我们可以通过这两种组织在学习特征上的差异，理解学习型组织的内涵，如表1所示。

表1　告诉型组织与学习型组织在学习特征上的差异③

学习特征	告诉型组织	学习型组织
谁学习	被选派的人员；受奖励的人员；有关人员	每个人；所有教职员工；所有部门和阶层
谁教学	组织内部培训者或外部专家	一线工作人员；内部培训者；部分专家
谁负责	培训专家	每个人
使用什么样的学习工具	专修课程；在职培训；员工之间"传帮带"；正规培训；学习计划	专修课程；在职培训；学习计划；员工之间"传帮带"；学习标准；团队协作；个人思考；与外部组织建立合作伙伴关系
什么时间学习	被要求的时候；就业上岗的前期；需要的时候	所有时间；具有长期性

① Senge P M. The Fifth Discipline: the Art and Practice of the Learning Organization［M］. Currency Doubleday（a Division of Bantam Doubleday Dell Publishing Group, Inc.）, 1990.

② 邱昭良. 学习型组织：即将到来的组织革命［J］. 决策借鉴, 1998：3.

③ Braham B J. Creating a Learning Organization［M］. Crisp Publication, Inc., 1995.

学习特征	告诉型组织	学习型组织
学习什么	专业技术	专业技术；人际关系；如何学习
在哪里学习	课堂上；岗位上	课堂上；会议上；工作中；无处不学
目的	今天的需要	将来的需要
感觉	无精打采	精神振奋

三、学习型组织的环境平台

正如圣吉所说，在成为学习型组织的过程中，并没有一个现成的"模型"可以效仿。我们可以根据自己学校教职员工的具体情况，创造一个具体的学习环境。为此，构建学习型组织的环境平台是必要的。

平台一：建立组织对学习的良好态度

学习是每个人的责任。但是，学校组织在提供一个支持和鼓励学习的环境方面起着关键的作用。学习型组织认为：（1）学习渗透到人们所做的每一件事情中，它是人们日常工作的常规部分，而不是额外的事情；（2）学习是一个持续不断的过程，不是一件有始有终的事情；（3）合作是所有关系的基础；（4）每个人是成长的、进步的，在这个过程中改变着组织；（5）学习型组织是有创造力的，人们共同创造了这个组织；（6）组织向其自身学习，员工自己教给自己提升效率、提高质量和创新。显然，在学习型组织里，动机被看成是与生俱来的。学习不再是被迫的事情，个人及其团队会主动确定他们自己的学习日程。学习型组织需要那些能够驾驭自我的人，单纯技术方面的技能不能保证他们的成功。①

学习型组织是一个开放的活系统，系统中的各个要素是相互联系的。由于学校组织是一个开放的活组织，维持学校组织自身平衡就面临巨大压力：如果试图改变组织中某个要素，其他要素也要作出相应改变，以求维持新的平衡。因此，学习型组织要求人们进行系统思维（Systems Thinking），以此让组织着眼于整个系统的变动（Systems Change），而不是在出现问题的时候一味追求有责任的部门。为此，必须建立对学习的良好态度；营造一种支持学习者的氛围；确定能够利用的学习工具；懂得成年人的学习方式，用知识推进学习；使

---

① Knight J. Do Schools Have Learning Disabilities?　[J]. Focus on Exceptional Children, 1998, 30（9）. Nancy Mohr, Alan Dichter. Building a Learning Organization [J]. Phi Delta Kappan, 2001, 82（10）.

用多种方法评价教职员工的学习进展情况；从经验中得到的知识学校组织予以承认；清楚什么样的学习方式最适合自身的情况；鼓励每个教职员工成为终身学习者；鼓励教职员工要虚心学习；了解那些抑制学习的因素；知道如何激励人们学习。

平台二：建立奖励机制

考核和奖励，无论在年终，还是平时，都是一个人们关注的话题。原因有二：一是对于学校组织，如何考核教职员工绩效，奖励谁、惩罚谁，昭示着学校的价值标准，关系到学校今后的发展方向；对于教职员工，学校如何评价自己，关系到每个人的切身利益，关系到自身价值是否得到充分肯定，甚至关系到自身的去留。二是如何客观、公正、科学地考核和评价教职员工，以及对员工进行奖罚，本身是一个世界性的难题。

美国管理专家米契尔·拉伯福（Michael LeBoeuf），作为一个从车间成长起来的管理者，在长期的管理实践中发现了一条最简单却往往被人遗忘的道理：人们会去做能受到奖励的事情；受到奖励的事情是会重复的；你想要什么，就该奖励什么[1]。借鉴他的理论，我们在构建学习型组织时，提倡更多地运用以下的奖励方式：向参加学习的人颁发证书；在内部简报上发表有关学习体会的文章；对通过学习获得技能的人进行物质和精神奖励；在大会上给予表扬肯定；在学习时给予口头肯定；对团队取得的学习成绩予以奖励；对个人取得的学习成绩予以奖励；在管理层和团队召开的会议上安排时间汇报学习经验；工作绩效鉴定包括学习。

平台三：消除创造性压力

人们的学习轨迹可分为两类：一类是创造性的（Creative），另一类是应答性的（Reactive-Responsive）。在应答性的学习轨迹上，学习者随所处环境的变化而变化，无力主宰自己，也无力控制事件的发生，这时学习者的学习大都是偶然性或追溯反思性的，是被动反应式的。而创造性学习则不同，学习者有权利决定自己想学什么、做什么，可以提前主动决定想要学习的内容，并使之持之以恒，这时学习者是主动创造性的。

要克服学习障碍，必须走创造性学习之路。创造性学习的核心任务是首先在学习者现实与目标之间形成恰当的创造性压力，然后再消除它。消除创造性压力的方法有两种：第一种方法是降低目标，这种方法在消除压力的同时也降低了学习者的自信和自尊；第二种方法是不断提升现实，使现实与目标的距离越来越近。这种方法是创造性学习的手段，也是终身学习者持有的方法。以下

---

① LeBoeuf M. How to Motivate People——Reward: The Greatest Management Principle in World [M]. London: Sidgwich & Jackson, 1986.

根据布拉汗姆（Barbara J. Braham）提出的消除创造性学习压力的 5 要素观点①，综合提出克服组织学习障碍，消除创造性压力的行为要点。

学习者：不耻下问；向周围的人学习；在会议上倾听别人的发言；结成网络；加入专业社团并参与其活动；与别人深入交谈。研读：订阅相关报纸杂志；去图书馆；有规律地按时阅读；学会上网；参加讨论会、讲座；探讨难题；经常光顾书店；阅读书评。反省：日三思吾身；三思而后行；反省自己的处世方式；经常分析问题；洞察形势；有规律地带着问题去理解；坚持写日记；经常发表观点。实践：大胆尝试；勇于实验；贯彻到底；投身到事情发生的过程中去；勤于动手；采取措施；现在就拿起笔开始做。观察：注意别人；寻找榜样；事事关心；不做判断；设法弄明白你所看到的事情；察言观色；分析其所作所为；研究别人如何应付各种局面。

（该文发表于《比较教育研究》，2002 年第 1 期）

重新认识学校，推动学校改进

张 爽

Push Forward the Reform of a School through a
Renewed Cognition of the Role of a School
Zhang Shuang

前段时间，中央电视台《焦点访谈》节目曝光了甘肃省永靖县某中学"按成绩排名收管理费"的事件。该校将学习成绩与交纳学费挂钩，同时规定，每学期考试后，排在全年级 548 名后的理科生和排在 95 名后的文科生每人交纳 400 元的管理费，而校长认为这是对学生的一种激励机制。江苏某中学专门拿出十多间套房，免费提供给学校里学习成绩名列前茅的十几个"尖子生"作为宿舍，每套房 30 多平方米，设备豪华，不但有淋浴器、空调机、洗衣机、微波炉，还为每个学生配备了手提电脑，将之作为优待好学生、使之安

---

① Braham B J. Creating a Learning Organization ［M］. Crisp Publication, Inc. , 1995.

心学习、有学习动力的手段。还有一些学校，对学生实行所谓的"军事化"管理，对学生和老师"管理到牙齿"，甚至诸如学生在什么地方能说话，老师必须采取什么方式批改作业都规定得极其详细，认为管理条例制定得越多越详细，就必定越科学，越有效——殊不知，管理效率与学生发展是两回事，这种做法可能对学校某一层面的运转来说是有效的，但对于学生的成长呢？

我们的教育正处于一个重要的时期。社会转型是当代中国社会发展的特征，也是当代中国教育发展面临的宏观背景。^① 在从传统社会向现代社会过渡的过程中，人才培养的目标与方式必然会不断发生变化，也正因为此，近些年来，我们国家的教育改革不断进行。随着我国社会转型性的改进与教育改革的深化，教育改革的重心逐步下移，学校在教育现代化中的主体地位日益凸显。然而，由于一些学校缺乏对自身角色、定位的深刻认识和准确把握，出现了前文提到的看似荒谬却活生生的事实。

本文所讲的学校改进是指按照国家教育的方针、政策，中小学在基础教育改革中发挥主体作用，不断总结经验、发现问题、解决问题，推动学校系统不断改进的过程。在这一过程中，学校既要遵循国家宏观政策、方针的指导，不游离于社会，又要发挥自身主体作用，在先进教育理念的引领下不断进步。

一、简论：重新认识学校

教育改革和学校改进的核心问题是什么？原教育部部长周济指出，贯彻落实科学发展观，推动教育的改革和发展，一个重要的切入点就是要牢牢抓住以人为本，坚持教育以育人为本，以学生为主体；办学以人才为本，以教师为主体，自觉实践为人民服务的宗旨。要坚持教育以育人为本，以学生为主体。培养什么人、如何培养人，是我国社会主义教育事业发展中必须解决好的根本问题。因此，必须把培养学生、促进学生的全面发展作为一切教育工作的出发点和落脚点。要全面贯彻党的教育方针，坚持一切为了学生的发展、一切为了学生的成人成才，促进学生生动活泼、主动地发展，培养德智体美全面发展的社会主义建设者和接班人。^②

很多人会说，这些我们知道，教育要以人为本，学校要以育人为本，然而在实际工作中，却有更多的人无法做到。我们常常直接讨论如何促进学校改

① 和学新.社会转型与当代中国教育转型 [J].华中师范大学学报：人文社会科学版，2006，45（2）：135-140.

② 周济.教育改革和发展的核心问题 [J].人民教育，2005（7）：6-8.

革，需要采取什么策略，重点基本上集中在学校的教学质量、管理方式等方面，而忽视对"现代学校到底是什么"、"学校的角色和定位发生了什么样的转变"进行思考，对本原问题的忽视造成全社会对基本问题的认识不清，"大帮哄"、"一刀切"地开展工作。这是值得我们警醒的。现代学校作为国家教育发展的基本单位，应是教育改革的实践主体、策源地和创造性执行者，应坚持以人为本的理念，创造健康良好的教育秩序，促进学生的成长和教师的专业发展。重新认识学校是成功进行学校改革从而推进教育改革的重要前提。

（一）学校已从改革的对象成为改革的主体

处在一个改革的时代，学校连续不断地被要求改革，或在一定的环境要求下推行改革。新中国成立初期，伴随着计划经济体制的建立，受苏联教育模式的影响，政府采取了一系列措施改造旧学校、建立新学校，国家对教育实行全面控制，政府基本上对学校实行了大包大揽的全面管理。因此在以往的教育改革过程中，学校往往是改革的对象，由政府提出目标和要求自上而下地开展改进，忽视学校的文化传统、现实情况及问题，同一个地区"千校一面"的状况比比皆是，因此改进往往无法深入开展、取得实效。

学校作为改进的中心和主体，到底是促进改进还是阻止改进，主要看学校的改进能否"代表全体人员的利益，同时也最符合儿童的兴趣"。[①] 因此，基于学校的文化传统和发展现实基础上进行思考，将学校发展过程中最迫切的问题作为切入点，充分调动学校内部强烈而迫切的改革愿望，是最重要的。"除非得到了教师、学生及其家长们的适当而又有力的支持与合作，否则就别想进行重要的长期改革。"[②]因此，"尽管政策的支持非常关键，但改革从来不能自上而下地强迫进行，因为就学校和课堂层面的改革而言，必须适应地方的需要。强调条件与责任的重要性，意味着地方的发明创造必须得到政策的支持，而这些政策既要提供自上而下的支持，又要赋予自下而上的主动性。"[③]"自上而下与自下而上的决策本身都不是有效的，仅当自上而下和自下而上的力量相互作用、调和并且导向欲求的目标时，改进才会产生。"[④]

在学校改进过程中，政府既不能成为全能型政府，占据主体的地位，大包大揽无所不管，当然也不能完全"转移责任"，袖手旁观。而学校，在面临"改革自主权"的时候，应将权力和责任充分转移给教师和学生，使改进从集体的层面真正落实到个体层面，依托教师和学生的需求真正成为改进的主体，

①②④　威廉 G. 坎宁安，保拉 A. 科尔代罗. 教育管理：基于问题的方法［M］. 赵中建，译. 南京：江苏教育出版社，2002：33，48，171，41，141.

③　Darling-Hamond L. The Right to Learn［M］. San Francisco：Jossey-Bass，1997：336 - 337.

取得实效。

（二）学校已从政策的被动执行者成为创造型执行者

当今社会，教育理念正在发生重要改变，因此我们必须重新认识学校。学校是什么，除了是培养学生的地方，是执行政策、推行改革的地方，我们更应该认识到，学校作为改革的主体和策源地，在改革过程中更应该主动发挥首创精神，主动改变自身面貌，沿着健康的道路向前发展。其工作思路应该从等政策、靠领导向主动实践、主动创新发展，从被动执行者发展为创造型执行者。

"真正的优异不能从外部强加。政府官员并不能创造优异的学校，而是学校领导者、教师、家长或公民们共同创造了优异的学校。"① 这种论述可能有失偏颇，有为政府开脱责任之嫌，但其道理是值得思考和借鉴的。学校应该在国家战略方针的指引下，充分结合社会、教师、学生的发展需求，结合学校历史传统、发展特色，创造性地推动学校改革深入进行。

因此，我们的学校在改进过程中应深刻认识到这种变化，以育人工作为核心，充分调动成员的积极性，紧密结合学校特色，深入剖析自身问题，有效依托社会资源，主动实践，主动创新，从而有效推动教育改革。

二、学校改进需要有先进教育思想引领

国家教育改革的细胞组织是学校，因为学校是教育的实践主体，教育改革的每一步都要在学校的范畴中进行，在国家政策方针的指引下，充分调动学校的主动性、积极性是非常重要且必要的，政府不再要求学校亦步亦趋地跟在身后，学校在这一过程中掌握了较大的自主权。

然而面对自主权，很多学校却常常出现一些不良的反应：要么是政府管惯了，学校被管惯了，所以学校仍然消极等待，工作如一潭死水；要么是学校领导非常想有好的发展，但盲目求助于外力，比如照搬西方模式或所谓先进模式，不从自身实际情况思考问题；要么是嘴上喊着建立现代学校制度，一切以人的发展为本，但所有工作仍以学生的成绩为本，认为学生取得好成绩才是根本，一遇到反对的声音，就以高考为挡箭牌，事实上我们可以好好想想，难道除了高考的问题我们的学校里就一点问题都没有了吗？如果取消了高考学校里所有问题马上就迎刃而解了吗？当然不会。所有的学校都有责任主动通过改进构建良好的发展环境，而不是不负责任地舍本逐末，忽略育人功能的实现。试

---

① 威廉 G. 坎宁安，保拉 A. 科尔代罗. 教育管理：基于问题的方法 [M]. 赵中建，译：南京：江苏教育出版社，2002：33，48，171，41，141.

想，按成绩排名收取管理费，将交纳学费的数额直接与学习成绩挂钩，会对学生产生什么样的影响？在这样一个氛围里成绩差的学生绝不仅仅只是多交学费而已，记得当时看记者采访该校校长，校长曾经说这种做法是希望学生在学校里就能感受到真正的社会，真正的社会就是这样不平等的，那么按这样的逻辑岂不是没有是非善恶的标准，教育的批判精神何在？为学习尖子生准备"豪华套间"作为鼓励手段所得到的结果至多只是加强学生对物质的欲望，对于学生的全面发展没有丝毫益处；而对学生和教师进行"无微不至"的过度管理更是容易让学校变成"牢笼"而非学习和生活的乐土，无奈现在还有大量学校在向着这种"典型"努力，因为很多采取这种管理模式的学校升学率获得了提高。

诸如此类的问题有很多，其主要原因就在于部分学校领导者在教育理念发展的大背景下缺乏对学校内涵的准确把握，不能从学校自身的发展情况审视问题、处理问题，片面理解学校的功能，误将学生分数作为学校一切工作的中心，没有遵循先进教育理念的引领，没有深刻理解"以人为本"理念的实质并将之用于实践，无法较好地实现学校内学生的成长和教师的专业发展。

遵循"以人为本"的先进教育理念，即指学校工作的出发点和落脚点都要以学校内部行为主体（教师和学生）的成长和发展为本，尊重个体需求，遵循发展规律，以学生的发展和教师的成长带动整个学校的进步。目前我们中小学在学校改进过程中主要有两个误区：一种是将经济领域部分理论无条件地转移至教育领域，用工厂和企业的管理模式管理学校，追求"效益"、重视"投入—产出"的测量，把各种经济学指标拿到学校范畴中，学校教育开始失去教育的本性，抛弃了精神文化。事实上，在教育领域中即使是借鉴市场规律也不能以此置换教育本性，教育与经济毕竟是两个本质上有所不同的领域，对于人的"精神"的养成永远都是教育最重要的功能之一。学校发展的关注点从标准化向个性化发展的今天，仍然追求经济理论、强化工厂模式是一种历史的倒退。而另一个误区，即把学校比做"机器"，这也是科学管理时代的特征，学校管理采取严密的科层制，虽然管理效率有所提高，但控制过度，窒息了学校内成员创造性的发挥，学校领导习惯性地控制和命令教师、学生，表面上看学校秩序良好、平稳运行，但"其静止的环境里存在着产生衰败的趋势"①。这实际上都是在实践中没有遵循"以人为本"教育理念的结果。

教育环境已经发生迅速转变，科学技术迅猛发展，知识更新速度不断加快，公众对学校表现的关注程度不断增加，学校担任的角色开始转变，为满足

① 杰拉德 C. 厄本恩，拉里 W. 休斯，辛西娅 J. 诺里斯. 校长论：有效学校的创新领导［M］. 黄崴，龙君伟，译. 第 4 版. 重庆：重庆大学出版社，2004：3.

教育环境的变化，教育理论、教育策略的更新势在必行。"学校需面对公众较高的问责，而教师则需发展不同的专业能力，以满足学生、家长、教育团体、社区以及公众等不同的期望。"① 因此，任何学校的成功发展都离不开学校所有成员的积极参与，其中校长和教师更是具有重要的作用。

三、校长：学校改进的领导者

近年来，对校长的认识已经发生了巨大的变化，正如教师营造课堂氛围一样，校长在营造学校氛围中扮演了极其重要的角色。② "学校领导不再被看做只是针对现状执行上层官僚机构政策的被动管理者。相反，今天的校长要负责塑造其学校，使之成为有效学习的显著标志。他们面临的挑战是澄清自己的价值观、信仰和立场，并主动鼓励他人和自己一起重新设计并改进其学校。"③ 在面临学校改进时，校长应该具有如下素质。

第一，对教育理论和管理原理有深入的认识和了解，校长应该对当代教育理念的发展以及国际教育发展趋势有深入的把握，只有这样才能在学校面临问题时游刃有余，校长必须是坚定的教育者，才能承担教育改革和学校改进的艰巨任务。

第二，对学校现状有深刻的把握，引领学校改进发展的方向。"校长首先必须是教学领导者，但这不应以牺牲有效的学校管理为代价。"④ 尤其是在学校改进时，校长作为学校工作的统领，应帮助学校内部所有成员建立统一的价值观，分析学校现状及问题，帮助他们了解学校的历史、文化以及发展目标，从而在全校上下形成一种团结、凝聚的氛围，促使目标实现。

第三，具备学校领导者应有的品质，比如责任心、批判精神、反思精神和开放包容的心态等。校长应该具有道德责任感，坚守教育的基本信念和原则，提倡民主价值，鼓励个性的发展，并善于营造以积极方式解决问题的氛围，具有自我反思的意识和能力。

---

① 郑燕祥. 学校效能与校本管理：一种发展的机制 [M]. 陈国萍，译. 冯大鸣，校. 上海：上海教育出版社，2002：154，156.

② Hall G E, George A A. School Climate: Measuring, Improving and Sustaining Healthy Learning Environment [M]. Philadelphia: Falmer, 1999: 165.

③ 杰拉德 C. 厄本恩，拉里 W. 休斯，辛西娅 J. 诺里斯. 校长论：有效学校的创新领导 [M]. 黄崴，龙君伟，译. 第 4 版. 重庆：重庆大学出版社，2004：3.

④ 威廉 G. 坎宁安，保拉 A. 科尔代罗. 教育管理：基于问题的方法 [M]. 赵中建，译. 南京：江苏教育出版社，2002：33，48，171，41，141.

四、教师：学校改进的主体

在学校改进过程中，教师的参与非常重要。只有吸引教师积极参与，才能促使课程和教学发生改进。学校自治理论通常表明，正是那些最接近（教育）"行动"的人——也就是教师——才是改革最该赋权的对象。① 然而，目前学校改进中教师的参与状况却不尽如人意。虽然大部分校长都支持新的改进，但教师往往对此缺乏热情。因为他们无法真正有效地参与到学校管理中。在许多情况下，决策权下放到学校导致权力"在学校高层"集中。②

近年的学校管理改革及教师专业化运动已使教师角色发生了基本的改变。20 世纪 80 年代，世界各地普遍提倡校本管理、协作管理或分享决策。自此，教师获得较多参与学校行政决策或学校管理的机会。此外，教师在组织内的领导角色已逐渐被重视。教师已从单纯的"授业者"发展为"教育专业人员、新知识及科技学习者、教育伙伴、改革激活者、决策者及学校理想实现者"③。因此，教师作为学校改进的主体之一，应该成为改进的"当事人"、推动者和促进者，直接参与到学校改进过程中。这也是学校教育从根本上进步的必要条件之一。

作为学校内部的一个行为主体，教师对于学校改进过程中学校决策、管理的参与是其享有的权利、应尽的义务。教师也只有真正参与其中，才能充分发挥工作的主动性、积极性，将个体发展目标与学校组织目标有机结合、统一起来，形成民主的学校氛围、良好的教学环境，从而实现学校和个体的发展。我们要认识到，教师的参与，不是校长的"恩惠"，也不是众多改革思潮中又一个听起来冠冕堂皇的"形式主义"，当然更不是能解决一切问题的"万金油"。因此，在实际工作过程中，既要避免"说一套做一套"，也不要过于理想化。

学校改进处于具体的情境之中，既要遵循教育的规律，又要尊重个体的成长；既需要肩负起对国家和民族的责任，又要肩负起对每一个个体生命、对人类命运的责任；既要具有国际视野，充分借鉴其他国家和地区学校的先进经验，又要充分发挥学校校长、教师的主体精神，紧密结合学校实际，主动创新，只有这样，才能推动学校改进的成功进行，充分发挥学校

---

① ② 杰夫·惠迪，萨莉·鲍尔，大卫·哈尔平. 教育中的放权与择校：学校、政府和市场［M］. 马忠虎，译. 北京：教育科学出版社，2003：82，73.

③ 郑燕祥. 学校效能与校本管理：一种发展的机制［M］. 陈国萍，译. 冯大鸣，校. 上海：上海教育出版社，2002：154，156.

的育人功能。

（该文发表于《中国教育学刊》，2006 年第 8 期）

大学组织主要特征分析

李孔珍　　阎凤桥

Analysis on the Characteristics of University Organizations

Li Kongzhen & Yan Fengqiao

大学是一种社会组织，有社会组织的普遍性特征，也有不同于其他社会的特有的特征。要研究大学这种社会组织，需要从组织的要素出发，分析大学组织中这些要素的特征。

格罗斯（E. Gross）与埃策尼（A. Etzioni）认为："现代化组织具有以下特征：（1）在劳动、权力以及沟通责任上有所分工，分工的方式既不是任意的，也不是传统的，而是围绕某一特定目标加以精心设计的；（2）具备一个以上的权力核心，用以指挥组织成员的行为，以促进组织目标的实现……；（3）实行成员的淘汰，对不胜任的成员通过轮训、降职、撤职的方式加以更换。"[①]卡斯特（Fremont E. Kast）与罗森茨韦克（James E. Rosenzweig）认为，组织是："（1）有目标的，即由怀有某种目的的人群所组成；（2）心理系统，即群体中存在着相互作用；（3）技术系统，即组织成员运用一定的知识和技能开展工作；（4）有结构的活动整体，即组织成员形成特定关系模式。"[②]达夫特（Richard L. Daft）认为，"组织的关键要素不是一个建筑、一套政策和程序，组织是由人及其相互关系组成的。当人们彼此作用以达到目标时，一个组织就存在了。"[③]

---

① Gross E, Etzioni A. Organization in Society [M]. New Jersey: Prentice Fall, 1985: 5-7.

② Kast F E, Rosenzweig J E. Organization and Management: A System and Contingency Approach [M]. New York: McGraw-Hill, 1979: 9.

③ 理查德 L. 达夫特. 组织理论与设计精要 [M]. 李维安，等，译. 北京：机械工业出版社，1999: 7.

从上面关于组织的概念可以得出如下结论：组织主要由目标、参与者、技术、权力结构四个要素组成。首先，每一种定义都明确指出组织"目标"的重要性，有了目标，组织的设置才有意义。其次，在上述"组织"概念中，"成员"、"怀有某种目的的人群"、"人们"等组织的参与者是组织的另一要素。再次，格罗斯与埃策尼关注了分工和淘汰，分工以任务为依据，而完成不同的任务需要不同的技术。达夫特的"发挥作用"也只有在组织参与者具有一定技术的条件下才能做到。因此，这两种描述中都隐含着"技术"这一要素，卡斯特与罗森茨韦克则鲜明地主张，在组织中存在技术系统。最后，格罗斯与埃策尼认为，组织"具备一个以上的权力核心，用以指挥组织成员的行为"①，另两种描述均重视了人群之间的"相互作用"和"关系"，而这种"相互作用"和"关系"中必定存在某种形式的权力。每一种组织都有不同形式的权力行使方式。因此权力结构是组织的一大要素。本文将以大学的目标、参与者、技术、权力结构等基本要素作为分析框架来探讨我国大学组织特征。

一、目标特征

专业对大学目标的主要观点是，大学目标众多，呈现出模糊不清的特征。伯顿·克拉克（Burton R. Clark）认为，由于高等教育的任务是知识密集型又是知识广博型的，因此很难陈述综合大学或学院的目的。波恩鲍姆（Robert Birnbaum）认为，目标模糊是学术组织的主要特征之一，学术组织很少有单一的使命。大学的目标菜单可能是冗长的：教学、研究、服务社会、管理科学研究、支持人文学科、解决社会问题，等等，它们总是试图为所有的人做一切事情。

笔者认为，当我们在探讨大学的目标特征时，不能仅仅限于大学作为一个整体的目标进行研究，还要考虑到其内部子系统的目标特征。尽管大学就整个组织来说没有清晰的目标，也难以找到合适的评价指标衡量大学的目标是否达到，但是在大学组织中基层部门会有具体明确的目标，比如课时、采用的主要教材等。

二、参考者特征

现代大学是一种多元巨型大学。"它不是一个社群，而是若干个社群——本科生社群和研究生社群；人文主义者社群、社会科学家社群与自然科学社

---

①　潘懋元. 多学科观点的高等教育研究 [M]. 王承绪，等，译. 杭州：浙江教育出版社，2002：31－32.

群；专业学院社群；一切非学术人员社群。"① 然而，尽管其社群林立，结构复杂，但是大学组织中参与者的特征主要表现在专业人员和学生上。

专业人员的特征主要表现在：第一，专业人员具有较强的自主性。正如汉迪所说，"专业人员的特点是愿意自我管理。"第二，专业人员的忠诚是分割的。鲍德里奇、库蒂斯、艾嘉和雷列等认为，专业人员有世界主义的倾向，对同行的忠诚可能与对组织的忠诚相冲突。第三，强调同行评价和引入外部同行评价。布鲁贝克认为，"既然高深学问需要超出一般的、复杂的甚至是神秘的知识，那么，自然只有学者能够深刻地理解它的复杂性……由于他们最清楚高深学问的内容，因此他们最有资格决定应该如何教授……更显而易见的是，教师比其他人更清楚地知道，谁有资格成为教授。"② 这是由知识产品的特殊性决定的。另外，有时，教授们在大学里生产的知识和思想尽管对人类长期发展很重要，但在短期不一定能够看出效果来，没有办法衡量。因此，最重要的是尽量做到评价的程序公正，以此保证最终评价的公正，对专业人员学术评价的一个重要规范就是引入外部同行评价。第四，声望和职位并不总是一致。在商业组织中，职位越高，声望越高。而在大学中，一名副教授由于近期的研究成果，在校外同行中的声望可能高于一名大学行政领导的声望。第五，大学由不同的专业人员群体组成，专业权力分散在不同的群体中。

大学另一有重要影响力的参与者群体是学生。从某种意义上说，学生既不完全是大学的"顾客"，又不完全是大学的"产品"。企业经营中可以说"顾客"就是"上帝"，但是大学管理者不能简单地说学生就是"上帝"；企业产品的评价者是顾客，但是学生无法完全客观地评价自身水平，也不是评价教师唯一有效的工具；对商业产品的评价标准一般是质量和价格，而对教育的需求不仅取决于质量和价格，还取决于其他"顾客"的"质量"，学生决定上哪所大学，不仅要看大学目前的学生水平，还要看几年前、几十年前的校友在社会中的位置。同时，学生又是大学组织中最忠诚的"顾客"，学生在校期间，对老师产生了深厚的情感。另外，学生又是大学内部的主要参与者群体之一，他们要求在决策过程中有发言权。随着世界范围内学校管理改革的推进，大学越来越关注学生的需求，对学生需求的满足成为吸引优秀生源的重要举措。

三、技术特征

伯顿·克拉克认为，知识就是材料，研究和教学是主要的技术。当我们在

---

① Kerr K. 大学的功用 [M]. 陈学飞，等，译. 南昌：江西教育出版社，1993：12.

② 约翰 S. 布鲁贝克. 高等教育哲学 [M]. 王承绪，等，译. 杭州：浙江教育出版社，2002：31—32.

谈论大学组织的技术时，研究和教学的特征就成为我们不得不考虑的重要方面，研究以知识创造为目的，教学离不开知识传授，因此我们必须考虑到大学组织中专业人员的知识专用性、知识创造和知识传授的特征。

专业知识的专用性表现在四个方面：一是专业知识的获得需要经过较长的时间并且付出较大的努力。大学组织中专业人员往往具有博士文凭，这就意味着他们在获取知识上比一般职业的人员花费了更多的时间，付出了更多的努力。二是转让费用高，即某一专业的人员所拥有的知识不容易被其他专业的人员获得或运用。例如，物理学科的教授很难在短时间内成为历史学教授或管理学教授。三是指某专业人员在该领域有了较深入的研究，一般意味着该专业人员在其他领域的研究较少，因为一般人的精力和时间都是有限的。四是专业人员对其专业领域的研究已经达到了较深的程度。

知识创造的特征表现在：首先，需要有充足的时间和自由研究的良好氛围；其次，需要遵从学术规范，同时，学术权威只能存在于本专业领域；最后，有些知识创造主要需要单个人的努力，有些则需要在个人努力基础上合作和协调。大学组织中知识传授的特征表现在研究性教学、评价的双向参与和思想的开放性上。

大学组织中的知识传授不同于中小学，更强调知识的探讨和创造，尤其是研究生阶段。课堂教学的评价需要双向参与，既需要资深同行的评价，也需要听取学生的反映。大学的教学活动需要的不是一言堂，而是学生的质疑，教师和学生都需要以开放的心态面对偏差和失误，只有这样才能促进学术的发展。

四、权力结构特征

权力结构特征可以从权力来源、权力存在的领域和权力的分割性三个角度分析。

首先，从权力来源看大学的权力特征。波恩鲍姆认为，大学的权力主要是下属愿意服从的权力和专业权力。与工资的提升或者行政处罚的威胁相比，大学的教师们很可能更受学术自由和道德行为的内化原则的影响，以及与同事交流的影响。因此，试图通过金钱等物质利益或下命令的方式去对教师施加影响可能会影响教师的行为，但影响的效果是有限的。行政管理人员正式职位的权力也起着不可忽视的作用，管理主体处于权力结构中不同的位置，其影响力不同。

其次，从权力存在的领域看大学权力特征。张德祥认为，"从大的方面看，高等学校内部的权力，主要由两部分组成，即学术权力和行政权力。"① 行政权力基于大学领域人员对活动的控制和协调，学术权力基于自治和个体知识。这种行政权力和学术权力的双元权力特征是大学组织所特有的。除了上述两种权力外，还有一种权力非常重要，这就是民主权力。除了行政领导和教授群体外，一般的行政人员、教师和学生也应该有自己的权力。这些权力的行使有助于大学组织决策者考虑到各群体的利益，同时增强决策的认同度和执行力度。

最后，从权力的分割看，在不同事情上和不同的时间内、权力被不同的成员拥有。大学由不同的群体成员组成，有行政领域人员群体、一般行政人员群体、学术人员群体、学生群体、校友群体等。每个群体都有自己的需要和特点，因此，在参与制定或制定决策时，权力也被不同的群体分割。

综上所述，大学的组织特征主要表现在目标、参与者、技术、权力结构上。分析大学组织特征，是研究大学组织的基础，只有在明确大学组织特征的基础上，研究大学的其他方面才更有价值。

(该文发表于《辽宁教育研究》，2006 年第 3 期)

从行政化到去行政化：大学管理本质的回归

田汉族

From Administration to Non-administration: The Reversion of
Essence of Universities Management

Tian Hanzu

"行政化"和"去行政化"都是属于管理现象，仅仅从现象角度讨论是否应该"去行政化"是肤浅的、不彻底的。大学"去行政化"，是一场涉及教育观念、制度、利益的、带有整体性的、深刻的思想和制度革命，其实质是回归大学本质和大学管理本质。

---

① 张德祥. 高等学校的学术权力与行政权力 [M]. 南京：南京师范大学出版社，2002：1.

一、大学组织本质是思考大学行政化和去行政化的逻辑起点

我国大学行政化由来已久，有着深刻的历史文化背景、社会心理基础和体制根源①，怎样去行政化，不仅需要对大学出现行政化倾向原因进行反思，还要对大学行政管理的必要性和去行政化的最终目的进行追问。而这种追问必须要回答大学为什么存在这个本体论问题。对大学的本质认识是否深刻影响到对大学管理的本质理解。"去行政化"的前提是政府决策者们对大学本质认识的改变。②

以追求"高深学问"为目的的知识的传承、生产和应用，是大学区别于其他社会组织的本质。"大学的组织形式、运营及管理都是围绕这一核心形成的，高等教育组织的其他特征也是基于这一基本特征而产生的"。③"学术性"是大学组织的根本属性，同时也构成了区别于其他社会组织的边界。因此，基于知识论的学术逻辑应该成为大学组织的首要逻辑。

大学管理的本质是大学本质的派生物。大学管理本质是基于大学的学术使命、目的与任务而存在和发展的，是为学者、学科、学问发展而进行的服务活动。如何认识大学组织的本质呢？列宁认为："人的思想由现象到本质，由所谓初级的本质到二级的本质，这样不断深入下去，以至于无穷。"④ 用这个思想方法揭示大学管理的本质，可以从大学内部管理要素的本质联系和大学组织与政府、市场的本质联系，来逐步深入地揭示大学管理本质的多级性，从而全面深入地认识大学管理的本质。

（一）大学管理的一级本质是效率

组织的存在就在于交易成本的节约，大学的起源就是知识转移过程中的成本节约。任何组织要有效发挥职能，必须通过协调、组织、领导和控制，使人力、物力、财力有机地结合起来，使组织成员投入最少量的时间、精力、资金和物资实现组织的目标。大学管理的一级本质就是为了追求传授知识和培养人才的效率，体现为大学投入与产出的关系。"效率作为一个科学问题，当然主要是'手段'问题；'高效的'机构，当然可能高效率地实现多种目的中的某

---

① 文明. 我国大学"行政化"的三大成因 [J]. 学习月刊, 2010 (4·上)：36 – 37.

② 王长乐. 大学"去行政化"是一项系统工程 [J]. 学习月刊, 2009 (11·上)：31 – 32.

③ 陈学飞. 面向21世纪国际高等教育发展的基本趋势 [J]. 辽宁高等教育研究, 1998 (6)：25 – 37.

④ 列宁. 哲学笔记 [M]. 中共中央马克思恩格斯列宁斯大林著作编译局, 译. 北京：人民出版社, 1956：256.

一个。"① 效率的核心是以完成任务为目的分工的，要求管理具有科学性。

（二）大学管理的二级本质是协调

大学管理为了追求培养人才目的，必须对大学的人力资源、物力资源、财力资源、信息资源等进行协调。不仅要协调大学与政府、市场的关系，而且要协调大学内部的教师与学生、教师与管理者、教师与教师之间的关系，教学与科研关系等。其中主要是协调学术权力和行政权力的关系。协调的核心是平衡，要求管理具有艺术性。

（三）大学管理的三级本质是服务

大学的主要产品是高素质的人才，大学管理就是要为培养高素质的人才服务。大学教师是高层次人才培养的主体。为师生提供教学、科研、生活的便利条件，既是大学管理的中心工作，也是管理的过程。服务的核心就是让师生感到满意和幸福，要求管理具有人本性。

（四）大学管理的四级本质是服务创新

大学不仅是传授知识的场所，更是创造知识的发源地之一，大学的最高层次就是研究型大学。大学组织是"松散结合的系统"，其内部存在着"有组织的无序状态"。大学管理应为大学学术活动的开展营造更为自由和宽松的氛围，以激发大学内部成员的积极性和创造性。② 大学管理的最高本质就是创造，用创新的管理理念和思维，探索有效的、有特色的管理模式、管理方法，为激发教师和学生发挥创造潜力创造各种有利条件。创造的核心是管理者与教师和学校共同发展，要求管理具有开放性、灵活性、智慧性。

现代社会已开始进入知识经济时代，现代大学的使命是要为社会的整体发展培养创新人才。现代大学与社会的联系也更加紧密，现代大学管理面临的形势更为复杂，大学管理中的不可控和不稳定的因素也更多，创新将体现在管理的思想、制度、技术和方法各个层面。因此，服务创新是现代大学管理的特殊本质和整体本质。

二、大学管理行政化的本质

"行政"一词是指政府对社会事务和国家事务的管理活动，即公共行政管

---

① 赫伯特·西蒙. 管理行为 [M]. 杨砾，等，译. 北京：经济学院出版社，1988：177.

② 阎光才. 大学组织的管理特征探析 [J]. 高等教育研究，2000（4）：53-57.

理，本质属于管理学的范畴，是为了科学、有序、规范地组织本单位各项工作的运转，是组织管理的基本方式。行政的典型活动方式是行政组织内在明确的等级分层（每一层级都严格规定有相应的权、责、利）的基础上的一种命令与服从的关系，或上下级关系。上级下达指令性信息，逐级贯彻执行，下级只对上级负责。这一关系性质也代表了行政领域中的行为特征。这种行为特征向社会其他领域的扩展和渗透称为"行政化"。行政化的本质是不能区分特定组织与行政部门的性质、职能、工作方法，自觉或不自觉地从观念到行动上向行政部门靠拢，照搬行政权力机关的工作方式和方法来开展自己的工作，甚至沾染了行政机关也应该克服的"官"气和官僚主义作风。在中国，行政化几乎渗透到社会的各个层面中，包括机关、企业、医院和大学等。大学管理行政化过程就是大学组织管理要素被行政关系固化的过程，偏离了大学管理的服务创新本质。大学管理行政化本质具体表现在以下几方面。

（一）大学管理人员的官僚化

官僚化是指以行政级别划分管理的责、权、利，大学管理人员的角色具有官员特征，是官本位的人格化。目前，我国高等院校正在形成一种越来越严重的官本位倾向，主要表现在：高校的行政化倾向不断得到强化，行政权力主导与控制学校教学与科研活动，高校与政府官员结成利益共同体，高校教师的当官意识浓厚，等等。[①] 大学管理者官僚化，否定了教师和学术的主体地位，事实上扭曲了大学管理的服务性、协调性和效率性，严重制约了大学的思想自由和创新精神，不断挤压高校自主办学和管理创新空间，使真正追求教育工作和学术创新的人才不断边缘化，最终导致高校求真求实的学术氛围及其办学质量下降，急功近利和学术浮躁的不良风气盛行。当前中国大学的许多问题都与之有着直接关联。

（二）大学组织的科层化

大学组织的科层化主要表现为用科层管理的理念和思维、工作方式来管理大学。表现在：（1）大学管理机构设置与政府机构具有同构性或同质性。大学在组织形式上存在与政府对应的两个系统机构：党委组织机构与行政组织机构，暗含了大学机构与政府教育主管机构横向业务部门划分标准的统一性与功能对接性。（2）从大学与政府的组织关系看，政府对大学的控制和干预强化。大学管理的主体是国家及教育主管部门，大学隶属于政府，大学的建立、经费来源、专业设置、招生计划、教育教学活动、科学研究、毕业生分配、后勤服

---

① 吴增基. 论我国高校的官本位倾向及其克服的条件 [J]. 学术界, 2006 (6)：261－267.

务等，都须按国家或主管部门的指令办事，形成了单一的按行政机构规则行事的运行机制。最典型的表现是大学校长完全由政府任命，享有行政级别。（3）行政权力主导学校学术与教学事务，行政权力凌驾于学术权力之上，庞大的行政队伍是支配和支撑高等学校的真正主体。① （4）大学学术组织行政化。大学行政权威的过度和学术权威的官员化，导致大学学术组织运作的官僚风格、长官意志、非学术标准及目标等。大学组织的行政化是大学管理的效率性、协调性、服务性和创新性的异化，行政思维和模式办学，造成了注重大学外延发展，而忽视内涵建设，大学内生功能弱化，机构膨胀，冗员过剩，机关作风盛行，行政权力和学术权力的冲突加剧，资源使用效率不高甚至严重浪费，"权学交易"等。

（三）大学管理制度的同质化

大学管理行政化还体现在制度的行政化。行政化的管理体制体现为高等教育的主管部门制定了比较完备的管理制度，大学与管理部门之间以及大学内部组织校、院、系之间形成了指令与服从的行政关系。这种控制方式的特点是高度集中统一性，它通过强有力的统一计划、调动和支配有限的人力、物力、财力，迅速地发展高等教育规模，改变大学组织行为，加强高等教育的整体性或大学的整体优势。大学管理是为教学科研服务的，服务性是其本质特征之一，大学教学科研具有很强的专业性，需要提供个性化的弹性管理服务。但由于统一的管理模式，刚性的办事程序，各个主管部门的长官意志，部门利益的强化，使大学教师们忙于应付各种检查和会议，损失了独立研究和思考的时间；同时评价标准数量化、强化，压缩了他们说真话的空间，也培养了教授们的集体无意识和屈从的性格特征，限制了不同类型和层次的大学的积极性和创造性发挥，最终导致大学的发展同质化、模式化和全面平庸。

三、大学管理去行政化的本质

如何去行政化？大致观点有：政府放权、大学自治、教授治教、学术自由，让大学回归学术本位等。这些理解是有道理，但很不全面。大学管理本质的回归首先是大学管理理念和价值回归、管理思维的回归、管理体制和方式的回归。

（一）去办大学行政化定式，立按高等教育规律管理理念

作为学术性组织的大学与作为行政组织的政府存在着根本的区别：学术价

---

① 李江源. 对我国高等学校行政化的反思［J］. 有色金属高教研究，2000（1）：35－38.

值与行政权力价值的体现方式是截然不同的，前者表现出创造精神、批判精神，并以对社会的终极关怀为己任，其主要特征是求异和超越；后者表现为执行政策、服务协调，并以对管理效率的追求为己任，其主要特征是统一和服从。创造精神是大学价值所在，是大学在社会有机体中保持自身地位和生命力的法宝；批判思维使得教师能够以科学、严谨的态度对待传统与现实，从不盲从。行政机构是根据理性管理原则运行的，如科层化和科学管理来设置机构、划分权限和进行明确而清晰的职责分工，以实现效率的最大化。

按照行政体制的结构和运作模式来管理高校，就必然会在一定程度上忽视了大学作为学术组织的特性，就不可能按照高等教育规律、学术发展规律、大学生成长规律来办学，而结果就会衍生出大学官僚化、功利化、工具化、庸俗化等现象，使大学失去了应有的气质和风骨，也背离了大学的本质和使命。①因此，大学"去行政化"就是按高等教育发展规律、高等学校办学规律和学术发展规律办高校，把高校作为学术性组织而非行政机构进行管理②，既要讲求办学的效率，更要发挥大学管理的服务功能和创造功能，维护大学的学术严肃性、品质的高雅性和精神的崇高性。如果按照行政化的思维和方式"去行政化"，大学管理行政化的实质并没有改变，甚至会加重大学的行政化倾向。如果政府管理大学的模式没有改变，简单地取消行政任命，取消行政级别，不会使大学现状发生根本改变。

（二）去大学管理科层化，立大学管理专业化

大学行政化的制度核心是科层制。科层制作为一种"科学"的管理制度，具有高效性、统一性等特征，但也具有僵化性、模式化的特点。大学去行政化，并不能完全取消科层制，更不能取消行政。因为随着大学规模、职能和战略的拓展，大学被赋予越来越多的社会服务职能，内部的学术、行政事务日益繁重，大学组织结构也由单一演变为多元。在西方现代大学中，以校长为首的行政体系具有相对独立的组织目标，即以专业的管理水平提高学校运作效率，争取更多的社会办学资源，为教学、科研提供高水平服务。"大学校长和政府官员是不一样的，适合当校长的人通常不适合当政府官员，除非他当总统。校长是一个很具个性化的职业，校长要在重大问题上表示自己的观点，要有自己的看法。"③

---

① 张发旺. 关于高校"去行政化"的几个问题 [J]. 当代教育与文化, 2010 (3): 96 - 101.

② 李立国, 赵义华, 黄海军. 论高校的"行政化"和"去行政化" [J]. 中国高教研究, 2010 (5): 2 - 4.

③ 张维迎. 大学的逻辑 [M]. 北京: 北京大学出版社, 2004: 42.

从大学的整体性质来看，大学管理是一种高度专业化的管理。大学是知识分子的聚集地，大学教师及科研人员一般都拥有较高的学历及专业知识，思想活跃，具有较强的独立性和批判精神；大学教师及科研人员的工作又具有极强的专业性、个体性，教学内容、方法的确定及科研工作开展基本上都是教师个人决定的事情，对他们进行管理往往被教师理解为是对他们工作的粗暴干涉。而行政部门又要对教学、科研进行一定的管理，所以管理难度较大。要使大学行政管理取得成效，必须懂得教育规律、管理原理，走专业化管理道路。大学需要研究各种管理理论和方法，成为先进行政管理手段的实践者。让大学的管理者成为教育管理专家，发达国家在教育行政人员专业训练方面的经验值得借鉴。[①]

（三）去大学管理官僚化，立大学管理民主化

官僚化是科层化的必然结果，官僚化的本质是权力集中，去官僚化就是要改变过去大学管理权力过于集中的做法，让大学的相关利益者参与学校管理，充分发挥各方面的积极性，特别是教授治校的积极性。这是由大学的组织特点决定的。"大学到底是一种底部沉重、以基层为主的学科和事业单位的矩阵"。[②] "大学的前途，就其协调传统与革新的职能而言，应多取决于成千上万个别教师的价值观，而很少取决于大学的理事或校长。"[③] 因此，师生参与、民主管理是大学管理的内在要求。大学管理的重心在基层，应实行自下而上的管理。

民主的大学管理不仅需要管理重心下移，而且还要制定一些民主化的制度，如校务委员会、学术委员会、教授委员会、教职工代表大会等。还要在管理的机制上采取协商、对话、信息公开、申诉等机制，对涉及师生员工个人切身利益的校内改革进行充分酝酿、严谨分析，并严格执行民主程序，保障师生员工依法行使其知情权、评论权、申诉权、批评建议权、参政权。

（四）去大学管理程式化，立大学管理创新化

在具体的方式方法上，大学管理的行政化表现为按照行政规范，按部就班，缺乏主动性和灵活性。照章办事或简单地模仿，尽管便于统一管理，避免制度外的责任和风险，但程式化的管理方式，将违背大学发展的内在逻辑，阻

---

① 董云川. 论大学行政权力的泛化 [J]. 高等教育研究，2000（2）：60～64.

② 伯顿·克拉克. 高等教育新论——多学科的研究 [M]. 张维平，张民选，译. 杭州：浙江教育出版社，2002：125.

③ 阿什比. 科技发达时代的大学教育 [M]. 滕大春，滕大生，译. 北京：人民教育出版社，1983：151.

碍大学内部的创造动力，无法激发大学的创造活力。长期如此，就可能养成管理人员的惰性心理和官僚作风。

由于大学目标的模糊性与科层组织目标的明晰性相矛盾，大学的价值多元性与科层管理的统一性相悖，大学教师的教学科研时间安排也与行政管理人员的工作时间不一致，大学教学科研效果的不确定性、评价的复杂性与科层管理目标的精确性相冲突，大学管理面临诸多不确定性和矛盾冲突。这就要求大学管理创新，即大学管理部门和管理者在进行管理活动中，研究新情况、探索新问题，通过创造性活动，对传统大学管理模式进行扬弃，实现大学管理主体的自我改造和变革。大学管理创新的内容在于根据大学的发展需要与可能，在国家法律的学科范围内和坚持管理伦理的前提下，不断创新管理的观念、组织、体制、机制、技术和手段，其根本目的是激发全体教职工的创造活力。

如何理解大学本质和大学管理的本质，以什么样的指导思想和理论基础去行政化，是这场改革取得最后成功的关键。正如有的学者认识的那样，"去行政化"的前提是政府决策者们对大学本质认识的改变，"去行政化"的关键是国家的高教决策层对大学中党政关系本质理解的改变。①

从科层到校本：现代学校管理模式创新

田汉族　程细平
From Bureaucracy to School-based Management：An Innovation of
Administration Model of Modern School
Tian Hanzu & Cheng Xiping

一、科层管理模式及其历史价值

科层制管理作为一个术语最初只是用来指政府的行政管理，后来它逐渐应用到一般的大型组织。对现代意义上科层制的系统阐述，是德国社会学家马克思·韦伯。韦伯认为科层制（Bureaucracy）是有意识地创造出来的，是对工

① 王长乐. 大学"去行政化"是一项系统工程［J］. 学习月刊，2009（11·上）：31－32.

业社会中大型而复杂的组织进行行政管理的最有效手段，可以说它是城市化、工业化和劳动分工的产物。社会分工以及庞大的工业化的规模和场所，需要把人力和资源集中到一起从事专门化的生产活动。社会学一般将基于这种社会分工和城市化与工业化发展的具体需求而出现的各种正式组织统称为科层制。韦伯在他著名著作《社会组织和经济组织的理论》一书中对其特征进行了详细的论述：（1）劳动分工。组织结构内部每个成员所担负的工作都是简单、明确和常规性的任务。（2）权力等级关系。组织结构内部具有确定的职权层次，低级的职位处于高层职位的监督与控制之下。（3）高度正规化。组织结构内部依靠一套正式的法规和制度程序来规范组织成员的活动与行为，从而保证对外一致性。（4）非人际关系。组织内部法律、法规的实施和应用对所有组织的成员都是平等的、一视同仁的，这样就可以很好地避免因为组织成员个人的个性与偏好带来不利于组织发展的负面影响。（5）政绩选人原则。组织机构内部的人员选拔、任用或提升不以个人的情感因素为原则，而是根据候选人的专业资格、胜任工作的能力和工作政绩来评估和交排。（6）鼓励组织中的个人（职业）发展。组织机构内部鼓励成员发展自己的职业生涯；作为对组织成员个人发展的回报，组织实行任期制，即使组织成员的技术已经落后仍然可以保留其职位。（7）公私严格分明。组织要求其成员的兴趣爱好必须与组织发展的目标相一致，组织的管理人员不能把自己看做是组织的所有者，必须遵守组织纪律、规章的约束，防止成员插手或干涉他人在组织中的活动。

16世纪以后，世界出现了工业革命，诞生了以资本为中心的工业经济。为了降低成本，增加赢利，在管理领域建立了与之相适应的一种科层制的行政管理模式，这种管理模式与分工精细、外部环境相对平稳的工业经济时代相适应。（1）分工与专门化使每一个组织成员成为自己工作范围内的专家。（2）非个人取向保证了组织内行为与决策的客观、公正和理性。（3）合理的决策一经完成，权力的层级节制配合法规和条例能使各部门服从指挥，产生一套协调良好的实施系统，统一而稳定地运作。这相比工业革命前那种只凭神授的权威以及非靠本身能力上台的个别掌权人物任意摆布的组织更公正，更没有偏见，更便于预测和更加合理。它将合理决策和行政效率发挥到了极点。至少从理论上说，科层制的组织形式能够达到高度的效能。在实践方面，科层化也已成为现代化组织的必然选择，在世界范围内各种经济、政治、社会组织中广泛普及，科层化程度甚至成为衡量一个组织现代化水平的最重要依据。

二、科层管理模式在学校中的运用及其缺陷

（一）现代学校科层制管理模式的现状

随着现代工业的发展，科层制的特征在现代生活中得到了越来越多的体现，"科层化是一个历史趋势，它一直持续到现在，这样的趋势反映了两个过程，即用更科层化的组织代替较少科层化的组织，在组织的发展中增加其科层化的程度。"① 学校组织亦是如此，许多国家在教育系统中建立了上下紧密衔接而又明确分工的管理体系，国家通过法律、政策赋予各级教育组织以明确的职责和权力，在学校内部建立完善的教育组织网络，各职能部门层次分明、分工明确、有标准的工作程序。有人不无夸张地这样描述学校说："学校中的一切都必须是可以看得见的，每个人必须被置于观察的范围之内，再细小的事情也要有规范。严厉的纪律是现代学校的重要特征，在这里不存在不受规范约束的地方，不存在不受规范约束的行为。"② 我们以一个乡镇中学为例来说明，科层制的含义主要有两点，一是权力分化的层级性社会结构，学校本身就是教育行政体制中的一级，县教育局（乡镇党委政府）、学校，学校的正副校长由县教育局任命，学校的中层领导由校长推荐，报教育局备案，由乡镇分管教育的副乡长（或镇长批准）。还有学校内部的层级性结构，校长、校长办公室、教导处（总务处、政教处、团工委、工会、电教办公室）、年级组（下个年级组）、班级（教师）、学生。上述机构既有"层"的意思，同时也有"科"的意思。学校内部的层级结构和学校与上级教育行政机构之间的层级结构是联系在一起的。学校科层制另一个含义表现在技术支持力方面的一些具体设计上，诸如经费与人事安排、各种规章制度、职务权限、组织手段和信息传递等，这所乡镇中学规定了几十万字的规章制度，事无巨细都有章可循。

长期以来，我国的学校管理体制就是运行在这样一种以强调政府的作用为基础的，层层领导的行政约束的制度环境中，形成了国家集中计划、政府直接管理进行层层行政领导的制度安排。在这种制度安排中，学校的办学主体是国家以及教育主管部门，学校隶属于政府，学校办学的方方面面都要遵循国家或教育主管部门的指令办事，形成了以行政配置机制为主要内涵的运行机制。虽然这种以强调政府的作用为基础的行政约束制度的产生符合当时特定的历史背景，有其合理性：（1）适应了当时我国政治、经济、文化发展的需求，能够

---

① 彼得·布劳，马歇尔·梅耶. 现代社会中的科层制 [M]. 马戎，等，译. 北京：学林出版社，2001：25.

② 卢晖临. 社会史的视角 [J]. 读书，1991（9）：137 – 142.

使我国的社会主义建设在较短的时间里，集中有限的资源，最大限度地促进国家的综合实力快速地增长。（2）这种高度集中、层级分明的管理体制适合当时的计划经济体制，确实有利于学校贯彻执行国家要求，提高政策实施的绩效。（3）严格的等级管理，也有助于上下一致，提高管理效率。但随着社会的进步、科技的迅猛发展、组织环境的急剧变化，学校不能也不可能在单一的、不变的环境中生存，它需要面临复杂的环境，需要对外部环境提供的机会进行适应，否则无法实现教育目标。而国际化趋势的出现，知识信息化、经济全球化、文化多元化的出现，又意味着学校组织经营活动的"边界条件"越来越模糊，甚至消失。以理性为根本信念和手段的科层组织理论对许多社会现象不能再进行有效的解释，科层式的学校管理也不能在外部环境急剧变化的情况下对学校的发展作出快速反应，时代要求对传统的管理模式进行改革创新。

（二）科层制管理在现代学校管理中的缺陷

现代学校管理是在一定的环境中，学校组织系统为了实现教育目标，由学校管理者依据现代科学理论和伦理道德规范，进行修身正己的"内功"修炼，用自己的示范活动与表率作用影响和带动学校全体成员，共同运用现代学校管理方法与手段，充分发挥学校管理职能，对学校管理对象诸要素进行合理组合，设计便于指挥调控的工作程序，促进有机结合，有序运行，以达成学校管理目标，取得最大化的办学效益，实现学校培养人的价值目标。从现代学校管理的内涵来看，现代学校管理应该既信奉科学又崇尚人道，以科学为基础和手段，以人文为价值目的，既要提高效率，实现经济效益，又要培养被社会所需要的能服务于社会的人。但是，科层制管理过分强调其经济效益，强调管理的科学性和权力的至高无上，从而忽视了其人文精神，而将其放在以培养人为使命，注重科学也注重人文精神的现代学校背景中来看，其缺陷就变得更为明显，特别是在现代大学，对政府的依附越来越弱，独立性越来越强，大学里的学术权力也越来越得到重视，于是曾经被视为必须视为经典的科层制学校管理模式的弊端就日益显现出来。

1. 高度集权。科层式管理体制强调等级层次、权力集中和对既定程序的严格恪守等，影响了学校运行速度和组织效益效率的提高。特别是随着学校规模越来越大，就越来越明显，行政层次越来越多时，其阻碍作用也往往令教师们产生的新思想、新措施在层层管理中在繁文缛节中夭折；它对权利和义务进行了细致而又明确的规定，使得学校管理人员仅能够按章办事而不敢越出权力范围，往往又令问题在相互推诿中、在重重公章中丧失价值。教师的一切行为包括在自己专业范围内的权力要接受来自上级权威体系的控制，这种过多强调权威的层级节制也很可能导致学校组织内的"官本位"。

2. 机械化管理。过度的劳动分工，非人际关系和严格的公私分明使学校管理人员和教职员工在科层制中已经被物化或原子化了。非个人取向的管理要求教职员工的一切选择必须屈从于学校目标的要求，屈从于学校组织内的层级节制。这样就打击了他们的工作士气，破坏了学校心理气氛。降低了他们工作的积极性和主动性，从而间接地降低了学校工作效率；对于教职员工，非个人取向的行为虽带给他们工资、福利，但他们必须为此放弃个人的自主选择。"人因而形同非人"有人干脆把科层组织比喻为一台机器。"一个职员无非是台运转着的机器上的一个齿牙，整个机器的运转给他规定了基本固定的运行路线"。① 这形象地说明了科层式管理机械性的一面。

3. 教育目的错位。科层式管理强调的规章制度易造成学校教育目的错位。科层式管理体制把规章制度作为必要的管理手段，学校往往会有许多的规章制度，不可否认，其中有一些规章制度只有形式上的意义，甚至只是为了方便管理，"照章办事"已经成为许多学校管理人员的口头禅，至于"办事"的目的——学校工作的最终目的：向每个学生提供学习的机会，以使他们获得最充分的发展——却似乎与他们无关。这种目标错位的现象，在学校的管理活动中随处可见。我们都清楚地知道，管理是一种手段，是为目标服务的。如果一种管理使得工作的目的发生了改变，那么它还有什么意义呢？

三、校本管理：现代学校管理模式的创新

进入 20 世纪 60 年代，西方主要发达国家在经济一度滑坡的情况下，开始了求新的发展对策。在一番审视和反思之后，确立把发展国家的主要视点由经济领域拓展到教育领域。在学校管理方面，积习已久的外控式的管理模式严重影响了学校管理的主体性发挥，学校无从关注自身的发展，教育质量和学生素质处于极低水平循环之中。正是这种教育的质量与国家经济发展需要与高素质人才的差距，引起了西方主要发达国家朝野上下的广泛关注，英、美、加、澳等国相继出现了学校改革的呼声。这时候，西方政治民主运动的爆发为改革创造了历史条件，原有的教育管理体制"政府集权"制被打破，政府开始将教育管理权力下放给教育的直接承担者——学校及其主体教师、学生、家长和社区代表，人们共同参与教育决策，这种"教育管理民主"制度在一定程度上适应了当时的历史潮流，解决了一些具体矛盾，给这些国家的教育，尤其是学校管理模式的发展创造了有利条件。20 世纪 80 年代以来，教育改革登上各国的历史舞台，校本管理以其特有的"民主管理"方式为教育管理者和研究者

① 刘静. 对科层式学校管理体制的反思 [J]. 教学与管理，2000（6）：6－7.

所青睐。

校本管理名目繁多，像教育学的其他许多概念一样，不存在一个公认的定义。著名的校本管理学者戴维在总结了校本管理的实际后给校本管理作了两个界定：（1）学校是主要的决策单位，其决定和决策应该尽可能在最底层作出。所以，学校在经费和管理方面的自主权应该增加，学区教育中心办公室的控制应该减少。（2）有效的改革不仅需要依赖于外部程序，更多地需要有关人员的决策参与。变革不是外部强加的结果，而是来自于内部的需要。① 根据戴维以及另外一些学者的研究，对于校本管理我们可以理解为以学校为主体的管理，一是学校是办学主体，学校办学的决策权力应下放给学校；二是学校管理目标和任务是根据学校自身的特点和需要来确定的，而不是上级或外部强加的；三是学校成员参与决策和管理是有效地实现学校目标的基本途径，建立由校长、教师、学生家长和学生，社区成员参与管理和决策的组织；四是学校决策者对自己的决策及其执行负有责任。

我们从校本管理的基本含义与特点可以看出，校本管理的核心是权力下放，根本点是学校自主和共同决策，目的是为了实现学校培养人的教育目标。与传统意义上的科层制管理模式有着很明显的区别，我们可以从管理目标，组织结构，方法决策，管理对象上进行细致的分析。如表1。

表1　科层制管理模式与校本管理模式比较

	科层制管理模式	校本管理模式
管理目标	1. 组织效率； 2. 目标的单一性	1. 内部效率和外部效益 2. 目标的多样性
组织结构	1. 集权； 2. 金字塔的等级制度； 3. 较少考虑社会责任	1. 分权； 2. 扁平式结构； 3. 符合社会需要
方法决策	1. 程序性的思维方法； 2. 计划的发展战略； 3. 信息采集来自内部； 4. 控制手段是权威	1. 全面的思维方法； 2. 市场的发展战略； 3. 信息采集来自内部和外部； 4. 成员自我管理
管理对象	"经济人"	"复杂人"

---

① David J L. Synthesis of Research on School-based Management ［J］. Educational Leadership，1989，46（8）：45 – 53.

从表 1 我们可以明显地看出其中的区别，我们要实现从科层管理到校本管理的超越必须从以下几个方面着手。

1. 从管理目标而言，各校必须立足于本校的实际，确立合适的人才培养计划，管理上做好各项服务，使计划得以顺利施行，努力提高教学效率，实现学校培养人的具体目标。

2. 从组织结构而言，政府要把办学权力交给学校，学校把决策权交给教师、社区人士、家长甚至是学生，学校可以建立学校管理委员会，实现校长、教师、家长等的共同参与决策。在学校内部，减少层级控制，充分发挥教师的教学主体和管理主体的作用，以教学为中心，彻底改变学校的官本位现象。

3. 把学校放在国际社会的复杂大环境里，把学校当做一个开放的组织系统，以市场为导向，以全球的观念制定符合市场需要和本校实际的发展战略。

4. 改变对人的基本看法，不再单纯从经济的角度寻求人的劳动动机，人的劳动不但有经济动机，也有社会动机，还要承认个人具有自主性和个性。个人要依赖于团体，团体的存在和发展也依赖于个人的自主性和创造性的发挥。从而在管理上要以人为本，做好人的工作，充分相信他们，相信他们的自我管理能力，充分调动他们的积极性。

综上所述，校本管理从本质上讲比传统的科层式管理模式更科学，更富有成效，更富有生命力。但科层制管理与校本管理并不是截然对立的，因为要建立合理的组织结构，有明晰的命令、规章制度、工作规划和工作程序，以保证学校管理工作的有序性，这就需要一定程度的科层制管理。就目前的实际情况看，校本管理只是在一个以科层制为基础的体系中控制管理学校的新方式。必须抛弃企业式的或行政式的科层制管理，扩大学校分配和使用学校资源的权力，鼓励学生家长、教师、学生和校友的决策参与，在实践中逐步弱化科层制管理，建立以人为本的校本管理模式。

（该文发表于《和田师范专科学校学报》，2007 年第 2 期）

国外几种大学组织管理模式的比较分析

李孔珍

Comparative Study of the Organizational Management
Models of Several Foreign Universities

Li Kongzhen

模式是对实际状况的一种抽象，并不是现实中实际存在的行为类型，具有对客观现象概念化、进行分类和启发思考的作用。虽然任何一种大学组织管理模式都没有能够解释大学组织管理的全部内容，但是，按照所观察的时间和事件以及角度的不同，我们会在大学组织管理中观察到不同组织管理模式的特征。本文对国外几种主要的大学组织管理模式进行比较分析，并探讨其有益的启示。

一、几种模式

（一）学院模式

波恩鲍姆（R. Birnbaum）认为 20 世纪 60 年代的学院模式主要有如下特点：第一，组织内部同质性很高，组织与其外部存在较大的差异；第二，学校成员目标的一致程度高；第三，成员之间的交往方式具有非正式的特点；第四，决策在认同的基础上制定，认同并不要求一致；第五，决策制定过程不是把精确性和效率放在首位，强调决策的透明度；第六，学术工作是学校工作的核心，校长是选举产生的；第七，董事会由校友组成，对大学追求学术的目标给以全力支持；第八，共同的背景、不断的交流和悠久的历史形成一些独特的文化现象，重视精神激励；第九，学院模式保持下来的一个重要条件是其规模较小。

鲍德里奇（J. Victor Baldridge）、库蒂斯（David V. Curtis）、艾嘉（George P. Ecker）和雷列（Gary L. Riley）总结了这个模式的三个薄弱环节：（1）很难分清这个模式是描述性的还是规范性的。（2）尽管在系一级有很多学院模式的决策制定事例，但是在较高的层次学院模式只存在于委员会体制的一些方面。

（3）学院模式没有充分对冲突问题进行研究。这个模式忽视了一些标准程序的重要性，这些标准程序已经被编撰成文，并且不在任何个人和团体的控制之下；它假定组织参与者一般来说在价值观上是一致的，但是事实上并非如此。

（二）科层模式

科层制最早是由韦伯于 1949 年提出的。鲍德里奇、库蒂斯、艾嘉和雷列等人认为大学的一些特征符合韦伯的科层制：（1）技能是大学聘用的标准。（2）校长和其他一些管理人员由任命产生。（3）教职员的工资固定。（4）职衔得到成员的承认和尊重。（5）成员只做所从事职业的工作，不做其他工作，即职业具有排他性。（6）组织成员的生活方式以组织为中心。（7）"终身制"（Tenure）是职业保障的措施之一。（8）个人财产和组织财产之间有严格的区分。

科层模式的缺陷表现在：第一，不重视非正式的权力和影响。第二，重视正式结构，但是几乎没有提到能动过程。第三，只描述了某个特定时间的结构，并没有解释历时变化。第四，解释了政策如何有效地实施，但很少提到政策制定的关键过程。第五，它忽略了政治问题，即各种利益群体的冲突。艾兹欧尼（Amitai Etzioni）也认为，把科层制看做理性较强者管理理性较弱者的层级结构在根本上是错误的。

（三）政治模式

20 世纪 70 年代，鲍德里奇（1971）在《大学中的权力与冲突》（*Power and Conflct in the University*）一书中首先提出了大学管理中的政治模式，它是建立在对 20 世纪 60 年代末纽约大学研究的基础上提出的。这个模式假设人是自利的，那么，从权力和利益的视角看，在供需不平衡和无法采用理性方式解决资源配置的情况下，政治模式的作用就产生了。政治模式的特征如下：第一，组织中存在着意见分歧和矛盾。第二，权力是分散的，很多个人和子群体在不同的情况下有不同的种类和权力。相互交往的过程是通过协商实现的。第三，"联盟"（Coalitions）是获得权力的途径。政治系统是由具有多种利益、偏好和目标的"子联盟"（Subcoalitions）组成的"超级联盟"（Supercoalition）。随着出现的问题不同，利益群体中人员组成的情况也不相同。第四，所言和所为之间没有密切关系是政治过程的一个原则。实际的结果往往比争论时提到的目标要缓和许多。由于人们知道最后的结果是一种妥协，所以他们提出的要求往往比预期的要高许多，这样可以提高他们实现最低目标的几率。

政治模式的缺陷表现在：首先，一些团体想要通过控制信息和掌握权力实现他们自己的目的,这会削弱组织的功能。其次,由于不是时时对每个项目进行检查,所以对于一些不再有效的项目,如果没有人提出质疑,它就会继续进行下去。再次,在形成联盟的过程中,弱小群体的利益往往得不到保护。最后,政治模式没有涉及决策的执行和监督。另外,它以一所大学的研究为案例,建立在一个案例研究基础上,这对于不同类型大学具有较低的推广度。

(四) 有组织的无政府状态模式

科恩和马奇于 1974 年总结了有组织的无政府状态的三个特征:令人困惑的目标 (Problematic Goals),不清晰的技术 (Unclear Technology) 和流动的成员 (Fluid Particpation)。他们还研究了在有组织的无政府状态中 5 种主要的决策制定特征:(1) 多数人对大多数议题 (Issues) 关注程度低;(2) 整个系统有高度惯性 (High Inertia),要求组织协调开始的任何事务都未必会开始,要求组织协调停止的任何事务都未必会停止;(3) 任何特定的情境中讨论的是什么议题较少依赖于牵涉到的决策或问题,而更多依赖于他们接头的时间安排和处理问题时可供选择的场所;(4) 当系统的负荷与其处理问题的承受能力关系越来越大时,组织中的决策结果将越来越脱离正式的决策过程;(5) 组织的信息基础薄弱 (Weak Information Base)。关于过去事件和决策的信息并不常常保留下来。另外,对从外部观察的人来说,采用无政府主义模式的组织看起来混乱不堪,但是事实上,这种组织也有其结构。

韦克在 1976 年提出松散联结概念。运用松散联结这个词,"意欲表达一种象征意义,即相互联结的事件是容易相互受影响的,但是每一个事件也保留了它自己的特征……就教育组织来说,辅导员的办公室可能和校长的办公室松散地联结在一起。其象征意义在于校长和辅导员有些联系,但是每一个又保留一些自身的特性和独立性,他们的联系可能是在特定条件下、不是经常进行的,相互之间的影响较弱,不重要,或者相互回应较慢。"[①]

(五) 垃圾箱模式

科恩和马奇还在 1974 年提出了垃圾箱模式。他们认为:"尽管组织常常被看做工具和结构,这种工具用来解决确定的问题,这种结构中,冲突是通过协议解决的。组织同时是一系列的程序,通过这种程序,组织参与者理解了他

---

① Weick K E. Educational Organizations as Loosely System. 1976. In Peterson; Marvin W. Ashe Reader on Organization and Governance in Higher Education [M]. 3rd ed. Needham Heights, MA: Simon & Schuster Higher Education Publishing Group, Ginn Press, 1989: 44.

们在做什么，同时明白已经做了什么。"① 从这种观点出发，组织是一种选择的集合。他们指出，组织中有问题、解决办法、参与者和选择机会四条相互独立的"流线"（Stream），在垃圾箱模式中，决策是对这四条"流线"理解的结果。问题是组织内外人们的关心所在，它可能是任何问题。解决方案是某人的产品，创造需求在消费者产品市场上不足为奇，同样，组织中也可以先有答案再寻找问题。尽管有一种权威意见认为只有把问题界定清楚才能找到答案，但是在组织问题解决过程中，人们往往在知道了答案之后才知道问题是什么。机会的出现是有规律的，任何组织都有宣布选择机会的方式。例如签订合同、人员雇用、晋升或者解雇、资金花费、责任分配等。"决策者、问题和解决方案的独特集合与特定的选择机会的联系是有秩序的——但是这种秩序的必然联系是暂时的和情境性的，而不是等级式的或者因果关系的。"②

（六）企业式模式

20 世纪 90 年代，大量的研究受管理理论的影响，认为大学在急剧变化的环境下依靠战略管理能力生存，它引入了绩效评定，降低成本，评估教学和研究的质量，与外界发展伙伴关系和加强领导等管理方式。简而言之，大学在从传统的组织形式向企业式模式（Entrepreneurial Model）转变。由于学生市场的扩展、资金的竞争和全球化的影响，大学组织管理追求效率的企业式模式已经成为近期国外研究的主要趋势。

伯顿·克拉克于 1998 年以欧洲 5 个国家的 5 所大学为案例进行了研究，认为大学内部变化过程正朝向企业式模式发展。凯勒（George Keller）认为，排除现代大学管理中的弊端需要从三方面作出努力，其中一项就是企业式的管理方式。"从实质上取消教师治理，以市场中企业管理的方式管理大学，取消教师的终身教职制，以支薪的商业运作方式，按照学生的偏好给教师分派任务。"③但是，雷泊侬（Tapio Reponen）的研究证明直接照搬企业管理模式并不奏效。"假如（大学）教授和行政人员想赢得公众信任和财政支持，他们必须

---

① Cohen M D, March J G. The Processes of Choice, 1974. In Peterson; Marvin W. Ashe Reader on Organization and Governance in Higher Education [M]. 3rd ed. Needham Heights, MA: Simon & Schuster Higher Education Publishing Group, Ginn Press, 1989: 61.

② March J G. Emerging Developments in the Study of Organization, 1972. In Peterson; Marvin W. Ashe Reader on Organization and Governance in Higher Education [M]. 3rd ed. Needham Heights, MA: Simon & Schuster Higher Education Publishing Group, Ginn Press, 1989: 142.

③ Keller G. Governance: The Remarkable Ambiguity [M] //Philip G. Altbach, Patricia J. Gumport, Bruce Johnstone. In Defence of American Higher Education. Baltimore, Maryland: The Johns Hopkins University Press, 2001: 314.

与企业世界区别开来，塑造起新的社会形象。"①

二、模式的比较分析

柴德尔斯（Marie E. Childers）对学院模式、科层模式和政治模式三种模式进行了比较研究，研究结论如下：所有涉及学术使命的决策是通过学者团体模式制定、执行的。大部分涉及学校管理的决策是通过科层模式制定、执行的。因素分析的结果表明，只有两个独立的因素：一个是科层和学者团体，表明决策结构；另一个是政治，表明决策过程。科层和学者团体模式是结构模式，而政治模式是过程模式。笔者认为，有组织的无政府状态和松散联结描述了大学的横向结构特征，垃圾箱模式则主要描述了决策制定的过程，是一种过程模式。企业式模式强调效率，崇尚的是垂直关系。

沿着这种思路，按照柴德尔斯的分析，就我国大学组织管理来说，学术管理的决策结构主要是学者团体模式，主要表现为一种横向的相对容易达成一致意见的协商关系，这种模式最典型的表现是委员会式的学术管理；行政管理决策结构主要是科层模式，表现为一种垂直的领导关系；我国教职工代表大会（民主管理的主要形式）的决策过程则带有政治模式和垃圾箱模式的主要特征，表现为各群体成员共同参与管理大学公共事务，主要属于横向联系，相对于学院模式来说，教职工代表大会的成员同质性较低，不容易达成一致意见，政治色彩较为浓厚。我国大学中各个院系所之间的关系则具有有组织的无政府状态模式和松散联结概念的特征。

上述分析表明，这几种大学组织管理模式是沿着两条线索展开的：一条是决策结构和决策过程，另一条是横向关系和垂直关系。这两条线索构成一个四象限分类图，如图1所示。

按照两条线索分析，在象限Ⅱ中，科层模式和企业式模式以及行政管理，主要研究大学的垂直关系和决策结构；在象限Ⅲ中，学院模式、有组织的无政府状态模式以及学术管理，主要研究横向关系和决策结构；在象限Ⅳ中，政治模式、垃圾箱模式和民主管理，则主要研究横向关系和决策过程。

另外，图1显示出两个结论：首先，从每一种模式产生的时间和社会条件看，不同的大学组织管理模式并没有表现出明显的发展趋势。其次，不同大学组织管理模式分别落入三个象限，科层模式和企业式模式属于象限Ⅱ，学院模式和有组织的无政府状态模式属于象限Ⅲ，政治模式和垃圾箱模式属于象限Ⅳ。同时，三个象限分别表示大学组织管理的行政管理、学术管理和民主

---

① Slaughter S. Professional Values and the Allure of the Market [J]. Academe. 2001，87（5）：225.

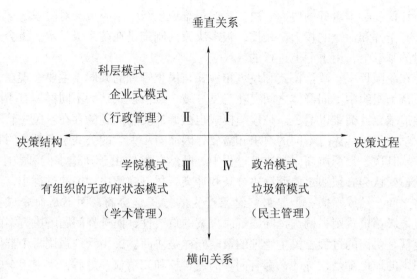

图1　大学组织管理模式分类图

管理。

在象限Ⅱ中，科层模式和企业模式与行政管理的共同点主要表现在：第一，追求管理效率。科层模式与企业式模式设计的目的之一就是为了追求管理效率，行政管理具有同样特点。第二，强调形式化。科层模式、企业式模式和行政管理都注重正式化的规章制度。第三，等级制度强。科层模式强调大学组织管理中的纵向等级，企业式模式通过取消教师治理强调等级。行政管理中校级、院系级等各有不同的决策权，存在严格的等级划分。第四，固定的薪金制度。科层模式和企业式模式中都对固定的薪金制度作了明文规定，我国大学行政管理中，工资基本上也是固定的。

在象限Ⅲ中，学院模式和有组织的无政府状态模式与学术管理共同点主要表现在：第一，形式化程度弱。学院模式强调协调的作用，无政府状态模式更给人以松散的感觉，固定的规章制度更少。学术管理也存在同样的特征，例如就教学和科研来说，因为二者都需要学术人员的创造性，这种工作很难评价是否是真正按照规章制度的规定进行的，也没有必要制定过于详细的规章制度。第二，崇尚非正式结构。学院模式重视面对面的非正式交往，有组织的无政府状态模式注重松散联系。学术管理中由于同一领域的学术人员相互十分熟悉，与行政管理相比，非正式交往居多。第三，不强调等级。学院模式中，校长是教师的代言人，管理工作是业余的，强调平等。有组织的无政府状态模式更强调各个子系统之间的松散连接等级观念也不强。与行政管理相比，学术管理中虽然有等级的存在，例如校级学术委员会、院系级学术委员会等，但是更强调同行评议和学术事务的协商解决。我们很难说校级学术委员会对院系级学术委员会有指挥和命令的权力，相反，很多决策的制定是在院系级学术委员会充分研讨的基础上，由下而上进行的。

在象限Ⅳ中，政治模式和垃圾箱模式与民主管理的共同点主要表现在，首先，认为组织中不同群体之间存在意见分歧。政治模式认为不同群体有不同的利益追求，冲突难以避免。垃圾箱模式也强调冲突和问题的存在。民主管理认为大学中不同群体有不同的追求和需要，因而对于大学的公共事务都应当有发言权。其次，强调协商。在决策过程中，既然各群体由于所追求的利益不同，政治模式认为必须通过协调解决分歧和冲突，尽管在解决冲突的过程中，不同群体之间会结成联盟，但是最终结果产生的方式是协商，而不是命令或者指示。垃圾箱模式则强调选择问题解决方案的重要性，而选择问题解决方案的过程也就是协商的过程。民主管理的策略同样是协商。民主管理强调每个群体在组织中的地位都是相等的，都有同等的发言权和知情权。最后，重视组织中的所有群体。政治模式、垃圾箱模式和民主管理强调所有群体对实现组织目标的重要性，决策需要发挥每个群体的作用。

当然，模式本身是对现象的抽象，这种比较分析建立在我国大组织管理主要特征的基础上，并非每一个模式都与我国大学组织管理完全相吻合。但是，这种对比分析是有益的，它使我们在研究大学组织时能够找到可参照的框架。

（该文发表于《辽宁教育研究》，2005年第8期）

第三章　学校制度安排与治理

　　建立现代学校制度，不可忽视现代学校的性质及其发展规律，不可忽视制度设计与运行的性质及其规律。本部分论文主要从新制度经济学、教育法学等视角对学校制度变革与创新的问题展开了系统的研究，包括学校制度的性质、学校产权结构、委托代理关系、法人性质与地位、内部责任制关系等，并结合我国近年来学校制度创新和变革实践的新进展，提出了优化学校激励约束机制，健全学校治理结构的具体措施和建议。

基于新制度经济学的公立学校制度创新思考

田汉族　刘业进
The Enlightenment of NIE on the Innovation of
Public School System
Tian Hanzu & Liu Yejin

建立现代学校制度是当前教育研究和学校发展的重要课题。劳凯声教授将教育改革的问题归结为公立学校改革问题。如何改革公立学校，学者们更多地关注的是政府职能转变、学校办学自主权等问题。我们认为，传统公立学校是由政府提供和生产公共教育服务，其效率低下和回应性差。其本质是科层体制下教育服务提供——生产的行政成本与交易成本不断增加与不可控性。因此，对公立学校的改革不是单方面的问题，需要从自身演化的角度，即从公立学校提供的公共教育产品角度来改革公立学校与政府和市场的关系以及进行自身的治道变革。本文认为，为了建立一个具有活力的学校教育服务体系，需要应从更广阔的制度环境或制度安排视角来思考。

一、学校：一种以教育服务为产品的团队生产组织

公立学校的改革首先涉及的是学校组织的性质。传统观点一直将公立学校看成是类行政组织；新近的观点将学校看成是第三部门。新制度经济学认为，制度是对人类行为所作的法律的、行政的和习惯性的规范安排及其执行机制。制度是经济增长的内在变量，一个有效的制度最根本特征在于它能够提供一组有关权利、责任和义务的规则，能为一切创造性和生产性活动提供空间，每个人都不是去想方设法通过占有别人的便宜来增进自己的利益，而是想方设法通过增加生产，由此实现自身利益最大化。可以从产权、交易费用和契约不完备性出发认识组织的形成及不同制度安排对资源配置和人的激励的影响。如，以威廉姆森（Williamson）为代表的交易费用经济学认为，任何组织的形成和扩展都是由交易主体特别是有很强的资产专用性的资产一方，权衡交易成本大小（由企业内部组织还是由市场完成）来决定的。交易属性与治理机制的匹配体现了组织基于交易成本的精心算计。交易费用是由事前签订契约和事后监督及

实施它的各种费用组成的。交易费用的大小限制了产权的界定和实施的充分性程度。适当的产权安排可以减少交易中的财富外溢，而不适当的产权安排则会增大交易的困难程度，并影响资源的有效配置。再如，格罗斯曼和哈特（Grossman & Hart），哈特和克莱因（Hart & Moore），麦克林和詹森（Meckling & Jensen）的企业不完全契约理论认为：企业的性质是一系列要素契约的联结，而且企业是不完全的契约。这就意味着企业面临不确定的外部世界，企业要生存就得随机应变，捕捉市场机会。在纯粹的计划体制下，学校是一种事业单位，不是企业。一旦学校在一定程度上要面对市场，要对变化的教育服务消费者需求即时回应，学校具有格罗斯曼－哈特意义上企业的某些特征。由于交易费用的存在，有时甚至大到不可克服的地步，去详尽契约双方对未来所有可能事务的约定（责任、权力、冲突解决方案等规定清楚）是不可能的，这事实上就导致契约不完全性，没有详尽的那部分权力最好归资产所有者。在公立学校系统中，资产所有者经过几次委托—代理，最后把"不可详尽的权力"授予了校长。校长就会以这样或那样的形式（等级激励和在职消费）获得和消费剩余。

科斯（Ronald Harry Coase）证明了交易费用存在条件下如何界定权利的重要性。他认为，市场和企业是资源配置的两种互相替代的手段。在市场上，由一系列短期和瞬时契约完成交易；在企业内部，相同的经济活动可以通过极大减少交易数量而代之以要素契约，并伴随以权威关系。一所学校至少在要素集结进行分工协作的意义上是一个准企业，因为要素的所有者分属不同的主体。张五常认为企业的本质是"要素市场取代产品市场"，或者说"用一种契约形式取代另一种契约形式"。阿尔钦安（Amen Abert Lachlan）、德姆塞茨（Harold Demsetz）认为企业的本质不可以用交易费用的节约单独解释，他们提出企业的团队生产理论，深入分析了组织内部的激励问题，企业的本质在于分工合作中不可分割的团队生产，团队生产过程中每个成员的努力程度考核和报酬计量十分困难，容易导致"搭便车"和"偷懒"行为。为了规避这种行为，合作成员需要达成协议，由部分成员从事监督其他成员绩效的工作，谁来监督监督者呢？办法是监督者拥有剩余索取权作为监督的报酬，同时授予他支付其他成员报酬的权利。在公立学校中，没有明文规定的"剩余索取权"，取而代之的是行政等级职位的控制激励，可以被视为一种"国家租金激励"[1]。麦克林和詹森认为，企业的本质是各种契约的联结点，所以契约都存在代理费用和监督问题，这与组织生产与否和生产什么产品和服务无关。合作生产和代理成

---

[1]　周其仁．公有制企业的性质［C］//北京天则经济研究所．中国经济学2000．上海：上海人民出版社，2002：122．

本最小化相结合才能解释企业的本质。

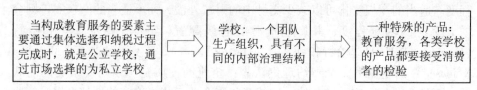

图1　作为教育服务生产组织的学校

　　"学校"是一种"公共服务"的团队合作生产组织。"公立学校"是生产公共产品程度较高的教育服务的生产组织。学校的产品就是教育服务。它联合一组生产要素，政府或私人投资建立的学校、经营者（校长和书记）、教师和协作生产者（学生及其家长）生产教育服务，同时学生在消费教育服务。在此过程中，政府作为教育服务的主要购买方、学生及其家长作为次要购买方形成一种共同购买和消费教育服务的财务安排，政府购买以拨款的方式支付给学校，学生购买以学杂费等方式支付给学校。而私立学校是私人出资人及其聘请的经营者校长、教育服务的生产者教师，根据市场价格和主观预期进行教育服务消费的消费者构成的。

　　目前，无论是实行市场经济的国家还是转型国家，他们的学校教育服务基本上都采用了政府提供——政府生产——政府管理的模式。我国的学校教育服务也基本上由政府提供和生产。基本的理由是：教育服务的效用的不可分割性、消费的非竞争性、受益的非排他性，由纯粹的私人市场提供有可能达不到理想的规模和数量。但人们普遍感到这种传统模式在生产效率、对服务对象的回应性方面存在着明显的不足。1978 年美国的抗税运动导致了公共服务部门管理改革，彼德斯和盖布勒提出"用企业家精神改革政府"。以纽约市东哈莱姆区的"社群控制"——自由择校和明尼苏达州为代表的"教育凭证制度"开始的学校教育改革逐渐向全美甚至世界范围蔓延，由此导致了传统学校教育体制的重大变迁。受其影响，20 世纪 90 年代以来，我国也出现了教育民营化思潮、大量公立学校的转制和公立学校的内部改革。这就意味着学校开始摆脱政府的完全控制，而作为一个独立的教育服务生产组织存在和运作。承认公立学校作为教育服务的生产组织，是学校拥有独立法人地位和办学自主权的经济学基础；坚持公立学校的教育服务生产组织的性质，并没有否定其公益性和公共性。

二、公立学校教育服务制度创新的关键：委托—代理链的再造

　　创新公立学校教育服务制度的本质就是创新教育服务行为及其规则、学校与政府、市场的关系。在诺斯等人看来，制度概念包括组织的含义。制度创新

或组织发展是指：（1）一种特定组织行为的变化；（2）这一组织与其环境之间的相互关系的变化；（3）在一种组织的环境中支配行为与相互关系的规则的变化。①

公立学校组织是教育服务契约集合，由一系列委托代理行为构成的：在纳税人——地方政府——地方教育行政部门——学校校长——教职工的委托—代理链中，校长接受上一级委托人的委托并被授予一定的决策权行使校长职能；在学校内部，校长和党的代理人的职权划分以及与下级代理人职能与权限的界定形成了我国公立学校内部治理的结构。类似企业家才能的是校长管理才能，这种要素的提供者是校长。"教书育人"劳动及其他学校辅助劳动，这种要素的提供者是普通教职工，主要指教师。校长的雇佣与解聘、教师的雇佣与解聘的制度安排反映了学校教育要素的契约关系。组织内的薪酬制度规定了要素契约各方的绩效考核方法、标准及与薪酬支付（包括奖励与惩罚规定）的关系。一个人或一些人委托其他人根据委托人的利益从事某些活动，并相应授予代理人某些决策权的契约关系。当然，学校教育服务的提供与生产不同于市场上私益物品的生产，它涉及一个特别的委托—代理问题。一个区域的纳税人与地方政府，地方政府与地方教育行政部门，教育行政部门与校长，校长与教师存在一个冗长的委托—代理链。委托—代理关系需要一套旨在使代理成本最小化的制度安排—激励约束制度。激励就是委托人使用某种价值标准或者某种社会福利指标，促使代理人从自身效用最大化出发，自愿地或不得不选择与委托人目标一致的行动；约束是一种反向激励，是指通过组织内外部的监督和来自市场的外在压力，从而使得代理人形成自我制约，在满足自身效用最大化的同时减少"偷懒"、欺骗等"道德风险"行为，不得不实现委托人的效用最大化。作为生产教育服务组织，传统公立学校的治理模式没能把既有的资源和技术条件扩展到生产可能性边界，大量的官僚成本和激励失败所造成的损失远大于内部化交易带来的交易成本的节约。

一个组织的效率不仅来自市场竞争的约束，还来自于组织内部的激励约束。公立学校改革的要义在于设计更有效的委托人对代理人的激励—约束机制，降低代理成本，最终达到改善和提高公立学校的生产绩效；与此同时，允许公共资助流向非公共举办而又从事义务教育服务的学校组织，从而造就一个外部竞争威胁。分工能提高效率是委托—代理的一个基本前提预设。但是委托—代理中的信息不对称，委托人问题和代理人问题就出现了。委托人问题是指委托人掌握着控制权却不承担风险责任，导致"廉价投票"和瞎指挥。例

---

① V. W. 拉坦. 诱致性制度变迁理论［M］//R. 科斯，等. 财产制度与制度变迁. 上海：上海三联书店，上海人民出版社，1994：329.

如，上级教育行政部门作为一级学校的委托人在确定学校校长的人选时，可能并不按照学校产出最大，改善学校经营绩效的要求投票（任命）。代理人问题主要是指代理人偷懒，工作缺乏积极性和主动性，不按照委托人利益最大化去努力。因此，设计一系列旨在控制委托人问题和代理人问题的制度安排—激励机制和约束机制显得尤为重要。委托—代理链本身的改革制造创造每一个环节的竞争，同时，开放办学则在委托—代理链外部创造了许多潜在的竞争者，这正是我们后文将要谈到的"市场约束"。

理想的激励机制能使代理人安心工作，并愿意承担一定的风险，追求学校长期效益和长期发展能力而避免短期行为。这种机制由于符合委托人的最大利益，公开、尽量数量化和可兑现，因而对有才能的代理人有很大的吸引力。激励机制使用的主要手段包括：（1）物质激励。短期物质激励有基本工资，它相对固定，能够维持代理人的基本生活开支；奖金，是代理人努力工作的一种奖赏，经常是有弹性的；津贴和福利，一种忠诚激励。长期物质利益主要是期权和购买社会保险等与未来业绩相联系的奖励。它鼓励代理人树立长远目标，关心学校的长远发展。（2）控制权激励。"权力意志"被尼采认为是人之行动的基本动机。权力被管理学家认为是一种巨大的激励力量，基于权力人假设的激励理论尤为如此。按照产权理论和契约理论的分析框架，控制权可以分为特定控制权和剩余控制权。前者指在事前能够通过契约加以明确确定的控制权。剩余控制权是指事前不能在契约中明确界定如何使用的权力，是决定资产在最终契约所限定的特殊用途以外如何被使用的权力。掌握控制权可以满足代理人三方面的需求：施展才能和自我实现；控制他人优越于他人的感觉，满足自己处于负责地位的权力欲；在职享受。（3）精神激励。处于需求层次的任何阶段的人都受精神力量的引导。团队精神和道德力量在合适的时机也能激发人的工作热情，是代理人工作动力的重要来源。理想的约束机制要求：代理人偷懒是容易被考核的；代理人有一定的危机感；代理人努力方向符合委托人的利益。

约束机制包括：（1）权力约束。学校上一级教育行政部门的监督和学校内部治理结构的权力制衡和科层体制中的监督。（2）市场约束。市场主要通过竞争规则，对代理人实现约束。当代理契约不能有效地激励和约束代理人行为时，市场竞争使得代理人有可能被代替的威胁，形成委托—代理契约的重要补充约束。当学校的办学质量不高，不能满足家长和学生的需求偏好时，消费者以"退出"相威胁，从而对学校组织的经营者形成压力。同时，如果市场是比较完备的，校长和教师面临被竞争者替代的可能。代理人不得不出于自身利益的考虑作出符合委托人的利益的努力。（3）道德约束。道德风险是指一种合约后的机会主义行为，代理人的工作努力不可观察性和不可证实性从而"偷懒"，不对自己的行为完全负责，导致代理人的决策和行为与委托人的利益不一致。教育行政部门的低效率和集权倾向、一线教师"偷懒"和"上班不努力下班努力做家教"等都可看做是不同委托—代理环节中的"道德风险"，可见，道德约束在约束机制中有不可低估的作用。

总之，公立学校体制改革的全部要义在于构建新的制度选择机制解决代理问题，建立更加有效的激励—约束机制，使得教师和校长的利益得到有效保护，减少因为等级激励和在职隐性消费剩余造成的官僚成本，预防激励失败。在委托—代理链环节中引入竞争的同时，开放外部市场，构成公办学校生产效率的外部市场约束。

三、公共教育服务提供与生产的适度分离

学校教育服务制度的创新有赖于适宜的制度环境。人的活动都是在制度框架内进行的，不同的制度安排有各自不同的激励结构，而这些激励对人类行为有着特殊的、可预见的影响。"制度的发展不足使技术进步成果和潜在巨大市场起不到应有的作用。"[①] 所有的学校"都是在适应其所处的制度环境中发展了自己的组织形式，这些组织形式又反映了它所处的制度环境。不同的制度环境，尤其是不同的制度管理体系（Systems of Institutional Control），总是先天地支持一定形式的组织结构的发展而抑制其他组织形式的发展。结果是，不同的体系形成了不同的教育组织，也就是具有不同特色的学校。在一种制度环境下形成的学校组织形式与另一种制度环境下的学校组织形式完全不同"。[②] 好的教育公共治理结构应当是不同力量和主体之间建立一种参与、协调、谈判的良好合作机制，保证政府、市场与学校，以及举办者、办学者和管理者之间的协调，有效地向社会提供教育产品，满足社会不同利益群体的需求，其基本目的是构成一个"政府调控、市场介入、社会参与、学校自主"的良性互动的治理机构。

教育改革要解决的问题无非这样两个：多少资源流入教育服务的生产？选择什么样的组织使用这些资源以确保高效率？这两个问题都涉及教育服务这种产品的特性。在现代社会，学校教育服务被视为公共产品。用于学校教育服务生产的资源渠道有两个：一是主要渠道，通过某种公共选择过程一定范围的居民纳税支付；二是次要渠道，少量的私人投资生产教育服务，学生（家庭）像购买其他私人产品一样购买教育服务。前者是间接付费，后者是直接付费。

① 柯武刚，史漫飞. 制度经济学——社会秩序与公共政策 [M]. 韩朝华，译. 北京：商务印书馆，2002：22.
② 约翰 E. 丘伯，泰力 M. 默. 政治、市场和学校 [M]. 蒋衡，等，译. 北京：教育科学出版社，2003：23.

不同的资源来源就产生不同的学校产权主体，学校组织的外部约束条件也大不相同；此外，即使是在公共付费的情况下，生产者也有两种选择：公共企业、私人企业。由此，学校教育服务的提供和生产就面临两个问题：政府与市场的边界确定，市场与学校的边界确定。只有把这两个问题解决好了，前面关于资源流入与使用等问题才能彻底解决，才不会有改革中的兜圈子现象。

一个关于学校教育服务的提供与生产的有效的公共政策，需要在组织选择上提供外部环境。这种制度安排的核心是，公立学校作为公共企业的某些占优的"惯例"（如学校文化）能够驱逐那些劣势的"惯例"（演化经济学把个人技巧和组织惯例视为有生命的企业的"基因"）。被驱逐的学校的资产和师资不会消失和死亡，而只需要指导它的"惯例"被新的"惯例"替代了。如果把上面"驱逐机制"预设为一个前提，则公立学校存在教育服务生产机制与组织选择的问题。机制选择涉及公共教育服务的提供与生产的分离导致的多种生产—提供模式的选择问题；组织选择是在机制选择存在的前提下对服务生产企业的选择。机制选择是制度环境问题，组织选择是制度安排问题，这两个问题的有效解决对应前文提到的两个边界问题的解决。

用交易费用的观点看，当教育服务的提供者和生产者合一时，更多的官僚成本，即维持和管理层级系统的成本产生了。当提供者和生产者分离时，更多的交易成本，即签约、执行和监督成本，也就是聘用和管理独立生产者的成本产生了。这两种成本的相对值决定了提供和生产是否值得分离。交易成本理论有效地解释交易属性与治理机制的匹配问题。在资源、技术给定的前提下，机制选择和组织选择导致更多的服务产出时，或者更进一步，产出不变，但这种公共服务更适应消费者偏好时，即意味着组织选择是必要的，现有的教育服务生产体系需要打破或者重建。机制选择就是说公共教育服务的提供者可能由公共部门也可能由私人部门担当，公共教育服务的生产者可能由公共部门也可能由私人部门担当，这产生了 10 种教育服务的提供—生产机制：政府服务、政府出售、政府间协议、合同承包、特许经营、政府补助、凭单制度、自由市场、志愿服务和自我服务。[①] 组织选择是对以上 10 种不同机制的实施。基于选择的具备演化特征的学校教育体系，是由一系列制度安排构成的，有以"政府服务"作为制度安排选择的——传统公立学校；有以"政府出售"作为制度安排选择的——家长向政府购买某些特别教育服务；有以"政府间协议"作为制度安排选择的——学生到邻近的城镇去上学，送出去的城镇向接受的城镇付费；有以"合同承包"作为制度安排选择的——政府雇佣私人企业实施

① E. S. 萨瓦斯. 民营化与公私部门的伙伴关系 [M]. 周至忍，等，译. 北京：中国人民大学出版社，2002：69.

职业培训项目；有以"特许经营"为制度安排选择的——直接向地方政府甚至中央政府申请经费绕过各级教育行政部门的特许学校；有以"补助"作为制度安排选择的——私立学校因接受一位学生而接受政府补助（如果这个学生在公立学校就读会得到政府的付费的话）；有以"教育凭单"作为制度安排选择的——学生获得政府发放的凭单自由选择学校；当然也有以"自由市场"作为制度安排选择的私立（民办）学校；有以"志愿服务"作为制度安排选择的——慈善学校（在美国则有教区学校）；还有以"自我服务"作为制度安排选择的——家庭教育。[①]

我国学校教育生产主要是一种"政府服务"组织方式，由政府雇用教师使用经由纳税而来的公共经费按照中央政府和地方教育行政部门在课程、教材、纪律、学业标准、教学常规、入学与毕业等方面的规定生产教育服务。当前公立学校的鲜明特征是投资、管理、举办、评价一体化，这一特征有着典型的计划经济时代的制度性质。公立学校许多根深蒂固难以解决的问题就根源于此。E. 丘伯和 M. 默通过对美国 1015 所中学近 60000 名学生以及 540 所学校的管理者和教师的调查研究表明，对学生成绩影响最大的一个原因就是学校的组织结构，"优效学校"有着自己明显的在组织特征。来自官方的管制对学校组织组织结构影响重大。政府对学校教育进行自上而下的管理必然会导致高度行政化的科层制体系，这种体系不可能高效运作。由教育委员会（政策制定，由选举产生）、督学（学区行政首脑，由选举或任命产生）和学区办公室（执行前二者制定的政策的层级化机构）构成的学区及其民主化管理制度是美国公立学校的基本管理制度，正是这样一种民主控制制度带来教育中严格的外部科层制和权力中心化，它总是把严格的规范要求强加于学校，不利于连续的、有学术志向的、专业化而富有团队精神的管理形式。总之，科层制破坏了优效组织最基本的条件，不利于"优效学校"的形成[②]。反观我国的现状，学校组织和管理的极度科层化和权力中心化较美国有过之而无不及。

教育服务的有效生产并不需要对所有公立学校进行私有化改造，它需要的基本条件是：（1）作为消费者的家长和学生可以择校；（2）作为教育服务生产方的学校可相机变化（对消费偏好作出有效和立即的回应；宏观上学校数目有增有减，即可以被淘汰和新设）。缺少二者中的任何一个方面都不利于优效学校组织的产生。这样就会使得教育组织具有自身演化的特征，而不是机械地随政策变化而变化。仅赋予学生和家长选择的权利不足以在学校之间兴起激烈有序的竞争。实施"教育券"计划能够带来公平的改善、效率的提高和吸

---

① E. S. 萨瓦斯. 民营化与公私部门的伙伴关系［M］. 周至忍，等，译. 北京：中国人民大学出版社，2002：88 - 89.

② E. 丘伯，M. 默. 政治、市场和学校［M］. 蒋衡，等，译. 北京：教育科学出版社，2003：146，147，174，193.

引投资的作用，在浙江长兴的实践中都已经得到了初步的证实，其独特价值在于以实践的力量令人信服地揭示了政府转变公共教育治理模式，退出教育活动微观层面的现实途径。尽管"对于公共教育资源进行竞争性配置有助于提高其利用效率"[①]，但"期望教育券解决一切问题是不现实的"[②]。基于学区民主控制的科层治理导致低效率学校组织的产生，那么基于计划控制的科层治理更容易促成低效学校组织的形成。一个在课程教材、人事、财务安排、组织结构、教学规范来自于中央政府和地方政府命令控制（Top-down Governmental Control）的公立学校教育体系，完全可能导致教学内容的片面和褊狭，且又不断为考试制度加强；学校组织治理机制单一，官僚成本较之可能的交易成本（财务安排完全由政府支付时只要提供者与生产者不重合仍然存在避免官僚成本的机制）巨大而不能在可行的机制中选择。

政府职能转变是重构公共教育权力体制的核心问题。在公共事务的管理中，现代政府应该是"掌舵而不划桨"。保证社会公平和提供市场不能提供的公共产品，是政府的基本责任，表现在教育方面，就是保证教育的公益性和向社会提供公共教育服务。包括提供教育政策和作出合理的制度安排；对教育服务的提供进行政府监督；保证市场的公平竞争；为所有社会成员提供市场不能提供的义务教育；保护社会弱势群体的受教育权利。政府在公共教育方面的职能转变并不意味着政府责任的减少，相反，将使政府承担更重、更复杂的责任，如全局性、战略性重大决策、中长期发展规划、重大发展项目、区域分类指导、公共信息服务、财政转移支付、支持西部发展、推进均衡发展等。

四、结语

传统的公立学校系统在课程教材标准、人事制度、学业评价、教学规范等基于来自于中央和地方政府的命令控制，导致教育体系高度行政化、科层化、官僚化和单一化，不仅有碍优效组织的形成，造成本就紧缺的公共教育资源的浪费，而且隐藏着巨大的风险。一种众多制度安排可供选择的制度环境的构建不仅是用好既有的公共教育资源条件，而且为民间资本进入教育领域提供制度平台。各种制度安排的共存，启动一个永不停息的演化进程（实际上也是办学效率和回应性检验进程），使得作为有生命的教育服务生产组织（学校）基于交易成本与官僚成本的相对比较决定最终哪些制度安排胜出，不同的制度安排和相应的学校在竞争中接受生存检验。教育服务的提供与生产的可分离是这种制度创新的理论核心。教育服务消费者的自由选择与教育服务生产的自由进

---

① 茅于轼.教育券对教育资源配置的影响［J］.全球教育展望，2003（7）：18－19，17.

出，学校教育服务生产者（包括组织）的变化，是教育服务体系保持生机活力的最终保证。

我国高校产权结构分析

王寰安
An Analysis of the Property Rights Structure of
China's Publicly-owned Universities
Wang Huanan

产权是某一主体对财产拥有的各项权利的总和，包括对给定财产的所有权、使用权、控制权、收益权和转让权等一系列权利所构成的权能体系。为了更好地组织和运用资源，特定产权的不同项权能，可以合于一个主体，也可以分离，分离又有不同的分离方式和组合关系，形成不同的产权结构。产权结构就是指产权各项权能的不同程度的分离及其相互之间的组合形式。不同的产权结构代表着不同的激励约束组合，包括合法权利的初始界定在内的整个产权制度及其演进状况，是直接影响经济效率的至关重要的因素。①学校产权是对学校资产的所有权、使用权、控制权、收益权和转让权等权利的总和。在现实中，学校所有者一般很难直接经营和管理学校，而是将学校委托给专业管理者来经营管理学校，形成所有权和经营权分离的产权结构。学校产权结构在很大程度上决定着学校激励约束效能和办学效益的高低。

一、我国高校产权结构

公立高校属于一种国有产权形式。在理论上，国有产权是指这些权利由国家占有，国家再按可接受的政治程序来解决谁可以使用或不能使用这些权利。在国有产权下，由国家通常是政府来选择代理人行使国有产权，建立产权的委托代理结构。在我国，国有高校所有权由政府代表，并通过政府来选择代理人

---

① 孔泾源. 市场化与产权制度：变迁过程的理论分析 [J]. 经济研究，1994（6）：72.

行使高校产权。在计划体制下，我国高校产权属于"产权合一"模式，政府集学校产权所有权和经营权于一身，学校仅仅作为指令的执行者，导致产权运作的低效率。改革开放后，我国进行了高等教育管理体制改革，政府逐步将办学权力下放给高校以实现高校自主办学，特别是1998年《中华人民共和国高等教育法》（以下简称《高等教育法》）首次在法律上明确了高校的独立法人地位和学校内部权力结构，这导致高校产权结构逐渐演变，分权结构模式逐渐形成。

1998年《高等教育法》第一次赋予了我国高校实行党委领导下的校长负责制以法律效力，这种管理体制的权力结构主要是党委领导下的校长负责制以及在此下的院系、教研室三级结构模式。其组织结构是一种"直线—职能制"形式，即在大学中，从党委领导下的校长到系主任再到各级教研室主任实行统一的直线式指挥，在学校一级同时设有各种承担具体管理职能的职能机构。同时，由于政府承担着高校资产所有者职能，这样就形成了以政府、学校党委、校长及其职能部门、院系和教研室等为链条的产权委托代理关系（见图1）。

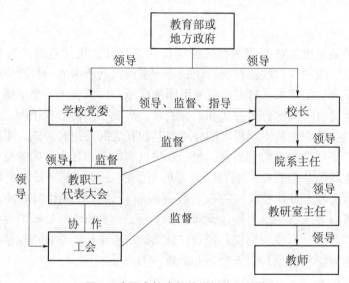

图1 我国高校产权的委托代理结构

在产权委托代理和权力界定方面，首先，政府仍然充当高校资产所有者，并具有任免校长、书记等关键人事任免权，但是在学校具体管理方面，已不再干预。因此，政府拥有所有权和部分决策控制权。其次，在学校的层面上，由于政府办学权力下放，学校获得了经营权，在形式上确立了独立法人地位。具体到学校内部的委托代理关系和权力结构，学校党委地位和职能主要是统一领导学校工作，支持校长独立负责地行使职权，其领导职责包括执行中国共产党的路线、方针、政策，坚持社会主义办学方向，领导学校的思想政治工作和德育工作，讨论决定学校内部组织机构的设置和内部组织机构负责人的人选，讨论决定学校的改革、发展和基本管理制度等重大事项等。从这些法律规范中，我们可以看到党委（尤其是高校中的常委会）实际上充当着高校的最高决策控制机构。有的学者指出，这种治理结构在形式上类似于美国大学的董事会制度。① 校长是学校行政的总负责人，《高等教育法》界定的校长权力涉及学校规划制定和实施、教学科研活动组织、校内人事任免、教师聘任、经费预算等多方面的权力。大多数高校通常在校长之下设立几位副校长，或称教务长、秘书长、总务长，分管教学、科研、行政以及后勤等工作。校长的权力往往由学校各职能处室（人事处、教务处、科技处等）协助行使。同时学校设有各种专门的学术委员会，负责审议学科、专业的设置，教学、科学研究计划方案，评定教学、科学研究成果等有关学术事项。在学校以下设院系，但学院与系的主管由校长委任，学院院长和系主任必须对校长负责。在基层也设有基层学术委员会。教师为主体的教职工代表大会等组织形式，依法保障教职工参与民主管理和监督，维护教职工合法权益。总体上形成三级权力领导格局。（见表1）因此，在学校内部，决策控制权由党委、教职工代表大会、工会等分享，决策经营权由校长和基层院系掌握。

表1 高校内部权力结构②

权力机构	职责与权力
党　委	统一领导学校工作，支持校长独立负责地行使职权，其领导职责主要是：执行中国共产党的路线、方针、政策，坚持社会主义办学方向，领导学校的思想政治工作和德育工作，讨论决定学校内部组织机构的设置和内部组织机构负责人的人选，讨论决定学校的改革、发展和基本管理制度等重大事项，保证以培养人才为中心的各项任务的完成。社会力量举办的高等学校的内部管理体制按照国家有关社会力量办学的规定确定。
校　长	全面负责本学校的教学、科学研究和其他行政管理工作，行使下列职权：1. 拟订发展规划，制定具体规章制度和年度工作计划并组织实施；2. 组织教学活动、科学研究和思想品德教育；3. 拟订内部组织机构的设置方案，推荐副校长人选，任免内部组织机构的负责人；4. 聘任与解聘教师以及内部其他工作人员，对学生进行学籍管理并实施奖励或者处分；5. 拟订和执行年度经费预算方案，保护和管理校产，维护学校的合法权益；6. 章程规定的其他职权。

① 陈文申. 公共组织的人事决策——转型期中国大学人事改革的政策选择 [M]. 郑州：河南人民出版社，2002：108-109.
② 主要参考（1）《中华人民共和国高等教育法》（1998年8月29日第九届全国人大常委会第四次会议通过）有关规定；（2）高校有关文件。

续表

权力机构	职 责 与 权 力
学术委员会	审议学科、专业的设置，教学、科学研究计划方案，评定教学、科学研究成果等有关学术事项。
教职工代表大会	依法保障教职工参与民主管理和监督，维护教职工合法权益。
人事处	代表校长负责学校的人员招聘、人才引进、教职工培训、考核聘任、人事调动、人才流动等工作。
院 系	院系人事招聘、经费分配、科研安排等。

总体上来说，我国高校形成了一种"上级政府—学校党委、职工代表大会、工 会—校长及其职能部门—院系主任—教研室主任"为基本模式的产权委托代理结构，其中学校层面的所有权力构成学校的法人权利。与传统的学校"产权合一"模式相比，这种产权结构具有下列特点：（1）学校办学自主权增加，政府已逐步退出学校的微观管理，将部分决策控制权和决策经营权移交给学校，赋予学校独立法人地位，实现学校自我办学、自我发展和自我约束；（2）决策控制权分化，政府基本不再干预学校内部决策，许多重要决策权力已下放给学校。在学校中，形成了党委、校长、教职工代表大会等分享决策控制权的局面，但是政府仍然掌握学校关键人事任免权等重要的决策控制权；（3）学校内部权力分化，由过去学校一级管理模式逐渐向校院系两级管理模式转变，院系办学自主权增加；学术委员会获得部分学术决策和审议权；完善教职工代表大会和工会等制度，赋予其一定的民主参与和监督权力。

二、高校产权结构存在的主要问题

学校资产所有者赋予学校经营主体独立法人财产权，造成学校所有权与经营权的分离，这种产权分离体现了社会分工要求，提高了学校的办学效益。但是所有者如何保证经营者不背离自己的利益目标是学校产权结构必须解决的另一个重大问题，高校必须形成合理的权力制衡结构。在我国高校的简政放权改革中，尽管政府已经陆续将许多决策权力下放到高校，但是由于高校所有权主体不明晰，以及权力下放过程中没有很好地促进学校内部权力的合理配置等，这些产权结构问题在客观上影响了高校内部激励约束效能和学校办学效率。

（一）办学自主权有限

现代大学的运营必须依托合理的产权结构，其中之一就是学校所有权与法人财产权的分离，塑造独立的学校法人，这是实现大学自主办学的基础。学校资产所有者将资产的占有权、使用权和处分权转让给学校经营主体，由此产生了学校法人财产权。学校经营主体通过对学校资产的充分占有，自主高效地进行办学。目前，尽管我国高校的法人地位已被法律确认，但是由于学校所有权与经营权关系的模糊，政府至今还保留了很多的管理权力，学校还远未获得自主办学的各项权力。根据学校人事负责人反映，目前从校长任命、机构设置到教员编制，从课程设置、学位设立到招生名额，以及入学条件、学费标准，等等，基本还都由政府规定。学校办学自主权的缺乏使学校不拥有自主和高效配置资源的充分权能，校长和教师就不得不花大量时间和精力都浪费在应付主管部门身上，资源配置效率很容易受到来自政府的不正当干预而降低。

政府直接管理高校往往会带来较高的运行费用。政府计划控制要实现资源的优化配置必须满足两个条件：一是中央计划者能迅速准确地获得、处理、传递有关供求变化的一切信息；二是中央计划者能够及时清楚地了解到计划指令执行情况及根据这些情况给予必要的督促、奖励或处罚。如果这两个条件不能满足，要实现计划管理下的最优配置是不可能的。① 在学校管理中，由于政府远离学校的管理现场和非对称信息，政府对高校的资源配置和发展目标等知之甚少，因此，形成科学的教育决策往往不可能，很容易导致瞎指挥和官僚主义。而学校由于缺乏自主决策权力，难以应对复杂多变的外部环境要求，当学校遇到无法回避的非程序决策时，学校还不得不花费大量的时间和精力，去层层请示和报告，等待各个上级主管部门的批准。

（二）所有权主体不明晰

产权主体明确的关键就是对具有独立人格的所有者代表的明确。在公立高校中，产权主体很难落实到具有独立人格的资产所有者手中。在国有产权下，高校所有权是由政府来代理行使的，但是，政府作为所有权代表会出现主体不明晰的结果：一方面，政府是一个垄断的集体组织，内部等级林立，本身缺乏明确的负责主体，具体权责难以落实到个人；另一方面，作为权力的使用者，由于政府对教育资源的使用与转让，以及最后成果分配都不具有充分的权能，

① J. 伊特韦尔，等. 新帕尔格雷夫经济学大辞典：第四卷［M］. 陈岱孙，等，译. 北京：经济科学出版社，1992：438－439.

这就使它缺乏提高办学绩效和监督学校成员的积极性，而国家要对政府进行有效监督又十分困难。

所有权主体不明晰，极易导致学校监督缺位，引发内部人控制问题。内部人控制是指在所有权与控制权分离的现代公司中，当股东不能对经理层进行有效控制时，经理层就有可能利用控制权来谋求个人和小集团的利益，损害股东利益。高校以校长为首的行政管理层在学校办学中占有重要地位，校长负责学校管理和激励约束教职工，对学校经营具有重大影响。但是，由于所有权主体不明晰，校长等就无法受到有效的监管。目前，对校长既没有规范的激励机制，又没有严格的约束和考核机制，这样的产权结构很难激发校长的管理积极性，却容易发生行政权力阶层的"寻租"行为，侵害学校或教师利益。教师普遍反映的在岗位聘任、岗位考核和晋升审议等中出现的人为影响，在很大程度上就是行政权力干预和权力寻租的结果。内部代理人控制问题损害了学校或教师利益，降低了教师积极性，甚至使其将时间精力花在搞关系上。

代理人问题个案

X 大学关于"领导对人事不正当干预"问题：改革实际上是利益再分配，尤其是人事制度改革容易产生矛盾，更重要的是领导思想不到位。学校人事部门花了很多精力来制定聘任文件和政策，书面上的制度已经很规范了。作为人事处负责人，作为具体的制定者和执行者，我非常希望按照标准来操作，但是在实际操作中往往出现背离。很显然，目前，在职务聘任上还做不到公正、公平、公开，每年还有那么一批人，是经过暗箱操作来获得晋升。这里很重要的一个方面就是领导问题，领导对人事工作的干涉往往将人事部门陷于被动境地，人事处作为人事改革的组织者和执行者，很容易做得罪人的事情。领导的认识和做法有很大的示范效果，对很多人产生不好的导向作用，很多人以后就会按照这些不规范程序来操作事情。

X 大学关于"院系的部门利益问题"：院系主任为扩大自己的声望，变相地帮助本院系教师争取职称名额、岗位数等，从而建立自己的权威。例如，X 大学目前是院系自己设岗，J 学院在设岗问题上就盲目升格，当时提出要设100 个教授，人事处说可以，但是 J 学院要完成 100 个教授的任务量，J 学院强词夺理说学院整体水平还没有那么高，达不到这个要求。这里的动机很明显，院系拼命扩大高级职务数额，资金由学校负担，而得到好处的是院系领导，这样会取得院系教师的支持和拥护。（X 大学人事处处长）

(三) 决策控制权配置不合理

即使有明确的所有权主体，例如在股份公司中，但由于产权的集体性，所有权主体不能直接监督经营者，因此还必须形成有效的决策控制和决策经营结构，保证经营者不偏离股东的利益目标。在企业中，通常由董事会掌握决策控制权，代表所有者对经理进行监管。在这方面，高校还未形成有效的决策控制和决策经营结构。目前我国的高校，决策控制权被分割在上级政府、学校党委和校长之间，彼此权力界限不清，主体不明。政府掌握着学校领导人事任免权，具备监督校领导的权能，但是由于政府远离学校管理，政府很难实施有效监督。从法律赋予的权力来看，党委实际上充当着高校的最高决策控制机构，具有类似美国大学的董事会的职能。但是，一方面，在实际工作中，学校内部的决策控制权和经营权划分模糊，分不清哪些问题在党委会决策，哪些问题在校长办公会决策的界限，结果出现两种倾向：或是党委包办过多，大事小事都拿到党委会决策；或是党委会对确属重大的问题没有把关。另一方面，党委没有任免校长的权力，对校长的录用和监督关系是分离的，因此，党委并不具有监督控制校长的充分权能（见图 2、图 3）。同时，党委的监督职能受到自身性质的制约，其构成主要是依政治而定。无论对于高校外部的责任，抑或对于高校内部的学科和人员的要求，党委与董事会都有着本质的差别。"在中国，党委同行政的关系，学校与上级政府和党委的关系构成了高校人事结构中最易发生不适和矛盾的地方，也是出现麻烦后最难以调处的问题。"①

图 2 高校任命与监督关系的经典体制　　　图 3 我国高校的任命和监督体制

据上文的分析，目前高校的决策控制权由政府、党委、教职工代表大会等分享，在法律上没有对彼此的权力进行清楚划分和界定，要么是多头管理，要么是监控不落实，甚至决策控制权完全由校长支配。高校决策控制权主体的缺位造成学校无法对其决策经营主体的校长进行有效的监督和激励（见表 2）。

---

① 陈文申. 公共组织的人事决策——转型期中国大学人事改革的政策选择 [M]. 郑州：河南人民出版社，2002：108－109.

表2　中美高校校长人员的激励约束机制比较①

机制内容 学校类型	激励约束主体	报酬方面	决策经营权	声誉方面	市场竞争
我国高校	政府主管部门选择、激励约束学校领导人	类似于公务员，以稳定的保险收入为主，不强调市场价值	具有较小的决策经营权，由上级政府、学校党委、教代会等进行监督制约	注重自己在政府主管人员心中的良好形象和声誉	市场用人机制较少可能发生作用
美国高校	由学校董事会选聘、激励和约束	报酬直接体现校长人力资本市场价值	授予决策经营权，通过董事会、评议会等对其权力进行监督约束	充分的市场用人竞争保证校长的职业声誉对其行为具有激励约束作用	大学校长市场、教师劳动力市场、招生和就业市场等的竞争程度决定了其对校长的激励约束作用

（四）决策经营权过分集中

我国现行的高校的执行体制是以校部为基础的体制，院系这一级没有人事权、财政权和业务指挥权，所有这些权力都集中在学校及其职能部门。校长及校部变成了领导部门和指挥部门，而大多数高校的院系一级的机构，就像过去没有成立院以前的系级机构一样，就是一个办公室，形成"上面千条线，下面一根针"，院长成了"大秘书"的局面。② 权力过于向上集中，使基层的自主权受到限制，因而抑制了基层创造性的自我发挥。

根据对高校校长和院系主任等的实际调查，在各种权力上，对院系"应该拥有"主要决策权的选择均大于对"已经拥有"主要决策权的选择，其中差距最大的是教职工晋升、招生、招聘教师和财务，差距最小的是课程安排和

---

① 根据下述资料概括而成：（1）亚伯拉罕·弗莱克斯纳. 现代大学论——美英德大学研究 [M]. 徐辉，陈晓菲，译. 杭州：浙江教育出版社，2001：157-165；（2）Corrigan M E. 谁在当美国大学校长——2002年全美大学校长调查报告 [J]. 中国高教研究，2004（4）：35-37.

② 孙绵涛. 中国与西方发达国家高等教育体制区别在哪里 [EB/OL]. [2008-04-12]. http://www.edu.cn/20040206/30985182.shtml.

课题申报。认为院系最应该拥有的权力分别是教师评估、课程安排、招聘教师和课题申报，选择这些项目的调查对象约占95%。这些项目都和院系的教学和科研关系紧密。可见，对于学术事务的权力应该集中在院系。从权力结构来看，西方发达国家高校实行的是校、院两级，以院为基础的体制，院是一个相对独立的教育实体，院系学术机构在其中发挥着重要的影响作用（见表3）。这与我国高校内部权力结构形成显著差异。

表3　美国大学内部权力圈（权力和影响由小到大分成 1~5 级）

机构或人	课程设置	教师聘任	系主任选择	长期规划	总影响力
校长及助手	2.1	2.2	2.6	4.5	3.7
院长	3.2	4.1	3.8	3.8	3.6
系主任	3.9	3.9	2.4	3.0	2.6
系评议会	4.2	2.8	3.1	2.5	2.2
院评议会	3.1	2.3	1.8	3.5	3.5

资料来源：杨汉清，等．比较高等教育概论［M］．北京：人民教育出版社，1997：292.

三、我国高校产权结构改革设想

高校产权的"两权分离"体现了社会分工要求，提高了学校的办学效益，但是所有者如何保证经营者不背离自己的利益目标是高校产权结构必须解决的重要问题。因此，高校必须形成合理的产权委托代理关系和权力制衡结构。目前，我国高校产权结构改革的基本思路是构建有效的自主办学实体和优化内部权力结构，进一步规范政府和学校之间的权力关系，维护高校的自主办学权，同时合理配置高校内部权力，平衡行政权力与学术权力，实现权力重心下移，赋予基层更多的自主权。

（一）进一步规范政府和学校之间的权力关系，维护高校的自主办学权

我国高校产权结构中的主要问题是政府与学校权力划分不清，学校缺乏自主办学权，责任体系不明，代理关系不顺。由于非对称信息和代理人问题，政府无法真正监督和管理好高校，既造成学校缺乏办学积极性，又造成相关造成责任和监督主体不到位。为了保证学校产权在市场经济环境中更好地行使，高校要成为一个相对独立于国家政府和社会的自主活动实体，应该切实落实包括教学、科研、人事、职称评定、工资分配、专业调整、机构设置、财务、基

建、招生、分配、对外交流等各项自主权力，强化高校办学本位。政府作为学校产权所有者，应该将大部分决策控制权和经营权下放给学校，赋予学校组织和管理全权，通过学校内部权力制衡实现学校自我约束，政府不再直接干预内部办学，主要承担起监督调控及引导职能，切实进行政府职能转变。

（二）合理配置高校内部权力，实现权力重心下移，赋予基层更多的自主权

政府下放权力的过程中同时要形成高校内部合理的权力配置结构，形成自我约束的内部权力结构，这也是自主办学的一个必要条件。关键是形成有效的内部决策控制权与决策经营权配置结构。可以考虑通过建立学校董事会或评议会模式，吸收社会成员加入，由董事会或评议会掌握和行使学校的决策控制权，负责学校的重大决策和对校长的激励约束，董事会接受政府和社会的监督。校长享有充分的决策经营权，实现教育管理和决策的高效率。其次，要通过学校内部权力下放形成有效的决策经营权配置，发挥基层组织在学校管理中的重要作用。由于工作性质和活动范围的专业性，在高等学校里，院系一级是管理的基础，是相近专业的集合体，学校教学科研工作主要是在院系进行。院系对教师学生的思想、工作、学习、教学和学术水平、个性特点以及教学科研第一线的工作情况比校级更了解。学校应给予院系更多的自主权和决策权，尤其是教学科研和人事决策权。

（三）平衡学术权力与行政权力

大学被称为松散的联合体，这是大学组织有别于政府、企业等其他社会组织的根本特征。在大学的组织结构中，一个学科该做什么、如何做，只有学者才最有发言权，学者的独立劳动的价值只有同行才能给出更准确的评价。因此，基于学科组织的大学，学术权力是一种自由而又最广泛的权力，它以对知识占有的优势为权力基础，基层院系是大学学术管理和行政管理的重心。大学组织特性对高校权力结构安排提出了特殊的要求，高校内部产权结构不仅要积极实现决策经营权的下移，还要注意平衡学术权力与行政权力，发挥学术组织和学术人员在高等学校各项事务中的基础性作用。鉴于我国高等学校中行政权力与学术权力失衡的现状，应进一步加强和明确学术组织在学术管理和学术评价中的作用，通过改革学术评价组织的人员构成、议事规则和议事程序，保证学术评价的学术性和客观公正性，消除行政干预的制约。

（四）通过政策引导，实现学校产权多元化

大力发展私立办学，通过体制外创新优化高校产权结构，促进高校竞争。同时，政府要在维护合理的产权竞争和市场制度上发挥引导作用，为有序竞争

创造良好的政策环境。

（该文发表于《清华大学教育研究》，2008 年第 4 期）

激励—约束与高校治理

王寰安

Incentives-constraints & the Governance of
Colleges and Universities
Wang Huanan

一

　　新中国成立后，与计划经济体制相适应，我国高等教育也实行一种计划管理体制。在这种体制下，政府通过行政指令对教育资源采取单一的计划配置方式，其配置过程一般是政府先根据经济社会发展现状和要求，制订一个总的教育资源配置计划，然后将这个计划分解成各下属应当承担的任务，一直把这些计划落实到最基层。为了保证教育计划实施的一致性或完整性，政府通过完整的规章、制度、纪律规范高校办学行为，并以各级行政组织对其实施有效的监测和控制。为此，政府要求高校内部设置相应的组织机构与其教育管理职能衔接，以贯彻其指令。在高校内部，其运行是以科层制的形式自上而下层层放射的，每一层次拥有不同的权力，高校校长的行政级别被规定为副部级、司局级不等，院长、系主任相当于处级，所有这些规定都体现了政府对高校实行直接的行政领导和统一管理的要求。从管理的执行程序来看，高校内部执行程序与国家行政管理的执行程序也是一致的，校长等无条件服从和执行上级教育主管的命令、指示和决议，再通过行政方式要求各下属院系服从与执行。因此，我国高校制度在某种程度上是政府行政管理模式的延伸。

　　高校内部的教师人事关系也由政府统一规制，高校教师被赋予国家职工身份。第一，在教师引进方面，1959 年制定的《国务院关于高等学校师资的补充、培养和调配问题的规定》规定，高校的教师用人计划由教育部审核汇总后报送国家计划委员会审批。第二，教师的流动和调配也完全由政府包揽，1956 年制定的《关于高等学校教师调动的暂行规定》规定，教师应该根据国家需要，服从调动，教师调配由高等教育部统一负责。第三，在工资制度上，高校教师工资纳入国家统一的行政事业单位工资体系，实行政府统一的计划工资制度。第四，有关教师职责、考核、晋升等方面的权利和义务规定由国家通过学校规程和人事文件等方式加以确定。因此，在教师用人上，学校仅仅是受政府委托，根据政府制定的各项规章制度和行政命令来对教师进行具体管理和监督，学校和教师无权改变教师人力资本的使用方式或方向。

由此可见，传统体制下的高校不是自主办学实体，不过是持有特定控制权的执行者。这种办学权力的分配，保证了政府教育计划实施过程的完整性或行为与目标的一致性。事实上，如果高校拥有自由决策权，存在超计划规定的行为空间，只会破坏教育计划完整性，成为经济社会正常运行的干扰力量。既然作为执行者，对学校领导和教师而言，只要执行规定和指令，就能够获得确定的薪金收入、提升等改善"待遇"的奖励。反之，则会招致批评、处分、降职等处罚。所以，学校领导和教师只对上级负责，不必关心教育活动的实际效果。

但是，将所有办学权力都集中于政府的体制，必然是缺乏活力的、僵化的。在教育信息高度分散于社会企业和家庭的条件下，政府计划机关不可能获得完备的教育供求信息，预见到各种可能的事件，也就不可能制订出资源优化配置的教育计划。而由于高校本身没有经营权，也不可能自动校正或调整自己的行为，适应环境的变动。传统教育体制也无法解决教育计划的执行问题。政府的直接控制和干预虽然在一定程度上能够限制学校代理人的选择空间和行动自由，从而对他们的一些机会主义行为起到规制作用，但是由于管理幅度和非对称信息，政府难以有效监管基层学校和教师的实际履责行为。这样，学校代理人就会故意偷懒、卸责，或者降低工作质量，导致政府教育计划的落空。

二

针对传统体制的弊端实行的教育体制改革，是要放弃完整的计划对整个高校教育活动的控制，力求使学校独立经营。1985 年，《中共中央关于教育体制改革的决定》确定了对高校简政放权，扩大高校办学自主权的高等教育体制改革方向。1998 年通过的《中华人民共和国高等教育法》从法律上对高校办学自主权进行了认定，第三十条规定："高等学校自批准之日起取得法人资格，高等学校的校长为高等学校的法定代表人。高等学校在民事活动中依法享有民事权利，承担民事责任。"《高等教育法》从招生、专业设置、教学、科研、对外交流、人事和财产等八个方面详细规定了我国高校应该享有的自主权。与此同时，以教师聘任制改革为核心，高校在教师引进、使用与考核、工资、晋升、分流等教师人事方面进行了改革，出台了一系列的法律法规和相关政策，学校人事权力逐渐增加。高校办学权力及其内部人事关系的这种变化，弱化了政府的教育行政管理权，强化了学校的自主办学地位，更有利于调动学校和教师的积极性。

但是，高校拥有自主办学权并不是增进学校办学活力的充分条件，只是必要条件。如果政府完全放弃对学校行为的控制，让学校拥有经营权力，就有可能导致学校代理人以个人或集团效用目标替代学校所有者目标，损害所有者利益。因此，如果不能有效约束和激励学校代理人，即使有更充分地利用分散化信息、更灵活对环境变动做出反应、提高办学效率和整个教育资源配置效率的可能性，这些可能性也不会成为现实。

在学校代理人无法自律的情况下，最终还是只能通过学校组织外部约束学校行为。一种方法是由政府直接监管学校代理人。而这种约束方式，实际上也就剥夺了学校的自主办学权，使学校治理回复到传统计划模式。因此，政府只能通过其他方法来约束学校行为。借鉴市场经济调控原理，在教育领域，政府主要采用各种立法、规划、拨款、信息服务等政策杠杆对高校进行外部调控，以减少对学校的直接管理。为此，政府建立了一系列教育质量评估和审核体系，通过将评估结果与学校办学资格、教育资源等的获取相挂钩来实现对学校行为的引导。按照功能差异，目前我国政府建立的高等教育评估体系分为办学准入评估、办学监管评估、资源投入或奖优评估等三种基本类型。办学准入评估是政府对教育机构能否进入办学市场的评判标准，主要涉及对办学主体资质条件的基准评定。办学准入评估包括办学审批、学位授权、专业设置等评估。办学监管评估是指政府对教育机构、学科或专业课程的教育质量好坏作出评价的机制，基本形式有教育部本科教学水平评估、研究生教学水平评估、专业建设评估等。资源投入或奖优评估则是政府根据经济社会和教育发展的需要，择优确定部分学校、学科、专业或其他主题进行重点建设和投入的评估机制。这类评估包括国家重点学科、重点实验室、211 工程、985 工程、国家学科基地等各类专项"教育工程"建设评估。

由于评估结果与学校办学利益直接相关，政府教育评估必然对高校办学行为产生强有力的导向作用。事实上，有相当数量的高校，尤其是希望在教育主管部门中提升排位的学校，编制各种量化指标应付各类考核、评比，争取诸如重点学科、学位授予点、更高的排名等，已经成为学校的中心工作之一。根据目前通行的做法，高校首先确立整体发展目标，目标确立以相关教育评估标准为依据，普遍采用数据或有关指标来表达，如学科建设中的博士后科研流动站、一级学科博士学位授予权、硕士学位授予点数量及种类，教师队伍中的学位结构、年龄结构、职务结构和性别结构，等等。在此基础上，学校将发展目标层层分解到院系，并与院系签订目标合约，实行院系经费包干。院系再将目标分解到岗位和个人，院系与教师签订岗位目标责任合约，教师津贴与岗位目标挂钩。与学校目标类似，院系和教师岗位目标也普遍以量化指标来界定，如教师工作量通过教学时数、论文数、论文期刊级别、科研经费量、科研项目级别等来衡量。

这样，通过评估指标设计和目标的层层分解，政府就可以将自己的意志和价值取向渗透到高校的办学行为当中，引导和规范高校办学。从本质上而言，政府教育评估并非对学校管理的直接干预，而是通过一种目标或结果控制对学校进行间接调控。在目标管理中，因为考核的不是行为，而是行为结果或目标，因此政府就可以省去对学校直接行为的控制，大大缓解政府直接监管学校的困难。同时，在学校内部，目标和量化管理将院系任务和教师职责明确化，更容易区分院系和教师贡献高低，强化对院系和教师的责任约束。实践表明，近年来，我国高校办学绩效迅速提高，传统体制下教师积极性不足、大锅饭等问题也得到很大缓解。目标管理存在的主要问题，在于如果目标得不到准确的描述和评价，就可能对代理人产生负面的激励。[①] 由于教育评价的困难，目前政府各种教育评估体系存在标准分类单一、指标不合理、重"量"不重"质"等诸多缺陷。这使得高校在发展中容易忽略自身特点和社会实际需求，盲目追求办学绩效和规格。政府教育评估的这种倾向性控制，势必阻碍高校的内涵式发展和办学特色多样化。目标或量化管理也给教师的学术自由和创造等带来了一系列问题。由于实行量化管理，教师要花费大量的时间和精力来应付学校的各种考核指标，容易造成教师的急功近利，追求学术上的短期效应，如搞"短、平、快"项目，以各种手段争取名望高的科研课题，如国家级、部级的应用性课题等，而忽视基础性、无功利性的学术研究等。

综上所述，国家在高校治理改革中面临着两难选择。对高校实施直接控制，会抑制学校办学积极性和对社会需求的灵活反应，降低学校活力；放弃对高校的直接控制，保证学校自主办学，转而通过教育评估对学校实施间接调控，则可能对高校办学产生负面激励和不利导向，学校同样不会有活力。

三

高校是现代经济社会体系中的一个重要的分工部门。高校有两项基本职

---

① 杨晓维. 行为合约与目标合约 [J]. 江苏社会科学, 2003 (1): 48.

能：第一，作为知识传授组织，向学生提供教育服务，提高社会人力资本质量；第二，作为知识生产组织，为经济社会发展提供知识和技术要素。高校与企业的不同在于：（1）高校目标的模糊性和多元性。高校通常是一个非营利机构，其基础科学研究具有极强的外部性，人才培养也不能实行一般市场中的"价高者得"的原则，高校的社会价值难以量化为货币形式的指标。这样，作为高校所有者，政府就不能单纯以营利指标来界定学校目标并考核学校代理人的经营绩效，而往往代之以办学效益、教育质量等难以量化的因素。（2）高校教育生产的个体性和创造性。高校被称为"松散的耦合系统"，高校教师劳动基本上是以个体形态表现出来的，不能像在机械化流水线生产的工人那样，被组织在"一条龙"式的机械设备中进行。在高校中，一个学科该做什么、如何做，只有学者才最有发言权。越是高度专业化、规模较大、有多种目标的学院组织，其组织内部运作越无序，它越需要专业人员依据自己的判断来从事教学，而并非按照管理者的命令去工作。[①]

　　基于高校目标和教育生产的上述特点，政府如果采取正式约束方式，即通过制定明确的行为规则或目标责任制来规范学校办学，将产生以下负面效果：（1）追求数量而忽视质量。由于学校目标和教师劳动贡献难以被客观计量，刻意地量化学校和教师目标只会片面地激励学校和教师追求工作数量而忽视质量。（2）目标失衡。高校教师承担教学、科研和社会服务等多种任务，在这几种不同任务中，科研任务及其成果更具有可计量性，而其他任务不容易计量。因此，如果实行显性激励机制，那么教师就会把更多的精力用来完成可计量的科研任务，而教学和社会服务就会被忽视或冷落。（3）制约教师自主性和创造性发挥。指令性的规定会大大限制教师的自主性和创造空间，窒息教师的创新能力，降低教学和科研质量。即使能够制定完备的正式约束，政府能否加以有效实施也值得怀疑。政府不仅面临高昂的实施成本，更重要的是，作为学校所有者代表，政府自身也是代理人，也存在卸责、偷懒甚至谋求一己私利的动机，从而使实施效率大打折扣。

　　因此，我们只能通过一种非正式约束方式来实现对学校办学的合理激励，非正式约束主要通过学生、教师、校友、教育捐助者等学校利益相关者来加以实施。首先，这些主体与学校之间存在着利益的相互依存关系。一方面，利益相关者是高校生存的必要条件，高校只有能够招收优质生源、获得更多的社会捐助、吸引优秀师资等，才能不断提高办学实力和获得发展。另一方面利益相关者也是为了自身利益参与到学校中去，学校也为他们提供了价值机会。例

① 托尼·布什. 当代西方教育管理模式［M］. 强海燕，译. 南京：南京师范大学出版社，1998：172.

如，学生通过教育可以获得更好的职业前景和未来收入，个人和企业通过捐助可以提高自己的社会声誉等。因此，学校的经营决策必须要考虑利益相关者的利益，学校的发展前景也有赖于学校对他们的利益要求的回应质量，所有这些来自于利益相关者的制衡必然对学校办学产生重要的约束。其次，利益相关者主要通过一种非正式方式即"退出"威胁来实现对学校的约束。学生、捐助者、教师等在选择学校或购买教育服务时，并不会采用一套量化指标来对教育质量进行客观界定和证实。由于教育质量标准没有被明确界定，学校可能实施机会主义。克莱普斯等（Kreps & Wilson）认为，这种权责关系不完备交易可以依靠市场竞争和声誉效应获得自动执行。当参与人之间只进行瞬时交易时，理性的参与人往往采取机会主义行为，通过欺骗等手段追求自身效用最大化目标，其结果只能是非合作均衡。但是当参与人之间存在重复交易时，为了获取长期利益，即使没有正式约束合约，代理人也会积极工作，因为这样做可以改进自己在市场上的声誉，提高未来收入。① 基于办学业绩所建立起来的学校声誉是学校办学实力和教育质量的信号，利益相关者主要依据学校声誉作出选择决定，因此，学校所能获得资源的多少在很大程度上依赖学校声誉的高低。伯顿 R. 克拉克指出，在竞争性的办学市场上，"声誉成为主要的交换商品；相对的声望不仅指导着消费者和工作人员，而且指导着各学校……它们较高的威望带来各式各样较高的报偿，较好的工作条件，较高的个人声誉和比较丰富的资金"②。只有不断提高办学实力和声誉，学校才能吸引更优质生源，获得更多的办学经费和优秀师资等，进而在未来办学竞争中占据主动，否则就会面临生存危机。只要存在一个竞争性的办学市场，即使没有一套量化指标体系，学校及其代理人的行为也可以受到有效的约束。

在学校内部，校长等对教师的激励约束也可以通过非正式约束来实现。教师的非正式约束表现为学校和教师只对用人关系作大致规定，不涉及过分具体的细节条款，主要依靠双方自觉性来履行权责义务。例如，美国高校尤其是名牌高校，对教师聘用关系的界定都很笼统，学校仅仅在教师聘任合同期限及试用期限、职务工资待遇、聘任合同变更和终止条件等方面作明确界定，而核心的教师职责、工作任务、考核和晋升标准等，都没有明确的数量指标规定。这种管理方式可以避免正式约束对教师的束缚，保证教师自主性和创造性的发挥。教师的非正式约束主要由竞争性的教师劳动力市场加以实施。在教育领

---

① Kreps D, Milgrom P, Roberts J, Wilson R. Rational Cooperation in the Finitely Repeated Prisoners Dilemma [J]. Journal of Economic Theory, 1982, 27 (2): 245 – 252.

② 伯顿 R. 克拉克. 高等教育系统——学术组织的跨国研究 [M]. 王承绪，等，译. 杭州：杭州大学出版社，1994：181.

域，教师科研成果，特别是基础理论的研究成果通常都要向社会公开，教师的科研能力对该领域的所有同行都是公开信息。虽然有关教师教学能力的信息并不是公开的，但高校教学，特别是专业课教学直接依存于科研水平，因此人们也可以通过研究能力间接地获取相关教师教学能力的信息。因此，如果存在一个高度竞争性的教师劳动力市场，即使不存在一套量化指标，每个教师总是可以在不断的流动或不同高校的竞争中得到适当的市场评价，或得到他能够得到的最高市场价格。高水平的教师会被引入，而低水平教师可能面临解聘的压力。为了得到更高的市场价格，会激励教师增进自己的市场竞争力，从而克制机会主义行为。同时，如果一个教师的能力和努力被市场证明是"高质量"的，而该教师并没有被学校给予相应的回报，教师就可能会被其他学校吸引走。这种威胁的存在，使得学校必须公平地对待教师。

　　改革开放以来，我国在促进高等教育的社会力量办学和高校自主办学上取得了一定进展，在一定程度上强化了高校办学竞争。但是从总体来看，高校办学竞争还受到许多因素的制约。首先，民办高校在办学审批、招生、学位授予等方面面临严格的办学准入限制，无法享受与公办学校同等的权利，总体发展较为薄弱。2004 年底，全国具备颁发学历的民办高校数量为 226 所，招生数量仅占全国总量的 7.1%，办学类型和层次也仅局限于职业和本科以下学历教育。① 其次，公办高校在招生、专业设置、学位授予等办学权力方面也还受到政府的诸多限制。上述办学管制大大阻碍了高等教育办学市场及其竞争的形成。由于具有办学垄断性，现存学校可以"坐享"优质生源、师资和其他教育资源，代理人缺乏改善办学质量和声誉的足够压力。同时，受单位编制、档案、户籍等因素的制约，高校教师人事还基本未脱离传统的教师终身制，教师无法自由流动。这种人事刚性造成的直接结果就是将学校和教师之间的重复性人力资本交易关系变为一次性交易关系，这样，教师就不关心自己的职业声誉和长期利益，主动履责意向就会大大减弱。同时，由于不存在人才流失风险，学校也可以在工资待遇、职称晋升等方面损害教师利益。

　　因此，在缺乏有效的市场压力的情况下，即使赋予高校自主办学权力，这种自主办学也不会自动转化为教师积极性和学校办学效益的提高，反而可能被"滥用"，导致更大的危机。这时，通过主管部门从外部对高校活动实施监督和考核可能是最重要的手段。然而，如果沿用计划教育体制下的直接监管方式，要想根据各学校各专业的特点实施全面监管，成本将趋于无穷。通过一种目标或结果管理对高校进行外部"调控"，将会大大降低管理成本。

---

① 教育部. 2004 年全国各级民办教育基本情况 ［EB/OL］. ［2008 - 01 - 12］. http：//www. moe. edu. cn/edoas/website18/info25780. htm.

四

我国的高校治理改革遵循着"办学权力下放"的基本逻辑：一方面"解构"政府集中行政权力，力图使政府退出学校微观管理；另一方面"建构"高校自主办学权力，使高校成为独立办学主体。教育决策和管理重心的下移，为改善教育资源配置效率和学校办学效益提供了充分的空间。但是办学权力下放改革面临一个突出的问题是，由于不能有效激励和约束学校代理人，代理人就会以自己的效用目标代替委托人的效用目标，损害所有者利益。在我国，防范学校代理人问题的方法就是政府通过建立相关量化教育评估体系来调控高校的办学行为，但是这不可避免地导致学校和教师行为的扭曲，损害教育质量。高校治理改革面临着两难困境：一方面，一旦政府强化对高校的直接监管，便会强化政校不分现象，导致学校办学效益低下；另一方面，一旦放松约束，就可能出现经营者权力的滥用，危及学校利益。这两方面的共同作用，使得高校办学始终在低效率中徘徊。

要破除高校治理改革的困境，必须突破单纯的"权力收放"（包括在政府与学校之间以及学校内部）改革逻辑，着眼于从高校办学生存环境入手，通过建立竞争性的办学市场来向高校施加足够的生存压力，实现一种有效的外部治理。作为非营利组织的高校是一个典型的利益相关者组织，利益相关者和学校之间存在利益依存关系。[①] 高校的这种特质决定高校的发展必须考虑利益相关者的利益，学校对利益相关者的利益要求的回应质量越高，学校就越能获得优质的教育资源，进而在未来办学竞争中占据主动。因此，只要存在一个竞争性的办学市场，利益相关者具有充分的自由选择权，即使没有一套量化指标体系，学校及其代理人的行为也可以受到有效的约束。由此，未来高校治理改革的重点应该关注如何破除办学管制，为高校发展塑造有效的外部竞争环境。不仅要全面落实公办高校的自主办学权力，而且要为民办高校提供平等的发展空间，并积极建立市场化的高校教师人事体制。

（该文发表于《教育评论》，2008 年第 4 期）

---

① 张维迎. 大学的逻辑 [M]. 北京：北京大学出版社，2004：19.

公立学校与教师之间的"委托—代理"关系

徐　玲

The Principal-agent Relationship Between the
Teacher and Public Schools

Xu Ling

在教育改革日益深化的今天，作为教育改革主体的教师，经常抱怨：工作辛苦，工资清贫，因而出现教师积极性不高，不努力工作的情况，甚至一些优秀教师大量流失。造成这种状况的原因，大多数人认为是学校人事制度存在缺陷，各种评估考核制度不健全、机构臃肿等，其实这仅仅是学校教师积极性不高的浅层原因，其根本原因在于学校与教师之间存在着"委托—代理"问题，在激励约束机制缺陷的条件下，教师降低了自己的责任心和努力程度，片面追求个人利益，这是引发上述现象的深层根源。本文将运用"委托—代理"理论来探究教师中存在的"不利选择"与"败德行为"，通过建立有效的激励约束机制为校方提供一些解决的思路，以改善学校和教师之间的"委托—代理"关系。

一、学校—教师之间的委托代理关系

从经济学角度看，詹森和麦克林作出了如下解释：委托代理关系是一种明显的或隐含的契约关系，根据它，一个或一些人（委托人）授权给另一个人或一些人（代理人）为实现委托人的利益而从事某些活动，相应地授予代理人某些决策权力，并依据其提供服务的数量和质量支付相应的报酬，授权者为委托人，被授权者是代理人[①]。

从上面的定义出发，经济活动中许多经济关系都可以归结为委托代理关系，如政府与企业、企业雇主与雇员、股东与经理、保险公司与投保人、医生与病人等都可以构成委托代理关系。普拉特则提出了一个更为宽泛的定义：当

---

① Jensen M C, Mecking W H. Theory of Firm: Behavior, Agency Costs and Ownership Structure [J]. Journal of Financial Economics, 1976 (4): 308 – 309.

一个人的行动依赖于另一个人时，代理关系就产生了[①]。定义过于宽泛不利于对下面的问题进行深入分析，所以本文采用的是第一种解释。

委托代理关系的本质是一种利益上的契约关系。在这一契约关系下，为了使双方的利益关系得到协调，委托人希望设计一种契约机制授权给代理人从事某种活动，并要求代理人为委托人的利益行动。当然，代理人在实现委托人的利益时，也要实现自己的利益。

尽管教育领域属于非市场领域，有其特殊之处，但从上面的委托代理关系的含义分析来看，教育领域也存在着委托代理关系，具体表现为三种：一是国务院作为初始委托人，将学校财产委托给国家教育行政主管部门（教育部）和地方政府管理，地方政府再将其委托给地方教育行政部门，这是第一级委托代理关系；二是各级教育行政主管部门委托各学校管理学校资产，即形成第二级委托代理关系；三是学校内部又形成学校—教师之间的委托代理关系，即第三级委托代理关系。这里，我们重点讨论的是微观层面的第三级委托代理关系。

二、学校—教师之间的委托代理问题

委托代理关系中存在的基本问题实质上是代理人问题。所谓代理人问题，是指由于代理人目标函数与委托人目标函数不一致，加上存在着不确定性和信息不对称性，代理人有可能偏离委托人的目标函数而委托人又难以观察并监督之，这样便会出现代理人损害委托人利益的现象[②]。

代理人问题的具体表现有两种基本类型：一是不利选择（Adverse-selection），一是败德行为（Moral-hazard），阿罗（Armw）则将这两类现象分别称做"隐蔽信息"（Hidden-information）和"隐蔽行为"（Hidden-action）。

（一）不利选择

不利选择是指建立委托代理关系之前，代理人已经掌握某些委托人不了解的信息，甚至还会制造扭曲、虚假的信息，而这些信息有可能是对委托人不利的，代理人利用信息优势签订对自己有利的合同，而委托人则由于信息劣势而处于对己不利的选择位置上，为不利选择。[③] 最为典型的例子是旧车市场上的

---

① Pratt, Z. Principals and Agents: The Structure of Bussiness [M]. Boston, MA: Harvard Business School Press, 1984: 126.

② 李福华. 高等学校资源利用效率研究 [M]. 北京：北京师范大学出版社，2002：134.

③ 谢康. 微观信息经济学 [M]. 广州：中山大学出版社，1995：108.

劣车驱逐好车。

在学校—教师的委托代理关系中，"不利选择"具体表现为教师的职称评定。学校希望符合职称评定要求的教师被评上，希望每一位教师都是"货真价实"的，然后给他们提供与职称相称的工资待遇。但是职称评定过程中存在着一些管理者无法辨别出的"私有信息"，存在着"劣质产品"（不合格教师），他们一起与真品（合格教师）竞争同等的工资待遇，竞争的结果必然是工资低于那些货真价实的教师而又高于那些"掺水"教师所设定的水平。对真品来说，这是不合算的，他们就会选择离开或者偷懒进行调节，而那些劣品却乐意留下来，经过几轮职称评定，学校里为教师提供的工资待遇就会越来越少，教师的工作积极性也会越来越低，教学质量也就不会有多大起色，最终受到损失的是学校。

（二）败德行为

败德行为是指代理人在追求自身效用最大化的同时损害委托人的行为，其产生的两个原因就是风险的不确定性和信息的不对称性。在现实生活中，由于风险的不确定性，代理人不用对他行为的全部结果负责，他就有可能来为自己谋求利益；由于信息的不对称性，代理人的行为很难被委托人完全观察到，尤其是有关代理人努力程度方面的信息，而且委托人也往往难以对他所观察到的代理人行为提供足够的证据并进行完全的监督。代理人所具有的这些性质被称做不可观察性和不可证实性，因此代理人会利用这两个特性追求自身效用最大化而忽略或损害委托人的利益。[①]

"败德行为"在学校也时有发生。教师的业绩包括两方面：一方面是向学生传授知识（教学）和进行科学研究；另一方面是提高自身思想素质，提高学校声誉，培养高质量的学生。但是学校对教师的评价，往往只是针对前一种业绩中的成果数量（如工作时间的长短、论文篇数、学生成绩）而进行的，而后一种业绩无法观察到并拿出令人信服的证据（隐蔽行为），所以难以直接加以精确度量，只能进行主观判断。因此具有科研优势的教师就会热衷于"短平快"的科研工作和只求数量而不求质量的教学任务，只会关注学生的分数，而忽视学生品德素质的培养；具有育人特长的教师被上面的评定标准所束缚，工作热情受到打击，对工作敷衍了事，相应地也转到教学和科研行列中，最终结果则是学生质量的无法保证或降低，学校利益的受损。

从理论上讲，不利选择是"合同前的机会主义"，因为私有信息的存在提供给人们在合同签订前说谎的机会；败德行为是"合同后的机会主义"，因为

---

① 王则柯，何洁. 信息经济学浅说 [M]. 北京：中国经济出版社，1999：20.

不可观察或不可证实的行为存在提供给人们在合同签订之后行骗的机会。在学校—教师这一委托代理关系中，这两个问题同时存在，所以委托人（校长）会面临着双重风险。

要想解决上述问题，只有使教师的行动效用达到最大化，要使之采取效用最大化行为，必须对其工作进行有效的刺激，于是代理人（教师）与委托人（学校）之间的利益问题就转化为激励约束机制的设计问题。

三、委托代理关系中激励—约束机制的设计

（一）激励机制

按照委托代理理论，所谓激励就是指委托人使用某种价值标准或某些社会福利指标，促使代理人在选择或不选择委托人标准或目标时，从自身利益最大化出发，自愿地或不得不选择与委托人标准或目标相一致的行动。[①] 在学校和教师之间，如何才能使二者具有目标相一致的行动，而消除或减小代理人问题中出现的利益冲突呢？委托代理理论提出一些激励机制的设计，将教师的行为与其自身的效用紧密联系起来，以调动其积极性。

一是实行绩效工资制。此制度依据教师业绩的效果而发给不同的奖金、津贴、福利（包括住房、医疗、旅游、休假等优惠）、社会保险等，其目的是通过使代理人对他的行为的结果承担更多责任的方法来激励其努力工作。但它存在一定的弊端：其一，由于信息非对称性的存在，委托人只能观察到教师业绩效果的某些方面，但是这些效果不仅取决于教师努力程度，还与一些外在的因素，如学生的家庭背景、智力水平、运气等密切相关，委托人根据可以观察到的效果支付报酬往往不能等价于根据教师的劳动量支付的报酬，这会带来教师的败德行为；其二，教师的业绩是多方面的，所谓"师者，传道授业解惑也"，当两种业绩是可以相互代替时，激励系数就会变小，也就是说，多重业绩的报酬机制的激励效果被弱化了；[②] 其三，由谁来评价和怎么样来评价教师的绩效呢？这种评价的成本非常昂贵，无法真正地完善教师绩效评价体系；其四，当把绩效工资发放给优秀的教师时，容易在教师之间制造竞争气氛，影响学校的合作氛围。

二是实行效率工资制。如果教师在学校里有机会偷懒的话，学校可以用来阻止这种行为出现的另一种方法是支付给教师一个较高的、在其他地方很难获

① 谢康. 微观信息经济学 [M]. 广州：中山大学出版社，1995：108.
② 骆品亮，陈祥峰. 研究型大学教师薪酬制度再设计研究 [J]. 科研管理，2000（5）：11.

得的工资。这种做法不同于绩效工资制，因为这时的工资固定在一个高水平不变，与观察到的教师表现无关。这种方法的关键在于效率工资的存在使教师留在学校成为一件有价值的事情，从而使他有失去一些利益的危机感存在，不愿意冒着失去工作的风险来偷懒。由于实行效率工资，教师一旦被解聘，就再也找不到收入那么高的工作，这对教师努力工作，提高教学质量是很强的激励。它也有一定的缺点：其一，易形成电影院效应，所谓电影院效应是指在看电影时，前排的人如果站起来，后排的人必须站得更高才能看得到，如果一所学校使用效率工资制，激励的效果是很明显的，但如果其他学校都提高了工资，就会出现电影院效应；其二，易加重学校经费开支的负担。学校想增加教职工的工资，就必须想方设法筹集到这么多的资金，筹集不到的话也许会挪用业务经费，这就影响了学校的正常运转；其三，可能产生负面的社会影响，认为教育领域存在着"高收入"的现象，不利于学校与教师的形象。

三是实行保证金制度。为了保证教师能够留在学校里安心工作，学校要求教师拿出一定数目的钱作为保证金，一旦发现教师发生败德、懒散行为或发现他们在工作中所做的努力在某些方面是不够的，他们将会失去这笔保证金。这种机制在现实中的确存在，一般是到学校担任教师之前，和校方签订一份合同，如果出现重大的教学事故或不按合同规定的标准完成合同，这份保证金也就归学校一方所有。由于保证金数额巨大，是教师在任职期限内无力支付或不愿支付的，一定程度上起到了激励作用。

四是给予一定控制权，分为特定控制权和剩余控制权。特定控制权是指那种能在事前通过契约加以明确规定的控制权力；剩余控制权是指那种事前没有在契约中明确界定如何使用的权力，是决定资产在最终契约所限定的特殊用途以外如何被使用的权力。[①]掌握控制权至少可以满足代理人三方面的需要：其一，在一定程度上满足代理人施展才能和自我表现的需要；其二，满足控制他人或感觉优越于他人、感觉自己处于负责地位的权力需要；其三，使代理人具有职位特权，享受"在职消费"，如在分房、医疗保健、用车、外出旅游、公款吃喝等方面，这给代理人带来正规报酬以外的物质利益满足。因此获得更多的控制权是代理人激励力量的重要来源，获得控制权所带来的负面效应是会削弱教师和管理者之间的互动关系。

五是精神激励。人在一定时期，一定场合会表现出"自我实现"的特征，运用精神力量、道德力量激发人的工作热情，也是代理人工作动力的重要来源。

---

① 李福华. 高等学校资源利用效率研究［M］. 北京：北京师范大学出版社，2002：138.

(二) 约束机制

光对教师的积极性进行利益上的激励是不够的，还必须有权力和责任的约束，否则会出现普遍的不负责任的现象。所谓约束就是一种反向的激励，是指通过组织内、外部的监督和市场竞争的外在压力，使代理人形成很强的自我约束，从而在满足自身效用最大化的同时，减少偷懒和败德行为等问题，努力实现委托人利益最大化。①

约束机制的形式主要有以下三种。

1. 权力约束。这主要是一种行政约束，是指通过监督机制和对渎职行为的惩罚来实现监督机制，它包括外部监督和内部监督两种形式。外部监督主要是学校外部的政府有关部门对代理人的行政监督和社会舆论监督等。内部监督主要是学校内部通过设置监督机构和制定监督措施对代理人实施的监督。不论何种监督，都是有成本的，只有监督成本小于监督收益才是合算的，所以不是监督机构越多越好，也不是越大越好。

2. 市场约束。主要通过市场竞争规则，实现对代理人的有效约束。如通过就业市场来检验学校培养的人才质量，如果就业率低或就业质量差，毕业生得不到社会的承认，说明学校竞争力差，那么它无法从资金市场中筹集到足够的教育经费，也就不能为教师发出更多的奖金或津贴，调动不了他们为学校作贡献的积极性，更不可能通过人才市场吸引更多更好的高质量的教师，学校最终会陷入被淘汰的境地，教师则面临失业的风险。

3. 道德约束，主要体现为代理人的自律，即遵守由习惯与道德确定的一种行为准则，这种行为准则表明一个人在社会上或者在学校里"应该做什么"、"不应该做什么"、"应该怎么做"、"不应该怎么做"。

四、建立健全激励约束机制，改善委托代理关系

(一) 采用科学合理具有可操作性的教师绩效评价体系

正如前面的分析，由于信息的非对称性（如学科的差异、成果形式的差异、人们认识水平的差异）和风险的不确定性，代理人有产生"败德行为"的动机。所以如何科学、准确、全面地评价一个教师的学术水平、教学质量和贡献，会遇到相当大的困难，这一直也是学校管理中的难题。

本人认为：在教师绩效评价体系中，首先规定教师要履行的责任与义务，

① 李福华. 高等学校资源利用效率研究 [M]. 北京：北京师范大学出版社，2002：82.

其次规定在思想政治、教学科研、教书育人、社会服务等方面达到何种绩效，才能享受各种激励制度的某些条款所规定的优惠政策、工资待遇，可以细化为教师思想政治工作考核实施细则、职务评审条例、教师业绩津贴方案、教师岗位津贴条例、教师教学、科研成果奖励条例、教师重大贡献奖励条例，等等。

总之，通过科学、合理的方式制定出具有可操作性的教师绩效评价体系有一定的激励功能，既可以在某些方面给教师一个明确导向，引导教师把个人的自觉期望目标纳入到学校的发展大目标中来，使其在学校要实现的目标方向上，作出更大的努力，有更积极的行为，又可以使教师的付出与工资待遇相当，这对于调动他们的积极性也是很重要的。

（二）设计合理的工资待遇制度

如前文所述，当存在着不易观测业绩的情况时，基于业绩的工资制度，会产生激励弱化效应，无法达到委托人所设定的目标。一种解决的思路就是将绩效工资制与效率工资制的优点结合起来综合使用。具体说，教师的工资水平以客观绩效评价机制为主，通过可以观察到的学生的成绩、教师的工作量、教学科目的难易程度、论文篇数、出勤率等指标，对其在各自岗位的表现进行客观评价，给予相应的工资级别。在此基础上，引进主观绩效评价机制，即对一些不可测量的业绩，如思想道德素质、学生素质的培养、学校声誉的提高进行主观加权，然后依据加权系数的高低设立不同层次的大额奖金，以使得代理人的行为更符合委托人的意愿。尽管收入与上述绩效无直接关系，但可能影响到管理者对教师思想素质、学生质量、学校名声的主观评价，从而影响到大额奖金的获得，于是教师对这些绩效的完成不会掉以轻心，克服了前面所述的绩效工资制的缺点。

（三）建立科学的目标管理体系

目标具有激励作用。学校确立出发展的宏伟蓝图，在推行目标管理时，大力宣传学校集体目标与教师个人目标的一致性，大力宣传学校利益与教师利益的息息相关性，使教师明确个人的成长、发展与学校事业的发展是密不可分的，还要宣传建设优质学校的重要性，帮助教师树立"校兴我兴、校荣我荣"的思想观念，激励全体教师为实现学校目标而奋斗。目标管理要民主化，从目标的制定，目标的层层分解和落实，到目标的执行和考核，都要发扬民主，充分调动教师的积极性和创造性，激励教师不断进取，去努力实现学校的远大规划。再通过严格的考核和监督以约束教师偏离学校目标的行为。

（四）创造有益于教师成长的环境

学校氛围是处于一定社会经济和文化背景下学校在长期运作过程中逐步形成和培养起来的日趋稳定的价值观、行为规范、道德准则、理想信念及风气、习惯和传统等。学校氛围的创造是学校管理的重要内容，是管理组织的精神支柱和灵魂。

学校环境具有导向、凝聚、激励、约束功能，它一方面激励教师为学校的发展和社会的进步多作贡献，另一方面约束教师背离社会准则和学校发展目标的行为倾向，与法律、规章制度这些指令性和行政性的"硬性"约束不同，学校文化具有潜移默化的作用，由群体意识和气氛形成的"软性"约束，具有不可忽视的作用和影响。

具体讲，第一，学校为教师创造学习的环境，提供进修机会，并有针对性地改善教学科研的客观条件，为教师及时提供各种科技和学术信息，提供良好的仪器设备，设置比较丰富的图书、报刊资料；第二，学校形成尊重知识、尊重教师的良好环境，对教师多鼓励、多指导、多关心、多支持，在这种良好的环境中工作，对教师来说也是一种激励；第三，为教师提供发挥其才能的机会，创造自我价值实现的条件，如搞好学科建设，形成合理的梯队，给予重要的教学科研任务，扩大学术交流，重点培养骨干教师等，引导教师把形成较好的教师素质以服务于教育事业作为自我实现的最高需要，起到激发积极性的作用。

（五）充分发挥控制权的激励和约束作用

代理人拥有控制权既可以满足其作为"经济人"的物质需要，作为"社会人"的地位需要，又可以满足"自我实现"的成就需要，其激励作用是巨大的。学校管理者可以逐步实行分权管理，让教师参与学校的重大问题的决策与管理，在这种权力分享中，可以激发教师的责任心、使命感、主动精神和创造才能。

（六）建立健全学校的纪律

任何一个部门，任何一个单位，没有严明的纪律，员工便没有约束力和压力，积极性就无从产生，工作就不可能做好，事业就难于发展，还会导致自由主义的蔓延。因此建立和健全必要的规章制度，强化学校的纪律管理，一方面使教师明确自己工作的责任要求，另一方面规范教师的思想言行，使每个教师感受到一定的压力，以进行道德的约束，这也是刺激教师积极性行为的必要而有力的措施。

（七）营造出良好的外部市场环境

委托代理关系中的激励约束机制的形成离不开市场条件。首先，必须存在着正常运作的公平竞争的产品市场和要素市场，这些市场的存在，可以使委托人对代理人的工作业绩、工作努力程度作出客观的评价，可以使教师得到符合市场规律的工资水平，这是实施有效监督的前提。其次，必须存在充分竞争的委托人和代理人市场，为寻求代理人而展开竞争，即有充分竞争的教师人才市场。市场竞争产生动力和压力，必然会形成对代理人的激励与约束的双重效应。

由于教育具有外部性和非营利性的特点，决定了市场机制不能完全对学校—教师之间的委托代理关系起到激励和约束作用，但可以适当地引入某些市场机制。如允许民间力量办学，促进各种类型学校之间的竞争。公立学校面对这种外部的竞争压力，会刺激它更关心和重视本校教师的工资待遇、教师职称的考核与监督，只有经过严格的考核与监督，评定合格之后才能得到相应的工资待遇，这样，一方面消除了教师的不利选择，另一方面也激发出教师工作的积极性。还可以通过前文提到的就业市场、资金市场、人才市场对公立学校的教师进行一定的约束。

建立和健全激励约束机制，改善学校—教师之间的委托代理关系是一项涉及人际关系的复杂的社会系统工程，需要进行不断的探索和长期的工作，才能找到有效的方式和途径。

（该文发表于《阴山学刊》，2004 年第 1 期）

完善学校法人治理，建立责任制衡机制

——兼论校长问责制

张琦

Perfect School of Corporate Governance, Set up
Responsibility Balance Mechanism

Zhang Qi

一、学校法人与学校法人治理

（一）法人制度与学校法人

法人制度是商品经济高度发展的产物，在早期商品经济活动中，只有自然人作为民事权利主体进行商品交换活动。随着商品经济的发展，自然人之间的交易逐渐不能满足社会的需要，出现了由若干自然人组成的团体参与交易，到了商品经济高度发达的资本主义社会，这些团体在交易中独立享有民事权利并承担民事义务。因而具有独立的民事主体资格，形成了民法上的法人概念及法人制度。我国1986年制定的《中华人民共和国民法通则》对此做了明确的规定：法人是具有民事权利能力和民事行为能力，依法独立享有民事权利和承担民事义务的组织。我国《民法通则》第三十七条规定了四项法人成立的法律要件，即依法成立；有必要的财产或者经费；有自己的名称、组织机构和场所；能够独立承担民事责任。法人可分为企业法人和非企业法人。公司是企业法人的典型形式，非企业法人则包括事业单位法人、机关法人和社会团体法人等。

《中华人民共和国教育法》第三十一条，即"学校及其他教育机构具备法人条件的，自批准设立或者登记注册之日起取得法人资格。学校及其他教育机构在民事活动中依法享有民事权利，承担民事责任"。从上面的法律条文中，我们并不能必然推断出所有的学校都是法人资格，因为具有法人资格的学校首先必须是具备法人条件的。① 根据《中华人民共和国民法通则》规定了法人应

---

① 劳凯声，郑新蓉，等. 规矩方圆——教育管理与法律 [M]. 北京：中国铁道出版社，1997：102.

当具备的条件。《中华人民共和国教育法》的这一规定，只是提供了学校法人注册登记的法律依据，并不等于自然地获得法人资格。在实践中，学校的法人主体地位在教育管理中并没有得以体现。

尽管《中华人民共和国教育法》、《中华人民共和国高等教育法》、《中华人民共和国民办教育促进法》等相关法律已经规定我国学校的法人地位。但对于推行法人制度，即对于建立法人制度的目的，我国法律法规中还缺乏相应的规定，对学校法人性质的内涵揭示还不够。如果从立法意图来看，设立学校法人的目的是为了保障学校的独立法人地位，规范学校与政府、社会各方的关系，理清学校相关利益主体的责、权、利，通过学校治理转型，实现法人治理，以促使学校自主、主动、多元发展。

（二）法人治理与学校法人治理

法人治理到目前还没有一个明晰的概念说明或者达成共识的界定。法人治理应以法人存在为前提，主要目的是引入规范的法人治理机制，依照公司法和章程，形成的一套经营和管理公司的管理机制。学校法人治理就是指学校作为独立的法人组织，依据相关的教育法律法规，自主决策、自主管理、自我发展的一种机制。学校法人治理也同样是指学校作为一个法人组织，如何通过一系列的制度安排，来更好满足学校发展过程中不同利益主体的利益诉求，实现学校利益最大化。

尽管学校法人治理比公司治理复杂得多，但是学校法人治理与公司治理毕竟在治理理念和制度安排上具有某种共性，即主要是作为一个法人组织，如何在处理内部与外部关系的基础上，发挥法人主体地位，更好地实现组织利益最大化。对于学校法人组织而言，关键是指如何发挥学校法人主体地位，通过自主办学，更好地实现学校组织利益的最大化。

二、权力制衡是有效实施学校法人治理的前提和重要保障

（一）权力制衡与权力制约机制模式

权力制衡是实施法人治理的重要保障。对权力加以制约或者说权力制衡思想在古希腊、古罗马时代就已出现。近代以来则更是侧重于在理论的指导下进行的制度建构。权力一般来讲具有正向功能和负向功能两方面，由于权力具有导致腐败的可能性，因而对权力必须进行制约，人类在理论和实践的交互发展、互相推进过程中，形成了以权力制约权力、以道德制约权力、以权利制约权力等多种制约模式。

有关权力制约机制，从不同的角度去分析，可以给予其不同的分类。有的学者将之概括为四种模式：权力模式（以权力制约权力）、权利模式（以权利制约权力）、制度模式（以制度或法制制约权力）以及混合模式（以法律、权利、权力三者统一作为制约权力的手段）。也有学者把它概括为权力模式（以权力制约权力）、权利模式（以权利制约权力）、道德模式（以道德制约权力）。其中以权力制约权力的权力制约模式影响最大。四种权力制约范式不是彼此对立的，而是互为补充、互相贯通的，相互依存而存在。各种不同的模式都有其制约权力的优缺点，可以说没有一种模式是完美的制约手段或者说能达到最理想的制约状态①。

可以说从某种意义上讲，以法律制约权力是对权力的"硬控制"，而以道德制约权力则是对权力的"软控制"；以权利制约权力是对权力的"外部控制"，而以权力制约权力则是对权力的"内部控制"。这四种权力制约模式，构成了一个以道德制约为先导、以法律制约为规范、以权利制约为根本、以权力制约为核心的完整的和有机的权力制约体系。构建这样一种权力制约体系结构，既是强化权力制约、有效防范权力滥用的现实需要，同时也是发展社会主义民主政治，构建社会主义和谐社会的客观要求。

（二）建立学校权力制衡体系

权力制衡问题是学校法人治理过程的一个非常重要的问题。分析当前学校治理过程中存在的权力制衡问题和学校权力制衡关系时，需要吸收其他相关学科有关权力制衡的研究成果，更要借鉴其他国家学校权力制衡关系中的成功做法。鉴于权力的种种特质，如何在其行使过程中有效防止其被滥用从而导致腐败，自古以来就是世界各国关注的焦点问题之一，也是许多理论家和政治家努力研究探索的领域。

学校法人治理过程中的学校法人治理的关键是确保学校独立的法人地位，完善学校法人治理结构。我国目前正处在社会转型期，是社会权力结构大调整时期，由于要适应社会变革，学校内部的权力制衡关系处在不断调整过程中，如中小学实行"地方负责，分级管理"，随着社会的大变革和大调整，如何适应这种变革并应对这种挑战，国家和地方各级政府都在不断调整基础教育的学校领导体制和办学体制，相关的文件和政策法规也在不断完善过程中。

法律制衡、权利制衡、权力制衡和责任制衡在学校法人治理过程中的权力制衡协同起作用。法律规范的一切内容都是围绕着权利和义务展开的。所以，法律制衡重要是通过法律受到对权力加以制约，其有效实施的前提是法治社会

---

① 闫德民. 权力制约范式论析［J］. 社会科学，2009（7）：12－18.

以及法律的不断完善和有效实施。在一个权利不断扩张和人们的权利不断得以张扬的时代，权利制衡方式也非常重要，权力存在的本质就是为了保障权利。在学校法人治理过程中，关键是保障学生、教师和家长的权利，特别是制定法定程序来保障学生、教师和家长的权利。权力制衡似乎更具有操作性，其操作性首先体现在可以通过设计权力机构来制约权力，可以通过法律途径限定权力的边界来制约权力，可以通过司法途径对权力进行制约，还可以通过事后责任追究来制约权力，这也就是责任制衡。因此，这些权力制衡机制应该是一个权力制衡体系，通过不同途径和方式来规范学校法人治理过程中各种权力的运作和行使，更好地保障学校利益相关人的利益，更好地促进学校发展[①]。

为了确保学校实施法人治理的可行性和有效性，要依法明确学校的法律地位，完善学校法人治理结构，还要建立权力制衡机制。学校内部权力制衡主要是对学校董事会或理事会、校长权力的制衡。学校外部权力制衡主要指学校与教育行政部门之间权力的分配和权力制约、学校与社区或者说学校与社会之间以及学校与家长之间关于学校发展的权力配置和权力协调问题。如何对内部权力和外部权力关系加以制衡，实际上，可能会有不同的路径选择。促进学校法人治理转型的一个重要保障就是改变学校的权力制衡机制。根据我国的国情和学校权力制衡的现状，首先要实施"以法律制约权力"，其次要"以权利制约权力"、"以权力制约权力"，最终要"以责任制约权力"。

三、责任制衡机制——建立公立学校的校长问责制

（一）校长负责制与校长问责制

我国公立学校根据教育法律的规定，中小学是实行校长负责制，大学是实行党委领导下的校长负责制。而我国民办教育机构在内部管理体制上主要存在两种模式，即董事会领导下的校长负责制和校长负责制。

"以权力制约权力"、"以权利制约权力"和"以法律制约权力"都是主要着眼于对权力运作的过程，而责任制约权力主要是着眼于事后监督和制约[②]。依靠权力与相应的责任、利益和能力之间的相互制约来实现权力制衡，是一种责权统一原则。因此，责任制衡关键是建立起问责制度。

问责制起源于公共行政领域，是现代制度的一个重要内容。问责（Accountability）是指绩效的回应能力（Answerability for Performance）。问责制

---

① 杨琼. 学校法人治理问题研究［D］. 华东师范大学，2007：22.

② 黄炯竑，唐华陶. 从权力制约到权利制约：防止权力腐败的基本走向［J］. 四川经济管理学院学报，2008（3）：12－14.

是一种责任追究制度，根据权责对等的原则，它要求权力者还应承担相应的责任。尽管问责制在我国才刚刚真正开始施行，或者说还非常不完善，但是我们也要看到问责制也是一种非常有效的事后监督权力是否有效行使的重要方式。问责制根据管理原理，赋予一定的权力，就应该承担一定的责任，并对没有恰当履行职责的负责人或者机构追求相应的法律责任、专业责任或者政治责任。事实上，由于相关制度的缺失，在我国即便是政府部门或者公共机构也并没有真正实施问责制。

基于美国教育问责制（绩效责任）和我国行政问责制的理论而衍生的校长问责制，强调由上级教育主管部门和公众联合对校长授权和责任追究。具体而言，上级教育主管部门、学校党支部、教师、家长、社区成员等各方代表将组成一个负责招募校长、评估校长、监督校长和弹劾校长的教育议事会[①]。

我国实行校长负责制以来，校长的权力得到了加强，在一定程度上有利于调动校长的办学积极性和主动性；但在具体的实施过程中，校长对学校的控制权和决策权变得越来越大，并且逐步摆脱来自各方面的监督与制衡，一些校长变得对上负责而不对下负责；只强调个人的权力而不重视个人的责任。校长负责制在具体的实施过程中，由于监督体制的不健全，已经暴露出了由于校长权力过于膨胀而没有得到有效监督和制约导致的一些问题，特别是导致校长个人权力欲望的过度膨胀，导致决策失误。校长权力缺乏制衡，导致腐败渗透到管理的全过程中[②]。这种现象已经偏离了校长负责制的初衷。

校长问责制是校长未履行自己的职责或者在履行自己职责的过程中滥用职权、违反法定职责和义务时，由特定主体追究其责任，令其承担某种后果的一种监督与责任追究相结合的制度。校长问责制是一种法律制度，依据的是宪法和法律的相关规定；校长问责制是一种责任制度，它与权力及其行使是共生的；校长问责制是一种监督与责任追究相结合的制度。校长问责制不只局限于对权力运行过程中的监督，还体现对权力运行结果的评价和责任追究。

校长负责制是校内领导体制，而校长问责制是涵盖校内和校外的监督体制；校长负责制强调的是校长的权力，而校长问责制是突出校长的责任，两者相辅相成，缺一不可。校长问责制正是为了让校长正确行使权力，更有力地领导学校，提高学校的教育质量和办学效益，并非为了独裁而实行的监督。校长问责制不仅要依靠外部力量来监督和制约，同样要发挥学校内部的制约机制作用，尤其是发挥教师群体的监督作用。

在学校法人治理过程中，学校法人独立运作的过程中，要保障学校法人权

① 张喜军. 美国教育问责制探析 [D]. 上海师范大学，2006：5.
② 刘永林. 中小学校长负责制失真的原因分析及对策 [J]. 教育探索，2004 (7)：110–111.

力的正当行使和有效运用，一方面是要对学校法人外部的权力加以制约，另一方面是要对学校内部行使的权力加以制约。在对这两方面权力制约的过程中，从教育实践来看，关键是学校行政权力和教育行政权力的有效行使。学校行政权力实际在一定程度上是对校长权力的有效制约。

（二）校长问责制的内涵

校长问责制作为一项制度，其本身是一个完整的系统，包括问责主体、问责客体、问责范围等方面的内容①。即谁来问责、谁来负责以及所问和所负的责任是什么。

1. 问责主体

在校长问责制中只要是学校利益相关者均可以成为问责的主体。其中包括教育行政系统内部的问责，即教育主管部门对校长的问责，还包括学生家长、社会团体、社区、新闻媒体等教育系统外部对校长的问责。

2. 问责客体

有关问责客体也指问责对象，是指"向谁问"。这里所说的是校长问责制，校长问责制的客体就是校长。因为校长对全校具有管理权。

3. 问责范围

校长作为学校行政首长，要承担政治责任、法律责任、行政责任和道德责任。除上述责任以外，按照权责一致的原则，还应承担权限范围内的所有责任。校长负责制赋予校长"教学管理权、决策指挥权、人事管理权、财务管理权"，如果学校教学成绩一般、决策失误、用人不当、财务混乱等，都应问责校长。

4. 问责程序

程序的规范性、可操作性，是实行问责制的重要保障。校长问责制的问责程序主要包括：责任的认定程序、问责的启动程序，包括以下几个环节，即控告、传唤或通知，责任人报告说明，初步调查核实、评估、处理，责任人申请复核等。一般由控告人向主管监察部门提出控诉或检举，问责主体接到控诉后传唤相关责任人，责任人作出说明，检查部门进行细密调查和取证，评估事件影响并作出处理或制裁，相关责任人对处理或制裁不服可提出抗议或申请复核等。

5. 问责方式

校长问责方式主要包括公开道歉、责令其作出书面检查、通报批评、记过、引咎辞职、撤职、免职、责令辞职，以及给予行政处分等。

---

① 李树峰. 校长问责制的定义、本质与功能［J］. 比较教育研究，2006（4）：56－60.

由于校长是学校法人代表，因此对学校法人实施问责，很大程度上是对校长问责。对校长进行问责，需要首先处理好几个关系问题：一是校长负责制和校长问责制之间的关系；二是校长问责和学校问责的关系；三是校长问责和行政监督的关系[①]。

当前对校长问责制采取了行政监督手段，更应该发挥社会监督的作用。发挥好社会的监督作用，关键有两个方面：一是学校信息要公开，二是校长的遴选机制要开放。学校信息公开，社会公众和家长才能真正行使监督权力，真正了解学校的校长如何行使权力，是否正确行使权力[②]。当然学校信息公开，并不是所有信息都要公开，但是，凡是涉及学校和学生利益的信息都应该公开，而且为了保障信息公开的渠道畅通，我国应该制定相关的法律法规规范学校信息公开的内容和方式，以更好有利于社会监督学校的权力行使。从当前我国学校校长任命的方式来看，主要还是上级任命为主，这种方式直接导致校长多数是对上负责，而不是对学生、教师和学校负责，这种弊端显而易见[③]。因此，必须要改革现有的校长选拔制度，推行校长公开聘任制。

总之，校长问责制能有效制衡和监督校长权力，是一种新的监督和责任追究制度，可以弥补当前校长负责制的缺失，校长问责制以完善校长负责制为宗旨，问责制是校长负责制的体制完善和补充，是针对校长负责制下的校长权力有效运行而构建的制衡与监督体制。

① 杨朝. 校长问责制下的自律与他律 [J]. 教学与管理，2007（2）：14-16.
② 李树峰. 论校长问责制下的自律与他律 [J]. 教学与管理，2006（6）：8-9.
③ 刘芳，贾永堂. 论高校校长问责制的发展与完善 [J]，高校教育管理，2007（4）：37-40.

高校实施教师聘任制的现状调查及政策建议

王寰安

A Survey of the Teacher Appointment System of the
Universities and the Reform Suggestions

Wang Huanan

一、我国高校实施教师聘任制的基本背景

高校教师聘任制改革始于 20 世纪 80 年代中期。当时，上海交通大学、北京工业大学等学校率先进行了教师人事体制改革试点，改革重点是建立教师工作责任制，强化教师责任约束。改革初步起到了打破大锅饭，调动教师积极性的效果。[①] 1992 年，国家明确了市场取向的经济体制改革目标，以职务聘任制为核心的高校教师人事体制改革得到明确和强调，全国各大高校纷纷按照中央文件精神进行了"三定一聘"（定编、定岗、定职责）为特征的教师职务聘任制改革。教师职务聘任制改革在一定程度上强化了教师的岗位职责意识，但是长期以来存在的重评审轻聘任、重资格身份轻岗位职责、职务终身等问题仍然得不到有效解决。

20 世纪 90 年代中后期，高校教师聘任制改革逐步转向岗位聘任制模式。1998 年前后，北京大学和清华大学率先进行了岗位聘任制人事制度改革，这次改革力度之大和在社会上引起的反响之大都是前所未有的。岗位聘任制主要是在校内设立不同级别岗位，实行教师竞争上岗，打破职称界限，实现能上能下、能进能出的有效调控。虽然以前也强调岗位聘任，但是由于缺乏岗位设计，许多学校在具体实施上往往采取简单的对号入座办法，使得聘任制流于形式，同时，岗位收入没有拉开差距，造成"聘与不聘"一个样。岗位聘任制通过实行岗位分等和严格聘任，使高校在一定程度上突破了"职称"身份限制，初步实现了竞争上岗、按劳分配的人事管理和分配原则，强化了教师和学校双方的聘任关系。继北大、清华改革之后，许多高校也进行了教师岗位聘任

---

① 上海交通大学党委办公室．上海交通大学管理改革初探［M］．上海：上海交通大学出版社，1984：298－317．

制改革。

2003 年 5 月，北京大学公布了一份新的教师人事体制改革方案。在《北京大学教师聘任和职务晋升制度改革方案》中，学校提出了建立教师聘任制度和分级流动制度，学科实行末位淘汰制，在招聘和晋升中引进外部竞争机制，建立教授评议会等一系列新举措。从模式上而言，北大新教师人事制度的设计思路来源于美国大学普遍实行的终身教职（Tenure-track）制度，这种制度也被称做"非升即走"（Up-or-out）制度。可见，北大人事改革方案力图彻底打破教师职务终身制，实现对师资的择优汰劣，提高学术竞争实力。虽然北京大学新人事体制改革方案并未得到完全落实，但是它提出的全新理念以及给中国高校教师人事体制带来的触动是非常大的。

高校教师聘任制已实施多年，教师聘任制改革现状和效果如何？现实中还存在哪些重要问题等？这些急需我们提供实践证据，为继续深化教师聘任制改革提供依据。本文主要以教师问卷调查和典型访谈方式对高校教师聘任制现状和问题进行全面调查。正式调查于 2005—2006 年间完成，调查范围涉及北京、江西、江苏、四川 4 个省市地区的人民大学、北京师范大学、北京科技大学、北京航空航天大学、北京理工大学、首都师范大学、北京工业大学、北京联合大学、北京第二外国语学院、中央民族大学、北京石油化工学院、南京大学、无锡轻工业大学、四川农业大学等近 15 所高校。调查对象包括高校教师、行政管理人员及职务双肩挑人员，调查共发放问卷 550 份，回收 451 份，回收率为 82%。同时，作者还与教育部以及多所高校人事负责人进行了典型访谈，目的是深化对高校教师聘任制改革现状、存在问题和未来发展趋势的认识。

表 1　本研究问卷调查对象背景（共 451 份）

学校类型	综合性	理工类	文科类	农林类	师范类	其他
	18.0%	44.7%	18.0%	4.2%	10.2%	4.9%
性　别	男			女		
	52.2%			47.8%		
年龄结构	≤29 岁		30～39 岁	40～49 岁	≥50 岁	
	22.3%		40.6%	25.3%	11.8%	
学历结构	专科		本科	硕士	博士	
	4.5%		31.0%	39.0%	25.5%	
职称结构	助教		讲师	副教授	教授	
	12.5%		48.3%	31.6%	7.6%	
行政职务	校级领导		处级领导		其他	
	0.0%		9.6%		90.4%	

二、高校教师聘任制实施的基本现状

当前，我国高校普遍实施的教师岗位聘任制可以概括为"以岗择人"、"以岗定薪"和"目标考核"。"以岗择人"指的是大学根据工作需要设置不同的岗位，根据岗位要求聘任教师，每个岗位都制定了明确的职责与权利，实行岗位竞聘和续聘机制；"以岗定薪"是指教师报酬与岗位职责、工作内容及重要性、教师工作业绩挂钩，改变教师工资根据工作年限、职称逐年递升的分配方法；"目标考核"指的是对不同岗位制定了明确客观的职责标准和考核标准，对教师工作的质与量进行达标考核。岗位聘任制的实质在于通过在校内设立不同级别岗位，实行竞争上岗，打破职称界限，实现能上能下、能进能出的有效调控。教师聘任制实施的具体途径主要围绕教师岗位设置、聘任期限、评价方式、工资形式等几个方面进行新的制度安排。

1. 分级分类的岗位设置办法

在岗位设置上，目前各高校将学校教学、科研岗位分为若干级别，并根据岗位职责大小、任务轻重赋予相应的岗位津贴。例如，清华大学按"三类九级"设置岗位："三类"，第一类为校聘关键岗位，第二类是系聘重点岗位，第三类是一般岗位；"九级"是根据岗位重要程度和岗位职责大小分为9个等级，其中校聘关键岗位跨越5~9级5个级别，院系重点岗位跨越3~7级5个级别，1、2级为一般岗位。院系重点岗位和校聘重点岗位占每个单位岗位的50%左右，还有30%是一般岗位。学校对各种岗位的应聘条件、应聘方式、聘任期限、津贴标准、分级办法、岗位职责、聘任办法、考核方式等都进行了具体的规定。[①] 岗位聘任制通过实行岗位分等和严格聘任，使高校在一定程度上突破了"职称"的身份限制，初步实现了竞争上岗、按劳分配的人事管理和分配原则，强化了教师和学校双方的聘任关系。

2. 有限期与无限期聘任并存的聘任形式

目前，高校教师聘任期限出现了多样化、多种聘期并存的局面。由下表可知，在聘期上，高校教师聘期以两年、三年或五年期限居多[②]，分别占总体比例的17.2%、44.8%、24.6%，平均年限约为4年。

---

① 龚映杉，等. 向旧的人事管理制度告别——清华大学实行岗位聘任和岗位津贴制纪实 [J]. 中国高等教育，2000（2）：4-7.

② 在实际中，聘期长短往往与教师职称级别有关，一般级别越高，聘期则越长。

表2　高校教师聘任期限（单选，447人作答）

聘　期	选中次数	应答人数所占百分比
1	39	8.7%
2	77	17.2%
3	200	44.8%
5	110	24.6%
其他	21	4.7%

在具体操作上，对新进教师实行较短的聘期，如许多学校规定为1年，在1~2个聘期之后，实行较长的聘期如3~5年，甚至有的学校规定针对教师中的部分学术骨干，聘任期限可达5~10年。有限聘期就意味着教师要进行续聘，目前，已经有许多学校例如北京大学、中山大学等开始实行"非升即走"，即教师在规定期限和聘期内不能获得晋升，则必须解聘，学校不得再聘。无限聘期是指教师被学校终身聘任，直到教师退休为止。教师获得无限期聘任一般须具有副教授以上职务级别，也有一些学校例如北京大学、南开大学等规定只有具有教授、院士头衔的教师方可获得无固定期限聘任资格。此外，在校长期工作达到一定年限的教师也可获得无固定期限聘任。

3. 定性和定量评价相结合的考核方法

我国高校岗位考核一般实行任期考核与年度考核相结合的制度，着重考核教师在聘期内履行岗位职责和完成聘任合同规定的各项工作任务的业绩情况。目前，大部分高校教师采用定性与定量相结合的办法，一般而言，德、能、勤三方面更多地采用定性评价的方法，工作业绩考核则采取以定量为主的办法。目前定性考核包括学生打分、同行打分、领导打分、教师自评等，而定量考核则主要根据课时数、论文发表数量及级别、科研经费量等客观指标来评价教师工作状况。

定量考核目前有三种基本模式：一是基本标准型。主要对教师教学、科研和社会服务等各项内容分别设立明确的量化标准和要求，教师完成这些最低要求就算达到合格标准，没有标准学时或分值这样的统一度量单位。第二、三种分别是标准学时型和分值（或业绩点）型。标准学时型和分值型的做法基本类似，就是先确立一个基本单位（如本科学时），然后将各项工作量分别折算成基本单位后加总，以此得到教师的总业绩。实施标准学时型的典型例子有中国农业大学、中南大学、华中农业大学等，分值型的典型例子有浙江大学、北京科技大学、北京化工大学、北京师范大学、东北师范大学、辽宁大学等。

4. 固定工资、岗位津贴和业绩工资并存的工资形式

大部分高校教师工资由基础工资和津贴两部分构成。基础工资指的是国家下发给教师的固定工资，主要与教师职务级别相对应，基础工资标准国家统一掌握，学校没有分配自主权。从发展趋势来看，基础工资占教师工资的比例是

不断下降的，津贴已成为目前高校教师工资的主体部分。根据多数高校人事负责人反映，目前两者比例大致为 30% 和 70%。

高校教师津贴制度目前存在三种形式：岗位津贴型，即根据教师所聘岗位级别来确定教师津贴水平的工资制度，即实行所谓的"一岗一薪，岗变薪变"。在实际操作中，多数学校是将校内岗位津贴的一定比例（多为 20%、30%）预扣，其余每月下发；绩效津贴型，即根据教师实际的任务完成量和劳动贡献来确定教师津贴和收入水平。在实际中，各高校的绩效工资有不同的称谓，例如任务津贴、奖励津贴、贡献津贴等，但其共同特点是津贴直接体现教师的实际任务量和劳动贡献；混合型，即结合以上两种类型的基本特点，一方面，学校设立不同级别岗位，教师按照自己岗位级别获得相应的岗位津贴，另一方面，学校又设立了各种奖励、贡献津贴，积极反映教师的实际贡献，"按结果取酬"的绩效津贴也占据教师收入的相当比例。

三、教师聘任制实施的效果及存在的主要问题

（一）取得的效果

根据调查，当前，由于实行了明确的教师聘任合同，合约条款对相应的教师和学校双方的权责义务进行了规范，聘任合同对于调动教师积极性、提高学校办学绩效、优化师资队伍结构和转变教师观念等方面取得了较明显效果。

1. 调动教师积极性，形成合理竞争

通过实施岗位聘任制，强化职责考核等，教师与学校之间的关系进一步理顺，教师权责更加明确，工作压力和动力进一步增强。这对于打破原来的平均主义、大锅饭和人浮于事、形成合理竞争是一种进步。根据表 3 数据分析结果，有 29.4% 的教师认为聘任制改革在调动教师积极性方面取得了显著效果，30.4% 的教师认为在形成合理竞争上取得了显著效果，24.2% 的教师认为实行聘任制提高了学校办学绩效。

表3　教师对聘任制实施效果的评价（多选，418 人作答）

实施效果	选中次数	应答人数所占百分比
调动教师积极性	123	29.4%
形成合理竞争	127	30.4%
提高学校办学绩效	101	24.2%
促进教师合理流动	79	18.9%
对学校教学和科研起到较好带动作用	122	29.2%
其他	42	10.0%

绩效工资和岗位津贴的实施在很大程度上打破了原有的大锅饭，调动了教师工作积极性。根据问卷统计结果，在反映教师实际工作量方面，32.6%的教师认为工资"很好"和"较好"地反映了教师实际工作量，44.6%的教师认为"一般"，22.8%的教师认为工资体现教师工作量"较差"和"很差"。28.9%的教师认为"较好"和"很好"地地拉开了院系和岗位差距。26.3%的教师认为大学教师工资能够"较好"和"很好"地激励教师工作（见表4）。在工资的各项效能评价中，教师认为现行工资在反映实际工作量方面效能最好，其次是拉开不同岗位和院系之间的水平，再次是拉开教师与行政人员之间的差距，最不满意的是工资水平。

表 4　教师对工资水平及其效能评价

项　　目	很　差	较　差	一　般	较　好	很　好
工资水平	8.3%	28.1%	43.6%	17.3%	2.7%
反映实际工作量	6.0%	16.8%	44.6%	24.3%	8.3%
拉开不同院系和岗位差距	5.6%	14.8%	50.7%	23.1%	5.8%
拉开与行政人员差距	11.9%	21.1%	45.7%	16.2%	5.1%
对教师激励	11.6%	21.5%	40.6%	22.0%	4.3%

注：工资水平（445人作答）、反映教师的实际工作量情况（400人作答）、拉开不同院系和岗位之间工资水平差距（412人作答）、拉开教师与行政管理人员之间工资水平差距（413人作答）、对教师工作的激励作用（414人作答）。

2. 加大教师责任感和压力，提高了学校办学绩效

岗位考核制度增强了教师的责任感和危机感，促进了教师履责。根据访谈，教师认为由于实行教师考核制度，教师考核根据明确的考核标准，在很大程度上增强了教师的责任感和危机感。许多原来教学不认真，不愿上讲台，不愿意从事科研创作的教师改变了自己的行为，科研成果、经费、课题等也随之大量增加，学校教学量、教学质量等都得到有效提高。在问卷调查中，近53%的教师认为目前教师考核能够比较严格按照考核标准进行，只有13.1%的教师认为考核"不严格"和"极不严格"（见表5）。

表 5　教师对考核标准执行情况评价（单选，444人作答）

执行效果	选中次数	应答人数所占百分比
很严格	49	11.0%
较严格	186	41.9%
一般	151	34.0%
不严格	46	10.4%
极不严格	12	2.7%

3. 促进了教师观念的转变，优化了师资队伍结构

聘任制对教师权责义务的规范，不仅促进了教师履责的积极性，而且还促进了教师观念的转变，使之逐渐树立起岗位和竞争意识，增强了教师压力和责任感。例如，在一些高校提出"非升即走"政策理念后，形成了一种竞争气氛和压力，有的教师主动要求离职，有的教师出国而离职。另一方面，通过实施校内竞聘、筛选和换岗等措施，很多高校实现了对教师队伍的重新整合。根据问卷调查数据显示，有 38.4% 的教师认为目前高校已经在选聘教师方面"较好"和"很好"地体现了"择优聘任"的原则，48.0% 的教师认为"一般"，只有 13.6% 的教师认为"很差"。

表6　教师对聘任中是否遵循"择优聘任"原则的看法（单选，442人作答）

满意度	选中次数	应答人数所占百分比
很差	18	4.2%
较差	42	9.4%
一般	212	48.0%
较好	153	34.6%
很好	17	3.8%

由于措施得当，实施有力，在许多高校，一批高水平的学科带头人和优秀中青年学术骨干脱颖而出，教师队伍的年龄结构趋于合理，梯队建设取得明显成效。一些高校还加强了从国外或外校引入人才的力度，面向校内外公开招聘，教师来源结构也得到改善。从表7的数据结果来看，教师来源已经呈现多元化趋势，目前教师来源主要以外校毕业生（75.9%）、外校教师（65.5%）为主，本校毕业生（43.0%）仍然占据重要地位，同时，从国外引进（20.7%）也成为一种新的重要来源方式。许多学校还设置了学科教授重点岗位，吸引了外部人才的加入。例如，在清华大学，一些世界级学者被聘上岗位，他们在学校建设中日益发挥重要作用。

表7　聘任制下高校教师来源构成（多选，440人作答）

教师来源	选中次数	应答人数所占百分比
本校毕业生	189	43.0%
外校毕业生	334	75.9%
引进外校教师	288	65.5%
从国外引进	91	20.7%

总体上来看，实行岗位聘任制和津贴工资制，强化了对教师的责任约束和激励程度，调动了教师的工作积极性和主动性，促使教师更好地履行教学科研

任务，取得了比较好的效果。根据问卷统计结果，有 35.1% 的教师认为实施聘任制效果"很好"和"较好"，49.8% 的教师认为"一般"，只有 15.1% 的教师认为"较差"和"很差"。教师对高校实行聘任制的态度调查也表明，79.3% 的教师认为实施聘任制"很有必要"和"有必要"，总体上教师赞成实施聘任制，按照合约进行管理。

（二）存在的主要问题

在调查和访谈中我们也发现，目前我国高校教师人事改革还仅仅是在原有体制框架内引入一些竞争机制，促使原来的管理走向规范化，但真正的改革还没有落实到位。在实际中，还存在着各种各样与合约管理本意相违的做法，根据本次调查，目前我国高校教师聘任中存在的主要问题包括如下几个方面。

1. 签约双方地位不对等，权利义务不明确

在教师和学校签订聘任合同的平等自愿性上，40.0% 的教师不同意和根本不同意双方签约上的平等自愿性，34.2% 的教师持基本同意态度，另外 25.8% 的教师比较同意或者非常同意。这充分说明，教师和学校在签约时的权利地位并不对等，签约在一定程度上具有强制性和单方性，学校占有更大的主动权。

表 8　教师聘任合同签订中的平等自愿性评价（单选，438 人作答）

签约的对等性和自愿性	选中次数	应答人数百分比
很同意	45	10.3%
比较同意	130	29.7%
基本同意	150	34.2%
不同意	75	17.1%
很不同意	38	8.7%

在"聘任合同对教师和学校双方的权利义务规定的情况"的问题中，30.4% 的教师认为双方的权利义务责任规定得很明确，69.6% 的教师认为双方的权利义务责任规定得不明确，其中多数教师认为合约过于强调教师的责任和义务，而教师的权利、学校义务责任等则规定得不明确。

表 9　聘任合同对教师和学校双方权利义务规定的情况（多选，427 人作答）

权利义务规定的情况	选中次数	应答人数百分比
双方的权利、义务和责任都很明确	130	30.4%
强调学校的权利，相应义务、责任不明确	164	38.4%
强调教师的义务和责任，相应权利则不明确	143	33.5%
强调教师的权利，相应责任义务不明确	14	3.3%
对双方的权利、义务和责任规定都不明确	44	10.3%

2. 考核晋升标准不合理，量化管理严重

量化管理是借助各种客观或定量指标如教学时数、论文数量、期刊级别、科研经费量等来规定教师职责并对教师教学科研职责完成情况进行评价的管理方法。在调查中，有 59.1% 的教师认为目前高校量化管理"比较严重"和"很严重"，35.6% 的教师认为量化程度"一般"，认为"不严重"和"没有采用"的仅占5.3%（见表10）。在访谈中，许多高校反映量化管理给教师工作自由、学术研究和创造等方面带来了一系列的问题。由于实行量化管理，教师要频繁地接受各种审查监督，教师为完成规定任务而疲于奔波，花费大量的时间和精力来应付学校的各种考核指标，容易造成教师的急功近利，追求学术上的短期效应。这对学术研究，特别是基础性研究非常不利，破坏了教师的自由学术空间。

表10　教师对学校采用量化管理的程度估计（单选，438 人作答）

量化管理程度	选中次数	应答人数所占百分比
没有采用	9	2.1%
不严重	14	3.2%
一般	156	35.6%
比较严重	181	41.3%
很严重	78	17.8%

3. 考核晋升受人为影响大

考核流于形式、考核不力是目前大学教师聘任考核中的另一个突出问题。根据调查结果，认为考核"走过场、流于形式"的教师达到39.8%，认为"考核过于频繁"的教师达24.8%。调查中教师也反映，许多学校的考核在实际中流于形式，除那些长期在外兼职或造成重大教学事故者，很少有所谓的不合格者，考核有时形同虚设。在实际中，很多学校并不按照正式程序实施考核，而是直接由院系领导在教师的自评表上简单签字了事，没有正式的公开答辩，也缺乏学术委员会的正式评议。教师考核和晋升受人为影响很大，考核很难起到约束和促进作用。

表11　教师晋升中的主要问题（多选，435 人作答）

选　　项	选中次数	应答人数所占百分比
程序不公开、不透明	100	23.0%
人为影响大	216	49.7%
量化指标过多	140	32.2%
论资排辈	115	26.4%
其他	31	7.1%

4. 工资的合理性与定价偏差

岗位聘任制由于实行各种津贴制度，将教师收入与贡献直接挂钩，实现了多劳多得。但是，高校教师工资目前依然存在诸多问题。首先，高校教师津贴缺乏标准依据。很多高校反映，教师工资发放标准缺乏科学根据，工资是否与教师的劳动结果对等，很值得怀疑。其次，不同级别职位教师之间工资差距也缺乏充分依据，导致了诸如教师收入差距和贫富差距过大、收入不规范等问题。另外，由于缺乏流动性，教师劳动力的市场价格仍然很难形成，这样，厘定合理的教师工资就显得困难重重，信息不足严重，很容易发生定价偏差。根据教师反映，由于缺乏统一的市场价格标准，国家或学校在制定不同级别、类别教师工资的时候也显得很无助，不同行业部门的学校、同一部门的不同学校、同一学校内部的不同院系和教职工之间很容易在工资问题上争论不休和互相攀比。

5. 解约困难

教师聘任制实施的基本目的是建立"能上能下，能进能出"的机制，然而，根据调查，目前高校教师聘任制实施中普遍存在着"解约"困难的问题。在调查中，45.5%的教师认为在建立"能上能下、能进能出"的激励竞争机制上效果"一般"，28.2%的教师认为效果"很差"和"较差"，24.5%的教师认为"较好"，认为效果很好的只有1.8%（见表12）。实际访谈中，据人事部门反映，一些高校提出了"能上能下"、"有限次数晋升"等人事政策，但是总体上还只停留在政策理念或口号上，在实际中还很难加以落实，学校教师还仅限于"内部流动"，包括内部待岗、换岗、转岗等，真正落聘、解聘的例子很少。

表12　学校建立能上能下、能进能出的竞争激励机制状况（441人作答）

竞争激励机制效果	选中次数	应答人数百分比
很差	32	7.3%
较差	92	20.9%
一般	201	45.5%
较好	108	24.5%
很好	8	1.8%

四、结论和政策建议

以岗位聘任制为基本模式的高校聘任制改革通过有限期聘任、津贴制和量化评价等制度强化了对教师的责任约束，促进了教师观念的转变，优化了师资队伍结构，加大了教师的责任感和压力，提高了学校办学绩效，有效缓解了传统体制下教师积极性不足、大锅饭和形式主义等问题。但是，以"岗位考核"、"绩效管理"为特征的岗位聘任制也带了一系列弊端，如刚性化管理对教师激励扭曲和自由学术空间的破坏，考核容易受人为因素的影响等。

高校教师聘任制的核心是聘任期限、评价方法和分配形式的优化。当前，要在岗位聘任制和对教师适当分类基础上，继续完善固定期限聘任和无限期聘任为主体的多种聘任方式，建立教师和学校之间真正的自由聘任关系和市场化教师用人机制。

首先，要实现教师的开放流动，建立市场化教师用人机制。在现行体制下，教师一旦进入学校，没有重大失职、违规行为，学校一般不能解雇教师。在缺乏职业压力或同类竞争者替代的情况下，教师履责的主动性就会减弱。同时，现行人事体制也使得教师无法通过"辞职"来规避来自学校的道德风险问题，这也给各种学术评议中的人情现象、暗箱操作等提供了生存空间。因此，只有建立完全市场化的教师用人机制，实现教师的充分自由流动，才能有效治理高校教师聘任管理中的各种问题，实现教师用人的规范化和高效化。这需要我们从社会整体上大力改革传统户籍、档案、人事编制等制度，加强社会保障体制建设。

其次，要适当对学校教师进行分层，进行分类管理。可以参考国外高校的做法，将教师群体分为核心层和流动层。核心层是学校学科专业发展的核心力量，应该保持长久稳定，逐步建立以"非升即走"为特征的终身制制度，流动层主要在教学和科研合作方面，实行固定期限聘任，不断降低学校用人成本。从实践来看，教师"非升即走"制度在美国高校是很普遍的，新聘专职终身序列教师，都要经过试用期才能被大学正式聘任，刚参加工作的学校毕业生，试用期为 6～7 年，涵盖助教和讲师两个职称阶段[①]。

再次，要完善有效的学术评价制度。"非升即走"的实行，需要配套终身聘任制度。一般认为，对教师的挑选一次足矣，当教师已经获得很高的学术贡献并取得晋升后，会以一种惯性实现自我激励和约束，反复性的评级考核只会助长学术的短期效应[②]。评价方法要继续结合定量和定性评价，但是在聘期和晋升审议中要加大同行评议的比重和作用，采取规范的答辩会形式，做到程序公开公正，同时提高晋升的校外审议规格，逐步建立权威性的审议机制，并与国际学术审议逐步接轨。

最后，分配形式上要继续以岗位津贴为核心，规范绩效工资，在规范和推

①　周黎安，柯荣柱．从大学理念与治理看北大改革 [J]．学术界，2003（5）．
②　张维迎．大学的逻辑 [M]．北京：北京大学出版社，2004：28－29.

进岗位聘任制基础上，逐步考虑教师年薪制，实现教师合理激励和工资管理规范化。

（该文发表于《高等教育研究》，2008 年第 2 期）

美国特许学校的发展及其启示

李孔珍

The Development and Implications of American Charter Schools

Li Kongzhen

美国特许学校创建十多年来，在提高基础教育质量和促进教育公平方面进行了有益的尝试，本文拟通过探讨特许学校的产生背景和发展成效，分析其对基础教育改革过程中政府责任的启示。

一、特许学校的产生背景

特许学校在美国积极推进基础教育改革的过程中产生，它试图通过教育体制改革、充分发挥学校自主权和绩效责任制等方式来缓解美国基础教育领域存在的严重问题。同时，它的产生和发展不仅深受教育市场化浪潮的影响，也是美国政府大力支持的结果。

（一）对基础教育问题的强烈关注为特许学校的产生提供了契机

20 世纪 80 年代以来美国基础教育领域存在的严重问题引起了美国社会的广泛关注。首先，基础教育体制僵化，学校之间缺乏竞争，教育质量低下。在分权化管理的基础上，美国各州传统公立中小学教育完全由地方学区直接管理，学校在许多方面缺乏应有的自主权，公立学校之间以及公立、私立学校之间缺乏必要的竞争。1983 年《教育处于危险之中：教育改革势在必行》的报告和美国前联邦教育部长威廉 J. 贝内特（William J. Bennett）提交的 1988 年教育改革报告深刻反映了美国学生学术成绩低下的状况，越来越多的家长和教师充满了困惑。其次，教育不公平现象日益严重。美国公立、私立学校并存，私立学校质量较高，但是由于其高昂的学费，一般家庭子女只能按照"就近入学"的原则选择在公立学校就学，无法选择私立学校；同时，大部分低收入家庭和少数民族家庭子女通常只能在教育资源少的居住地所在区域就学，种族歧视与种族隔离也导致了严重的教育不公平问题。在这种情况下，提高教育质量、促进教育公平等问题成为美国基础教育改革的主旋律，特许学校的产生成为其重要措施之一。

（二）教育市场化浪潮为特许学校的产生提供了思想基础

针对公立教育系统的弊端，一些经济学家提出了教育市场化构想，主张将市场竞争机制引入学校系统，激活公立学校僵化的办学和管理体制，增强市场对公共需求的及时调节和反馈，以提高教育质量。当代著名经济学家弥尔顿·弗里德曼（Milton Friedman）教授积极主张教育市场化改革，他认为在公共服务领域如福利、教育领域等，必须模拟市场机制。他在《政府在教育中的作用》一文中指出，由于政府对公共教育的长期垄断，学校之间缺乏必要的竞争，导致教育效率低下，政府虽然应该资助教育和承担相应责任，但并不一定要直接提供教育，政府之外的个人或组织也可以开办公立学校。他提出的教育券计划目的在于不仅给家长较多的选择机会，而且使得学校之间（包括公立的与私立的学校）展开竞争以提高教育质量，同时，通过使更多的人有机会选择学校来促进教育公平。奥地利经济学家哈耶克也认为，在教育和市场的关系上，市场是教育活动的基础和依据，教育领域应引入竞争的原则。他们的思想在美国产生了广泛影响，通过市场机制来调节公立学校的思想得到了大力支持。然而在教育券计划的实施过程中，由于私立学校学费高昂，教育券所能抵消的学费数额又十分有限，所以很多贫困家庭和少数民族的子女等仍被排除在外。面对诸多问题，在教育市场化改革的浪潮中，特许学校应运而生。"特许学校摆脱了政府提供的官僚模式的教育服务，是市场趋向的教育形式，但是他们处于高度规制的市场之中：只有得到授权才能走进这样的市场；消费者不用自己付费，学校不能要求学生家庭支付政府规定之外的费用；学校没有依据学生能力或者学生特长选择学生的自由，如果申请入学者超过学校所能容纳的数量，则必须通过随机方法选取学生；学校可能因为失去顾客而被关闭，也可能因为财政上没有遵守政府规定而被关闭，或者因为没有达到学生学业成就标准而被关闭。因此……特许学校市场是完全被控制的，所以我们称其为教育的准市场。"[①] 特许学校引入了市场机制，但不是把学校完全放手于市场，而是在

---

① Forman J, Jr. Do Charter Schools Threaten Public Education? Emerging Evidence from Fifteen Years of a quasi-market for Schooling [EB/OL]. [2007 - 10 - 08]. http：//www. publiccharters. org.

政府严格监管下的市场趋向的教育形式。

（三）政府的支持为特许学校的产生提供了政策保证

特许学校的发展同时也是近年来美国各届政府支持的结果。老布什政府指出要投资新型学校（Break-the-mold Schools），以满足新世纪的需要。克林顿政府则把鼓励特许学校发展作为基础教育改革政策的一项基本内容，通过公立特许学校计划（Public Charter Schools Program）为各州提供了特许学校发展的专项经费。美国教育部《1998—2000 年教育发展战略》提出的教育目标之一就是使学生和家长有更多的选择权，通过加强公立学校间的竞争来提高公立学校的质量。小布什政府则本着"消除差距，促进平等"的目标，加强了州政府发展特许学校的力度。2002 年签署的《不让一个孩子掉队》再次强调了给家长、学生更多选择的必要性。小布什政府不仅提出要以数亿美元的预算来支持特许学校的发展，而且还明确提出了特许学校规模每年递增的具体指标。在政府的政策支持下，特许学校制度把灵活自主的市场竞争机制引入了公立学校内部，以促进学校之间的竞争，提高教育质量；同时保持了政府的监督权和学校的公立性质，以维护教育的公平。可以说，特许学校系统是政府和市场共同承担教育责任的一种形式，是一种政府控制下的学校市场。

二、特许学校的发展成效

在特许学校十多年的发展过程中，美国各州特许法案不尽相同，不同的特许学校在很多方面存在区别。规模大的特许学校有成千上万的学生，但是大多数特许学校都是只有 200～300 名学生的小规模学校。一些特许学校是由传统公立学校转制的产物，一些则是新建学校。一些由学区或州委员会批准成立，一些则由大学或其他机构批准成立。一些是独立的组织，一些则由较大的教育管理集团管理。一些特许学校采用传统的课堂教学方式（即以课堂为本的教学方式），一些则充分利用了在家学习和远程学习。自从特许学校成立以来，已经有一系列的研究试图评估特许学校实验的有效性，由于所研究的特许学校不同、研究的时间不同、分析所用的数据不同，这些研究得出的结论也不尽相同。但是总体而言，特许学校在学生学业成绩、家长满意度、整体发展规模和促进教育公平上取得了良好效果。第一，特许学校在学生学业成绩上取得了令人满意的效果。2005 年 73% 的特许学校实现了全校范围的学术成绩指数（Academic Performance Index，API）增长目标，而非特许学校只有 67% 实现，两者在统计意义上存在显著差异。其中，小学和初中特许学校实现 2005 年 API 增长目标的百分率高于同类非特许学校，小学之间存在显著差异；高中特许学校略低。① 2006 年，一项对以往研究的分析发现：在 33 项研究中，16 项研究发现特许学校的总体成绩大于其他公立学校；7 项研究发现特许学校在某些领域，例如小学、高中或者服务危机（At-risk Students）学生上，成绩高于其他公立学校；6 项研究表明特许学校和传统公立学校成绩相近；4 项研究表明特许学校总体上落后于传统公立学校。② 2007 年，一项对 35 个州的特许学校和非特许学校的比较研究表明，有 19 个州的特许学校学生 AYP（Academic Year Program）成绩超过了传统公立学校学生的成绩。新奥尔良市的特许学校取得了尤其突出的成绩，在新奥尔良市的 20 所顶尖学校中，17 所是特许学校。第二，特许学校赢得了较高的家长满意度。太平洋研究协会（The Pacific Research Association）2000 年对 100 所加州特许学校的调查表明，66% 的家长对特许学校"非常满意"。最近一项研究表明 70% 的家长给孩子就学的特许学校以最高评价——A 级。很多教师和学生也认为学生在特许学校学习比在以前的学校学习效果好。第三，特许学校规模在逐年扩大。自从 1992 年明尼苏达州颁布第一个特许法案，建立第一所特许学校以来，美国 40 个州和哥伦比亚特区先后颁布了特许学校法案，建立了特许学校。美国教育改革中心（the Center for Education Reform）一项最新的研究表明，目前，美国全国有 4100 多所特许学校，拥有学生 1200000 人。自从 1992 年特许学校成立以来，共关闭了 562 所。2006 年的特许学校增长率为 11% 。如图 1 所示，我们从加州特许学校规模逐年的增长情况可以略见一斑，1993—1994 学年特许学校只有 31 所，到了 2005—2006 学年，就增加到 575 所。到 2007 年 4 月，加州特许学校增加到 621 所，拥有学生 220000 人。第四，特许学校在促进教育公平上也作出了努力。据美国教育改革中心等进行的特许学校年度调查，就全国平均而言，特许学校的学生中 53% 是少数民族学生，54% 为低收入家庭学生。另一项研究表明，在 2006 年，十分之四以上的特许学校拥有 60% 或者以上的危机学生或者少数民族学生。2004—2005 学年，特许学校学生中符合享受免费午餐或者减价午餐条件的占 52% ，2003—2004 学年接受特殊教育的学生占 11% ，英语语言学习者占 12% 。特许学校事实上对于那些最需要帮助的孩子给予了最好的帮助。以加州为例，2002 年 3 月，加州大学一个研究团队对为低收入家庭孩子提供服务的特许学校和其他公立学校做了全面的比较研究，调查了三年内加州所

① California's Charter Schools: How Are They Performing? [EB/OL]. [2006-10-30]. http://edsource.org. http://www.ed-data.k12.ca.us.

② Hassel B C, Terrel M G. Charter School Achievement: What We Know [EB/OL]. [2006-10-30]. http://public charters.org/section/publications.

有这样的学校。结果表明：加州特许学校在提高最危机的学生的学术成就方面（根据 API 测验成绩）比非特许学校做得好。加州特许法案的一个主要目的是扩大低学术成就儿童的学习机会。以上数据表明，特许学校无论在提高学生成绩上，还是在家长的满意度以及规模的扩展上，都取得了一定的成效，并且通过服务低成就学生和弱势群体学生为促进教育公平作出了贡献。图 1 为美国加州特许学校规模增长示意图。

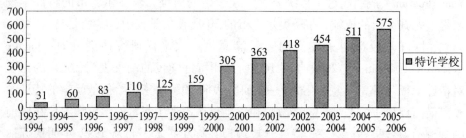

数据来源: Edsource Annual Report: California's Charter Schools: How Are They Performing? 2006(5). pl. From California Department of Education [R]. [DB/OL]. htttp://www.edsource. org. and http://www. ed-data. k12. ca. us.

图 1　美国加州特许学校规模增长示意图

三、美国特许学校发展带来的启示

在基础教育管理体制僵化、基础教育学校系统缺乏竞争、教育质量低下和教育不公平等问题受到美国社会的广泛关注的情况下，特许学校在教育市场化浪潮和政府的大力支持下产生了，十多年来，虽然 562 所特许学校在竞争和绩效责任制下被淘汰了，但是更多的特许学校在学生学业成就上取得了令人鼓舞的成绩，得到了家长的认可，特许学校系统的规模在逐年扩大，并且在为低收入家庭学生、少数民族学生和危机学生等提供服务上作出了努力，促进了教育公平。作为政府和市场共同提供基础教育的一种新型的学校类型，尽管它可能存在这样或那样的问题，但是特许学校的发展为政府在基础教育中的责任和教育责任共同承担的方式方面，提供了一些新的启示。

（一）政府在义务教育中的责任

特许学校实践是一种准市场的教育方式的实践。在这种实践中，政府的角色由基础教育的提供者转变成了基础教育的监管者，政府放松了对公立学校的直接管理，给了学校充分的自主权，通过授权和绩效责任制指导和监管着学校的发展。因此，可以说特许学校形成了一种政府机制和市场机制共同配置教育资源的格局。这种市场化改革并不是政府放手市场全盘经营基础教育，而是一种在政府管制下的市场化改革。授权新的学校成立的过程——授权开办学校、监管其进展、不能承担绩效责任就关闭它们等，而不是事实上经营学校——完全是一种崭新的形式。这种形式在试图解决美国基础教育体制僵化、学校之间缺乏竞争、教育质量低下等问题的同时，为学生提供了多样化的教育，并且致力于促进教育公平。从其发展成效可以看出，特许学校实践受到了广泛的支持和欢迎。其他研究也表明，在美国和在世界上大多数地方一样，政府正在越来越依赖非政府因素，包括私营公司，来达到公共目的。毫无疑问，当教育的作用日益渗透到社会各个领域，当每个家庭和整个国家都与教育有着不可分割的联系的时候，教育的成效早已不仅仅是教育领域的责任，也不仅仅是政府的责任，它应该成为和谐社会中每个领域都关心的事情。政府无疑要承担提供教育的责任，尤其在义务教育领域。特许学校实践表明，提供教育并不是政府承担教育责任的唯一方式，政府还可以采取引进市场的方式，在保持基础教育公立学校公立特性的基础上，以指导和监督的方式来管理基础教育。

（二）教育责任共同承担的方式

美国特许学校在多个层面体现了共同承担教育责任的方式。首先，从政府与学校的角度看，政府主要发挥着监督和管理的职能。特许学校的成立需要政府或者权威机构的授权，政府则给予学校充分的办学自主权，通过绩效责任制决定特许学校的存续或者被淘汰。其次，从学校与市场的角度看，学校的直接利益相关者——家长——共同承担了教育责任，他们在很多方面参与了学校工作，同时以通过选择的方式促进了学校之间的竞争，影响着特许学校的存续和发展。最后，从学校与社会的角度看，其他社会部门在与特许学校合作的过程中共同承担了教育的责任。2002 年，除了 3 个州——阿肯色州、堪萨斯州和密西西比州外，所有州的特许学校法都设计了专门的条文鼓励特许学校与其他组织合作，甚至有些州要求申请特许学校时就要确立合作伙伴。例如 12 个州允许特许学校与任何实体订立合同以获取任何服务或资源，9 个州强调可以为设备需要订立合同，比如交通设备、学校教学设备等。在共同承担教育责任的过程中，不同的承担者可以看到问题的不同侧面，从更加开阔的视野去思考基础教育中的问题，从多个角度去寻求解决问题的办法。当然，教育责任的共同承担，并不是指责任的平均承担，政府在整个过程中，始终处于指导和监管的位置。特许学校的实践证明，政府在基础教育领域引入市场机制，采取准市场形式，同时制定规则，并且严格地监管其发展成效，与社会和市场共同承担教育责任，共同促进教育质量的提高，满足社会对教育的多样化需求，推进教育公平，是一种值得实验的方式。当然，由于不同国家基础教育情况的不同，这并不意味着其他国家可以照搬特许学校的模式，但是至少它为我们在思考政府承担基础教育责任方面提供了有益的视角。

（该文发表于《中国教育学刊》，2008 年第 7 期）

第四章　学校领导力

在学校组织变革过程中，领导理论日益成熟，已经从早期的领导特质理论、行为理论以及权变理论的相关研究进入教育领导研究的"丛林"阶段，变革型领导、道德领导、教学领导和分布式领导均构建了比较成熟的理论体系。这为学校领导问题研究奠定了坚实的理论基础。不得不承认的一点是，当前我国教育管理和教育领导理论研究状况尚不能满足管理实践的需要，制约着学校领导水平的提升。本部分的研究就集中在校长专业成长和领导力提升方面，希望能对相关理论工作者和学校领导有一定的帮助和启示。

多维视野下的学校领导力

张　爽　孟繁华

On School Leadership Capability Viewed
from Multiple Dimensions
Zhang Shuang, Meng Fanhua

随着我国社会转型性变革的展开与教育改革的深化，以及教育改革的重心逐步下移，学校在教育现代化中的主体地位日益凸显。学校作为教育改革的"细胞组织"应如何承担起自身责任，走出一条符合自身发展需要的变革之路，是值得研究者和实践者关注的重要课题。《国家中长期教育改革和发展规划纲要（2010—2020 年)》就指出，要完善中小学学校管理制度，实行校务会议等管理制度，建立健全教职工代表大会制度，不断完善科学民主决策机制……加强学校领导班子和领导干部队伍建设。[1] 由此可见，在教育改革和学校发展的过程中，有效的领导力是一个非常重要的要素，学校领导力的构建与提升将起到关键性作用。

一、学校领导力：当前学校变革与发展的诉求

学校领导力是一个新兴的研究与实践领域。在 20 世纪 80 年代以前，谈起学校领导，国内外研究者的关注点基本都集中在了校长领导上，认为学校领导问题主要就是与校长的领导相关的问题。自 20 世纪 80 年代中期以后，研究者对教师专业发展的关注逐步增多，随着研究的深入，人们进而认识到，一个学校仅有强有力的校长是不够的，教师等学校组织成员的领导力水平同样重要，由此，以教师为代表的领导实践开始受到重视。

为什么要谈学校作为一个组织和机构的领导力而非像以往一样去强调主要领导者的领导力？很明显，学校领导力的提出更符合当前领导理论的发展和学

---

① 国家中长期教育改革和发展规划纲要工作小组办公室. 国家中长期教育改革和发展规划纲要（2010—2020 年）［EB/OL］.（2010 – 03 – 01）［2010 – 11 – 01］. http：//www. china. com. cn/policy/txt/2010 – 03/01/content_19492625. htm.

校变革实践的需求。有研究者指出，"从根本上说，领导力是组织机构中全体成员的集体行为……对整个变革过程来说，组织机构领导力的影响比个人行为的影响要大得多。"[1] 学校是一个需要多层面的、共享领导力的社会组织。

学校领导力的构建与提升有助于解决变革情境中学校面临的压力与问题，引领学校更好地发展。伦敦大学教育学院院长乔夫·维提指出学校领导力可能以一种分散的形式存在，在教育领域，传统的自上而下的领导模式正在被新的途径所取代。[2] 校长、教师、行政人员以及学生多个层面领导力的共同发展是当前学校领导力实践发展的一个主要趋势。校长虽然被称做是学校内最重要的人，但把所有压力和责任都放在校长这一个职位上，不仅给校长的领导力带来了极大的挑战，同时也是有些不现实的。因此，构建和提升学校领导力是当前学校改革和发展的内在诉求。由此，学校领导力的研究正在吸引越来越多的注意力。

当前学校领导力的现状远不能满足学校发展与变革的需要。将学校建设成为学习型组织或者学习共同体虽然已经成为共识，然而通过依赖个人或者单一的领导力实践这是无法实现的。学校里的领导和管理工作应包括除校长外的副校长、课程专家、部门负责人，还有虽然没有指派但显然起到重要作用的教室里的教师和学生。然而目前除了校长领导力受到重视以外，学校里其他组织成员对学校领导力的贡献显然被忽视了。

二、学校领导力：一种整体性视角

在标准化体制内，学校领导力的界定方式和实践方式存在重大变革的需要。[3] 关于学校领导力是什么，给出定论的研究者不多，而其中大部分研究者从学校领导力的构成、任务和性质及特征方面给予了界定。而纵览国外学者对于学校领导力研究的界定，可以发现大部分研究学校领导力的文献都是从分布式领导入手的，这显然是领导理论逐渐成熟并运用到教育管理、学校管理领域的结果。显然，研究者并不急于直接给出学校领导力是什么的结论，而是通过实证的、质性的研究探讨当前中小学分布式领导的必要性以及实施途径，在这一过程中，构建学校领导力通常是作为实施分布式领导的必要条件和结果出现

① Mintu Sinha. 知识社会与领导力 [G] //丁钢，黄锦樟. 聆听世界——多元社会中的教育领导. 上海：华东师范大学出版社，2008：16－19.

② 本刊编辑. 伦敦大学教育学院院长乔夫·维提指出学校领导力可能以一种分散的形式存在 [J]. 上海教育，2009（06B）：45.

③ Southworth G，Quesnay H D. School Leadership and System Leadership [J]. The Educational Forum，2005（69）：212－220.

的。因此，国外研究中直接描述学校领导力是什么的非常少，大部分研究者仍在探讨学校领导力的必要性、核心价值；当前认识有哪些充满争议，诸如"学校领导力对课堂教学和学生学习成绩的影响"、"学校领导者对提高教师员工能力的作用"、"学校领导力在广泛分布时是否会对学校和学生的发展有更大的促进"、"一种分权模式一定比另一种模式有效"等仍未有定论①；在学校领导范畴内，校长该注意什么，教师该注意什么；该构建怎样的文化保证学校领导力的实现等。

分析已有界定我们不难发现，大家已经取得共识的是，学校领导力与学校组织目标的实现是直接相关的；但很多方面仍有争议，比如学校领导力的主体到底是学校全体成员还是以校长为主的领导团队；学校领导力是否只存在于正式组织之中；学校领导力的分布是否有一种最好的模式，等等。基于对领导、领导力概念的把握以及与学校情境的紧密结合，本文提出，学校领导力是学校组织成员在与学校内外环境互动的过程中为实现学校组织愿景和目标、推动学校发展与变革，影响他人并由此与学校组织结构相互作用的过程与结果。学校领导力按不同标准可划分为多种类型，按主体划分可划分为校长领导力、行政人员领导力、教师领导力和学生领导力；按领导力作用层次可划分为组织引领力、团队效能提升力、二元关系构建力；按对象范畴可划分为文化领导力、课程领导力、教学领导力、结构领导力、人际领导力等；按照领导影响力的性质来看可划分为权力性领导力和非权力性领导力。

从这个界定中，我们应该把握如下要点。

第一，学校领导力分布于学校组织内所有成员身上，包括校长、行政人员、教师和学生，而非仅局限于校长或经过正式任命的领导者中，当然，不同主体实施领导处于不同的意义世界之中，也不能混淆。呼吁学校领导力不是不要校长，构建学校领导力是通过在整个学校组织层面更广泛地分布领导力来增加领导的厚度，而非人人都来领导学校，也不是无端增加额外的领导岗位，更不是否定校长对学校发展的终极责任。校长领导力变得更为重要，要做"领导者的领导者"这样一种认知已经取得了共识。

第二，学校领导力是组织成员在与学校内外环境互动的过程中产生并发生作用的，组织内外环境对于学校领导力的意义不能忽视。台湾学者谢文全在综述了大量组织研究文献的基础上，指出组织是人们为达成特定共同目标所结合而成的有机体，透过人员、结构与环境的互动调适来完成其任务。② 很显然，

① Leithwood K, Harris A, Hopkins D. Seven Strong Claims about Successful School Leadership [J]. School Leadership and Management, 2008 (2): 27–42.

② 谢文全. 教育行政学 [M]. 台北：高等教育文化事业有限公司，2004：22.

组织通过与环境交互调适来求生存和发展，这是学校领导力探讨的"场域"。

第三，学校领导力是一种影响力，但不只是影响力。这种影响是有前提条件的，即基于共同目标的一种影响，是为了实现学校组织愿景和目标而产生的影响力，不是个体之间随意的影响作用。同时这种影响不仅是因为职位、权力的限制所带来的行政影响，更多的是一种基于个体的学术修养、成就、经验、人品等因素为基础的影响力，不以严格的等级为依托。

第四，在学校领导力构建、实施的过程中，作用的过程与结果体现在人与结构两个层面上。还是回到前面谢文全对组织的界定上，由他的研究可以得出的结论是，组织由人员及结构两个基本要素构成。领导虽然主要是发生在个体之间的活动，然而势必会给组织结构带来变化并被组织结构推动或阻碍，组织结构的变化既是一种结果，其适切的变革也是保证学校领导力可持续发展的必要条件。"一个好校长就是一所好学校"的正确性在我国当前看来无须怀疑，但这也从一个侧面反映出中小学领导机制不健全、非常依赖校长个人能力的现状。

三、学校领导力：新的分析框架

现在我们已经认识到，学校领导力是一个包含了多个动态过程和关系的复杂性事物。为了更清晰地把握学校领导力的核心内容，本文构建了一个分析框架作为研究学校领导力的抓手。

图1展现了学校领导力模式的一个发展变革，这种变革主要体现在两个方面：一个是组织成员领导力相互作用的过程，另一个是伴随着前者带来的与学校组织结构的相互作用，既包括学校组织结构的调整和变革，也包括了调整后的学校组织结构对学校领导力实施的作用，制度的创立、结构的调整以及机制运行的保障等都会在这个维度中得到体现。这由此也形成了学校领导力的一个新的分析框架。

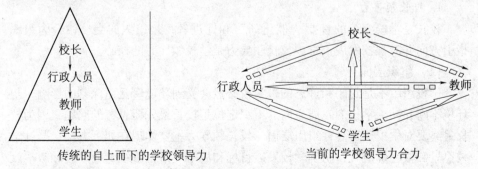

传统的自上而下的学校领导力　　　　当前的学校领导力合力

图1　学校领导力研究的发展变革

（一）学校组织成员层面

本部分以"学校组织成员"和"领导力层次"为维度，构建了一个学校组织成员领导力的分析框架。

维度一：学校组织成员

学校领导力就是弥散在学校组织成员间的一种以共同愿景为基础的相互影响，因此学校组织成员必然是分析学校领导力的重要维度。在我国中小学，学校组织成员主要由校长、行政人员、教师以及学生四类群体构成，四类群体在不同的意义世界中都可能成为领导者和追随者。再次强调一下，此处的领导已经超越了我们传统上习惯性认定的上下级关系，更主要的是一种影响力（图中实线箭头是通常已获得共识的领导过程，而虚尾箭头代表还未得到足够重视的领导过程）。同时，虽然我们不断强调教师、行政人员、学生等群体领导力实践的重要性，但必须要明确的是，校长领导力仍然是学校领导力的核心。

维度二：领导力层次

学校领导力，要考察学校组织特点和领导力作用规律来划分层次。本文认为，学校领导力作用的层次可以划分为如下三个方面：组织层面、团队层面和二元层面。一个组织的生存和发展取决于它是否能有效地适应环境，这就是组织层面要解决的问题；领导力的团队过程主要表现为在一个任务团队中领导角色的性质，以及一个领导如何提升团队效能，这是团队层面要解决的问题；领导者与追随者之间相互影响的过程通常是领导力的核心问题，大部分关于领导效能的理论多是在二元层面上作出定义的，这就是二元层面要解决的问题。

在这个框架下，我们可以得出分析学校领导力的如下视角，当然，因为篇幅所限，每个视角都无法详细探讨，不过这也为未来的研究打下了一个基础。

1. 校长领导力

校长是学校变革的首要"催化剂"和促进者，是组织的支柱，会为组织指引方向并对学校发展负责。校长领导力是学校领导力的核心。

（1）组织层面

学校组织不是封闭和静态的，学校必然会受到环境广泛而深刻的影响，与环境不断互动。学校的发展方向、组织定位是校长最先要思考的问题，因为校长最终要对学校负责。在组织层面，校长领导力主要体现在如下方面：凝练学校愿景和核心价值观；明确学校发展目标和战略决策；重视专业发展和教学改进；提供技术支持和资源保障；与家长、上级行政部门、社区、其他学校的沟通与合作；构建具有学校特色的、合作的、信任的文化。

（2）团队层面

团队通常表示小的任务团体，在那里成员具有共同的目的、相互依赖的角色以及互补的技能。根据诸如是否独立决定任务和目标、工作程序以及团队存在的时限、成员的稳定性等维度，可将团队划分为功能操作型团队、跨功能团队、自我管理团队、自我决定团队等。[①] 这可以给校长在团队层面领导力的实施方面一定的启发，即根据团队不同特征和需求以不同的领导方式，如行政组织和教学组织的领导应是不同的。同时，校长在团队层面的领导力要重视积极主动调整学校组织结构，以保障学校内部各团队的协调运转和功能的良好实现；积极协调学校内部人际合作，有效解决矛盾，创设良好的人际关系氛围；打造强有力的、分工明确的学校领导集体，沟通领导机制。

（3）二元层面

校长领导力的实施在二元层面上主要体现在：重视沟通，这种沟通不仅是琐碎的信息或事务，更多的是与愿景和学校发展相关的；激励教师和行政人员对工作的投入，提升其责任心、创造力和学校的凝聚力；鼓励教师和行政人员参与学校决策，这种鼓励不是随意的，而是长期的、规范的、制度化的；向教师和行政人员授权，建立一个更广泛的权力基础；提升教师、行政人员和学生的能力；与学生沟通理想、信念，以语言和行为给学生良好的引领。

2. 行政人员领导力

在我国大部分中小学校里，行政人员主要包括党总支、教务处、政教处、总务处、学生处、团总支（或少先队）、工会等部门的负责人和工作人员，这个群体是保障学校各机构顺畅运转的中坚力量。

（1）组织层面

行政人员在组织层面的领导力包括：参与学校领导；协助校长、动员教师凝练学校愿景，发展学校目标；执行并带领教师一起讨论、反思学校决策；明确自身工作定位，并将之与学校核心精神统一起来；建立全校一体的氛围和归属感；协助资源开发及管理；为学生成长和教师专业发展服务。

（2）团队层面

行政人员在团队层面的领导力包括：创设合作的机会和氛围，重视团队精神的培育；根据功能需求协助调整学校组织结构；鼓励学校内非正式组织的发育；与其他校内部门建立良好合作；善于解决内部冲突，明确分工；提升所在团队的效能；与教师、学生等组成临时的项目团队；发展和谐的人际关系；建立学生干部团队。

① 加里·尤克尔. 组织领导学 [M]. 陶文昭，译. 第五版. 北京：中国人民大学出版社，2004：362-363.

（3）二元层面

行政人员在二元层面的领导力包括：积极主动给予校长反馈和建议；与同事互助，共同发展；学会授权；与教师良好沟通；正确评价同事、学生；协助培养全面发展的学生。

3. 教师领导力

教师的领导实践正在日益受到重视。根据司瓦的观点，可以把教师领导的演变分成三个浪潮。[①] 第一个浪潮是教师承担领导者的身份，如承担行政人员的角色，关注点在于学校组织的运作和效率；第二个浪潮是让优秀教师承担课程领导的角色，这也是校本课程发展的要求；第三个浪潮认为教师是学校的中坚力量，教师的发展更多的是依靠学校内的教师文化的发展。学校全体教师都需要成为领袖去推进教育的变革。

（1）组织层面

教师在组织层面的领导力包括：参与学校领导；以专业发展引领学校变革；扎实专业知识，改善教学表现，提升学校核心竞争力；自下而上表达愿景，推动学校愿景的形成；参与制定、评价、反馈学校决策；建立全校一体的氛围和归属感；进行课程领导和资源提供。

（2）团队层面

教师在团队层面的领导力包括：在学校内创建学习共同体，如读书会、沙龙、专家工作室等；形成有归属感的教师团队，合作、分享、互相信任；与行政人员、学生等组成临时的项目团队；构建有凝聚力的班集体，为学生发展创设良好的班级环境；帮助建立学生兴趣小组；有效解决内部矛盾。

（3）二元层面

教师在二元层面的领导力包括：主动向校长提供专业建议，并对学校领导集体的决策给予积极的评价和反馈；同事间互助，课堂观摩、集体备课、设置课程等；老教师要积极参与新教师的聘任和培训工作；形成良好的师生关系；激励学生学习，教学过程中与学生的有效沟通；与学生家长就学生成长、学校发展等问题的良好沟通；正确评价同事、学生。

4. 学生领导力

传统视野中，学生作为学校的培养目标，其对校长、行政人员和教师以及学校发展的影响力并未受到关注。学生领导力更多指的是我们所培养的学生应该具备的素质，诸如在国际视野、公民责任、就业能力、心理素质、知识基础、人生态度、解决问题的能力等方面的素养。在此处，学生领导力主要的理

---

① Silva D Y, Gimbert B, Nolan J. Sliding the doors: Locking and Unlocking Possibilities for Teacher Leadership [J]. Teacher College Record, 2000, 102 (4): 777–804.

解是在学校发展与变革过程中，学生对校长、行政人员和教师的影响，当然，前面所谈学生若素质越高，这种影响力便会越大。

（1）组织层面

在组织层面，学生领导力主要体现在参与学校领导；有突出表现的学生对学校形象的提升；生源特点对学校定位的引导；学生发展需求对学校特色的规束；对学校决策的反馈和建议；表达愿景，推动学校愿景的形成；为学校发展提供信息和资源。

（2）团队层面

在团队层面，学生领导力主要体现在协助教师及行政人员创建诸如兴趣小组或学生群体、学生干部团队等学生组织；参与班级管理，创设良好的班级环境；解决团队、班级内部矛盾；与行政人员、教师形成临时的项目团队。

（3）二元层面

在二元层面，学生领导力主要体现在积极与教师互动、反馈；形成良好的师生关系，客观评价教师；优秀学生对其他学生的榜样力量；向校长提供建议；学生间互助、互相促进等。

（二）学校组织结构层面

组织结构决定人们惯常的行为方式，而人们惯常的行为方式反过来形成组织的结构或对组织进行重构。在本文的界定中，学校领导力还包含了学校组织成员与学校组织结构的互动过程，这实际上与前面论述的层面中校长、行政人员、教师等在团队层面的领导力是重合的。因此，此处只强调几个要点。

1. 学校组织结构调整的价值取向：功能决定结构

托马斯·格林菲尔德（Thomas Greenfield）认为，人们并非存在于组织之中，相反，是组织存在于个体之中并通过个体而存在。人总是主动地、积极地构建着他所生存的组织管理世界，也在不断地改变着他所创造的组织管理世界。[1] 这与我国学者叶澜教授的研究不谋而合。叶澜教授早在20世纪80年代末就已经提出，从教育系统形成的角度看，与自然系统不同，是功能选择在先，结构形成在后，因此在教育系统内，是功能决定结构。由此，伴随着学校变革的推进和学校内部领导、管理活动的调整，组织机构、制度、机制的变革是必然的阶段，这反过来会更有利于学校功能的实现。

2. 创建、调整学校领导机制

在人们对领导的研究深入到一定程度后，必然会进入到领导机制的研究

---

① Greenfield T, Ribbins P. Greenfield on Educational Administration：Towards a Humane Science [M]. London：Roudedge, 1993：152.

上，这已经取得了共识。机制泛指一个工作系统的组织或部分之间相互作用的过程与方式。学校领导机制的研究有助于在动态变化中把握静态平衡，保证学校领导力的实施更加规范、广泛、长效和持续。综合当前的研究来看，成功组织的领导机制主要涉及了平行领导、参与式领导、分布式领导和协同领导，从自上而下的垂直领导走向多元互动领导，那么如何在学校领导力机制研究中渗透成功组织领导机制的特点，构建有效的学校领导力激励、运行、反馈机制，是未来研究的重中之重。

最后，笔者需要强调的是，学校领导力的终极目标是在学校范围内构建可持续发展的领导力。哈格里夫斯（Hargreaves）等学者在研究中界定了可持续领导力的原则，即可持续领导是切实发挥作用的，它创造并保护可持续的学习；可持续领导是延续性的；可持续领导是维护他人的多层面领导；可持续领导体现社会公平；可持续领导是创造丰富资源的；可持续领导形成环境的多样性和包容性；可持续领导积极融入其周围的环境；可持续领导是有警觉性的，它随时监控环境；可持续领导尊重过去并在过去的基础上创造更好的未来；可持续领导要等待满意的而不是暂时的结果。[1] 这也是当前保障学校探索出一条适合于自身的变革之路的重要原则。

（该文发表于《中国教育学刊》，2010 年第 11 期）

---

[1] 哈格里夫斯. 可持续变革 [G]. 丁钢，黄锦樟. 聆听世界——多元社会中的教育领导. 上海：华东师范大学出版社，2008：3 - 15.

复杂性科学视野下的校长领导力

张　爽

On the Leadership Capacity of School Principals Viewed
from the Perspective of Complicated Scientific Observations

Zhang Shuang

　　校长在引领学校发展的过程中具有举足轻重的作用。"长期在教育领域工作的人常常会问：学校何以如此不同？最常见的回答就是：领导的不同。"① "校长很重要！的确，就维护和改进优质学校而言，学校的任何其他职位都不具有比校长更大的潜力。"② 校长作为学校领导主体，是一个学校获得发展优势的主要源头。

　　教育环境已经发生迅速转变，科学技术迅猛发展，知识更新速度不断加快，公众对学校表现的关注程度不断增加，学校担任的角色开始转变，为满足教育环境的变化，教育理论、教育策略的更新势在必行。这是教育的一个根本问题，这种思想的改革要求我们将视角回溯到问题的本原——哲学思维的转换上。教育是一种非常复杂的社会现象，然而因为简单性科学（在西方主导下的近现代科学）在自然科学领域所取得的巨大成就，人们习惯于运用简单性科学的思维方式和方法论解决一切社会领域的问题，包括教育，实际上这已经不再适合当今学校的现实。在复杂性科学视野下探讨中小学校长领导力问题是本文的主要视角。

一、从简单到复杂——当前校长领导力研究的必然哲学转向

　　从历史发展的角度讲，科学的第一个形态是古代科学，古代科学是前工业文明的智力工具，其特点是不分科；科学的第二个形态是西方主导下的近现代科学，特点为分科的学问，是工业文明的智力工具，可以称为简单性科学。世

---

① E. 马克·汉森. 教育管理与组织行为［M］. 冯大鸣，译. X. 燕·麦希施密特，校. 第五版. 上海：上海教育出版社，2005：211.

② 托马斯 J. 萨乔万尼. 校长学：一种反思性实践观［M］. 张虹，译. 冯大鸣，校. 上海：上海教育出版社，2004：117.

界的简单性信念是近代科学研究的重要传统和发展动力之一。这种传统一直延续到20世纪初。20世纪伊始，由相对论和量子论开始，科学一再出现革命性变革，产生了一系列新学科、新理论，20世纪六七十年代以来，伴随着以耗散结构理论的诞生为先导的系统自组织理论的兴起，受后现代世界观的影响，许多科学家越来越不满足于自牛顿以来一直主导科学的线性的、还原的思想束缚。20世纪80年代以来，复杂性科学的研究迅速兴起。"复杂性科学的兴起，对于教育组织管理研究具有重要意义。"①

叶澜教授在《世纪初中国教育理论发展的断想》一文中，强调了研究教育的思维方式从简单走向复杂的必要。叶澜教授指出，教育理论的发展与时代有着内在的、直接的、多方面和多层次的关联。在一定意义上，教育理论属于"时代学"之列。"在当今的学术领域里，关于复杂事物和复杂性的研究已异军突起，引起不同学科领域内，尤其是面对复杂对象研究人员越来越多的关注……当许多学科的专家加入到复杂性研究，或者说用复杂的思维方式重新认识自己的研究对象时，我们面对着最复杂的研究对象——教育的研究人员，是否感受到、认识到这一点，并积极地行动起来？"②

"现在当校长比10年前、15年前难当多了"，访谈中，很多老校长表达了这样的感受。"和20年前相比，我们更清楚地了解到，学校和其他组织一样，是个复杂、令人迷惑的地方，甚至充满了矛盾、犹豫不定、模棱两可和不确定性。"③ 本文研究的核心词汇为"校长领导力"，长久以来，领导实践中的简单性思维一直根深蒂固。而领导事实上是一种非常复杂的社会现象，领导力作为对领导能力和领导过程的剖析，其复杂性不言而喻。不仅体现在涉及主体的复杂多样、方式纷繁变化上，还体现在与学校环境息息相关的外部环境的复杂多变上。在校长发挥领导力的过程中，涉及多种方式、多重关系、多维过程、多个阶段、多方面内容，以往多数对于校长领导力的研究，要么简单挪用企业管理、行政管理关于领导力的论述，要么是总结一些"放之四海而皆准"的普遍性原则，要么缺乏对时代背景、社会大环境的呼应，更多以简单的、线性的、还原的、静态的思维方式解决校长领导力问题，收效甚微，复杂性思维对于解决校长领导力问题具有重要的作用。

选择复杂性科学作为本文的支撑一个很重要的原因就是校长领导是一个复杂的问题。复杂性科学超越了简单性科学可以成为我们当前解决复杂现实问题

---

① 范国睿. 复杂性科学与教育组织管理研究［J］. 教育研究, 2004（2）: 52-58.

② 叶澜. 世纪初中国教育理论发展的断想［J］. 华东师范大学学报: 教育科学版, 2001（3）: 1-6.

③ 罗伯特 G. 欧文斯. 教育组织行为学——适应型领导与学校改革［M］. 窦卫霖, 温建平, 译. 第八版. 北京: 中国人民大学出版社, 2007: 129.

的主要思路。人类的各种组织是世界上最为复杂的系统，对它的管理本身需要复杂系统思想和形成复杂系统的管理方法。① 因此，复杂性思维对于教育组织管理问题的研究和解决具有重要的启发意义。

复杂性，是一个组织的重要特点，作为连接国家宏观政策和微观课堂教学的中观层面，学校是整个教育系统的基础，是实施教育的专门场所，是一个特殊的、复杂的组织，已经"感受到了从公共领域向私有部门规范转换的压力"②。一方面，如同其他正式组织一样，学校必须对一个复杂的人力物力资源的混合体的组织、管理、指挥等方面的事务加以处理；另一方面，它又与大多数其他正式组织不同，学校因为面对的是人，所以具有其组织管理的独特性。因此，学校的领导和管理过程极其复杂。

二、校长领导力：内涵与要素

校长领导力研究是围绕校长领导能力和校长领导的作用过程展开的，是校长在实现学校愿景、推动学校发展的过程中影响全校教师、员工和以学生为代表的利益相关者的能力，以及与全校教师、员工和以学生为代表的利益相关者之间的相互作用。

校长领导力主要包括如下要素：校长引领学校适应环境、实现愿景的过程和能力（组织发展引领力）、校长通过调整学校组织机构提升学校效能的过程和能力（团队效能提升力）以及校长与教师二元关系构建的过程和能力（二元关系构建力）。

（一）组织发展引领力

一个组织的生存和发展取决于它是否能有效地适应环境③，这对一所学校来说，就意味着它所培养的学生能否成为合格的公民，能否得到家长的满意，能否得到上级部门的认可，能否获得社会上良好的声誉，能否成为所在社区活动的积极参与者……此时，校长一个基本的功能就是帮助学校适应这个环境，获取生存所需的资源。如何有效适应环境、如何营造利于变革的组织环境、制定什么样的战略目标、如何生成组织愿景等都是组织发展引领力中的内容。

---

① 颜泽贤，范冬萍，张华夏. 系统科学导论——复杂性探索 [M]. 北京：人民出版社，2006：436.

② Sergiovanni T J. The Virtues of Leadership [J]. The Educational Forum, 2005 (69)：112 – 123.

③ 加里·尤克尔. 组织领导学 [M]. 陶文昭，译. 第五版. 北京：中国人民大学出版社，2004：19.

（二）团队效能提升力

领导力的团队过程主要表现为在一个任务团队中领导角色的性质，以及一个领导者如何贡献于团队的效能。从学校内部的角度来讲，校长该如何通过实施领导力提高团队效能从而实现发展呢？这个过程包括校长角色假定、学校结构、学校文化三个方面。

（三）二元关系构建力

重点在于一个校长与另一个通常为追随者的两人之间的关系、领导者与追随者的相互影响过程。目前大多数对于校长权力和影响技巧的研究，也是按照二元过程加以定义的。"大多数关于领导效能的理论主要是在二元层次上加以定义的，这些理论通常认为，团队和组织的过程涉及领导，但它们并没有清晰地描述这些过程。"[①] 因此，二元领导力研究得到了极大的重视。在二元关系构建力中，主要包括人性假定、沟通性质、二元关系构建方式以及二元关系构建结果四个方面。

总而言之，校长领导力的概念层次中，二元关系构建力是基础，团队效能提升力是依托，组织发展引领力是方向。三者缺一不可。

三、复杂性科学视野下的校长领导力要素分析

和所有的开放系统一样，组织是随着不稳定的状态而变化发展的，无序可能就是有序的开始。因此应该关注整体，而不是孤立的局部，减少部门与组织之间的界限以生成新的关系模式，承认人和组织的健康发展是建立在不稳定的基础上的。

（一）组织发展引领力

从组织发展的视角来讲，校长如何把握学校所处的大环境、如何执行上级行政部门的政策要求、如何树立学校愿景、怎样设定战略目标、如何获取信息和资源是主要问题，在复杂性科学视野下，校长组织发展引领力体现为：有效适应环境、主动引领变革、发展组织愿景、动态生成目标。

1. 有效适应环境

即校长如何处理学校与环境间的关系。简单性科学对事物的考察总是从某

---

① 加里·尤克尔. 组织领导学［M］. 陶文昭，译. 第五版. 北京：中国人民大学出版社，2004：14.

一实体性的事物出发的，校长更重视学校"当下"的状态上，认为环境具有明晰性和精确性，是可以被完全掌握的，通常习惯在环境变化之后作出反应，呈现出了"被动反应"的特点。事实上在当前，学校环境充满不确定性和模糊性，组织不是静态的、固定不变的，而是经常谋求与外界环境及内部情况变化的适应。改进组织适应能力，让学校能够有效适应环境是校长领导力的一个重要方面。

在复杂性科学视野下的领导中，校长能够认识到把握组织与环境间的关系非常重要，学校所处环境在保持一定规律的基础上同时具有动态性和模糊性，重视引导学校在现有环境下实现"理想中"的状态。校长并非被动回应环境要求，而是努力与环境产生互动，如何在快速变化的环境中良好发展是校长思考的重要问题。

2. 主动引领变革

即在学校范围内，变革是如何发生的。我们知道，外部环境的变化既为学校的变革带来了挑战同时也是学校变革的动力。但是在两种不同科学视野下，变革的形态是不同的。在简单性科学视野下，组织变革是组织领导者完全规划好的具体行动，学校变革主要呈现为一种"外力驱动下的变革"。一般来讲，学校依据什么样的理念发生变革、朝着什么样的目标转变、采取何种方式转变更多是由教育专家或者上级主管部门来规定、设计，由行政指令来保证，学校领导者的主要任务就是怎样在学校内有效地执行校外专家和领导提出的变革策略、实现目标。

如今全世界普遍相信，社会不必局限于对变化中的价值观和发生的时间作出适当的反应，而是能够自觉地运用变革力量去适应预定的目标和社会价值。[①]复杂性科学认识到生命系统中系统目标的非预设性，从这个意义上说，变革并不是完全因为受到外力驱使所致，而是组织惯常的表现形式。组织变革是组织的常态，而不应该视为有意为之的结果。呈现在复杂性科学视野下的校长领导力，更重视从学校内部寻找变革的力量不断推动学校向前发展。因为变革并非是预设好的，也并非是有条不紊的、单一层面的，常常呈现出多重性、长期性、不确定性等特征，学校领导者关注教育专家的观点和意见，但更重视专家意见与本校教师、学生需求的沟通与融合，学校不是校长一个人的学校，而是所有人的学校。

3. 发展组织愿景

在学习型组织研究走入学校管理的视野后，组织的"愿景"成为学校领

---

① 罗伯特 G. 欧文斯. 教育组织行为学——适应型领导与学校改革 [M]. 窦卫霖，温建平，译. 第八版. 北京：中国人民大学出版社，2007：184.

导者和管理者关注的重点问题。"愿景是谁的"成为区分校长不同领导取向的一个标准。在简单性科学视野下的校长领导力实施过程中，普通员工和教师的思想并没有得到足够的重视，愿景规划是领导者个人的责任，主要依靠领导者个人的卓见、智慧和技能。很多校长在接受访谈时都有这样的态度，"教师只要能够做好自己的本职工作就够了，学校的发展问题是校长要考虑的事情"，可以说，愿景主要是校长"个人"对于学校发展的愿景。

在复杂性科学视野下的领导中，校长们能够认识到由自己简单地宣布一个愿景然后强加给学校无法产生推动学校向前发展的集体力量，因而更注重发展能够鼓舞教师投入到努力工作的愿景目标中。教师个人的愿景必须得到发展和分享。这也就是说，组织愿景的开发虽然注重领导者的主导作用，但更强调共享性，强调愿景开发是领导者和被领导者共同的任务。传达和自上而下的宣扬并不是组织愿景建立的有效方式，而是尝试从自上而下的管理向合作、分权、参与式的领导形式发展。

4. 动态生成目标

制定目标是领导的一项重要职能。制定学校目标是重要的，"除非明确学校的目标，否则为教育观念、技巧和价值所设计的具体细节变成了目的而不是手段，从而模糊更大的目标。"① 简单性科学视野下的校长领导力是建立在工业时代的基础上的，把组织"机器化"，认为所有的目标都能被识别、描述和测量。通常来讲，在简单性科学视野下的校长领导过程中，确立目标只是领导活动的起始步骤，是必须在一个相对短暂的时间内完成的工作，是领导活动的一个"点"，目标相对简单而且处于静态，多以数字为指标，一旦确定，在一定时期内不会更改。目标错位常常出现在长期惯例化的工作中。

在复杂性科学视野下的领导中，校长们认识到目标的设立并非短期内完成的一次性的领导步骤，学校发展目标需要围绕着一个核心价值观随着环境和资源的变化不断调整，这是一个动态的同时具有自主生成特征的过程。目标的生成不是领导活动的一个"点"，而是贯穿领导活动中的一条"线"。校长最重要的行动之一就是根据新生事件、新生观点、新生信念不断调整目标，以此把组织的成员凝聚在共同目标与共同决策之中。

(二) 团队效能提升力

领导力的团队过程主要表现为在一个任务团队中领导角色的性质，以及一个领导者如何贡献于团队的效能。从学校内部的角度来讲，校长该如何通过实施领导力提高团队效能从而实现发展呢？本文主要从校长的角色定位、学校组

---

① Goodlad J. A Place Called School [M]. New York: McGraw-Hill, 1984: 290.

织机构的调整、学校文化呈现出的特征三个方面来展开研究。

1. 变革的推动者

组织中各种职务和职位都伴随着旁观者和角色担任者自身的一些预期。这些预期就是角色的定义。① 角色假定主要指在特定文化和情境中对于不同角色行为标准的基本信念和理解。在简单性科学视野下的领导中，校长应该是"万能的"或者"英雄式"的，居于组织的顶端，领导者在决策上起主要的、决定性的作用，学校领导以组织赋予的权力为基础，以自己拥有的行政权威进行管理。校长需要解决学校发展中的所有问题，给学校成员分派具体任务并监督执行，尽量在学校中营造和谐的人际关系和发展氛围，在这种模式下，"执行者"是教师、员工的理想角色。

在复杂性科学视野下的领导中，校长是"变革的推动者"和"教师学生发展的服务者"，校长通过向教师、员工授权和使用自主的团队来体现追随者的重要性，让他们进行批判性、独立的思考，采取行动改善组织；赋予教师自主权，给教师提供帮助、支持和专业发展的机会；对他人表示信任，鼓励和支持学习；关注学校的核心工作——教学，愿意在课堂上花时间。而教师不再是"唯唯诺诺"的"盲从者"或是"斤斤计较"的投入者，应该是具有独立意识和批判精神的思考者、实践者，同时积极地参与组织活动，不逃避风险或者冲突，为了组织的利益勇于倡导创新。

2. 学校结构双重化

"组织结构"是指"对于工作任务如何进行分工、分组和协调合作"②。组织内部各个要素的联结方式和联结框架就是组织的结构，学校的组织结构反映了学校组织的框架体系。在简单性科学视野中，学校主要被描绘成科层组织，一个角色和职责的层级序列；权力集中于主要领导的手中；沟通通过既定的渠道进行；由组织的规章来对教学进行控制。组织被视为封闭的系统，试图"通过规范化、定量化、精确化、简单化和最优化来把管理变得更有效率"③，非正式组织受到限制，个人的兴趣、志向得不到鼓励，各部门往往独立地处理各自领域的事务，相互之间往往缺乏必要的协作，甚至还进行直接的竞争。学校结构的形状像一个金字塔，校长处于金字塔的最高点，其他人都处在其下的某个层级中。

---

① 罗伯特 G. 欧文斯. 教育组织行为学——适应型领导与学校改革 [M]. 窦卫霖，温建平，译. 第八版. 北京：中国人民大学出版社，2007：105.

② 斯蒂芬 P. 罗宾斯. 组织行为学 [M]. 孙健敏，李原，等，译. 北京：中国人民大学出版社，1997：423.

③ 孟繁华. 教育管理决策新论——教育组织决策机制的系统分析 [M]. 北京：教育科学出版社，2002：58.

事实上，在复杂性科学视野中，学校不仅具有科层特征，还具有松散结合特征，是一种具有"双重系统的教育组织"①。一方面，它具有官僚组织的特征，需要通过正式的规章和权力来避免混乱，提高效率；另一方面，由于教师的专业学习和学生的学习都需要自主性，都需要创造，一个学校的不同子部门（如学科组、教务处、校长办公室）都有它们各自的特点、作用和分界线，松散的结合允许一个教育组织在同一时刻针对不同的问题，从若干不同的方向进行适应性运动。在复杂性科学视野下的领导中，校长能够认识到教育组织的双重性特征，着力于改变过于精密的控制，给学校和教师员工的发展和变革提供空间。校长并非只关注呈现线性特征的行政组织子团队的建立，而是既包括行政组织，也包括非行政组织。

3. 学校文化联结紧密

文化是组织或群体的核心价值观和在此影响下形成的规范、态度和行为，组织文化是决定教育组织品质的根本要素，学校文化是一所学校全体成员在一段时间内的共同产物。学校因为文化的不同而不同。在简单性科学视野下的领导中，校长将更多的精力用于维持不同教师、员工身份、角色的差别性上，文化成为行政管理的手段之一，甚至很多校长习惯性地使用行政办法解决文化问题，文化成为一种附属在科层管理上的手段，科层制规则占据了文化的大部分语言，重视执行，鼓励遵守章程，支持稳定而非变化，追求同一性，学校文化普遍化、浅表化，缺乏特色。组织文化模糊，建设较失衡、随意、松散、无序。

在复杂性科学视野下的领导中，文化作为维系全校成员共同发展的核心力量，与程序、规则和关系等学校结构方面的重构是相辅相成的。文化并非行政管理的手段，当然关注文化也并不意味着忽视组织结构。迈克·富兰认为，"重视组织文化将使组织结构的重构更加有效，在组织结构变革和文化变革之间存在着相互依赖的关系。"② 强势的学校文化使学校组织显示出独特的凝聚力和别具特色的整体氛围，在文化联结紧密的学校中，师生员工具有团结、积极、向上的行为态度价值观，学校改进持续而持久，人们互相依赖和支持，相互信任、共享知识、具有强烈的责任感，校长避免用行政的逻辑来生成文化，重视以文化引导学校、教育学生、引领教师。

（三）二元关系构建力

二元关系构建力主要描述的是领导者构建自身与追随者之间关系的能力以

---

① 罗伯特 G. 欧文斯. 教育组织行为学——适应型领导与学校改革 [M]. 窦卫霖，温建平，译. 第八版. 北京：中国人民大学出版社，2007：134.

② Fullan M. Change forces: Probing the Depths of Educational Reform [M]. London: Falmer Press, 1993: 3.

及两者相互影响的过程，是领导力的基础。二元关系构建力的重点在于一个校长与另一个通常为追随者的两人之间的关系、领导者与追随者的相互影响过程。在学校情境中，这种二元关系主要就是校长与教师及员工之间的关系。在二元关系构建力中，主要从人性假设、沟通性质、二元关系构建方式以及二元关系构建结果四个方面展开探讨。

1. 人性假设：复杂人

从本质上讲，领导力是一种基于共同目标的影响力，这种影响主要就是发生在领导者与被领导者之间的。"人性假设"是管理学和领导学中一个极其重要的问题，是行为科学管理理论的出发点，每种情境中的人都会接受某些隐含的基本假设，对人性有些基本假定，这种假定决定了我们的信念、价值和行为方式。在简单性科学视野下，校长对于教师的基本假定是"工具人"。教师只是完成某种目标的"工具"，接受上级布置的任务和命令是其重要职能，教师是被动的、愿意偷懒的、需要控制的，工作只是教师用以谋生的手段，怎样让教师服从命令、设置机构监管教师的工作最重要。

在复杂性科学视野中，领导者对于追随者的人性假设为"复杂人"。即人有许多种不同的需要，且需要会随着时间、环境的改变发生变化，领导的重点在于创造一个使人得以发挥才能的工作环境，发挥出被领导者的潜力，并使被领导者在为实现组织的目标贡献力量时，也能达到自己的目标；在激励方式方面，关注被领导者多层面的需求，对人的激励主要是让其担当具有挑战性的工作，担负更多的责任，满足其自我实现的需要；给予被领导者更多的自主权，实行自我控制，让被领导者参与管理和决策，并共同分享权力。

2. 性质：领导沟通

领导者实施领导力的过程从二元关系的角度来讲就是与被领导者间的沟通过程，通过沟通影响他人实现共同目标以及想要的结果。在这个过程中信息和理解在信息的发送者和接收者之间完成了转移。在简单性科学视野下的领导中，校长与教师间的沟通以"管理"沟通为主。人们认为最好的信息和解决问题的最好思想来自组织上层，然后应该向下传达，由基层的人去执行。校长每天要处理大量的信息和指令，将信息和指令传达给被领导者，事件、规则和大量的信息构成了领导者和被领导者即校长和教师沟通的主要内容，被领导者通常向领导者汇报信息的反馈情况，以便领导者把握沟通的效果。

在复杂性科学视野下的领导中，校长与教师间的沟通以"领导"沟通为主。校长经常是沟通、传递总的规划——愿景，而不是事实和一些琐碎的信息。沟通对于学校愿景的实现是至关重要的。人们认为有创造性的想法并非只集中在组织上层，人人都有机会表达自己的"奇思妙想"，沟通不再以传达指令为主，校长和教师的主动性都能够极大调动起来。领导沟通着重于创造令人向往的愿景，学习、解决问题、作出决定以及战略规划都围绕着并从属于这一愿景。有效的沟通并非建立在等级基础之上的。教师在学校组织的成功中可以发挥积极、重要的作用。价值观、愿景、信息等成为领导者和被领导者即校长和教师沟通的主要内容。

3. 方式：激励或授权

在简单性科学视野下的领导中，校长在实施领导力的过程中对教师和员工主要采取"控制"或"交易"的方式。校长要么就明确告诉教师们该做什么事情、怎么去做、何时去做以及谁去做，同时监督各种负有不同职责的人工作，通过严格的控制保证学校高效率运行，维持僵硬的组织层级和结构化的程序；要么擅长了解教师、员工的需要，与教师、员工通过交易各取所需，创造良好的人际关系，使教师满意、提升工作表现。

激励和授权是在复杂性科学视野下的领导中校长常用来与教师和员工进行沟通的方式。"激励是指引起人们采取某种行动的热情和毅力的内部或外部的力量。"[1] 校长怎样通过行动引发教师具有达成共享教育目标的意图，并激励他们采取达成目标的最佳行动是非常重要的。校长不会专横地监管教师的工作，重视教师的体会感受。教师的责任心、独立性和创造力增强，这种激励不仅是在情感与态度上给予信心、信任并激发士气，更是给追随者独立思考的空间并在需要的时候给予帮助。授权可以满足教师个人的高层次需求，让教师认识到自己的价值，可以促使教师主人翁精神的发扬，增强他们的责任感和工作动机。授权并不是领导者将有限的权力下放，而是分享，建立了一个更广泛的权力基础。从过度控制中释放出来，使得员工可以自由发挥智慧和能力。授权的过程中，领导需要让员工充分了解信息，给他们机会掌握知识和技能，决定权，了解自己工作的意义和产生的影响。"权力与责任、承诺并用可能比与指挥并用更能发挥作用。"[2]

4. 结果：伙伴关系的形成

科层制的、机械的学校组织结构、自上而下的权力等级、控制或交易的领导方式等一系列因素使得校长与教师、员工之间形成了严格的层阶关系。校长和教师们严格遵守职位所带来的权力特征，领导力成为附着在领导者身上特有的一种影响过程，教师作为校长的下级，需要按步骤执行自己的工作，被监控感很强，教师常常因为校长能够满足他们的某种需求或给予某种奖赏才按要求

---

① 理查德 L. 达夫特. 领导学：原理与实践 [M]. 杨斌，译. 第 2 版. 北京：机械工业出版社，2005：145.

② 托马斯 J. 萨乔万尼. 道德领导：抵及学校改善的核心 [M]. 冯大鸣，译. 上海：上海教育出版社，2002：序言Ⅸ.

工作，教师的主动性得不到发挥。

而在复杂性科学视野下的领导中，校长鼓励教师成为领导，不断发掘出教师们的潜力，而不是用领导权力来约束限制他们，把他们从被动的、不用进行独立思考、命令什么做什么的状态中解放出来。校长与教师、员工形成了超越层阶关系的伙伴关系。在这种伙伴关系中，校长与教师共同分享了更广泛的权力，"教师为发展学校愿景出谋划策，提供知识，提供远见，从而积极参与动态的领导过程；教师在学校价值观及其塑造的愿景方面增强了主人翁意识，从而获得更强的个人责任感；教师通过积极参与以及对结果承担个体责任，更加意识到学校的重大使命以及完成使命与自己日常工作的关系。"[①]

经过如上分析，我们意识到，校长需要运用复杂性视角有创造性地工作。校长在自身的领导实践中应该有意识地转变思维方式，运用动态的、多元的、非线性的、生成性的等复杂性科学方法论指引实践，提升领导力。

（该文发表于《中国教育学刊》，2009 年第 10 期）

对"校长领导力"的反思与重建

张　爽

Reflections and Reconstruction of Principals' Leadership

Zhang Shuang

近段时间来，校长领导力问题越来越受关注，这是教育改革最终落脚到学校的必然结果。校长很重要，在复杂的变革情境中，校长的领导力水平对学校发展具有举足轻重的作用；同时，很多校长感到"不堪重负"，也说明校长领导力的很多核心问题还有待解决。比如，什么是校长领导力？校长领导力包括哪些方面？如何建设校长领导力？只有解决了这些问题，才能帮助校长去更有意识地打造领导力，并高效地引领学校走出一条符合自身发展需要的变革

---

① 罗伯特 G. 欧文斯. 教育组织行为学——适应型领导与学校改革 [M]. 窦卫霖，温建平，译. 第八版. 北京：中国人民大学出版社，2007：231.

之路。

一、静心反思——对"校长领导力"的思想祛魅

校长领导力来源于校长职位带来的权力吗？如果是这样的话，为什么存在"有令不行"的现象？

对"校长领导力"的理解和界定首先是受人们对"领导力"的理解和界定的影响的，而恰恰是两种普遍性的对领导力的理解，让人感觉对校长领导力不知所措。

理解一：领导力来源于权力。

理解二：领导力是领导者推动组织发展的能力，是领导者一个人的事情。

可能是在这两种观点的影响下出现以下现象：

现象一：校长认为，自己的影响力来源于权力。有的校长感叹：当一个校长太不容易了！"学校里每年进几个人、进什么人都是由上面说了算，校长根本没有权力。教师只对对自己有好处的事情感兴趣。办公经费非常紧张，维持一个学校的正常运转都很困难，校长还要常常想着怎样在不违背教育规律、不损害学生和家长利益的前提下多找些钱。"这种类型的校长，把领导力的缺失归因于外部的原因，认为是自己没有被赋权所致。权力小，就没有领导力。但是实际上，学校说到底是一个学习型组织，而非行政机构，一个权力高度集中的校长，并不意味着他就是具有领导力的校长。

现象二：曾调查过一所学校，校长竭尽全力改变学校情况，但发布出去的命令总是如石沉大海，或被打种种折扣，学校日渐衰落，教师们或事不关己、高高挂起，或冷眼旁观、空发些议论，大家都觉得A校长应该离调走不远了。在这里，教师们的议论体现了他们对校长领导力的一个认识，即"有令即行"，校长领导力看起来是校长一个人的事情，实际上需要校长和教师共同投入，然而现实是……

在这两种现象中，"校长领导力"处于一种无奈的、不堪重负的状态，这显然与大家对领导力的理解是息息相关的。

领导力到底是什么？它分明无处不在，人们都能感到它的实在性。正如很多专家所分析的，校长在引领学校发展的过程中具有举足轻重的作用，校长领导力的提升是学校组织获得发展的主要动力，是决定学校获取竞争优势的主要源头，甚至提出一个好校长就是一所好学校……同样的教育条件、同样的师生，如果换一个校长，就能使局面几乎完全不一样。那么，如何去理解校长领导力的这种实在性？

校长到底凭何而领导？为何而领导？如何去领导？

一提校长领导力，大家都急于去寻找构成领导力的各种要素，以为抓住各个要素，便可逐一击破。但笔者认为，任何事情都要追根溯源，对一个理念我们要彻底地了解它，需要作出根本性的追问，为什么有的校长可以得到学校成员的充分认同和全心追随而有的校长看起来煞费苦心仍无法做到？校长领导力主要是为了什么？平稳的管理秩序、令人满意的升学率抑或学生的快乐生活？校长该如何实施领导？自上而下的强制命令？事无巨细的亲力亲为？

到学校去，发现了这样一些现象，引起了相应的思考及观点：

现象——

之一：一所学校新来一位校长，在第一次教师大会上，说："大家要好好干，谁砸我的饭碗，我就砸他的饭碗！"老师们在台下听着，面面相觑……

之二：一所普通乡村中学的校长，到湖北黄冈中学参加了一次新课改的培训后，感觉黄冈中学的课改落实得非常成功，尤其是学生的高考录取率非常高，学习回来后就当即拍板：以后学校所有试卷都采用黄冈中学的。结果是学生考试的及格率只有5%。校长不考虑学生的实际情况，不从根源上加强师资力量，反而责怪学校的老师工作不努力。于是制定了严格的分数评比制度，以此进行领导。很多老师为了不被批评，达到要求、获得奖励，有的科目就只讲授课后练习，不讲授课文，只关注学生成绩，不考虑学生的整体发展和成长。

之三：一位校长决定，在教室里安装监控器，监督老师和学生的一举一动。纪律好了，校长很得意：管理起来也不难……

之四：跟W校长约访谈时间几经"波折"，改了几次，终于如愿，刚刚见面，W校长就说："学校简直一天都离不开，什么事都要操心，太累了。"确实如此，在办公室坐了不到一个小时，W校长接了7个电话，见了不下10位老师，有的找校长签字，有的希望校长看看自己教研室的集体备课计划，有的来和校长商量学校图书馆新进的书目；还有的老师是校长打电话找来的，包括第二天学校学生军乐队去参加市里运动会是带面包火腿肠还是由食堂统一做盒饭当午餐，都由W校长来拿主意……

思考及观点——

校长领导力是权力还是影响力？是影响力。权力只是职位赋予校长可以要求和命令他人做事的能力，是等级序列的产物，具有强制性。而影响力并非由狭隘的职位、头衔、地位或等级所决定，它与校长的人格魅力、专业影响力联系紧密。

我们还可以再追问一步：校长的影响力，到底影响了师生的什么呢？一位校长可以让老师在权力的阴影中战战兢兢工作，但我们能说这位校长有影响力吗？只有当校长的思想被广大老师所接受并形成价值认同的时候，才谈得上校长领导力。所以，校长的影响力，应该是影响全体教师的思想和观念，影响他们的专业成长。

校长领导力的价值取向是成事还是成人？是成人。说到底，校长是为了学校内"人的成长与发展"而领导！这是校长发挥领导力的终极价值。以"人的成长与发展"为价值取向，就要求校长在领导过程中，真正尊重教育规律，重视教师的专业成长和发展潜能，重点关注能促进师生成长的主要环节——教学，关注教师的自尊、成就、交往、幸福感和价值实现，为师生的主动成长营造良好的环境。但是，很多校长在学校工作中，更多的是考虑"事情"是否圆满完成，而忽视了其中最重要的人的体验和成长，这是本末倒置的表现。

校长领导力的实施是靠单打独斗还是合理授权？是合理授权。校本管理要求放权于校长，让学校和校长拥有管理学校的充分自主权，然而在部分校长那里却演变成了"个人英雄主义"——校长要解决学校发展中的所有问题，为教师分派具体任务并监督执行；而教师参与的最佳方式就是听从校长的安排，认真完成任务。

事实上，校长不可能独自一人完成所有事情。校长要学会"合理授权"。授权并不是校长将有限的权力简单下放，而是通过分享，建立一个更广泛的权力基础。在合理授权中，教师能感到自己的价值，从而愿意发挥自己的主人翁精神。不过，授权在已建成的组织中很难推行，因为它会在一定程度上打破原来的权力平衡。这点是在学校管理实践中的一个难点。同时，选择合适的授权对象，对校长也是一个不小的考验。

如果把这三个问题想明白了，校长在建设自己的领导力时，就能够把握好校长领导力的核心价值和追求，明确定位，有的放矢，从而获取实践的进步。

二、拨云见月——对"什么是校长领导力"的现实回答

"什么是校长领导力"、"校长应该具有什么样的领导力?"、"这个校长的领导力呈现了哪些特点?"、"如何建设校长领导力?"是不同的问题，应加强对第一和第四个问题的探讨。

我们发现，虽然大家都在讨论校长领导力，但讨论的问题却不完全相同。大致是围绕上述四个问题展开的。其中，第一个问题是对校长领导力作出规定，第二个问题是对应然的校长领导力的描述，第三个问题是对实然的校长领导力的描述，而第四个问题是解决操作层面的问题。

目前，一些校长很关注自己应该具有什么样的领导力，他们不断探讨完善的校长领导力应呈现的特征，诸如有远见、有威信、有智慧，沟通能力较强，能以身作则等。而一些校长则愿意讲述和讨论自己领导力的特点是什么，比如

一位让笔者印象非常深刻的校长，他在跟笔者沟通时谈到全校教师去他的办公室都不用敲门，来表达他与教师间的亲密、透明的关系。

只是，当我们的眼光长期停留在这两个问题的探讨上，而忽视了同步跟进对"什么是校长领导力"和"如何建设校长领导力"的研究的话，就必然会使"校长领导力"的描述和操作处于漂浮的状态。事实上，只有对校长领导力作出比较清晰的规定并解决如何建设问题，才能真正落地生根。

校长领导力的表象是学校中大多数人对校长的认可和对学校发展愿景的认同，其核心是"价值认同"和"信任文化"。

我们同意，领导力的核心是影响力，但它不是人们"服从式的"影响力，而是人们行为中体现出来的对领导者的价值认同，以及领导者与被领导者之间的一种相互信任。达到价值认同的校长领导力比服从式的校长领导力要有力量多了，行为中自发体现的价值认同才是真实可靠的。

应让教师与自己达成价值认同，有可能是校长意识到的，也有可能是校长没有意识到的。获得价值认同是校长带领全校教师有效适应大环境的第一步，那么，这种价值认同是如何形成的呢？这种价值认同无法通过命令直接获得。它来自校长有意识地阐释和沟通和教师发自内心的认可与投入。有意思的是，没有达成价值认同的学校，当校长在身边与不在身边时，教师的做事方式和处世态度可能会截然不同，这恰恰是甄别校长是否具有领导力的一种重要方式。

为什么还包括"信任文化"？信任文化应该是每个良好运行的组织所具有的文化中的重要的、普通的亚文化之一。这种信任不仅发生在校长和教师之间，同时也发生在教师与教师之间、教师与学生之间以及学生与学生之间。学校领导者必须致力于创造合作的学校氛围，必须致力于信任的构建。我们在调查中发现，在不具备信任文化的校园里，教师工作的积极性往往不高，校长常常用严格的制度和手段来促进教师工作；教师的创新意愿也不高，往往是校长推一步，自己前进一步，害怕犯错，害怕失败。从表面看，校长的领导得到了执行，但实践上，这样的领导是疲弱的，没有力量的，也是不可持续的。

我们试图通过案例或现象来具体呈现我们对校长领导力的界定：

案例：能否用外来的价值观引领学校？

D小学是所历史悠久的学校，有许多著名人物毕业于此，至今仍保持着许多优良传统，在社会上口碑不错。如何在新时期应对挑战自主变革从而保持学校的优势？成为现任领导班子尤其是校长最关心的问题。在某次到该学校调研时（当时笔者和几位同事一起），因为是从大学里来的又是搞教育的，就被该校Y校长坚定地认为是"专家"，非要我们和学校的中层以上干部以及骨干教师一块儿聊聊。一落座，Y校长就非常急切地表明，他们学校正处于变革的关键时期，学校上下都已经意识到了变革的紧迫性，想让"专家们"指点一下，现在大部分学校都在采取什么样的方式变革，最好是能直接给一个操作性强的模式让他们做……

分析：依赖型校长

为什么学校在面临变革时，很多校长会非常依赖专家、学者，而往往忽视了自己带领教师去创造新的价值认同以完成学校的整体变革呢？这是因为校长缺乏领导力，对外部力量形成了依赖。这些校长认为，学校是一个理性的机构，只要按照预定的目标和有效的方法自上而下地推行变革，就会取得良好的效果。此时，学校依据什么样的理念发生变革、朝着什么样的目标转变、采取何种方式等，更多是由教育专家或上级主管部门来规定和设计的，是由行政指令来保证的，校长的主要任务就是在学校内有效地执行校外专家和领导提出的变革策略和目标，教师只要遵照指令去操作就可以了。

这样的校长具有执行力，但不是领导力。尽管从表面上看，校长是在领导教师进行变革，但他的思想依赖于外界，没有经过一个"提出新的价值理念——教师参与——全体认同并达成共识"的过程，其结果是，一方面依赖于外界获得的价值可能是不符合学校实际的，另一方面，价值不能真正内化到全体师生心里，也就不可能改变师生的行为。

我们曾经接触过很多校长，发现有领导力的校长，不管到条件好还是条件差的学校，都能迅速地与教师结成紧密的思想团队，从而把自己的思考和观念行之有效地付之实践。仔细分析两类校长之间的区别，就会发现不是"依赖于外界"，而是"从实际出发，共同凝练出价值认同"是一个重要原因。凝练价值认同的过程，也就是校长展现自身领导力的过程。一旦全校达成了价值认同，教师就会在潜意识里，以价值认同来衡量和决定自己的行动，并自动以此修正自己的教育教学行为。所以，真正的校长领导力不是用权力和制度强制实现的，而是此处"无声胜有声"。

案例：被排斥在外的教师

我们学校的一些重大事情的研究决定方面只有领导们商量决定，普通教师和学生们只有听结果和服从决定的份儿。有一天下午，我有三个班的课，中午吃完饭，到学校时，学生都拿起扫帚、铁锹到处跑。我想下午课是否有变动了？对身边经过的一名学生问怎么回事，学生说今天下午有一位领导要来我们学校，下午打扫卫生不上课。果然不出所料，上午没什么动静，而中午领导的一句话可以改变一切计划，这样的事情常会发生。一些老师和家长对此很反感。

分析：信任缺失型校长

领导力的重点，体现在校长与追随者之间的关系、领导者与追随者的相互影响过程上。实践中，部分校长把教师视为自己政策的执行者，而不重视与教师的沟通，也不鼓励教师参与学校决策。即使让教师参与，也是临时的、随机的；而不是长期的、规范的、制度化的参与。校长与教师之间，是严格的上下级关系，其背后是校长对教师参与学校管理的不信任，或是出于对自己权力流失的担忧。从上面的案例我们可以看出，教师对于这种不信任和不放权的校长，内心深处是很不满的。此时，校长的领导力完全"变异"成了权力，教师的被监控感很强，主动性和潜力自然也得不到发挥。

通过上述案例和现象及其分析，我们想表明，校长领导力是超越于阶层、超越于权力的，是基于共同的价值追求、体现在真诚的信任文化中的。无法离开对学校内外发展环境的考察，无法离开领导者与被领导者的积极互动与关系，无法离开学校全体教师能力的提升。

三、追根溯源——对如何建设"校长领导力"的初步探索

教育改革呼唤校长领导力的建设。但是，这种呼唤如何实现，将是非常复杂的事情。随着研究和实践的逐渐展开，我们已经意识到，领导力不是几个少数英雄式领导的先天品质，而是所有校长都可以习得和培养的。那么，在当前的学校发展情境中，该如何建设校长领导力呢？

校长领导力是校长综合素质的表现。以校长为主体制定出的制度和办学理念、搭建的组织架构、影响到的教师的行为规范是领导力的外在表现；学校中大多数人对制度和办学理念、组织架构的认同和学校核心价值的形成是领导力的内在主干；校长本身的素养，包括教育教学素养、管理素养和个性修养等是领导力的土壤。

校长制定出的制度和办学理念、搭建的组织架构、影响到的教师的行为规范是领导力的外在表现。

校长的领导是每天在学校里发生的活生生的现实，触手可及。既包括学校的基础建设、经费规划和人事安排等常规事务，以维持学校的正常运转；又要对上级行政部门负责、对教师负责、对学生和家长负责，遵守国家教育政策法令法规，合理安排课程和教学，使教师获得良好的专业发展，使学生获得高质量的教育，使家长放心；更要对学校进行切合实际的远景规划，将全校师生紧密凝聚在一起，共同推动学校的持续发展和改进……上到学校组织制度、办学理念、校训、管理机制，或具体到国旗下讲话、某次机构的调整、干部的任命、教师的转岗、主题文化活动的开展、校长办公会等，都是校长领导力的鲜活表现。

学校中大多数人对制度和办学理念、组织架构的认同和学校核心价值的形

成是领导力的内在主干。前文已经谈到，领导力如何真正形成并起作用，师生员工的认同和追随是非常重要的。X 小学的经验值得我们思索。主体性是 X 小学非常鲜明的特点，学生是主体性的学习者，教师做自我管理的实践者，然而这一理念从提出到被认同也经历了一个不短的过程。刚到 X 小学时，很多教师向 G 校长表态，一定要"好好给他干"，这让 G 校长意识到了问题。他专门就此问题与教师进行沟通，通过主体性的教育实践，使学生成为主体性的学习者，使教师成为主体性的自我劳动价值的创造者。教师不是为了校长在工作，学生不是为了教师、家长在学习。为了给教师"自我管理"营造良好的氛围，G 校长提出"社会关系正常化"、"目标任务具体化"、"教育资源社会化"、"教育科研常态化"和"教师发展个性化"。推动教师从主体精神的建设到生存方式的变革再走向创造优质自我的持续发展，整个过程就是校长领导力从内而外、从理念到实践的作用过程，也是真正投入的教师们幸福的发展过程。

校长本身的素养，包括教育教学素养、管理素养和个性修养等是领导力的土壤。

原有对于校长领导力的研究主要就是集中在校长本身修养上来谈的，比如校长要做教学领导者，"常听课会评课"；校长还应该是一个优秀的管理者，具备扎实的理论功底和实践经验；校长要有良好的个性修养，虽然并不存在某几种特质一定会使领导者获得成功，但确实存在一些个人能力是成功的校长身上所具备的，这里列举出来，希望能给校长们以启发：自我反思、自我认同、自我评估的能力强；聪敏、自信、客观、有弹性；诚实、正直、负责；内心世界丰富、有想象力、视野开阔、善于学习。还有一点非常重要，需要教育行政部门考虑，目前无论国际还是国内都已经有这样的趋势，校长每天要忙于大量的会议、培训，但大部分都是事务性的或者专业理论上的，也很重要，但是对于校长解决实际问题还不够，现在已经有一些教育发达国家的校长创立了诸如"非正式会晤"等模式，一个区域内的校长定期或不定期会晤，主要探讨一段时间以内学校发展过程中出现的问题以及解决办法，相互取长补短；还有的地区建议建立官方的、正式的"校长求助通道"，因为很多校长在遇到问题时很难获得正式的专业的帮助，又害怕直接反映给上级部门会造成上级对自己能力的误解，所以宁愿自己消化掉，压力很大；总之，这些对于校长领导力的提升具有一定的作用。

总而言之，校长对于自己的领导力建设是可以有所作为的。当然，仅仅提升校长领导力对于整个学校的发展还是远远不够的，目前来看，校长领导力发展的过程也是不断授权和分享的过程。平行领导、参与式领导、分布式领导和协同领导等领导机制已经在学校出现。从自上而下的垂直领导走向多元互动领导，从建设校长领导力走向构建学校领导力，是未来研究的重中之重。

C 小学在变革之前，中层干部和学校教师对于学校发展的参与感是较低的，主动性不强，并不善于思考，所有决策都依赖校长，校长忙得像陀螺一样，但效果并不好。L 校长来到 C 小学后，提出学校每一位教师和管理者既是一个具有自主意识与能力的责任人，又应是一个具有合作意识与能力的合作者。因此，她充分调动教师们的积极性，培养他们的主人翁精神。创建自主管理模式和学校领导机制，把每个人的能量都最大限度地激发出来。现在学校的会议已经不再仅是事务性工作的安排和布置，更多的是与会者思想的交流和碰撞。校长有时只是提出个思路，更多的工作都由中层干部和教师们来完成，在完成的过程中，领导层与中层干部以及一线教师间获得了充分的沟通，事实上，L 校长已经开始向学校领导力的建设出发了。

学校领导力的构建与提升有助于解决变革情境中学校面临的压力与问题，引领学校更好地发展。校长、教师、行政人员以及学生多个层面领导力的共同发展是当前学校领导力实践发展的一个主要趋势。在文章的最后，下面这位校长的展望，也许能给我们一个有关校长领导力和学校领导力的形象的表述：

在我们的学校里，每个人在自己的领域里都有可能、有机会成为优秀的领导者。

（该文发表于《人民教育》，2010 年第 22 期）

校长领导力的提升

张 爽

Promotion of Principals' Leadership

Zhang Shuang

领导力的提升是组织获得发展的主要动力。校长领导力，就是校长在实现学校愿景、推动学校发展的过程中影响全校教师、员工和以学生为代表的利益相关者的能力，以及与全校教师、员工和以学生为代表的利益相关者之间的相互作用。主要包括如下过程：校长引领学校适应环境、实现愿景的过程、校长通过调整学校组织机构提升学校效能的过程以及校长与教师二元关系构建的过程。提升校长领导力从而使学校不断促进师生个体与组织共同发展，是本文研究的主要价值。

一、组织层面校长领导力的提升

学校的发展方向、组织定位是校长最先要思考的问题。从组织层面来讲，校长领导力主要体现在如下两个方面：第一，凝练学校的核心愿景和价值观；第二，营造利于变革的学校组织环境。

1. 凝练学校组织的核心价值观及共同愿景

学校需要发展，但学校朝着什么样的方向发展？明确学校的核心愿景及价值观是校长带领学校主动、有效适应大环境的第一步。纵观领导学研究可以发现，无论是早期的研究还是当前，在领导价值观确定的过程中，通常从两个方面入手——组织和人。

（1）组织发展

一个理想中的学校，应该是充满人文关怀的教育组织，重视沟通与合作的学习共同体，迎接挑战、主动变革的实践主体。

第一，充满人文关怀的教育组织。学校是专门进行教育活动的组织，以育人为核心工作，教育性是学校的本质属性。保证学校的本质属性——教育性，是学校的出发点和旨归。关注人的主动性和潜能是非常重要的。美国著名教育家柯尔伯格曾指出："学校的隐蔽课程必须体现某种更重要的目的而不仅仅是体现学校本身的目标和社会秩序。"[1] 实际上，柯尔伯格这里强调的"更重要的目的"就是教育目的，也就是使学生成为什么样的人。学校的教育性特征、学校应成为充满人文关怀的教育组织是校长作为学校领导核心实施领导力的重要关注点之一。

第二，重视沟通与合作的学习共同体。高度不确定性、复杂性和动态变化的社会环境要求组织具备较强的自我学习能力，很强的灵活性与应变能力。因此，为提升组织素质，增强组织的生命活力，组织必须不断创新努力成为学习共同体。在学习共同体中，学习既是一项活动又是一种态度，既是一个过程又是一种生活方式。此时，学校就是由学生、教师、领导、专家等形成的具有共同目标、支持性的共同体，所有参与者在不断互动的过程中沟通和交流，体验和分享，形成相互影响、相互促进的人际关系，共同学习，实现发展。

第三，迎接挑战、主动变革的实践主体。变革不再是一个特定时期的特定

---

① 柯尔伯格. 道德教育的哲学 [M]. 魏贤超，等，译. 杭州：浙江教育出版社，2003：276.

的活动，而是生活的一种普遍形态。学校作为改革的主体和策源地，在改革过程中更应该主动发挥首创精神，主动改变自身面貌，沿着健康的道路向前发展。其工作思路应该从等政策、靠领导向主动实践、主动创新发展，从被动执行者发展为创造型执行者。校长应该在国家战略方针的指引下，充分结合社会、教师、学生的发展需求，结合学校历史传统、发展特色，创造性地推动学校发展。

（2）人的成长

校长为何而领导？为了学校组织内"人的成长与发展"而领导！学校教育应该真正满足学生的需要，保证学校教育的有效性，这是校长发挥领导力的终极价值。以"人的成长与发展"为价值取向，要求校长在领导过程中，真正尊重学生的兴趣和认知规律，重视教师的专业成长和发展潜能，重点关注能促进师生成长的主要环节——教学，为学生和教师的主动成长营造良好的环境。"教育组织的独特之处在于其教育使命，学校必须是有助于成长的教育组织：促进成员的学习进步和个人成长与发展，鼓励不断成熟，增进自信和自尊、满足感、主动性和对自己行为的责任感。"① 这就是校长领导的价值。

2. 营造利于变革的学校组织环境

变化性、复杂性和不确定性是当前环境的主要特征，学校必须敏锐地适应这种环境。领导的作为在变革的环境中举足轻重。领导不得不几乎是连续地改变组织，否则就无法与外部环境的变化保持一致。

人们总是抗拒变革，詹姆斯·亚当斯在《概念障碍》一书中指出，在面对变革时共有四种障碍，分别是感知障碍、情感障碍、文化和环境障碍、知识和表达障碍。② 校长若想营造利于变革的学校组织环境，就需要跨越这些障碍，这需要校长在实际工作中形成认同、循序渐进创造利于变革推行的心理环境，充分运用智慧、在超越现实局限过程中把握创造空间，重视学习和沟通。

（1）形成认同，循序渐进创造利于变革推行的心理环境

在面临变革时，人们的普遍反应并不是主动投入其中。人们对于变革的接受程度取决于变革与既有的实践和文化是否具有一致性。因此，校长首先要在中层干部和教师中间形成一种心理认同感，然后鼓励教师以组为单位，共同推进变革，在全校范围内形成良好的氛围，让老师们在共同实践中逐渐消除不确定感，即跨越"情感障碍"。

（2）充分运用智慧，在超越现实局限过程中把握创造空间

---

① 罗伯特 G. 欧文斯. 教育组织行为学——适应型领导与学校改革 [M]. 窦卫霖，温建平，译. 第八版. 北京：中国人民大学出版社，2007：17.

② Adams J L. Adams. Conceptual Blockbusting [M]. Boston：Reading，MA：Addison-Wesley，1986：2.

学校变革是一种复杂的、不确定的过程，我们不能期望一个内、外条件全然充分的环境然后再有所作为。在社会条件还不够充分的情境下，校长如何坚守自己的社会责任感和教育使命感，如何创造性地培养具有创新精神和实践能力的人才，如何在教师、学生、家长等各方面都能接受的基础上推行变革、有效推动学校发展，需要校长们认真思考。

（3）重视学习和沟通

教师是变革过程中必须依赖的力量。使学校文化从强调因循守旧、僵化的官僚习气转化为学校本身的成员掌握制订计划和在学校中执行变革需要大量知识。因此，校长在变革的过程中，通过组织学习让所有相关教师了解变革的实质、达成共识、建立理解是非常重要的，这是跨越"感知障碍"和"知识和表达障碍"的必然要求。学习的过程也是解读、沟通、再次创造的过程。

二、团队层面校长领导力的提升

在这个层面，校长领导力主要体现在如下两个方面：第一，从行政命令走向专业引领；第二，构建紧密联结的文化。

1. 从行政命令走向专业引领

校长角色有专业引领者和行政管理者两个层面，而校长的领导更趋向于"管理"职能的发挥是当前我国校长领导的主要现实。这与当前学校发展和领导现实的要求是相违背的。校长需要创造一种促进教师个人发展的学校内部环境——一种支持团队建设和参与解决问题的组织结构，从而为教师发挥创造性开拓空间，这已经成为校长在团队层面增强领导力的主要入手点。

（1）调整学校中层组织机构

合理的学校组织结构能使学校组织各职能部门为学校目标的达成很好地分工和协调，建立适宜的中层组织机构非常重要且必要。如果组织结构一旦失去了动态适应能力，最后必然导致组织的僵化与衰亡。

此时，校长要主动与全校成员共同沟通与协商，削减不需要的部门或者合并功能类似的部门同时增加必要的部门；改变传统垂直传递信息的组织沟通方式，增加横向联系与沟通；减少学校领导层与执行层之间的间隔层次，增强组织结构的弹性。重视横向联系与沟通，强调授权，使学校成为一个重视学习、系统思考、协调合作、灵活、更具适应性的组织。

（2）鼓励教师非行政性团队的创建

应该容许系统内存在一定程度的无序性以保证组成单元发挥其创造性的自由度。对教师的严格控制或教师管理的过度结构化或课堂管理的集权化，会产生一些标准统一的程序，但会剥夺教师的自主性，对教师的工作动机产生负面的影响，甚至会降低教师的教学质量。教师的核心工作——课堂教学并不完全直接受行政命令的控制，教师在这一过程中有较大的自主性。教师非行政组织的创建是教师获得良好发展的主要依托。由教师根据自身专业兴趣自发建立、自主形成的非行政性组织变得尤为重要。

在这一过程中，校长应该在确认学校的价值观和目标、管理教学和课程的同时，给予教师充分的空间和强有力的支持，非行政性组织的范围非常广泛，比如教师学科专业交流组织，教师组织、学生自愿参加的导师工作组等，还可以包括形态固定的文化沙龙、读书会等，在行政组织和非行政组织相互交织的情况下，学校才有可能成为一个专业的学习型团队。

2. 构建紧密联结的文化

文化的力量异常重要。组织文化甚至强于科层制的力量，它是把人们凝聚在一起的胶合剂。① 对于一个学校来说，构建与学校发展愿景、价值观相适宜的紧密联结的组织文化是校长在团队层面提升领导力所必需的。

（1）学校组织文化的内涵及特征

组织文化是指组织成员的共同价值体系。紧密联结的文化呈现的最主要特征是什么？是共享与合作。孟繁华教授指出，从竞争走向合作是现代学校组织的发展趋势，在这一过程中，形成共享的、合作性的学校组织文化是其中重要的环节。② 此时，学校组织文化所体现的不仅是学校过去的成功经验，而且是与学校发展战略调整相适应的价值观念与思维方式，不仅是组织记忆的产物，而且是不断学习的产物。校长要通过团队学习和组织学习，形成学习机制，实现学校文化的变革。使得学校文化可以成为一种现实的力量，对置身其中的学生、教师、行政管理人员的发展产生巨大的影响。

（2）如何构建紧密联结的文化

如何建设紧密连接的、共享的、合作的组织文化，营造良好的组织环境氛围，使抽象的文化在组织中落地生根？这需要校长首先以团队建设培养合作意识，同时以文化的语言和方式传播文化，把随意的零散的行动转化为自觉的、长期的、主动的、发挥作用的体制和机制。重视学校文化特殊性与一般规律的结合。因为优质学校文化绝不是"拷贝"出来的，而是一代又一代校长在不懈的研究和探索中创造出来的，教师和学生之所以珍视学校文化是因为它是自己的、是独特的。因此，校长应该重视在事实中考察学校的文化，直面学校文化现实，重视学校的历史传统、经典细节等，以此触摸学校文化内涵。

---

① Firestone W, Louis K. Schools as Cultures [G] //J. Murphy, K. Louis. Handbook of Research on Educational Administration, San Francisco: Jossey-Bass, 1999: 297 –322.

② 孟繁华, 田汉族. 走向合作: 现代学校组织的发展趋势 [J]. 教育研究, 2007 (12): 55 –59.

三、二元层面校长领导力的提升

校长独自一人完成所有事情是不可能的，即使这点非常令人向往。因此，怎样分布领导给不同的人和职位是非常重要的。在二元层面校长领导力的提升包括重视授权与分享，进行能力建设。

1. 重视授权与分享

过去，很多学校改革方面的努力都是"自上而下"的，这个局面颇具讽刺意义。在促进学校发展的过程中，教师一定要实实在在地参与进来。学生们也一定要通过与集体的联系，通过和教师们进行真正的对话，参与到这个改变的过程中来。这个过程就是校长授权并分享领导力的过程。组织内的每个人越是拥有权力，组织成员就越有主人翁意识，越愿意投入。

从这个视角来说，领导力存在于学校内许多角色和职位中，内含在其中的是教师的领导力实践，或非正式领导者的实践。许多研究都只重视校长的正规领导力，忽视其他水平或从其他视角上看领导力。这往往会导致"校长筋疲力尽，学校举步维艰"的状况出现。因此，校长如何挖掘和培养学校内其他人的领导力，如何成为"领导者的领导者"，也是校长领导力的重要组成部分。

2. 进行能力建设

能力建设主要指领导者关注被领导者能力的发展，将之作为组织可持续发展中的核心问题来解决。若能推动所有被领导者能力的发展，组织必定会有较大的飞跃。学校能力建设是有针对性的，在学校内部，主要指学校中层干部执行力的发展和教师专业成长力的建设。

(1) 提升中层干部执行力

在当代中国社会变迁与教育变革的背景下，学校变革已经从课堂教学变革、班级建设变革拓展到学校管理变革。学校管理团队中的中层干部，就是学校转型与管理变革中不可缺失的变革力量。[①] 中层干部主要指学校内部各职能部门的主要负责人，在我国大部分中小学校里，中层干部主要包括具体分管教学工作的教导主任、分管德育和学生管理的政教主任、教研室主任、年级组长、教研组长等，主要是联系学校领导层与一线教师的枢纽，承上启下，在确保学校组织内部沟通顺畅、各项决策顺利执行的中坚力量。

校长在增强中层干部执行力需要注意：第一，提升中层干部自我管理能力，构建有效的沟通渠道；第二，重视中层干部的培训，首先要培养中层干部

对教学工作的持续关注，接下来，提升中层干部的领导能力，同时培养中层干部熟知现代管理理论，提升管理技巧，掌握判断、计划、监督等技能，职权明确，保证学校各项工作顺畅而有效的开展。

（2）加强教师专业成长力

加强教师专业成长力主要是指加强教师改变自身思维模式及行为的能力，教师的专业发展应是一种主体行为，它不仅来自外在的要求与规定，更在于自身的一种需求而产生的动力，或者说，把外在的要求与规定内化为自己的需求，转化为自己的自觉行为。

校长对教师专业成长力的引领要注重以下几个环节。

其一，从内容上讲，专业引领应该同时关注具体经验、实践情境以及理论提升，向教师展示教育理论向教师实践智慧转化的必然性和过程，是专业引领的核心意义。其二，从过程上讲，专业引领应该引领教师不断自我反思，在反思的基础上总结、归纳并再次进行验证。其三，从方式上讲，专业引领可以运用很多种方式，可以为教师与专家间构建沟通方式，如对话、现场指导、专题讲座和示范等，还可以为教师创造共同成长的情境，如示范课、集体备课、文化沙龙等，让教师真正实现从理论到实践的转换，生成实践智慧。

最后，笔者需要强调的是，校长领导力变革是整体性变革。学校自身的变革，不能仅仅关注一个一个的要素问题或局部问题，而必须处理好各要素、各部分之间复杂的相互联系与相互作用，关注整体，重视学校整体的改善。另外，校长领导力的提升需要一个过程。孰先孰后、以哪个层面为切入点要根据每个学校的具体情况来决定。比如，当校长与教师的目标和兴趣不相一致的情况下，交易式领导有助于推动工作的开展，校长通过给教师他们想要的东西来换取对学校发展有益的事情，这时，交易式领导不是领导的本质，而是一种手段，在这个过程中，校长可以着力于提供一种支持性氛围并创设良好的人际关系，这种氛围和关系可以增加满足教师成就、职责、能力和尊重等需要的机会；当教师与校长的目标和兴趣开始互相接近时，校长就可以与教师共同沟通组织愿景，与全体教师一起共同投入到组织愿景的实现中，在这个过程里，学校内一些组织形态会慢慢发生变化，将学校共享愿景和价值观的活动制度化。

（该文发表于《教育理论与实践》，2010 年第 7 期）

中小学以价值为本的教师领导方式

傅树京
Value Based Leadership of Teacher in
Primary and Middle Schools
Fu Shujing

一、关于以价值为本的领导

"以价值为本的领导"是美国宾夕法尼亚大学沃顿商学院教授罗伯特·豪斯（Robert J. House）根据以往的领导学理论和多年的实证研究提出的一个新型领导理论。豪斯教授指出，价值导向动机比实际导向动机更强、更广泛、更持久，以价值为本的领导能够导致下属对领导者的强烈认同，对领导者提出组织愿景的内心认可，可以产生高组织凝聚力，激发出团队完成组织愿景的动机，以及跟随者在自我责任的激励下愿意作出自我牺牲等。[①]

这种领导方式不仅适合对教师的领导，而且在中小学实施这种领导方式的可行性较大。以价值为本的学校领导方式实际上是一种思想、理念的领导，它是通过学校领导者对教师进行学校教育价值观的传递，使他们坚信学校教育价值的贯彻可以扩大学校各部分人员的共同利益，使其自觉体现这种价值观，通过教师的这种自觉活动达成教育目标。所以，运用这种领导方式需要领导对象具有较大的需要和较强的理解能力。学校是一个知识型组织，其间的组织成员都是受过良好教育且具有良好素质的人才，除了选择工作环境和报酬等条件外，更看重工作的挑战性，乐于从工作中寻求满足感、成就感和胜利感。也就是说，他们是不太需要依赖于领导者强监督与强控制的人群，他们更多需要的是自我激励、自我控制、自我管理。另外，他们具有丰富的知识和对事物的较强理解力，能够较容易地吸纳合理的教育价值观，并与他人共享这样的成果。本文拟以这种新型领导理论观察与分析我国中小学的教师领导方式，并提出以价值为本的领导方式的构想。

---

① 吴维库，等. 以价值为本的领导行为与团队有效性在中国的实证研究 [J]. 管理世界，2002
(8)：97 - 104.

二、领导过程中的问题其原因分析

（一）现存问题的调研

为了有效实施教师领导工作，中小学制定了一些制度，其中包括诸如工作量规定等一些规范化的数字内容，这些在保证中小学秩序方面，起到了较大作用。但是，目前用数字化领导教师教育教学活动的现象越来越具体细化。例如，规定每周必须批改作业的次数，规定对学生辅导的次数，规定每周听课次数，等等。另外，还建立了规范性和数字化的考查内容。例如，通过查看教案撰写的页数及其字迹工整程度考查教师的教学态度，通过查看作业批改数量及其对学生谈话次数考查教师的责任心，通过查阅听课笔记记录厚度及其字迹工整程度考查教师的学科专业发展情况，通过查数课堂上提了多少问题和学生举手回答问题次数考查教师的启发性教学状况。再有，教师工作业绩与学生的优秀率、及格率、达标率和考上示范高中、重点本科、名牌大学的人数相联系。这些数字化的结果与教师的津贴、奖金、晋升、晋级、发展等直接挂钩。

对教师的领导就是引导他们的行为方向，使他们自觉、努力、有效从事教育教学工作，那么这种过于具体细化的数字领导是否达到了这一目标呢？

我们对一些省市的中小学教师和领导者进行了问卷和访谈调查。问卷的结果见表1：

表1　中小学教师和领导对数字领导方式的赞成程度

序号	题　目	您对此赞成程度		
		赞成	一般	不赞成
1	查看教案撰写的页数及其字迹工整程度考查教学态度	4%	12%	84%
2	查看作业批改数量及其对学生谈话次数考查责任心	3%	8%	89%
3	查阅听课笔记记录厚度及其字迹工整程度考查学科专业发展情况	11%	13%	76%
4	查数课堂上提了多少问题和学生举手回答问题次数考查启发性教学状况	2%	7%	91%
5	以学生的优秀率、及格率、达标率考查工作业绩	10%	26%	64%
6	以学生考上示范高中、重点本科、名牌大学的人数考查工作业绩	9%	21%	71%

问卷调查表明，他们非常不赞成这种过于具体细化的数字领导方式。对他

们的访谈结果也进一步验证了这种结论。（以下是访谈实录的摘录）

"我可以一天辅导学生10～20多次，但是不敢说有什么效果；我可以1～2个月甚至更长时间辅导一次，但是可能有效果。"

"在作业量的规定框架下，教师首先想到的是如何完成布置和批改作业的次数，注重作业的数量，自然忽视了质量。例如，为了教学质量，本来我今天需要布置5道数学题，但是为了先完成工作量，就布置了2道题。"

"课堂很活跃，学生举手问问题的多，就一定是在启发性教学吗？启发性教学指的是一种教育思想，而非用提了多少问题让学生回答来衡量的。"

"现在谁都可以从网上下载一些东西充实教案，然后打印出来，又多、又工整，但这与教学效果成正比吗？"

"我这个班没有考上重点本科、名牌大学的人，但是我用心教了他们3年，我相信一定会对他们的人生有用，但是没有人认可我的工作。我不知道以后我是否还会这样做。"

"我本来想好好搞教学，干一番事业，但是这种数字规定使我没有了情绪。"

"我们不喜欢这种数字式的领导，不是不要数字，而是不要这些不能说明问题的数字，更不能要那些本末倒置、损害我们积极性、最终损害教育事业的数字。"

（二）问题的原因分析

教师的教育教学活动有合乎秩序和因果关系的确定性一面，对此可以适当制定一些规范性、数字性指标进行领导，这样便于操作，领导者与教师也明确自己应做的事情。但是教师的工作还有另外一面，教师是教育活动的主体，教育则是一种培养人的事业，而人的发展要受多种多样因素制约，这就导致教师工作的很多方面具有不确定性。教师的一些工作行为与工作结果之间不完全存在已知的、单一的、确定的对应关系，影响教师工作的一些因素具有不可充分和准确加以观察、测定、分析和预见的特点。

学生学习过程如何发生，什么因素要对此起着重大作用，教育教学中哪一种成分对学生成功影响最大，这些问题都很难确定。不论在哪一级层次上，大多数教师都在尝试教育教学方式，行得通就干下去，不行再换别的方式。即便是有相应的教育教学技术，但是教育教学目标与其技术之间也没有完全的确定性，教育教学技术与其效果之间也不存在完全的确定关系，它们之间是模糊不清的。辅导多少次学生与教育效果之间，批改多少次作业与教学效果之间，也难以进行确定性判定。另外，在影响教师工作的众多因素中，有一大部分属于随机性因素，他们在教师工作中是随机出现的因素，具有不稳定性，可能教师不经意间的一个眼神、一种表情、一句话、一种行为就会对学生产生莫大影响。对于这样的因素教师们难以预测它的出现，也难以事先制定相应的措施规范它，应该根据具体情况采取相应的教育教学和领导措施。再有，教育领域中很多东西人们难以定论或把握，例如，怎么做就是启发性教学，什么行为就是因材施教，等等，教师的教育理念、工作态度、责任心等，很难完全通过教师的某种行为去判定，也很难预定教师在从事某项工作时将持有什么心态、生成什么行为。

由于教师的工作充满了模糊性、随机性和难以预测性，这就使得学校难以统一性地获得反映教师相应方面情况的充足的数字化信息，难以用统一的"物理"、"化学"指标来衡量教师的这方面工作。如果一定要在这些方面实施数字化领导，即将不能数字化、不该数字化的内容也数字化，就会改变教师工作态度和情绪，使教师产生抵触情绪，产生厌教、逆反等心理，拉大教师与领导者心理距离。这恐怕就是教师们不喜欢、不赞成这种领导方式的重要原因。领导的目的在于引领教师有效实现教育目标，但是其内容必须支持这个目标的实现。适当的数字化引领教师工作是有效的，然而过分追求具体细化的数字，就会造成数字所反映的内容不能与学校教育目标一致，还会将教师引入一个错误的方向，导致他们在为完成数字规定而工作，不是为学生发展去从事一种事业。

另外，正是教师工作的这种不确定性，才使得教师与学生的教育教学生活充满了希望，才使其有可能创造出新的成果，创新实际就是对不确定性进行适当反应。如果我们把这样的一种不确定性事物生硬地套上数字化的框架，似乎一切都充满确定成分，创新也就被极大地弱化了，教师与学生在教育教学生活中也会失去较多的生命活力。

三、实施以价值为本的领导方式的意义

中小学教师面对不确定性的教育教学活动，自身要经常对教育现象作出判断与决定，许多判断与决定是价值的选择问题，而不是是非对错问题。即教师在从事教育教学工作时，不仅要进行事实判断，还要进行大量的价值判断。

事实判断着眼于事物的客观发展状态，旨在描述和反映事物的性质、功能和变化。事实判断就是要原本地再现客观事实，清除以主体为转移的成分，清除主体的需要和干扰等；价值判断从主观意志、需要和愿望出发，意在估量和评价事物对人的需求的影响。价值判断则要以主体自身需要作为评价的依据，其内容自然不能排除主体，理所当然地以主体的需要为转移。事实判断是价值判断的基础，价值判断是事实判断的目的性追求。价值判断要以对事实的正确

认识为基础，使主观力求与客观相符合。

教育是价值高度涉入的事业，学校教育教学活动常常会涉及其他活动不常碰见的价值问题。学校是社会上各种价值观念冲突的中心。[1] 而这些价值观念的冲突及其价值方面的问题，常常反映在教师的工作中，这使得教师必须时常运用自己的价值观，在事实基础上进行价值判断，然后选择理性的、应该的行为，而不只是是什么的行为。例如，从事实角度判断这个学生的确从事学习活动有较多难度，但是一般情况下教师不能这么说，教师要从学生成长角度出发，肯定其学习的可能性。再有，教育是一种理解，这种理解是一种发自内心的自觉活动，是教师与学生之间心灵的对话，是彼此感情的交流，通过灵魂与情感的碰撞生成鲜活的教育思想和行为，达成教育目的。教师理解什么、如何理解、理解谁？所有这些都建立在教师的主观判断上，属于价值层面的问题。所以，教师的工作充满较多的、各种各样的价值判断。

教师工作的这一特性表明，对教师的领导不是一个单纯的技术问题，尤其是面对价值问题，不能简单地通过规范化、数字化方式来引领教师工作。那么应该实施什么领导方式更有效呢？以价值为本的领导方式会对具有这种特点的领导起到有效作用。

以价值为本的领导是指，领导者通过对教师实施所信奉的价值观的影响，使其强烈认同和坚定共享这样的价值观，双方在共同拥有的价值观的基础上，来实现组织目标的活动过程。

教师工作的高价值涉入性表明，教师要随时依据教育价值对教育教学事物进行价值判断。教师的价值判断要以对教育事实的正确认识为基础，但更多的是取决于对学校和学生发展的意义，可以说学校和学生需要是价值判断的参照系。当这一价值判断符合学校和学生需要时，可以肯定其作用和性质，否则就否定它。所以，教育价值在教师的工作中具有举足轻重的地位。"教育价值始终应是由教育者自身内化的价值观所左右，从这个意义上说，教育价值必须是教育者本身自己的东西"[2]，是思想层面的东西。这种状态下，学校领导者应该从领导教师"思想"出发，通过影响、引导、建立、推广"学校教育价值观"，使教师接受它、认同它，在此基础上与学校领导者一起确立学校发展目标，并朝着这一目标去奋斗，而这些正是以价值为本的领导方式的核心内容。

---

① Campbell R F, Gregg R T. Administrative Behavior in Education ［M］. New York：Harper & Brother, 1957：125.

② 大河内一男，等. 教育学的理论问题 ［M］. 曲程，迟凤年，译. 北京：教育科学出版社, 1984：171.

四、实施以价值为本的领导方式的构想

实施这种领导方式的构想是：传递、认同、强化、体现学校所倡导的正确、合理教育价值观。

（一）传递学校教育价值观

以价值为本的学校领导方式的前提是，学校要明确自身的教育价值观。在此基础上，要尽一切手段倡导学校所信奉的教育价值观并且向教师传递它，"领导的主要功能是超越现有技术要求，为组织渗入价值趋向，即满足人们追求意义的需求"。[①] 让我们的教师知道学校赞成什么，反对什么，根除什么；什么是应该做的，什么是不应该做的。学校领导者要对所倡导的价值观表现出极大热情，对其实现表现出自信、决心和毅力。要设法通过各种方式传递它，例如，可以通过学校发展愿景、学校发展规划、各层次教师发展计划、学校的管理措施等反映它。可以在各种刊物上传递它，或印制一些宣传物来注入它，同时学校领导者要在抓住各种时机亲自为教师讲解它。

这一步是解决教师对学校教育价值观的"认知"问题。因为，有时教师所以有这样那样不合乎学校教育价值的行为，往往不是他们故意那样做，而是由于他们对学校教育价值观、学校发展理念、学校规则等不十分了解或缺乏正确的理解所造成的。所以，传递学校教育价值观是这种领导方式的开始，也是教师提升自我价值的基础。

（二）认同学校教育价值观

教师了解了学校教育的价值观，并不一定根据这样的思想去进行价值判断，也并不一定用这种价值观来规范自己行为，因为他们不一定认可、也不一定坚信这样的价值观。以价值为本的领导方式是通过提升教师的自我价值观而实施的领导方式，所以，教师不仅要了解学校教育价值观，而且必须深刻理解且形成信念——运用这样的价值观去进行教育教学工作不仅有利于学生、学校发展，而且也能极大满足自身需要，是一个多赢的方案。即唤醒教师对学校教育价值观的认同，使他们持有的价值观与学校教育价值观发生共鸣。

为此要启动教师的情感。情感是人的需要是否得到满足时所产生的一种内心体验，它在人们理解事物的过程中起着重要的作用，人们对自己所要从事或

---

① 郑燕祥. 学校效能与校本管理：一种发展的机制 [M]. 陈国萍，译. 上海：上海教育出版社，2002：128.

接触的事情有没有情感，以及是一种什么样的情感，对于其所采取的态度和行为有很大关系。当人们了解了一事物却又不坚信它的重要原因之一，是缺乏相应的情感体验。为了让教师有愉快的情感体验，要利用学校教育价值观对教师进行激励，引发教师的相应需要动机，激发其自我价值实现的愿望；向他们提出较高的业绩期望，并对他们的能力表现出信心；为他们提供有兴趣、有挑战性的工作和发展机会；减少学校内部的冲突，创造一种知识分享、和谐相处的氛围；允许教师在不违反核心价值观的原则前提下，大胆进行教育教学改革的尝试等。

（三）强化学校教育价值观

教师在强烈认同学校教育价值观后，也不一定会与领导者共同以此为基础来行事，因为这种领导方式不是直接对教师的外在行为进行控制，而是通过教师思想的变化来使其自觉生成相应行为。他们在了解并且认同后，由于会受到来自各方面的各种因素的影响，可能会怀疑自己对事物的认识，怀疑自己所认同的道理，其情感体验也会不断变化，这些都会动摇教师已有的信念，从而改变自己的行为。一个人的价值观不是一次、一时就可以形成的、改变的和提升的，它是一个反复、长久的过程，这个过程对于领导者和教师来说，可能都要克服种种现实中的困难和心理上的障碍。要引导教师不断进行自我思考、自我检查，在思考、检查过程中理解学校教育价值观实质意义，不断把这种外在要求变成自己内在需要。

为了让教师始终坚信学校教育价值观的意义，始终向着既定的目标前进，排除干扰，锲而不舍，需要外力不断强化这样的价值观，员工对组织价值观的认同，需要不断地灌输和强调这种观念。[1] 所以，学校领导者要不断进行学校价值观的宣传，要不断为教师创设愉快情感体验的机会。例如，形成以满足教师需求为目标的学校文化；制定与学校教育价值观相一致的政策；把学校利益和个人利益挂钩来保护他们的个人利益，使其实现自身价值；以各种方式奖励和提拔那些拥护并认真贯彻核心价值观、且在实际工作中取得优秀业绩的人；建立与学校核心价值观相一致的奖惩制度。

（四）体现学校教育价值观

实施以价值为本的领导方式最终是要让教师能在工作体现出来，能在对学生实施的教育教学中自动、稳定、长期地运用它来进行各种判断，进行自我规

---

[1] Wiener Y. Commitment in Organization: A Normative View [J]. Academy of Management Review, 1982, 7 (3): 418-428.

范。当教师发自内心的对于学校教育价值观产生稳定的、强烈的认同后，他们愿意支持与此相关的学校理念、学校制度、学校教育教学技术及其学校变革等，他们也愿意贯彻到自己的行动中去，但是真正要在实践中自如地体现，还有一些难度。因为，上述三个环节都是教师内在活动过程，而这个环节是一个外化的过程，把内在的东西转化为外在的行为，需要教师亲自实践。不仅如此，教师要能够运用与学校一致的教育价值观进行自觉、习惯性的工作，需要多次、反复实践练习。另外，"人类行为是由其所处环境中的各种事物所控制的"。① 所以，学校领导者要不断为教师创设体现这种教育价值观的环境，让教师不断地实践，促使他们"自我领导"的模式出现。

一旦教师形成了上述行为习惯，他们就会有一种神圣的使命感与责任感，会全身心投入教育教学工作并发挥最大的热情，会正确地预测自己的行动效果并加以评价，会实施自我的奖励与惩罚，会自己从工作中寻求乐趣、享受工作中带来的欢乐，会主动地加入到学校群体中并与他人进行协作以取得最大的绩效，最终有效实现学校组织目标。

由此可以看到，以价值为本的领导方式不是简单地进行一下宣传就行的，而是要经过上述四个过程的建构，这些过程缺一不可。

（该文发表于《中国教育学刊》，2007 年第 11 期）

---

① Miltenberger R G. 行为矫正的原理与方法［M］. 胡佩诚，等，译. 北京：中国轻工业出版社，2000：5.

中小学校长与教师交换行为：基础及类型

傅树京

Base and Type of Principals and Teachers of Exchange
Behavior in Primary and Middle School

Fu Shujing

交换就是"互相以自己的给对方"。① 行为是"受思想支配而表现在外面的活动"。② 领导是领导者在一定环境下，为实现既定目标，对其部属实施影响的过程。所以，领导过程中的交换行为是指参与领导活动的行动者——领导者与成员为实现领导活动的目标，相互以自己的资源给予对方的表现活动。

生活在社会中的人通常与他人进行经济和社会两大内容的交换。学校被看做一个微观的社会，其学校领导过程中的交换行为也涉及经济和社会两大层面的交换。经济层面交换是以物质利益为主要内容的交换，主要包括基本工资、实物、奖金等；社会层面的交换则是与人们的价值观、信念、信任、赞同、尊重、情感等因素有关的交换。交换可以是面对面的直接进行的，也可以是通过各种中介而实施的间接交换，可以是具有显性的实物交换，也可以是隐性的思想、情感交换。其交换场所和时间可以发生在工作地点和时间内，也可以超出这个空间和时间。当然交换活动必须围绕领导活动的目标进行。

一、校长与教师交换行为的基础

近年来，关于组织中领导者与成员之间是否存在交换关系，双方的合作是单纯命令—执行意义基础上的，还是同时具有交换行为特征，这些问题引起了学术界的关注。在社会交换理论（Social Exchange）的基础上，乔治·格雷恩（George Graen）等通过研究发现，在组织中领导者与成员的关系表现出交换行为的特性。提出了领导—成员交换理论（Leader-Member Exchange）。该理论

---

① 辞海编辑委员会．辞海［M］．缩印本．上海：上海辞书出版社，1990：396.
② 中国社会科学院语言研究所词典编辑室．现代汉语词典［M］．增补本．北京：商务印书馆，2002：1049.

认为，领导者与其组织成员虽然所处的地位不同，但关系上并不体现为前者对后者的单向操作，而是彼此之间不断相互影响、相互作用的交换过程，在这种过程中，领导者以不同形态与成员进行交换。

作为个体的人有多种需要，人的多元化需要及其社会的生存与发展，单纯通过个体无法满足和实现，必须形成组织，通过组织的力量来达成。切斯特·艾文·巴纳德（Chester Irving Barnard）的组织理论表明，作为协作系统的组织能够继续存在下去，必须能够实现组织目标和满足个人动机需要。[①] 所以，领导活动的两大任务是实现组织目标和满足成员需要。

中小学作为社会中的组织之一，其领导活动的实施也是在领导者与成员之间的相互交换行为中进行的，其领导活动也是为了实现学校组织目标和满足教师个体需要，这两大任务的完成是在参与领导活动的人员的交换中实现的，主要是在校长与教师的交换活动中实现的。这种交换行为是基于双方目标达成的借助性和依赖性。

（一）校长与教师目标达成过程中的借助性基础

中小学是校长与教师基于共同的目标——培养社会需要的人才而形成的协作系统。虽然他们同属于这样一个组织，且在学校里构成一个相互依存的整体，对外具有共同利益，但是就学校组织内部来说，在组织雇佣条件下，由于他们利益上的不一致，导致他们分属于两个不同的利益主体，他们在身份、任务、利益等问题上是不同的。校长作为上一层级的代理者，是雇佣方，代表的是组织，即雇佣方的利益，教师则是被雇佣的一方，代表个体的利益；校长的任务是实现组织目标，促进组织发展，教师的目标是满足个体需要，促进自身发展；校长追求的是组织利益最大化，而教师追求的是个体利益最大化。虽然组织目标是基于个人需要的集成，在大的方向上一致，但是在具体内容、形式和实施过程中却存在差异。要想让对方将自己的追求作为目标去努力，就必须通过领导活动的借助性。

校长实施的领导活动是借助教师的工作进行的，是通过他们的努力来完成任务的。校长以其自身努力作为一种"投入"，而其"产出"却表现为教师的行为。校长实现组织目标的有效程度，更多地体现为教师的行为效率。领导"是指同别人一起，或通过别人使活动完成得更有效的过程"。[②] 同样，教师的

---

① 切斯特 I. 巴纳德. 经理人员的职能 [M]. 孙耀君，等，译. 北京：中国社会科学出版社，1997：1-2（30 周年版导言）.

② 斯蒂芬 P. 罗宾斯. 管理学 [M]. 黄卫伟，等，译. 第 4 版. 北京：中国人民大学出版社，1997：6.

个人需求也不是仅仅通过自身的努力就可以直接获取的，与其需要相连的并不只是个人在工作中具体创造了什么，而是所完成的任务在质量、数量和效率等方面是否符合组织目标和学校提出的规范要求，是否被校长认可。

所以，校长与教师在达成各自目标的过程中具有如下特点：校长—教师—组织目标；教师—校长—个人需要。即在校长与组织目标之间、教师与个人需要之间都不存在直接的联系，校长和教师各自都无法脱离对方独自实现各自目标，不存在仅凭个人的努力就能直接获取的可能性。校长必须借助教师的工作来实现组织目标，尽管对于校长来说满足教师的个人需要是实现组织目标的手段，但是他们必须借助这个手段才能达成。校长实现组织目标的程度既取决于自身的决策和指挥，更取决于教师的工作和努力程度，而教师的工作和努力程度又取决于其个人需要的满足程度。对教师也同样如此，个人需要是借助于校长对学校组织目标的有效实现来获取的，其个人需要的满足程度取决于学校组织目标的实现程度。著名美国社会学家、社会交换理论的创始人乔治·卡斯帕·霍曼斯（George Caspar Homans）认为：“个体在社会互动中得到的收益取决于个体向其他人提供的利益。为了得到利益，必须有一个交换过程。”① 因此校长与教师双方为了达成各自目标，必须借助与对方的交换活动来完成，交换是双方实现自身利益最大化的基础，这就是交换行为存在的根本原因。

上述分析表明，校长与教师要想实现各种目标，必须与对方实施交换行为，借助于对方的资源，那么他们要借助于对方的什么资源呢？进一步的分析如下。

（二）校长与教师目标达成过程中的资源依赖性基础

校长与教师的交换行为都不是盲动的，而是有着强烈目的性的行为。校长与教师在实现学校目标和满足自身需要的过程中，如果都能控制着使自己利益得以满足的资源，他们就不需要与对方进行交换了。但事实是，他们“对能够使其利益获得满足的各种活动并没有完全控制，他们发现部分使其获利的活动处于其他行动者的控制之下”。② 校长与教师实现各自目标的资源由对方掌控着。

校长作为一所学校的最高领导者，对学校及其教师发展都起着重要作用。在中国，目前中小学实行的领导体制是校长负责制，即校长对学校工作全面负责，党支部保证监督，教职工民主管理三个有机组成部分。虽然领导体制规定

---

① 马尔科姆·沃特斯. 现代社会学理论［M］. 杨善华，等，译. 北京：华夏出版社，2000：74.
② 詹姆斯 S. 科尔曼. 社会理论的基础：上［M］. 邓方，译. 北京：社会科学文献出版社，1999：35.

了校长、党支部和教职工的各自权力，且三者互相联系、互相依存，缺一不可，但是在实际实施过程中，校长的权力地位是毋庸置疑的，中国特有的传统文化及其中小学校长的行政身份又强化了校长的权力地位。另外，这种领导体制赋予校长学校的决策权、指挥权、人事权、财务权等。校长根据相关政策和学校实际情况有权对学校工作进行决断，有权按照财经制度使用学校经费，校长有权对教师的聘任、使用、考核、奖惩作出决定，校长有权按照规定向下授权、授责、下达任务，且每一个学校成员都必须服从。校长的权力无疑是教师们获得自身发展不可或缺的资源，校长手中的权力规定着教师需求满足的条件与要求，决定着教师的努力方向和付出的品质，这使得教师对这种权力的认可及其期望程度较高。教师形成了一些概念，要想在学校有更好的发展，必须与校长搞好关系，必须自觉地服从好校长，必须对校长认可的事情有较大的贡献，否则难以成功，这使得教师对校长的权力具有巨大的资源依赖性。

校长负责制虽然赋予了校长在学校的权力地位，但是学校作为一个培养人的地方，其间的广大教师是掌握教育教学知识、技能的专业人员，他们实际是教育教学的内在领导者，因为任何先进的教育思想由教师去贯彻、适切的教育内容由教师去体现、有效的教育方法由教师去实施、现代的教育手段由教师去操作，总之，教师是教育改革、教育发展和教育教学实践的主体和关键，校长的理念、教育措施等都要通过教师到具体实施。教师专业化的发展，对提高教师地位和使其拥有更多工作控制权奠定了基础。[1] 教师"在教与学的过程中具有主宰权，因为他们掌握某一特定领域的专门学问"。[2] 这使得校长在实现组织目标的过程中，对教师手中的教育教学知识、技能等资源也具有依赖性。另外，教师如何备课，如何在课堂里实施教学，采用什么样的方法管理班级，怎样培养学生的思想品德，一般是自己来选择的，教师的这种工作方式个体性的特点又强化了校长对这种资源的依赖性。

校长与教师之间都发现对方拥有自己实现目标所需的资源。校长为了有效达成组织目标，愿意通过手中的权力资源吸引教师与之交换，"权力的行使者从他们的权力基础中汲取资源"。[3] 教师也愿意通过贡献自己所拥有的教育教学知识、技能来获得更大、更好的发展。出于对其自身利益的追求必然驱使他

---

[1] 韦恩 K. 霍伊，赛西尔 G. 米斯克尔. 教育管理学：理论·研究·实践 [M]. 范国睿，等，译. 第 7 版. 北京：教育科学出版社，2007：115.

[2] E. 马克·汉森. 教育管理与组织行为 [M]. 冯大鸣，译. 第五版. 上海：上海教育出版社，2005：116.

[3] 詹姆斯·麦格雷戈·伯恩斯. 领导论 [M]. 常健，孙海云，等，译. 北京：中国人民大学出版社，2006：11.

们与其他行动者进行某种交换。① 社会交换理论的核心是互惠原则（Norm of Reciprocity）。"个体之所以相互交往，是因为他们都从他们的交往中得到了某些东西。"② 通过交换每一方都提供另一方所不拥有、但又需要并认为有价值的东西，在给予同时得到自己所需要的东西，以此相互满足，体现等价交换的价值。从而占有对方的优势，同时也扩展自己的优势，获得了额外效用，最大化了双方的利益。于是校长与教师之间的交换行为不可避免地发生了，而且这种交换行为会持续不断地进行下去。

虽然校长与教师手中的资源都对对方具有吸引力，彼此具有资源的互相依赖性。但是，由于存在体制化的角色身份和地位的差异，及其校长手中资源——行政权力的强制性及其威严性，使得校长与教师之间的交换不同于其他人际交换，校长在彼此的交换过程中居于优势地位。

二、校长与教师交换行为的类型

在我们分析了校长与教师的交换行为发生的基础后，我们下一个想要了解的就是他们通过什么形态进行交换。根据不同的分类标准，中小学领导过程中校长与教师的交换可以进行不同分类，就表现形态而言可以分为体制化交换与非体制化交换。

谈到组织中的体制，是指组织中各级各类机构和相应的制度规范的有机结合体。领导过程中的体制化与非体制化交换都是围绕组织目标的实现和个体需求的满足，前者是指领导者与成员基于各层级横、纵的组织机构和各种制度基础上的交换；后者是指领导活动中双方不限于正式组织及其制度范围内而进行的交换。

（一）校长与教师的体制化交换行为

中小学作为人类社会中的一个组织，从目前的情况看，也采用的是马克斯·韦伯（Max Weber）所提到的金字塔式的"科层制"（Bureaucracy）的组织结构。"学校是与科层组织有诸多相同特征的正式组织"，"科层模式成为许多学校管理者采用的管理模式之一"。③ 学校在"一些方面具有鲜明的科层组

---

① 詹姆斯 S. 科尔曼. 社会理论的基础：上［M］. 邓方，译. 北京：社会科学文献出版社，1999：35.

② 彼德·布劳. 社会生活中的交换与权力［M］. 孙非，张黎勤，译. 北京：华夏出版社，1988：17.

③ 韦恩 K. 霍伊，赛西尔 G. 米斯克尔. 教育管理学：理论·研究·实践［M］. 范国睿，等，译. 第 7 版. 北京：教育科学出版社，2007：94.

织的特点"。①　在这样的组织中，一般来说中小学形成了校长—主任—组长—教师四个主要层次，各层次还设有不同部门，例如教研组和年级组等。在这样的等级化的组织里，校长占据最高位置。以校长为核心的领导者们根据国家的教育方针、政策、法律等，以具有合法性的职务制定各种学校的制度，包括角色规范、任务要求、工作计划、考核标准、奖惩规则等。按照组织原则，校长决策后，各层次负责执行，依据教师职务岗位聘任规则分派其相应工作。当教师完成了学校交给的任务后，根据教师业绩考核结果，给予承诺的课时费、班主任费等经济报酬和不同奖励，这种奖励除了奖金等经济性的报酬之外，还包括提职、晋级、荣誉等社会性报酬。交换中校长借助教师需求的奖酬来实现学校组织目标，所提供奖酬的数量、质量以及给予方式决定着教师的可能贡献数量和水平。而教师则是借助完成校长交给的任务来获取自身需要的奖酬，其奖酬获取水平的高低既取决于教育教学目标的实现水平，也取决于校长对其工作过程的认可程度。双方借助交换过程中的互惠行为，同时都取得自身所期望的利益。总之，这种交换更多是限制在正式组织机构范围里，其交换活动与关系都有正式制度条例进行规范。

体制化交换行为具有强制性与全员性等特点。这种交换行为主要依靠校长的正式职权进行，校长与教师之间主要是"控制—服从"的关系，校长指向教师的行为宗旨在于"控制"，控制是校长领导行为的重要职能，这种状况下要求教师必须按照制度要求付出相应的劳动。这种交换行为又受到政策、法律的制约，所以要求校长也必须维护教师的合法权益。这种状况下的校长与教师之间的交换带有强制性，要求双方都必须同时付出、同时给予，且遵循等价交换的原则，否则都将受到相应制裁。由于这是基于正式组织机构、制度进行的交换，所以凡是与学校签订聘任合同，在聘任期前内的教师，都要根据学校制度规定，履行合同义务，付出相应劳动；同时校长也必须根据规定支付教师与其劳动相等的报酬。因此参与这种交换的人员是校长与全体教师，即所有教师都要与校长进行体制范围内的交换。

由于"科层化的结构和管理被设计用来解决常规化的问题"②，所以，科层制下的体制化交换，由于制定一些便于操作的规范来明确双方交换的内容、交换的权利与义务等，使得这种交换有助于更好地解决教育教学中的常规化实际问题，同时对维护正常的教育教学秩序，规范校长与教师工作，释放行政管

①　罗伯特 G. 欧文斯. 教育组织行为学 [M]. 窦卫霖，等，译. 第7版. 上海：华东师范大学出版社，2001：158.

②　E. 马克·汉森. 教育管理与组织行为 [M]. 冯大鸣，译. 第五版. 上海：上海教育出版社，2005：23.

理的效率功能等，都起到了一定的作用。另外，在实施这种交换时，双方交换一些彼此需要的事物，作为具有经济人特征的校长与教师，会为了达到自己的利益而尽力去为对方的追求而付出，有利于双方目标的达成。

体制化交换虽较有利于学校正常工作的进行和组织效率的提高，但是在这种交换情况下，真实客观的信息在传递到校长那里时容易失真，因为：一方面，校长位居学校组织的金字塔顶端，根据不要越级指挥的组织原则，校长的指令是通过中间层级的执行者传递给教师，教师虽然可以直接就相关学校之事与校长进行联系，但是这种沟通要付出一定成本，例如，时间、精力，及其由于跨越中间层级的领导者而使之产生的心理上的问题等，所以教师一般避免因学校工作之事直接与校长沟通。这样一来，校长很难经常与掌握学校组织真实情况的最基层教师进行直接交流，通常也难以知道学校中的一般人所知道和传递的真实信息。另一方面，在体制化的交换情况下，校长与教师之间进行的是正式的组织、制度范围内的交换，彼此之间是正式的工作关系。由于等级制的观念，使得校长所拥有的是下级，而不是平等工作的同事。人们在向校长汇报或告知事情时，都是经过选择的，"这是因为下属都不愿意去交流那些可能会在上司看来不利于他们的事情。事实上，可能会有这样一种倾向，即只交流那些令他们看起来优秀，或他们认为上司愿意听的事情。"[①] 而且越是层级高的领导、越是掌握重要权力的领导，往往所得到的信息越是经过人的精心处理或甚至是被策划过的。这种情况下，校长难以摆脱错误的判断。因为正确的判断通常来自于人们之间无拘束的、自由的评价与沟通之中。体制化交换的另外一个不足是不利于双方情感的充分和及时交流。这种交换基于的是人们理性付出、组织服从和制度遵守的一面，但是作为具有社会属性的校长与教师还有多种社会性需要，他们在渴望物质报酬的同时还希望有其他的回报，例如情感、信任、尊重、自我实现等。而体制化交换行为由于过于强调组织原则、制度规范等，弱化了人们社会性需求的一面，缺乏对彼此需求随机性与灵活性的反应，不能完全满足人们的多元化的社会性需要。

（二）校长与教师的非体制化交换行为

非体制化交换是建立在双方自愿基础上的，是部分教师与校长进行的交换。其交换内容主要是社会层面的因素，例如，人们的价值观、信念、情感、赞同等，通过交换人们获得尊重、友谊、信任等社会性需要。

这是超出工作范围的交换行为，其双方的交换行为不受学校正式制度约

---

① 韦恩 K. 霍伊，赛西尔 G. 米斯克尔. 教育管理学：理论·研究·实践［M］. 范国睿，等，译. 第7版. 北京：教育科学出版社，2007：84.

束，也不受科层制的组织原则限制，只要彼此的交换行为是在政策、法律和道德允许范围内，双方愿意与对方进行资源互换就可以实施。这种交换行为的发生是双方都为了获取制度之外的回报，当然，根据交换的互惠原则，双方向对方的贡献也要多。组织成员要做某些超出他们工作范围的工作，作为回报，领导者也会为这些成员做得更多；那些不乐意承担更多新的不同工作职责的成员，则不会得到更多回报。[①] 在这种交换过程中，双方的回报不一定能做到立即兑现，它是一种长期的投资，如感情培养、信任获得等。这种具有长期回报的行为是否愿意持续下去，取决于双方在交换活动中形成的某些公认的价值观念和文明规范及其多元化需求的满足程度。所以，非体制化交换行为是一种平等和民主的关系，而不是一种控制和占有的关系。交换合理性的核心，是让彼此之间在自然、自由的气氛中进行友好的对话、进行诚挚的交流、进行没有任何强制性的交往，在相互承认的基础上达到理解与合作。

由于校长在时间、精力等方面的有限性，不可能与所有教师进行这种自愿性交换，只能与一部分教师进行。校长发现，在教师中有一部分人发挥着较他人更为重要的作用，他们可以成为自己领导学校发展的有力助手，与他们实施体制外的亲密交换活动有利于更有效地实现学校组织目标，这部分教师便是校长实施非体制化交换的选择对象。当然，他们是否真正成为与校长实施超出雇佣合同之外交换的教师，还要取决于教师本人对校长给予的认同，由于教师需求不同，对学校满足需求的期望不同，加之教师时间、精力、能力等也是的有限的，只有那些对校长手中资源在满足自我需求过程中有强烈期望并认为有可能得到的教师，才会投入更多的时间、精力，运用更多自身资源与校长进行非体制化交换，当然这部分群体成员也处于动态变化之中。

校长与教师为什么愿意实施这样的交换呢？处于组织高层的校长既是代表组织利益而工作的委托人，又是同组织签订合同并履行特定职责的成员。这种身份特征决定了校长既要向上级负责，又要向下级负责，既要设法完成学校组织目标，又要满足教师需要，校长必然要面对双重风险。教师在其发展过程中也同样面临是否能超越组织规制而付出更多贡献的风险，在他们看来，如果在与校长交换中能提供更充分、更高质量的资源，能同校长有良好的情感等交换关系，从长远来看就可能获取较他人更为充足的条件和机会，就可能较他人处于更有利的发展状态。双方都存在进一步降低风险的需求。实施好体制内的交换，是减少双方风险的必要措施，但是仅仅有这种交换在学校是不够的。这是因为：学校是以保存和发展社会文化传统和价值为主要功能的组织，这使其既

---

① 彼得·诺思豪斯. 领导学：理论与实践 [M]. 吴荣先，等，译. 第 2 版. 南京：江苏教育出版社，2002：74.

具有科层制的一面，更有教学专业化的一面。教育是一种培养人的事业，而人的发展要受多种多样因素制约，这就导致教育工作的很多方面具有不确定性。"学校被看成是目标模糊不清、技术不明确、参与者不断流动、各种互动不协调、各种结构性要素松散联系、结构对结果几乎没有什么影响的组织。"[①] 不仅如此，教师的工作也充满了不确定性。台湾学者饶见维认为，教师工作有6个方面是不确定的："教育目标，教育结果，教育对象，教育内容，教育方法，教育过程。"[②] 加之教育是高价值的涉入事业，涉及较多的价值判断。这些都表明，并非校长与教师遇到的所有事情都在制度规定的范围内，并非学校中的所有事情都可以通过双方的体制化交换来实现。另外，任何一种新的教育理念、教育内容和教学方法都要通过校长与教师的思想层面的碰撞和情感的交流才能得以实现，因此校长与教师的这方面的交换质量就成为领导过程中一个关键的要素，这些都不是体制化交换能涉及的。再有，为了规避被歪曲的、不透明的信息交换，也促使校长通常采取的一种自我保护措施，即尽可能为自己的周围营造一种宽松的交换氛围，在这种交换氛围下，形式上保持"领导者—下级"的正式关系，实际上与教师之间建立一种由非"领导者—下级"约束的亲密交换关系。总之，为了使风险最小化，双方必须引入体制化之外的积极交换行为来加以防范，必须与对方形成超出雇佣合同要求范围的非经济性交换。

　　非体制化交换作为其结果，双方主要获得彼此的尊重、友谊和信任等。按照社会交换理论的观点，只有社会交换才能引起个人的责任、感激和信任感，那种纯粹的经济交换则不会。[③] 领导—成员交换理论的研究发现：领导与成员的这种交换关系的形成，"使得群体内部人员有更好的表现和更高的工作满意度。"[④] 使得成员的工作态度和绩效、工作满意感、彼此之间的信息沟通效率等得以显著的提高。[⑤] 这一理论还认为，这样的交换行为有利于形成领导者与成员之间的高质量交换关系，在高质量的领导—成员交换关系中，领导者赋予成员某种角色，并提供有形或无形的补偿，以便使后者得到满意。随之，成员也较多承担领导者赋予的角色，按领导者的期望作出绩效。罗伯特·利登（Robert Liden）和乔治·格雷恩（George Graen）的研究也表明，高质量领

　　① 韦恩 K. 霍伊，赛西尔 G. 米斯克尔. 教育管理学：理论·研究·实践 [M]. 范国睿，译. 北京：教育科学出版社，2007：111.

　　② 饶见维. 教师专业发展——理论与实务 [M]. 台北：五南图书出版有限公司，1996：86.

　　③ 彼德·布劳. 社会生活中的交换与权力 [M]. 孙非，张黎勤，译. 北京：华夏出版社，1988：111.

　　④ 理查德 L. 达夫特. 领导学：原理与实践 [M]. 杨斌，译. 第2版. 北京：机械工业出版社，2005：33.

　　⑤ Maria M L, Wayne S J, Jaworski R A. Sources of Support and Expatriate Performance: The Mediating Role of Expatriate Adjustment [J]. Personal Psychology, 2001, 54 (1): 71 –99.

导—成员交换关系会促进员工产生强烈的工作责任感，从而愿意为他们的领导付出更多的努力，由此导致了较高的成员个人绩效、领导绩效和团队绩效。同时成员也会得到领导更多的支持、更多的工作自由度和信任，对领导也会更加尊敬和信任。[①] 根据社会交换理论和领导—成员交换理论，我们可以推知，通过校长与教师的这种非体制化积极交换行为，校长能够有效地规避一些风险，能得到比较真实的信息，能得到教师对领导的信任和忠诚，能通过个体满意度的提高来有效地实现其组织目标。教师通过这种交换行为得到校长的特殊关照和信任，以及由它们带来的安全感和满足感，有利于自身的成长和发展。当然，这种交换也不排除影响公平、公正等消极行为，不过这些我们可以通过相应措施进行弱化。

总之，校长与教师的体制化与非体制化交换行为是领导活动中客观存在的，它们在实现学校教育目标和满足教师需要过程中都是必要的，二者缺一不可，它们的合理互补，会有效促进双方目标的实现。

（该文发表于《教育发展研究》，2008 年第 18 期）

中小学校长与教师互动现象探析

傅树京

Seeking and Analyzing Interactive Phenomena between
Principals and Teachers in Primary and Middle School

Fu Shujing

互动是行动者对其他行动者的行为作出反应的过程。校长与教师的互动是他们基于对行动"意义"的理解，通过信息的传播而发生的相互依赖、相互作用、相互影响的过程。互动是组织中最基本、最普遍的现象，互动在一定程度上决定了组织的生存与发展。中小学教育工作的不确定性，使得校长与教师

---

① Liden R, Graen G. Generalization of the Vertical Dyad Linkage Model of Leadership [J]. The Academy of Management Journal, 1980, 23 (3)：451 –465.

之间会有更多的联系与影响，因此，他们之间的互动在教育教学活动中具有举足轻重的作用。但是目前在有些学校，校长与教师之间互动存在不到位的情况。校长的办学理念是有意义的，但是教师不理解，教师的教育教学设想是有价值的，但是校长不清楚；彼此在对方想法不清楚、不理解情况下从事学校管理及教育教学工作，双方应有的相互依赖性没有充分孕育出来。虽然都非常辛苦，但由于互动不够，彼此相互不赞成、不认同、不支持，最终制约学校发展。校长与教师作为中小学人才的培育者，应该形成彼此在思想、行为层面的实质性相互影响，而这些都是建立在恰当、有效的互动基础上的。如何实施这样的良性互动呢，本文力求解决这一问题。这里通过对中小学校长与教师互动现象的研究，探寻其互动的类型，互动的具体作用，提出有效互动模式设想，从而为提高学校领导效能，促进学校改进提供路径参考。

一、校长—教师互动现象呈现

根据对中小学校长—教师互动目的、内容、方式、媒介等方面的研究，发现它们呈现出体制化与非体制化互动状态。体制是各级各类组织机构和相应制度规范的有机结合。体制化互动是指围绕学校组织目标实现和教师需求满足，校长与教师基于中小学设置的组织机构和各种规范基础上的互动。非体制化互动是双方不限于正式组织及其相应正式规范而进行的互动。下面就在这样的分类基础上来揭示校长—教师互动现象。

（一）体制化互动

在体制化互动中，校长围绕教育目标设置，给教师下达教育教学等任务，教师则根据分配的工作，运用自己的专业知识和技术，从事相应事情，双方互动的目的是为了完成组织任务。互动的内容主要是教师聘任合同中规定的。例如，教师承担哪一科的教学、教授几个班、是否担任班主任、是否从事校本课程的指导等；以校长为首的领导者要为教师提供什么样的工作环境、什么样的专业培训及其结构工资、奖金等。这实际属于合同内互动。在这种互动中，双方主要基于各级各类学校组织机构进行。校长主要通过中间管理层的下级给教师布置任务，教师也通过中间层的上级与校长进行反馈。实际上，校长与教师之间形成了三条主要互动渠道，即校长—教学副校长—教务主任—教研组长—教师；校长—德育副校长—德育主任—年级组长—教师；校长—教学或德育副校长—教科室主任—课题组长—教师。校长利用这些渠道与所有教师进行主动联系，但教师利用这些渠道与校长进行主动联系的并不普遍。互动中双方主要通过制度、合同、职权等外界媒介来实施影响。校长与教师都要遵守合同及学校的各级各类制度，教师要服从校长的职权指挥。

总之，体制化互动在中小学是普遍存在的，校长要与每位教师实施这种互动，教师也要对校长的行为作出反应，或是积极或是消极或是默默无声地执行等。学校的日常行政工作及常规的教育教学安排等都是通过这种互动来实施的。它对维护学校正常秩序、对完成学校基本任务等都起了很大作用，但它在提升领导效能方面有局限性。

（二）非体制化互动

校长与教师在实施非体制化互动过程中，虽然很多话题是围绕任务而进行的，但目的不仅仅只是完成任务，而是为了更加出色地培养学生、更有效地实现学校目标。这种互动不必按照什么组织原则、通过什么组织机构的中间层次管理者进行，可以跨越他们直接面对面地进行，也可以通过电话、网络、书信等进行交流。非体制化互动也不一定受到组织设计的成文的正式组织制度等的约束，其中道德准则、组织文化等在这里起着主要的约束与调节作用。这种情况下的互动不存在按照什么明文合同规定彼此必须为对方做什么贡献，对方必须给予什么，这实际是一种合同外的活动，主要是为了解决一些随机性的问题，为了获得彼此的感情、尊重和信任等。互动中的影响物主要是道德、价值观、专业知识与技术等内在的个人品质。这种互动具有自愿性、个别性，是校长与个别教师在自愿基础上进行的。其中既有自上而下互动，也有自下而上互动，双方是在一种平等、友好气氛中进行的，它能极大提高领导效能。

校长—教师的互动水平会直接影响彼此的价值认识、思想理念，影响情绪、情感体验，影响着对教育事业投入，影响工作主动性和业绩。具体来说，以感情、尊重和信任为基础的非体制化互动能够有效提升校长的决策水平、激励水平和协调水平等，能够有效提升教师的工作满意度、教师组织承诺、教师组织公民行为等；能够提高学校教育目标达成度，提高信息沟通率和服务质量，促进和谐民主氛围的形成。

二、体制化互动现象分析

校长与教师之间的体制化互动与中小学的科层体制特点有极大关系。科层体制（Bureaucracy）是德国学者马克斯·韦伯（Max Weber）从复杂的社会现象中归纳出的一个组织形态。这种组织形态是：以目的、价值理性为取向制定组织制度，该组织的成员必须遵守它；行政管理就是在法律和组织制度允许的范围内来维护组织利益；合法的统治者即"上级"要在制度允许的范围内下达指令；组织成员在制度范围内有义务服从上级的管理。① 该理论认为，组织是一个金字塔形的结构，"专业化、权力等级、规章制度和非人格化这四个因素是科层制组织的基本特征。"② "学校是与科层组织有诸多相同特征的正式组织"，"科层模式成为许多学校管理者采用的管理模式之一"。③

首先，校长处于学校组织"金字塔"的最顶端，校长下面设有教务处、德育处、教科室等不同机构，这些处室下面又设有教研组、年级组、项目组等机构。学校组织的运作就是在这样的横纵机构中进行的。不仅如此，还设置了相应的运行规则：各机构、各个人职责、权限有明确规定，每个人在行使权力、担负责任时的具体做法也有明确规定。体制化互动是基于中小学组织内的互动，所以它必须受到组织机构及其相应规则制约。例如，组织机构的设置原则规定"不要越级指挥"，按照法约尔（H. Fayol）"统一指挥"的观点，"无论对于哪一件工作来说，一个下属人员只应接受一个领导人的命令。"④ 据此，校长决策后，只能是依次由副校长、主任、组长层次负责执行，最后将校长的指令传达至教师。否则，如果越级指挥就有可能导致多头领导，使教师无所适从，造成工作混乱。所以，在体制化互动范围内校长只能给他的直属下级布置任务，不能直接去找教师安排事情。在这种情况下教师们也形成了比较统一的行为，即一般情况下与直属上级对话，而不是大事小事都去找校长。因为校长已经授权下面各层次去分配任务、去进行控制，这种情况下校长对一些具体情况不一定熟悉，直属上级是最了解情况的。如果越过他们直接找校长，校长还要了解事情经过，然后再下达命令让各层下级去执行。这种情况下，教师要付出时间、精力及其各层上级心理不认可的成本，所以，科层体制下的规则使得教师一般也采用层层反馈的策略。这些做法使得信息能够顺畅地上行下达，提高了组织效率。

其次，在科层组织内，"在依照章程进行统治的情况下，服从有合法章程的、事务的、非个人的制度和由它所确定的上司——根据他的指令的正式合法性和在他的指令范围内服从他。"⑤ 在互动过程中，作为与学校签订聘任合同的教师都要接受校长在聘任范围内的任务分配，都要接受校长的指令。另外，组织活动是由一些固定不变的抽象规则体系来控制的，这个体系包括了在各种

① 马克斯·韦伯. 经济与社会：上卷 [M]. 林荣远，译. 北京：商务印书馆，1997：242 - 243.
② 彼德·布劳，马歇尔·梅耶. 现代社会中的科层制 [M]. 马戎，等，译. 上海：学林出版社，2001：7.
③ 韦恩 K. 霍伊，赛西尔 G. 米斯克尔. 教育管理学：理论·研究·实践 [M]. 范国睿，等，译. 第 7 版. 北京：教育科学出版社，2007：94.
④ 亨利·法约尔. 工业管理和一般管理 [M]. 北京：中国社会科学出版社，1982：27.
⑤ 马克斯·韦伯. 经济与社会：上卷 [M]. 林荣远，译. 北京：商务印书馆，1997：241.

特定情形中对规则的应用。① 这种规则是用来控制整个组织人员及组织活动的，因此，体制化互动中的双方，包括校长与教师都要按照聘任合同行事，都要完成各自的任务，都要遵守学校的各项规章制度。所以，这种互动有利于维护学校正常工作秩序。

正是由于上述原因，校长—教师之间的体制化互动现象是普遍存在的。上述分析还表明，处于这种特点下的互动使得校长与教师都有明确的任务观念及其完成任务的具体行为，其互动结果使得学校的所有工作都由具体教师做，所有教师都知道自己具体做什么工作，从而保证了学校任务的完成。不仅如此，确定的信息传递渠道使得大家知道什么事情找谁解决；明确的权责、清晰的规范使得大家知道如何干，知道工作后的个人回报。因此，体制化互动在学校管理中具有不可替代的作用。

三、非体制化互动现象分析

体制化互动已经具有了完成教育教学任务的功能，为什么还存在非体制化互动呢，它又为什么会对学校领导效能起到如此大的作用呢？这与中小学的另外一个特点——松散结合（loosely coupled）性密切相连。美国学者卡尔 E. 韦克（K. E. Weick）对松散结合概念进行了最为彻底的分析。他认为，松散结合是"相结合的事件之间虽然反应敏感，但是，每个事件同样保持它自己的特点和某种物理或逻辑上的独立的标志。"② 松散结合，"其中的'结合'一词表明，这些要素是相互联系的，并且维持一定程度的确定性；修饰性词'松散'表明，这些因素同样受制于环境的变化以及维持某种程度的独立性和不确定性。"③ 教育组织被认为是松散结合的最好例证。

首先，中小学的松散结合性特点表明，在影响学校工作的众多因素中，偶发性因素占了相当大的比例，这类因素在学校中是随机出现的，具有不稳定性。例如，正常的课堂上会突然出现社会中的一些人员来找麻烦；再如，可能校长、教师不经意间的一句话、一个眼神、一种表情就会对学生产生莫大影响。对于这些因素，校长与教师都难以预测它的出现，难以事先制定相应的措施来规范它，也难以设置相应的机构来承担它，当然这些问题通过体制化互动

① 彼德·布劳，马歇尔·梅耶. 现代社会中的科层制 [M]. 马戎，等，译. 上海：学林出版社，2001：17.

② Weick K E. Educational Organizations as Loosely Coupled System [J]. Administrative Science Quarterly, 1976, 21 (1)：1 – 19.

③ Orton J D, Weick K E. Loosely Coupled Systems: A Reconceptualization [J]. Academy of Management Review, 1990, 15 (2)：203 – 223.

难以解决。当遇到这些问题时，教师认为校长是最有效解决问题的领导者，校长认为教师是最能实现他意愿的具体执行者。管理原则虽然明示了校长的命令传达行为，即校长在任务分配等的管理过程中不能越级指挥教师，但这是针对常规性工作而言的，对于非常规事情，有例外原则。另外，管理原则并没有禁止教师越级反映问题的行为，也就是说教师就学校工作及个人发展中的问题等，可以直接找校长，校长则必须接待教师，这是他的职责。正是由于上述原因，使得校长与教师要跨过组织层级、超越制度规范等进行以问题为本的直接互动，于是非体制化互动出现了。这种互动弥补了体制化互动难以顾及的非常规性事件处理问题，能够及时解决随机出现的事件。

其次，松散结合在中小学的典型表现是，校长在教学系统内与教师联结是松散的。校长职权及其制度在行政领域对教师直接控制力度较大，然而在教育教学领域对教师的影响是有限的、较弱的。教师们虽然受聘于学校的校长，但在教学工作上教师保有一定的专业自主权。"教师在教室里独立工作，相对来说，不受同事和管理人员的监督，并且拥有对其学生的广泛的自由决定权。"[①]校长虽然有时会作教学视导，但不会经常检查教师的教学，事实上也不可能随时"监督"教师的一举一动。否则，如果校长意图"统领"教师的教学，将会被认为不信任专业、不尊重教师，反而引发教师的抗拒心理。基于学校的松散结合性特点，对教师教学影响最大的不完全是校长职权及其制度，而是校长的个人品质，是彼此感情联结、尊重交换、信任支撑等。这样的影响不仅仅涉及人们的外在行为，还会深入到人们的思想，深入了解对方的价值观念、教育理念等，是一种思想性的互动。这种互动能够使他们真正形成内在的、实质的相互影响，能够使他们对学生发生共同的、真实的教育意义，从而更有效、一致地培养学生。所以，校长要想很有效地影响教师的教育教学，教师要想对校长决策产生影响，就要实施非体制化互动。

最后，教育不仅仅是一种理性的活动，它更是一种情感性活动，教育就等于美好希望，追求希望是一种情感投入的活动。从事这种事业的人要有爱，要有发自内心的纯真的情感，要有从内心深处产生的激情。我们可以设想，如果校长与教师间的互动只是建立在纯粹程式化、规范化的相互作用下，彼此之间不讲人情、就事论事，冷漠、刻板，缺乏激情和情感，教师再以这种状态与学生互动。这种模式下的互动虽然可以完成上级交给的教育教学任务，但是难以把教育作为一项伟大的事业来做，难以让其应有的功能得以释放，难以让享受教育的人真正有美好的情感向往。另外，教育也需要尊重、需要信任。教育是

① 韦恩 K. 霍伊，赛西尔 G. 米斯克尔. 教育管理学：理论·研究·实践 [M]. 范国睿，等，译. 北京：教育科学出版社，2007：111.

一种美化、建造人们心灵的事业，校长与教师是美化、建造人们心灵的"工艺师"；教育的真谛是让人们有价值感，校长与教师则是让人们产生这种价值感的"培育者"、"引导者"；领导的真谛是让人们的价值感得以实现，校长与教师则是让人们的价值得以实现的"设计者"、"实施者"。所有这些都是建立在尊重、信任基础上的，一种欠缺尊重、信任的教育很难让人们有价值感，更难让人们的价值感得以实施，当然也就谈不到培养更加出色的人才了。因为，只有当人们得到尊重、信任时，他们才会充分释放自己的智慧，才会超越自己，成就超出时空限制的创新，从而提升学校的品质。因此，教育这种事业本身需要以情感、尊重和信任为主的互动。

　　总之，校长—教师之间的体制化与非体制化互动是客观存在的，它们都对学校的生存与发展产生直接的现实意义，只是影响的内容、范围、层次不同而已。体制化互动是学校正常运转的前提，是教育教学任务完成的保证，是基础性的互动。非体制化互动是促进学校发展的必要条件，是提高学校品质、实现学校优质办学的保证，是高层次的互动。这种互动关注愿景、信念等这些无形品质，用这些内在品质来建立彼此关系，来实施相互影响，这样的影响使双方获得彼此的友谊、尊重、情感和信任。这对具有明显社会性特征的中小学校长与教师来说是至关重要的。它能使整个组织形成一种和谐友好的氛围，使整个组织处于良性循环、蒸蒸日上的发展状态；它还能使个体自觉自愿的付出正式制度规范之外的积极、正向努力，使个体处于一种愉快、能动的成长状态。一个良性、有效的互动模式是二者有机结合，使之达到平衡。只有这样，学校才能更有效、更高质量地实现教育目标、提升学校服务质量。

（本文发表于《中国教育学刊》，2009 年第 11 期）

第五章　校长与教师专业发展

　　学校发展在实践的层面上最终取决于是否有一支新型的专业化的师资队伍。校长专业发展成为学校发展的核心问题。关于校长专业发展，本部分主要研究了如下一些问题：美国教育领导标准介绍、发展变化梳理、核心价值分析及对我国制定校长任职资格标准的启示；香港校长持续专业发展理念的阐述和特点的分析；从流程及方法等方面构建了一种反思型校长专业发展模式，并对其特点及有效性进行了分析。关于教师专业发展，本部分主要探索了如下一些问题：中小学教师专业发展的五个阶段及其相应的心理特征和需求，以及培训的侧重点；促进中小学教师专业发展的理念、途径；中国教师发展学校的理念、特点、实施和作用的论述及其有效性的分析等。

基于资本积累的中学优秀校长成长

田汉族
Analysis of Growth of Outstanding Middle School
Principals on the Basis of Capital Accumulation
Tian Hanzu

"如何让校长成为教育家"是当前基础教育发展的重大理论课题和实践难题。现实中，在校长专业化思想引导下，基于"外在需要"的优秀校长培养制度、培训方案、激励校长成长的各种"工程"与措施纷纷出台，并逐渐演化为"政府"行为；这种"培养"观，忽视了优秀校长成长的整体本质。我们认为中学优秀校长成长有着复杂的原因和内在的成长规律。本文试图从资本积累角度探索优秀校长成长的"黑箱"，以期为更多的优秀校长成长提供原型启发和培训课程案例资源。

一、目前中学优秀校长成长研究及其不足

在现代交往或日常话语中，优秀校长就是知名校长、好校长的代名词。优秀校长是指"在为教育献身的责任感支配下，能遵循规律带动群体，进行创造性办学，并获得显著成效的校长"；① 是"在基础教育领域乃至社会各界影响广泛并具有知名度的杰出教育人才"。② 优秀校长与一般校长有着根本区别③，其中，办学成效显著是优秀校长的根本特征。但优秀校长是一个相对的概念，具有时间和空间的相对性；也是一个发展的概念，具有成长的主体性、过程性、社会性。名校校长不一定都是优秀的，政府任命的"优秀校长称号"不一定都是优秀的。中学优秀校长是指在中学校长群体中素质超群、办学成绩卓越并具有较高知名度和美誉度的校长。教育家式校长应该是优秀校长追求的

---

① 北京教育行政学院. 普通学校校长成长·培训·管理 [M]. 北京：文化艺术出版社，1992：114–118.

② 康万栋. 名校长的成长规律 [J]. 天津市教科院学报，2009（1）：15–17.

③ 康万栋. 名校长的群体特征——以天津市名校长为例 [J]. 天津市教科院学报，2008（2）：23–26.

最高境界。

（一）中学优秀校长成长的主要观点

1. 素质说

许多学者从办学成功的角度探讨优秀校长素质。如崇高的责任感和使命感，热爱教育事业、始终不渝的事业心；鞠躬尽瘁的献身精神；积极向上、不断创新的进取心；现代教育观；卓越的管理才华。[①] 这些素质在优秀校长成长中的地位和作用不一样，强烈的事业心和对责任感是成长关键，起着动力的作用；刻苦学习、勇于实践是决定条件；文化政治素养和个性心理品质是基础。[②] 这种观点静态地强调了优秀校长的个体品质。

2. 角色说

校长发展是在特定角色认知和践行过程中创造人生、实现自身价值的，是角色认同、角色学习和角色适应与胜任的过程，是对角色把握由自在阶段向自为阶段发展的过程。优秀校长扮演了多种角色。国内外学者比较认同的是斯佩克（M. Speck）提出的校长三个职业角色：管理者、领导者和教育者。[③] 这种观点强调了校长成长过程的角色学习内容。

3. 胜任力说

胜任力是指与优异绩效有因果关系的行为维度或行为特征，是人们在工作中的具体行为表现，即特定情境下对知识、技能、动机等的运用和实际行为表现。近年来，一些心理学工作者开始运用胜任力理论研究校长。北京地区一项持续两年的校长胜任力调查表明：优秀校长的胜任力品质包括知人善任、组建团队能力、人际洞察力、有服务意识、主动性、全局思维、人格魅力、学习能力等。[④] 这种观点强调了优秀校长的专业能力。

4. 阶段说

这种观点将校长成长过程等同于校长专业发展过程，主张按照专业成熟程度分为不同的发展阶段。如远征等提出校长成长过程可以分为职前预备期、岗位适应期、称职期、成熟期四个阶段。经过这些阶段，才能达到优秀校长的水平。[⑤]也有学者把校长的专业发展划分为五个阶段：角色确认阶段、适应阶段、成熟阶段、高原期阶段、发挥骨干作用阶段。还有的学者将"创造期"作为

---

① 杨素珍. 如何成为一名成功校长 [J]. 教育理论与实践, 2004 (1)：56 - 59.

②⑤ 远征, 亢冰雁. 优秀中小学校长成长规律初探 [J]. 新疆教育学院学报, 1989 (1)：7 - 9.

③ 褚宏启. 中国教育管理评论：第一卷 [C]. 北京：教育科学出版社, 2003：225 - 226.

④ 吴岩. 朝向校长成长的顶峰迈进 [J]. 今日教育, 2009 (6)：22 - 23.

最后阶段，认为在成熟期，部分成为优秀校长；在创造期，大部分成为优秀校长。① 这种观点概括地揭示了校长的成长阶段。

5. 领导力说

从校长是学校的领导的认识出发，许多学者借鉴领导科学理论（特质论、行为过程论、权变论、变革型领导、魅力型领导、愿景领导等），探讨校长成长过程中的领导类型、结构和内容。比较有影响的观点有：萨乔万尼于 1991 年提出的关于教育组织领导的"五力模式"（技术领导力、人际领导力、教育领导力、象征领导力和文化领导力），郑燕祥教授 1993 年提出的校长领导力五向度模型（结构领导力、人际领导力、政治领导力、文化领导力、教学领导力）。根据校长在学校中承担的责任与扮演的角色，萨乔万尼在 1992 年提出校长是道德领导，墨菲在 1990 年、塞佛斯在 1999 年提出校长是教学领导，格拉特霍恩在 2003 年提出校长是课程领导。这是一种管理绩效取向的校长成长研究。

6. 因素说

许多学者认为中小学校长的成长与发展是个人素质、组织培养和社会环境综合作用的结果。一般认为，影响优秀校长成长的因素分为内部和外部两个方面。外部因素包括教育制度环境，校长的选拔、培养、激励、评价措施，内部因素主要包括校长的教育思想、专业知识、管理智慧、领导水平等。瞿卫星调查发现名校长成功的内在因素有三个方面：能力因素（敏锐的教育研究能力、杰出的教育管理能力、创造性决策能力），人格因素（理想精神，敬业态度，情感立场，道德情操，意志品格等），理念因素（高度的事业心和责任感，坚定的教育信念，成熟的教育思想和独特的办学风格，不拘一格的学校管理理念）②。在众多因素中，校长个体的因素是成功的关键③。这是一种基于线性因果关系的校长成长研究。

7. 本质、规律说

校长成长意味着校长发展与成功，包含多维发展、主动发展、持续发展、互动发展、专业发展、校本发展。④ 名校长的成长过程是一个校长专业化发展的过程，是一个反复学习与反复实践相结合并相互促进的过程，是校长主动发

---

① 吴恒山. 校长成长的过程与规律［J］. 现代校长，2006（4）：7 - 9.

② 瞿卫星. 江苏省首批"名校长"成功的内在因素研究［J］. 江苏教育学院学报：社会科学版，2002（2）：9 - 12.

③ 吴秀娟. 成功校长的实践与研究［M］. 沈阳：辽宁人民出版社，1998：339 - 340.

④ 王铁军. 校长成功：多维视野的整合考察——《江苏省名校长、名教师成长机制与规律的整合研究》课题报告之一［J］. 江苏教育学院学报：社会科学版，2003（6）：1 - 6，15.

展的过程，是一个不断利用外部资源和条件进行优势积累的过程，是一个在校长主体与客观环境互动中发展的过程。[①] 校长的成长是有规律的[②]，其成长规律是：教师专业化发展是名校长成长的基本条件；丰富的学校基层岗位管理经验是名校长成长的实践基础；先进明确的教育理念和学校发展愿景是名校长成长的航标；反复学习与反复实践的紧密结合是名校长成长的催化剂；勇于改革创新是名校长成长的突破口；政府的大力支持和公众的认可帮助是名校长成长的外部保障[③]。这是对优秀校长的本体论研究。

8. 生命说

有的学者认为：校长的成长，是生命的成长，是一种整体生存方式的不断完善、生命质量的不断提高。学校管理实践对于校长而言，不仅仅是一种工作，而更是一种有价值的生活实践，是一段个体的成长过程。[④] 管理能力的提高、教育观念的转变、学历层次的提高、校长见识的丰富等只是校长成长内涵的重要构成，而非校长成长的全部。校长成长过程是一种在人与环境互动中，生命表达丰富化的过程，也是一个永无止境的实现历程。这是基于生命取向的校长成长观。

（二）目前中学优秀校长成长研究的基本评价

应该说，从不同的视角研究校长成长，都具有积极意义。"素质说"详尽描绘了优秀校长应有的知识、能力、态度与个性，"角色说"形象地描述了校长的行为特征，"过程说"明确给我们划分出了校长在成长过程中要经历的各个时期，"领导力说"客观地分析了校长领导的结构和内容，"胜任力说"现实地说明了校长绩效的主要来源，"因素说"全面阐述了校长变优秀的充要条件，"本质与规律说"理性地刻画了校长成长的实践逻辑，"生命说"富于想象力地描绘了校长成长的理想图景。但由于缺乏复杂思维与整合视角，这些研究都没有看到校长成长的内在生命性和社会性，校长成长过程研究仍然处于盲人摸象状态。表现为以下几个方面的不足。

第一，研究价值的功利化取向，没有充分体现校长成长的个人价值。表现在将校长成长过程等同于专业化过程，过于强调校长成功的理性因素及其管理或领导价值，忽视了优秀校长成长的生命特质及其人文价值。其实，校长的成长是一种"自我引导"的过程。发掘或揭示内隐于校长生活、事件经验和行

① 康万栋. 名校长的成长规律 [J]. 天津市教科院学报, 2009 (1)：15-17.
② 贺乐凡. 校长培训要遵循校长成长的规律 [J]. 北京成人教育, 1997 (89-90)：54-55.
③ 应俊峰. 名校长成长过程与要素分析 [J]. 教育发展研究, 2005 (1)：22-25.
④ 李家成. 校长生命成长：在学校管理实践中展开 [J]. 思想·理论·教育：上半月综合版, 2003 (5)：20-23.

为背后的教育思想、教育理论、教育信念和教育管理智慧，也许更具有价值。

第二，研究内容的同质化、形式化。将校长研究置于"应该怎样"背景下，抽象出优秀校长的职称、年龄、教龄、学历、素质等特征，没有体现校长研究的生活化，挖掘优秀校长成长的隐性知识资源；研究的结果反映了优秀校长素质（特别是能力）的全面性，同时也是把优秀校长静态地置于"神圣"位置而放到学习者的对立面。相反，国外的一些研究对我们具有更大的启发价值，如托德·威特克尔所著的《优秀校长一定要做的15件事》、Elaine K. McEwan 的作品《卓越校长的7个习惯：如何应对教师的愤怒、苦恼、怠倦和困惑》，等等。

第三，研究方法的经验化。大多数学者对优秀校长研究采取问卷调查、访谈等经验总结法；少数学者采用田野研究方法，对校长成长进行了跟踪研究，但由于缺少必要且合适的理论支撑，绝大多数基本上属于一种描述性的研究，研究结论缺乏普遍价值。

二、基于资本积累取向的中学优秀校长成长观

学校在本质上是一种具有人力资本、社会资本和文化资本特征的学习型组织、发展共同体，中学优秀校长成长与学校发展有着整体的、密切的联系。中学优秀校长成长过程是在教育实践中以持续学习、思考、研究、实践、体验和创新等方式，不断积累人力资本、文化资本和社会资本，进而提升其专业生活、文化生活、社会生活的质量，创造人生、实现自身价值的过程。其成长史就是整体生命活动的历史，就是其文化资本、社会资本、人力资本不断生成、转化的历史。

（一）中学优秀校长成长中存在三种资本积累

中学优秀校长人力资本是指校长作为学校主要领导所拥有的经营管理知识、技能、能力和实践经验的总和。优秀校长人力资本是一种异质型人力资本，即具有边际报酬递增生产力形态的人力资本。以职称、职级等为其专业特征。优秀校长的人力资本是通过其管理专业实践（如担任教导主任、副校长等职务）和学校管理培训（如校长培训）等途径积累是必然的。校长人力资本的大小决定了校长的管理工作水平。校长在各个成长阶段需要具备的人力资本，以及人力资本积累到一定水平才能促使校长更快地进入下一个成长阶段，人力资本达到较高水平才能被称为是优秀校长。培训证、资格证、职务等级等是其人力资本的外在体现。

优秀校长文化资本是指校长通过文化环境熏陶、教育、个人修养积累等而形成的身体素质、德性、文化艺术修养、气质、风度等。中学优秀校长的文化

资本积累方式主要是习惯、学习与反思。布迪厄指出：文化资本泛指任何与文化及文化活动有关的有形或无形资产。具体可划分为：身体化形态、客观形态及制度形态三种基本形式。身体化形态文化资本指通过家庭环境及学校教育获得并成为精神与身体一部分的知识、教养、技能、品位及感性等文化产物。它的积累是一个具体化与实体化的过程。身体化形态文化资本的积累不仅需要一个十分漫长、极费时间和精力的过程，而且它最终也只能体现于特定的个体身上。它是无法通过馈赠、买卖和交换的方式进行当下传承的。客观形态，就是书籍、绘画、古董、道具、工具及机械等物质性文化财富，可以直接传递的。制度形态文化资本就是将行动者掌握的知识与技能以考试等方式予以承认并通过授予合格者文凭和资格认定证书等方式将其制度化。优秀的校长成长包括这三种形态的文化资本。在其成长过程中通过参与文化教育活动等方式积累人类历史文化形成的个人的无形的文化资产，如良好的个人生活习惯、人生态度、待人接物方式、自我保健知识技能、生活品位及个性等；通过知识与技能的考试等方式获得的各种文凭和资格认定证书；通过文化创造活动形成的客观形态的文化作品，如字、画、论文、专著、发明创造等。

优秀校长的社会资本是优秀校长个人通过社会交往所拥有的信任、威望、声誉等无形资产，建立在信任基础之上的社会关系及其通过关系获得的资源。以社会头衔为其社会关系特征。广泛而深入的交往是社会资本积累的主要方式。优秀校长的社会地位和工作性质要求其具有较高的社会资本来帮助他更好地完成校长工作，要善于谈判、交往和应酬。具体体现为：（1）与家庭成员关系和谐相处，能获得家庭对自己工作的支持和帮助；（2）处理好与同事的关系，能在学校树立领导权威，获得教师员工的尊重和支持；（3）与兄弟学校和周围的社区保持密切的联系，为学校发展创造一个良好的环境；（4）主动获得上级的支持和认可，从而能得到必要的办学资源和政策支持；（5）获得一定数量的社会职务，参与公益活动，利用自己的社会声望为学校发展拓展社会空间。

（二）中学优秀校长成长与三种资本积累具有内在一致性

中学优秀校长成长与三种资本积累具有内在一致性、同构性。三种资本成为揭开校长成长过程黑箱的钥匙。首先，从资本特征看，校长个体拥有的资本包括人力资本、社会资本和文化资本，它们具有共同特征：一是通过投资形成，投资包括花费的经费、时间和精力；二是具有专用性，即一旦为个体所拥有，就具有垄断的性质；三是具有累积性，资本的价值不会随着使用而降低，反而会因为反复使用而升值。其次，从校长扮演的角色和角色学习看，校长作为管理者和领导者，要求站在宏观的角度去审视和实施学校的管理工作，处理好与学校利益相关者的各种关系；而作为一个教育者，需要进一步强化校长作为学术带头人和教学改革领头羊的角色，需要校长关注有意义的校园生活、教育教学事件，分析和总结教育教学实践经验，这就需要花费时间和精力，需要不断学习、研究和实践。通过不断学习、思考、研究和改革创新，校长就会不断获得具有个性特点的工作经验、管理智慧、生活智慧。而通过经验和智慧的使用范围扩大，校长的知名度、美誉度就会上升。最后，三种资本在历时态上，具有内在的生成规律；在共时态上是相互影响，相互促进，共同在校长成长中发挥作用。其文化资本是人力资本的基础和动力，人力资本的积累内化为文化资本；其文化资本的身份认同效应为其社会资本建构提供基础，社会资本影响个体文化资本、人力资本存量；其人力资本通过并依靠社会资本发挥作用，人力资本的质量影响社会资本形成。

可见，"名校长的成长过程应该是校长自主探索和发展的过程，是全面性、丰富性和个性同步发展的过程"。① 优秀校长的成长受到社会环境与主观条件的影响，只有通过专业生活、文化生活和社会生活不断转化为自身的人力资本、文化资本、社会资本，才能取得并强化校长身份的合法性与正当性，拓展校长功能的充分性，实现自我发展与学校发展的同步性、一致性。

（三）中学优秀校长成长的资本研究是校长成长的本质回归

由于中学优秀校长成长与资本积累具有同构性，其研究必须将校长置于真实的教育情境中，并还原为成长生态。因此，优秀校长成长研究是一种原生态型研究。研究的结论不是冰冷的理性文字，更有校长个人的感悟与智慧，以及那些不能言表的教育信念、管理思维、学校精神。中学优秀校长成长的资本研究赋予其成长内生性轨迹，避免了"外部干预"带来的"主观"，为校长研究开辟了一条客观而具体的研究路线；赋予研究过程主体性、历史性、交往性特征，使研究过程转化为校长反思性成长的必要手段和校长文化对研究者的心灵洗礼；赋予研究对象整体生命性特征及其成长的阶段性资本数量、质量与结构特征，有利于优秀校长成长"文化"的现实把握与有效输出。

三、中学优秀校长成长资本的研究方法

（一）优秀校长成长的资本研究的方法论

由于优秀校长的成长过程是一个复杂的、动态变化的和多因素共同作用的

---

① 季苹. 有个性善合作的名校长群体从这里起步——记北京市第一期名校长工作室 [J]. 北京教育：普教版，2008（10）：4 – 8.

结果，优秀校长成长过程的资本研究需要用"全人行动，人境互动"的思想方法作指导，运用管理学、社会学、经济学的等多学科视角进行整合研究。它主要是利用多个案研究方法，追踪优秀校长成长的真实环境，获得生动、具体、翔实的资料。（1）通过对校长作品、讲话稿、论文、专著、日记等材料进行分析整理，获得优秀校长成长过程中的智慧来源及其形成机理。（2）通过对校长观察，与校长相关的人调查、访问、座谈，准确把握优秀校长成长的社会性和客观性特征，总结优秀校长成长的资本类型和核心要素。（3）进行跨案例分析，将分析结论与理论假设和已有的研究结论匹配比对，修正已有的研究假设，获得优秀校长成长过程的规律性认识。

（二）中学优秀校长成长的资本度量

中学优秀校长成长的三种资本在成长的过程中以不同的方式积累并相互作用，而在不同发展阶段具有不同的"量"、"质"和"结构"特征。揭示这些特征，是中学优秀校长成长研究的难点和关键。

由于中学优秀校长的资本表现形态、形成途径不同其评价指标也不同。根据人力资本、社会资本和文化资本的最新研究成果、国内外对优秀校长成长过程特征的经验分析以及校长成长的内在要求与时代特征，我们初步进行了评价指标的设计（见表1）。这些评价指标有的具有量化特征，可以进行客观分析，如校长的身体素质、校长的社会交往范围及其社会位置、校长所读的书等，但更多指标都是主观的，需要根据校长的"呈现"和相关者的"陈述"来综合分析。

表1　中学优秀校长成长过程中的资本类型、形成及其评价指标

资本类型	表现形态	形成途径	评　价　指　标
文化资本	身体化形态	早期教育 行为习惯养成 职前经历	坚定人生信念（谈话、文本）
			灵活处世原则（案例调查）
			广泛兴趣爱好（行为习惯观察）
	客观形态	学校教育、读书	较高的学科专业素质、校本教育教学科研水平、个人文化作品（如字、书、画等）
	制度形态	考试	较高层次学历（证书）
		职称考试与评审	高级职称（证书）

续表

资本类型	表现形态	形成途径	评价指标
人力资本	教育管理知识	职前理论学习 自学 培训 交流 干中学 反思	系统的、精深的教育管理理论（论文、专著）
			独特的教育管理观念（讲学、讲演）
	教育管理经验		娴熟的管理技巧（调查）
			个性化的管理方法（调查）
	教育管理能力		创造性决策（学校文件、会议记录）
			优质资源获取及其优化配置（制度、学校年鉴）
			多元合力整合（调查、文件）
			卓越的课程教学领导（学校文件、校长讲话）
			有效的愿景与文化领导（学校发展规划、文化建设文本、学校标示等）
	健康状况	锻炼、饮食、生活习惯	身体健康（体检表）
			精力充沛（观察、调查）
社会资本	人际交往	与上级领导沟通	领导赏识、信赖（调查）
		与平行单位合作	同行认可（调查）
		与教职工交往	教师合作、团结（调查）
		与学生及家长	学生及家长满意（调查）
		与家人共同生活	充满亲情与幸福（座谈）
	社会活动	社会兼职	教育专家风范（调查）
		参与社会公益活动	学校形象代表（调查）

优秀校长成长过程的资本研究还处于理论探索和初步的实证研究阶段，许多理论建构的工作还有待于不断完善。但我们欣喜地看到，研究的框架得到越来越多的同行和校长的认同和理解，资本研究或许是打开优秀校长成长的"黑箱"的钥匙。

（该文发表于《教育科学研究》，2010 年第 12 期）

香港校长持续专业发展：理念及特点

傅树京

On the Concept and Characteristic of the Continuing Professional
Development of School Principal in Hong Kong
Fu Shujing

一、香港校长持续专业发展理念

（一）校长持续专业发展是造就优质学校的基础

进入 21 世纪，社会人士对教育的期望不断提高，要求学校要提升全港学生的学习效能，为全港的学生提供优质教育，谋求全体学生最大利益，务求不放弃每一个学生；学校要能切合学生能力和个性，使学生各展所长，使每一名学生都能达到全面发展。为此香港政府致力发展优质教育。"要达致优质学校教育，我们需要高质素的校长和教师。他们需要对教育有强烈的使命感，具备良好品德，以及所需的学术和专业资格，共同推动和参与优质学校教育发展。"① "近年来的研究一致认为作为学校领导人的校长能对学校的全面质量产生最直接的影响。领导人前进，学校也会进步。"② 领导者在社会组织中起着重要作用，具有实质性功能，领导者的观念影响群体文化的形成。③ 所以，要让学生接受最佳的教育，就必须具有优秀的校长。要成为一所优质学校，只依靠校长的"妥善管理"已经远远不够，校长需要转变思想范式，由惯性运作、科层管理，转为勇于变革、重视人际关系、促进团队协作、力求改进和提高效能。校长必须与时俱进，不断进取；必须具有明确的价值观、先进的教育理念、广博的教育知识、丰富的专业经验；必须具备出色的管理才能、卓越的领导技巧，特别是教育方面的相应才能和技巧。

---

① 香港教育统筹委员会. 第七号报告书《优质学校教育》[EB/OL]. (1997 – 09 – 01) [2004 – 07 – 15]. http：//www. e-c. edu. hk/chs/index_ c. html.

② Jon C D. Professional Development for Schools Leadership：The Impact of U. S. Education Reform [J]. International Journal of Educational Research，1998 (29)：323 – 333.

③ Lam Y L. Defining the Effects of Transformational Leadership on Organizational Learning：a cross-cultural comparison [J]. School Leadership & Management，2002，22 (4)：439 – 452.

面对现在正推行的教育改革，倡议改变学生的学习态度和习惯，引进新的学习模式和采用新的教学策略。所需的校长专业品质不是自然而然形成的，需要通过持续不断的专业发展来生成。为了协助校长具备并且提升这些品质，带领教师和学生面对 21 世纪的挑战，领导学校追求卓越，香港政府致力推行校长持续专业发展。他们深信，"校长持续专业发展有助于提升专业水平和领导能力，使学生得益，并提高学生学习的成效；有助于协助校长发挥所长，不断求进。"① "透过持续专业发展，确保校长的才能得以不断提高，成为专业的领导和行政人才"。② 专业发展对培育领导者的能力才华具有高度的重要性。③ 通过培训，有利于管理者完成特殊任务；有利于造就有效、能胜任的学校管理者。④

为了通过校长持续专业发展造就优质教育，香港要求校长持续专业发展活动应配合学校发展策略，所完成的专业发展项目应对学校目标有积极影响。从 2003—2004 学年起，在职校长的持续专业发展计划要列入学校的周年校务计划书内。该计划书须经办学团体、校董会通过，并送交学校所属的教育统筹局（以下简称教统局）区域教育服务处存档，以便跟踪支持。在适当的情况下，学校可把在职校长的持续专业发展活动载于《学校概览》内。校长应根据学校发展需要和社会教育政策大方向，以及自身情况制订他们的持续专业发展计划。这种持续专业发展计划必须以教职员工及学生的利益为大前提，应能反映人们对优质教育的期望，要通过校长持续专业发展，使校长成为能干的学校领导人，使学校成为充满活力的学习社群，以面对不断求取进步的知识型社会的挑战。

为此，教统局制定了校长持续专业发展的理念架构，这个架构推出了校长持续专业发展的 6 个主要领导才能范畴：策略方向及政策环境、学与教及课程、教师的专业成长及发展、员工及资源管理、质素保证和问责、对外沟通及联系。⑤

① 香港教育署. 第 279/2002 号通函《校长持续专业发展指引》[EB/OL]. (2002 - 09 - 19) [2004 - 07 - 15]. http://www.edb.gov.hk/filemanager/tc/content_2129/Guideline-c1809b.pdf.

② 香港教育署. 校长持续专业发展咨询文件——持续发展 以臻卓越 [EB/OL]. (2002 - 02) [2004 - 07 - 15]. http://www.ed.gov.hk/ednewhp/teacher/cpdp/chinese/home.htm.

③ Walker A, Dimmock C, Chan A, Chan W K, CHEUNG M B, Wong Y H. Key Qualities of the Principalship in Hong Kong, Hong Kong Centre for the Development of Educational Leadership [EB/OL]. [2004 - 07 - 15]. http://www.fed.cuhk.edu.hk.

④ Mestry R, Grobler R B. The Training and Development of Principals to Manage Schools Effectively Using the Competence Approach [J]. International Studies in Educational Administration, 2004, 32 (3): 2 - 19.

⑤ 香港教育统筹局. 第 31/2002 号通告《校长持续专业发展》[EB/OL]. (2002 - 07 - 17) [2004 - 07 - 15]. http://www.edb.gov.hk.

（二）校长有责任推动自身持续专业成长

校长是持续专业发展的主人翁。校长必须认同持续专业发展对他们个人成长和学校发展至为重要，各种专业发展活动才能得以真正成功落实。香港明确规定，从 2002—2003 学年开始，校长须制订本身的持续专业发展计划，并征询所属办学团体、校董会的意见，就自己的持续专业发展活动模式适当地分配进修时数。

校长持续专业发展应由校长自身根据本人情况实施和推动。他们规定，校长应按照个人、学校和社会教育发展的需要，审慎地订定自己的专业发展计划，进行专业发展需要分析，反思自身的专业发展需要，以便进而完善自己的持续专业发展计划。应多注意各类可供参与的持续专业发展活动，并选择合适的参加，以开阔视野，从实践、反思和系统化的课程中学习。为此，他们提出"为校长而设，由校长推动"的持续专业发展理念。在这种理念推动，很多校长积极、主动地参与各类持续专业发展活动。

另外，校长也要对自己的专业成长负责任。校长们应确保自身所进行的持续专业发展活动具学术意义并与其专业有关，同时配合自身需要、校长职责任务需要、社会发展需要。校长还要为校内教学人员树立持续专业发展的榜样，如果这样，校长便能把学校塑造成一个有效的学习型机构。当然，校长的持续专业发展活动与校长职责任务活动虽然有联系，但是不要把二者的活动互相混淆。

不仅如此，香港校长持续专业发展还倡导自主性，校长持续专业发展的最终目标是专业自主。当这种持续专业发展在"校长"这个专业内扎根后，教统局考虑成立一个校长中心，以便策划和协调校长的持续专业发展，由校长们自己负责处理自己的持续专业发展事宜。

资深校长也应支持和鼓励同伴参与持续专业发展，协助推广持续专业发展。很多资深校长现正为特定课程及其他持续专业发展课程担任培训人员、导师和促导员。例如，为新入职校长持续专业发展评估担任专业发展评估员，为副校长、主任、教师等举办的学校管理课程中与学员分享本身经验。校长培训人员和学员均表示，这些活动有助促进交流，使他们获益良多。

（三）政府有责任引领校长持续专业发展

校长持续专业发展需要政府引领。政府有责任提供足够的专业发展机会，培养足够而素质优良的人员担任校长。政府有责任发挥领导作用，会聚各方力量，集思广益共同制定校长持续专业发展理念和制度，策划各种持续专业发展活动；有责任邀请不同的教育机构开办各类型课程，为校长提供多元化的选择，以配合不同校长的需要；有责任结集有关各方的力量（包括校长、校董会、办学团体、大专院校以及其他专业团体等），并使它们互相配合，协助有关制度运作；有责任为办学团体、校董会提供指引和支持，以支持校长的持续专业发展和协助进行监察；有责任提供资源，支持校长持续发展专业才能。

在地区层面，教统局的区域教育服务处担当重要的角色，应与学校紧密联系，以协助学校发展各方面的工作。区域教育服务处应定期与办学团体、校董会沟通，就学校的整体需要及校长的特定专业发展需要，交换意见，以促进校长持续专业发展。

另外，教统局还应提供财政支持，推广校长持续专业发展。在学校拨款方面，教育统筹局提供不同的津贴，作为校长和教师专业发展之用。从2000—2001学年起，这些津贴已纳入"营办开支整笔津贴"之内，供学校灵活运用。教统局鼓励办学团体、校董会容许校长充分运用他们辖下的款项，预留资源供校长和教职员参与持续专业发展活动。此外，教统局也应承担有关专业发展需要分析工具和为校长而设的特定课程等的开发费用。

教统局应密切注意及监察校长持续专业发展的落实情况，并汲取宝贵的实践经验和收集业界意见，在2005年作全面检查。

在上述理念下，为推动校长持续专业发展。近几年，香港教统局先后编印、颁布了《校长持续专业发展》《校长资格认证》《甄选及聘任校长》等文件；为了更好地执行有关校长持续专业发展的政策，支持及指导校长持续专业发展，原教育署（注：教育署已于2003年1月1日与教育统筹局合并成为一个新机构，新机构仍称为教育统筹局）也编订、颁布了《校长持续专业发展指引》《校长持续专业发展常见问题》《校长持续专业发展咨询文件——持续发展 以臻卓越》等文件。

为了做好校长持续专业发展的组织、指导工作，原教育署下先后设置了校长培训及发展工作小组（1999），负责拟定校长培训和发展计划的大纲；校长专业发展工作小组（2001），专责制订校长持续专业发展计划的推行细节；校长专业发展导向委员会（2002），就有关校长资格认证和校长持续专业发展的事宜，向教育署署长提供意见。教育委员会也成立了校长专业发展小组（1999），负责制定有系统的《校长持续专业发展理念架构》。

（四）社会相关各界应支持校长持续专业发展

校长持续专业发展的目标是为全港的学生提供优质教育，因此，校长持续专业发展有赖于全港社会各界有关人士的参与、支持和帮助，包括校董会、办学团体、大专院校以及其他专业团体等。各界必须紧密合作、同心协力支持校长持续专业发展，只有这样，校长的专业发展才真正得以持续，校长才能真正具备优良素质。

校董会在校长持续专业发展方面起着重要的支持作用。校董会其中的一项重要工作，就是推动及监察校长不断持续进修，从而为学生谋求最大的利益。具体来说，校董会可通过下列方法：鼓励校长参与符合个人成长和学校需要的专业发展活动；跟校长讨论如何因应其个人、学校及社会需要，订定持续专业发展计划；为校长提供足够的时间并创造足够空间，以确保他们能够参与所需持续专业发展活动；提供所需财政支持，让校长参与质素优良的持续专业发展活动；亦可适当运用有关拨款，资助校长及教师参与专业发展活动。办学团体在挑选校长方面，依然担当重要角色。从 2004—2005 学年起，校长资格认证成为保证校长素质重要机制，但仍有赖办学团体通过本身的遴选机制，甄选最适合的人士担任校长。办学团体、校董会应确保校长所进行的持续专业发展活动具学术意义并与其专业有关，同时配合校长个人、学校和社会发展的需要。

大专院校有责任为校长提供优质的持续专业发展课程；有责任举办高质素持续专业发展活动；有责任提供与前线校长的实际经验相结合的理论；有责任协助他们提高理论水平。

此外，不同的教育机构应开办各类不同课程，使校长有更多选择，以配合社会发展和个人发展需要。

二、香港校长持续专业发展特点

（一）持续性

在香港，人们从准备做校长起，到离开校长职位，都要持续不断地参加校长专业发展活动，实施与社会发展相一致的专业发展。推动校长专业发展，其精神是"持续"。

凡是有志成为校长的拟任校长（Aspiring Principals），都要实施校长专业发展，并通过专业发展取得相应资格。教统局规定，从 2004—2005 学年起，拟任校长必须符合有关聘任条件并取得校长资格认证，才可能被聘任为公立学校的校长。[①] 拟任校长至少应具有五年教学经验，在为期两年的校长资格认证程序期内，要成功完成"专业发展需要分析"、修毕 75 小时的"拟任校长课程"并符合"个人专业发展资料册"要求，方可取得校长资格认证。[②] 校长资

---

① 香港教育统筹局. 第 31/2002 号通告《校长持续专业发展》[EB/OL].（2002 - 07 - 17）[2004 - 07 - 15]. http：//www.edb.gov.hk.

② 香港教育统筹局. 第 32/2003 号通告《校长资格认证》[EB/OL].（2003 - 11 - 21）[2004 - 07 - 15]. http：//www.emb.gov.hk.

格认证是一项品质保证机制，以确保日后有志成为校长的人士均具备一定的领导才能，为担负校长职位作准备。

拟任校长取得校长资格认证，并被委任为校长后，在入职后的最初两年里称为新入职校长（Newly-appointed Principals）。新入职校长在进入校长岗位后，还要持续参与专业发展活动，而不是取得校长资格证书后便停止进修。教统局规定，从 2002—2003 学年起，新入职校长必须在入职后的两年里：修毕特定专业发展课程；因应个人及学校的需要，参加持续专业发展活动；每年向办学团体、校董会提交个人持续专业发展资料册。[①]

校长入职后从第三年起属于在职校长（Serving Principals）。教统局规定，从 2002—2003 学年起，在职校长每年必须参加约 50 小时的持续专业发展活动，三年间应至少参加 150 小时的活动。这些活动模式必须包括：系统学习；实践学习；为教育界及社会服务。三种活动中每种最多是 90 小时，最少 30 小时。[②]在职校长须根据需要进行专业发展需要分析，制订自身的持续专业发展计划，并征询所属办学团体、校董会的意见，就上述三个活动模式适当地分配进修时数。[③]

校长资格认证的有效期为 5 年。[④] 这就是说，校长在这 5 年内，每年都要持续参加相应校长专业发展活动。5 年后如果继续担任校长，又会进入另一轮的持续专业发展周期。所以，香港校长专业发展具有明显的不间断性，即持续性。

（二）阶段性

校长在任职的不同阶段，有不同的专业发展需要。香港针对拟任、新入职和在职校长三个不同阶段，根据社会发展，配合教育改革，为他们提供了不同专业发展活动。这些活动都有其特定功能，能有效促进相应阶段的校长专业发展。

在拟任校长期间，校长们需要准确、科学地了解自己、判断自己，需要明确校长人选应具有的品质，也应学会制订个人专业发展计划，学会处理学校事务，还应了解各种教育政策等。根据这个阶段的需要："专业发展需要分析"的目的就是帮助拟任校长判断自己是否适合担任校长职务，了解和衡量本身的优点和尚需发展及改进的地方。借此为自己设计一个有意义的个人专业发展计

---

①②③　香港教育统筹局．第 31/2002 号通告《校长持续专业发展》［EB/OL］．（2002 – 07 – 17）［2004 – 07 – 15］．http：//www. edb. gov. hk.

④　香港教育统筹局．第 32/2003 号通告《校长资格认证》［EB/OL］．（2003 – 11 – 21）［2004 – 07 – 15］．http：//www. emb. gov. hk.

划，发展自己的领导潜能。通过"拟任校长课程"的学习，要求学员能够在 6 个主要的领导才能范畴内达到应有水平，分别以知识、技巧、价值观和个人特质等表现出来；要求学员必须完成课程要求的行动实践，参加行动研究训练，并于课程完结后 6 个月内完成一项行动研究计划，让他们能把所学到的知识、技能在学校的环境内应用。这种课程有助于他们了解校长人选应具备的价值观、知识、技巧和素质，有助于他们了解、理解教育政策；有助于提升他们的相应品质。通过提供"个人专业发展资料册"，介绍本身的专业进程，让拟任校长可以用实际资料展示自己在持续专业发展和学习中所取得的成果，表明自己在未来担负校长职位时可能取得的进展。

新入职校长需要有一幅较完整的图像以及较广阔的视野去看香港教育的种种课题，需要分析自己学校及自身适应社会发展的强项，也需要了解教师们对目前教育趋势的看法，还要识别教职员工个人发展的需要。针对这种情况，教统局从 2000—2001 学年起，为新入职校长举办特定课程，它们包括四个部分：专业发展评估、入职课程、学校领袖发展课程、延伸课程。每部分都相距若干时间，以避免他们感到课程过于紧迫而不胜负荷。参加的校长和培训人员均对特定课程予以高度评价。这项课程已为新入职校长的持续专业发展奠下稳固的基础。另外，根据学校的发展需要及他们在专业发展评估中的分析结果，其所属办学团体、校董会与他们商讨如何制订个人专业发展计划，协助他们编纂个人持续专业发展资料册；为其提供校本导师。这些都迅速、有效地提升了他们的教育领导技巧。

在职校长在校长职位上至少已有两年历史，他们的学校领导经验、教育水平和专业知识等都有了较大发展。教统局为他们提供的专业发展支持主要是：协助制订校长个人的持续专业发展计划；提供切合专业发展需要的分析工具，以便校长可参照有关分析结果，改良持续专业发展计划；提供多元化的专业发展活动，以照顾个别校长的不同需要。校董会也参考学校发展需要、社区和教育发展需要，从时间、空间、资金上支持并提供相应专业发展活动。

不仅如此，同样内容，对不同发展阶段的校长也会有不同要求。例如，关于 6 个主要领导才能范畴：拟任校长须修毕涵盖 6 个主要领导才能范畴的课程，方可获得校长资格认证；新入职校长可按学校和个人需要的缓急先后，选修特别切合本身职能所需要的课程；在职校长可根据个人持续专业发展计划，并与校董会、办学团体协商，选修切合个人发展、学校及社区需要的课程。

（三）多元化

本着为"为校长而设计"的专业发展的理念，教统局、办学团体、校董会、大专院校等为校长们策划并提供了多种多样、丰富多彩、富有意义的持续专业发展活动，校长们可以按照个人的情况，选择与自己事业发展阶段相适应的课程、参加与自己学习方式相适应的活动，以便促进各个阶段以及具有不同需求的校长们的专业发展。所以，香港校长持续专业发展活动是多元化的。

例如，为拟任、新入职、在职校长每个不同专业发展阶段提供不同专业发展活动，就是多元化的一种体现。除此之外，还为他们提供了包括一系列大型研讨会、专题研讨会、工作坊、经验交流会、简介会、联系网络活动，前往内地以及美国、澳大利亚、新加坡、英国等海外国家考察探访，前往内地接受培训等持续专业发展活动。

为了配合个别校长的需要，在各个不同阶段，还有丰富多彩的专业发展活动模式。例如，在职校长的年资、教育水平和专业知识等各有不同，因此他们的持续专业发展模式更具有灵活、多变、弹性等特点。可以是系统学习、实践学习，也可以是为教育界及社会服务等，这三种活动模式又包括多种形式。

系统学习模式包括，修读本地或海外之认可院校提供的证书、文凭、高级文凭、学位、高级学术进修等课程。这些课程的持续专业发展时数将于校长获授有关学历、学位或修毕后计算。不同课程，计算不同时数：博士学位课程计算90学时；硕士学位课程计算60学时；学士学位课程计算45学时；文凭课程和证书课程计算30学时。教统局、办学团体、校董会、大专院校等也为校长的系统学习提供各种培训课程，例如，有关领导才能课程，配合当前教育政策而举行的训练课程，以网络为本的指导课程等，以知识型经济及青少年问题为主题的课程等。这些课程以一系列的工作坊、研讨会、个案研究、学习活动等方式举行。学员须深入反思并积极参与讨论、实习、小组协作等活动。

实践学习有校本计划、实践研究、暂驻计划、发表论文、出版书籍等多种形式。其中校本计划又包括带领及策划优质教育基金计划、素质保证视学跟进计划和校本改善计划、校本课程统整计划、推广阅读行动计划、采用生活事件策略推动德育及公民教育之行动计划等。实践研习指在职校长亲自实践及领导的研究，并须有文字记录或有关证明。例如，初中多元智能教育之实施研究、应用信息科技于学习范畴的研究、以普通话教授中文之效能研究等。暂驻计划是参加者暂住本地或海外机构、组织或政府部门，在这些机构出任短期的工作。学习他们的业务运作，研习他们的共同愿景、组织文化、人力资源管理、策略计划及发展等。发表的论文、出版的书籍可以是刊登在专业期刊上或专业书籍篇章内，也可以是在区域进行交流的，还可以通过地区网络、本地及国际专业团体发放的，以此分享知识及经验等。

为教育界及社会服务包括，出任香港特别行政区政府组织的委员，例如，教统局辖下的议会、委员会、工作小组等，教育统筹委员会、教育委员会及其辖下的工作小组等；出任教育团体、地区组织、其他团体如志愿机构、非牟利团体、社区及宗教组织等的成员（例如咨询委员会、执委会、筹委会、导向委员会、科目委员会、工作小组）等；另外，为教育界及社会服务还包括在会议、教育研讨会等其他校长和教师的持续专业发展活动中作专题介绍，担任讲者、促导员、评估员、评审员、导师等。

（该文发表于《中国教育学刊》，2006 年第 11 期）

反思型校长专业发展模式

傅树京

On Models Befitting the Professional Development of School
Principals Who are Prone to Reflect on Their Own Conduct
Fu Shujing

反思型校长专业发展模式是指，校长运用反思这种思维方式，通过描述事实、建构问题、寻找假定、生成理论、完善行为五个反思流程，采用个人和群体活动等反思方法，来促使校长专业素质不断提高的方式。

一、反思型校长专业发展模式流程

美国哲学家、教育家杜威（John·Dewey）和萧恩（D. A. Schon）都对反思进行了研究。杜威提出了著名的五步反思法：暗示；形成问题；假设；推演假设；检验假设。[①] 萧恩则认为，反思是在描述事实基础上，关注问题、建构问题，在此情景下理解、解释、解决问题的过程。[②] 根据杜威和萧恩的观点，以及对校长们的访谈，我们认为反思型校长专业发展模式的流程主要包括如下五个环节。

---

① 约翰·杜威. 我们怎样思维·经验与教育［M］. 姜文闵，译. 北京：人民教育出版社，1991：88.

② Schon D A. The Reflective Practioner：How Professionals Think in Action［M］. New York：Basic Books（Inc.），1983：128－133.

（一）描述事实

描述事实就是把专业发展过程中遇到的一些事件、产生的感触、呈现出的实践困惑和理论迷茫以描述的形式记录下来。描述事实不仅可以为事后回顾、反思自己的专业发展历程提供基本的原始素材，而且描述本身就是与自我进行专业发展对话的过程，就是对自己过去的学校管理经历的反思和再理解过程，这有利于帮助自己重新审视和认识自己的管理理念与管理行为。这个流程主要是培养校长客观、细致反映现实的能力，这一步做好了，才有利于下一步的建构问题。

（二）建构问题

校长们在学校管理实践中经常会遇到许多困难，产生一些困惑，这使得校长们无所适从，它遮蔽了校长进一步发展的线索，使校长在某一阶段停止不前。走出困境的流程之一是通过反思建构问题。因为"问题不会像礼物一样主动呈现给实践者，必须从复杂、疑惑和不确定性的问题情景中建构出来"。[①]

建构问题实际是让校长在事实描述的基础上，通过对事件的归类，从中形成事物的秩序，进而明确问题的过程。通过这个过程使困惑、迷茫在校长面前变得清晰，困难在校长面前变得有解决方向。建构问题是为了解决问题，是为了完善学校管理实践，所以问题一定是真实、清晰的，问题结构是大家能理解、能与他人共同讨论的。只有这样，我们才能准确地把握问题，才能去寻找问题背后的假定。这一步是帮助校长善于从无问题处建构问题，主要是发展校长的问题意识。

（三）寻找假定

建构问题是为了解决问题，为此，首先要了解问题的原因，了解问题背后深层次因素，即寻找各种"假定"（Assumption）。"假定是我们所持有的对于世界和自己的处境自以为正确的观念（Beliefs），它们会赋予我们自己和我们行动以意义。那些潜在的假定决定了我们思考和行动的框架"。[②] 人们行为模式的形成与确立常常就受这些"假定"的导向性支配和影响，它使得人们处于一种"自以为是"的"固执"状态，这种状态造成了校长决策失误，带来政策执行障碍，使得校长止步不前。

---

① 刘加霞，申继亮. 国外教学反思内涵研究述评 [J]. 比较教育研究，2003（10）：30－34.
② 斯蒂芬 D. 布鲁克菲尔德. 批判反思型教师 ABC [M]. 张伟，译. 北京：中国轻工业出版社，2002：2.

"了解那些潜在的假定就成为我们人生中面临的最具有挑战性的智力难题。""反思过程最突出的特征是以寻找假定为核心"。① 寻找到假定后，许多问题的个人原因就容易看出。这一环节主要培养校长深层次分析问题的能力。

（四）生成理论

指导校长从事学校管理实践活动的理论包括公共理论和个人理论。"前者是指脱离产生主体、借助于语言、言语和文本等载体在公共领域得以传播、为某类群体或整个人类所共享的理性认识成果。后者是指尚未脱离产生主体、贮存于个人头脑中、为个人所享有的理性认识成果。"②

校长的个人理论在其实践中有举足轻重的地位。首先，公共理论的成立一般来说是在理想状态、标准环境下，而校长所处的状态、所面对的环境具有复杂性、特殊性；公共理论具有普适性，给人更多的是一种思想，而非现实可操作的具体技术；公共理论更多指导的是规范性的事物，而校长的实践具有偶发性，理论与实践又并非一一对应。其次，随着社会的加速发展，学校管理实践会出现许多新现象、新问题，而已有的公共理论有时无法解释这些具体情况，也不可能瞬间产生相应公共理论来指导这样的实践。所以，"反思实践的理论家们认为，实践者必须研究自己的工作场所，他们要认识和形成自己具有情境敏感性的实践理论，而不是从外界引进这种理论。"③ 因此，校长，除了掌握、运用公共理论之外，还必须生成个人理论。

校长个人理论的生成，需要实践环境，需要不断思考、交流，吸取他人智慧。而反思型校长专业发展模式正好能提供这样的文化。"在行动中反思时，可以使实践者成为研究者。他可以不依赖现存的理论和技术，而是生成一种适用特定情境的新理论。"④

（五）完善行为

校长专业发展最终要有外在行为表现，要提高学校管理实践水平，这些都是通过完善行为来实现的。杜威提出了"反思性行动"（Reflective Action）的

① 斯蒂芬 D. 布鲁克菲尔德. 批判反思型教师 ABC［M］. 张伟，译. 北京：中国轻工业出版社，2002：2.

② 李小红. 教师个人理论刍议［J］. 高等师范教育研究，2002（6）：38 – 43.

③ 同①，第265页。

④ Schon D A. The Reflective Practioner：How Professionals Think in Action［M］. New York：Basic Books（Inc.），1983：68.

概念，"因为行为的问题是全部生活问题中最深刻、最普遍的问题。"① 反思应伴随于行动过程中，并通过反思来调整、完善个体的行为。萧恩提出了"行动中反思"（Reflection-in-Action）的概念，认为我们不仅要思考已经做的事情，我们还要思考正在做的事情，通过对问题的建构、解释等来调整自己的实践，提升自己的行为。②

这一流程是在以上四个环节的基础上，设计新的行为方案，付之于实践，达到提升校长实践水平的目的。

二、反思型校长专业发展模式的主要方法

（一）个人活动反思法

1. 双环学习法

就学习的范围而言，对所关心的事物加以了解而获得学习，即"关心—了解"的学习，称之为"半环学习"；在了解之后加上"行动"，即"关心—了解—行动"的联结，称为"四分之三环学习"；行动之后再加上"反馈"，即"关心—了解—行动—反馈"的循环，称"单环学习"；在单环学习基础上，反馈检查行动的同时还检查思维模式的学习称为"双环学习"模式。

单环学习加入了行动和回馈，使其成为一种循环，通过了解、行动和回馈，得以增进了解行动的功效，使得行动有所校正，比半环学习、四分之三环学习前进了。但是在单环学习模式中，反馈未涉及检验校长的思维方式。行动结果无效，可能是校长的思维方式出了问题，将事物看成他所想象的样貌，而非事物真实样貌。"双环学习"模式要求在反馈检查行动方案的同时，还反馈检查校长的思维方式，找出思维方式可能造成的偏差，这样可能就回复了事物的本原，同时还改善了不合时宜的思维方式，有利于寻找问题背后的"假定"。因此，反思型校长专业发展模式倡导"双环学习"法。

2. 经验记录法

这种方法是通过记录教育管理过程中的一些事件、感触、困惑、迷茫，记录自己的思想和行为变化等进行反思的方法。可以采用多种形式进行，如写反思日记，写个人传记，写案例分析等。

经验记录可以描述自己曾经经历的事件；也可以谈谈对学校人、财、物等要素的认识，对政策、理论的理解；还可以总结师生们对学校政策、学校管理

---

① 约翰·杜威. 我们怎样思维 [M]. 姜文闵，译. 北京：人民教育出版社，1983：55.
② Schon D A. The Reflective Practitioner: How Professionals Think in Action [M]. New York: Basic Books (Inc.), 1983: 49 - 69.

的反馈意见，总结自己在管理过程中各种灵感、顿悟，总结他人的成功或失败经验。

经验记录不仅仅是事件的实录，应运用相关理论对教育教学管理实践进行批判性总结，帮助自己重新审视和认识自己的管理理念和管理行为，跨越理论与实践的鸿沟，以实践者和研究者的双重身份致力于自己的专业发展。

3. 公文夹法

这种方法是指校长把与自己专业发展相关的、有意义的资料收集在一起，以专题的形式进行分类，然后放在不同的公文夹里。

当校长对材料进行收集、归类时，会自觉对自己的教育观念、教育行为、管理理念、管理实践进行反思，明确哪种教育行为、管理实践效果佳，哪种欠佳，他们有效、无效的原因，如何继续改善，如何提高其有效性。因此，公文夹建立的过程是校长对自己已有经验进行整理和系统化的过程，是对自己成长的积累过程，也是自我反思的过程。随着校长在整个的职业生涯中不断地把学到的东西运用到实践中，公文夹也将随时被调整与修改。

除了上述三种方法外，还可以采用读书学习法，网络学习法，撰写论文法、自我提问法、自我剖析图法等。

（二）群体活动反思法

1. 形成专业人际网

这种方法主要是在校长周围建立各种专业人员的联系网络，让校长们就有关专业发展问题与他人展开对话、交流，对教育教学和学校管理现象进行多元化事实描述和价值分析，为校长提供在群体活动中进行反思的机会。

校长专业人际网，从纵向来讲可以有学生、教职员工、教育行政部门领导、政府部门领导；从横向来说可以有大学或研究部门的理论工作者、政府部门或教育行政部门的工作人员、社区人员和学生家长等。校长与这些人员之间进行交流、对话最好经常流动，不要总是固定人员，这样交流、对话才会更加有效。

交流、对话的时间可以固定，也可以根据实践中的问题随时进行。交流、对话的地点选择在安静、轻松、远离事务性工作的地方。交流、对话的方式可以是面对面，也可以采用电话、E-mail、网络等形式。

2. 建立反思共同体

这种方法是将有共同反思意愿、共同实践背景、共同理想的校长们组织在一起，定期或不定期研讨大家实践中的问题，从而达到反思目的的方法。共同体的成员不要太多，否则影响彼此之间的交流。参与这个共同体的校长们要彼此熟悉对方情况，能够用有益的方式进行提醒和鼓励，校长在每一次共同体活动之前应根据活动的主题作准备。

共同体的活动可以聚在会议室，彼此之间开展互动性对话；也可以请相关人员作主题报告，围绕报告进行研讨；还可以在观摩某所学校的现场进行描述、切磋、交流。

在共同体活动时，每个人不仅要提出自己的问题，还要耐心地听取他人的意见，要以批判的眼光审视自己和他人的专业发展过程，通过质疑性的讨论和对话，分析别人成功和失败的原因，指出不足，提出建设性改进意见。

这种方式强调"交流分享性学习"，在共同体内部，成员之间是"同伴互助"关系，大家共同学习、研究、交流，共同分享彼此经验，从而实现不同个体视界的融合与延伸，实现集体智慧的分享和专业水平的整体提高。

三、反思型校长专业发展模式的（特点及其有效性）分析

校长的专业发展是要使校长更好地认识自己，更好地完善实践，反思可以起到这个作用。"通过个人反思。领导者不断剖析自己的观念，增强他们的信念，促使自己的思想迈向更高的道德认同水平。"① "善于反思的校长能够把握他们的专业实践。"反思是一种"思想与行动的对话，通过这一对话过程，使我变得更有技能"。②

反思型校长专业发展模式的流程、方法及其模式所凸显的如下特点，使得这种模式更能有效地促进校长专业发展。

（一）通过对思维方式的检查促进校长专业发展

反思型校长专业发展模式强调对思维模式的"思"，这种"思"不仅仅把握事物的特性、结构及规律，还要检查自身的思维方式。

思维方式在校长专业发展中占有举足轻重的地位。经验思维与思维定式是人们的思维方式，前者是指从个体的经验和以前对事物形成的印象出发，来看待各种问题；后者是指按照自身惯有的思考方式去判断一事物的因果和发展。这样的思维方式有时会制约人们的发展，因为经验思维具有惰性，它引导人们往后看，而不是往前看。但是社会和师生是发展的，人们经验的宝库里可能没有针对这些变化的策略；思维定式有可能使自己被所形成的管理模式封闭。许

---

① 杰拉尔德 C. 厄本恩，拉里 W. 休斯，辛西娅 J. 诺里斯. 校长论 有效学校的创新型领导 ［M］. 黄崴，龙君伟，等，译. 重庆：重庆大学出版社，2004：17.

② Schon D A. Educating the Reflective Practitioner：Toward a New Design for Teaching and Learning in the Professions ［M］. San Francisco：Jossey-Bass（Inc.，Publishers），1988：31.

多不成功学校是由于校长的思维方式不正确。反思可以使校长用另外一种思维方式去思考问题，"毫无疑问，一旦校长用不同的方式来思考问题或事情，他们更有可能改变他们的行为"。①

（二）通过反思流程环的不断运转促进校长专业发展

反思型校长专业发展模式是由描述事实、建构问题、寻找假定、生成理论、完善行为这五个环节组成的一个反思流程环，这个环具有独立性、相关性和循环性。独立性是指每个环节都对校长专业素质提高起着特定作用。五个环节在某个校长身上的发展可能是不均衡的，可以侧重其薄弱环节的实施；相关性是指每个环节是建立在前一个环节基础上，如果校长在其中某个流程中出现问题，可能是上一个流程的反思工作没做好，可以再返回到前面的环节中；循环性是指一个反思流程结束后，又开始后一个更高水平的循环往复。把反思过程分为几个环节是为了更好地认识它，在实践中人们的反思是连续的。

校长的反思贯穿于专业发展活动的始终，所以这个反思流程环也在不断运转，就像爬楼梯一样在动态中前进。由于校长是这个环转动的主体，所以，随着这个环的发展，校长也在不断向前、不断成长、不断发展。

（三）通过个人自我反思活动与群体协作反思活动的结合促进校长专业发展

校长专业发展建立在一定外部知识和信息基础上，但是多数"数据"来自于自身，主要是内部一系列思维"建筑"过程。在这个过程中，校长们要寻找"建筑材料"，要辨认材料之间的实质性联系，要将他们按照一定的秩序有机联系起来，形成植根于校长认知结构与认知网络之中的"建筑物"，所以校长专业发展需要大量高品质的个人反思活动。反思型校长专业发展模式从方法上注重个人学习、个人思维活动和个人实践活动，即自我反思活动。

反思既是一种个人实践性活动，也是一种社会性实践活动。通过群体内人们互相观摩、对话等活动，校长原本不太清楚，没有意识到的问题，变得清晰、明确；同时校长还可以反观、检验自己的理念与实践，吸取他人有效经验，从中获得自我发展资源。群体协作活动"把每个人从一种'我'的集合体改造成为一种集体的'我们'。""这个'我们'共享一个公共场所，并随着岁月的推移开始共享共同的思想情操和持久的传统。"② 从而达到相互促进、

---

① Hoffman F J, Johnston J H, Professional Development for Principals, by Principals [J]. Leadership, 2005, 34 (5): 16－19.

② 托马斯 J·萨乔万尼. 校长学 一种反思性实践观 [M]. 张虹，译. 上海：上海教育出版社, 2004：92.

共同发展的理想效果。

反思型校长专业发展模式在实施个人自我反思活动的同时，也注重进行群体之间的协作性反思。自我反思及其与同事的对话和研究都可以获得对自己的认识。①"群体的反思可以达成意见一致，并且对实践更有效，即使是那些棘手的问题。"②

（四）校长的自主性与专业机构的组织性相结合促进校长专业发展

反思型校长专业发展模式带有很强的自主性。首先，模式主题内容是针对校长们的实践问题来设置实施的；其次，模式流程中的五个环节的系统实施，是由校长自己操作控制；再次，运用哪种方法，尤其是个人活动法，是由校长自己选择。即便是群体活动法，校长们仍然可以发挥自主性。最后，模式的实施不受时、空影响，校长可以根据自己的工作日程安排设计自己的研究计划。

模式中校长专业发展机构可以是各个地区的校长培训部门，例如，大学、教育学院、教师进修学校等，也可以成立"校长专业发展中心"。他们是"组织者"，主要负责选择适合校长专业发展的资料和信息、建立校长专业发展网、帮助校长形成专业人际网、组织校长进行共同体学习等。另外，还应在预测未来需要的基础上，实施一些适当超前的专业发展计划，积极引导校长专业发展。

自主性的特点使得专业发展的结果能有效解决实践中的问题，这促使校长们更有热情参加专业发展活动；专业发展机构的参与，又为校长的专业发展打造了多元文化平台，提供了技术支持和各种条件保证，同时又把校长们推向了时代前沿。通过双方的合作，校长的专业素质得到进一步提高。

四、反思型校长专业发展模式的案例及其分析

下面通过本人自述与外部评论相结合法，展现徐校长运用该模式实施专业发展的实例：

这个学期我被任命为学校校长，我必须抓好教学质量，准备通过对教师课堂教学的检查来达到目的。为此，实施了"推门听课"制。

"推门听课"即事先不与教师打招呼，推门进课堂听教师的课的做法。

---

① Bengtsson J. What is reflection? On Reflection in the Teacher Profession and Teacher Education [J]. Teachers and Teaching: Theory and Practice, 1995, 1 (1): 23 - 32.

② Evans P M, Mohr N. Principals Professional Development Seven Core Beliefs [J]. Phi Delta Kappan, 1999, 80 (7): 530 - 532.

　　开始几天去听课还算顺利，近些时候去听课总会听到一些教师说："我这堂课让学生背书"，"我让学生做练习"，"我要测验"……总之教师不愿意让听课。

　　我将近几个月来的听课情况进行了详细记录，发现实施软抵抗的教师不只是教学有问题的教师，还有一些教学过程较佳、效果不错的教师。教师作为学校管理对象，理应接受学校的管理措施，可是为什么教师不愿让听课？到底什么才是提高教学质量的有效途径呢？

　　徐校长应用观察记录法，描述了听课过程的实事，在这个基础上发现、明确了问题。但是徐校长对教师的认识，即"假定"出了差错，他只把教师看做学校的雇员，过分重视"管"和"控"。

　　这几天我参加了地区举办的研讨班，其中运用了双环学习法，我用这种方法检查了自己的思维方式，发现存在不少问题。通过这段时间的学习、交流，我认识到：教师不是学校的随从，而是学校的伙伴，是学校教育改革的参与者、领导者。应通过尊重教师、激发教师积极性来达到提高教学质量的目的。

　　我倡导教师是教学管理的领导者，实施了教师自我管理方案，变他人检查为自我检查。结果教师们自我提高教学质量的热情很高，大家争着请他人听课，指导教学。

　　徐校长在自己新理论指导下，完善了行为，实施了新的管理方法，收到了好的实践效果，自身也得到了提高。

（该文发表于《中国教育学刊》，2006 年第 11 期）

美国《教育领导政策标准：ISLLC 2008》探析

傅树京　　熊筱湘

Exploring the Educational Leadership Policy Standards：
ISLLC 2008 in U. S. A

Fu Shujing & Xiong Xiaoxiang

基于通过实施教学领导促进学生发展、有效提升学生成就等价值追求，美国州际学校领导者证书协会（Interstate School Leaders Licensure Consortium，以下简称 ISLLC）于 1996 年制定了《学校领导者标准》（Standards for School Leaders）（以下简称 1996 标准）。后又修订了此标准，并且于 2008 年春天颁布了更名为《教育领导政策标准：ISLLC 2008》（Educational Leadership Policy Standards：ISLLC 2008）（以下简称 2008 标准）的新标准。

一、美国《教育领导政策标准：ISLLC 2008》产生的背景

为了提升美国的教育品质，近些年来，期望具有卓越教育领导者的呼声越来越高，全美教育管理卓越委员会（National Commission on Excellence in Educational Administration）的《美国学校领导》（1987）（Leaders for America's Schools）报告明确提出："教育中的革命，要求有卓越能力、熟练技术、远见卓识的教育领导者。"[①] 这使得打造优秀的教育领导者成为提升美国教育的主要选择。美国是善于运用标准来定义和描述事物的国家，所以，制定领导者发展标准，以此规定教育领导者的职责，就成为提升学校领导者品质、促进他们专业发展的首要任务。另外，与世界上其他国家相比，美国是实行领导者资格证书较早的国家，到 20 世纪 90 年代初，美国的 50 个州中，已有 49 个州建立了学校领导者持许可证上岗的要求。然而，各州对于领导者取得许可证的要求很不统一，这不仅在一定程度上制约了学校领导者在州与州之间的流动，而且

---

①　National Commission on Excellence in Educational Administration. Leaders for America's Schools ［EB/OL］.［2006 – 08 – 02］. http：//www. eric. ed. gov.

就社会对学校领导者地位的认同而言，也是不利的。①于是，建立一个有效的、较为统一的领导者标准就显得日益紧迫起来。

为此，全美教育管理政策委员会（National Policy Board for Educational Administration，以下简称 NPBEA）与州学校主管委员会（Council of Chief State School Officers，以下简称 CCSSO）于 1994 年 8 月联合组建了 ISLLC。ISLLC 的成员来自 24 个州，其工作得到 NPBEA 等的援助，其项目运作是在 CCSSO 支持下进行。组建 ISLLC 的目的是制定教育领导标准和提供评价教育领导的方式，对各州负责学校管理人员证书的权责机构提供必要的服务，解除学校领导者专业发展的障碍，促进他们的专业发展。

ISLLC 自成立后就开始着手进行 CCSSO 的项目——制定学校领导者标准，经过两年的努力，终于在 1996 年 11 月颁布了《学校领导者标准》，即 1996 标准。该标准由"创建学习愿景、构建学校文化、创设学习环境、开展公共关系、把握道德准则、融入社会文化"6 个一级指标组成，每个一级指标下设有知识（knowledge）、倾向（dispositions）和行为（performances）3 个二级指标，每个二级指标下又设有不同数量的三级指标，共计 183 条三级指标。②

1996 标准是一个具有全国适用性的学校领导者标准，它不仅仅是适应校长，而且也适应教育的其他正式领导职位。它为各州、研究生院、学区教育部门等进行领导者培养、培训、资格认定、遴选任用等提出了明确的依据，对教育领导者的专业发展起到了促进作用。该标准自产生后，已经帮助、指导了 40 多个州教育领导政策和教育领导实践。③"在大约 40 个州该标准已经成为考虑学校管理的政纲。""这些州要求大学用这个标准来调整他们的培训项目。""全美教师教育认可委员会（The National Council for the Accreditation of Teacher Education，NCATE）采用 ISLLC 标准来认证学校管理者的培训项目。""几乎所有采纳这个标准的都重新改写了证书规则。"④

1996 标准自颁布实施后，虽然对各州的教育领导者专业发展和培训项目、对领导者资格证书的规则，乃至各种的教育改革起到了很大作用，但是也遭到了一些批评。批评者认为：这个标准太过分依赖非实证性的理性思考，而缺乏实证性研究基础；标准对一些事情要么做了过多规定，要么规定不够；标准中

①　冯大鸣. 美、英、澳教育管理前沿图景 [M]. 北京：教育科学出版社，2004：285 – 286.

②　Interstate School Leaders Licensure Consortium. Standards for School Leaders [EB/OL]. [2002 – 08 – 06]. http：//www. ccsso. org.

③　The Council of the Chief State School Officers. Introduction to the Educational Leadership Policy Standards：ISLLC 2008 [EB/OL]. (2008 – 03 – 04) [2008 – 03 – 16]. http：//www. ccsso. org.

④　Murphy J. Reculturing Educational Leadership：The ISLLC Standards Ten Years Out [EB/OL]. [2006 – 08 – 02]. http：//www. npbea. org/.

对"倾向"的规定有不妥之处；标准在专业发展方面有不恰当的影响。^① 无论这些批评是否恰当，无论这些问题是否都能够在一个标准中避免，但是按照 ISLLC 主席、极受尊敬的教育管理教授约瑟夫·墨菲（Joseph Murphy）的观点，应汲取其批评的精华，完善我们的标准工作。^② 这蕴涵着一个思想，即应该对 1996 标准进行修订。

另外，为了应对未来世界的挑战，美国对教育寄予了越来越高的期望。"1997 年 1 月 20 日，克林顿宣誓就任美国第 53 届总统时发表了就职演说，教育是他最先谈到的问题之一。他说，教育是每个公民最珍贵的财富，学校要建立世界上最高的质量标准"。^③ 之后又颁布了一系列政策，例如，《1998—2002 教育发展战略》（1998—2002 Education Development Strategies）（1997）、《1999 年全体儿童教育优异法案》（The Education Excellence for All Children Act 1999）、《不让一个孩子掉队法案》（No Child Left Behind Act）（2002）、《美国教育部 2002—2007 年战略规划》（U. S. Department of Education Strategic Plan 2002—2007）（2002）等，这些政策都对教育、对教育领导者寄予了更高期望、提出了更高要求。要求教育领导者不仅要具有教育方面的广博知识、较高理论修养，而且要成为具有较强管理能力的领导者，要在领导上取得骄人的成绩，要能够带领美国教育走入世界最先进的学校行列。这些都对教育领导标准提出了更高要求，所以，修订 1996 标准成为迫切要求。

为了使政策决策者和教育领导者形成公认的价值和目标，使他们知道如何生成有效的教育领导政策和实践，如何通过实施更好的教育领导来提升学生的成就，ISLLC、CCSSO、NPBEA 等成员开始着手修订 1996 标准。经过两年的努力，形成了更名为《教育领导政策标准：ISLLC 2008》的 2008 标准。这个标准于 2007 年 12 月 12 日被 NPBEA 采纳，并于 2008 年 3 月由 CCSSO 颁布。

二、美国《教育领导政策标准：ISLLC 2008》简介

在修订 1996 标准时，成立了由政策制定者、基于实践的组织者、高级教育官员、高级教育领导者和教育管理领域的专家学者组成的小组。这个小组来负责标准修订工作，按照 CCSSO 的执行主任吉纳·威尔霍伊特（Gene Wilhoit）的说法，这个标准的基础是建立在广泛和具有凝聚力的领导系统上，

---

① ② Murphy J. Reculturing Educational Leadership: The ISLLC Standards Ten Years Out [EB/OL]. [2006 - 08 - 02]. http: //www. npbea. org/.

③ 强海燕. 中、美、加、英四国基础教育研究 [M]. 北京：人民教育出版社，2005：147.

这个领导系统非常有效地进行资料收集，从而设法制定出能够支持、保留和奖励高素质领导人才的标准。①

修订小组接受了人们的一些批评，在完善标准的过程中非常注重研究性数据的获得，修订小组要求他的成员广泛听取各类、各层次人员的意见，要求提供的大量研究成果，包括实证性和非实证性研究成果，例如，社会和教育发展的重要趋势研究，领导者对学生成就改善影响的研究，教育领导者应具有的知识、技能研究等，在此基础上进行鉴别，从而将适用的研究运用于新标准。所以，2008 标准增加了标准来源的研究引用资源，凸显了标准制定过程的规范性和标准内容的依据性。

2008 标准保留了 1996 标准的一些足迹，仍然呈现 6 条标准框架，且两年中的 6 条具体标准的内涵基本一致，只是个别地方的语言有所不同。与 1996 标准相比，2008 标准更新了最近的政策背景，更换了标准名称，以便使人们从名称上就意识到，该标准是引导具有多样性、多层次的教育领导岗位上的人员，包括教育政策制定者、地区教育领导者及学校领导者等。另外，2008 标准修订设想是，不只是让教育领导人已经知道什么和已经做了什么，而是寻找其应有的职能。所以，每条标准下不再设置知识、倾向和行为 3 个二级指标，而是增加了不同数量、能详细说明每个标准的教育领导的职能，这些都是分布在不同职位上的有效教育领导所需要的。再有，2008 标准在 1996 标准的三级指标基础上进行了合并，仅用 31 条指标就描述出了合格教育领导者的角色，所以新标准更加精练。2008 标准的具体内容见表 1。

表 1　《教育领导政策标准：ISLLC 2008》内容②

标准（Standards）	职能（Functions）
S1：发展、传递、实施、保持与所有利益相关者共享的、支持的学习愿景；	A 合作发展和实现一种共享愿景和使命；
	B 通过收集和运用数据来确定目标，来评估组织的有效性，来促进组织学习；
	C 制订和实施计划，以便实现目标；
	D 实施连续不断的持续改进；
	E 调节与评估计划的进展和修订。

① The Council of the Chief State School Officers. Introduction to the Educational Leadership Policy Standards：ISLLC 2008［EB/OL］. (2008 - 03 - 04)［2008 - 03 - 16］. http：//www. ccsso. org.

② Interstate School Leaders Licensure Consortium. Educational Leadership Policy Standards：ISLLC 2008［EB/OL］.［2008 - 03 - 16］. http：//www. ccsso. org.

续表

标准（Standards）	职能（Functions）
S2：倡导、培育和保持有助于学生学习及教职员工专业成长的学校文化和教学规划；	A 培育和保持具有协作、信任、知识和高期望的文化；
	B 打造全面、严格和连贯的课程项目；
	C 提供人性化和有助于激发学生学习的环境；
	D 指导教学的进行；
	E 建立能促进学生进步的评估系统和责任系统；
	F 提升全体人员的教育和领导能力；
	G 最佳化质量教学时间的运用；
	H 提供最有效和最恰当的技术支持教与学；
	I 调整与评估教学项目的影响。
S3：确保对学校的组织、运作和资源的有效管理，从而创设一种有安全、有效率、有效益的学习环境；	A 监控与检查管理和操作系统；
	B 获得、分配、协调和有效使用人力、财力和技术资源；
	C 提高和确保学生和教职员工的福利和安全；
	D 发展分布式领导的能力；
	E 确保教师和相关组织的时间能够集中支持高质量教学和学生学习。
S4：与家庭和社区成员进行合作，回应多元化的社区利益与需求，调动社区的各种资源；	A 收集和分析与教育环境相关的数据和信息；
	B 提高对社区多样性的文化、社会和智力资源的理解、欣赏和运用；
	C 与家庭和相关者建立和保持积极的关系；
	D 与社区伙伴建立和保持建设性关系。
S5：将正直、公平和符合伦理的态度融于行动之中；	A 建立确保每一位学生的学术成就和社交成功的责任系统；
	B 建立自我了解、反思实践、光明磊落和符合伦理行为的自动化规范；
	C 捍卫民主、公平和多样性的价值观；
	D 顾及和评价潜在的道德和法律决策结果；
	E 促进社会公正以及确保学生个体在所有正规教育方面的需要获得满足。

续表

标准（Standards）	职能（Functions）
S6：理解、回应、影响更为宽广的政治、社会、经济、法律和文化情景。	A 为了孩子、家庭和关注者而倡导相关事情；
	B 采取行动，影响当地、区、州和国家产生有利于学生学习的决策；
	C 为了适应领导策略，评定、分析和展望正在形成的趋势和首创精神。

新的标准对形成和影响教育政策制定与教育领导实践有更加清楚的目的。标准设计用来对各领域、各层次的政策制定者和教育领导者形成高水平的品质、期望和责任进行提升性引导，用来对政策的制定和各种教育领导活动进行引导。标准设想可以使各州恰当地预测领导者什么情况下能够得到许可证，帮助他们制定和引导证书项目；可以使学院和大学的教育领导项目的计划、实施和评价等方面得到改善，帮助他们培养、培训出更卓越的领导者；可以开发使一般型领导者成长为专家型领导者的评价工具和实践标准，从而对领导行为进行更加精确的测量和评价；可以引导领导者的专业发展，帮助他们设计高水平的、获得专家层次成就的职业生涯；可以引导领导者的期望，帮助他们驾驭实践活动，从而提高他们的领导成就。

三、美国《教育领导政策标准：ISLLC 2008》的核心价值取向

有效提升学生成就，有效实施教学领导等是 2008 标准完善的核心价值追求。

（一）把提升学生成就作为教育领导者追求的目的

标准在制定过程中，就教育领导对学生成就的影响进行了大量的研究，研究表明"领导与学生成绩有显著关系"，"领导对学生学习成绩可能是一般化影响，也可能是积极或消极影响"。[①] 标准的确立就是要设法促使其积极影响的出现。

极大提升学生成就这一目的在完善标准时就非常明确地体现了出来。标准把领导者定位为"促进所有学生成功的教育领导者"，并且明确表示：通过修

---

① Waters T, Grubb S. The Leadership We Need：Using Research to Strengthen the Use of Standards for Administrator Preparation and Licensure Programs［EB/OL］.［2006 - 08 - 02］. http：//www. mcrel. org.

订标准，"使政策决策者和教育领导者形成公认的价值和目标，以便他们知道如何通过实施更好的教育领导来提升学生的成就"。"教育领导者必须按照这样的标准去做，以便提升每个学生的成就。"① 另外，6 条具体标准的开头都有一句话，为了"提升每一位学生的成就而⋯⋯"②

标准不仅从总体上明确了保证学生成就的目的，而且每条标准都从教育领导者职能角度进一步强化了此问题，例如，教育领导者要"提供人性化和有助于激发学生学习的环境"、"建立能促进学生进步的评估系统和责任系统"、"提高和确保学生和教职员工的福利和安全"、"确保教师和相关组织的时间能够集中支持高质量教学和学生学习"、"建立确保每一位学生的学术成就和社交成功的责任系统"、"为了孩子、家庭和关注者而倡导一些事情"、"采取行动，影响当地、区、州和国家产生有利于学生学习的决策"，等等。

教育的本质是培养人，教育的真谛在于让人有强烈的价值感，教育就等于美好希望，可以说标准的修订者们准确地抓住了教育的内在规定性。实际上，重视学生培养和发展的传统在美国由来已久，以杜威为代表的现代教育派所倡导的"学生为中心"对美国教育的影响极大，这种理念使得美国的教育非常强调学生的学习活动，强调教育在提高学生成就中的作用。这些已经不仅仅是学者们的观点和实践者们的行为活动，而且已经成为美国的主流教育思想。近十几年美国先后出台的一些政策，其内容都强调此问题。例如，《美国 2000 年战略》（America 2000：An Education Strategy）（1991）提出："为今日的学生，我们必须从根本上改进现有的全部 110000 所学校——把这些学校办得更好、更为其结果负责；为明日的学生，我们要创建满足一个新世纪需要的新型学校——新一代美国学校。"③《2000 年目标：美国教育法》明确：国家教育目标之一是使学生达到较高的学术标准和职业技能标准，使他们能够在就业市场和参与社会中获得成功。④《美国教育部 2002—2007 年战略规划》也明确："教育部战略目标是提高学生学业成绩。"⑤ 乔治·布什（George W. Bush）总统签署的美国教育改革方案《不让一个孩子掉队法案》明言："在美国，不能

① The Council of the Chief State School Officers. Introduction to the Educational Leadership Policy Standards：ISLLC 2008 ［EB/OL］. （2008 – 03 – 04）［2008 – 03 – 16］. http：//www. ccsso. org.

② Interstate School Leaders Licensure Consortium. Educational Leadership Policy Standards：ISLLC 2008 ［EB/OL］. ［2008 – 03 – 16］. http：//www. ccsso. org.

③ 美国 2000 年教育战略［M］//吕达，周满生. 当代国外教育改革著名文献：美国卷. 第三册. 北京：人民教育出版社，2004：210.

④ 2000 目标：美国教育法［M］//吕达，周满生. 当代国外教育改革著名文献：美国卷. 第三册. 北京：人民教育出版社，2004：237.

⑤ 美国教育部 2002—2007 年战略规划［M］//吕达，周满生. 当代国外教育改革著名文献：美国卷. 第四册. 北京：人民教育出版社，2004：211.

让一个孩子掉队，每个孩子都应该受到发挥其全部潜能的教育。""州、学区和学校必须负责保证所有学生，包括处境不利学生达到较高的学业标准。"①该标准体现、凸显了这些主流教育思想。

（二）把实施教学领导作为教育领导者的重要职责

教学是传递人类社会知识、技能和文化遗产最有效的手段，是实现教育目的、促进学生全面发展、提升学生成就的基本途径。所以，教学在学校工作中居于中心地位，学校工作最核心的任务就是通过教学培养人才。教育领导者关注的焦点应在于学校的教学，在于通过教学推进学生的学习，从而才能使每一个学生都获得成功，这些理念是 2008 标准的价值追求。标准中的第二条表明，教育领导者要"倡导、培育和保持有助于学生学习及教职员工专业成长的学校文化和教学规划"。标准不仅直接强化了教学，而且还要求教育领导者提供强有力措施支持教学的实施。与 1996 标准相比，2008 标准更加凸显了领导者实施教学领导的能力，该标准要求教育领导者要"打造全面、严格和连贯的课程项目"、"指导教学的进行"、"最佳化质量教学时间的运用"、"提供最有效和最恰当的技术支持教与学"、"调整与评估教学项目的影响"、"确保教师和组织时间能够集中支持高质量教学和学生学习"。

强化教育领导者要担任教学领导的责任，这种对教育领导者的把握是与近年来美国实施的一些研究与倡导的教学型领导密切相关的。教学型领导源于 20 世纪 80 年代对有效学校和学生成绩的研究。关于有效学校的研究，比较一致的意见是：有效学校的基本特征是"领导集中于教学内容"，且具有"强有力的教学领导"。② 有效学校中的校长常常认定自己担当着教育领导的角色。③关于领导行为与学生成绩，一些研究表明，校长作为对课程与教学有力的直接指导，能提高市区小学贫困学生的教学效果。④ 有大量的资料证明，学校领导者实施教学型领导的行为对学生成绩有着显著的影响。⑤ 尽管人们对这样的研究颇有微词，但是这些研究使人们认识到教学领导的意义，认识到教育领导者要善于实施教学领导，应该具有围绕学校教学开展领导工作的素质，应成为教

① The Council of the Chief State School Officers. No Child Left Behind Act [EB/OL]. [2002-08-06]. http://www.ccsso.org.

② A. Odden. Educational Leadership for America's Schools [M]. New York：McGraw-Hill, 1995：147-149.

③ 冯大鸣. 美、英、澳教育管理前沿图景 [M]. 北京：教育科学出版社, 2004：214.

④ Leithwood K A, Montgomery D J. The Role of the Elementary Principal in Program Improvement [J]. Review of Educational Research, 1982, 52 (3)：309-339.

⑤ 马扎诺, 沃斯托, 麦克那提. 学校领导与学生成就——从研究到效果 [M]. 邹志辉, 等, 译. 北京：中国轻工业出版社, 2007：7.

学型领导者，应该成为教学领导专家。所以，"在过去的 20 年里，教育领导中最流行的主题或许一直是教学型领导。在对当代领导研究文献的回顾中，利思伍德、詹茨与斯坦巴赫指出，教学型领导是北美最常谈及的教育领导概念之一。"① 这些观点在八九十年代初成型并享誉美国，同时这种观点很快被大多数教育领导协会接受，于是这样的观点便体现在他们制定的标准中。

重视教学和教学管理也是美国政策关注的重点。卡耐基教学专业工作组（Carnegie Task Force on Teaching as a Profession）的《国家为 21 世纪的教师作准备》（A Nation Prepared：Teacher for the 21st Century）就表明，教育领导者要提供专业化的教学环境，要通过多种多样的领导方式发挥教学领导的功能。②《2000 目标：美国教育法》规定，要"改进课堂内以及工作单位的教学质量"，要"制作高质量的，而且在国际上具有竞争力的教学内容。"③ 全美教学和未来委员会（The National Commission on Teaching & America's Future）《做什么最重要：投资于优质教学》（Doing What Matters Most：Investing in Quality Teaching）（1997）的报告，其中着重从"为什么教学重要"和"教学如何才重要"，强调了教育领导者在这个过程中的作用。④ 这些政策理念充分融入到了 2008 标准中。

实际上美国 2008 标准所体现的价值理念非常宽广，除了上述这些核心价值追求之外，还有诸如领导者要有宽广的胸怀，要有高尚的道德情操，要创设学校有意义、人性化的学校文化，要协调并建立学校与家长、其他学校、地方当局及其他团体之间的合作关系，等等，都是 2008 标准的价值追求。

四、结语

美国的经验表明，他们不断完善教育领导标准，通过一系列目标明确、具体可行的指标勾画出对合格、卓越的教育领导要求，这有利于推进领导人员专业化发展，有利于提高教育质量。20 世纪 90 年代以来，我国虽然有一些文件对部分教育领导者在政治、人品、能力、学历、身体、任职经历等都有一些说

---

① 马扎诺，沃斯托，麦克那提. 学校领导与学生成就——从研究到效果 [M]. 邬志辉，等，译. 北京：中国轻工业出版社，2007：7.

② 国家为 21 世纪的教师作准备 [M] //吕达，周满生. 当代国外教育改革著名文献：美国卷. 第一册. 北京：人民教育出版社，2004：287 - 291.

③ 2000 目标：美国教育法 [M] //吕达，周满生. 当代国外教育改革著名文献：美国卷. 第三册. 北京：人民教育出版社，2004：237.

④ The National Commission on Teaching & America's Future. Doing What Matters Most：Investing in Quality Teaching [EB/OL]. [2002 - 08 - 06]. http：//www. nctaf. org/.

明，但是还没有具体、明确、可操作的教育领导者标准。我们可以通过对美国教育领导标准的研究，获得相应经验，来制定、完善我国教育领导者标准。

美国教育领导标准从内容上确保了教育领导者的质量，为了使这一标准更好地实施，为了更好地评价教育领导者是否达到了标准要求，他们在不断完善教育领导标准的同时，也非常注意标准的实施，注意颁布相应政策规范指导标准的执行。2008 标准颁布之前，相关部门及其合作者就准备要开发一个实施基础模型，以便帮助引导《教育领导政策标准：ISLLC 2008》中 6 条标准的使用。CCSSO 也在制定一个全面的出版物，这个出版物将包括标准本身、标准修订研究的解释和标准的如何使用。我国在制订一些法规、政策、规则时，有时往往停留在框架层面，相应的指导措施欠缺，使得实施起来难度较大，最终导致这些政府法规、政策、规则流于形式。我们可以借鉴美国的这一做法，改善我们的实施贯彻层面的问题。

当然，对于美国的经验我们必须有选择性地学习。例如，2008 标准的修订实际是一个跨州行动，通过这个行动使得 2008 标准更具有全国统一性特点，更具有使各州在此标准基础上制定、实施自己的标准和项目，这实际上反映了美国逐渐强调一致性的发展的趋势。美国的这种发展趋势有其文化背景，美国是一个典型的地方分权制的国家，即教育事业由地方教育行政部门举办和管理，这使得美国各州的教育差异较大。随着教育行政体制均权化的发展，随着人员流动的加快，中央政府在扩大自身权限，各协会也在提升自己在全国教育上的影响力，于是制定全国统一的教育领导标准就成为双方共同追求的目的。我国是一个中央集权的国家，是一个发展极其不平衡的国家，长期以来我们过于强调统一，结果出现了"软政策"、"软法律"现象。教育行政体制均权化趋势在我国应更多体现为中央放权，尤其在制定类似标准的问题上，制定具有指导功能的、具有促进不同地方共同发展的政策标准较有意义。

（该文发表于《外国中小学教育》，2010 年第 10 期）

教师发展学校：理念及特点

傅树京

On the Concept and Characteristic of the

Teacher Development School

Fu Shujing

为了探索以教师专业发展推动基础教育和教师教育改革之路，首都师范大学与北京市及唐山市的部分中小学合作，建立了以现有中小学为基地的教师发展学校，在实践中根据教师专业发展需要实施教师教育。

一、教师发展学校的教育理念

（一）教师持续、有效的发展是学生发展的基础

教师发展学校的最终目的是改进学生的生活和学习，使学生成就最大化，从而提高基础教育质量。但是如果没有优秀的中小学教师，学生不会获得相应发展。许多国家从以往的努力与经验中得到一个非常重要的启示：任何教育改革必须配合教师专业发展，否则不会成功。因为，教师是教育改革、教育发展和教育教学实践的主体和关键，任何先进的教育思想由教师去贯彻、适切的教育内容由教师去体现、有效的教育方法由教师去实施、现代的教育手段由教师去操作。如果教师的发展不到位，教育质量的提高是难以实现的。例如，当我们要实施一个新课程时，最困难的就是改变为数众多的教师的教育信念与教育行动。教师是否理解新课程的精神与理念？教师是否能改变自己的教育信念以便配合新课程的教育理念？教师如何改变自己的教育行动，以便落实新课程？因此，鲁宾（Rubin）从许多相关的实务经验中归纳出一个重要的结论：任何试图改进学生学习的努力，必须依赖某种形式的教师成长。① 学生全面、有效、极大发展需要受益于最好的教师，只有教师获得了较大发展，学生才能有相应发展。优异的教育教学质量是在教师的发展中实现的，离开教师发展的学

---

① 饶见维. 教师专业发展——理论与实务 [M]. 台北：五南图书出版有限公司，1996：37.

生质量是难以想象的，学生在教师发展中成长，教师在学生的成长中发展。"教师发展的真正的价值和意义就在于它是促进学生发展的真实和必要的条件。"① 很多国家都认识到了教师发展对学生发展的意义，美国教育部指出："教师的知识水平和工作能力对于国家是至关重要的。因此，长期培养、培训教师的知识和技能，支持他们的专业发展是一项重要任务。"② 所以，许多国家都在 20 世纪 80 年代乃至以后的教师教育改革中，把促进教师专业发展作为提高教育质量的关注点。他们都从只重视学生发展，走向了重视教师与学生共同发展。教师发展学校的理念就是以教师的不断发展促进学生的不断发展，以教师的发展达成学生的最大化发展。

教师的持续、有效发展不是完全在自发状态下进行的，如果没有有效的教师教育，教师的发展就会受到制约，就不会产生大量优秀的中小学教师。教师发展学校就是要实施优异的教师教育，以优异的教师教育促进教师的极大发展。

（二）大学与中小学合作是教师专业发展的保证

新的教师教育观认为，教师教育不仅是大学的责任，也是中小学的责任，中小学不仅是教师教育"产品"（师范生和中小学教师）的使用者，还应该是"产品"的"维护者"、"保养者"；教师在教学中的专业发展不仅是中小学的事情，也是大学的事情，大学应始终对你的"产品"负责到底。"大学和中小学的合作者们对候选人培养、教职员工的专业发展和学生学习享有共同的责任。"③

在社会发展的加速度日益加快的情况下，教师教育"产品"的"维护"、"保养"技术不断"创新"、"换代"，中小学在实施教师教育任务时，在促进教师专业发展时，需要持续地获取相应的新思想、新技术、新资源。富兰（Fullan）和哈格里夫斯（Hargreaves）认为，缺乏技术支援及有关如何实施的知识，是影响教师专业发展的因素。④ 所以，中小学需要大学的帮助。大学要对其产品有效地负责，就必须走向"产品"使用之处——中小学，从他们那里了解"产品"生产的反馈信息，了解"产品"、"维护"、"保养"的技术需求，这样才能有效地提高教师专业发展水平。另外，教师的专业成长需要理论

① 王长纯. 教师专业化发展：对教师的重新发现 [J]. 教育研究, 2001 (11): 45-48.

② U. S. Department of Education. Promising Practices: New Ways to Improve Teacher Quality [EB/OL]. [2001-08-06]. http://www.ed.gov.

③ The National Council for Accreditation of Teacher Education (2001). Standards for the Professional Development Schools [EB/OL]. [2002-01-16]. http://www.ncate.org.

④ 饶见维. 教师专业发展——理论与实务 [M]. 台北：五南图书出版有限公司, 1996: 38.

的武装，也需要真实的实践环境体验，大学是教师理论学习场所，中小学是教师实践基地。因此，只有大学与中小学的合作才能够有效地提升教师专业发展水平。所以，促进教师专业发展需要建立一个由大学和中小学共同建设的新机构，这个新机构要跨接大学文化和中小学文化。我们认为，由大学与中小学合作建立的教师发展学校正是促进教师专业发展所需要的一个新机构。

（三）中小学应具有促进教师专业发展的功能

教师发展学校不是重新建立一所独立的专门学校，而是以中小学为基地进行的一种功能性建设。学校既是教职员工工作的地方，也是他们生活、发展的地方；学校不仅仅是培养学生、促进学生发展的场所，也是培养教师、促进教师发展的场所。美国霍姆斯小组在《明天的教师》中指出："使学校成为教师工作和学习的好地方。""我们的目标把我们从未来教师进行学习的大学，引入他们从事实际工作的学校。学校和大学一样也是教师们学习的场所。"①

20世纪以来，随着人际关系学说的出现，"社会人"、"自我实现人"的观点在整个社会乃至在学校占据了上风，杜威的"民主教育"思想又强化了教育领域以人为本的管理方式。巴纳德的效力、效率和贡献—诱因平衡论等理论的出现，都使人们认识到教师不应再是学校的雇员、随从，而应是学校的伙伴，是学校教育改革的参与者、领导者。这些理念的出现，要求学校应该为教师的发展提供机会和环境，学校应当具有促进教师持续有效专业发展的功能，这是在当今时代条件下对教育、学校和教师的理解。从这个意义上说，能使教师获得充分发展的学校，才是真正的学校。教师发展学校就是要极大开发、显性释放中小学促进教师专业发展的功能，使中小学的确成为促进全体人员发展的真正学校。

（四）中小学是教师专业发展的理想场所

教师专业发展需要本专业内的理论知识、教育教学能力和相应的研究。理论知识掌握不仅需要外界的输入，还需要在真实的情境中促进教师的情境化理解；教育教学能力是在实践中生成的，产生于专业活动并包括在对专业行为的反思中；中小学教师进行的是以解决教育教学问题为主题的研究，这种研究不能离开现实，不能离开与学生、同事的相互了解和合作探索。因此，教师专业发展需要真实的教育教学情境，教师专业发展的很多品质是在课堂中、在与学生的交流中生成的。"教师需要具备一定的知识、技能和意向，以便形成专业判断能力，从而确定学生需要；教师应能够提供一定的教育计划帮助学生学

---

① 范宁. 霍姆斯协会报告：明天的教师（1986）[J]. 外国教育资料，1988（5）：1-11.

习；教师应能够互相协作，以追求最佳实践效果。这些都需要在临床教学实践中进行。"① 因此，教师专业发展需要中小学这个真实的教学实践情境。"教师素质的提高必须放在教学这个特殊环境中来实现。"② "学习产生于最好的、相应的、真实世界的实践中。教师在大学掌握教学的有关的知识，在中小学学会如何教学。" "教师在教学实践中才能获得最好的学习，实践能丰富并深化他们的教学经验、检查他们的教学进程、展示他们的知识和技能及所做之事情。"③ 建立在中小学的教师发展学校能为教师教育，为教师们的专业发展提供所需的真实情境。所以，中小学是教师专业发展活动的理想场所，离开学校这个真实情境，教师专业发展也就无法有效实现。教师发展学校正是基于这种信念而设计的。

另外，"如果学校正在推动某种新措施或正在进行某种改革，必定来自教师专业发展的急迫需要，根据此种需要来推动相关的教师专业发展活动不但对学校有立即的帮助，教师的动机与意愿也最高，成效也最好。"④ 由学校提供的某种专业发展活动，可以调整到适合每一所学校、每一个教师的实际状况。所以，由学校主动推动的教师专业发展是很有效的模式。

（五）教师持续不断地研究是教师专业发展的有效途径

当教师走上讲台，实现着人力资本的转化和完善等教育意义时，他的学生怎样理解知识、怎样获得技能，每个学生都是不一样的，每个学生在不同时刻、处于不同情境中也在进行着不同的知识建构。所以，教师的工作永远充满着未知的因素，具有高度的研究和创造的性质，教师的专业发展与教师工作的研究性紧密相连。教师的教育、教学、研究是其工作的整体构成，它们原本就是一体的、不可分割的、天然合一的。后来在现代化的进程中，随着大学、研究机关的建立及专门研究队伍的出现，中小学教师的研究职能被专门化研究机构中的研究人员承担了。当然这是历史的进步，它繁荣了教育，催生了教育科学，但是却弱化了中小学教师的研究职能。

信息化社会的到来和教育的深入发展，要求教师做研究工作的呼声越来越高。美国霍姆斯小组（the Holmes Group）关于教师教育改革的重要政策性文件《明天的学校》（Tomorrow's Schools, 1990）认为，新时期的教师应该能够

---

① Levine M, Trachtman R. Making Professional Development Schools Work: Politics, Practice, and Policy [M]. Teachers College Press, 1997: 4-5.

② Group H. Tomorrow's Schools [EB/OL]. [2001-08-06]. http://www.holmespartnership.org.

③ The National Council for Accreditation of Teacher Education (2001). Standards for the Professional Development Schools [EB/OL]. [2002-01-16]. http://www.ncate.org.

④ 饶见维. 教师专业发展——理论与实务 [M]. 台北：五南图书出版有限公司，1996: 20.

进行教学研究，成为研究型或反思型教师。① 教师只传授知识已经不能适应正在出现的知识经济、知识社会的需要了，教师必须对教育教学实践进行研究，教师原本就有的研究能力必须回归给教师。这样才能使教师在根本意义上、在教师专业化发展上站立起来，才能真正做到自强、自立、自尊、自为，才能真正当之无愧地从事教育这一伟大事业。因此，教师工作的研究性质是教师专业发展的基础，也是教育改革的基础性内容。

教师专业发展"可以透过持续的学习与探究历程来提升专业水平与专业表现"。② 教师成为研究者意味着使教师树立明确的主体研究意识，具有适应时代特点的先进的教育观念，形成自觉的反思态度，掌握相应的研究方法。教师发展学校基于这样的理念，为教师提供了先进的研究思想、理想的研究场所、丰富的研究机会、综合的研究方法、有效的研究技术等，以便形成研究与教育教学合一的教师专业生活方式。

二、教师发展学校的实践特点

（一）合作性

教师发展学校是大学与中小学合作建设的。建设教师发展学校的大学与中小学，双方共同协商，签订合作协议，明确双方的职责和义务。大学向共同合作的中小学派遣指导教师和师范生，同时为他们开放必要的教育资源等。大学的指导教师根据中小学的实际需要进行相应的教师教育。中小学负责向大学的师范生提供实习和撰写毕业论文的指导教师及实践机会，同时与大学指导教师一起，组织实施本校的教师专业发展活动，目前的教师发展学校更多进行的是在职教师教育工作。

大学教师每周前往中小学，他们与中小学教师一起听课、研究课，为中小学教师开设相应讲座。在共同建设的过程中，不仅大学教师被请到中学讲课，而且中小学教师也被请到大学，为职前教师开设讲座，他们富有现实意义的生动实例极大地吸引和打动了师范生。中小学教师在为师范生的培养作出贡献的同时，自己也在准备讲课的过程中获得了发展。在教师发展学校里，大学教师与中小学教师还组成合作小组，结成平等的合作"伙伴"关系，在这个学习共同体里，双方就共同感兴趣的、有实际价值的或直接涉及教育教学过程的问题进行研究，共同寻找解决这些问题的系统办法，共同对他们自己的行为和实

---

① Group H. Tomorrow's Schools [EB/OL]. [2001 - 08 - 06]. http：//www. holmespartnership. org.
② 饶见维. 教师专业发展——理论与实务 [M]. 台北：五南图书出版有限公司，1996：37.

践进行调整与完善，共同就取得的成果进行检查和评价，共同分享成功经验和喜悦，共同促进教师专业发展。双方在合作中就有关理论问题及理论如何指导、完善教育教学实践等问题进行交流、探讨，在一次又一次的讨论、沟通中，他们逐渐"视野融合"，双方都从对方获得了自身发展的信息、思想和技术。

双方在合作共建教师发展学校的过程中，实现着大学与中小学之间的文化融合。大学的学术前沿性质以及开放、探究等文化特质进入中小学，与中小学教育实践相融合；中小学的具体、个别、复杂、多样、鲜活的实际教育情境以及务实、求善等文化特质进入大学，与大学的教师教育实践融合。在两种文化的融合中，推进了教师教育和基础教育的改革，提升了各自的教育质量。

（二）生成性

教师发展学校建设的根本目的是推动教育改革，促进学生与教师的极大发展，这一点我们是非常明确的，它是我们追求的价值和理想，是社会发展和教育发展的目标，是国家教育法律政策的具体体现，也是国民对学校教育的希望。但是当我们具体建设一所教师发展学校之前，不知道在某一特定中小学以什么为主题来建设教师发展学校。于是我们就听取学校领导介绍，与教师座谈，观察、了解学校的情况，在此基础上制定教师发展学校的工作主题、编制计划方案、选择有效路径和实际操作方式等。所以，教师发展学校的具体建设方案不是预设的，而是在双方的合作过程中，在对中小学认识的基础上，根据实践中的问题产生的，实施计划是在实践中生成的。

在建设教师发展学校的过程中，我们还根据学校改革和教师发展的具体需要，适时开展各种活动，双方一起深入课堂听课，然后以研究的态度讨论这一节课；结成志愿者小组、兴趣小组，开展小组合作研究；实施正式的与非正式的会话和交流，进行口头探究式的研究。在这一过程中，大学教师根据实际教育教学和研究需要，不定期地开办教育理论讲座。例如，"教师专业发展的理念与实践"、"教师怎样做研究"、"建构主义理论与教学改革"、"合作学习的理论与实践"、"研究性学习与教师专业发展"、"多元智能理论与学生发展"、"教师发展学校的建构思想"、"主体型教师专业发展"等。由于这样的讲座是针对中小学教师实践中的问题开设的，他们参与的积极性很高，效果也较理想。

总之，教师发展学校的实际建设过程是动态的，教师发展学校所实施的教师教育是在实践中按照实际需要开展的，生成性是教师发展学校建设的突出特点。

（三）研究性

教师发展学校促进教师专业发展的功能更多的是通过大学教师与中小学教师一起合作研究等方式来实施的。通过研究也把大学教师、中小学管理者、教师和师范生结合了起来。在研究解决现实问题中实现教师专业发展，以研究的实践持续开展有效的中小学教师教育，是教师发展学校建设的突出特点。

为了达成教育、教学、研究合一的教师专业生活方式，我们实施了以研究为主线的教师专业发展活动：开设各种讲座、报告使教师明确发展自己专业素质的意识，树立教师应不断通过研究自己的教育、教学工作，提高自身的工作质量和水平的观念；通过讨论、交流、对话等途径设法营造"研究状态下工作"、"工作中进行研究"的气氛，以此激发教师对过去工作的冷思考，在反思经验与教训中提高自身素质，升华教师的境界；组织教师申报各种层次的教育教学研究课题，并定期进行专题研讨；组织教师结合自己的工作撰写教育教学案例，进行个案研究；实施"在教育教学中进行研究，在研究中促进教育教学"的教师专业发展计划；形成研究课制，使教师经历在研究意识下备课、说课、上课、课后讨论与反思，并撰写个人反思笔记这一完整的过程。研究课制的实施，使教师真正体验到了如何在教育教学中进行研究与探讨，如何研究学生、研究教学、研究自身。在"实践—研究—再实践—再研究"的过程中，教师们不断地接受新的教育教学观念、充实教育教学知识、完善教育教学技能，同时也学会了教育科研，研究的确促进了教师们专业发展。

强调教师获得研究能力、成为研究者绝不意味着对教学的忽视或削弱，而是在根本的整体的理解中把它们视为同一过程。教师发展学校的实践已经初步表明，学校的教育教学工作因为与研究融为一体而获得了内在的、根本的推动力量。

（四）主体参与性

从事教师教育的大学参与中小学改革与发展，是近年来我国教育事业中出现的具有鲜明时代特点的一种现象。但是很多参与模式是大学制订实验方案，中小学在大学专家的指导下实施预设的实验计划。教师发展学校的建设主体是大学与中小学，大学不是以专家、权威的身份支配或控制中小学的改革和发展，也不是大学教师拿个实验方案去验证自己的结论，而是以平等的身份参与学校教师专业发展活动；中小学也不是单纯接受大学支配或控制的受动客体或被试个体，而是与大学平等身份参与各种工作。教师发展学校的具体建设目标、操作计划、工作步骤等，都是在大学与中小学双方主体性参与的基础上、在相互理解的过程中制定的，教师发展学校的工作过程也不是检验某种已知的预定方案，而是围绕解决中小学存在的问题所实施的。所以，教师发展学校充分体现了大学与中小学双方的主体参与性。

这种主体参与性还表现在，参与教师发展学校的全体教师既是自身发展的主体，也是教师发展学校的主体，以主体身份参与各种专业发展活动。他们根据自己教育教学中的实际需要设置自己的研究课题，根据自己的工作日程安排设计自己的研究计划；教师发展学校还帮助教师组建合作小组，合作小组由具有相同或相似研究议题的几个教师组成，他们定期以多种教育理论为指导，结合实际的教育和教学问题开展研究，有时彼此之间还经常开展正式的和非正式的会话和交流，大学教师与他们共同参与合作研究。教师发展学校的志愿者小组的活动是以"志愿参与"为原则，定期实施不同主题下的教育教学研究，把自主自悟的机会最大限度地给予教师，这一活动也充分体现了教师的主体参与性。

教师发展学校的主体参与理念和实践方式，也影响到了教师，他们走近学生的内心世界，了解他们的心理需求，请学生参与教育教学设计，从以教为主的课堂教学模式逐渐走向以学为主，从形式上的师生互动，走向思维上的互动，真正达成了理解的教与学。

在双方自主参与建设教师发展学校的实践中，大学文化与中小学丰富的教育实践充分结合，在改变中小学的现状和传统的同时，也在实现着教育理论的建构，双方在这个过程中逐渐真正理解教育意义，真正实现教育意义，参与建设的双方都获得了的自身发展，并以自身的发展促进了学生的发展，提升了学校的整体发展水平。

（该文发表于《首都师范大学学报》（社会科学版），2003 年第 5 期）

促进教师专业化发展的新途径

——教师发展学校

张　琦

Improve Teachers' Professional Development of New Way

——Teacher Development Schools

Zhang Qi

联合国教科文组织在 1966 年出版的《关于教师地位的建议》中提出应该把教学工作视为一种专门职业，强调教师是具备经过严格训练和持续不断的研究才能获得并维持专业知识及专门技能的专业人员。此后，随着国际终身教育思潮的兴起，世界范围内教育改革的不断深入以及对教师质量要求的不断提高，教师专业化问题在 20 世纪七八十年代成为欧美国家教育界一个蓬勃发展的研究领域。随着教育在社会发展中的地位越来越重要，教师作用的日益增强，人们对教师的质量引起了关注，教师专业化成为国际师资队伍建设的基本方向。首都师范大学教科院率先于 2001 年 5 月在北京市丰台教育发展服务区建立了首批教师发展学校。丰台一小是丰台教育发展服务区首批建立的教师发展学校之一。

教师发展学校是在教师教育改革的国际背景下提出的一个重要的理念和教师教育的制度创新。教师发展学校既着眼于教师，也着眼于学生，使学校具有让教师获得持续有效发展的功能，以教师的发展促进学生的最大发展。教师成为研究者是教师专业化发展的必然趋势。教师成为研究者的核心是具有研究意识与研究能力。教师作为研究者，有意识地把自己的教学工作，作为教育科学研究的对象，不断反思自己的教学工作，不断开发自己的潜能，不断提高自己的教学水平。这不是简单地重复自己，而是赋予教学以生命力。"反思性教学"、"行动研究"，都是强调教师把自己作为研究的对象，从旁观者的角度来看待自己的日常教学工作。教师要做到这一点，就必须不断提高自身的专业素养。教师成为研究者的过程，即教师的专业化成长的过程，就是教师在教学实践中，通过不断地学习和提高，独立建构自己的知识和能力体系的过程。这个过程既需要先进的教育理论指导，又需要教师创造性地运用一定的理论，来解决实际教学中的具体问题。

丰台一小教师发展学校以教师专业化发展为中心，把教研科研结合在一起，开展了一系列活动，走教师专业化发展的道路。

一、以科研促学习，提高教师理论素质

教育科研活动是提高教师理论素质、不断优化教师教育思想的重要措施。对同一知识用什么手段去教给学生，即教学中的教法处理是一位教师教育思想在具体教学实践中的客观反映。教师教学能力的提高是以教育思想素质的提高为前提的。现代教育对教师的要求已远远超出"传道、授业、解惑"的教师主体模式，教师不再是无所不知的"圣人"，而是学生的领路人。因此，教师必须通过自己的理性思维将所学专业知识进行科学的体系化。教师在教学中要用的是理性过程的思维方法和知识体系。如何思维、如何将所学知识再加工取决于教师的教育思想，加工的结果将直接影响学生的学习的方法和发展方向。

小学教师缺乏系统的教育理论是一个较为普遍的情况，是造成不少教师对教学缺乏经常性的理性思考的重要因素。而教育理论素养是教师教育思想形成的基础，为此，加强教师对教育教学的理性认识，即通过提高教育理论素养来优化教师的教育思想，就必须进行教育理论学习，必须进行理性思维。

为此，丰台一小在 2001 年暑假期间学校专门举办了首期教育理论培训班，对教育科学研究方法、建构主义理论、合作学习理论和多元智能理论等进行了较系统深入的学习和研讨。许多老师都有很深的感受。孙宏慧老师写道："理论学习引我起步，鼓励我'动'起来：学习先进的教育教学理论、与同事互相商讨、分析、研究、解答在教育教学实践中的一系列问题，各抒己见，不断强化研究意识，自觉担当研究者的角色。"

二、以科研促教研，提高教师业务素质

小学教师教学任务繁重，大量的时间精力必须投入到教学中。教师的任务是"以教学为中心"，繁重的教学负担几乎没有为研究留下多余的时间。实质上，这种认为"研究将挤占教学时间"的观点乃源自一种错误的假设。这种假设将教学与研究视为截然独立的两项活动，且遵循一种简单的加法规则，即教师的工作时间（T）＝教学时间（I）＋研究时间（R）。当 T 值不变时，I 值越大则 R 值越小。反之，I 值越小则 R 值越大。这种错误的理解显然没有考虑研究与教学之间"共生互补"关系。其实教师所进行的研究是一种特定的"教学研究"，是对教师自己的教学进行反思和探究，这种研究的目的不是为

教学增加另外的负担，而是力图使教学以更有效的方式展开，使教师在有限的时间内引导学生获得更好的发展。因此，尽管在研究之初教师可能费时费力，但一旦进入研究的正常状态，熟练掌握了适合自己的研究方法，那么教学就演变成"研究式的教学"。教室就是教师天然的研究场所，教师的教学过程就是在自己的研究场所里进行观察与研究的过程。换言之，就是"在教学中研究，在研究中教学"。教师的教学研究就存在于教学活动之中，而不是在另外的时间和空间做另外的事情。教师的教学实践为研究提供具体的观察情境，离开了这种具体的观察情境就失去了研究的条件。而当教师从自己的研究中找到了有效的教学策略和教学管理策略时，就有可能熟练地解决种种"教学困惑"、减少无效的重复劳动，在不一定增加工作时间的前提下提高教学效率。

丰台一小和其他许多学校一样都十分重视教研活动，每学期都搞听课、评课活动，以改进以往教学工作，但结果又往往对教学并未起到十分明显的推动作用。究其原因，就是这些形式的教研活动更多的是感性上的认识，还不能促使教师从深层次上对教学进行理性分析，交流也缺乏科学的理论为指导。去年9月份开学之后，教师们各自根据关注的问题和暑期理论培训专题的兴趣组成了几个大组，如建构主义研究小组、合作学习研究小组、多元智能研究小组等。以组为单位开展教研科研交流活动，进行了组内成员间的听课和评课活动，进行了第一次教育、教学案例在组内交流讨论。10月份学校安排了91节公开课，全校教师可以跨学科、跨年级、跨研究组听课，课后所有听了这节课的教师一起来评议。听课活动结束后学校作了各科教学的分析报告。全校教师参与了这次公开课活动，教研科研的关系在教师心目中的位置重新得到了定位。

丰台一小开展教科研活动，是要使每一个教师都有既服务于学校总体目标又切合本人实际的科研课题，有目的、有重点地对教学中的热点、难点进行研究，从而使教研活动有具体的内容。为此，11月份以后开始建立以自愿为原则的2~3人的研究小组，更便于教师之间的交流。高秀贤校长提出"分分合合"的概念，全校参与科研的老师有时召集在一起开会，有时又分组讨论，在这种既分又合的研究形式中，我们与丰台一小的领导和教师之间，教师们彼此之间都经常开展正式的和非正式的会话和交流，使其成为我们开展研究的一种主要方法。教师在这样的教科研活动中不仅能扩大交流，而且能提高自己的理论水平和业务素质。

三、以科研促转变，优化教师教育思想

教育思想是教师基本素质的"纲"。一位具有渊博知识的人能否当一名好

教师，要看他是否具有教师所必需的专业知识和扎实的教学基本功；而要做一名优秀教师，则要看他是否具有先进的教育思想。教育改革要求教师必须有一个教育观念的大转变。转变教育观念靠行政命令并不能解决问题，解决的办法只能靠科研，靠教师有意识地去主动研究教育，这样才能促使其思想不断优化。这期间丰台一小的领导和教师在教育观念和行动上发生了变化，这是与一小领导和教师对教师发展学校的逐步深入理解分不开的。我们教师发展学校从最初是通过搞教育科研促进学校和教师发展入手，到目前把教研科研结合在一起，把教师发展学校的工作渗透到学校的日常工作中。

在第一次的案例撰写中就有像音乐老师闫淑霞的《乖乖女演大灰狼》，体育老师叶涛的《我是一个鸡蛋》等较成熟的案例，这说明了老师们已经开始有意识地经常反思自己的教育教学行为，不断改进教育教学工作。教师发展学校的工作得到了越来越多的老师的支持、理解，现在已有半数以上的老师经常参与教师发展学校的活动，也常常有老师愿意和我们一起探讨教学改革中遇到的问题，商量改进的办法。

对于教学来说，有先进的教育思想为指导，教师就更能从科学的角度去认识教学，并在教学中有意识、有目的地加以提高，使其教育思想以教学为手段得到更好的实现。郭丽华老师认为：教师发展学校"不仅使自己的理论水平得以提高，更重要的是使自己的教育教学观念有了转变。这种转变，使自己在工作上更加得心应手，逐渐地感受到了工作的快乐。"纪丽老师总结道："几个月来，是实践—反思—再实践—再反思的过程。反思使我更新了教学观念，反思使我优化了课堂教学模式。是教师发展学校使我逐渐形成了反思的品质。"

学校的一切工作归根结底是通过教师进行的。教育质量的提高离不开教师。邓小平同志指出："一个学校能不能为社会主义建设培养合格的人才，培养德智体全面发展的有社会主义觉悟的有文化的劳动者，关键在教师。"现代教师的素质可以通过理论学习、培训等途径获得，但更为重要和便捷的途径是在现实的教育教学实践活动中，在不断进行的教育科研实践中取得。专门的培训和理论学习能增长教师的知识，提高理论水平，树立正确的教育观念。通过实际的教科研活动，在不断地研究和教学活动中增长才干，可以提高教师的素质。张宏老师体会到教师发展学校："就促使教师在自己平时的教学实践中又自觉担当研究者的角色，研究的意识增强了，实践中就融入了更多的理性思考，并以此来规范我们的工作，使其更具科学性、目的性、规律性。"刘洋老师认为："影响最大的还是教学观念的转变，而教学观念的转变直接影响到教学方法的更新。"

四、教科研相结合，促进教师专业化发展

在教科研相结合的过程中，可以培养和锻炼教师，提高教师的全面素质。通过教师发展学校可以促进教师钻研教育科学理论，使教师的教育教学活动走上科学的轨道，提高教师的业务水平；通过教师发展学校可以促进教师更深入地了解学生，掌握学生成长的规律和特点，增强教师教学工作的针对性；通过教师发展学校可以增强教师工作的历史责任感，促进教师热爱教育工作，终身从事教育工作。

教科研相结合有助于教师素质的提高，体现在增强教师的科研意识，增强教师对教育科研的自信心；学会研究教育教学工作中遇到的问题，追求成果的现实应用价值；进一步学习教育理论，提高科研水平。目前丰台一小已经建立起一套相应的激励机制，使教育科研成为教师的自觉活动。12月份一小编辑了《求索》案例集和《收获》体会集。正像案例集前言中写到的"通过写案例，我们有两个期望：一是期望能够激活教师的思考，激活教师的智慧，学会理性地思考教育问题，学会教育行动研究，超越自我。一是期望帮助教师们寻找到一个研究的起点，寻找到当代教育思想与实践有机结合的切入点，确定研究的具体问题"。案例是"教师们智慧的结晶"。

应该承认中小学教师从事教学研究确有一些困难，首先是可能缺乏必要的研究时间。中小学教师用于课堂教学的时间较多，加上备课、批改作业，组织课外活动、管理学生等，教师负担可谓繁重。其次，中小学教师缺乏必要的研究方法和技术。另外，中小学教师从事教学研究时还可能遇到不同程度地缺乏研究经费等。这些问题确实可能使部分中小学教师从事教学研究时会面临一些困难。中小学教师从事教学研究虽然有自己的不足，但也有其独特的优势。

学习教育理论、与大学教师合作和进行研究是教师发展的三种基本方式，其中以"研究"最有实效。教师只有针对教学实际问题而有所选择地学习教育理论，且将学习教育理论所领悟的教学策略应用于教学实践时，学习教育理论才能表现其价值。而教师一旦将学习教育理论所获得的策略应用于教学实践，则说明已经进入"研究"的过程。另外，"合作"虽然有专家直接指导的优势，但并不是每一个教师都有进入合作研究的机会。即使进入了合作的研究小组，教师如果不主动参与研究、没有自己的见解，总是依靠专家学者的意见，那么教师则很难提高自己的思维水平和研究技能。看来，无论学习教育理论还是"合作"，它们只有在"研究"的基础上才能获得有效的经验。也就是说，研究才是最有效的学习方式。教师通过自主的研究才能唤起学习教育理论的需要和合作的兴趣。不少人将研究技能的提高寄希望于教师"脱产进修"

或"在职培训",殊不知教师在自己的教室里亲自进行研究即是最有效的"在职培训"方式。并非一定要等到系统学习、研究技能提高之后才产生研究,而是先有研究之后才能产生学习的激情,才能在研究的过程中提高研究技能。

作为参加教师发展学校工作的大学教师,几个月的工作使我们对中小学教育有了许多新的认识,解决了"理论与实践脱节"问题,作为理论研究者的我们愿意为中小学教师提供理论指导或直接进入中小学校与教师合作,和中小学教师一起进行教科研活动。现在我们比任何时候都更加关注教育理论与教育实践的结合,关注中小学的教育教学改革,关注教师的发展与学生的发展。我们走进课堂参加例行的教研、科研活动,和老师们一起探讨课堂教学改革的问题,探讨教学科研之间的联系,一起制订教科研计划,我们深感老师们有迫切的发展要求。大学与中小学合作的前提是自愿的原则。在合作研究的过程中,中小学教师可望从理论研究者那里获得直接的指导,学习相关的研究方法和技巧。在工作中,我们更加感到在教育实践中需要教育理论的支撑,才能和老师们一起解决实际遇到的困惑和困难,可以说教师发展学校使我们自身也得到了发展。

教师职业需要持续发展,学校的教育实践活动是教师专业素质形成和发展的土壤;教师不仅是教育教学实践的主体,也是教育改革与发展主体,教师的发展是学校发展的内在动力和源泉。因此,学校不仅是学生发展的场所,也是教师发展的场所。教师发展学校正是在实现着这一目标。

(该文发表于《内蒙古师范大学学报(教科版)》,2002年第4期)

构建与教师专业发展阶段相适应的培训模式

傅树京

Construct the Training Pattern Appropriate to the
Development of Teacher's Specialty
Fu Shujing

通过多年对中小学教师成长过程的观察、研究，在国内外学者对教师专业发展阶段研究的基础上，根据"教师关注内容"的问卷调查和"教师教育教学技能"测评发现，教师在一定年龄阶段和专业发展阶段会反映出一些典型的心理、认识与能力等方面的特点，这些典型特点的出现，标志着教师专业发展质的变化，体现出它的阶段性。一般来说，与教师职后培训相联系的专业发展阶段可分为适应、探索、建立、成熟、平和五个阶段。本文试图从研究各阶段的发展变化入手，确定处在不同发展阶段上教师的主要需求和问题，探讨相适应的培训设计，从而促进中小学教师的发展。

一、适应期的培训

适应期教师培训的重点是"转化"，通过"转化"使他们适应教师职业。

（一）角色转化

青年教师的成长规律①告诉我们，刚从大专院校毕业的年轻教师们视野宽广、思想活跃、易接受新思想、新事物；有强烈的建功立业愿望，想把自己多年来学到的知识应用于实践、奉献给学生，渴望很快成为教育人才。然而他们在思想认识、言行举止、工作方法等方面离教师的职业规范还有很大的差距。作为学生角色的基本职能是读书学习，而教师角色的基本职能是教书育人。在教师专业活动中，包含有领导者、管理者的职能；传播知识、培养能力的职能；为人师表的职能；指导学生体育锻炼、艺术熏陶、心理咨询的职能等。其言行不能像学生那样随意性成分较大，工作方法也要遵循教育教学规律，符合

---

① 纪大海. 青年教师论 ［M］. 成都：四川教育出版社，1991：65 – 76.

学生身心发展特点。然而作为个体的教师，这种角色职能、角色心理、角色规范的培养不是随着这种角色的转换自然形成的，这需要一个不断学习、实践和探索的过程，教师培训加速这一过程的进行。通过培训促成他们尽快了解教师职业的各种职能和规范，尽快体验到教师与学生在身份、职位、职责上的区别，尽快在各方面从学生转变为教师。通过强化热爱教育事业、热爱学生等职业道德的培训，会有效加速这一过程的实现。

（二）能力转化

此时就知识内涵性看，他们基本适应当前社会对教师的要求；就知识总载量看，他们基本可以满足本学科的教学需要。然而由于没有"能由实践的需要来确立"认识客体（教育教学）的实践，欠缺把已有知识转化为实际的教学能力。有关"中学优秀教师各种特殊能力及其形成时间"的研究表明：对教学内容的处理能力、运用教学方法和手段的能力、教学组织和管理能力、教育机智和与学生交往的能力，这些能力在任教以后形成的百分比分别是，68.42、65.98、69.08、69.70、68.73。[1] 这说明教师的教育教学能力的形成主要是在从教以后。"教育教学技能"测评表明，他们还不太熟悉本学科的教学大纲、教学要求，对教材的编排体系了解甚少。对学生也不太了解，课堂上面对突如其来的复杂教学问题感到无所适从，讲课的速度过快或过慢，抓不住重点和难点，在他们的教学过程中，学生还仅仅是客体，根据学生的实际情况选择教学方法的技能欠佳。

富勒（Fuller）等学者认为，此时的教师最关心的是自己对教材内容的精熟程度、教课能力以及管理班级能力。[2] 格列高克（Gregorc）也认为，此时的教师关注教学的特点和教育过程的角色期待。[3] "教师关注内容"问卷调查也表明：教师们普遍关注如何尽快提高教育教学能力。所以，此时的教师培训应帮助他们初步熟悉和把握所教学科的教材内容、教材特点、教学要求及一些基本的教学方法、教学程序等。教会做班主任工作。将自己所学到的文化专业知识和基本教育教学理论转化为实际的教育教学能力。

（三）知识体系的转化

这个阶段虽说他们具有了相当数量的知识，但不是说他们不存在教学上的

---

[1]　王邦佐，陆文龙. 中学优秀教师的成长与高师教改之探索［M］. 北京：人民教育出版社，1998：46.

[2]　Raths J D, Katz L G. Advances in Teacher Education［M］. Ablex Publishing Corporation, 1986：192.

[3]　同[2]，第194页。

知识缺漏，也不是说他们在每一个教学知识环节上都有一种教师对学生的"一桶水"与"一杯水"的优势。学校学到的知识体系不等同于应讲授的知识体系，所以，他们仍存在获取相关知识的问题，尤其是将所学的知识及知识体系转化为所讲的知识及知识体系的问题。

针对上述教师特点和需求，培训可以重点安排师德修养、教师职业规范和教育教学技能训练等方面的课程。讲授的同时，配合使用仿真性情景模拟和多向性案例分析等培训方式。

二、探索期的培训

从教两年左右后，教师们对这一职业有了一些体验，熟悉了教育教学环境，积累了一定的教育教学经验，形成了一些相应的技能，基本适应了中小学的教育教学工作。其专业发展进入了第二个阶段，这一阶段的教师培训要侧重以下几个方面。

（一）完成角色实现，确定发展方向

大量的观察、研究表明，此时的教师们意识到了教师责任的重大，承担起了教师的一些基本职能。但是他们对教师职业角色的体验还不够，具体表现为：对职业角色的认知不太完整，往往忽视一些必要的角色，如为人师表、心理咨询等；对具体角色认识不够全面，还未能客观地担负起这些角色职责；对职业特点认识还欠深入，还未能深刻体会到"教书育人"带来的职业乐趣。这时他们对事物的认识较前一个时期趋于现实、理智，希望找到适合自己发展的方向，以便展露才华。然而他们在自我认识与评价上易出现"高估自我"或"低估自我"等现象；在情感方面指向变化较快；在意志品志上遇到挫折、失败易气馁；在行为表现上有些方面还须进一步形成良好的动力定型。

这时期的教师培训要进一步明确教师职业的特点，强化教师的职业道德、智能结构和其他准则，帮助他们充分体验教师职业的各种职能，从而尽早完成教师角色的实现。另外，还要使他们有认识自己、认识周围世界的能力，并能够综合这些认识，根据选定的价值标准，找到适合自己的独特发展方向。

（二）解决疑难问题，强化教育教学技能

"教育教学技能"测评表明，这时期的教师虽然了解了本学科的教学目的、教材体系、基本内容以及在教学方法上的基本要求等，但是还没有掌握重

点章节以及各章节的重点、难点和关键点；虽然他们意识到了学生在教学中的作用，但是不知道如何通过启发教学充分发挥学生的主体作用；虽然认识到了应该把教材、教学方法密切结合起来进行教学，但不知道如何进行操作。这些使他们感到非常困惑、茫然。他们试图"尽量改善教学技巧，提升教学效率，讲究补充教材，发现和运用新方法新观念"；[①] 试图寻找解决疑惑、迷茫的方法和途径。然而"困惑"、"茫然"制约了他们的思维和行为，他们感到无所适从。富勒等人认为此时期的教师比较"关注自己的教学业绩、教学情景中的挫折与限制"。[②]

这时期的教师培训要侧重解决他们的疑难问题，指点迷津。帮助对教材教法进行分析，教给了解学生、研究学生的具体方法；教会选择、运用教学方法的技能技巧；指导将教育理论应用实践，并将理论与实践有机结合起来，发挥理论指导教育改革的作用；进一步提高、强化教育教学能力，同时还要弥补知识的缺漏。

培训除了继续开设有关教师职业规范和教育教学技能训练课之外，还应设置教育心理学、心理健康等方面的课程。其培训方式可以增加影子跟踪式、教学研相结合式等。

三、建立期的培训

此阶段的教师一般明确了自己的发展方向，初步建立了自己的教学模式，并取得了一些成绩。当然也出现了一些从教问题，产生了此时期特有的需要。教师培训也要随之充实新内容。

（一）提高认识，走出误区

教师们经过五六年的体验，对这一职业有了较正确、深入的认识，基本能够通过自身的多种角色特征来体现多方面的教师职责，能够较好地承担某种规定的角色。青年教师成长的"回复规律"[③] 表明，当教师们成功地跨越了前两个阶段后，对事物的认识水平会有了较大提高，激情更富有理性色彩，奋斗目标更切合实际，能力更具综合性，心理更趋平衡、稳定。此阶段的教师在心理上有一种优越感，比起适应期、探索期的教师，他们掌握了较多的教育教学技

---

① 高强华. 师资培育问题研究［M］. 台北：师大书苑发行，1995：30.

② Raths J D, Katz L G. Advances in Teacher Education［M］. Ablex Publishing Corporation, 1986：194.

③ 纪大海. 青年教师论［M］. 成都：四川教育出版社，1991：65 – 76.

能，并能在教育教学改革中形成自己的观点和见解；比起成熟期、平和期的教师，他们接受了较多新思想、新观点，掌握了较多现代化的教学手段。客观地说，他们确实具有一些其他时期教师所不具备的优越性，但有时过于强化这些，并在工作和生活中不时衍射出来，形成了认识和行为上的误区，从而制约了自身的发展。

这一阶段的培训要在他们已有的水平基础上提出新任务、新要求，使之在各种新事物、新知识、新对象、新路径、新要求、新观点面前重新产生出一种自我超越的感受，推动他们创造性地应用他人之经验，走出认识和行为的误区。

（二）更新、拓宽知识

当今世界科技发展气势磅礴，知识变化很大。虽然中小学教师传授的大部分是基础知识，有其稳定性的一方面。但是随着人类整体知识的更新，教师所传授的基础知识也要适当进行调整。另外，知识的传授过程是教师综合知识的运用过程，尤其最新知识的介入，会极大地提高教学效果。再有，知识输出过程是一个消耗过程，必须不断地进行知识的补充、拓宽。

教师培训要进一步拓宽他们的知识面，扩展教学视野，扩充信息储藏量，更新知识和教育观念。教给并促成他们去学习和探索新知识、新理论、新观点和新方法等。

（三）强化教育教学的胜任度

伯登（Burden）认为，第五年以后的教师感到自己对教学活动和教学环境有了较强的控制能力，有自信心和安全感，相信自己有能力处理教学中的任何问题。[①] "教育教学技能" 测评告诉我们，这时期的教师熟悉了自己所教学科的基本概念、基本原理、基本技能和学科体系；掌握了教学大纲的基本要求及教科书的内容；基本抓住了教材的重点、难点。在对教材、学生认识的基础上，开始认真研究教法，并将三者结合起来去从事教育教学活动。当然他们还不能做到对教材完全融会贯通。另外，据 "美国教育家学会考查，教师服务成绩的评定一般是曲折前进的。在教学的前几年，随着教学经验的增长，教学效果显著上升，隔了五六年以后，他们已习惯于已有的教学程序了，进步的速度就不像以前那样快了，甚至有逐步下降的现象。"[②] 这时候

① Raths J D, Katz L G. Advances in Teacher Education ［M］. Ablex Publishing Corporation, 1986: 192.

② 董士贞，等. 中小学教师继续教育 ［M］. 北京：北京师范大学出版社，1998: 118.

如果不及时针对他们的情况进行培训，即使让他们再教 20 年，也不会有多大的进步。

这时的培训要引导他们深挖教材内涵，使之成为自己的知识体系；帮助建立自我评价体系，不断改组已有不合理的教学程序；加强教育教学实践中亟待解决问题的研究，从而更好地胜任教育教学工作。

（四）提高对学生的认识水平

此时他们对学生的认识也由抽象到具体，不再视学生为一群抽象的集合体。学生不仅是施教的对象，更是主动、灵活、能够影响教师、左右教学成败的主体。"教育教学技能"测评表明，他们已将学生的主体活动更多地纳入自己的教育教学活动范围。富勒等学者的研究表明，这时教师开始更多地"关注学生在学习、社会和情感方面的要求，关注自己对学生个体产生影响的能力"。[①] "教师关注内容"的问卷调查显示，此时的教师急切想了解学生的心态，想知道随着社会的发展学生需求的变化及教师如何满足学生的需求。

教师培训要侧重开设有关儿童心理学、青年心理学之类的课程。同时可以就他们关注的学生某方面问题形成课题，组织收集资料、阅读书籍、调查访谈，也可以举行研讨会。最后形成专题调研报告或论文。培训可增加以语言和实践相结合为主的培训方式，如课题中心式，专题研讨式，调查、考查与研究相结合式，教学研相结合式等。

四、成熟期的培训

成熟期的教师们经过前面的几个阶段的反复波动和磨炼，强烈的职业意识和责任感深植于他们的心灵深处，心理适应能力也逐渐增强，在遇到困难、受到挫折后，也不会出现大的起落，能有意识地将克服困难化做前进的动力。恩鲁和特纳（Unruh & Turner）认为，这个年龄阶段的教师可以把变化看做应有的过程，而不再是一种威胁。此时他们能产生丰富的新思想、新观念，并努力加以验证。[②]

此时的教师已有了十几年的教育教学实践活动，积累了丰富的教育教学

① Raths J D, Katz L G. Advances in Teacher Education [M]. Ablex Publishing Corporation, 1986: 192.

② Bruke P J, Heideman R G. Careerlong Teacher Education [M]. Illinois: Charles C. Thomas, 1985: 163.

经验，对教育教学活动也有了深入的认识，开始用教育理论观点来分析研究一些问题。他们不仅钻研了本门学科的教学大纲，而且还适当地研究了相关学科的教学大纲。能把握知识间的深刻联系，能非常自如地把教材知识和实际结合起来。随着专业的发展和与实践的相互作用，他们对学生的关注更具体、更深入，注意到了学生学习和从事活动的动机、行为表现和思维方式，知道从学生言行之中寻找规律和发展脉络。此时的教师们真正做到了教材、学生、教法三者灵活、有机地结合。不但如此，他们还具备了一定的科研能力。

进入成熟期的教师虽然取得了较大的成绩，许多的教师已晋升为高级教师。但是他们若不及时参加培训，不断完善自己，也可能不再适应教育教学工作。这是因为：① 当教师熟练地掌握了教学业务、取得更好成绩的时候，往往产生骄傲情绪。高强华认为一些教师在"这个阶段的态度是'做一天和尚撞一天钟'的敷衍苟安态度，只求无过，不求有功。聘书上的义务完成之后，别无其他企图心或参与感，成长和卓越完全抛诸脑后"① 厌倦、衰退、滑坡等现象也出现了。② 当教师积累了足够的经验、形成了自己的思维方式和教学方式后，虽然有利于教学效率的提高，但是容易产生经验思维和思维定式。前者是指从个体的经验和以前对事物形成的印象出发看待各种问题；后者是指按照自身惯有的思考问题的方式看待事物。这些看待问题的方式无疑会带有主观的偏见，并为自己形成的教学模式所封闭。心理学的研究表明：长期的经验思维和思维定式，会使人产生惰性，会制约教师自身的发展。③ 此时的教师虽然有了一定的教育理论水平，但其理论知识是不系统的，还不能站在较高层次上自觉地运用教育理论指导教育实践；虽然对本门学科的知识体系已透彻了解，但是随着知识更新的加快和信息的剧增，还没有与其保持同速。另外，与前几个阶段的教师相比，他们掌握现代化新技术的程度欠缺。

如果上述制约他们发展的因素消除不了，很可能导致职业意识淡薄、职业道德感下降、职业能力滑坡等，或者成为一名地道的"教书匠"，或者被社会淘汰。如果教师培训能及时帮助他们排除上述制约因素，会开创新事业，教育教学会走向新的阶段。教师培训要使他们从思想观念上认识到成熟后的进步更重要、更艰难，牢记"满招损、谦受益"之古训；要扩充更新他们的知识，既了解本学科的新知识、新理论、新信息和新进展，又了解教育科学的知识，更新教育观念；要使他们掌握教育研究与教育实验的科学方法和现代化的教育教学技术，利用先进的理论、技术，探求改进教育教学、提高其质量的更有效

---

① 高强华. 师资培育问题研究［M］. 台北：师大书苑发行，1995：30.

的途径和方法，充分总结并升华自己的经验。在这一过程中使其自觉养成理论思考的习惯，站在理论高度分析问题，真正成为"研究型"的教师。除此之外，还要改组他们不合理的知识结构和能力结构，使其走出自己封闭式的教学模式，建立开放式的、动态式的教学模式。

五、平和期的培训

这时的教师们既充分体验到了教师职业的艰辛，也深刻体验到了教师职业带给他们的快乐，那种"桃李满天下"的职业乐趣总让他们回味无穷。他们更加热爱教师工作，具有更加强烈的事业心和责任感，具备了良好的心理品质。同时还具有较佳的经验方法结构和深厚的教学功底，形成了较为稳固的教育教学特色。长期研究学生所积累的大量资料，也不是凌乱的堆砌，而是通过去粗取精，去伪存真的深加工，形成了对教学实践具有指导意义的理论体系。他们能够透辟地掌握教学大纲和教材，根据具体情况加工教学内容，重点突出、难点处理得当，创设出融教材、学生、教法为一体的教学艺术，把握着"教无定法"中的最佳方法。课堂上，他们语言修养较高，生动形象，讲课深入浅出，善于启发诱导学生。同时表现出高超的教育机智和很强的组织管理能力。

这一阶段虽然是教师职业的尾声，他们很快就要退休，离开讲台，但仍然需要参加培训。因为：① 此时的教师虽然积累了丰富的教育教学经验，这些在教育教学活动中会发挥很大作用，但是经验与知识毕竟是两回事。经验是模式化的东西，代替不了科学知识。教师在教学中需要经验的帮助，然而仅凭经验是很难得心应手地驾驭日益复杂、不断加深的教育教学内容和先进的技术。所以，教师在教学中还必须具备与社会和科学技术同步发展的现代科学知识。而这时教师曾经拥有的知识随着社会的发展和科学技术的日新月异而老化。② 教师职业是一个理性职业，要求从事这一职业的人必须不断学习；教师职业又是培养人的职业，要求教师在工作中要时刻保持高质量，任何失误都可能给学生造成无穷的贻害。这要求教师只要站在讲台上一分钟，就得保证一分钟的质量。而这一阶段的教师面对专业的终结，可能会产生"船到码头车到站"的思想，羡新而难图新的"桑榆"之叹出现了。这种状态势必影响学生的学习质量。③ 随着社会的发展，教学方法、教学手段也在逐渐更新，大批先进教育教学仪器设备陆续进入中小学。然而，此时期的教师们掌握现代化教学手段的技能弱于青年教师们，如果不参加培训，不学会使用这些新设备，他们将不能很好地完成教育教学任务。

这时的培训要注意介绍现代科学技术的最新成果和新的知识，介绍和评价国内外的各种教改动态和成果，使他们借鉴成功的教改经验，大胆进行教育、教学改革。继续重视科研能力的提高，使之把多年积累的教育教学经验、教训升华为科学的教育理论。同时要教会他们新的教学手段和教学方法，并且强化自我更新意识，提高自我更新能力。

上述研究表明：教师的专业确实表现出明显的阶段性，每个阶段都有其特殊性。因此，教师培训要根据教师专业不同阶段的特点确定培训目的、要求和内容，使其具有阶段性特点。另外，其阶段之间又是前后相继，前一阶段的基本特点是后一阶段的必要准备，后一阶段的基本特点又是前一阶段的发展结果，呈现出不间断的连续性。因此，教师培训又要前后衔接，前阶段培训为后阶段打基础，后阶段培训又是前阶段的发展，使其呈现出连续性特点。教师培训必须贯穿其专业的始终。

另外，前述教师专业的几个发展阶段，一般来说是个直线发展，连绵不绝的历程，循序渐进。但是在直线进化的逻辑之中，专业阶段仍具有一种动态的、高弹性改变的可能。"换句话说专业的经验不是一成不变的，尤其不必是直线进展的，个人的主观动机意愿和客观的环境因素都会影响到教师的专业发展。"[①] 因此，教师培训除在总体上依据专业发展阶段的特点及需要进行培训外。还应配以自愿择培这一方式。

（该文发表于《教育理论与实践》，2003 年第 6 期）

---

① 高强华. 师资培育问题研究 [M]. 台北：师大书苑发行，1995：30.

英国教师资格标准演变及其价值取向

傅树京
The Evolvement of British Teacher Qualification
and Value Orientation
Fu Shujing

英国教师资格标准也称为"合格教师资格标准"（Standards for Qualified Teacher Status），它经历了几十年的演变过程，最后形成了现行具有明显价值取向的资格标准。

一、英国教师资格标准的演变过程

（一）20 世纪 80 年代教师资格标准的确立

20 世纪 60 年代至 70 年代，英国教育重心在于基础教育规模的扩大。后来发现基础教育质量不高，落后于时代要求，难以适应时代发展的挑战。英国教育与科学部（Department of Education and Science，DES）分别在 1983 年、1985 年提交了《教学质量》和《把学校办得更好》的白皮书，它们都把提高教学质量作为英国教育改革的首要任务，于是 20 世纪 80 年代以来，追求更高的教育质量成为英国政府教育改革的中心目标。

在追求高质量的教育过程中，遇到的最大问题是教师素质问题。《把学校办得更好》白皮书中忧心忡忡地写道："在不少情况下，由于教师对每个学生的能力和困难不够了解和理解，对学生能够取得什么成绩的期望变得模糊起来……约五分之一的中学存在着教师教授能力所不能及的课程的严重问题。"① 所以，要提高教育质量首先要改善教师质量，"教育质量取决于教师质量，那些试图改进教育质量、试图使学校工作更具活力的努力，都必须立足于教师素

---

① 教育与科学部，等. 把学校办得更好（1985）［M］//瞿葆奎. 教育学文集：英国教育改革. 北京：人民教育出版社，1993：551.

质的提高。"①"学校要完成的使命主要落在教师肩上"。②"在许多的情况下，教师的个人品质是其工作富有成效的决定性因素。"③ 为此，必须提高教师从业标准，因此制定、实施合格教师资格标准成为英国政府的紧迫任务之一。

1988 年英国教育与科学部公布《合格教师身份》（Qualified Teacher Status，QTS）的咨询文件，对教师的任职标准进行咨询。1989 年教育与科学部又公布了《教育（教师）条例》，其中明确规定：只有取得 QTS 的人方可到公立中小学任教，而要取得 QTS，必须符合教师任职资格标准。合格教师需要具备如下条件：① 获得教育学士学位，或教育证书，或研究生教育证书或同等资格；② 获得执照、在苏格兰或北爱尔兰地区，完成职前教师教育课程或被认可为教师者；③ 取得欧共体国家的高等教育证书者。④ 至此，英国政府确立了合格教师资格标准。

（二）20 世纪 90 年代教师资格标准的修订

英国政府在著名的《1988 年教育改革法》中规定，在中小学实行"国家统一课程"⑤。自从实施新的国家统一课程后发现，一些教师不适应这种变革的形式，他们欠缺把握国家课程的能力，欠缺对相应课程知识的理解，欠缺教授相应课程的教学能力。所以，"真正需要的是把这一专业彻底改造为那些适合担当某些教学任务的人和那些完全合格的专业人员所从事的职业。"⑥ 这使得英国政府意识到，教师的专业"胜任力"（competence）是合格教师的"核心标准"。

另外，1991 年 5 月，英国政府发表《21 世纪的教育和训练》白皮书，提出国家要尽快对青年人实行"国家职业资格"⑦，要加强学生们的教育基础，

① Gordon K. Teacher Education and Professional Development ［M］. Scottish Academic Press，Ltd，1988：1.

② 教育与科学部，等. 把学校办得更好（1985）［M］//瞿葆奎. 教育学文集：英国教育改革. 北京：人民教育出版社，1993：559.

③ 教育部与科学部. 教学质量（1983）［M］//瞿葆奎. 教育学文集：英国教育改革. 北京：人民教育出版社，1993：464.

④ 教育部师范教育司. 教师专业化的理论与实践［M］. 北京：人民教育出版社，2001：86.

⑤ 1988 年教育改革法［M］//吕达，周满生. 当代国外教育改革著名文献：英国卷 第一册. 北京：人民教育出版社，2004：150.

⑥ 劳顿.1988 年教育改革法前后英格兰和威尔士的教育与培训［M］. 王维臣，崔允漷，译//瞿葆奎. 教育学文集：英国教育改革. 北京：人民教育出版社，1993：790.

⑦ 21 世纪的教育和训练（1991）［M］//吕达，周满生. 当代国外教育改革著名文献：英国卷 第二册. 北京：人民教育出版社，2004：32.

要提高他们的成绩水平。1992 年英国政府又发布《选择与多元化学校新框架》的白皮书，在其"前言"中，当时的英国首相约翰·梅杰（J. Major）这样写道："使我国每一个儿童在生活上有最好的开端，提高学校水平是政府的决心，也是十年来政府工作的一个标志。……优秀必须成为我们所有学校的关键词。那正是我们的儿童应该得到的东西，也正是我们想要做到的事情。"① 向学生提供优质教育是英国基础教育改革的政策，这一政策必然会对教师资格标准产生重要影响。因为提供优质教育的使命主要由教师承担，教育的这种发展对教师的专业"胜任力"也提出了极大挑战。

于是 1992 年 6 月，教育和科学部发表了《入职教师训练（中等阶段）》［Initial Teacher Training（Secondary Phase）］的改革文件，提出对教师的要求应放在专业"胜任力"上，即教学技能上。并提出教师应具备组织课堂、口语、科学课（化学、物理、生物等）实验、组织班会、组织兴趣活动等基本技能。② 此后又于 1993 年、1996 年、1997 年先后发布了类似的文件，进一步阐述教师所应具有的专业胜任能力。

1997 年新当选的工党继续倡导制定严格的教师资格标准，并主张将其"细化为获得执教资格的具体'标准'"③。于是 1998 年英国教育和就业部④又对以往合格教师资格标准进行了修订，在 1998 年第 4 号文件里提出了"合格教师身份"授予标准（Standards for the Award of Qualified Teacher Status，以下简称 1998 标准）。该标准从"知识与理解（Knowledge and Understanding），计划、教学和班级管理（Planning，Teacher and Class Management），监控、评价、记录、报告和责任（Monitoring，Assessment，Recording Reporting and Accountability），其他专业要求（Other Professional Requirements）"四个方面，用一系列措辞清晰、目标明确的可量化指标明确了对合格教师的要求，它取代了以往对教师专业胜任能力的泛泛规定。例如，标准针对中小学教师和教授不同年龄阶段学生的教师，针对英语、数学和科学等其他学科教师，针对教学计划和改进、对学生关怀和评价、对法律理解及其教师责任等一些方面都作了较为具体、翔实的

① 选择与多元化学校的新框架（1992）［M］//吕达，周满生．当代国外教育改革著名文献：英国卷　第二册．北京：人民教育出版社，2004：165．

② Department of Education and Science. Initial Teacher Training（Secondary Phase）［EB/OL］．［2006 - 10 - 01］．http：//www.dfes. gov. uk.

③ 杰夫·维替．职业自我管理、国家控制抑或其他——试论英国教师教育的改革措施［J］．刘邦祥，译．教师教育研究，2004（3）：68 - 72．

④ 1997 年英国将"教育与科学部"（Department of Education and Science，DES）改名为"教育与就业部"（Department for Education and Employment，DfEE）；2001 年又将"教育与就业部"改名为"教育与技能部"（Department of Education and Skills，DfES）．

说明。①

（三）21世纪初教师资格标准的完善

2001年6月英国工党继续执政，随着教师专业化运动的不断深入，英国政府进一步坚定，"教师是一个创造性的职业，需要智慧的投入，因此，教师资格标准必须严格。"② 《2002年英国教育法》对合格教师的地位和要求等再次明确规定，必须是合格教师才能从事教师工作，必须满足特定要求才能从事相关工作。③ 标准应确保所有教师都有教师职业的理念、课程知识和他们所需要的教学和学习技能，并且成为一名有更宽广的专业要求的教师。为此，2002年英国教育与技能部（Department of Education and Skills, DfES）和教师培训署（Teacher Training Agency, TTA）④ 联合颁布了《合格教：教师资格专业标准和入职教师培训要求》（Qualifying to Teacher：Professional Standards for Qualified Teacher Status and Requirements for Initial Teacher Training，以下简称2002标准）。该标准替代了1998年英国教育与就业部颁布的第4号文件。英国教师资格标准经过近几十年的修改、完善，最后形成了2002标准，此标准一直实施到现在，其主要内容见表1。

表1　2002年合格教师资格标准⑤

指　标	主　要　内　容
专业理念和实践 （Professional values and practice）	理解和遵守英国总教学委员会的专业章程；对所有的学生有高期望，尊重他们的社会、文化、语言、宗教和信仰习惯，提升他们的教育成就；关怀、了解学生；提升学生的积极理念、态度和行为；有效地与家长和监护人沟通；对学校之间的合作作出贡献；懂得各类人员在教与学上的相关性；改善教学，不断提高责任心；了解、遵循教师责任方面的相关法律规范。

---

① Department for Education and Employment. Circular number 4/98：Requirements for Courses of Initial Teacher Training ［EB/OL］. ［2006 – 10 – 01］. http：//www. dfes. gov. uk.

②⑤ Department of Education and Skills and Teacher Training Agency. Qualifying to Teacher：Professional Standards for Qualified Teacher Status and Requirements for Initial Teacher Training ［EB/OL］. （2002 – 09 – 01）［2006 – 10 – 01］. http：//www. tda. gov. uk.

③ 2002年英国教育法 ［M］//吕达，周满生. 当代国外教育改革著名文献：英国卷　第二册. 北京：人民教育出版社，2004：285.

④ 2005年9月1日"教师培训署"（Teacher Training Agency, TTA）改为"学校培训与发展署"（Training and Development Agency for Schools, TDA）。

续表

指　标	主　要　内　容
知识和理解力 （Knowledge and understanding）	对所教学科要有扎实的知识储备和透彻的理解；理解国家课程手册中的理念、目标和要求，熟悉所教年龄阶段的公民学习内容，熟悉个人、社会和健康教育的国家课程框架；了解所教课程的前后目标、典型课程和教学安排；通过自身素质影响学生学习过程；有效使用 ICT 进行教学和专业发展；理解特殊教育的责任；知道培养良好行为、建立有目的的学习环境的一系列策略；在计算、读写和 ICT 方面通过考试。
教学（Teaching）	计划，期望和目标：设置班级教与学目标、课程内容和程序，评价学生学习，满足学生多种需要，使学生取得好成绩；为学生选择和提供各种资源，并利用这些资源；对教学小组作出贡献；设计与所教学生年龄相适应的校外学习活动。 监控和评价：评价学生进步，改善教学计划；实施教学监控和评价，给学生及时反馈；鉴别并帮助各类学生；分析语言要求和相应活动过程；记录学生进步和成绩，帮助学生制定规划；向家长、监护人及其他专业人员和学生报告学生进步。 教学和课堂管理：建立良好的教与学关系和学习环境；掌握任教年级的知识和技能；教授具有结构的课程、实施能激励学生学习的活动，使学生明白学习目标，采用互动式教学方法，组建合作式学习小组；满足不同特点、不同文化的学生需求并帮助他们；组织和管理教与学时间及其他资源；建立清晰的课堂纪律规则；担负教授一个或多个班级责任；提供家庭作业和其他课外活动；与他人合作；有效处理班级的平等问题。

二、英国教师资格标准的价值取向

（一）把追求"卓越"的教师素质作为教师资格标准完善的目标

从教师资格标准的演变过程我们不难看出，英国政府把不断提升教师素质，使教师变得更加"卓越"作为追求的目标，为此，英国政府不断提高教师资格标准。

早在 20 世纪 70 年代，教育和科学部就曾经颁布的《继续教育规程》，其中提出，作为一名教师应成功地读完英国大学或全国学位授予委员会经教育和科学大臣批准的作为教师培训的教育学士学位课程，或教育证书及其他相应的专业证书的课程的学生。① 80 年代将其修订、提升确立了合格教师资格标准，表明了英国政府对教师职业的期待和要求。90 年代又继续将该标准不断充实、细化，教师不仅只是具有一种学习经历、获得一种证书，还要具备从教的真实、具体、到位的知识和技能，所以，90 年代的标准将教师教授具体年龄阶段学生所具备的知识和技能都明确和细化。2002 年的标准又进一步明确，要获得教师资格的人必须在达到标准方面取得了更大的改进。

2002 标准将 1998 年提出的"知识与理解，计划、教学和班级管理，监控、评价、记录、报告和责任"合并成两个问题，即"知识和理解力及其教学"，在此基础上，又突出强调了教师的"专业理念和实践"品质，强调了教师知识理念和课堂教学之外对学生的希望、尊重和关怀。2002 标准在序言阐明了这种凸显的理念：教师是社会中最有影响的职业之一，他们通过所教课程直接地，通过价值观、态度、行为等间接地对学生们的生活产生巨大影响，他们无论是在课堂里，还是在家庭及社区里，都是对学生学习起重要作用的人。因此，社会、学生、家长和监护人对教师有较高的期望。所以，2002 标准又将教师素质向"卓越"推进了一步。要求教师无论他们所处的环境怎样，无论他们的学生怎样达成目标，他们都是乐观地对待教育事业、乐观地对待学生，他们总能从实践中获得经验，总能探索到持续地让学生们成功的方法。好教师明白所有的学生都能够取得显著的进步，所有的学生的学习潜力都是无止境的。当然，教师必须关心、尊重、帮助学生，教师必须具有知识、能力，例如，做非常规决策的能力，平衡压力的能力，激励的能力等，教师要对教育事业有兴趣，要努力工作，要不断实践和创新，要了解学生们学习和发展的一系列情况。

（二）把"学生为本"作为教师资格标准完善的核心理念

教育的本质是培养人，教育的真谛在于让人有强烈的价值感，教育就等于美好希望。在英国，他们认为，教育这些积极功能的实现，取决于政府、学校和教师对学生地位的认识，如果我们把学生真正视为教育的根本出发点，如果我们确实充分考虑、尊重、引导、提升学生需要，如果我们对学生抱有高的期望，如果学生感到国家、学校和教师重视、珍视他们，如果学生相信能得到教师和同学的支持、帮助，学生就更愿意去学习，学生就有可能取得较大进步，学生也会同样地对待他人。教师资格标准的演变表明，每当教育教学质量出现问题、学生不满意教育时，英国政府都努力完善教师资格标准，以此满足学生

---

① 王承绪. 英国教育 ［M］. 长春：吉林教育出版社，2000：588.

需要，为学生提供优质教育。所以，"学生为本"是英国教师资格标准中的一个核心理念。这一点在不同年代的标准里都能明显体现出来。

1998标准，在"知识与理解，计划、教学和班级管理，监控、评价、记录、报告和责任，其他专业要求"这四个方面都贯穿"学生为本"理念，要求教师"理解学生体能、智力、情感等因素对学习的影响；理解不同阶段的学习进展；致力于为每一个学生提供实现潜能的机会"等。

2002标准更是在多处凸显此理念，要求"合格教师要尊重、关怀、体谅学生，要对学生有高期望，要了解、鉴别、满足学生的需要，要极大地帮助学生，要根据学生的特点实施不同教育，要使来自不同背景的学生都能取得进步"等。为了有效地计划和教学，要求教师应考虑学生更高一级的学习目标，考虑学生在下一阶段该学什么，熟悉学生过渡阶段的总体目标和安排，学生在过渡点时达到的标准，学校和教师要具有确保学生顺利过渡的策略等。

（三）把教师水平与所教学科及学生状态相匹配作为教师资格提升的重要一环

教师资格要与所教学科相匹配，这是英国政府对教师的长期要求。

20世纪80年代颁布引起全国强烈反响的《教学质量》的白皮书就明确指出："政府明确地优先考虑改善教师资格与其承担任务之间的吻合，并把它当做改善教育质量的一条途径。"① 《把学校办得更好》也明确提出："教师资格水平要与其所教课程相称，这是能否取得高质量教学的诸多因素之一。很少有不相称而能把工作搞好的。"② 《2002年英国教育法》也强调，从事某项教学工作必须满足特定要求，否则不能从事该项工作。③ 正是这种主流教育思想指导下，无论是1998年还是2002年颁布实施的教师资格标准，都根据学科和年级的不同分别阐述了教师所应该达到的标准要求。

1998标准不仅对中小学教师各自应理解、掌握的所教授学生年龄阶段的学科知识和教学技能分别作了说明，还特意就英语、数学、科学教师所应理解、掌握的国家课程的专业要求及其教学技能进行了要求。

2002标准关于这方面内容仍然非常明显地呈现出来。例如，"关于各阶段学科知识"的要求：在基础阶段，应知道且理解资格与课程局和教育与就业

① 教育与科学部. 教学质量（1983）［M］//瞿葆奎. 教育学文集：英国教育改革. 北京：人民教育出版社，1993：465.

② 教育与科学部等. 把学校办得更好（1985）［M］//瞿葆奎. 教育学文集：英国教育改革. 北京：人民教育出版社，1993：561.

③ 2002年英国教育法［M］//吕达，周满生. 当代国外教育改革著名文献：英国卷　第二册. 北京：人民教育出版社，2004：285－286.

部的基础阶段课程指南所提出的目标、原则、6 个学习领域和早期学习目标；在关键阶段 1 和 2，应知道且理解每一个国家课程核心科目，理解国家计算和读写策略中所提到的框架、方法和期望。应对历史或地理、物理教学、ICT、艺术设计或设计技巧、表演艺术和宗教教育等学科要有充分理解；在关键阶段 3，应知道且理解相关国家课程研究项目，对于具有资格教授一门或多门课程的教师，相关的框架、方法和期望都展示在国家计算和读写关键阶段 3 的策略中。对于所有具有资格教授关键阶段 3 中一门课程的教师，应知道且理解国家课程跨学科意图，熟悉国家关键阶段 3 的策略指导；在关键阶段 4 和 16 岁以后，应意识到在中学、大学和工作环境中的 14～19 岁学生的进步方法，要熟悉资格与课程局和国家资格框架中所提到的关键技能，要明白自己所教学科的进步和资格范围。要知道如何将国家课程融入到学生的学习系统中去。①

（四）把建构校本实践为主的教师专业发展作为教师资格提升的重要途径

注重中小学在教师专业发展中的作用，实施以校本为主的教师教育，是英国近二三十年来的主流教育思想。《詹姆斯报告》（1972）就建议，教师教育机构与中小学之间应建立一种更密切的联系，并共同来承担责任，因为"教和学是在那里发生的，课程和技能正是在那里发展的，需要和不足也是在那里显露的"。②《教学质量》也强调："所有合格教师所受的职前培训必须包括与学校实践经验紧密相连的科目，并且包括有经验的实习学校教师的积极参与。"③ 教育科学大臣克拉克（Kenneth Clarke）指出："理论学习不能代替面对面的指导，不能代替职前实践过程。因此，师范院校学生要花更多时间到学校课堂上去接受教师的指导，而在师范院校只需较少时间即可。"④

这种主流教育思想导致了校本实践型教师专业发展模式的出现。政府通过修订教师资格标准，对教师资格标准具体内容的规定，使想成为教师的人，通过走校本实践为主的教师专业发展路径，来获得合格教师资格。这种价值取向明显地体现在教师资格标准的内容和实施中。标准首先要求合格教师必须有大量的学校教育教学实践，例如，关怀学生、提升学生积极价值观、与家长和监

---

① 英国把 5～16 岁义务教育阶段划分为 4 个关键阶段，分别是：关键阶段 1：1～2 年级，5～7 岁；关键阶段 2：3～6 年级，7～11 岁；关键阶段 3：7～9 年级，11～14 岁；关键阶段 4：10～11 年级，14～16 岁。

② 师范教育委员会. 詹姆斯报告（1972）[M] //瞿葆奎. 教育学文集：英国教育改革. 北京：人民教育出版社，1993：387.

③ 教育与科学部. 教学质量（1983）[M] //瞿葆奎. 教育学文集：英国教育改革. 北京：人民教育出版社，1993：479.

④ 梁忠义，罗正华. 教师教育 [M]. 长春：吉林教育出版社，1998：292.

护人沟通、从事课堂教学、实施班级管理、进行学生评价、组织校外活动等校本实践；其次强调要在这种实践中向有经验的导师、同事学习，要研究中小学实践中的问题；再有评价合格教师的依据更多是"教学计划"、"课堂观察报告"、"批改学生作业的评语"、"对学生学习的评价"、"教师与学生、家长、监护人交流记录"、"校本导师报告"等来自实践的素材。[①] 总之，具备合格教师资格的人，一定是从中小学实践中成长起来的教师。

三、结语：英国教师资格标准的演变过程和内容给予我国的启示

英国的经验表明，他们不断完善教师资格标准，通过一系列目标明确、具体可行的指标勾画出对合格教师的要求，这有利于推进教师专业化发展，有利于提高教育质量。我国虽然实施了教师资格制度，在教师学历、思想品德、教育教学能力、语言、身体和心理素质等方面也提出了获得教师资格条件的框架，但是还没有具体、明确、可操作的教师资格标准。我们可以通过对英国教师资格标准的研究，获得相应经验，来制定、完善我国教师资格标准。

另外，英国教师资格标准从内容上确保了师资队伍的质量和数量，为了使这一标准更好地实施，为了更好地评价教师是否达到了标准要求，英国政府不仅不断完善颁布合格教师资格标准，而且也非常注意标准的实施。在标准制定同时也颁布相应政策，规范指导标准实施，例如《入职教师课程培训要求》（*Requirements for All Courses Initial Teacher Training*）（1998），《入职教师培训要求》（*Requirements for Initial Teacher Training*）（2002）。不仅如此，英国教师培训署每年修订出版《教师资格指导手册》（*Qualifying to Teach Handbook of Guidance*）。指导手册提供了每项标准的范围和达到标准的相关证据，提出了一系列具体可实施的目标和可测量的指标。我国在制定一些法规、政策、规则时，有时往往停留在框架层面，相应的指导措施又欠缺，使得实施起来难度较大，最终导致这些政府法规、政策、规则流于形式。我们可以借鉴英国的这一做法，改善我们的实施贯彻层面的问题。除此之外，标准中强调教师团队的合作，强调与家长的沟通，强调指导学生课外学习，强调致力于教师专业发展等，都是我们应该学习的。

当然，对于英国的经验我们必须有选择性地学习。例如，英国在其标准中非常强调国家统一领导，教师必须理解"国家课程"、"国家计算和读写策略"、"国家课程目标和指导"、"国家资格框架"、"国家课程手册"等，并且

---

① Training and Development Agency for Schools. Qualifying to Teach Handbook of Guidance ［EB/OL］. ［2007－01－15］. http：//www. tda. gov. uk.

要按照这些规定从事教学等。这种要求是必要的，但是我们必须了解他们的文化背景。英国在很长时间是一个地方分权制的国家，即教育事业由地方教育行政部门举办和管理。后来随着教育行政体制的改革，国家逐渐加强、扩大了中央的权限。制定全国统一教师资格标准，要求教师遵守国家各种规章、政策，就是强化中央权力的具体体现。但是我国长期以来是一个中央集权的国家，教育行政体制均权化趋势在我国更多体现为中央放权，而不是强化国家的统一领导。

（原文发表于《外国教育研究》，2008 年第 2 期）

第六章　学校教育生产与资源配置

　　学校作为非营利性组织，缺乏产权和利润驱动，资源配置决策客观上有成本最大化的倾向，这往往导致学校教育资源利用效率低效问题。本部分论文既采用一般线性回归方法研究了我国基础教育阶段学校教师素质与教育质量的关系，也采用多层线性模型研究了我国基础教育阶段学校人力、财力和物力投入与教育质量的关系，还尝试探讨了分权管理制度对农村中小学教育质量的影响。本部分也运用 DEA 方法和 Malmquist 指数方法对我国中东部地区义务教育阶段学校教育资源生产效率现状和变动情况进行了实证研究。上述研究不仅丰富和完善了我国基础教育阶段学校生产效率研究，也为提高我国基础教育阶段学校教育资源利用效率提出了一些有价值的政策建议。

教育资源配置的竞争机制

王寰安

The Educational Resources Allocation Based on the Competition

Wang Huanan

一、教育资源配置的内涵与标准

资源配置，亦称资源分配，按照 D. 格林沃尔德主编的《现代经济词典》的界定，它是指资源在不同用途和不同使用者之间的分配①。资源配置研究的主要课题是资源的合理配置。资源是稀缺的，人们的需要是无限的，投入到某种产品生产的资源及其产品产出的增加将会导致投入到其他产品生产的该种资源及其产品产出的减少。因此，人们被迫在可以相互替代的各种资源使用方式中选择较优的一种，以达到社会最高效率和社会利益的最大满足。

教育是人们众多需要中的一种，它能为人们提供包括消费和投资等多种效用。作为消费品，教育体现为一种个人享受和修养，而作为投资，它可通过改善个人知识、技能等人力资本因素来提高个人未来就业机会和收入。与其他产品一样，教育产品供给也要消耗大量稀缺的社会资源，包括师资、土地、建筑场馆、仪器设备、资金等。因此，为了满足人们对教育的需要，保证一定的教育产出，人们必须将一定的社会资源分配到教育部门中去。同时，由于人们教育需求结构的多样化，我们还必须保证教育内部各级各类教育和学校获得必要的资源投入。从构成上而言，教育资源配置包括以下几个方面：一是社会资源在教育和其他社会部门之间的分配；二是社会资源在教育内部各类别教育和不同学校之间的配置；三是社会资源在学校内部的配置，即学校教育生产中各项生产要素的组合方式。由于资源的有限性，增加教育整体或其中某种类别教育的生产资源投入必然减少其他社会产品或其他类别教育的生产资源投入与产出。因此，为了达到最大化效用，我们要求有限的社会资源在教育和

---

① D. 格林沃尔德. 现代经济词典［M］.《现代经济词典》翻译组，译. 北京：商务印书馆，1983：21.

其他生产部门以及教育内部进行合理配置，使社会资源得到最充分有效的使用。

从一般经济学原理出发，教育资源的合理配置可以通过教育产品价值和教育产品成本的一致性来衡量。教育产品价值是单位教育产出增加带来的产品价值增量，其现实形式就是学费。教育产品成本是因增加单位教育产出而损失的最高其他产品价值量。在教育产品价值和产品成本不一致，如前者大于后者的情况下，将生产要素从社会其他部门转移到教育是有好处的。随着生产要素的转移，教育产量会增加，教育产品价值下降，同时，社会其他产品产量会减少，相应产品价值上升，从而使教育产品成本上升。只要教育产品价值和教育产品成本不一致，这种生产要素转移就应该继续下去，直到最终二者相等。以上是从教育部门整体来看待教育产品价值及其成本的，如果从部门内部，如某所学校来看，教育产品成本就会涵盖因该学校增加教育产出而导致所有其他同类学校、其他类别教育以及社会部门的产品价值量损失。只有教育产品价值和所有教育产品成本一致时，教育资源才实现合理配置。

二、计划和市场两种教育资源配置方式

采用什么方式去分配资源才能达到资源的合理配置是资源配置方式要解决的问题。在现代经济条件下，资源配置基本方式从理论上来说有计划与市场两种类型。计划就是通过政府对社会需求的分析判断，用高度集中的计划指令将社会资源分配到国民经济各行各业中去的一种资源配置方式。市场则是以个体消费者和企业决策为基础，依靠市场竞争机制将资源分配到不同部门和企业的资源配置方式。从理论上而言，计划和市场都可以实现社会资源的优化配置。但是，依靠计划解决资源配置问题必须满足计划制订者拥有充分完备的社会供求信息以及计划执行者忠实地履行计划指标等基本条件。在现实经济生活中，这些条件是不具备的，计划制订者不可能拥有充分的信息，也难以解决计划执行者的执行动力问题。与此相比较，在市场方式下，一切资源归个体所有，个体根据市场价值自主决定资源的运用并承担经济后果。这样一方面可以将集中决策化为分散决策，降低信息成本，另一方面可以依靠个人积极性来解决资源配置中的执行动力问题。我国经济社会体制改革经验充分表明，市场方式是解决资源合理配置和经济效率问题的主要选择。

从理论上而言，教育资源配置也可以采取计划和市场两种方式。在计划方式下，政府必须获得准确的教育社会供求信息以决定合理的教育资源投入量和教育产量。教育需求方面，政府必须分教育类别、专业等了解社会不同个体的

教育需求偏好①，并将其汇集成教育社会总需求。教育供给方面，社会教育供给能力由教育产品成本大小决定，因而政府必须对其他社会产品需求、社会生产资源总量、教育和其他产品生产技术等进行全面调查。然而，政府要准确获得包括教育在内的所有产品社会需求信息和生产成本信息几乎是不可能的，在实际中，政府教育计划指标很容易偏离实际的教育供求状况，导致教育供给不足或过量、教育结构失衡等问题。同时，在计划方式下，学校的招生和资源投入等统一由政府承担，学校缺乏独立利益，因而其优化资源配置的动力不足。这样，学校就可以不讲管理、不计成本，导致政府教育计划的落空。

市场方式意味着教育资源配置由教育消费者、学校和生产要素所有者等主体来推动和完成。首先，个体消费者对于人力资本投资收益的追逐产生了教育需求，但是其他消费者也存在相同需求，这样消费者会为获得入学机会以其知识、能力、经济实力等展开竞争，教育需求竞争会形成教育市场价值。其次，教育市场价值会激励教育供给，教育投资者为获得投资收益，竞相办学和扩大招生。但是，学校的供给能力会受到教育产品成本的约束，在市场环境下，教育产品成本通过生产要素市场价值来衡量（具体为生产要素价值和生产要素耗费量之积）。学校提供教育会引发对各项生产要素的需求，需求大小由生产要素的边际教育产品价值决定。但是其他社会部门也存在相同的需求，生产要素的需求竞争会形成生产要素市场价值。生产要素市场价值既反映生产要素在教育中的边际产品价值，也反映生产要素在其他部门的边际产品价值，因而代表教育生产成本。最后，学校根据教育产品价值和教育产品成本来决定教育生产资源投入和教育产量。在两者不相等的情况下，学校增加或减少教育资源投入和教育产量是有利可图的，学校必然将教育生产推进到两者的相等点。在这里，最优教育资源投入量和教育产量得以确定。

与计划方式相比，市场教育资源配置由教育消费者、学校和生产要素所有者等微观主体而非政府充当配置主体。为了追求自身利益最大化，这些微观主体之间结成了复杂的资源交易和竞争互动关系，正是依靠这种资源交易和竞争互动，资源才得以在教育和其他社会部门以及教育内部不断流动，实现合理配置。在这个过程中，教育产品和生产要素市场价值的形成与社会资源的自由流动最为关键，前两者为各主体配置教育资源提供市场信息和收益激励，后者是

---

① 要注意的是，这里的个人教育需求是考虑学生素质基础上的一种有效需求。与一般产品提供不同，教育生产包含消费者——学生能力和素质的参与，学生只有具备一定的素质或发展潜质，教育服务才能顺利生产出来。因此，个人要获得教育服务不仅仅依靠出价高低，还取决于个人素质高低。在一定范围内，个人出价和自身素质条件之间可以通融，例如国家或学校可以对优秀学生进行学费减免、奖励资助等，或者要求经济基础好，但素质较差的学生多交学费。只要存在充分的教育供给竞争，就能够有效地从大概率上保证教育公平。

调节教育和其他产品供给，实现教育供求均衡的基本条件。如果社会存在某种资源交易或流动障碍，或者一些主体如学校根本不具有追求利益最大化的行为能力，教育产品价值就无法推进到教育产品成本水平，教育资源的合理配置就难以实现。

三、我国教育资源配置方式及其存在的问题

我国过去长期实行计划经济体制，与此相适应，我国教育也实行一种计划体制，即由国家统包统管的一元化办学体制和投资体制。在这种体制下，政府通过行政指令对教育资源采取单一的计划配置方式。其配置过程一般是政府先根据经济社会发展现状和要求，制订一个总的教育资源配置计划，然后将这个计划分解成各下属应当承担的任务，一直把这些计划落实到最基层。在这种配置方式中，政府包揽了办学权利和义务，既担当了学校的举办者又担当了学校的投资者，同时还直接担负管理学校的职责，学校无条件地接受计划分配到的资源。计划配置方式可以依靠政府力量迅速集中社会资源增加教育投入，在一定时期内对教育发展起到过积极作用，但是这种方式也暴露出计划信息失灵、教育资源配置脱离社会需求以及抑制学校办学活力等突出问题。

为改变传统教育体制带来的办学效益低的问题，1985年中央颁布的《中共中央关于教育体制改革的决定》提出对教育体制进行全面改革。改革的重点是强化地方教育职责、对学校简政放权、扩大学校自主办学权、改革高校招生和毕业分配制度等。随着学校自主办学权力的扩大，学校办学积极性增加，尤其是高校毕业生自主分配制度的实施，更是大大强化了市场人才需求对学校招生和办学的引导。同期，中小学也开始向学生收取学杂费，高校也随后开始全面收费。消费者和学校之间的缴费形成了事实上的教育市场交易关系，为真正确立教育服务价值提供了科学评价标准，增强了学费在教育资源配置中的价格杠杆作用。在1985年教育体制改革取得成就的基础上，20世纪90年代以来，我国又在教育面向市场，改革单一办学所有制方面取得了进展，各种民间和社会办学迅速发展。目前，除政府办学外，其他各种办学形式有民办公助、公民合办、民办自助和引进外资等，基本上形成了以政府办学为主，社会各界共同参与的办学体制。

教育体制改革在一定程度上改变了政府集中配置教育资源的弊端，加强了社会需求对教育的引导，民办教育的发展吸纳了大量的社会资源并有效增加了教育供给，提高了教育资源配置效益。但是，从整体上而言，我国教育还未脱离传统计划体制的基本框架，政府对教育仍然存在多方面的行政管制，这些管制在很大程度上限制了教育资源的自由流动和学费价格功能的发挥，阻碍了教

育资源配置的优化。

（一）办学准入限制

由于多种原因，目前民办学校在办学审批、招生、学位授予等方面还受到很多限制，无法享受与公办学校同等的权利，致使民办教育发展较为薄弱。到 2004 年底，各级民办学校（普通学历）数量占全国相应比例分别为：民办高校 13.1%、民办中等学校 9.1%、民办小学 1.5%；招生数量所占比例分别为：民办高校 7.1%、民办中等学校 6.7%、民办小学 3.2%。① 办学管制直接限制了社会资源流入教育部门，导致教育供给不足。与此相对应，随着我国居民收入的增加，社会对教育尤其是优质教育的需求却在迅速增长。在这种情况下，教育资源流动刚性和教育供给不足导致的唯一结果就是教育产品价值背离正常教育生产成本迅速上升。据统计，1996 年我国城镇居民家庭教育支出约 1582 元，占家庭收入的比例约为 9.62%。② 而到 2005 年，在拥有就学阶段孩子的农村家庭中，子女的教育支出为 2724 元，占家庭收入的比例达 32.6%；城市和小城镇家庭中，子女教育支出分别为 6016 元和 4066 元，分别占家庭收入的 25.9% 和 23.3%。③ 居民教育支出增长远远高于同期居民收入增长的幅度，家庭教育支出比例也远远高于发达国家 10% 左右的支出比例。目前，居民教育支出增长的重要来源是择校费等选择性教育支出的大幅增加。北京大学课题组 2004 年的一项全国调查显示，我国义务教育阶段的在校生择校比例达 22.8%，有择校行为者 2004 年总教育支出平均为 5263 元，其中择校费平均达 4526 元，费用与高校学费相当。④ 从劳动力、土地等资源禀赋来看，我国的教育生产成本不会高于发达国家，更不会出现高出数倍的情况。

（二）学校自主办学限制

目前，我国各级学校尚未从根本上改变传统集中统一的行政领导体制，政府对学校的校长任命、机构设置、人事、入学招生、专业设置、学位授予等方面还存在诸多限制。在重要的教师人事方面，学校用人和教师自由择业还受到传统户口、档案、人事编制等问题的制约，目前学校之间除部分特殊人才

---

① 中国教育年鉴编辑部. 中国教育年鉴 [M]. 北京：人民教育出版社，2005：98 - 101.

② 魏新，邱黎强. 中国城镇居民家庭收入及教育支出负担率研究 [J]. 教育与经济，1998（4）：1 - 10.

③ 刁蓉艳，付艳华. 教育不公，何以脱贫 [EB/OL]. [2007 - 02 - 06]. http://learning.sohu.com/20060208/n241729475.shtml.

④ 北京大学课题组. 2004 年中国城镇居民教育与就业情况调查报告（之二）[R]. 北京大学教育经济研究所、高等教育研究所简报，2005（23）.

（如高校学术带头人、长江学者等）能通过兼职、兼聘、特聘等形式进行流动外，大部分教师还难以正常流动。这些限制大大束缚了学校自主配置资源的灵活性和教育生产要素的自由流动，使学校无法按照社会教育需求变化及时调整内部资源配置，包括调整学科专业结构、课程设置和教学组织形式等，也阻碍了教育生产要素在学校之间的自由流动和优化组合。

（三）学费管制

2001 年，教育部开始对高校生均运行费用和学费水平进行统一规定，目前高校学费水平固定在年均约 5000 元。从 2003 年开始，政府又开始在全国中小学推行"一费制"，对义务教育收费种类和标准进行了严格的限定。学费管制在于治理教育高收费、乱收费等问题，但是，学费管制也强行将教育产品价值降低，扭曲了教育的社会供求信息，阻碍了社会资源流入教育部门，不利于教育供给的增加。同时，还会使学校作出适应性调整，降低教育质量。从学校的角度而言，学费及其水平代表市场对学校教育的认可程度或评价等级，提高教育质量也意味着学校将会获得更大的收益回报，这样会对学校办学形成一种有效的激励约束。而在学费管制下，所有学校收费不分地区、学科专业、教育质量等差异全部"一碗水端平"，这无异于将竞争性的学校办学转变为一种"公共产品"，教育质量差的学校反而获益更大。这将严重挫伤学校提高教育质量的动机，最终造成普遍性的办学低效益。

综上所述，我国教育资源配置的主要问题在于教育行政管制对教育竞争和教育资源流动的制约。它不仅阻碍了教育供给的增加和各级各类教育质量的提高，导致严重的教育收费问题，而且也远远不能适应我国按照科学发展观发展教育事业的政策要求，这就客观上要求我们必须建立市场对教育资源配置的有效机制，充分发挥市场在教育资源配置中的作用。

四、构建教育资源配置的竞争机制

市场对教育资源配置的本质在于微观教育主体在相关教育价值信息的指引下，通过资源交易和竞争互动来推动教育资源的流动与合理配置。当前，制约我国教育资源有效配置的主要因素在于教育行政管制对教育竞争和教育资源流动形成的限制，因此，要充分发挥市场机制对教育资源配置的调节作用，必须构建一种有效的教育竞争机制或环境来促进教育资源的自由流动和教育产品市场价值形成。这种教育竞争机制包括以下基本要素。

（一）竞争性教育产品市场

教育产品市场是教育服务购买者的学生和教育服务提供者的学校之间结成的交易关系，是形成教育产品价值的基础，其现实形式就是办学市场。要充分发挥办学市场的资源配置功能，必须保证办学市场的竞争性。如果办学市场存在供给垄断，教育提供者为攫取垄断利益，会主动限制教育供给和人为提高教育产品价值，从而使生产要素无法充足地流入教育部门，导致教育产品价值和成本相背离。保证办学市场竞争关键在于开放办学，让更多的社会主体能够平等参与教育提供。目前，要实行自由办学准入制度，降低办学准入门槛，给予民办学校完全同等的权利和地位，同时实行学校自主招生，改革高校学位授权和专业设置等的政府审批制度，实行简单的政府备案制度，为学校公平竞争提供良好的环境。

（二）竞争性教育生产要素市场

教育生产要素市场是教育及其他社会部门与生产要素所有者之间结成的交易关系，是形成教育生产要素价值的基础。教育生产要素市场的分割或垄断也会阻碍生产要素在教育与其他社会部门以及教育内部自由流动，从而造成教育产品价值和教育产品成本的背离。师资是学校的核心生产要素，教师劳动力市场是教育生产要素市场的重要组成部分。实现教师劳动力市场充分竞争的关键在于保证师资的自由流动，这需要我们从社会整体上大力改革传统户籍、档案、人事编制等制度，加强社会保障体制建设，建立自由的教师择业和学校用人体制。

（三）自主办学实体

在市场方式下，教育资源流动是通过教育主体间的资源交易来进行的，因此必须确保教育主体具有独立产权。学校是最重要的教育主体，只有存在独立的主体利益，学校才会主动参与教育资源配置并承担经济后果。因此，学校必须是一个自主办学实体，而不是隶属于政府的等级组织，可以按自己的方式和理由进行决策，学校有独立的招生、专业设置、课程和教学组织、学位授予、经费使用、人事等权限。

（四）政府调控下的学费自主定价机制

教育产品和教育生产要素价值必须是在教育竞争基础上形成的市场价值，这样才能向教育主体传递准确的市场信息，确保学校等教育主体正确地组织和运用资源。如果这些价值受到强行管制，它们就无法反映实际的教育供求关系，会导致学校作出错误决策或削弱其配置资源的动力。因此，必须在很大程度上赋予学校和生产要素所有者的自主定价权。但是在实际中，由于教育信息和教育竞争的不完备性，学校自主定价可能会导致部分低收入家庭儿童因为支付不起学费而失学或无法享受同等质量的教育，损害教育公平。为了协调好教育效率和公平的关系，笔者认为，政府不应该简单地采取管制手段来强行压制学费水平，而应该更多地采取学生资助、学校补贴等方式间接地降低学生学费负担或学费水平，实现对学费的间接引导。这样既可以保证学费作为教育资源配置的价格杠杆作用，使学校受到有效的激励约束，也可以较好地顾及教育公平问题。

（该文发表于《中国教育学刊》，2008 年第 12 期）

教育成本分担原理的适用条件

——一种定价理论的分析

王寰安

The Application Conditions of Education Cost-sharing Principle

——A Pricing Theory Analysis

Wang Huanan

　　教育成本分担原理自 20 世纪 70 年代初提出之后，因其应用能够有效增加教育投入和促进教育公平，被世界许多国家推崇和采纳。但是在实践中，教育成本分担原理的实施遇到了诸多困难，主要包括教育成本种类和项目难以界定、教育成本信息和数据难以获取、教育分担合理比例难以确定等。在缺乏明确客观的成本标准情况下，政府或学校还可能借助成本分担的名义，虚瞒报教育成本或者将各种不合理费用强行分摊到成本项目中来，从而变相提高学费，对消费者造成损害。在这里，围绕教育成本分担的一个主要问题被提出来：如何才能使学校按照成本水平来收取学费？

　　作者认为，这里问题的关键在于，学费实质上是一种教育服务价格，学费收取的标准取决于教育服务供求关系，当教育服务价格和教育成本两者出现差异时，学校是按照价格而非成本来收取学费①。因此，除非学费定价正好处于教育成本水平上，按照教育成本收取学费才可以实现。可见，按教育成本分担学费并非一个自动实现的过程，它必须借助一定条件才能实现。本文旨在分析教育成本分担的实现机制和适用条件，论文首先从定价理论角度探讨教育成本定价的基本条件，然后从实践上分析我国教育成本分担存在的主要问题及其背后成因。

一、教育成本分担原理及其适用条件

（一）教育定价的可行性和复杂性

与其他物品相同，高等教育作为一种服务，可以给人们提供效用，因而具有价值和价格。按照普遍的观点，高等教育能为个人提供消费和投资两方面收益。作为消费品，高等教育体现为一种个人享受和修养，而作为投资品，它可通过改善个人知识、技能等人力资本因素来改善个人未来就业机会和收入。但是在定价方面，高等教育与一般经济物品存在一个重要区别，这就是它的非完全私益性。按照美国经济学家萨缪尔森的观点，经济物品分为私人产品、公共产品和介于两者之间的准公共产品，它们之间的主要区别在于是否具有排他性和竞争性。

高等教育是一种准公共产品，在给个人提供各种收益的同时，还会对社会民主和精神文明建设产生推动作用。高等教育准公共产品性质必然对教育服务定价产生影响。一方面，由于个人是高等教育的直接受益者，因而个人愿意为接受高等教育而支付费用，学费正是个人为获得高等教育服务支付的市场价格。从这个角度而言，学费和一般物品价格在性质上没有任何区别，学费由高等教育供需关系决定。另一方面，高等教育的外部性意味着人们在高等教育消费时可以不付费而坐享其成，这种"搭便车"行为使教育部门无法从教育受益者那里获得足够补偿，最终造成教育供给不足。高等教育外部性所造成的损失只能通过非市场途径来进行补偿，非市场途径主要包括政府拨款、社会团体及个人自愿捐赠等。高等教育的这种定价方式正体现了美国学者布鲁斯·约翰斯通（D. Bruce Johnstone）提出的教育成本分担原理的基本要义，该理论主张"谁受益，谁付费"原则，个人、社会和国家都是高等教育的受益者，都应该

---

① 对于学校的这种行为，政府可以通过强制学校按照成本收费来加以制止，但是由于非对称信息和成本计量的困难，学校会通过诸如虚瞒报成本信息、乱收费、降低教育质量等手段将学费隐性提高到真实价格水平。有关学费管理的困难，论文文中有述。

承担高等教育费用。由于我们关注高等教育"私人产品"部分的交易，因此，高等教育的准公共产品性质并不妨碍我们运用价格理论来分析学费定价问题。

在现实中，学费定价会掺杂很多的其他因素，体现出复杂性。教育服务与一般商品提供存在的重要区别就是教育生产包含消费者——学生能力和素质的参与，学校在确定个人学费时常常会综合权衡学生素质、成绩、专业类别等因素对学费进行适当折算，如对优秀学生进行减免学费、奖励资助等，这实质上是对学生优秀素质在教育生产中的额外作用作一种扣除。

（二）教育成本定价及其条件

教育成本分担原理在指出教育费用由多方主体共同分担的同时，还指出学费应该根据教育成本的适当比例进行确定，即实行教育成本定价。教育成本指的是教育生产中所耗费的资金、师资、土地、场馆、教学设备、实验室等各种人力和物力要素价值，其中以师资为核心。教育生产要素在现实中有多种用途，如学校土地、场馆等可以用于其他商业经营，教师劳动力也可以用于其他生产[1]，因而具有相应的市场价值，它们的价值体现为土地和场馆租金、劳动力工资、投资利润等。学校在进行教育生产时必须雇用或租赁这些生产要素并支付其价格，这种支付构成教育生产成本。

按照成本定价原理，只有教育生产要素能够充分自由流动，教育才能实现成本定价。在开放办学的情况下，高等教育只是作为社会生产系统的一个小的部分，各种生产要素能够在高等教育和其他行业之间自由流动。假如高等教育需求突然变化，高等教育价值及其局部生产要素价值就会暂时性相应上升或降低，这样，局部教育生产要素价值和其他行业的同类生产要素价值之间就会出现差异。在逐利动机下，劳动力和投资等就会从其他行业大量进入高等教育，或者由高等教育流向其他行业，教育生产要素的增减必然改变高等教育供给并导致高等教育价值下降或升高，最终推动高等教育价值向教育成本移动。总体上，高等教育需求只占社会总体需求的一小部分，高等教育需求变化不会明显改变社会生产要素价格，因此高等教育价值和学费就不会发生明显变化。

在现实中，教育生产要素的自由流动受到教育产品市场和要素市场有效竞争的制约。产品市场竞争对定价的主要影响在于当存在产品供给垄断时，产品供给者为攫取垄断利益，主动限制产品供应和人为提高价格，从而使生产要素无法充足地流入该行业，导致产品边际效用和生产成本相脱离，偏离成本定

---

① 在短期内，受制于既有的知识能力结构，劳动力可能无法在教育行业和其他生产行业之间顺利流动，但是在长期内，通过市场新增就业人口的工作选择以及原有劳动力的再培训和适应，劳动力也可以在教育和其他行业之间顺利流动。

价。高等教育产品市场是教育服务购买者的学生和教育服务提供者的高校之间形成的交易关系，其现实形式就是高等教育招生市场。学生及其家庭对于人力资本投资收益的追逐产生了招生市场的教育需求（学校、专业、培养规格等），高校对教育投资利润的追逐产生了招生市场的教育供给。招生市场竞争的形成需要大量教育服务购买者和提供者的参与，从而任何一方都无法单独影响教育价格①。要素市场的分割或垄断也会造成生产要素无法在各种行业中充分自由流动，从而造成产品边际效用和生产成本的分离。教育投资市场和教师劳动力市场是高等教育要素市场的最重要组成部分。教育投资意味着将资源从其他行业转移到教育生产领域，尤其是举办新学校意味着大量生产要素如资金、土地、人力资本等向教育流入。因此，实行自由教育投资是高等教育要素市场竞争的关键。师资是高校的核心生产要素，教师劳动力市场是高等教育要素市场的重要组成部分。教师劳动力市场是教师和学校在教师人力使用方面形成的供需关系。实现教师劳动力市场充分竞争的关键在于保证师资的自由流动，在这方面，教师自由择业和学校自由用人体制至关重要。

二、我国教育成本分担存在的主要问题：学费定价中的"成本倒逼"现象

我国高等教育收费始于 20 世纪 80 年代初，但是当时仅限于统招计划之外的部分自费走读生。1989 年 8 月，国家教委、国家物价局、财政部联合发出《关于普通高校收取学杂费和住宿费的规定》，提出从该学年度开始，对新入学的统招本、专科学生收取住宿费，这标志着我国免费上大学的制度开始被完全放弃。由于统招生和自费生收费标准不一，形成了一段时期内的高校学费双轨制局面。1995 年国家教委开始实行招生和收费并轨改革，高校不再招收委培生和自费生，收费标准得到统一。

在高等教育收费改革实践中，我国逐步参照国际流行做法，确立了以教育成本为依据来制定学费标准的收费制度模式。1994 年颁发的《国务院关于〈中国教育改革和发展纲要〉的实施意见》第十六条则明确提出："学生实行缴费上学制度。缴费标准由教育行政主管部门按生均培养成本的一定比例和社会及学生家长承受能力因地、因校（或专业）确定。"1996 年颁发的《高等学校收费管理暂行办法》第四条和第五条明确规定："学费标准根据年生均教育培养成本的一定比例确定。不同地区、不同专业、不同层次学校的学费收费

---

① 要注意的是，由于高等教育消费者接受教育的目的主要是为了提高自身在劳动力市场上的价值，因此社会劳动力市场的发达与否对高等教育招生市场的功能具有重要影响。

标准可以有所区别。学费占年生均教育培养成本的比例和标准由国家教委、国家计委、财政部共同作出原则规定。在现阶段，高等学校学费占年生均教育培养成本的比例最高不得超过 25% 。"在学费具体管理上，我国高等教育实行一种中央和地方两级收费管理模式。根据 1996 年国务院关于《高等学校收费管理暂行办法》的规定，高等教育收费实行中央、省两级管理，承办部门是各省教育厅、财政厅、计委及所在地的高校。具体程序是，学费标准由高等学校提出意见，经学校主管部门同意后，报学校所在省、自治区、直辖市教育部门，按上述程序，由学校所在省、自治区、直辖市人民政府批准后执行。在具体实施上，政府委托财政、物价部门办理审核手续。

实行教育成本分担的用意在于体现"谁受益，谁付费"的基本原则，同时，还在于尽力消除学校试图通过提高学费来谋取"利润"的动机，以降低学生的经济负担，但是这种收费模式面临的一个实际问题就是如何准确地测算教育成本。按照国家的基本政策，高等教育学费按照生均培养成本的一定比例来确定，在具体比例上，我国在参照国外做法基础上由教育部加以规定并在全国统一实施，大致为 22% ，但是在教育成本项目和标准方面，至今缺少一个权威界定。在中国现行的高等教育经费统计体系中，教育成本项目主要包括工资费、公务费、业务费、折旧费、修缮费等类别，但是，如何界定各个项目的具体内容，教育成本和学生培养成本内涵是否完全一致等，这些问题至今还在困扰教育界。例如，对于科研支出、离退休费用等是否属于学生培养成本，学者就存在争议[①]。成本信息和数据缺乏是教育成本核算面临的另一个困难，高校的很多资产如建筑物、教学设备等没有明确的价值，许多高校甚至没有将其纳入成本核算体系[②]。

教育成本核算困难导致的直接后果就是学校和地方以"成本分担"为手段，肆意提高学费水平。由于收费水平和教育成本直接挂钩，很多学校就拼命将大量"灰色"支出如接待费、住房基建费等纳入学生培养成本统计，同时虚瞒报支出数据，以达到提高教育成本水平的效果。由于非对称信息和标准的缺失，上级主管部门很难有效地认定学校成本的合理性，更多时候只能"默认"既定事实。这样，学校和地方就常常以教育成本上升为由，"倒逼"上级主管部门不断提高学费标准，导致高等教育学费迅速上升。据统计，1989 年，在刚开始收取学杂费时，国家规定的学费标准在每年 100～300 元左右。但是收费并轨改革后，高等教育学费开始迅速上升，到 1998 年，普通高校学费达到 3500 元左右，2000 年后，全国各大学又对大学学费进行了较大幅度的提

---

①② 王善迈. 论高等教育的学费 [J]. 北京师范大学学报：人文社会科学版，2000（6）：24－28.

涨，目前达到 5000 元。与此同时，在收费过程中，有些地方和院校还采取了降低录取分数线，对扩招部分的学生高收费或另外收取建校费、建设费等做法，使高校收费又出现了"双轨制"；还有个别高校甚至还把招生与收取"赞助费"等挂钩，收费金额高达数万元。学费高涨给学生和居民带来了沉重的经济负担，1990 年，高等教育学费分别占城镇和农村居民可支配收入比例的13% 和 29%，而到 2004 年，这个数据达到 53% 和 170%（见表 1）。甚至与国际发达国家相比，我国高等教育学费也处于高端水平，根据学者薛涌在 2005年 6 月 1 日的《东方早报》上的估算，世界学费最高的是日本，换算成人民币约 11 万元（包括学费和生活开支），但是考虑到当时日本人均 GDP 是我国的 31 倍的情况，那么中国现阶段大学总支出（约 1 万元）是日本学费的 3 倍以上！高学费使高校涌现出了大量交不起学费的贫困生，2001 年教育部副部长张保庆在答记者问时指出，当年高校贫困生比例占到 20% ~ 30%，特困生占 10% 左右[1]。

表 1　我国高等教育学费及其占居民可支配收入比例变化[2]

年份	平均学费（元）	城镇居民可支配收入（元）	学费占城镇居民可支配收入比例	农村居民可支配收入（元）	学费占农村居民可支配收入比例
1990	200	1510	13%	686	29%
1997	2000	5160	39%	2096	95%
1998	3500	5425	65%	2162	162%
1999	3200	5854	55%	2210	145%
2000	3550	6280	57%	2253	158%
2001	3895	6860	57%	2366	165%
2002	3921	7703	51%	2476	158%
2003	4500	8472	53%	2622	172%
2004	5000	9422	53%	2936	170%
2005	5000	10326	48%	3255	154%

---

① 人民网. 教育部副部长张保庆就高校收费改革等答记者问 [EB/OL]. (2001 - 09 - 03)[2007 - 01 - 23]. http：//www. people. com. cn/GB/kejiao/39/20010903/550080. html.
② 转引自：徐光远，等. 我国高等教育学费增长过快的分析与思考 [J]. 时代金融, 2007（2）：9.

三、我国教育成本分担问题的原因分析：办学管制和"教育成本—学费"关系倒置

从我国高等教育成本分担实践中，我们发现高校主要以强调自身教育成本增加为由来不断提高学费，这很容易让人将其归结为一种自然的成本定价现象。但是这种定价逻辑存在的最大疑问就是作为相同的高等教育生产，为何唯独我国的教育成本奇高甚至使高等教育学费达到发达国家的数倍以上呢？从劳动力、土地等资源禀赋来看，我国的教育成本不会高于发达国家，更不会出现高出数倍的情况。但是有人可能会提出，我国高等教育成本高是因为高等教育发展需要大量高级人才，而我国的高级人才资源较为稀缺。在这点上，姑且不论其他发展中国家面临的相似情况，国内目前许多行业例如电脑等行业，其人才层次与高等教育相比有过之而无不及，但是电脑产品价格却并不高，近年来甚至在不断下跌。因此，将高等教育学费高归结为自然教育成本高并不足信，相反，作者认为，问题的根本原因在于我国高等教育学费脱离了成本定价的约束，这种脱离来自教育办学管制对教育供给和教育生产要素流动形成的双重钳制，致使教育生产要素价值对教育价值的决定关系被倒转过来。当教育需求扩大和供给不足导致学费不断上涨时，局部教育生产要素价值必然"水涨船高"，这就是高校为什么能够不断增加"教育成本"并将其转嫁到学费上的原因。

（一）办学管制和教育供给不足

长期以来，我国高等教育实行一种计划管理体制，政府集高等教育举办者、办学者和管理者于一身。改革开放以来，我国对高等教育管理体制进行了包括高校权力下放和促进社会办学等多方面的改革，但是传统的计划管理模式没有得到根本改变，政府对高等教育办学仍然存在多方面的行政管制：一是办学准入限制。改革开放以来，我国采取了许多措施促进高等教育民间和社会力量办学，但是由于多种原因，目前民办高校在办学审批、招生、学位授予等方面还受到很多限制，无法享受与公办学校同等的权利，致使民办高等教育发展较为薄弱。到 2004 年底，全国具有颁发学历文凭资格的民办学校数量共计226 所，招生数量约 32 万人，只占当年普通全国高等学校招生总量 447 万的7% 左右，即使将 249 所独立学院的 31 万招生数包括进来，两者也仅占全国总

数的 14%①。而其余的 1200 多所民办高校，由于不具备颁发学历文凭资格，办学环境极为艰难，招生难以为继，很多甚至纷纷倒闭。自 1999 年以来，我国开始实行大规模高等教育扩招，高校招生数量迅速增加，与 1998 年相比，2005 年全国普通高校招生数量增长到 4.7 倍，普通高校录取率从 43% 上升到 76%。但是与全国全部大学适龄人口相比，高等教育入学率仍然较低，2004 年普通高校毛入学率仅为 16% 左右（见表 2）②。目前，受制于学校资源、办学设施等因素，高校扩招已经接近极限，很难再有突破。同时，从质量增长的角度而言，高等教育扩招的主体在地方性大学和专科院校，传统意义上的重点大学扩招数量极其有限。据统计，2003 年中央部委院校本专科招生数量约 40 万人，占全国招生总量的 11%，其中教育部所属院校招生数量约 30 万人，只占全国总数的 8%，而其余约 90% 的招生由地方和民办高校来承担③。在办学实力和师资条件等方面，地方、民办院校和中央部委院校不可同日而语，因此从一定程度上而言，社会对优质高等教育资源的竞争反而变得更激烈了。二是学校自主办学限制。在现阶段，政府对高校的校长任命、机构设置、教师人事、入学招生、专业和课程设置、学位设置及学费制定等方面还存在诸多限制，这种限制大大束缚了学校自主配置资源的灵活性和教育生产要素的自由流动。在重要的教师人事方面，正常的学校用人和教师自由择业还受到传统户口、档案、人事编制等问题的制约。根据高校人事负责人的反映，目前高校之间除部分高端人才能通过兼职、兼聘、特聘等形式进行流动外，大部分教师还难以正常流动，学校在用人上缺乏足够的弹性。

与教育供给增长不足的情况相比，我国高等教育需求却在持续扩大。随着我国居民收入的增加，人们进行高等教育投资的愿望也与日俱增。这种高等教育需求扩大可以从改革开放后我国一直兴盛的"出国留学热"以及 20 世纪 90 年代以来兴起的"上大学热"得到反映，很多家长甚至不惜花上数十倍于国内学费的代价将自己的孩子送到国外去求学。在高等教育需求急剧扩大的情况下，高等教育供给不足导致的唯一结果就是高等教育价值的迅速上升。

---

① 教育部. 2004 年全国各级民办教育基本情况 [EB/OL]. [2007 – 01 – 23]. http://www.moe.edu.cn/edoas/website18/info25780.htm.

② 在更广义的高等教育毛入学率上，2004 年我国为 19%，而 1996 年美国、法国、英国、日本的相应比例为 80.9%、51%、52.3% 和 40.5%，分别参见：教育部. 2004 年各级教育毛入学率 [EB/OL] [2007 – 01 – 23]. http://www.moe.edu.cn/edoas/website18/info25797.htm；张振助，等. 高等教育大发展的国际经验与启示 [J]. 外国教育研究，2003（4）：35 – 39.

③ 教育部. 2004 年普通、成人本、专科分举办者学生数 [EB/OL]. [2007 – 03 – 04]. http://www.moe.edu.cn/edoas/website18/info25909.htm.

表 2　我国普通高校招生和入学率情况①　　　　单位：万人

年份	普通高中毕业生数	普通高校招生数	普通高校录取率	普通高校在校生数	全国大学适龄人口数（18~22岁）	普通高校毛入学率
1995	202	93	46%	291	9057	3%
1998	252	108	43%	341	8202	4%
1999	263	160	61%	413	7641	5%
2000	302	221	73%	556		
2001	340	268	79%	719	8114	9%
2002	384	321	84%	903	8126	11%
2003	458	382	83%	1109	8087	14%
2004	547	447	82%	1334	8341	16%
2005	662	504	76%	1562		

注：普通高校录取率＝普通高校招生数/普通高中毕业生数；普通高校毛入学率＝普通高校在校生数/全国大学适龄人口数。

（二）生产要素非自由流动下学费对"教育成本"的反向决定

在高等教育需求扩大并导致高等教育价值上升时，如果外部生产要素能够迅速流入，那么就能有效扩大高等教育供给并降低教育价值，这样，局部的高等教育需求和价值波动就能被社会"生产成本"有效平抑。这种价格现象大量存在于我国的汽车、电脑等产品行业，伴随经济发展，这些行业面临的社会需求也在迅速扩大，但是由于新企业进入和产品供给竞争，这些产品的价格并没有明显上升，相反还在不断下降。

但是由于办学管制，高等教育与其他行业之间的生产要素交流关系被强制性割裂了，社会资源很难流入高等教育，甚至高等教育系统内部（校际之间）的要素流动也被局限在一个极低水平。在这种情况下，当教育价值因为外部需求扩大而暂时升高后，由于没有外部生产要素的及时补充，教育供给无法增加，教育价值就不会受到教育成本的调节而下降，相反，这种"暂时性"教育升值会转变为"永久性"，并带动其局部生产要素价值升高。因此在这里，不是教育生产要素价值决定教育价格或学费，而是教育价格或学费来决定教育生产要素价值。这里的"教育成本"如教师工资等不再是普通意义上的社会生产成本，不反映整个社会生产要素供需关系和生产要素在教育投入上的社会

---

① 资料来源参见：《中国人口统计年鉴》（1999，2000，2002，2003，2004，2005）；国家统计局. 人口、教育科技和文化［EB/OL］. ［2007-03-04］. http：//www. stats. gov. cn/tjsj/ndsj/.

代价，只是作为一种局部高等教育生产甚至个别学校教育生产的孤立价值，这种孤立价值对教育价格或学费不发生任何作用。这样，我国高等教育学费和"教育成本"之间的逻辑关系就不是我们传统认为的"因为教育成本高，所以学费才高"，而是"因为学费高，所以教育成本才高"。可以预计，20世纪90年代以来的"上大学热"在提升大学教育价值和学费的同时，也在不断提升"教育成本"。在这种情况下，实行教育成本分担造成的唯一结果就是高校将学费提升到正常的市场价值水平。

从社会效益的角度而言，如果社会生产要素能够从其他行业转移到高等教育，就能够有效扩大高等教育供给（如图1的潜在供给曲线 S_2），这有利于消费者增加教育消费和降低教育成本负担（P_3 价格水平），从而增进自己的福利。但是，由于教育管制阻碍了社会资源配置的优化进程，消费者不得不为高等教育支付高昂的价格成本（P_2 价格水平），这是教育管制付出的社会代价。

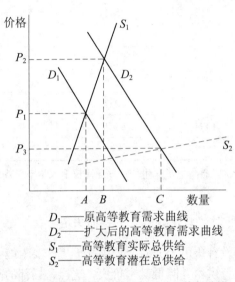

D_1——原高等教育需求曲线
D_2——扩大后的高等教育需求曲线
S_1——高等教育实际总供给
S_2——高等教育潜在总供给

图1　我国高等教育的实际供给和潜在供给

四、基本结论

通过理论和实证分析，本文论证了教育成本分担原理的基本适用条件。只有在教育生产要素具有多种用途和能够自由流动时，教育生产要素价值才能体现为代价或机会成本，才能对教育服务供给及其定价发生影响。但是在现实中，我国的教育办学管制大大限制了教育部门和其他社会行业甚至部门内部学校之间的联系，教育生产要素难以流动，这样，教师工资等教育生产要素价值就不再是普通意义上的社会生产成本，不反映整个社会生产要素供需关系和生产要素在教育投入上的社会代价，只是作为一种局部高等教育生产的孤立价值。这样，我国高等教育学费和教育成本之间的逻辑关系便由"教育成本决定学费"转为"学费决定教育成本"。在这里，教育学费上涨幅度限定学校"教育成本"上涨幅度以及学校将"教育成本"向学费转嫁的最高限度。

（该文发表于《江苏高教》，2007年第6期）

论教育成本的决定

王寰安

A Research to the Determination of Education Cost

Wang Huanan

教育成本是确定学费标准的重要依据。近年来，随着大学学费上涨以及教育乱收费等问题的出现，人们开始关注教育成本决定的问题。按照我国教育收费管理办法，大学学费标准按照生均培养成本的一定比例收取。但是，由于教育成本构成和计量的复杂性，真实的大学教育成本到底是多少，就连权威教育部门和各高校至今也无法计算出来。另一个问题是，即使能够科学、客观地计算大学教育成本，那么这种教育成本是否合理？如果不合理，应该如何确定所谓的"合理"教育成本？

作者认为，教育成本是教育生产中耗费的各项生产要素价值量，其大小取决于生产要素价值和生产要素耗费量两种因素。这样在很大程度上我们就可以将教育成本决定纳入经济学生产要素定价理论范畴。论文首先对教育成本的性质进行了分析，在明确其作为一种教育生产要素价值耗费的基础上，运用要素定价基本理论来分析教育成本的决定，并结合实践探讨我国教育成本性质及决定中存在的问题。

一、教育成本的性质

教育成本具有多种含义，它可以指个人或家庭接受教育服务的全部费用，也可以指教育机构培养学生或办学的支出费用。教育成本分担原理中学费依以确定的"教育成本"是指教育机构的办学成本，而个人教育成本又以学费为基础。因此，本文主要以教育生产成本尤其是长期教育生产成本为分析对象。

（一）作为一种生产要素价值

教育活动是一种特殊的人才培养和知识创造生产活动。从事这种特殊生产与其他生产一样，都要消耗大量稀缺的社会生产资源。与一般生产相比，大学为了培养适应社会发展需要，推动社会进步的高级人才，需要不断更新教学内容和方法，配置先进的现代化教学仪器设备，并需要为大学教师提供必要的教学科研和生活条件，需要的生产资源投入更为庞大。教育的生产资源投入包括人力：师资、管理人员；物力：建筑、设备、器材；空间：土地和建筑结构；财力：预算的经费支出等。按照一般定义，教育成本是教育生产中耗费的上述各项生产要素价值量。因此，教育成本首先体现为一种生产要素价值。从性质上而言，生产要素与消费品不同，它们大多数不能直接为人类消费，不具有直接效用。生产要素对我们来说之所以有价值，只是因为我们借助它们可以获得消费品，因此生产要素价值代表一种引致或派生价值。所以，生产要素价值必须和产品价值严格地相适应，前者的大小由后者大小决定。

（二）作为一种教育生产代价

教育生产耗费的人力、物力和财力等生产要素属于社会资源的一部分，这些资源在现实中具有多种用途。如学校土地、场馆等可以用于其他商业经营，制造教学科研仪器设备的原材料本可以生产其他社会产品，教师劳动力也可以用于其他生产等①。由于社会资源的有限性，生产要素在进行教育生产时必然要放弃其他同源产品生产机会及其收益②，产生机会成本。英国教育经济学家希恩指出，"教育部门，同其他经济部门一样，要使用一部分宝贵资源，这些资源如不用于教育部门，就可以用于别的部门。"③ 按照定义，机会成本是人们作出某一决策时所放弃的其他最高价值量④，因此，教育生产成本是指因教育生产而放弃的其他最高价值机会。

当教育生产要素价值代表一种生产成本时，它转而能对教育产品价值决定产生影响。在生产要素只有一种用途时，全部生产要素只能用于一种生产，产品供给是固定的，产品价值不受生产要素价值的影响。相反，后者的决定必须通过前者才能获得解决，表现为一种纯粹的派生价值。但是在生产要素具有多种用途时，生产者就不能把全部要素投入一种产品生产，他必须根据不同生产收益进行择优分配。在教育方面，教育产品不能生产得过多，否则其他产品就会生产得太少并遭受收益损失。因此，教育生产所能获得的生产要素投入及其产量就要受到因此而放弃的其他最高生产收益即教育生产成本的约束。具体地，生产者通过比较教育边际收益和边际成本大小来决定最优教育产量。教育

---

① 在短期内，受制于既有的知识能力结构，劳动力可能无法在教育行业和其他生产行业之间顺利流动，但是在长期内，通过市场新增就业人口的工作选择以及原有劳动力的再培训和适应，劳动力也可以在教育和其他行业之间顺利流动。

② 同源产品生产是指使用相同生产要素的产品生产。

③ 希恩. 教育经济学 [M]. 郑伊雍，译. 北京：教育科学出版社，1981：1.

④ 张五常. 经济解释：卷二 [M]. 香港：花千树出版有限公司，2002：81.

边际成本是单位教育产品产出增加所引起的教育成本增量，在长期内它和平均教育成本是相等的①。教育边际收益是单位教育产品产出增加带来的教育收益增量，它通常等于教育产品价格。只要两者不一致，生产者必然会继续调整生产要素配置和产品产量来获取最大收益。根据供需定价原理，教育产量的变化会导致教育边际收益和价格相应变化，直至和教育边际成本相等。在这里，教育边际成本决定着合意的教育生产限度和最终教育产品价格。

以上关于教育成本性质的分析为教育成本决定提供了两点重要启示：首先，教育成本不是别的，正是教育生产中耗费的生产要素价值。但是，只有在多种用途下，教育生产要素价值才能代表一种真正的成本价值。这样，生产要素定价尤其是多用途下的生产要素定价就成为教育生产成本决定的重要环节。其次，教育边际成本是教育产品定价的基础，因此教育生产成本决定主要是指教育边际成本决定。

二、教育成本的决定

教育边际成本大小取决于两个基本要素，一是教育生产要素价值大小，二是教育边际生产要素耗费量，教育边际生产要素耗费量是单位教育服务产出增加引起的生产要素耗费增量。我们主要围绕这两个基本要素来探讨教育成本的决定。

（一）教育生产要素自由流动与统一要素价值形成

依照生产要素价值的派生性，我们可以根据消费品价值来决定生产要素价值。遵循一般边际定价原理，生产要素价值等于单位生产要素增加带来的消费品价值增量，具体为生产要素边际产量与消费品价值之积，称为生产要素边际产品价值。在一种用途情况下，生产要素对应唯一的边际产品价值，但是在多用途情况下，生产要素可能会出现多种边际产品价值。幸运的是，生产竞争最终会促使不同边际产品价值一致化。数学上可以证明，只有当生产要素在同源产品生产中的边际产品价值相等时，总生产价值才能达到最大化②。生产者的逐利行为和要素的自由流动必然最终促使不同边际产品价值一致化。按照定义，统一边际产品价值决定生产要素价值。从相互关系而言，统一边际产品价

---

① 从相互关系而言，平均成本和边际成本存在一致和不一致的情况，这主要取决于相关生产要素的调整难易。通常，在短期内，部分固定资产要素如厂房、机器等难以增加，这会造成边际成本大于平均成本，使平均成本呈上升趋势。而在长期内，所有生产要素都能自由调整，边际成本等于平均成本，平均成本保持不变。

② 茅于轼. 择优分配原理 [M]. 北京：商务印书馆，1998：35.

值由全体同源产品价值平均水平决定，只有后者发生变化，前者才会变化。统一生产要素价值形成的意义在于它能促成统一生产要素成本，避免多重生产要素价值给生产者造成信息混乱。

教育生产要素价值等于单位教育生产要素增加带来的教育产品价值增量，具体为生产要素的边际教育产量与教育产品价值的乘积。但是在被用于多种生产的情况下，教育生产要素价值就不仅仅与教育生产收益有关。在生产要素能够自由流动的情况下，如果教育和其他部门之间存在生产收益差异，生产要素就会在教育和其他部门之间转移。这表现为社会教育投资的扩大或缩小，学校兴办或撤办；教育从业人员的增加或减少；土地、房产等成为教学资产或转为他用等。教育生产要素在社会范围内的重新配置会使其边际产品价值的部门差异逐渐减小，最终实现一致化。统一教育生产要素价值的形成具有重要意义，它既代表单位生产要素在教育生产中的生产收益，也代表因此放弃的其他最高生产收益即生产成本。只有在这种情况下，教育生产要素价值才能作为一种成本价值用来决定教育生产成本。

（二）最大最小法则与教育社会必要成本决定

生产要素耗费反映生产上的投入产出关系，这种投入产出效率主要受到生产技术等因素的影响。与生产要素价值不同，市场上往往不存在统一的生产要素耗费量。尽管同行生产者在生产特点和技术等方面具有较大的相似性，但这并不能否认它们在技术、管理、市场环境等多种因素上面临各种差异。这种差异会导致不同的生产效率和边际生产要素耗费量，与统一生产要素价值相结合，就会形成不同的边际成本。在这种情况下，同种产品定价依据的是哪种边际成本或者说社会必要成本由谁来决定呢？答案是由市场现存生产者中的最大边际成本来决定。这是因为在公开市场中，同行生产者面对相同的产品价格，因此社会必要成本如果由最小成本或所有成本平均数来决定，就会出现现存部分生产者被淘汰的悖论[①]。因此，社会必要成本只能由目前最大成本来决定。但是在更远期，社会必要成本会向最小成本不断趋近。目前低于社会必要成本的生产者会取得超额收益，这将激励其余同行不断改进生产技术和管理，使社会必要成本向最小成本靠近。以上就是社会必要成本决定的最大最小法则。社会必要成本的存在具有重要作用，它使企业任何"多余"支出都会因为产品价格等于社会必要成本而无法得到市场的认同，造成企业亏损，从而对企业经营行为产生强有力的约束。

教育生产要素耗费反映教育生产上的投入产出关系，这种投入产出效率主

---

① 注意边际成本等于平均成本。

要决定于教育生产的基本特点、技术和管理水平等。在大学中，教育生产体现为以不同学科和专业为基础，教师依据专业人才培养规格和要求等对学生进行面对面的讲授和其他形式的学业指导，让学生理解和掌握各门课程的知识要点。在这个生产过程中，教育产品的形成及其质量，主要依赖于教师自身的知识积累、学术能力及相关教学技巧和艺术等。同时，还会受到学校管理、教学组织、办学环境等因素的影响。在这些方面，不同大学和教师会存在各种差异，形成不同的办学效率和办学成本。按照社会必要生产成本决定的最大法则，社会必要教育成本由目前大学中的最大教育成本来决定。这种决定方式可以让办学成本较低的学校获得超额收益，这将激励各个学校不断改进师资质量和学校管理等，降低办学成本。因此，从最终趋势看，社会必要教育成本会向最低教育成本接近。社会必要教育成本对于提高学校办学效率具有重要意义，学校任何"多余"支出都会因为招生和办学竞争而无法成为统一教育产品价值的一部分，因而能有效规范学校的办学行为。

三、我国教育成本的决定

（一）教育生产要素流动刚性及要素价值的非成本化

长期以来，我国高等教育实行一种计划管理体制，政府集高等教育举办者、办学者和管理者于一身。改革开放以来，我国进行了下放高校权力和促进社会办学等多方面的教育管理体制改革，但是传统的教育计划管理模式没有得到根本改变，政府对高等教育办学仍然存在多方面的行政管制：一是办学准入限制。改革开放以来，我国采取了许多措施促进高等教育的民间和社会力量办学。但是由于多种原因，目前民办高校在办学审批、招生、学位授予等方面还受到很多限制，无法享受与公办学校同等的权利，致使民办高等教育发展较为薄弱。到 2004 年底，全国具有颁发学历文凭资格的民办学校数量共计 226 所，招生数量约 32 万人，只占当年普通全国高等学校招生总量 447 万人的 7% 左右，即使将 249 所独立学院的 31 万招生数包括进来，两者也仅占全国总数的 14%①。而其余的 1200 多所民办高校，由于不具备颁发学历文凭资格，办学环境极为艰难，招生难以为继。二是学校自主办学限制。在现阶段，政府对公立高校的校长任命、机构设置、人事聘任、入学招生、专业和课程设置、学位授予以及学费制定等方面还存在诸多限制，这种限制大大束缚了学校自主配置

---

① 教育部 . 2004 年全国各级民办教育基本情况［EB/OL］．［2007 - 03 - 04］. http：// www. moe. edu. cn/edoas/website18/info25780. htm.

资源的灵活性和教育生产要素的自由流动。在重要的教师人事方面，正常的学校用人和教师自由择业还受到传统户口、档案、人事编制等问题的制约。根据高校人事负责人的反映，目前高校之间除部分高端人才能通过兼职、兼聘、特聘等形式进行流动外，大部分教师还难以正常流动，学校在用人上缺乏足够的弹性。

由于办学管制，我国高等教育与其他行业之间的生产要素交流关系被强制性割裂了，社会资源很难流入高等教育，甚至高等教育系统内部（校际）之间的要素流动也被局限在一个极低水平。这样，教育生产要素价值包括教师工资、土地和建筑租金、教育投资收益等就只能代表仅有的教育生产收益，无法代表其他生产收益。因此，高校的"教育成本"不再是普通意义上的社会生产成本，不反映整个社会生产要素供需关系和生产要素在高等教育生产上的成本代价，只是作为一种类似地租的孤立性教育生产收益价值甚至个别学校教育生产收益价值。

（二）学费对"教育成本"的反向决定关系

在生产要素价值由全体同源价值平均水平决定时，只有总体生产要素数量和产品供应量变化或者社会总体需求波动导致平均价值水平发生变化，生产要素价值才会变化。因此，相对于局部产品需求波动，生产要素价值具有相当的稳定性，相反，生产要素流动会迅速调节局部产品供应并维持原有产品价值水平，体现生产成本定价功能。但是在我国，办学管制和教育生产要素流动刚性使教育生产要素定价回复到要素单一用途下的决定模式。在这种模式中，教育生产要素价值不是由全体同源产品价值平均水平决定，而是由唯一的教育产品价值决定。这就造成在我国前者跟随后者波动，由学费界定"教育成本"变动的特殊现象。

从 20 世纪 80 年代开始，随着我国居民收入的增加，人们进行高等教育投资的愿望也与日俱增，高等教育需求持续扩大。这可以从改革开放后我国一直兴盛的"出国留学热"以及 20 世纪 90 年代以来出现的"上大学热"得到反映。但是与需求相比，我国的高等教育供给却由于办学管制无法相应增长。虽然自 1999 年以来，我国开始实行大规模高等教育扩招，高校招生数量成倍增加，但是整体高等教育毛入学率依然较低，2004 年为 19%[①]，而美国、法国、英国和日本 1996 年的相应数据为 80.9%、51%、52.3% 和 40.5%[②]。目前，

---

① 教育部. 2004 年各级教育毛入学率 [EB/OL]. [2007 - 03 - 04]. http：//www. moe. edu. cn/edoas/website18/info25797. htm.

② 张振助，等. 高等教育大发展的国际经验及启示 [J]. 外国教育研究，2003 (4)：35 - 39.

受制于学校资源、办学设施等因素，高校扩招已经接近极限，很难再有突破。同时，从质量增长的角度而言，高等教育扩招的主体在地方性大学和专科院校，传统意义上的重点大学扩招数量极其有限。据统计，2003 年中央部委院校本专科招生数量约 40 万人，其中教育部所属院校招生数量约 30 万人，分别只占全国总数的 11% 和 8%，而其余约 90% 招生由地方和民办高校来承担①。在师资条件和办学实力等方面，地方、民办院校与中央部委院校不可同日而语。因此从一定程度上而言，社会对优质高等教育资源的竞争反而变得更激烈了。高等教育需求的急剧扩大和高等教育供给不足导致的唯一结果就是高等教育产品价值的迅速上升。根据统计，我国高等教育学费从 1990 年的约 200 元迅速蹿升到 2004 年的 5000 元，居民的高等教育学费负担水平也从 13%（城镇居民）、29%（农村居民）上升到 53%、170%②，学费增长幅度远远高于同期国民收入增长幅度。

　　在高等教育需求扩大并导致其产品价值上升时，如果外部生产要素能够迅速流入，那么就能有效扩大高等教育供给并降低教育产品价值。这样，局部的高等教育需求和价值波动就能被教育成本有效平抑。这种价格现象大量存在于我国的汽车、电脑等产品行业，伴随经济发展，这些行业面临的社会需求也在迅速扩大，但是由于新企业进入和产品供给竞争，这些产品的价格并没有明显上升，相反还在不断下降。但是由于办学管制，社会生产要素无法流入教育部门，高等教育供给无法增加，教育产品价值就不会受到教育成本的调节而下降。相反，教育产品价值的迅速上升必然带动相应教育生产要素价值的迅速上升，造成由学费上涨带动学校"办学成本"上升的局面。据统计，直到 20 世纪 80 年代中期，高校运行基本上由财政预算内拨款维持，自大学收费改革以来，以学费和学校自筹收入为主体的高校预算外收入增长迅速，目前已占到高校总收入的 1/2，在重点大学甚至达到 2/3 以上③。这些预算外收入主要转化为学校教师津贴福利、行政公用经费、设备购置费用等支出，成为目前高校"办学成本"增长的主要来源④。与市场化企业相比，企业生产成本的增加主要由于劳动力、原材料等生产要素市场价格提高导致企业支出增加，这种支出增长具有不可控外部力量的特点，成本变动与企业收入没有直接关系，甚至在企业亏损时这些费用也照付不误。而目前我国高校"办学成本"增长是通过

　　① 教育部.2004 年普通、成人本、专科分举办者学生数［EB/OL］.［2007－03－04］.http：//www. moe. edu. cn/edoas/website18/info25909. htm.

　　② 居民高等教育学费负担水平是指高等教育学费占居民可支配收入的比例。有关数据参见：徐光远，等.我国高等教育学费增长过快的分析与思考［J］.时代金融，2007（2）：9.

　　③④ 袁连生，崔邦焱.我国高等学校生均成本变动分析［J］.教育研究，2004（6）：23－27；王善迈.中国高等教育经费在学校内部的分配［J］.教育与经济，2005（3）：1－3.

"以收定支"方式实现的，即在学校收入增加的基础上带动教职工工资福利、管理费用等的增加，学校"办学成本"变动与学校收入之间具有密切关联。

四、基本结论和对有关问题的澄清

在一般经济学生产成本理论中，生产要素价值是作为一种已知的外部给定变量，因此生产成本决定主要集中于生产要素耗费量的分析。这种基本假定也符合西方自由市场经济国家的基本现实，即具有较完善的生产要素价值形成机制。但是在实际运用相关理论时，却容易使我们忽视该理论的既定假设前提，忽视我国的特殊国情和背景，从而出现照搬照用，产生分析偏差。本文重新将生产要素价值作为一种未知变量引入教育成本决定分析，是基于我国教育管理体制和发展的基本现实，即"计划"教育管理体制的残留在很大程度上屏蔽了教育竞争，从而无法形成有效的教育生产要素成本价值。通过这种"新"分析，我们对教育成本的性质及其决定有了新的认识。

首先，教育成本是一种社会性价值。教育成本是教育生产中的生产要素价值耗费量，因此教育成本实质上是一种生产要素价值。但是，只有在生产要素具有多种用途和自由流动时，生产要素价值才能体现为机会成本，才能对产品定价发生影响。从根本上而言，教育成本体现了教育和其他部门以及教育系统内部不同学校之间在生产上的相互制约关系，因此是一种社会性价值。

其次，教育成本决定是一种客观定价过程。由此，生产要素定价是生产成本决定的重要内容。生产要素定价是生产要素被应用于多种产品生产的过程，在这个过程中，生产要素收益差异会引导生产要素流动和重新配置，从而调整不同产品产量及其价格水平，最终形成统一生产要素价值。这种定价实质意味着实际教育成本大小取决于客观定价环境和结果，因此不存在所谓的"合理"教育成本标准。

最后，我国教育成本问题的根源是办学管制。办学管制阻碍了教育供给的增加和教育生产要素的自由流动，这样，教育生产要素的社会定价机制就不复存在，教育生产要素价值的成本性质和定价功能也就消失了。相反，办学管制使教育生产要素价值决定于唯一的教育产品价值，造成在我国由学费上涨带动"教育成本"上升的现象。

对于教育成本问题，有人会提出，是否可以通过政府制定和强制推行相关教育成本标准来规范学校的支出行为，并实现教育合理收费呢？答案是否定的。要实现这种目标，政府就必须能够清楚地确定教育成本内容及其大小，但是由于非对称信息，学校可能不愿意透露准确的成本信息，即使愿意，政府还必须依照学校类型、学科专业、地域等不同情况制定不同子标准，这还不够，政府还得面对如何将不同学校办学成本转化为社会必要教育成本的问题等。这其中涉及的信息收集量和调查成本会令任何人束手无策。有关教育成本的话题，我常向学生问这样一个问题，"一所大学为其校长购买豪华轿车并将这种费用转嫁到学费上，这种教育成本是否合理?"多数学生的回答是不合理。答案是可以合理，也可以不合理。当这种待遇是该校长能力和成就的一种应得价值时，这种支出就是正常的人力资本费用，但是如果校长身价不符，那么它就是一种额外社会负担。答案的不确定性使我相信，合理的教育成本标准是无法制定出来的，政府将其强制推广反而可能干涉学校自主配置资源的灵活性，降低办学效益。解决上述问题的唯一办法就是通过开放办学和教育竞争来界定社会必要教育成本，在这种情况下，消费者根本不用去理会学校的成本支出，只需按照等于社会必要教育成本的学费水平来选择最优教育服务就可以自动实现上述目标。

（该文发表于《教育评论》，2007 年第 6 期）

教育市场竞争和高校办学成本

王寰安

Education Market Competition and Higher Education Cost

Wang Huanan

　　高等教育收费制度建立在教育成本分担基础上，因此学费标准的合理性与教育成本本身的合理性具有密切关系。一段时期以来，随着高等教育学费的迅速上涨，人们开始关注和质疑作为分担对象的高校办学成本的合理性。如何在保证教育教学质量的基础上控制学校办学成本和学费过快上涨成为学术界讨论的重点。但是，大多数研究仍然停留在诸如学校师生比失调、制度不完善、管理效率低等论点上，缺乏对高校办学成本问题深层次根源的探讨。笔者认为，我国高校办学成本问题不是一个学校"内部事件"，也不是简单通过改善内部管理，强化经费监管就能得到解决，它是高等教育整体竞争环境缺陷的必然产物。本文试图构建一个高校办学成本的分析框架，并运用此框架来对我国高校办学成本问题进行解释。

一、关于高校办学成本的一个分析框架

按照最直白的理解，学校办学成本就是学校办学的开支和花费，这些支出包括教师工资、土地建筑租金、仪器设备费用、行政管理成本等。对于一所高校，可以把全部花费控制在"最必要"的教育服务生产所需要的生产和运行费用的界限之内，也可以为了例如学校校长或其他什么人的体面和舒适，购置豪华汽车和物业（至于这些开支与教育生产之间的"正当联系"，有无数的理由可以被发现和发明），并将这些开支也"列入"（其实是"隐入"）最终由消费者和政府支付的教育账单里。

为了分析的需要，我们将高校办学成本支出分为两类：一是必要办学成本。必要办学成本是高校进行教育生产所支付的必要成本。只有在师资、土地、建筑设施等教育生产要素可以自由流动（包括在教育和其他部门，以及教育部门内部不同学校之间）的情况下，才会存在必要办学成本。这时，教育生产要素价格由市场统一生产要素价格来决定，任何低于市场价格水平的支付都将造成学校教育生产要素的流失。必要办学成本往往由外部生产要素市场竞争来限定，学校无法左右；二是非必要办学成本。非必要办学成本是高校教育生产过程中支付的超额成本，如教职工超额福利、不必要的行政在职消费等，这部分成本不能创造出相应的办学效益，导致教育资源不必要的耗损。

但是，学校的支出行为不是没有限制的，无论是必要办学成本还是非必要办学成本，都必须进行资金补偿，因此，学校总体成本支出要受到学校经费收入的限制。在实际中，高校经费收入来源主要有两种：一是教育服务市场收入，包括学费和社会服务创收；二是由政府以公共财政方式提供教育补贴，政府教育补贴是对教育服务公共产品部分的成本补偿。在本文中，我们假设政府对教育公共产品的成本补偿总是能够准确到位，不会出现补贴过量或不足，因此不会对学校成本支出产生影响。这样来看，学校办学成本受到的最终制约，是教育消费者的购买意愿和购买力。比如，一所高校可以"花费"的最大成本，就等于市场上全部愿意购买这所高校教育服务的消费者能够为此付出的学费总和。那么，消费者愿意支付的学费到底是多少呢？决定因素是教育产品市场结构，消费者之间的需求竞争越激烈，最终学费就越高，但是如果存在很强的供方竞争，最终学费水平就能被有效降低。

在学校办学成本内部，非必要办学成本支出要受到必要办学成本大小的约束。在使用经费收入进行成本补偿时，学校必须首先补偿必要办学成本，削减

这类支出，教育产品数量或质量将不可避免地减少或下降，如果这时还存在收入剩余，学校才可以进行非必要办学成本支出。在学校经费收入一定的情况下，由外部生产要素市场决定的必要办学成本越大，学校的非必要成本支出就越小，反之则越大（如果学校经费收入小于必要办学成本，就意味着学校将无法维持正常运营，长期内将导致学校关闭）。但是，如果教育生产要素无法自由流动，就不存在必要办学成本，这时，学校收入在各项人力、物力和行政管理等要素上的支出就具有不确定性。

上述分析可以看出，学校办学成本的总体水平最终受学校经费收入的制约，在这个范围内，必要办学成本的大小又决定着高校办学成本的内部分配。依据不同的教育产品市场结构以及教育生产要素能否自由流动，学校办学收入和必要办学成本会出现不同的数量结果，从而最终导致不同的高校办学成本水平和成本结构。下面我们将根据教育生产要素市场和教育产品市场结构之间的不同组合情况，来具体分析高校办学成本及其内部分配（教育生产要素非自由流动和教育产品市场竞争组合只存在于单个学校情形，因此本文不予以讨论）。为了分析的方便，我们假设所有高校都是均质的，因此学校办学成本和收益都相同。

（一）教育生产要素自由流动和教育产品市场竞争

由于我们假设教育生产要素可以自由流动，因此存在学校必要办学成本。用平均成本来衡量的话，学校必要办学成本就是指生均教育成本。生均教育成本大小等于生均要素耗费量和教育生产要素价格的乘积。生均要素耗费量反映了教育生产中的投入产出关系，在教育生产技术一定的情况下，它主要受不同教育生产要素配合比例的影响。对于一所高校，它的土地面积、校舍建筑、实验室等可以视为一个常量，与其他生产要素的替代弹性为零，往往不可能通过增加如教师人力等减少这类投入。因此，可以将给定学校的生产要素配合比例视为既定，从而生均要素耗费量为一定值。这样，学校必要办学成本大小取决于教育生产要素价格的高低。

按照边际生产力理论，教育生产要素价格由要素投入的教育边际产品价值（等于教育边际产品和教育产品价格的乘积）决定，教育边际产品价值会随给定教育生产要素投入的增加而递减。但是，在教育生产要素能够自由流动的情况下，教育生产要素投入就会有市场化的替代收益或收入成本，教育生产要素将依据要素价格高低来选择使用部门或行业。这样，生产要素的逐利性流动最终将造成要素价格在教育和其他行业之间的一致化，形成社会统一生产要素市场价格，其高低依存于给定生产要素的社会供求关系。

在教育产品市场存在充分竞争下，任何教育投资者都可以自由进入教育办学市场和提供教育服务。教育投资者通过比较教育投资收益和成本来决定是否进行教育投资及投资规模。以平均教育产品收益来衡量，教育投资收益就是指学费。显然，如果目前社会教育产品供给稀少，学费就会很高，并超过生均教育成本，教育投资就会获得超额利润。但是这仅仅是一种短期现象，较高的投资收益必然吸引大量的教育投资者和社会资源进入办学市场，随着新学校的创建和教育产品供给的增加，一方面学费会下降，另一方面也可能造成社会生产要素价格和必要办学成本的上升。最终，学费会等于生均教育成本，实现学费的成本定价。上述过程也可以反过来进行。

上述分析表明，教育供给的充分竞争将造成学校办学收入最终等于由教育生产要素市场决定的必要办学成本，学校办学收入完全用于补偿必要办学成本，不存在收入剩余和非必要成本的支出空间。从社会资源配置的角度而言，生产资源在教育部门中提供的生产收益正好等于它在其他行业所提供的收益，这样就实现了社会资源的最优配置。

（二）教育生产要素自由流动和教育产品市场非竞争

在这种情况下，由于教育生产要素依然能够自由流动，高校仍将根据统一市场价格来购买所需要的各项生产要素，因此与第一种情况相同，学校必要办学成本仍然是由社会生产要素市场决定的一个定值。

但是，由于存在教育产品竞争限制，新教育投资者无法顺利进入办学市场，无法通过新办学校来扩大教育供给。尽管现存学校可以通过增加人力、物力投入来部分增加教育产出，但是受制于学校固定基础设施等因素，教育供给增加极其有限。因此，即使教育投资收益和成本之间存在很大差异，由于教育产品供给难以调整，学费也不会下降到必要办学成本水平。在极端情况下，例如整个社会只有几所高校提供教育服务，对于高等教育这种需求弹性较小的产品，反正总要消费的，即使学费上升到一个极高的水平，人们还会争先恐后地为付费而竞争。这时，学校办学收入会远远大于学校必要办学成本，并存在办学收入剩余。从性质上而言，这种办学收入剩余并非学校提供优质教育服务获得的额外回报，而是现存学校依靠稀缺办学资格获取的一种垄断收益。

这样，在教育产品市场存在非充分竞争的情况下，学校就能获得高额的办学收入和收入剩余。学校可以利用这种收入剩余来扩大学校的非必要办学成本支出。与第一种情况相比，学校总体办学成本水平要更高，非必要办学成本所占的比重也更大。从社会资源配置的角度而言，社会现有教育供给是不足的，将生产资源从其他部门转移到教育领域可以获得更高的效益，但是由于教育产品市场的竞争限制，这种社会资源转移和配置优化难以实现。

（三） 教育生产要素非自由流动和教育产品市场非竞争

首先，教育产品市场非竞争性使学校仍然可以获得较高的垄断收入，学校办学成本总体水平较高，但是，由于教育生产要素无法自由流动，不存在显著的必要办学成本，所以办学收入如何在学校内部分配就十分复杂了。为了分析这种情形，我们将教育生产要素非自由流动分两种情况来处理：一种是教育生产要素无法在教育和其他部门之间流动，但是可以在教育部门内部各学校之间流动，另一种是在教育部门内部也无法自由流动。

在前一种情况下，由于教育生产要素能够在不同学校之间流动，因此会形成部门统一生产要素市场和要素价格。但是与要素能够完全自由流动时相比，教育生产要素价格不再由社会生产要素市场决定，而是一种部门生产要素定价。在这种定价模式中，教育生产要素价格取决于要素投入的教育边际产品价值。对于教育边际产品价值，由于我们已经假定学校的教育生产要素配合比例既定，因此教育边际产品为一定值，教育边际产品价值就与教育产品价格呈正比关系。这就意味着，教育生产要素价格始终会以相同幅度跟随学费上涨，因此即使学校拥有再高的垄断办学收入，这些收入也最终会被必要办学成本完全"耗尽"，不会出现收入剩余。这样，也就不存在非必要办学成本支出。与教育生产要素能够完全自由流动相比，这时的教育生产要素价格收入要高于社会同类生产要素价格收入。

在后一种情况下，由于教育生产要素只限于单个学校内部使用，因此不存在统一生产要素价格和一般意义上的必要办学成本，全部办学收入都成为收入剩余。这时，教育生产要素报酬的确定往往要依据其他因素，如国家相关工资政策、同类单位标准、传统惯例等。但是，这些因素的约束力是无法和市场相比的，在教育生产要素无法自由退出的情况下，学校就有很大的空间来自主决定要素报酬水平而不用担心它们的流失。这样，办学收入在各项生产要素上的分配或办学成本支出结构就具有很大的不确定性，它可能会随着学校办学目标或理念的变化而频繁变化，或者为一时之需，用一种项目支出去"挤占"、"挪用"其他项目支出等。

二、对我国高校办学成本的应用分析

新中国成立以后，我国高等教育实行一种计划管理体制，这种体制可以概括为单一办学所有制和教育资源配置计划化。政府是高等教育的唯一举办者，私人及其他社会力量不允许创办大学，同时，政府通过计划手段（计划、行政指令、财务控制、人事任免等）管理和配置教育资源，高校仅仅是政府的一个附属单位而已。改革开放后,我国对高等教育管理体制进行了包括下放高校权力和促进社会民间办学等多方面的改革,但是从总体来看,传统的计划教育管理模式没有得到根本改变,政府对高等教育办学仍然存在多方面的行政管制:(1)办学准入限制。目前由于多种原因,民办高校在办学审批、招生、学位授予等方面还受到很多限制,无法享受与公办学校同等的权利,致使民办高等教育发展较为薄弱。2004年底,全国具有颁发学历文凭资格的民办学校数量共计226所,招生数量约32万人,只占当年普通全国高等学校招生总量447万人的7%左右,即使计入249所独立学院的31万招生数,两者也仅占全国总数的14%①。而其余的1200多所民办高校,由于不具备颁发学历文凭资格,办学环境极为艰难,招生难以为继,很多甚至纷纷倒闭。(2)学校自主办学限制。在现阶段,政府对公立高校的校长任命、机构设置、教师人事、入学招生、专业和课程设置、学位设置及学费制定等方面还存在诸多限制,这种限制大大束缚了学校自主配置资源的灵活性和教育生产要素的自由流动。在重要的教师人事方面,正常的学校用人和教师自由择业还受到传统户口、档案、人事编制等问题的制约。目前高校之间除部分高端人才能通过兼职、兼聘、特聘等形式进行流动外,大部分教师还难以正常流动。

办学管制造成的一个直接后果就是限制教育产品市场的有效竞争,导致教育供给不足和高等教育学费的上涨。虽然自1999年以来,我国开始实行大规模高等教育扩招,高校招生数量成倍增加,但是整体高等教育毛入学率依然较低,2006年为22%②,而美国、法国、英国和日本1996年的相应数据为80.9%、51%、52.3%和40.5%③。目前,受制于学校基础设施等因素,高校扩招已经接近极限,很难再有突破。同时,从质量增长的角度而言,高等教育扩招的主体在地方性大学和专科院校,传统意义上的重点大学扩招数量极其有限。据统计,2006年中央部委院校本专科招生数量约42万人,其中教育部所属院校招生数量约33万人,分别只占全国总数的7.7%和6%,其余超过92%的招生由地方和民办高校来承担④。在师资条件和办学实力等方面,地方、民办院校与中央部委院校不可同日而语。因此从一定程度上而言,社会对优质高等教育资源的竞争反而变得更激烈了。与教育供给增长不足的情况相比,我国

---

① 教育部.2004年全国各级民办教育基本情况[EB/OL].[2007-06-28].http://www.moe.edu.cn/edoas/website18/info25780.htm.

② 教育部.2006年各级教育毛入学率[EB/OL].[2007-06-28].http://www.moe.edu.cn/edoas/website18/info33487.htm.

③ 张振助,等.高等教育大发展的国际经验及启示[J].外国教育研究,2003(4):35-39.

④ 教育部.2006年普通、成人本、专科分举办者学生数[EB/OL].[2007-06-28].http://www.moe.edu.cn/edoas/website18/info33536.htm.

高等教育需求却在持续扩大。随着我国居民收入的增加，人们进行高等教育投资的愿望也与日俱增。在高等教育需求急剧扩大的情况下，高等教育供给不足导致的唯一结果就是高等教育产品价值的迅速上升。从 1990 年到 2004 年，我国高等教育学费从约 200 元迅速蹿升到 5000 元，居民的高等教育学费负担水平也从 13%（城镇居民）、29%（农村居民）上升到 53%、170%，学费增长幅度远远高于同期国民收入增长幅度①。

高等教育学费的上涨必将导致高校办学收入的大幅增加，而这又进一步推动学校办学成本总体水平的上升。据统计，直到 20 世纪 80 年代中期，高校运行基本上由财政预算内拨款维持，自大学收费改革以来，以学费和学校自筹收入为主体的高校预算外收入增长迅速，目前已成为高校办学收入的主体（以下办学收入和成本数据均不含基建部分）。以学校生均预算外支出来衡量，1990 年，我国普通高校生均预算外收入仅为 481 元，2005 年迅速上升到 7189 元，增长近 15 倍，而生均预算内收入增长不到 2 倍，预算外收入占生均办学收入的比例从 1990 年的 13% 提高到 57%，国家预算内经费则从 87% 下降到 43%②。学费是预算外收入增长的主要因素，2005 年高校生均学费水平达 5112 元，占高校生均预算外支出的 71% 和生均总支出的 41%。在实际中，高校预算外收入主要转化为学校教师津贴福利、行政公用经费、设备购置费用等支出，成为高校办学成本增长的主要来源。在此带动下，我国普通高校生均成本由 1990 年的 3583 元迅速上升到 2005 年的 12565 元，其中高校预算外收入的推动作用是非常明显的。从历史变动来看，我国高校生均成本在 1992 年出现一次迅速增长，这主要是当年自费生、委培生大大增加，使得学校收入大幅度增加的结果。1998 年高校生均成本又在上年基础上增加近 2700 元，达到 11854 元，这种成本变动很大程度上是 1997 年高校完成学费并轨、全面实行收费制度，高校学费标准由省级政府审批，平均学费水平大幅度提高的结果。2001 年后，高校学费水平被中央政府强制限定，高校生均成本才逐步稳定下来。

办学管制造成的另一种重要后果就是限制教育生产要素的自由流动，导致统一教育生产要素市场和要素价格的缺失。在缺乏必要办学成本的情况下，学校办学收入的内部分配就具有很大的不确定性。在目前的高校经费分配和使用上，政府拨付给高校的预算内经费大部分属于不可再分配性质，这部分经费包括财政支付的教职工工资和福利支出、预算内基本建设项目支出、部门预算专

① 徐光远，等. 我国高等教育学费增长过快的分析与思考 [J]. 时代金融，2007（2）：9.
② 袁连生，崔邦焱. 我国高等学校生均成本变动分析 [J]. 教育研究，2004（6）：23-27.

项支出等，它们占政府拨款比重的 60% ~ 70% 以上①。但是，对于教育事业公用经费以及绝大部分预算外收入（这部分经费占高校总收入近 70%），学校具有自主分配权。由于不存在必要办学成本，学校在进行内部收入分配时就缺乏明确标准和有效约束，容易出现盲目支出、超额支出以及支出结构不合理等问题。根据中国教育经费统计年鉴（1999—2006）提供的相关数据，在高校成本结构方面，自 1998 年以来，高校个人成本占学校总成本比例略有下降，公用成本比例则有所上升，总体保持稳定，但是个人和公用成本内部结构发生了很大变化。在个人成本中，个人基本工资占个人成本比例从 1998 年的 25% 下降到 2005 年的 18%，呈明显下降趋势，以岗位津贴、奖励等为主要内容的其他工资所占比例则从 15% 上升到 22.4%。在公用成本中，业务费所占比例显著下降，从 1998 年的 30.5% 下降到 2005 年的 14.1%，公务费、设备购置费等所占比例上升，尤其是以招待费为主体的其他费用，同期从 11% 迅速上升到 27.1%，2005 年占学校总成本比例达 14.4%，成为高校最大成本支出项目。

从合理性上而言，教职工津贴、奖励占个人成本比例的增长是必要的，学校可以因此更好地吸引人才和激励教师，但在实际中，由于缺乏规范市场标准，高校在工资分配中存在工资收入水平过高（低）、差异过大等问题。例如，由于创收能力不同，不同学校甚至学校内部不同院系之间教职工工资差距很大，一些学校的最高岗位和最低岗位津贴标准之间相差十几倍等。高校公用成本结构的不合理性更为明显。从性质上而言，教学业务费用等属于直接教学成本，对学生培养质量有直接影响，而招待费用等则与学校教学科研没有直接关系，其支出过多必然占用正常教学科研资源，是一种典型的资源浪费。实际调查也印证了高校公用经费支出存在的上述问题，例如某高校从 1998 年到 2000 年的两年间，其生均公务费从 2735 元上升到 4186 元，生均其他费用则从 780 元上升到 1510 元，升幅分别达 52.4% 和 93.4%，另一所高校的生均设备购置费在 1999 年到 2000 年的一年间从 821 元猛增到 1924 元，升幅达 134.4%。

三、基本结论

学校办学成本水平最终受学校经费收入的制约，在这个范围内，必要办学成本大小又决定着高校办学成本的内部分配。依据不同的教育产品市场结构以及教育生产要素能否自由流动，学校办学收入和必要办学成本会出现不同的数

---

① 王善迈. 中国高等教育经费在学校内部的分配 [J]. 教育与经济, 2005 (3): 1-3.

量结果，从而最终导致不同的高校办学成本水平和结构。只有在教育产品市场存在充分竞争，并且教育生产要素能够自由流动的情况下，教育供给竞争会推动学校办学收入到达由社会生产要素市场决定的必要办学成本水平，这时不存在办学收入剩余和非必要办学成本。如果教育产品和教育生产要素市场存在竞争限制，学校就可以获得较高的垄断办学收入，这时，学校办学成本水平较高并存在非必要办学成本。

我国的高等教育办学管制大大制约了教育产品市场竞争和教育生产要素的自由流动。这一方面造成教育供给不足和学费上涨，学校因此可以获得较高的垄断办学收入，从而推动学校整体办学成本水平迅速上升。但是另一方面，由于教育生产要素难以流动，学校不存在显著的必要办学成本，办学收入尤其是学校预算外收入在学校内部的分配就面临很大的不确定性，出现诸如教职工超额福利、行政公用成本过高、成本结构不合理等问题。在很大程度上，我们可以认为，正是办学管制和教育竞争不足使现有高校可以"坐享"高额垄断办学收益，从而软化了对学校的财务约束，为学校办学成本增加和办学低效率提供了生存空间。

那么，是否可以通过强化政府监管或者将高校预算外收入纳入预算内管理的办法来治理高校办学成本问题呢？答案是否定的。要实现这种目标，政府必须首先能够获得完整准确的学校成本资料，但是由于非对称信息，学校可能故意隐瞒准确的成本信息，政府会面临高昂的调查成本。即便有能力解决成本信息问题，政府还必须核查这些成本是否合理，通过"审计"识别学校办学成本中的各种"水分"。问题是，政府根据什么去"核定"学校的办学成本呢？大到盖什么样的办公楼和拥有什么样的办公条件，小到购置什么样的信笺笔墨，才算是"合理的办学成本"呢？本文的结论是，离开教育竞争对必要办学成本的界定，我们无从知道"合理的办学成本"为何物！解决问题的唯一办法，就是通过开放办学和教育竞争来界定学校必要办学成本，在这种情况下，学校办学收入将被决定于必要办学成本水平，学校不具有任何无效率的成本空间。

需要指出的是，本文没有涉及政府财政拨款对高校办学收入和成本支出的影响，在实际中，政府对学校的过度补贴或不足补贴都会对高校办学收入产生不利影响，从而直接影响必要办学成本对学校支出的约束功能。因此，政府拨款与学校办学成本关系是我们另需研究的一个重要课题。

（该文发表于《辽宁教育研究》，2008 年第 6 期）

高等教育学费的决定模式

王寰安

A Research to the Determination of Education Tuition

Wang Huanan

　　学生上大学要缴纳学费，在理论和实践中也已为越来越多的人所理解和接受。但学费应收多少？收费的标准是什么？则众说纷纭，莫衷一是。按照布鲁斯·约翰斯通的教育成本分担原理，学费主要按照教育成本一定比例来确定。但是在实际中，由于教育成本难以计量，按教育培养成本收费的可行性和公平性引起了越来越多的质疑和不满。作者认为，学费作为一种"成本分担"的说法既缺乏理论依据，在实践操作中也弊端百出。学费实质上是一种教育服务价格，其收取标准取决于教育服务的供求关系，而学费依据教育成本收取必须以学费的成本定价为基本前提。本文首先分析了教育学费的基本性质，在明确其作为一种教育服务市场价格的基础上，运用经济学一般定价原理分析了教育学费的决定模式，并在此基础上研究了我国教育学费决定的基本模式及其存在的问题。

一、教育学费的性质

　　高等教育学费的性质是什么，最具代表性的观点是"成本分担说"。该理论认为："作为准公共产品的高等教育服务，其学费不是高等教育服务的价格，而是高等教育服务的成本分担。"[①] 王善迈教授认为，在市场经济条件下，一种产品收费的性质应该从其产品属性来界定。如果是私人产品，那么产品收费就是一种市场价格，收费多少由市场供求决定。如果是公共产品，由于在消费中存在"搭便车"行为，因此产品必须通过政府以税收的方式进行提供，公共产品收费就是一种税收。而高等教育服务属于准公共产品，政府与消费者应共同负担其成本，因此"学费从性质上来说应是准公共产品的收费，或者就像美国学者布鲁斯·约翰斯通1986年提出的'成本分担'"。[②]关于产品收费

---

　　①② 王善迈. 论高等教育的学费 [J]. 北京师范大学学报：人文社会科学版，2000（6）：24–29.

性质应该从产品属性来进行界定，笔者并无异议，但是将准公共产品收费定义为一种有别于市场价格和税收的所谓"成本分担"是有问题的。事实上，私人产品价格和公共产品税收也是一种"成本分担"，因为如果不补充生产耗费，任何产品提供都是不可能的。因此，成本分担仅仅是产品收费的一种基本功能或目的而已，它不是学费的根本属性。王善迈教授还指出了作为"成本分担"的学费的一个重要性质，就是"学费应是高等教育成本的一部分，它不应等于成本，更不能高于成本"。① 在这里，王善迈教授认为学费既然是一种成本分担，就不像一般市场价格那样包含"利润"成分，因此学费应该低于成本，而一般市场价格是高于成本的。这里存在对"利润"概念以及市场价格与成本关系的诸多误解。我们通常所说的"利润"是指资本利息，但是资本利息本身是一种成本，是时间等待成本，这种成本包含在任何产品成本之中②。因此，一般市场价格也不是高于成本的，它通常等于成本，甚至在一定条件下（例如产品卖不出去）可以低于成本。由此，学费有没有完全补偿教育成本与学费属性没有关系。

事实上，高等教育学费不是独立于市场价格和税收之外的"成本分担"，它也未必一定低于教育成本，高等教育学费是一种纯粹的市场价格，这种市场价格是可以高于、等于或者低于教育成本的。按照经济学原理，物品价格是单位某种物品可以用来交换的其他物品数量，这种交换比率来源于人们对不同物品效用大小的预期。只要某种物品能够给人们提供效用，人们就可以将它和其他物品进行价值比较，从而估算这种物品的价格。进一步，如果该物品效用能够为个人所独享，个人就愿意付出一定的代价（即让出自己拥有的物品）从他人手里购买该物品，从而产生实际市场价格。众所周知，高等教育可以使受教育者获得预期经济与非经济收益，可以增加受教育者的知识技能，提高人的智能和素质，从而增加或提高就业机会、预期收入和社会地位等。由于高等教育消费具有较强的私益性，因此个人就愿意付出一定代价或学费来购买高等教育服务。但是与一般商品买卖不同，高等教育服务购买并不纯粹依靠出价，还要依据学生能力素质状况。在实际中，学校在决定学费时往往会综合权衡学生素质、成绩、专业等因素进行学费减免、奖励资助等。作为一种准公共产品，高等教育同时具有外部性效果，这会导致教育供给不足，这个不足部分必须通过政府强制收税来提供。因此，高等教育收费代表着两种基本性质：一种是作为市场价格的学费，它是高等教育私人产品部分的市场价格，反映了教育消费者和提供者之间的自愿交易关系；另一种是政府税收，税收是对高等教育公共

① 王善迈. 论高等教育的学费［J］. 北京师范大学学报：人文社会科学版，2000（6）：24 - 29.
② 张五常. 经济解释：卷二［M］. 香港：花千树出版有限公司，2002：72.

产品部分的收费，它反映了政府和社会之间的强制收费关系。

二、教育学费的决定

本文主要探讨高等教育学费的决定。既然作为一种教育服务市场价格，那么高等教育学费的决定也遵循一般物品市场定价的基本原理。我们分两种情况来探讨教育学费的决定，一种是既定教育服务数量下的教育学费决定，另一种是教育服务通过教育生产提供下的教育学费决定。

（一）教育学费的供需均衡决定

在经济学中，一般商品定价可以概括为边际效用定价和供需均衡定价两个方面。首先，物品价值来源于它的效用，但是决定物品价值大小的不是总效用，而是边际效用。边际效用是指单位物品增加给消费者带来的效用增量（要注意的是，必须是消费者具备相应支付能力下的有效边际效用）。边际效用存在随物品供应数量增加而递减的基本变动规律，这样，单位物品所能换取的其他物品数量即价格也随该物品数量增加而下降，形成我们熟悉的需求曲线，如图1的 D 曲线。其次，需求曲线仅仅给我们指出了物品价格和物品数量之间的变动关系，因此单凭需求曲线还无法确定物品的具体价格，我们还必须知道物品供应数量。只要物品供应数量确定，我们就可以根据需求曲线找到对应的物品价格，因此，物品价格由物品供需状况同时决定。

与其他物品相同，高等教育作为一种服务，可以给人们提供包括消费收益和人力资本投资收益等多方面的效用。但是，决定高等教育服务价值的不是总效用，即"上大学"与"不上大学"之间的收益差，而是教育服务增量带来的收益增量，即教育边际效用。教育服务增量通常可以用教育年限或学历层次等的增加来度量，如从三年教育变为四年教育，从专科教育变为本科、研究生教育。显然，起始的大学专（本）科教育具有最大的边际效用，在此基础上增加教育年限或学历层次带来的边际效用会逐渐递减。这样，教育服务价格或学费就会随着教育服务量的增加而下降。但是，要确定教育服务的具体价格，我们还必须准确知道教育服务总量。如图1，假设社会提供的教育服务总量为 A，那么在教育需求曲

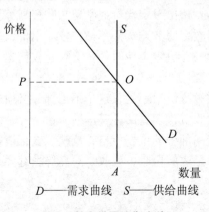

D——需求曲线 S——供给曲线

图1　教育供需均衡定价

线上对应的学费就为 P。

（二）教育学费的成本决定

由于生产是我们获得物品的最普遍方式，因此更基本的定价是包含生产时的物品定价。成本定价又称生产成本定价，是物品通过生产提供情况下的一种特殊定价形式，其内涵是物品价值由物品生产所耗费的具体资本、劳动等生产要素的价值量决定。那么，成本定价与一般物品定价存在哪些异同呢？我们以高等教育为例。显然，在高等教育服务通过学校教育生产提供的情况下，教育服务需求方面没有变化，变化的主要是教育服务供给，因为这时的教育服务供给不再是一个既定量，而是一个可以源源不断的生产量。那么如何确定这个生产量呢？这里要区分两种情况：首先，假如教育生产要素只有单一用途，全部生产要素只能用于教育生产，那么教育服务供给就还是一个既定量，这时的教育服务定价与上述一般物品定价模式没有任何区别；其次，如果教育生产要素具有多种用途，这时生产者不能把全部生产要素都投入到教育生产，为了获得最大生产收益，他必须将生产要素进行择优分配，保持教育与其他产品生产的合理比例和结构关系。因此，尽管这时的生产要素总量是既定的，但是教育生产所能获得的生产要素投入及其产量却不是固定的。这时要确定教育服务产量，我们必须引入一个新的变量，就是教育生产成本。

在现实中，教育生产耗费的人力、物力和财力等生产要素属于社会资源的一部分，这些资源具有多种用途。例如学校土地、场馆等可以用于其他商业经营，制造教学科研设备的原材料本可以生产其他社会产品，教师劳动力也可以从事其他生产等[1]。由于社会资源的有限性，生产要素在进行教育生产时必然要放弃其他同源产品（使用相同生产要素的产品）生产机会及其收益，产生机会成本。按照机会成本的定义[2]，教育生产成本是因教育生产而放弃的其他最高价值机会。教育生产成本的存在意味着教育服务不能生产得太多，否则教育生产收益就会小于因此而放弃的其他生产收益即教育生产成本。因此，教育生产所能获得的生产要素投入及其产量就要受到教育生产成本的约束。具体地，教育生产者通过比较教育边际收益和教育边际成本来决定最优教育产量。教育边际成本是单位教育服务产出导致的教育生产成本增量，它在长期内和平均教育成本是相等的。教育边际收益是单位教育服务产出增加带来的收益增

---

① 在短期内，受制于既有的知识能力结构，劳动力可能无法在教育行业和其他生产行业之间顺利流动，但是在长期内，通过市场新增就业人口的工作选择以及原有劳动力的再培训和适应，劳动力也可以在教育和其他行业之间顺利流动。

② 张五常. 经济解释：卷二 [M]. 香港：花千树出版有限公司，2002：81.

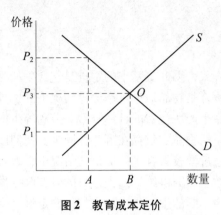

图2 教育成本定价

量，它通常等于教育服务价格。只要两者不一致，就说明还存在额外收益空间，生产者必然会继续调整生产要素配置和相关产品产量来获取最大收益。如图2，在 A 处，教育边际收益或教育服务价格 P_2 高于教育边际成本 P_1，因此继续增加教育要素投入和教育服务产量是有利的。随着生产者增加教育服务产量，根据边际效用递减原理，教育边际收益或教育服务价格就会下降，与此相对应，其他产品产量的减少会导致它们的价格升高，教育边际成本就会递增。最终，教育服务价格等于教育边际成本或平均教育成本（P_3）。在这里，教育生产成本决定着合意的教育生产限度和最终教育服务价格。

从上可以看出，教育成本定价是一种特殊的供需均衡定价，这种特殊均衡实际上反映了教育生产和其他社会产品生产之间的相互制约关系。从教育成本定价原理中，我们发现了教育成本定价的基本条件：1. 教育生产要素的多用途性。只有具有多种用途，教育生产要素投入才能体现为机会成本或代价，才能引起教育和其他同源产品生产之间的相互关联和约束。2. 教育生产要素的自由流动。在教育成本定价中，真正赋予教育服务以价值的并不是教育生产成本，仍然是教育边际效用，教育生产成本的作用在于调节生产要素投入和教育服务供应，最终使教育服务价值与教育生产成本保持相同。因此，教育成本定价必须保证教育生产要素的自由流动，如果要素无法自由流动，教育服务供给就无法自由调节，教育服务价格和教育生产成本就可能出现不一致，从而造成教育成本定价的失效。

三、我国教育学费的决定

自20世纪90年代中期高校招生和收费并轨改革以来，我国就已经确立了按照学生培养成本的一定比例来制定高等教育学费标准的基本做法。但是，放开高校收费的结果是导致高校收费以成倍的速度迅速上涨，引起社会的广泛诟病。作者认为，这并不是高校办学成本自然上升和正常教育成本定价的结果，相反，问题的根本原因在于教育办学管制对教育供给和教育生产要素流动形成的双重钳制，致使我国高等教育学费脱离了教育成本定价的约束。

（一）办学管制和教育生产要素流动刚性

长期以来，我国高等教育实行一种计划管理体制，政府集高等教育举办者、办学者和管理者于一身。改革开放以来，我国进行了下放高校权力和促进社会办学等多方面的教育管制体制改革，但是传统的教育计划管理模式没有得到根本改变，政府对高等教育办学仍然存在多方面的行政管制：一是办学准入限制。改革开放以来，我国采取了许多措施促进高等教育的民间和社会力量办学。但是由于多种原因，目前民办高校在办学审批、招生、学位授予等方面还受到很多限制，无法享受与公办学校同等的权利，致使民办高等教育发展较为薄弱。到 2004 年底，全国具有颁发学历文凭资格的民办学校数量共计 226 所，招生数量约 32 万人，只占当年普通全国高等学校招生总量 447 万人的 7% 左右，即使将 249 所独立学院的 31 万招生数包括进来，两者也仅占全国总数的 14%①。而其余的 1200 多所民办高校，由于不具备颁发学历文凭资格，办学环境极为艰难，招生难以为继。二是学校自主办学限制。在现阶段，政府对公立高校的校长任命、机构设置、人事聘任、入学招生、专业和课程设置、学位授予以及学费制定等方面还存在诸多限制，这种限制大大束缚了学校自主配置资源的灵活性和教育生产要素的自由流动。在重要的教师人事方面，正常的学校用人和教师自由择业还受到传统户口、档案、人事编制等问题的制约。根据高校人事负责人的反映，目前高校之间除部分高端人才能通过兼职、兼聘、特聘等形式进行流动外，大部分教师还难以正常流动，学校在用人上缺乏足够弹性。

由于办学管制，我国高等教育与其他行业之间的生产要素交流关系被强制性割裂了，社会资源很难流入高等教育，甚至高等教育系统内部（校际）之间的要素流动也被局限在一个极低水平。

（二）教育供给约束下的学费上涨

在生产要素具有多种用途情况下，教育生产要素需求和投入只占总体生产要素总量微不足道的部分，因此即使随着教育生产投入不断增加和其他行业生产投入减少，其他行业产品产量及其相应价格也不会出现大的变化。教育生产成本代表因教育生产而放弃的其他生产收益，这就意味着教育生产成本不会出现大的变化，相反，生产要素投入变化对单一教育服务产量及其价格具有较大影响。反映在曲线上，就是教育生产成本曲线富于弹性或呈水平状（如图 3 的 S_2），而教育需求曲线则缺乏弹性或斜率较大（如图 3 的 D_1 或 D_2）。这种

---

① 教育部 . 2004 年全国各级民办教育基本情况［EB/OL］.［2007 - 06 - 28］. http：// www. moe. edu. cn/edoas/website18/info25780. htm.

曲线特征对教育服务定价具有重要含义，即使教育需求出现较大变化，教育部门也能以几乎不变的代价大量吸收来自社会的生产要素投入，从而保证教育服务价格的平稳性。

　　但是，我国的教育办学管制在很大程度上阻碍了生产要素在教育和其他行业之间的流动，这样教育生产要素就无法代表其他生产收益，教育成本定价的基础就消失了，取而代之的既定供给量下的教育定价模式。在这种模式中，由于教育供给无法增加，教育服务价格会以相同幅度跟随教育需求变化而变化。从 20 世纪 80 年代开始，随着我国居民收入增加和教育支付能力增强，人们进行高等教育投资的愿望也与日俱增，高等教育需求持续扩大（图 3 中从 D_1 移动到 D_2）。这可以从改革开放后我国一直兴盛的"出国留学热"以及 20 世纪 90 年代以来出现的"上大学热"得到反映，很多家长甚至不惜花上数十倍于国内学费的代价将自己的孩子送到国外去求学。但是与需求相比，我国的高等教育供给却由于办学管制无法相应增长。虽然自 1999 年以来，我国开始实行大规模高等教育扩招，高校招生数量成倍增加，但是整体高等教育毛入学率依然较低，2004 年为 19%[①]，而美国、法国、英国和日本 1996 年的相应数据为 80.9%、51%、52.3% 和 40.5%[②]。目前，受制于学校资源、办学设施等因素，高校扩招已经接近极限，很难再有突破。同时，从质量增长的角度而言，高等教育扩招的主体在地方性大学和专科院校，传统意义上的重点大学扩招数量极其有限。据统计，2003 年中央部委院校本专科招生数量约 40 万人，其中教育部所属院校招生数量约 30 万人，分别只占全国总数的 11% 和 8%，而其余约 90% 招生由地方和民办高校来承担[③]。在师资条件和办学实力等方面，地方、民办院

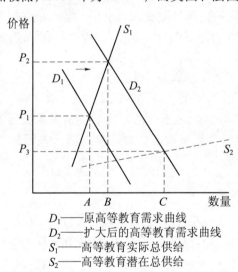

D_1——原高等教育需求曲线
D_2——扩大后的高等教育需求曲线
S_1——高等教育实际总供给
S_2——高等教育潜在总供给

图 3　我国高等教育的实际供给和潜在供给

　　① 教育部.2004 年各级教育毛入学率［EB/OL］.［2007 - 06 - 28］. http：//www. moe. edu. cn/edoas/website18/info25797. htm.
　　② 张振助，等. 高等教育大发展的国际经验及启示［J］. 外国教育研究，2003（4）：35 - 39.
　　③ 教育部.2004 年普通、成人本、专科分举办者学生数［EB/OL］.［2007 - 06 - 28］. http：//www. moe. edu. cn/edoas/website18/info25909. htm.

校与中央部委院校不可同日而语。因此从一定程度上而言，社会对优质高等教育资源的竞争反而变得更激烈了。高等教育需求的急剧扩大和高等教育供给不足导致的唯一结果就是高等教育服务价值的迅速上升。根据统计，我国高等教育学费从 1990 年的约 200 元迅速蹿升到 2004 年的 5000 元，居民的高等教育学费负担水平也从 13%（城镇居民）、29%（农村居民）上升到 53%、170%[①]，学费增长幅度远远高于同期国民收入增长幅度。

在高等教育需求扩大并导致其产品价值上升时，如果外部社会资源能够迅速流入，那么就能有效扩大高等教育供给并降低教育服务价值。这样，局部的高等教育需求和价值波动就能被教育生产成本有效平抑。这种价格现象大量存在于我国的汽车、电脑等产品行业，伴随经济发展，这些行业面临的社会需求也在迅速扩大，但是由于新企业进入和产品供给竞争，这些产品的价格并没有明显上升，相反还在不断下降。但是由于办学管制，社会资源无法流入教育部门，高等教育供给无法增加，教育服务价值就不会受到教育成本的调节而下降，相反，它会随着高等教育需求的巨大增长以相同幅度迅速上涨（图 3 中从 P_1 上升到 P_2）。

四、基本结论

通过理论和实证分析，本文论证了高等教育学费的基本性质及其决定方式。高等教育学费是高等教育服务的市场价格，它反映了教育消费者和学校之间的自由交易关系，因此，高等教育学费决定也遵循一般市场定价原理。但是，只有在教育生产要素具有多种用途和能够自由流动时，教育生产要素投入才能体现为代价或机会成本，教育生产成本才能有效调节教育服务供给及其学费价格，实现学费的成本定价。在现实中，我国的教育办学管制大大限制了生产要素在教育部门和其他社会行业以及教育系统内部的自由流动，教育成本定价机制难以发挥。这样，当教育需求随着经济发展而迅速扩大时，学费就无法受到教育生产成本的调节而迅速上涨。因此，与社会普遍认为的学费上涨根源于"教育市场化"或"教育赢利"等相反，我国教育学费问题恰恰来自"教育市场化"的不足或者计划教育管理体制对教育办学设置的诸多限制。从未来改革而言，学费收取应该走向学校自主定价的基本模式，同时，必须大力革除办学管制，促进多种办学和教育竞争，有效增加教育供给。只有如此，才能改善目前政府在学费管理中面临的各种困难，并有效降低教育学费水平。

（该文发表于《价格月刊》，2008 年第 2 期）

---

① 居民高等教育学费负担水平是指高等教育学费占居民可支配收入的比例。有关数据参见：徐光远，等. 我国高等教育学费增长过快的分析与思考 [J]. 时代金融，2007（2）：9.

教育生产函数与义务教育公平

薛海平　王　蓉
Education Production Function and the Equity
of the Compulsory Education
Xue Haiping & Wang Rong

一、问题的提出

通过教育公平改善和促进社会公平是义务教育最重要的政策目标。根据瑞典著名教育家胡森的观点[①]，义务教育公平应包括三层含义：一是起点公平，即为每个适龄儿童提供的接受义务教育的机会平等；二是过程公平，即每个义务教育阶段的学生在教育过程中应受到平等对待，他们接受的义务教育资源和条件应基本相同；三是结果公平，每个接受义务教育的儿童获得成功的机会平等，他们的教育结果应基本相同。因此，我国义务教育公平的实现可分为不同层次的三个阶段：第一个阶段，追求教育机会均等的起点公平；第二个阶段，追求教育条件均等的过程公平；第三个阶段，追求教育质量均等的结果公平。起点公平只是初级的、低层次的公平，并没有真正体现义务教育公平的本质内涵[②]。随着我国义务教育起点公平问题的基本解决，我国义务教育过程公平和结果公平问题日益突出，已经成为制约我国义务教育健康发展的根本性障碍。为此，2006 年修订的《中华人民共和国义务教育法》和 2007 年党的十七大报告均提出了要促进义务教育均衡发展的重要思想。这一系列方针政策的出台，标志着我国已经进入了一个关注义务教育过程和结果公平的新阶段。我国义务教育公平实践的发展，迫切需要对我国现阶段义务教育过程和结果公平现状以及过程公平对结果公平的影响开展系统而深入的实证研究。面对上述迫切需要，近年来，我国学者以资源配置公平问题为重心对义务教育过程公平进行了

---

① 胡森. 平等——学校和社会政策的目标 [G] // 张人杰. 国外教育社会学基本文选. 上海：华东师范大学出版社，1989：193 - 217.

② 邬志辉，王海英. 农村义务教育的战略转型：由数量关注走向质量关注 [J]. 教育理论与实践，2008（1）：31 - 34.

大量卓有成效的实证研究，但对义务教育结果公平以及义务教育过程公平对结果公平影响的实证研究则十分缺乏。有鉴于此，本文采用实证研究的方法分析了我国义务教育过程和结果公平现状，并利用教育生产函数的方法探讨了过程公平对结果公平的影响。希望本研究能为我国制定和实施义务教育公平的相关政策提供参考依据。

二、相关实证研究回顾

在过去的 20 年研究中，义务教育过程公平中的资源配置均衡问题受到了许多学者的关注。王善迈等学者认为我国义务教育财政资源分布严重不均等，主要体现在地区之间、城乡之间和居民之间的不均等上[1]。区域间义务教育资源配置均衡研究在早期比较受关注，杜育红以省为分析单位，系统地分析了各级教育经费的地区性差异如何随时间而变化。这一研究指出，在 1988 年至 1996 年期间，小学和初中的生均经费省区间的差距都在不断加大[2]。曾满超和丁延庆利用 1997 年和 1999 年县级数据研究了我国义务教育资源配置状况，结果发现小学和初中的生均总支出的地区不均衡有所扩大，其间城乡差距有所扩大，且省内差距大于省际差距[3]。近年来，城乡义务教育资源配置均衡研究逐渐增多，沈百福的研究显示，生均预算内公用经费的城乡差异远远大于生均教育经费和生均预算内教育经费的城乡差异[4]。中央教育科学研究所教育政策分析中心研究人员的研究显示，城乡间义务教育阶段学校的基本办学条件和师资水平存在较大差距，但这些差距正在逐步缩小[5]。翟博的研究也指出，1993—2003 年我国小学和初中生均经费城乡差异在拉大，而生均预算内经费城乡和教师合格率差异均正在逐步减小[6]。义务教育阶段校际间资源配置均衡研究比较薄弱，袁连生指出，即使在同一城市或同一财政负担区内，重点学校与非重点学校在办学条件方面也存在着巨大的差距[7]。王蓉用多水平的回归分析方法，以学校组群为分析单位，也发现一县之内的各种类型学校之间存在严重的

① 王善迈，袁连生，刘泽云. 我国公共教育财政体制改革的进展、问题及对策 [J]. 北京师范大学学报：社会科学版，2003（6）：5 - 14.

② 杜育红. 教育发展不平衡研究 [M]. 北京：北京师范大学出版社，2000：76 - 80.

③ 曾满超，丁延庆. 中国义务教育财政面临的挑战与教育转移支付 [J]. 北京大学教育评论，2003（1）：84 - 94.

④ 沈百福. 义务教育投入的城乡差异分析 [J]. 教育科学，2004（3）：23 - 26.

⑤ 中央教育科学研究所教育政策分析中心. 义务教育均衡发展是实现教育公平的基石 [J]. 教育研究，2007（2）：5 - 16.

⑥ 翟博. 教育均衡论 [M]. 北京：人民教育出版社，2008：159 - 188.

⑦ 袁连生. 我国义务教育财政不公平探讨 [J]. 教育与经济，2001（4）：1 - 5.

资源分配差异①。

与义务教育过程公平问题研究相比,迄今为止,我国学者对义务教育结果公平问题的实证研究比较薄弱,探讨义务教育过程公平对结果公平影响的实证研究非常缺乏。蒋鸣和发现教师学历、校舍及设备条件均与教育质量显著相关,但生均经费和公用经费与教育质量之间相关关系较弱②。薛海平和闵维方采用三层线性模型的研究结果表明,甘肃农村初中教育质量在个体、班级和学校三个水平上均存在显著差异,教师资源配置对教育质量差异有重要影响,班级规模对教育质量有显著负影响,但生均公用经费与教育质量相关关系较弱③④。胡咏梅和杜育红利用两层线性模型对西部五省农村小学和初中教育资源配置与教育质量关系的分析表明,农村中小学校际间的教育质量存在显著差异,人力资源、物力资源和财力资源的配置对教育质量的差异有不同程度的显著影响⑤⑥。当前,随着我国义务教育公平政策的重心逐渐由追求入学机会均等转向追求教育过程和结果公平,全面、深入地评估我国义务教育过程和结果公平现状以及过程公平对结果公平的影响将为推动我国义务教育公平深入发展的相关政策提供有益的参考依据。

三、义务教育结果公平分析

北京大学中国教育财政科学研究所 2007 年在中国中部 A 省和东部 B 省开展了"中国农村义务教育状况调查",本研究的数据来源于此次调查。调查人员采取多阶段、等距抽样的方法对两省的义务教育阶段农村和城市学校进行了抽样调查,向抽样学校的校长以及抽样班的全体学生和老师发放了问卷,从不同的角度考察了影响教育质量的因素。调查内容包括学生个体特征、学生家庭社会经济背景、学生所在班级的教师素质背景、学校投入背景等。为了度量教育质量,调查还分别对接受调查的四年级学生和初二年级学生进行了统一的数学考试,试卷由考试专家参照 TIMSS(国际数学和科学测评)试卷内容制定。最终,接受此次调查的中小学为 237 所,学生为 11523 名,教师为 1338 名。

---

① 王蓉. 义务教育投入之公平性研究 [J]. 经济学季刊, 2003 (2): 23 – 31.

② 蒋鸣和. 教育成本分析 [M]. 北京: 高等教育出版社, 2000: 23.

③ 薛海平. 中国西部教育生产函数研究——甘肃农村初中学生成绩影响因素分析 [D]. 北京大学博士学位论文, 2007.

④ 薛海平, 闵维方. 中国西部教育生产函数研究 [J]. 教育与经济, 2008 (2): 18 – 25.

⑤ 胡咏梅, 杜育红. 中国西部农村初级中学教育生产函数的实证研究 [J]. 教育与经济, 2008 (2): 1 – 7.

⑥ 同⑤, 第 58 – 67 页。

其中，农村中小学为 173 所，农村中小学学生为 8023 名，农村中小学教师为 1029 名。

表1统计了调查样本中的城乡间小学和初中数学教育质量差异状况，结果显示城市小学和初中数学教育质量明显高于农村小学和初中。

表1　城乡间数学教育质量差异

城　乡	小　学		初　中	
	数学成绩均值	学生样本量	数学成绩均值	学生样本量
城市	81.46	1350	81.74	1237
农村	74.17	4440	76.46	3028

表2统计了调查样本中的地区间小学和初中数学教育质量差异状况，结果显示东部 B 省小学和初中数学教育质量明显高于中部 A 省。

表2　地区间数学教育质量差异

地　区	小　学		初　中	
	数学成绩均值	学生样本量	数学成绩均值	学生样本量
中部 A 省	72.70	2931	74.03	2209
东部 B 省	79.13	2859	82.24	2056

表3统计了调查样本中的不同类型小学和初中校际间数学教育质量差异状况。公办小学数学教育质量高于民办小学，而公办初中数学教育质量低于民办初中。按照 2006 年小学和初中生均公用经费支出水平从低到高将小学和初中各自分为 5 组，结果显示生均公用经费支出水平较高的小学和初中，其数学教育质量也都较高。

表3　学校间数学教育质量差异

学校类型		小　学		初　中	
		数学成绩均值	学生样本量	数学成绩均值	学生样本量
学校 性质	民办学校	73.15	263	94.25	214
	公办学校	76.00	5527	77.13	4051
生均 公用 经费	低支出组	73.00	1190	72.89	890
	中等偏低支出组	73.34	1171	75.81	875
	中等支出组	73.97	904	77.25	396

续表

学校类型		小　学		初　中	
		数学成绩均值	学生样本量	数学成绩均值	学生样本量
支出	中等偏上支出组	78.45	1330	79.24	1274
水平	高支出组	79.54	1195	84.11	830

　　表4统计了调查样本中的班级间数学教育质量差异状况。从教师因素看，初始学历较高的数学教师所教班级数学教育质量也较高；拥有高级职称的数学教师所教班级数学教育质量明显高于非高级职称教师；公办数学教师所教班级数学教育质量明显高于代课教师；有教师资格证的数学教师所教班级数学教育质量明显高于无教师资格证的数学教师。从班级规模因素看，总体上规模较大的小学班级数学教育质量较高，初中班级规模与数学教育质量之间没有明显规律。

表4　班级间数学教育质量差异

班级因素		小　学		初　中	
		数学成绩均值	学生样本量	数学成绩均值	学生样本量
数学教师初始学历	初中	72.84	151	—	—
	高中	75.04	4702	74.06	1989
	中师	80.06	825	81.35	2019
	中专和中技	84.02	112	81.91	257
数学教师职称	高级以下职称	74.61	2188	77.28	3873
	高级职称	76.03	3602	84.98	392
数学教师类别	代课老师	72.86	200	87.58	149
	公办老师	76.04	5417	77.68	4036
数学教师资格	有教师资格	76.91	5307	79.08	3610
	无教师资格	75.36	483	71.96	655
班级规模	30人及以下	67.99	405	—	—
	31~40人	74.64	1109	73.77	305
	41~50人	77.42	1849	79.77	999
	51~60人	75.51	1672	74.47	955
	60人以上	78.92	755	79.41	2006

表 5 统计了调查样本中不同社会经济背景家庭间数学教育质量差异状况。小学和初中学生父亲受教育程度越高，其数学成绩也越高。由于精确统计学生家庭特别是农村学生家庭收入很难，所以我们在实际调查中统计了学生家庭电器设备状况，根据实际调查经验将家中无电话的家庭划为收入水平较低家庭，家中有电话但无电脑家庭划为收入水平中等家庭，将家中有电脑家庭划为收入水平较高家庭，结果发现小学和初中学生的数学成绩均随着其家庭收入水平的上升而提高。

表 5　家庭间数学教育质量差异

家庭社会经济背景		小学		初中	
		数学成绩均值	学生样本量	数学成绩均值	学生样本量
学生父亲受教育水平	未上过小学	72.55	130	72.84	85
	小学毕业	72.24	1074	73.93	635
	初中毕业	75.99	1994	77.38	2114
	高中毕业	78.38	1294	81.19	927
	大学毕业	79.25	742	86.60	305
学生家庭经济情况	低收入（家中无电话）	71.34	1296	73.96	711
	中等收入（家中有电话无电脑）	75.60	3247	77.80	2762
	高收入（家中有电脑）	80.99	1332	82.08	828

四、义务教育财政和教师资源配置公平分析

为了分析义务教育阶段城乡学校教育财政资源不均衡配置状况，本文统计了两省城乡小学和初中教育经费投入差异状况（见表 6 和表 7）。由表 6 可知，2006 年和 2007 年春季学期，城市小学生均收入、生均上级拨款、生均支出、生均人员经费和生均公用经费均远高于农村小学。但值得注意的是，中部 A 省和东部 B 省两省绝大部分地区在 2007 年春季学期开始实施农村义务教育经费保障机制改革（后文简称"新机制"改革），如果比较 2007 年春季学期和 2006 年城乡小学教育经费投入差距，我们会发现城乡小学教育经费投入差距

在"新机制"改革后有较明显的缩小。尽管由于 2006 年全年包括了春季和秋季两个学期，而 2007 年春季学期只有一个学期，两者的时间跨度不一样，严格地说这种比较不科学。作为一种替代办法，我们可以认为 2007 年全年的各项收入和支出值约等于对应的 2007 年春季学期各项收入和支出值的 2 倍。这样，我们就可以分析城乡小学教育经费投入差距在"新机制"改革前后的变化了。

表6　城乡小学教育经费投入差异　　　　　单位：元

	2006 年		2007 年春季学期	
	城市小学	农村小学	城市小学	农村小学
生均收入	2247	1116	987	647
生均上级拨款	1370	757	652	372
生均支出	3285.45	1501	1326.82	981
生均人员经费支出	2382.78	1272	1078	776
生均公用经费支出	439.92	180.98	205.96	120.35

由表 7 可知，2006 年和 2007 年春季学期，城市初中生均收入、生均上级拨款、生均支出、生均人员经费和生均公用经费均远高于农村初中。比较 2007 年春季学期和 2006 年城乡初中教育经费投入差距，我们会发现城乡初中教育经费投入差距在"新机制"改革后同样有较明显的缩小。

表7　城乡初中教育经费投入差异　　　　　单位：元

	2006 年		2007 年春季学期	
	城市初中	农村初中	城市初中	农村初中
生均收入	3041.67	1695.68	1113.67	818.75
生均上级拨款	1787.45	1281.27	722.49	659.02
生均支出	2960.57	2028.59	1224.39	1106.25
生均人员经费支出	1959.71	1262.09	1012.73	742.55
生均公用经费支出	523.71	385.96	213.74	151.13

表 8 统计了中部 A 省和东部 B 省省际间小学和初中教育经费投入差异状况。结果显示 2006 年和 2007 年春季学期，东部 B 省小学和初中生均收入、生均上级拨款、生均支出、生均人员经费和生均公用经费均远高于东部 A 省。

表8　地区间教育经费投入差异　　　　　单位：元

	2006 年				2007 年春季学期			
	小学		初中		小学		初中	
	A 省	B 省	A 省	B 省	A 省	B 省	A 省	B 省
生均收入	664	2159	1110	3848	355	1148	394	1701
生均上级拨款	289	1659	569	2051	177	789	292	1081
生均支出	1158	2755	1371	3855	538	1659	666	1881
生均人员经费支出	1086	2106	1065	2565	577	1150	520	1203
生均公用经费支出	187.72	301.63	315.50	562.68	95.87	173.68	165.25	217.83

　　基尼系数是20世纪初意大利经济学家基尼根据洛伦茨曲线设计的判断收入分配平等程度的指标。收入分配越是趋向平等，基尼系数就越小，反之，收入分配越是趋向不平等，那么基尼系数也越大。联合国有关组织规定：若低于0.2表示收入绝对平均；0.2～0.3表示比较平均；0.3～0.4表示相对合理；0.4～0.5表示收入差距较大；0.6以上表示收入差距悬殊。本文将运用这一方法来计算A、B两省教育支出和投入基尼系数，以进一步分析我国义务教育阶段学校教育资源非均衡配置状况。需要指出的是，在现有的文献中，教育指标的基尼系数还没有一致的划分以反映平均或差异的程度，但是，我们可以借鉴收入分配指标的基尼系数划分思想进行比较。按照学校样本中的2006年小学生均上级拨款水平，由低到高将小学分为10组，计算这10组学校生均上级拨款基尼系数为0.7456。同理，可以计算出小学和初中各种教育收入和支出的基尼系数，具体结果见表9。从表9可知，在2006年和2007年春季学期，两省小学和初中校际间的生均上级拨款的基尼系数均超过了0.6，这表明两省中小学接受的来自上级生均拨款收入校际间差距都很悬殊。而且，与初中相比，小学校际间生均上级拨款收入差距明显更大。从经费支出差异来看，小学和初中的2006年和2007年春季学期生均支出、生均公用经费支出、生均人员经费支出基尼系数均在0.4以上，表明两省中小学校际间教育支出差距都较大。而且，小学间生均教育经费拨款和支出差距高于初中间生均教育经费拨款和支出差距。值得一提的是，除生均支出外，小学和初中的各项教育投入和支出的2007年春季学期基尼系数均明显低于2006年基尼系数，表明我国中东部义务教育阶段校际间教育财政资源配置不均衡程度在"新机制"改革后有较明显的减轻。

表9　校际间义务教育投入和支出基尼系数

	小　　学		初　　中	
	2006 年	2007 年春季学期	2006 年	2007 年春季学期
生均上级拨款	0.7456	0.6854	0.6655	0.6402
生均支出	0.5644	0.5868	0.4686	0.4813
生均公用经费支出	0.5192	0.4725	0.4213	0.4170
生均人员经费支出	0.5536	0.5313	0.4875	0.4804

为了分析义务教育阶段城乡学校教师资源不均衡配置状况，基于已有研究和可得数据，本文选取了教师初始学历合格率、高级职称教师占专任教师比重、初始学历为师范专业的教师占专任教师比重、接受过省级及以上教育培训的教师占专任教师比重、人均教师进修和培训费用支出五项指标来衡量教师质量，并比较了两省 2006 年城乡间小学和初中教师质量差异状况（见表 10），结果显示城市小学和初中教师质量均明显高于农村小学和初中。

表10　城乡间教师质量差异

	小　　学		初　　中	
	城市小学	农村小学	城市初中	农村初中
教师初始学历合格率	0.91	0.88	0.77	0.47
高级职称教师占专任教师比重	0.59	0.49	0.17	0.04
初始学历为师范专业的教师占专任教师比重	0.57	0.56	0.71	0.63
接受过省级及以上教育培训的教师占专任教师比重	0.11	0.07	0.06	0.05
人均教师进修和培训费用支出（元）	352.56	171.90	391.57	329.65

表 11 比较了样本中 2006 年中部 A 省和东部 B 省省际间小学和初中教师质量差异状况。中部 A 省小学和初中的教师初始学历合格率、初始学历为师范专业的教师占专任教师比重、人均教师进修和培训费用支出均明显低于东部

B省，中部A省高级职称教师占专任教师比重、接受过省级及以上教育培训的
教师占专任教师比重却明显高于东部B省。

表11　地区间教师质量差异

	小　学		初　中	
	A省	B省	A省	B省
教师初始学历合格率	0.88	0.90	0.47	0.65
高级职称教师占专任教师比重	0.54	0.47	0.09	0.07
初始学历为师范专业的教师占专任教师比重	0.51	0.61	0.58	0.73
接受过省级及以上教育培训的教师占专任教师比重	0.10	0.05	0.07	0.05
人均教师进修和培训费用支出（元）	179.54	240.77	310.20	381.39

　　按照学校样本中的2006年小学教师初始学历合格率水平，由低到高将小
学分为10组，计算这10组学校教师初始学历合格率基尼系数为0.0921。同
理，可以计算出小学和初中各类教师质量指标的基尼系数，具体结果见表12。
小学和初中接受过省级及以上教育培训的教师占专任教师比重以及人均教师进
修和培训费用支出两项指标的基尼系数的均在0.6以上，表明两省小学和初中
校际间这两项指标的差距悬殊。初中高级职称教师占专任教师比重的基尼系数
在0.5~0.6，表明两省初中校际间这项指标差距较大。小学和初中其他衡量
教师质量的指标基尼系数均在0.4以下，显示两省小学和初中校际间其他教师
质量指标差距不大。

表12　校际间教师质量差异

	小学	初中
教师初始学历合格率	0.0921	0.3035
高级职称教师占专任教师比重	0.2538	0.5544
初始学历为师范专业的教师占专任教师比重	0.2561	0.1906
接受过省级及以上教育培训的教师占专任教师比重	0.7014	0.6283
人均教师进修和培训费用支出（元）	0.6808	0.6204

五、义务教育资源配置公平与教育结果公平关系分析

前文的分析表明我国义务教育阶段学校教育资源配置严重不均衡，同时城乡和校际间的数学教育质量也存在很大的差异。为了探讨学校教育资源配置公平与教育结果公平之间的关系，本文将根据教育生产函数理论，采用多水平模型方法分析各类学校教育资源对教育质量的影响。

（一）教育生产函数理论模型

本文根据汉纳谢克（Hanushek）建立的经典教育生产函数理论模型[1]以分析学校教育资源对教育质量的影响：

$$A_t = f(F_t, T_t, OS_t)$$

在这里，A_t 代表 t 时间的教育质量，用学生数学考试成绩衡量；F_t 代表累积到时间 t 为止来自于家庭方面并对学生学业成绩有影响的各种因素，如父母受教育程度、家庭经济收入等；T_t 代表累积到时间 t 为止由教师投入到一个学生身上的各种因素，如教师学历、教师资格、教师培训、教师工资等；OS_t 则代表学校的其他投入要素，包括学校生均公用经费、生均人员经费、生均人员经费占生均支出比重、班级规模，等等。

（二）计量模型

为了克服计量分析中的数据层次性问题[2]，在上述理论模型基础上，本研究将采用多水平模型（Multilevel Model）方法来估计学校投入因素对教育质量的影响，所采用的统计软件为 HLM6.0 版本。考虑到每所学校内部只抽取了一个班级，故不适合构建学生个体、班级、学校的三层模型。因此，本研究构建了学生个体和学校两个层面的估计模型，具体的教育生产函数二层估计模型如下：

层—1 模型：将学生个体的考试成绩表示为学生层面特征变量的函数与一个误差项的和，即：

$$Y_{ij} = \beta_{0j} + \beta_{1j}\alpha_{1ij} + \beta_{2j}\alpha_{2ij} + \cdots + \beta_{pj}\alpha_{pij} + r_{ij} = \beta_{0j} + \sum_{p=1}^{p}\beta_{pj}\alpha_{pij} + r_{ij}$$

① Hanushek E A. The Economics of Schooling: Production and Efficiency in Public School [J]. Journal of Economic Literature, 1986, 24 (3): 1141–1177.

② Vignoles A, Levacic R, Machin S, Reynolds D. The Relationship Between Resource Allocation and Pupil Attainment: A Review [M]. The Department of Education and Employment Research Report, 2000: 228.

其中：Y_{ij} 表示第 j 个学校第 i 个学生的考试成绩，β_{0j} 为回归截距。

α_{pij}，$p=1$，2，$\cdots$，p 表示学生层面的预测变量，主要包括学生家庭社会经济背景。

β_{pj}，$p=1$，2，$\cdots$，p 表示学生层面的预测变量 α_{pij} 对因变量的回归系数，可以在学校层面随机变化。

r_{ij} 为学生层面的随机变异，表示学生的考试成绩与预测变量的差异，假设服从正态分布，平均值为 0，方差为 σ^2。

层—2 模型：学生层面中的每一个回归截距 β_{0j} 和回归系数 β_{pj} 可以看做固定的，非随机变化的或随机的，每一个学生层面的系数 β_{0j} 和 β_{pj} 可以由层 2（学校层面）的预测变量预测或解释，因此可将 β_{0j} 和 β_{pj} 表示为学校层面预测变量的函数。

$$\beta_{pj} = \gamma_{p0} + \gamma_{p1}x_{1j} + \gamma_{p2}x_{2j} + \cdots + \gamma_{pq}x_{qj} + \varepsilon_{pj}$$
$$= \gamma_{p0} + \sum_{q=1}^{q_p} \gamma_{pq}x_{qj} + \varepsilon_{pj} \ p=0,1,\cdots,p$$

其中：γ_{p0} 表示第 j 个学校变量对 β_{pj} 回归的截距；γ_{pq} 表示第 j 个学校变量对 β_{pj} 回归的斜率；

x_{qj} 表示学校层面的预测变量，主要包括学校生均公用经费、生均人员经费、班级规模、教师学历、教师资格、教师培训、教师工资等；ε_{pj} 表示学校层面的随机误差，描述 β_{pj} 与预测值之间的差异。

（三）多水平模型分析结果

1. 学生数学成绩方差分析模型结果

在进行两层模型分析之前需要研究方差分析模型。该模型中，第一层模型和第二层模型里都没有预测变量，它只注重区别被研究对象的个体差异和背景差异的比较，而暂时不考虑控制相关变量对因变量的影响。方差分析模型的主要目的是将学生数学成绩的总方差分解为学生个人和学校两个层次，以检验各层方差的比例是否显著，它决定了本研究是否有必要建立两层模型。

表 13 是小学学生数学成绩方差分析模型带有稳健标准误（with robust standard error）的方差成分估计结果。

表 13　小学数学成绩方差分析模型层际方差成分表

随机效应	标准差	方差成分	组内相关	自由度	χ^2	P 值
层 2 随机项	7.92	62.75	25.48%	128	1786.29	0.000
层 1 随机项	13.54	183.52				

从表13可知，层2随机项方差估计的卡方检验P值小于0.01，这表明A、B两省小学学生的数学成绩在第二层（学校层面）存在非常显著的差异，也就是说学校背景因素对学生成绩的变异有很大影响，为此，需要在第二层模型中增加一些解释数学成绩的预测变量。

利用组内相关公式[①]可计算出第一层、第二层方差占总方差的比例分别为74.52%和25.48%，这说明了A、B两省小学学生的数学成绩约75%的差异来源于个体和家庭间的差异，约25%的差异来源于校际间的差异，而当前校际间的差异主要表现为教育资源配置的不均衡。

表14是初中学生数学成绩方差分析模型带有稳健标准误（with robust standard error）的方差成分估计结果。

表14 初中数学成绩方差分析模型层际方差成分表

随机效应	标准差	方差成分	组内相关	自由度	χ^2	P值
层2随机项	9.87	97.43	27.31%	73	1595.24	0.000
层1随机项	16.10	259.30				

从表14可知，层2随机项方差估计的卡方检验P值小于0.01，这表明A、B两省初中学生的数学成绩在第二层（学校层面）也存在非常显著的差异，为此，需要在第二层模型中增加一些解释初中学生数学成绩的预测变量。

同样利用组内相关公式可计算出第一层、第二层方差占总方差的比例分别为72.69%和27.31%，这说明了A、B两省初中学生的数学成绩约73%的差异来源于个体和家庭间的差异，约27%的差异来源于校际间的差异。

2. 学生数学成绩随机截距模型分析结果

方差分析模型的结果表明建立两层模型分析A、B两省小学和初中学生数学成绩是完全有必要的。因此，本研究分别建立了两层的教育生产函数模型以分析小学生数学成绩的影响因素。随机截距模型中，第一层模型和第二层模型里都引入了预测变量，以分析各层预测变量对因变量的影响。在分层模型中，高层模型即本研究中的第二层模型的自变量往往是通过探索分析在被选变量集合中选择的，这样可以最大限度地找出那些真正对因变量的变化起影响作用的自变量[②]；第一层模型自变量的选择没有什么定式，通常的做法是利用相关性分析和经验研究相结合。

根据以前相关研究选择的第一层模型自变量和小学数学成绩探索分析选择

①② Raudenbush, Bryk. Hierarchical Linear Models: Application and Data Analysis Methods [M]. 2nd ed. Sage Publication, 2002.

的第二层模型自变量，本研究建立了小学数学成绩的随机截距模型。模型固定效应部分主要统计结果见表15。在层2（学校层面）变量中：① 小学学校生均公用经费对学生数学成绩有极显著正的影响，生均公用经费增加1元，小学学生数学成绩就提高0.007分，小学生均人员经费及其占生均支出比重均对学生数学成绩有负的影响，但都没有通过显著性检验；② 初始学历为本科及以上教师占学校专任教师比重对学生数学成绩有显著正影响，该比重增加1个百分点，学生数学成绩就提高7.046分；③ 小学数学教师初始学历和每学期用于业务进修和培训的时间均对学生数学成绩有显著正影响；④ 有小学及以上教师资格的数学教师所教学生数学成绩显著高出无教师资格的数学教师所教学生数学成绩9.838分；⑤ 具有高级职称小学数学教师所教学生数学成绩显著高于其他教师所教学生数学成绩1.960分；⑥ 班级规模对小学学生数学成绩有显著正影响。

在层1（学生个体和家庭层面）变量中，父亲学历对小学学生数学成绩有显著正影响，中等收入家庭（家中有电话但无电脑）和高收入家庭（家中有电脑）小学生数学成绩显著高于低收入家庭（家中无电话家庭）小学生数学成绩，表明家庭社会经济背景对小学生数学成绩有显著正影响。

表15　小学数学成绩随机截距模型固定效应结果

	变　量　名	系数	P 值
学校层面	2006 年生均公用经费（元）	0.007***	0.001
	2006 年生均人员经费（元）	-3.445	0.133
	2006 年生均人员经费占生均支出比重	-1.115	0.635
	初始学历为本科及以上教师占学校专任教师比重	7.046*	0.086
	代课教师占学校专任教师比重	-3.570	0.488
	学校生师比	0.066	0.544
	学校是否为公办（1 = "是"，0 = "否"）	2.867	0.544
	数学教师是否为公办教师（1 = "是"，0 = "否"）	1.275	0.530
	数学教师初始学历	2.653**	0.018
	数学教师初始学历是否获得于师范院校（1 = "是"，0 = "否"）	0.336	0.753
	数学教师教龄	-0.094	0.123
	数学教师每学期用于业务进修和培训的时间	0.058**	0.035

续表

	变　量　名	系数	P值
学校层面	数学教师接受过的非学历培训总学分	−0.008	0.675
	数学教师是否具有小学及以上教师资格（1＝"是"，0＝"否"）	9.838**	0.022
	数学教师是否具有高级职称（1＝"是"，0＝"否"）	1.960*	0.083
	抽样班班级规模	0.137***	0.004
	数学教师月平均实发工资（元）	0.0004	0.272
	数学教师2006年下半年获得的总奖金（元）	0.0004	0.633
个体层面	父亲学历	0.442**	0.048
	家中有电脑（以家中无电话为基准）	2.71***	0.000
	家中有电话但无电脑（以家中无电话为基准）	1.565**	0.012
	家中除课本外的藏书量	0.001	0.190

注：本表中的结果是基于稳健估计标准误得到的。*** $P < 0.001$，** $P < 0.05$，* $P < 0.1$

同理，根据以前相关研究选择的第一层模型自变量和初中数学成绩探索分析选择的第二层模型自变量，本研究建立了初中数学成绩的随机截距模型。模型固定效应部分主要统计结果见表16。

表16　初中数学成绩随机截距模型固定效应结果

	变　量　名	系数	P值
学校层面	2006年生均公用经费（元）	0.012***	0.006
	2006年生均人员经费（元）	−0.002**	0.021
	2006年生均人员经费占生均支出比重	12.061	0.183
	初始学历为本科及以上教师占学校专任教师比重	−4.677	0.245
	接受过10小时以上省级和国家级培训教师占学校专任教师比例	2.680	0.788
	学校生师比	0.195	0.519
	数学教师初始学历	4.444**	0.044
	数学教师初始学历是否获得于师范院校（1＝"是"，0＝"否"）	1.453	0.624

续表

变 量 名	系数	P 值
数学教师教龄	0.010	0.960
数学教师每月用于业务进修和培训的时间（小时）	-0.043	0.186
数学教师接受过的非学历培训总学分	0.019	0.342
数学教师是否具有初中及以上教师资格（1="是"，0="否"）	4.404*	0.083
数学教师是否具有高级职称（1="是"，0="否"）	3.815*	0.069
抽样班班级规模	0.128	0.224
数学教师月平均实发工资（元）	0.008**	0.010
数学教师 2006 年下半年获得的总奖金（元）	0.004***	0.005
父亲学历	1.273***	0.004
家中有电脑（以家中无电话为基准）	1.581*	0.053
家中有电话但无电脑（以家中无电话为基准）	0.217	0.823
家中除课本外的藏书量	0.002*	0.079

其中"学校层面"跨越前8行，"个体层面"跨越后4行。

注：本表中的结果是基于稳健估计标准误得到的。*** $P < 0.001$，** $P < 0.05$，* $P < 0.1$

在层 2（学校层面）变量中：① 学校生均公用经费对初中学生数学成绩有极显著正的影响，生均公用经费增加 1 元，初中学生数学成绩就提高 0.012 分；② 学校生均人员经费对初中学生数学成绩有显著负的影响，生均人员经费增加 1 元，初中学生数学成绩就下降 0.002 分；③ 数学教师初始学历对学生数学成绩有显著正影响，有初中及以上教师资格的数学教师所教学生数学成绩显著高出初中以下及无教师资格的数学教师所教学生数学成绩 4.404 分，具有高级职称初中数学教师所教学生数学成绩显著高出其他教师所教学生数学成绩 3.815 分；④ 初中数学教师月平均实发工资和奖金对学生数学成绩均有显著正的影响，数学教师月实发工资提高 1 元，学生数学成绩随之提高 0.008 分。

在层 1（学生个体和家庭层面）变量中，父亲学历对初中学生数学成绩有显著正影响，高收入家庭（家中有电脑）初中学生数学成绩显著高于低收入家庭（家中无电话家庭）初中学生数学成绩，家中除课本外的藏书量对初中学生数学成绩有显著的正影响，表明家庭社会经济和文化背景对初中学生数学成绩有显著正影响。

六、结论与政策含义

根据上述对 A、B 两省义务教育阶段学校数学教育质量和学校教育资源配置公平的实证分析结果，本文得出如下主要结论。

第一，我国城乡、地区、校际间义务教育阶段学校数学教育质量水平存在很大差异。城市学校数学教育质量远高于农村学校，东部地区学校数学教育质量远高于中部地区学校，不同类型学校间教育质量差异也比较大。

第二，我国城乡、地区、校际间义务教育阶段学校教育财政资源和教师资源配置非常不均衡。城市学校教育经费投入、支出水平和教师质量远高于农村学校，东部地区学校教育经费投入、支出水平和教师质量明显高于中部地区学校，校际间教育经费投入、支出水平和教师质量差异也比较大，且与初中相比，小学校际间的差距明显更大。但值得注意的是，城乡小学和初中教育经费投入差距在"新机制"改革后均有较明显的缩小。

第三，我国义务教育资源投入与数学教育质量的教育生产函数多水平模型中的方差分析表明，校际间小学和初中数学教育质量的差异分别约有 25% 和 27% 的差异来源于城乡、地区和校际间教育资源配置的不均衡。随机截距模型分析显示，学校教育资源中，生均公用经费和教师质量配置不均衡对中小学数学教育质量差异均有重要影响。

根据上述主要研究结论，本文的政策含义如下。

首先，从重视义务教育起点公平转向重视义务教育结果公平。义务教育起点公平强调每个适龄儿童都能享受免费接受九年义务教育的机会，而义务教育结果公平强调每个适龄儿童都能接受相同质量的义务教育。在前"普九"时期，我国实现义务教育公平政策的重心在于保障义务教育起点公平，在后"普九"时期，我国实现义务教育公平政策的重心应转向保障义务教育结果公平。本文的调查分析表明，我国城乡、地区和校际间义务教育质量水平均存在很大的差异。因此缩小城乡、地区和校际间义务教育质量差异，保障义务教育结果公平将是后"普九"阶段我国实现义务教育公平的努力方向。

其次，实现义务教育阶段学校资源的均衡配置是保障义务教育结果公平的根本条件。本文的实证分析表明我国义务教育阶段城乡、地区和校际间学校教育资源配置非常不均衡，而城乡、地区和校际间学校教育资源配置的不均衡又在很大程度上决定了城乡、地区和校际间数学教育质量的不公平。因此，缩小我国义务教育质量差异，保障义务教育结果公平的根本条件是推进城乡、地区和校际间义务教育阶段学校教育资源的均衡配置。

最后，公用经费和教师资源的均衡配置是我国义务教育阶段学校教育资源均衡配置的重心所在。学校公用经费是教育事业费中用于保证和改善办学条件的公共开支部分，它是学校行政和教学活动的基本保证，本研究表明学校生均公用经费支出对中小学数学教育质量均有显著正影响，而我国义务教育阶段城乡、地区和校际间学校生均公用经费支出水平又非常不均衡，因此增加农村学校生均公用经费拨款，缩小校际间生均公用经费支出差距是保障我国义务教育结果公平的一个重要手段。教师资源是教育生产过程中的重要资源，本研究表明学校教师质量对中小学数学教育质量有显著正影响，而我国义务教育阶段城乡、地区和校际间教师质量配置也较不均衡，因此提高农村学校和城市薄弱学校的教师质量水平，缩小校际间教师质量差距是保障我国义务教育结果公平的另一个重要手段。

（该文发表于《教育研究》，2010 年第 1 期）

中国西部教育生产函数研究

薛海平　　闵维方

A Study on Educational Production Function in Western Regions of China

Xue Haiping & Min Weifang

一、问题提出

随着我国农村义务教育的基本普及，质量提升已经成为农村义务教育在新的社会历史发展时期需要完成的新任务和需要解决的新课题。提高农村义务教育质量必须以科学的理论依据作为基础，这就需要我国教育研究人员对农村义务教育质量的影响因素进行研究。迄今为止，我国学者虽然对此问题进行了一些研究，但这些研究基本都是采用逻辑思辨的方法，经验性的实证研究非常少见，国内已有的研究结论显然不足以为政府制订相关政策提供科学的参考依据。同国内研究相比，国外关于教育质量影响因素的实证研究非常丰富，其中以教育生产函数方法探讨教育质量影响因素的研究最为成功，其研究成果为许多国家制定提高教育质量的政策提供了参考依据。有鉴于此，本文将借鉴国外教育生产函数方法对我国西部农村义务教育质量影响因素进行实证研究，希望能为政府制定提高西部农村义务教育质量的相关政策提供一定的参考依据，同时推动国内教育生产函数研究的发展。

二、相关实证研究

国外教育生产函数的实证研究非常丰富，主要探讨了教育支出、教师素质、班级规模、家庭社会经济背景、同伴特征等因素与教育质量的关系。

许多学者对教育支出与教育质量的关系进行了研究。一些采用普通最小二乘法（OLS）的研究表明，仅仅增加教育设施、生均支出等物质投入通常并不能导致学生能力和学习成就的大幅提升[1]。由于传统的 OLS 回归容易受到内生性和遗漏变量的影响从而出现估计的偏差，因此，一部分学者采用了新的计量方法来估计教育支出的影响。杜威（Dewey）等人[2]采用工具变量后的研究和格林沃尔德（Greenwald）等人[3]采用元分析方法后的研究均发现教育支出对学生成绩有显著正的影响。

教师素质与教育质量的关系一直是教育生产函数研究人员研究的重心，相关研究主要集中于探讨教师工作年限、教师学历、教师资格和教师培训四个方面的因素对教育质量的影响。汉纳谢克（Hanushek）等人（1998）和克鲁格（Krueger）（1999）均发现教师工作年限对学生成绩有正的显著影响。库珀（Cooper）和科恩（Cohn）（1997）使用随机边界估计技术发现，有硕士学位的教师对学生的成绩有显著正的影响，其他学位的教师影响不显著；克鲁格（1999）与杜威（2000）等人均发现教师学历影响不显著。汉纳谢克等人（1999）和里夫金（Rivkin）等人（2002）的研究均发现，在教师聘用过程中推广教师资格证书考试不太可能提高教育质量；克洛特费尔特（Clotfelter）等人（2003）发现教师资格考试分数对学生成绩有正的影响。布勒苏（Bressoux）（1996）发现教师培训提高了学生成绩，而雅各布（Jacob）和拉尔斯莱夫格林（Lars Lefgren）（2002）发现教师在职培训对小学生数学或阅读成绩都没有显著影响。

---

① Hanushek E A, Raymond M E. Does School Accountability Lead to Improved Student Performance? [J]. NBER Working Paper, 2004 (10591).

② Dewey J, Husted T A, Kenny L W. The Ineffectiveness of School Inputs: A Product of Misspecification? [J]. Economics of Education Review, 2000, 19 (1): 27−45.

③ Greenwald R, Hedges L V, Laine R D. The Effect of School Resources on Student Achievement [J]. Review of Educational Research, 1966, 66 (3): 361−396.

　　班级规模与教育质量的关系是一个公众和教育研究者经常讨论的问题。早期一些采用 OLS 方法的研究表明小班并不必然提高学生的成绩①。后来，霍克斯比（Hoxby）采用随机实验方法的研究结果显示班级规模的影响也不显著②，但安格里斯特（Angrist）和拉维（Lavy）采用工具变量的方法发现班级规模的下降有助于提高学生的成绩③。彼得·布拉奇福德（Peter Blatchford）等人采用分层线性模型的研究结果显示小学班级规模对学生成绩有显著影响，且班级规模对不同学习成绩的学生影响不一样④。

　　教育生产既发生在学校，也发生在家庭。因此，儿童的学习成绩既受学校的影响，也受家庭条件的影响。一大批学者对家庭在这种教育联合生产的作用进行了研究，主要的做法是把家庭的社会经济背景（主要用家长的受教育程度和家庭收入衡量）作为变量，引入教育生产方程，结果大多显示家庭社会经济背景对学生成绩有显著正影响⑤。

　　自从科尔曼（Coleman）等人发现同伴对学生成绩有重要作用⑥后，许多学者对此进行了研究。这些研究一般用同伴的平均成绩或家庭社会经济背景来衡量同伴的特征。早期的一些采用 OLS 方法的研究结论显示，学校或班级同伴的家庭社会经济背景对学生成绩有显著正影响⑦。后来，汉纳谢克等人采用固定效应模型⑧与霍克斯比采用工具变量方法⑨的研究也都发现同伴对学生成绩有显著正影响。

---

　　① Hanushek E A. Effects of School Resources on Economic Performance [J]. Education Evaluation and Policy Analysis, 1997, 19 (2): 141 – 164.

　　② Hoxby C M. The Effects of Class Size and Composition on Student Achievement: New Evidence from Natural Population Variation [J]. NBER Working Paper, 1998 (6869).

　　③ Angrist J, Lavy V. Using Maimondies' Rule to Estimate the Effect of Class Size on Scholastic Achievement [J]. Quarterly Journal of Economics, 1999, 114 (2): 533 – 575.

　　④ Blatchford P, Goldstein H, Martin C, Browne W. A Study of Class Size Effects in English School Reception Year Classes [J]. British Educational Research Journal, 2002, 28 (2).

　　⑤ Vignoles A, Levacic R, Walker J, Machin S, Reynolds D. The Relationship Between Resource Allocation and Pupil Attainment: A Review [J]. The Department of Education and Employment Research Report, 2000 (228).

　　⑥ Coleman J S, Campbell E Q, Hobson C J, McPartland J, Mood A M, Weinfield F D, York R L. Equality of Opportunity [M]. US Government Printing Office: Washington, 1966: 51 – 68.

　　⑦ Robertson D, Symons J. (1996). Do peer groups matter? Peer group versus schooling effects on academic achievement [J]. Discussion Paper 311, Centre for Economic Performance, London School of Economic and Political Science.

　　⑧ Hanushek E A, Kain J F, Markman J M, Rivkin S G. Does Peer Ability Affect Student Achievement? [J]. NBER Working Paper, 2001 (8502).

　　⑨ Hoxby C M. Peer effects in the classroom: Learning from gender and race variation [J]. NBER Working Paper, 2000 (7867).

与国外丰富的研究相比，国内教育生产函数研究十分薄弱。蒋鸣和发现教育的各种投入，例如，教师学历、校舍及设备条件均与学业成绩显著相关，但生均经费和公用经费与学业成绩之间相关关系较弱①。国家教育发展研究中心对四川、河北两地的小学质量影响因素进行了分析，研究结论显示家庭距学校的距离、学生上学的愿望、家长对学生上学的期望、学生母亲文化程度、家长对学生毕业后的期望、学生家庭所在地对学生学习成绩影响大。家长是否辅导学生学习、班里的学习气氛对学习成绩的影响适中②。北京市教委的研究结果显示，学生个体因素、家庭因素、办学条件因素、教师因素、学科因素均对北京市义务教育阶段学生的学业成绩有显著影响③。

综上所述，我国的教育生产函数研究基本还处于起步阶段，开展国内教育生产函数研究具有重要的理论和实践意义。国外教育生产函数研究经过长达 40 年的发展，虽然在研究内容和研究方法两个方面均取得了很大进步，但仍在以下方面存在一些不足：（1）缺乏个体层面数据的研究。已有研究主要集中在宏观层次，以学生个体为分析单位的微观研究很少。宏观层次研究隐含的假设是每个学生平均地接受资源，因此这类研究很可能严重错误地反映了有效资源的分配，产生总量数据偏差问题④。（2）缺乏多层次数据方法的研究。绝大多数研究忽视了数据的层次性，基本上都是分析某一个层次变量的数据，而忽略了其他层次变量的影响，这会带来估计结果的偏差⑤。由于教育投入在多个层面上对学生成绩产生影响，引起学生成绩差异的因素既来自学生个体，也来自班级、学校、学区、州和国家，因此，需要采用多层次分析方法估计不同层次教育投入的影响。（3）忽视学生自身特征的影响。学生个体特征也许是教育过程中最重要的教育投入，对于学习成绩具有重要影响⑥。然而，很少有学者在教育生产函数的分析框架内对学生自身特征与学习成绩的关系进行研究。

① 蒋鸣和. 教育成本分析 ［M］. 北京：高等教育出版社，2000：23.

② 国家教育发展研究中心. 学习质量和基本标准 ［M］. 南宁：广西教育出版社，1995：60 – 76.

③ 北京市教委. 北京市 2004 年义务教育教学质量报告 ［EB/OL］. ［2004 – 06 – 01］http：//www. eps. bnu. cn/eps/Article/Class3/Class17/200512/1654. html.

④ Hanushek E A, Rivkin S G, Taylor L L. The Identification of School Resource Effects ［J］. Education Economics, 1966, 4（2）：105 – 125.

⑤ Vignoles A, Levacic R, Walker J, Machin S, Reynolds D. The Relationship Between Resource Allocation and Pupil Attainment：A Review ［J］. The Department of Education and Employment Research Report, 2000（228）.

⑥ Bishop J H, Wößmann L. Institutional Effects in a Simple Model of Educational Production ［J］. Education Economics, 2004, 12（1）：17 –38.

三、数据和理论模型

（一）数据来源

本研究的数据来源于美国宾夕法尼亚大学埃米莉·汉纳姆（Emily Hannum）教授主持的"甘肃基础教育调查研究"项目调查数据。"甘肃基础教育调查研究"项目课题组于 2000 年和 2004 年委托甘肃统计局进行了两次抽样调查。2000 年的调查采用多阶段分层抽样，在甘肃省 20 个县 100 个村获取 2000 个 9～12 岁的有效儿童样本，并对应调查儿童母亲、家庭、村长、老师、班主任、校长，分别从不同的角度考察影响儿童学业的因素。2004 年的调查研究是 2000 年调查的延续，这次调查再次收集了在 2000 年 6 月调查过的孩子、他们的父亲和母亲、他们现在所在的学校校长和老师（如果他们已不再上学，采访他们最后就读的学校），以及他们所在村子的村长数据。2004 年的调查研究对每个抽样儿童都进行了语文和数学成绩测试。测试试卷由甘肃省教育科学研究所的专家制定，考试内容以国家课程标准为参照。本研究选取了 2004 年调查中的初中学生样本，学生样本量为 1674 名。

（二）理论模型

在汉纳谢克[①]和贝尔菲尔德（Belfield）[②] 建立的教育生产函数理论模型基础上，本文建立了如下的教育生产函数扩展理论模型：

$$A_t = f(T_{t-1}, R_{t-1}, F_{t-1}, P_{t-1}, Z_{t-1}, S_{t-1})$$

在这里，A_t 代表教育质量，用甘肃农村初中学生数学和语文成绩衡量；T_{t-1} 代表与教师素质有关的自变量矩阵，主要包括教师类型、教师教龄、教师学历、教师职称、教师资格、教师培训等变量；R_{t-1} 代表教师以外的其他学校投入自变量矩阵，主要包括生均公用经费、学校规模、班级规模等变量；F_{t-1} 代表与学生家庭社会经济背景有关的自变量矩阵，主要包括父母受教育程度、家庭经济收入、家庭文化资本、父母的学习辅导、父母对子女的教育期望等变量；P_{t-1} 代表与学生学校同伴特征有关的自变量矩阵，主要包括同伴的学习基础和家庭社会经济背景等变量；Z_{t-1} 代表与学生自身特征有关的自变量矩阵，主要包括学生性别、种族、认知水平、教育期望水平和学习努力程度等变量。

① Hanushek E A. The Economics of Schooling: Production and Efficiency in Public School [J]. Journal of Economic Literature, 1986, 24 (3): 1141 – 1177.

② Belfield C R. Economic Principles for Education: Theory and Evidence [M]. Cheltenham: Edward Elgar Publishing Limited, 2000.

S_{t-1} 代表与制度有关的自变量矩阵，主要指分权管理制度。

四、多层次数据分析结果

考虑到数据的层次性问题，本研究利用分层线性模型将建立三层的教育生产函数模型，从学生个体、班级和学校三个层面对影响甘肃农村初中教育质量的因素进行分析。本研究所采用的统计软件为 HLM6.0 版本。

（一）方差分析模型结果

在进行三层模型分析之前需要研究方差分析模型。该模型中，第一层、第二层和第三层模型里都没有预测变量，它只注重区别被研究对象的个体差异和背景差异的比较，而暂时不考虑控制相关变量对因变量的影响。方差分析模型的主要目的是将学生成绩的总方差分解为学生个人、班级和学校三个层次，以检验各层方差（特别是第二层和第三层方差）的比例是否显著，它决定了本研究是否有必要建立三层模型。

表1是甘肃农村初中学生数学成绩方差分析模型带有稳健标准误（with robust standard error）的方差成分估计结果。

表1 数学方差分析模型层际方差成分表

随机效应	标准差	方差成分	组内相关	自由度	χ^2	P 值
层 3 随机项	0.473	0.223	20.84%	186	492.875	0.000
层 2 随机项	0.479	0.229	21.39%	694	1222.553	0.000
层 1 随机项	0.787	0.620				

从表1可知，层3和层2随机项方差估计的卡方检验P值均小于0.01，这表明甘肃农村初中学生的数学成绩在第二层（班级层面）和第三层（学校层面）存在非常显著的差异，也就是说班级背景因素和学校背景因素对学生成绩的变异有很大影响，为此，需要在第二层和第三层模型中增加一些解释数学成绩的预测变量。

利用组内相关公式[①]可计算出第一层、第二层、第三层方差占总方差的比例分别为 57.77% 、21.39% 和 20.84% ，这说明了甘肃农村初中学生的数学成绩大约 58% 的差异来源于个体和家庭间的差异，约 21% 的差异来源于班级间

---

① 组内相关这一辅助统计量主要是用于度量我们研究对象均值的变异有多大比例是由高层的背景差异所引起的，在 Raudenbush 和 Bryk 的《Hierarchical Linear Models》的第72页里有详细的解释。

的差异，约21%的差异来源于校际间的差异。因此，可以说甘肃农村初中学生数学成绩的差异主要在于个体层面的因素，班级和学校层面因素的影响程度相差不大，但均不可忽视。

表2是甘肃农村初中学生语文成绩方差分析模型带有稳健标准误（with robust standard error）的方差成分估计结果。

表2　语文方差分析模型层际方差成分表

随机效应	标准差	方差成分	组内相关	自由度	χ^2	P 值
层 3 随机项	0.640	0.404	38.27%	186	980.094	0.000
层 2 随机项	0.389	0.151	14.31%	694	1074.494	0.000
层 1 随机项	0.708	0.501				

从表2同样可知，甘肃农村初中学生的语文成绩在第二层（班级层面）和第三层（学校层面）也存在非常显著的差异，为此，也需要在第二层和第三层模型中增加一些解释语文成绩的预测变量。

（二）完全模型分析结果

方差分析模型的结果表明建立三层模型分析甘肃农村初中学生数学和语文成绩是完全有必要的。因此，本研究分别建立了三层的教育生产函数完全模型以分析甘肃农村初中学生数学和语文成绩的影响因素。完全模型中，第一层、第二层和第三层模型里都引入了预测变量，以分析各层预测变量对因变量[①]的影响。在分层模型中，高层模型即本研究中的第二层和第三层模型的自变量往往是通过探索分析在被选变量集合中选择的，这样可以最大限度地找出那些真正对因变量的变化起影响作用的自变量[②]；第一层模型自变量的选择没有什么定式，通常的做法是利用相关性分析和经验研究相结合。

（1）数学成绩完全模型分析结果

根据以前相关研究选择的第一层模型自变量和数学成绩探索分析选择的第二层和第三层模型自变量，本研究建立了数学成绩的完全模型。数学成绩的完全模型主要统计结果见表3。在层3（学校层面）变量中：① 公立初中学生的数学成绩显著低于民办初中学生的数学成绩；② 学校规模对学生的数学成绩有显著负影响；③ 学校生均公用经费与学生数学成绩之间存在显著负相关关

① 本研究在建立模型时，将初中三个年级的学生语文测试成绩和数学测试成绩全部按照年级进行标准化，得到三个年级学生标准化的语文测试成绩和数学测试成绩，用这两个变量作为因变量。
② 对探索分析详细的论述见 Raudenbush 和 Bryk 的《Hierarchical Linear Models》的第270－271页。

系；④ 分权管理①对数学成绩有显著正影响，表明让甘肃农村初中教师参与学校管理有助于提高学生数学成绩；⑤ 同伴认知水平对数学成绩有显著正影响，同伴父亲教育程度和同伴家庭年人均收入对数学成绩影响均不显著。

在层 2（班级层面）变量中：① 班级规模对数学成绩有显著负影响；② 县统考对数学成绩有显著正作用；③ 中专学历教师所教的学生数学成绩显著高于高中学历教师的学生数学成绩，这可能是因为有中专学历的教师大都来自中师毕业生，他们接受过系统的师范教育训练，故比普通高中毕业生更擅长于教育教学工作；④ 教师月基本工资对数学成绩影响不显著，但教师的月奖金对数学成绩有显著的负影响；⑤ 公办教师所教学生的数学成绩显著高于代课教师所教学生数学成绩；⑥ 教师教龄对数学成绩有显著正影响；⑦ 接受过学历学习的教师所教学生的数学成绩显著高于没接受过学历学习的教师所教学生数学成绩；⑧ 教师参加进修学校培训对学生数学成绩有显著正影响，甘肃农村初中教师接受进修学校培训的频率越高，其所教学生的数学成绩也要越高；⑨ 教师的课外辅导对学生的数学成绩有显著正影响，这反映了教师工作越努力，其学生成绩也越高；⑩ 参与学校管理的甘肃农村初中教师所教学生数学成绩显著高于没参加学校管理的教师所教学生的数学成绩。

在层 1（个体层面）变量中：① 性别与数学成绩存在显著正相关，甘肃农村初中男生的数学成绩显著高于女生数序成绩；② 学生缺课对数学成绩有显著负影响；③ 学生自己的教育期望对数学成绩有显著正影响，甘肃农村初中学生对自己的受教育期望水平越高，其数学成绩就越高；④ 甘肃农村初中学生家庭年人均收入的对数对数学成绩有显著的正影响，而父亲的受教育程度、父亲对孩子的教育期望以及父亲对孩子的数学作业辅导对数学成绩均有不显著的正影响；⑤ 反映家庭文化资本的甘肃农村初中学生的家庭藏书量对数学成绩有显著的正影响。

表 3　数学成绩的完全模型主要统计结果

	变量名	系数	P 值	变量名	系数	P 值
层 3	截距	− 0.578	0.217	奖惩式管理	− 0.049	0.423
	学校类型（0 = "民办"，1 = "公办"）	− 0.629 ***	0.000	同伴认知水平	0.030 ***	0.005
	学校规模	− 0.0001 *	0.076	同伴父亲受教育程度	0.037	0.142

---

① 学校分权管理的程度，根据校内教师对"校长让我参与学校管理"这一问题的回答值的平均值计算出。

续表

变量名	系数	P 值	变量名	系数	P 值
层3	生均公用经费	−0.001*	0.092	同伴家庭年人均收入	0.00004	0.618
	分权管理	0.079*	0.057			
层2	班级规模	−0.007*	0.056	小教高级（以中教三级为基准）	−0.028	0.860
	县统考（0="不参加"，1="参加"）	0.283***	0.000	中教一级（以中教三级为基准）	−0.039	0.634
	教师性别（0="女"，1="男"）	0.039	0.862	月基本工资	0.0001	0.479
	中专（以高中学历为基准）	0.350***	0.006	月奖金	−0.0005*	0.067
	大专（以高中学历为基准）	0.090	0.251	公办教师（以代课教师为基准）	0.156*	0.066
	没有资格（以初中资格作为基准）	−0.108	0.193	教龄	0.004*	0.079
	小学资格（以初中资格作为基准）	0.011	0.598	学历学习（0="不参加"，1="参加"）	0.096*	0.064
	教师缺课	−0.005	0.883	进修学校培训	0.096*	0.063
	见习期（以中教三级为基准）	−0.016	0.711	课外辅导	0.015**	0.032
				是否参与管理（0="否"，1="是"）	0.002*	0.053
	小教一级（以中教三级为基准）	−0.002	0.853	奖惩手段干预（0="否"，1="是"）	−0.047	0.499

	变量名	系数	P 值	变量名	系数	P 值
层1	性别（0 = "女"，1 = "男"）	0.082*	0.050	自己的教育期望	0.041*	0.084
	民族（0 = "少数民族"，1 = "汉族"）	0.141	0.459	家庭年人均收入的对数	0.030**	0.023
	认知水平	0.003	0.544	父亲受教育程度	0.009	0.697
	缺课	– 0.007**	0.017	父亲对孩子的教育期望	0.067	0.383
	学习数学努力程度	0.005	0.922	藏书量	0.002**	0.021
				父亲作业辅导	0.006	0.288

注：本表中的结果是基于稳健估计标准误得到的。*** $P < 0.001$，** $P < 0.05$，* $P < 0.1$

（2）语文成绩完全模型分析结果

同理，根据以前相关研究选择的第一层模型自变量和语文成绩探索分析选择的第二层和第三层模型自变量，本研究建立了语文成绩的完全模型。语文成绩完全模型的主要统计结果见表4。

在层3（学校层面）变量中：① 甘肃农村公立初中学生的语文成绩要显著高于民办初中学生的语文成绩；② 学校规模对学生的语文成绩有显著负影响；③ 甘肃农村初中学校生均公用经费与学生语文成绩之间存在显著负相关；④ 分权管理对语文成绩有显著正影响；⑤ 同伴认知水平和同伴父亲受教育程度对语文成绩有显著正影响。

在层2（班级层面）变量中：① 班级规模对语文成绩有显著负影响；② 参加县统考的甘肃农村初中班级的学生语文成绩要显著高于没有参加县统考的甘肃农村初中班级学生语文成绩；③ 汉族教师所教学生的语文成绩要显著高于少数民族教师所教学生的语文成绩；④ 与拥有初中教师资格的教师相比，甘肃农村初中拥有小学教师资格的教师所教学生的语文成绩要显著低；⑤ 与拥有中教三级职称的教师相比，见习期的教师所教学生的语文成绩要显著低，小教高级职称的教师所教学生的语文成绩要显著高；⑥ 教师的月奖金对语文成绩有显著的负影响；⑦ 课外辅导对学生的语文成绩有显著正影响；⑧ 参与学校管理的教师所教学生语文成绩要比没参加学校管理的教师所教学生的语文成绩显著高。

在层 1（个体层面）变量中：① 学生的认知能力对语文成绩有显著正影响；② 学生缺课对语文成绩有显著负影响；③ 学生学习语文的努力程度对其语文成绩有显著正影响；④ 学生自己的教育期望对语文成绩有显著正影响；⑤ 学生家庭年人均收入的对数对语文成绩有显著的正影响，父亲的受教育程度、父亲对孩子的教育期望以及父亲对孩子的语文作业辅导对语文成绩的影响均不显著；⑥ 反映家庭文化资本的学生的家庭藏书量对语文成绩有显著的正影响。

表 4　语文成绩的完全模型主要统计结果

	变量名	系数	P 值	变量名	系数	P 值
	截距	- 0.870 *	0.068	奖惩式管理	- 0.060	0.251
层 3	学校类型（0 = "民办"，1 = "公办"）	- 0.389 *	0.054	同伴认知水平	0.022 *	0.091
	学校规模	- 0.0001 **	0.030	同伴父亲受教育程度	0.083 ***	0.002
	生均公用经费	- 0.001 **	0.046	同伴家庭年人均收入	0.00005	0.672
	分权管理	0.127 *	0.092			
层 2	班级规模	- 0.004 *	0.093	小教高级（以中教三级为基准）	0.243 *	0.062
	县统考（0 = "不参加"，1 = "参加"）	0.220 ***	0.001	中教高级（以中教三级为基准）	0.408	0.370
	教师民族（0 = "少数民族"，1 = "汉族"）	0.346 *	0.091	月奖金	- 0.002 ***	0.000
	小学资格（以初中资格为基准）	- 0.132 **	0.014	课外辅导	0.015 **	0.020
	见习期（以中教三级为基准）	- 0.054 *	0.069	家访	- 0.031	0.354

续表

变量名	系数	P 值	变量名	系数	P 值
层2 小教二级（以中教三级为基准）	0.249	0.102	参与管理（0 = "否"，1 = "是"）	0.072*	0.061
小教一级（以中教三级为基准）	0.042	0.620	奖惩手段干预（0 = "否"，1 = "是"）	-0.097	0.320
层1 性别（0 = "女"，1 = "男"）	-0.026	0.290	自己的教育期望	0.096***	0.000
民族（0 = "少数民族"，1 = "汉族"）	0.109	0.438	家庭年人均收入的对数	0.021**	0.012
认知水平	0.013***	0.001	父亲受教育程度	0.003	0.340
缺课	-0.004*	0.067	父亲的教育期望	0.064	0.328
学习语文努力程度	0.097**	0.011	父亲作业辅导	0.007	0.255
			藏书量	0.005**	0.016

注：本表中的结果是基于稳健估计标准误得到的。*** P < 0.001，** P < 0.05，* P < 0.1

五、主要结论与讨论

通过对甘肃农村初中学生成绩的影响因素的多层次分析，本研究获得了以下主要结论。

（一）学生个体、班级和学校三个层面的因素均对甘肃农村初中教育质量有显著影响

数学和语文成绩的方差分析模型结果显示甘肃农村初中学生成绩在个体、班级和学校三个水平上均存在显著差异，这表明学生个体、班级和学校三个层面的因素均对甘肃农村初中教育质量有显著影响。克里默斯（Creemers）和雷西特（Reezigt）根据英国和其他西方国家的数据分析认为，大约10%到20%的学生成绩差异受到了学校因素的影响[①]。本研究结果显示甘肃农村初中学生大约21%的数学成绩差异和约38%的语文成绩差异来源于校际间的差异，与

① Creemers B P M, Reezigt G J. School Level Conditions Affecting the Effectiveness of Instruction [J]. School Effectiveness and School Improvement, 1996, 7 (3): 197-228.

西方国家相比，在中国甘肃农村初中，教育质量受学校因素的影响更大。

（二）甘肃农村初中学生家庭社会经济背景对教育质量有显著影响

在控制住其他因素后，甘肃农村初中学生家庭年人均收入和家庭文化资本对学生数学和语文成绩均有显著正影响。此外，在控制住其他因素后，甘肃农村初中学生父亲的受教育水平对学生数学和语文成绩的影响均不显著，其原因可能在于甘肃农村初中学生父亲的受教育水平普遍较低，且差异不大。因为，样本中的甘肃农村初中学生父亲的平均受教育年限为 7.57 年，大部分学生父亲的受教育程度停留在初中阶段，过低的受教育程度可能限制了甘肃农村初中学生父亲对其孩子提供学习帮助。

（三）甘肃农村初中学生的学校同伴对教育质量具有显著影响

本研究考察了甘肃农村初中学生的学校同伴的认知水平和家庭社会经济背景对教育质量的影响，结果发现，在控制住其他因素后，学校同伴的认知水平对学生数学和语文成绩均有显著正影响，学校同伴父亲的受教育水平对学生语文成绩也有显著正影响。

（四）甘肃农村初中学生自身因素对教育质量的影响不容忽视

在以前的教育生产函数研究中，学生自身因素对其成绩的影响较少受到关注。本研究对此进行了分析，结果发现在控制住其他因素后，甘肃农村初中学生的缺课次数对数学和语文成绩均有显著负影响，而学生自己的教育期望水平对其数学和语文成绩均有显著正影响。安雪慧的研究支持了本研究结论，她发现甘肃农村儿童的教育期望和学业努力对他们学业成绩的提高有积极的作用，且这种影响不亚于家庭社会、经济特征对儿童学业成绩的影响[①]。

（五）在控制住其他因素后，甘肃农村初中班级规模和学校规模对教育质量均有显著负影响

样本中的甘肃农村初中平均班级规模为 53 人，班级规模在 70 人以上的特大型班级占到了样本中全体班级的 8.3%。班级规模过大在一定程度上限制了师生与学生之间的交往，限制了学生参与课堂活动的机会，并可能阻碍了教师对学生的个别指导，从而影响学生的学业成绩。大的班级规模通常是由大的学校规模引起的。样本中的甘肃农村初中在校生平均规模是 689 人，最大的学校竟达到了 4256 人，1000 人以上的较大规模的学校约占到了全体样本学校的

---

① 安雪慧. 教育期望、社会资本与贫困地区教育发展 [J]. 教育与经济, 2005 (4): 31－35.

20%。造成甘肃农村初中班级规模和学校规模普遍偏大的原因有很多，如学生数量比较大、教师数量缺乏、教室紧张等，而近年来甘肃农村中小学的布局调整可能也是造成班级规模和学校规模普遍偏大的一个重要原因。一些地方政府在农村中小学布局调整的过程中，片面追求办学的集中和学校规模的扩大，不切实际地要求各村的初中和小学完全集中到乡镇中心学校，缺乏考虑许多中心学校在财政、师资及配套设施等方面均无法满足大规模集中办学的事实，结果容易造成教育质量的下降。

（六）甘肃农村初中教师质量对教育质量有重要影响

本研究用教师学历、教师职称、教师教龄、教师资格、教师培训五个方面的指标来衡量甘肃农村初中教师质量。结果发现，在控制住其他因素后，甘肃农村初中教师教龄、学历、学历学习和进修学校培训均对学生数学成绩有显著正影响，教师资格和职称对学生语文成绩有显著正影响。

（七）甘肃农村初中大量存在的代课教师降低了数学教育质量

统计描述显示，样本中，超过半数以上的甘肃农村初中学校存在代课教师，代课教师占全部教师的比例接近10%。在控制住其他因素后，甘肃农村初中代课教师所教学生的数学成绩要显著低于公办教师所教学生的数学成绩，说明甘肃农村初中大量代课教师的存在降低了数学教学质量。代课教师来源基本是落榜初中、高中毕业生，他们大多数没有经过教育主管部门审核，也没有受过系统的师范专业教育和职业培训，因此不具备教师资格，由于缺乏系统的教育和培训，他们的素质很难得到提高。代课教师工资微薄，因此他们不能彻底离开土地而专心教学，此外，公办教师有各种福利（如奖金、医疗、保险等），而代课教师都享受不到这些福利，同工不同酬导致许多代课教师心理不平衡，工作也没有积极性。自身素质与经济待遇的双层差距，使得甘肃农村初中代课教师的数学教育质量低于公办教师。

（八）甘肃农村初中学生成绩与学校生均公用经费之间存在显著相关关系

学校公用经费是教育事业费中用于保证和改善办学条件的公共开支部分，它是学校行政和教学活动的基本保证。本研究意外地发现甘肃农村初中学生成绩与学校生均公用经费之间存在显著负相关关系，出现这种结果的原因可能在于：甘肃省许多贫困地区教育和经济发展水平都很低，从促进这些地区义务教育发展和保障义务教育公平的角度出发，我国中央政府和甘肃省政府对这些贫困地区进行了大量的义务教育财政转移支付，许多外国政府和组织也设立了许多项目以帮助甘肃贫困地区发展义务教育，这可能使贫困地区的生均公用经费水平反而高于非贫困地区，而贫困地区的学生成绩又低于非贫困地区，结果导致甘肃农村初中学生成绩与学校生均公用经费之间存在显著负相关关系。总之，本研究的发现并不必然就说明甘肃农村初中学校生均公用经费对学生成绩有显著负影响。由于数据和资料的限制，本研究得不到农村初中学生成绩与学校生均公用经费关系的进一步信息，故无法对甘肃农村初中学校公用经费的影响作进一步的探讨。甘肃农村初中学校生均公用经费对学生成绩究竟产生了何种影响需要未来更全面和深入的实证研究予以证实。

（九）分权管理制度对甘肃农村初中教育质量有显著正影响

长期以来，教育生产函数研究忽视教育制度对学生成绩的影响，本研究考察了甘肃农村初中分权管理制度对学生成绩的影响，结果显示在控制住其他因素后，甘肃农村初中教师参与学校管理的程度对学生数学和语文成绩均有显著正影响；与不参与学校管理的教师相比，参与学校管理的甘肃农村初中教师所教学生数学和语文成绩均显著高。上述研究结论表明让教师参与学校管理的分权管理制度对甘肃农村初中教育质量有显著正影响。因为，在缺乏经济激励手段的甘肃农村初中，分权管理制度让普通教师真正体验到作为学校主人翁的地位，这可以大大激发他们的工作热情和提高他们工作的积极性，最终有助于提高他们的教学质量水平。

六、政策建议

甘肃省是我国一个典型的西部省份，甘肃农村地区的义务教育发展现状是我国西部农村地区义务教育发展现状的一个缩影。因此，本文的研究结论在很大程度上也适用于我国西部农村其他地区初中教育。根据上述主要结论及其讨论，本文提出以下几点政策建议以提高我国西部农村初中教育质量。

（一）缩小西部农村初中班级规模和控制学校规模

鉴于甘肃农村初中普遍偏大的班级规模降低了教育质量，缩小班级规模将能有效地提高西部农村初中教育质量。班级规模缩小后，教师与学生、学生与学生之间接触与交往的机会随之增加，每个学生更有可能得到教师的个别辅导和帮助，每个学生有更多的积极参与的机会。这些机会会提高学生的学习兴趣，使学生有更积极的学习态度和更好的学习行为，有助于提高学生的学习成绩。除了缩小班级规模，也需要控制西部农村初中学校规模。为了达到缩小班级规模和控制学校规模的目标，需要采取以下两个方面的措施：（1）增加经费投入，缩小班级规模和控制学校规模后，将需要招聘更多的教师、扩建更多的校舍、购买更多的教学仪器、大幅增加公用经费等，这些都需要增加西部农村初中经费投入；（2）停止一些地方政府在西部农村中小学布局调整的过程中片面追求办学的集中和学校规模扩大的做法，应在保证教学质量的前提下，根据各地的实际因地制宜地进行西部农村中小学布局调整。

（二）提高西部农村初中教师质量

教师质量对西部农村初中教育质量有重要影响，因此提高教师质量将是提高西部农村初中教育质量的重要途径。对甘肃农村初中教师样本的统计分析显示：65.4%的教师拥有大专学历，13.1%的教师拥有本科学历，尽管样本中的大部分初中教师都接受了高等教育，但仍有一定比例的初中教师没有接受高等教育；7%的教师没有教师资格，55.3%的教师只有小学资格，表明超过60%的甘肃农村初中教师没有获得应具备的初中教师资格；37.7%的教师每周一次参加进修学校培训，26.4%的教师每月一次参加进修学校培训，除此之外，仍有约40%的教师很少参加进修学校培训。基于上述现状，可以采取以下措施提高西部农村初中教师质量：（1）进一步提高教师的学历水平，当前，仍有一定比例的西部农村初中教师学历没有达到大学水平，因此提高这部分教师的学历水平应是下一阶段西部农村初中教师学历教育工作的重点；（2）严格实施教师资格制度，样本中大部分初中教师并没有获得应具备的初中教师资格，这说明西部农村初中教师资格制度并没有得到严格实施，为了提高教育质量，西部农村初中应严格实施教师资格制度；（3）加大教师参加进修学校培训的强度。当前，仍有许多西部农村初中教师没有或很少参加进修学校培训，因此未来向这部分教师提供更多的进修学校培训的机会将有助于提高教育质量。

（三）建立西部农村初中代课教师权益保障制度，改善代课教师队伍素质

目前，由于我国广大西部农村地区，尤其是一些边远地区，中小学合格教师严重缺乏，代课教师队伍已经成为这些地区一支不可缺少的重要教师力量。由于代课教师队伍良莠不齐，整体素质比较低，再加上他们的权益得不到保障，严重挫伤了他们的工作积极性，结果导致他们的教育质量一般比较低。因此，合理解决代课教师问题将是直接关系到我国西部农村初中教育质量提高的重要问题。代课教师是较为特殊的教师群体，不能简单地以"一刀切"的方式全面加以清退，而应该正视这一群体存在的合理性和存在的问题，探索建立代课教师资格制度、任用制度、考核制度、培训制度和奖惩制度等一系列代课教师权益保障制度。代课教师权益保障制度通过保障代课教师的合法权益和对他们的教育活动进行约束和激励，以改善代课教师队伍素质。

（四）推动西部农村初中学校实施分权化管理

分权管理制度对甘肃农村初中教育质量有显著正影响，而统计分析发现甘肃农村初中全体教师样本中只有 36.9% 的教师参与了学校管理工作，大部分的教师仍不能参与到学校的管理过程中来，西部农村初中学校管理分权化的程度有待提高。因此推动西部农村初中学校实施更大程度的分权化管理，让更多的普通教师拥有参与学校管理和决策的机会，将有助于提高西部农村初中教育质量。

（该文发表于《教育与经济》，2008 年第 2 期）

中美义务教育阶段学校预算制度比较研究

薛海平

The Comparison on the School Budget System of
Compulsory Education Between USA and China

Xue Haiping

一、前言

义务教育阶段学校预算是指义务教育阶段学校根据教育事业发展计划和任务编制的年度财务收支计划。义务教育阶段学校预算反映了义务教育事业的发展计划和任务对教育经费的需求，是义务教育阶段学校财务工作的基本依据。为确保农村义务教育经费保障机制（以下简称"新机制"）的顺利实施，国家要求建立健全农村中小学校预算制度，并与新机制同步推进，逐步完善。与此同时，城市中小学预算制度也在逐步建立。建立义务教育阶段学校预算制度，可以明确各级政府保障义务教育投入的责任，完善公共教育财政体制，保证义务教育经费的来源。此外，建立义务教育阶段学校预算制度，也可以规范教育行政部门和学校内部的管理行为，提高教育经费使用效益①。

建立义务教育阶段学校预算制度具有重要意义，但迄今为止，一些校长和教育管理部门工作人员对义务教育阶段学校预算制度知之甚少，不少中小学仍未能完全按照要求编制预算，与此同时，义务教育阶段学校预算制度相关的理论研究也很薄弱。美国义务教育经过长期发展已形成了比较成熟和完善的学校预算制度，他山之石，可以攻玉。本论文希望通过对中美义务教育阶段学校预算制度比较研究，为我国义务教育阶段学校预算编制和实施工作提供借鉴，促进我国义务教育阶段学校预算制度的建立和完善。

二、义务教育阶段学校预算编制过程比较

（一）美国学校预算编制过程

美国义务教育阶段学校预算编制工作从 1 月份开始，一直延续到 12 月份，贯穿整个财务年度，具体的时间安排见表 1②。

表 1　美国义务教育阶段学校预算编制时间表

时　间	工　作　内　容
1 月	财务年度开始
3 月	季度修订，包含确切收入和学生数（目前的预算）
4 月	人口（学生数）测算；员工需求测算；方案改变和附加预测；设备需求测算
5 月	员工需求/日常用品；初步的资金支出需求
6 月	预算修订（目前的预算）；以需求为主题的中心人员会议；维护和运作需求
7 月	起草需求预算草案
8 月	与员工和校长会谈，确定重点项目；市民委员会的报告和评估；中心员工和教育董事会的预算会议
9 月	预算修订（目前的预算）
10 月	起草工作预算；与员工和校长会谈，修订工作预算
11 月	工作预算的最后定稿
12 月	预算听证会，通过工作预算

---

① 王蓉. 做好预算：中小学校长面临新课题——访北京大学中国教育财政科学研究所所长［N］. 光明日报，2006 - 05 - 24（10）.

② Garner C W. 学校财政——战略规划和管理［M］. 孙志军，等，译. 北京：中国轻工业出版社，2005：115 - 116.

（二）中国学校预算编制过程

我国义务教育阶段学校预算编制工作从9、10月份开始，一直延续到次年的6、7月份，大致的时间安排见表2。

表2 我国义务教育阶段学校预算编制时间表

时　间	工　作　内　容
1月	（区）县财政部门下达预算控制数
2、3月	（区）县教育行政部门上报预算草案
4、5月	（区）县人大审议通过预算、对上年预算进行决算
6、7月	（区）县财政部门批复预算
9、10月	（区）县财政部门下达编制教育预算通知
11、12月	学校编制年度预算建议草案、提供与预算编制相关的基础数据和相关材料

（三）中美义务教育阶段学校预算过程比较分析

1. 我国学校预算编制时间比较短

我国采用历年制进行预算，从公历1月1日至12月31日为一预算年度。目前，我国中央和地方本年预算的编制自上一年度9、10月份开始，决算完成约在次年4、5月份，共计约20个月，教育预算与此相同。美国中小学预算编制时间将近一年，而我国中小学预算编制时间只有几个月，没有充分的时间对预算项目进行周密的论证，必将直接影响预算的实际效力。

2. 我国学校预算审议时间也较短

美国中小学预算审议时间通常持续几个月，需要经过市民委员会评估、中心员工和教育董事会的预算会议、预算听证会等多种形式审议。我国每年一次的人大会期，一般不长，全国人大一般是15天左右，省人大是7天左右。而会议期间用于审议预算的时间则更少。全国人大只有1天左右，省、市级人大只有半天左右，区、县级人大审议预算的时间只能用小时计算，这期间针对教育预算的时间更少。在如此短的时间里要想认真、细致地进行教育预算审议是极其困难的。

3. 我国学校预算先期执行的问题

我国预算年度采用公历年制，即从当年的1月1日起到12月31日止。要求政府预算草案必须在预算年度开始前，由各级人大完成其立法程序。然而，目前全国人大会议召开的时间是每年的3月份，省级人大要稍早一些，一般在2月份，至于省以下各级人大，甚至要到每年的5~6月份。这就意味着每年有一个季度（甚至是半年）的时间处于无预算状态，存在着"预算先期执行"的问题。这种不规范的先期执行做法，弱化了预算的法律约束力，容易在制度上使上年同期不合理的支出合法化，给本年预算留下隐患。

4. 形式上都采用"上下结合"的方式编制学校预算，但教育部门预算权力有很大差别

我国中小学预算形式是"二上、二下"或"二上、一下"，学校和上级教育行政、财政部门互相结合编制学校预算。美国中小学预算过程中，学校和上级学区财务部门也互相结合编制学校预算。此外，中美两国中小学预算过程都有编制预算草案和提交修改后的预算的两个阶段。不同的是美国学校上级教育部门的学区预算权力很大，对学校预算方案有较大的决定权力，而我国中小学上级教育部门预算权力很小，而同级财政部门对学校预算方案有较大的决定权力，这也导致了我国中小学预算过程比较烦琐，教育预算资金保障性不强。

三、学校预算收入和支出科目设置比较

（一）美国义务教育阶段学校预算收入和支出科目

美国义务教育阶段学校预算收入和支出科目在学区的国家教育统计中心（NCES）预算编码中有统一明确的规定。NCES 预算编码是由一个委员会设计的，意在建立一个适用于州教育部门和学区的全国性标准，使用 NCES 预算编码能够帮助确保国内所有的学区报告的财政数据具有详尽而统一的格式。NCES 预算编码包括收入和支出预算编码[1]。

收入预算编码包括两部分：××—××××。前面两个数字代表所列出的收入基金，剩下的四个数字表示资金的来源，如下所示。

<u>基金</u>　　　　　　　<u>收入</u>

×× 　　　　　 ××××

收入预算编码确定了一个学区收入的来源。表3 表明了学区收入预算来源的五种类别。前四类收入分别来自当地财政、中介机构、州财政和联邦财政，而第五类则来自于其他各种收入。尽管各类编码从 1000 到 5700 不等，但是每一类都列出了一个学区所能得到的所有收入的类型。如果另外有其他类型的收入来源，那么就必须在列表中增加一个新的数量和名称。

---

① Garner C W. 学校财政——战略规划和管理 [M]. 孙志军，等，译. 北京：中国轻工业出版社，2005：133.

表 3　学区收入预算编码及其来源

财政收入编码	来　源
1000 系列	**来自于地方财政收入**
1100	由学区征收或评估的税收
1200	来自于地方政府部门而非学区的财政收入
1300	学费
1400	交通费
1500	投资收益
1600	食品供应
1700	学生活动
1800	收益——社会服务活动
1900	来自于地方的其他收入
2000 系列	**来自于各种中介机构的收入**
2100	无限制性补助金
2200	限制性补助金
2800	替代税收的财政收入
2900	代表地区的财政收入
3000 系列	**来自于州的收入**
3100	非限制性权利收入
3200	限制性权利收入
3800	替代税收的财政收入
3900	代表地区的财政收入
4000 系列	**来自于联邦的财政收入**
4100	联邦政府直接下拨的无限制性补助金
4200	联邦政府通过州下拨的无限制性补助金
4300	联邦政府直接下拨的限制性补助金
4500	联邦政府通过州下拨的限制性补助金
5000 系列	**其他筹集经费的渠道**
5100	债券销售

财政收入编码	来　　源
5200	基金间转移
5300	销售或补偿——固定资产
5400	贷款
5500	资产出租
5600	购买租借物收益
5700	收益——债券还款

支出预算编码包括四部分：××—×××—××××—×××，可能还会增加一个额外的部分来表明属于哪所学校。前面两个数字代表所支出的基金，剩下的 10 位数字分别表示支出的项目、功能和对象，如下所示：

基金	项目	功能	对象
××	×××	××××	×××

项目预算编码用三个数字来对预算项目作更进一步的定义。表 4 表明了学区项目预算编码的九个类别。100 系列表示的是工资性支出预算，200 系列是各种福利津贴支出预算，300 系列是购买专业和技术服务支出预算，400 系列是购买财产服务的支出预算，500 系列是其他购买服务支出预算，600 系列是供给和物资购买支出预算，700 系列是财产性支出预算，800 系列是其他项目支出预算，900 系列是将政府基金用于其他用途的支出预算。

表 4　学区支出预算编码：按项目分类

项目编码	项　目　描　述
100 系列	**劳务费——薪金**
110	正式雇员
120	临时雇员
130	加班
140	公休假
200 系列	**劳务费——雇员津贴**
210	集体保险
220	社会保险缴款
230	退休金缴款

续表

项目编码	项目描述
240	学费补偿款
250	失业补偿款
260	工人抚恤金
290	其他雇员津贴
300 系列	**购买的专业和技术服务**
310	正式的/管理的
320	专业的—教育的
330	技术服务
390	其他专业服务
400 系列	**购买财产的服务**
410	实用服务
420	清洁服务
430	修理和维护服务
440	租赁服务
450	建造服务
490	其他购买财产的服务
500 系列	**其他购买的服务**
510	学生运送服务
520	除了雇员津贴外的保险费
530	通信/电话
540	广告
550	印刷和装订
560	学费
570	食品供应服务管理
580	旅行
590	各种各样的购得的服务
600 系列	**供给和物资**
610	一般供给

项目编码	项目描述
620	能源
630	食品
640	书籍和期刊
700 系列	**财产**
710	土地和改进（仅限政府基金）
720	建筑物（仅限政府基金）
730	装备（仅限政府基金）
740	折旧
800 系列	**其他项目**
810	应付款和费用
820	不利于学区的判决费用
830	利息
840	偶然事件（仅限于预算目的）
890	各种各样的支出
900 系列	**基金的其他用途（仅限政府基金）**
910	赎回本金
920	住房授权业务
930	基金转移

功能预算编码用四个数字来对预算项目作更进一步的定义。表5表明了学区功能预算编码的五个类别。1000 系列表示的是教学性支出预算，2000 系列是支持性服务支出预算，3000 系列是非教学性服务运作支出预算，4000 系列是取得和建造设施服务的支出预算，5000 系列是其他用途支出预算（只能从政府基金中开支）。

表5　学区支出预算编码：按功能分类

项目编码	项目描述
1000 系列	**教学**
2000 系列	**支持性服务**

续表

项目编码	项 目 描 述
2100	支持性服务——学生
2200	支持性服务——教学人员
2300	支持性管理——一般管理
2400	支持性服务——学校管理
2500	支持性服务——商务
2600	设备操作和维护服务
2700	运送学生服务
2800	支持性服务——一般
2900	其他支持性服务
3000 系列	**非教学性服务的运作**
3100	食品供应服务运作
3200	其他企业运作
3300	社会服务运作
4000 系列	**取得和建造设施服务**
4100	取得场所服务
4200	改进场所服务
4300	建筑和工程服务
4400	发展教育规范服务
4500	建筑物取得和建造服务
4600	建筑物改进服务
4900	其他取得和建造设施服务
5000 系列	**其他用途（仅限政府基金）**
5100	债务服务
5200	基金转移

美国学区的会计基金编码见表6。

表6 学区的会计基金体系

基金编码	基 金 名 称
10	普通基金
20	特别财政收入基金
30	资本项目基金
40	债务基金
45	固定基金
50	事业基金
55	内部服务基金
60	养老金基金
65	投资信托基金
70	个人目的信托基金
80	代管基金
90	学生活动基金

（二） 我国义务教育阶段学校预算收入和支出科目

我国义务教育阶段学校收入预算科目包括：

（1） 财政补助收入；

（2） 事业收入；

（3） 勤工俭学收入；

（4） 其他收入。

我国义务教育阶段学校支出预算科目包括以下两部分。

（1） 基本支出。划分为工资福利支出、对个人和家庭的补助支出、商品和服务支出三个部分。

① 工资福利支出预算科目有：基本工资、津贴补贴、奖金、社会保险缴费、伙食补助费、其他工资福利支出等。

② 对个人家庭的补助支出预算科目有：离休费、退休费、退职费、抚恤金、生活补助、医疗费、助学金、奖励金、住房公积金、提租补贴、购房补贴、其他对个人和家庭的补助支出。

③ 商品和服务支出是指维持学校正常运转的公用支出，预算科目有：办公费、印刷费、咨询费、手续费、水费、电费、邮电费、取暖费、交通费、差旅费、出国费、维修（护）费、租赁费、会议费、培训费、招待费、专用材料费、劳务费、工会经费、福利费、其他商品和服务支出。

（2） 项目支出。是为完成特定的教育教学任务或事业发展目标，根据财政、教育行政部门要求和学校发展需要，在基本支出之外编制的具有专门指定用途的支出，主要包括：房屋建筑物购建、大型维缮、办公设备购置、专用设备购置、交通工具购置、信息网络购建、其他资本性支出。

（三）中美两国学校预算收入和支出科目设置比较分析

（1）美国学校收入和支出预算科目比较细化（收入预算和支出预算科目均有100多项），非常具体，可理解性强，透明度高。我国学校收入和支出预算科目设置相对较粗略，其内容不够具体，不利于对资金的审计和监督。

（2）中国和美国学校收入预算科目都包括政府拨款和非政府拨款两大类。美国非政府拨款收入科目包括：来自于各种中介机构的收入、债券销售、基金间转移、贷款、资产出租等。中国非政府拨款收入科目有：事业收入、勤工俭学收入、其他收入等。

（3）美国学校对来自不同层级政府的收入预算设置不同科目，这样可以清晰地显示各级政府投入状况，明确各级政府的财政投入责任。中国学校对来自不同层级政府的收入在预算科目上不进行区分，只有"来自上级拨款收入"一个预算科目，这样不能清晰地显示各级政府投入状况，无法明确各级政府的财政投入责任。

（4）美国学校收入科目中设置了一些固定化、限制性的收入和支出预算科目，如联邦政府直接下拨的限制性补助金、联邦政府通过州下拨的限制性补助金、各类基金收入等，这些限制性的收入预算科目明确规定了本科目预算收入的用途和对象，只能专款专用。同时，美国学校支出科目中设置了一些限制性的支出预算科目，如土地和改进（仅限政府基金）、建筑物（仅限政府基金）、装备（仅限政府基金）等，这些限制性的支出预算科目也明确规定了本科目预算支出的特定来源。我国学校也有一些限制性的收入和支出预算科目，但数量非常少，且没有固定化，基本是偶尔的转移支付项目或基建项目预算。

（5）美国学校收入和支出预算科目中涉及九类会计基金，这九类会计基金有固定的收入来源渠道和指定的支出科目，这种会计基金体系有利于确保学校收入资金来源渠道稳定，同时明确专款专用。目前，我国学校还没有建立这种会计基金体系。

四、学校与上级管理部门预算决策权限划分比较

（一）美国义务教育阶段学校与上级管理部门预算决策权限划分

当今教育者面临的主要困境就是：为了提高方案决策对学生个体成长的积

极影响，就得在学校层面上不断地增加财政弹性，而财政弹性又要求学校员工和校长更加密切地参与日常预算编制和预算控制过程。目前，美国义务教育阶段学校广泛实行了校本预算（Site-Based Budget，SBB）的方法①。

1. 校本预算的内涵和特征

校本预算是指一种将与学校相关的教师、团体、官员等均包括在内，共同参与学校预算制作的方法。这种方法给学校员工提供了参与预算制作从而由学校董事会的最终财务决策的机会，因而在 20 世纪 80 年代赢得了广泛支持。校本预算是一种分散式的预算体制，教学日常用品、材料、设备、教科书以及图书馆的书籍等常常都是由学校层面的预算所确定的，在有的地区，教师、助教、保管员的工资等也可以由学校层面预算确定。校本预算通常赋予校长在预算表中跨类别调动资金的权力。而对管理费用、资本费用和维修费用等进行预算仍是学区的责任，因为可能会有大额支出针对特定项目。学区中心管理人员的角色在校本预算方法中发生了极大变化，中心管理人员成为了支持者而不再是垂直的指挥者。

校本预算要求校长及员工能够将学生的需求与可用的资源结合起来，更好地发挥其效用。这种方法并不是简单地根据校内学生的多少向校长提供一定资金，再由校长按学校预算表中规定的三种或四种用途使用。学校的职工必须参与预算的拟定，他们在对可能影响学生需要的文化、伦理、社会等因素加以充分考虑之后确定需求的优先度，最后通过制定预算加以满足。

2. 学校自主资金的设立

每年，教育董事会在通过学区预算之前，都要事先决定好划拨多少资金给学校作为自主资金。为了保证学校间的公平，资金是以每个学校学生注册人数为基准的。入学人数由学校在一月份拟定，并在（一月份）第四个星期五将该数字核实调整后提交给州，然后，州根据这个数字作出对各校的援助资金数额。

最初的预算分配是在前一年的基础上作出的，而最后的预算修订则是根据官方在第四个星期五所统计的每个学校在校生数来制定的。绝大多数校长在他们制定的预算中都预留了 10% ～ 15% 的资金，存入一个应急账号以备资金出现微小亏损时使用。亏损带来的影响可以因这个应急账号而得到缓解，而不至于对学校运作的普通账号产生影响。

3. 学校结余资金的年度结转

资金的年度结转，是学校自主资金预算过程的一个重要特征。将全部资金

---

① Odden A, Picus L O. 学校理财——政策透视 [M]. 杨君昌，等，译. 上海：上海财经大学出版社，2003：342 – 343.

分配给学校后,如果部分资金没有被支出,则该项资金就转入到下一年度,通过这样的积累,学校就可以有足够的资金来采购必要的设备用品。校长有权结转具体账号的资金或把这些资金转到学校总账户中,然后,这些现金就可以由学校预算委员会根据需要再次分配。

4. 利益相关者参与校本预算过程

为了不断地了解学生当前的需要,学区和学校在教育预算过程中应尽可能地使利益相关者参与其中。一般而言,学校预算委员会在组成上包括:教师、社区参与委员会、家长教师协会以及学生等方面的代表,该委员会的职责是依据学区目标和对学生需要的评估,编制出预算方案。在数个星期的预算过程中,利用一定时间来讨论所有利益相关者共同关注的学校重点项目。最初申请的资金往往比实际分配给学校的资金额大很多,利益相关者各方经过充分讨论后将最终确定一个预算方案。

(二)中国义务教育阶段学校与上级管理部门预算决策权限划分

财政部、教育部印发的(财教〔2006〕3号)文件,规定了农村中小学预算管理体制,是在县级人民政府统一领导下,由财政、教育行政部门共同组织,以独立设置的农村中小学为基本预算编制单位,将农村中小学各项收支都纳入预算管理的体制。在不改变学校经费使用权的前提下,对农村中小学实行"校财局管"的资金管理模式。"校财局管"是一种与农村义务教育"以县为主"管理体制相适应的财务管理体制,实行的是"集中管理,分校核算",即在一个县的区域内,设置中心财务会计机构,统一管理区域内中小学的财务活动,各校的财务收支分校核算。学校只设报账员,在校长领导下,管理学校的财务活动,统一向中心财务机构报账。这并不意味着学校就不是单独的核算单位,也没有将学校的财权上收,只是将学校的会计核算交由专业人员集中办理。大多数城市中小学预算管理体制与农村中小学预算管理体制类似,也实行的是"集中管理,分校核算",在一个(区)县内,设置中心财务会计机构,统一管理区域内中小学的财务活动,各校的财务收支分校核算。

"校财局管"资金管理模式由(区)县人民政府领导,由(区)县财政、教育行政部门及中小学校共同组织实施,各负其责,各司其职。

(区)县财政部门的主要职责:组织中小学预算编制工作,按规定程序和时间下达预算控制数和批复中小学预算;按批准的中小学年度预算和国库集中支付的规定,及时拨付资金;对中小学预算执行情况进行监督,对使用效果进行考核;定期向(区)县人民政府报告中小学预算执行情况。

(区)县教育行政部门的主要职责:组织、指导中小学校编制本单位年度预算草案,汇总报送同级财政部门;向各中小学下达预算控制数和年度预算;

汇总审核中小学校用款计划，向财政部门提出经费申请；加强教育经费的管理和监督。

中小学校的主要职责：在校长的领导下，组织学校教务、总务、财务和教师代表研究、确定预算建议草案，并在规定的时间报送（区）县教育行政部门审核后送（区）县财政部门［或报送（区）县财政部门］；严格按批准的预算执行。

需要指出的是，由于各地财政体制不同，财政部、教育部对"校财局管"的真正内涵和形式没有作出具体明确规定，这在一定程度上导致了各地理解和认识不同，在实际操作中出现了一些问题，比如，有的教育部门或财政部门成立的会计中心在很大程度上包办了中小学校的理财行为，使学校在预算编制和执行方面缺乏主动权，缺少参与；有的地方财政、教育部门、学校之间预算职责不清；有的地方强制要求教育部门成立资金核算中心，各级资金到教育部门后先拨付到资金核算中心，再由核算中心拨付到学校，与国库集中支付制度相违背。

（三）比较分析

1. 中美两国义务教育阶段学校都享有较大的预算编制决策权限

美国义务教育阶段学校预算广泛采用校本预算方法，教学日常用品、材料、设备、教科书以及图书馆的书籍等常常都是由学校层面的预算所确定的，在有的地区，教师、助教、保管员的工资等也可以由学校层面预算确定。学区中心管理人员的角色在校本预算方法中发生了极大变化，中心管理人员成为了支持者而不再是垂直的指挥者。中国义务教育阶段大部分学校都是基本预算编制单位，学校校长要组织学校教务、总务、财务和教师成立预算编制小组，根据学校实际情况和教育事业发展需要研究、确定预算建议草案并报送上级相关部门。上级财政部门和教育行政部门审批学校报送的预算建议草案并对学校预算执行行为进行监督，而非代替学校编制预算。

2. 中美两国义务教育阶段学校利益相关者参与学校预算过程程度有较大差异

美国义务教育阶段学校预算委员会在组成上包括：教师、社区参与委员会、家长教师协会以及学生等方面的代表。在数个星期的预算过程中，利用一定时间来讨论所有利益相关者共同关注的学校重点项目。最初申请的资金往往比实际分配给学校的资金额大很多，利益相关者各方经过充分讨论后将最终确定一个预算方案。中国义务教育阶段学校预算委员会在组成上基本不包括社区参与委员会、家长以及学生等方面的代表。社区参与委员会、家长以及学生等利益相关者代表也基本不会参与讨论学校预算方案。社区、家长、学生的教育发展需要得不到应有的关注。

3. 美国义务教育阶段学校可以设立一定额度的自主预算资金，而中国义务教育阶段学校基本不能设立自主预算资金

每年，教育董事会在通过学区预算之前，都要事先决定好划拨多少资金给学校作为自主资金；绝大多数校长在他们制订的预算中都预留了 10% ~ 15% 的资金，存入一个应急账号以备资金出现微小亏损时使用。在中国义务教育阶段广泛实行的"校财局管"资金管理模式下，区（县）内的中心财务会计机构统管了所有的预算资金，学校基本不可能在制定的预算中预留部分资金以备急用，这可能会危及某些紧急时刻学校工作的正常开展。

4. 美国义务教育阶段学校结余资金可以年度结转，而中国义务教育阶段学校结余资金则不能年度结转

资金的年度结转，是学校自主资金预算过程的一个重要特征。在美国，学区管理部门将全部资金分配给学校后，如果部分资金没有被支出，则该项资金就转入到下一年度，通过这样的积累，学校就可以有足够的资金来采购必要的设备用品。校长有权结转具体账号的资金或把这些资金转到学校总账户中，然后，这些现金就可以由学校预算委员会根据需要再次分配。中国义务教育阶段学校结余资金不可以年度结转，如果部分资金没有被支出，则该项资金就会被上级财政部门收回。作为一个理性的"经济人"，学校为努力避免剩余资金被上级财政部门收回，这样会导致学校在使用资金时较少考虑成本效益和在决算临近时突击花钱，结果造成有限资金使用的低效益。

五、学校预算问责制度比较

（一）美国义务教育阶段学校预算问责制度

1. 学校预算资金的监测和监督

学校管理部门和学区财务管理部门之间的财政责任，建立在双方信息成功有序的流通之上。学区使用的会计系统能为教育管理中心董事会（Board of education central administration）、学校以及校外机构等决策者提供财务信息。学校校长可通过一个文件平台来获取预算数据，该文件平台可容纳二百五十多个账号，能同时向学校提供数量可观的预算账号，这使得校长和员工们能够更加充分地检测本单位的开支[①]。

① Fowler W J, Jr. Selected Papers in School Finance, 1997—1999 [M]. Washington, D. C. : National Center for Educational Statistic, 1999: 334.

　　财务办公室的双周预算报告，将发送给每个校长。预算报告中的学校代码包括账号和对账号的简短描述，预算额、暂存额和支出额也在报告中逐项列出。对报告的严格监测，使学校预算委员会在任何必要的时候都可修订预算。通常来说，当方案计划支出超出资金预算时就有必要修订。

　　2. 利益相关者对学校预算资金的监督

　　在整个财务年度，学校定期将预算报告提交给所有利益相关者。在全体教职工会议、学生会议以及家长教师协会或者社区参与委员会集会上，坦诚讨论预算报告是确保资金按预算计划支出的关键。

　　3. 举办学校预算听证会

　　并非所有的州都要求在采纳年度预算前举办正式的听证会。有此类要求的州、教育部门成员以及行政官员将出席会议并对初步预算表进行解释和说明，同时听取学校赞助人的建议和意见，并对被质疑的项目作出必要的解释和说明。在听证会的准备过程中，管理者必须发挥他们的聪明才智，想出通俗易懂的方法使所有利益相关者了解学校预算表中所包含的信息。

　　（二）　中国义务教育阶段学校预算问责制度

　　1. 学校决算制度

　　义务教育阶段学校决算是反映学校一定时期预算执行结果、财务状况和事业发展成果的总结性书面文件，是对学校预算执行过程和结果的一种问责制度设计，同时也是编制、审核下一年度预算的重要依据之一。原则上对预算执行情况进行财务核算的单位或学校，须按县级财政、教育行政部门的统一要求，编制中小学年度决算。决算草案的审批和预算草案的审批程序相同。

　　2. 学校财务公开制度

　　我国许多地方政府规定义务教育阶段学校要推行财务公开制度，学校要采取定期或不定期的形式将学校年度预算、决算以及每季度的财务报表信息在全校显著位置予以公示，接受教师、学生及群众监督，确保学校预算和决算情况公开透明。

　　3. 学校预算和决算审计制度

　　依据《中华人民共和国审计法》和教育部第 17 号令《教育系统内部审计工作规定》，我国许多地方政府建立健全教育系统内部审计制度，定期对义务教育阶段学校预算执行和决算以及预算内、预算外资金的管理和使用情况进行审计，并将审计结果公开。对模范遵守和维护财经法纪成绩显著的单位和人员给予表彰；对违法违规和造成损失浪费的行为提出纠正、处理意见；对严重违法违规和造成严重损失浪费的有关单位和人员提出移交纪检、监察或司法部门处理。

4. 其他学校预算管理措施

除了上述学校预算问责制度外，中国中央政府还制定了一些义务教育阶段学校预算管理办法或细则，力图加强对学校尤其是农村中小学预算问责。如《财政部、教育部关于确保农村义务教育经费投入加强财政预算管理的通知》（财教〔2006〕3号）提出："各级财政、教育部门要加强对农村义务教育经费安排和使用情况的监督检查，采取扎实有效的办法和措施，确保落实和管理好各项资金。中央财政将加强对各地农村义务教育经费保障机制改革落实情况的考评，对工作开展好的地区，给予表彰奖励；对资金落实不到位，管理制度不健全，截留、滞留、挤占、挪用经费的地区，将采取相应手段予以处理。"财政部、教育部关于进一步加强农村义务教育经费保障机制改革资金管理的若干意见（财教〔2009〕2号）提出："财政部、教育部将开展农村义务教育经费保障机制的绩效评价工作，健全完善绩效评价指标体系和工作机制，对保障机制资金的使用和管理情况进行跟踪问效。为支持引导各地加强经费管理，中央财政将根据绩效评价结果等情况，进一步加大奖惩力度，健全完善奖惩机制。对于农村义务教育经费落实足额到位、资金管理规范、绩效突出的地方，加大奖补资金安排力度，并予以通报表彰。对于不按规定落实资金、管理责任落实不力的地方，要扣减'以奖代补'资金，情节严重的要扣减其他相关专项资金，并在一定范围内通报批评。对违反财政资金拨付和预算管理规定等行为，要按照《财政违法行为处罚处分条例》（国务院令第427号）的有关规定给予严肃处理。"

（三）比较分析

1. 中美两国都有针对义务教育阶段学校预算的问责制度设计。美国义务教育阶段学校使用的会计系统能为教育管理中心董事会、学校以及校外机构等决策者提供全面的学校财务信息。此外，美国还通过举办学校预算听证会等多种形式方便利益相关者对学校预算资金的问责和监督。中国为加强对义务教育阶段学校预算的问责则实施了学校决算制度、财务公开制度、预算和决算审计制度等和其他一些学校预算管理措施。

2. 美国义务教育阶段学校预算问责制度设计重在预算编制和执行过程的问责和监督，而中国义务教育阶段学校预算问责制度设计重在预算执行结果的问责和监督。美国义务教育阶段学校使用的会计系统非常方便教育管理中心董事会和校长实时动态地检测本学校的开支，此外，学区财务办公室发送给每个校长的双周预算报告也促使校长能实时地检测本单位的预算执行情况，学校预算听证会有助于利益相关者在学校预算编制阶段对学校预算进行问责和监督。与美国不同，中国义务教育阶段学校广泛实行的学校决算制度、财务公开制度、预算和决算审计制度都是强调对学校预算执行结果的问责和监督。

3. 美国义务教育阶段学校预算问责的主体是学校预算所有利益相关者，包括学校上级管理部门、教师、家长、学生、社区等，强调由下至上的问责和监督。中国义务教育阶段学校预算问责的主体是上级教育行政部门和财政部门，强调由上至下的问责和监督。

六、启示与政策建议

（一）合理安排预算编审时间，实行标准预算周期

1. 适当延长预算编制时间

美国中小学预算编制时间将近一年，而我国中小学预算编制时间只有几个月，没有充分的时间对预算项目进行周密的论证，必将直接影响预算的实际效力，导致预算流于形式。所以要将预算编制的时间延长，为学校早编细编预算，提高预算的准确性，保证预算的质量，提供时间上的保障。

2. 延长学校预算审议时间

美国中小学预算审议时间通常持续几个月，而我国各级人大针对教育预算的时间非常短。在如此短的时间里要想认真、细致地进行教育预算审议是极其困难的。所以对学校预算的审批时间应延至足够长，以确保人民代表大会对其充分认识后提出认可或修改意见。

3. 提前预算立法审批时间

我国 3 月份才召开人民代表大会，所以预算的审批是在预算年度开始以后进行的，这样的时间安排是极不科学的。故立法部门对预算的审批时间应提前到每年 1 月 1 日预算年度开始之前，即每年 12 月下旬为宜，以解决"预算先期执行"问题。

4. 实行标准预算周期

为了推动预算时间安排上合理化，义务教育阶段学校预算可以考虑实行标准预算周期，它将每一个预算管理周期从时间序列上划分为"预算编制"、"预算执行与调整阶段"、"决算与绩效评价"三个标准阶段①。在每一预算年度内，不同预算管理周期的三个阶段同时并存。每一阶段具有一定的时间跨度，从预算编制开始到决算完成大约为 30 个月的标准周期。在历年制下，"预算编制阶段"从每年年初开始，在对上年预算执行结果进行评价的基础上，测算下一年度收支情况，编制下一年度预算草案，期限约为 12 个月；

---

① 陈冰. 中美基础教育预算管理比较 [J]. 当代教育科学，2005（1）：16 – 19.

"预算执行与调整阶段"从次年年初开始，组织执行该预算，分析预算的执行情况，办理预算调整，期限为 12 个月；"决算与绩效评价阶段"从第三年年初开始，组织编制本级和汇总下一级决算草案，并对预算执行情况进行分析总结和绩效评价，作为编制下一年度预算的依据，期限为 6 个月。下年度的编制通常应该在当年的预算批准后不久就开始，一般提前 10 个月到 1 年时间。

（二）推行校本预算，在制度规范的基础上给予教育部门、学校、利益相关者更大的预算决策权

1. 扩大教育部门的预算决策权

美国学校上级教育部门的学区预算权力很大，对学校预算方案有较大的决定权力，而我国中小学上级教育部门预算权力弱于同级财政部门，这也导致了我国中小学预算过程比较烦琐，教育预算资金保障性不强。因此，应提高教育部门在教育预算决策过程中的权力，同时财政部门或审计部门也应对教育部门预算决策权力进行监督。

2. 提高学校的预算决策权

美国义务教育阶段学校广泛实行校本预算，允许学校可以设立一定额度的自主预算资金，学校结余资金可以年度结转。而中国义务教育阶段学校基本不可能在制定的预算中预留部分资金以备急用，学校结余资金也不可以年度结转。为了激励学校在使用预算资金时考虑成本效益，避免年底突击花钱，应允许学校可以设立一定额度的自主预算资金，同时也允许结余资金可以年度结转。

3. 让更多的利益相关者参与学校预算过程

中国义务教育阶段学校预算委员会在组成上基本不包括社区参与委员会、家长以及学生等方面的代表。社区参与委员会、家长以及学生等利益相关者代表也基本不会参与讨论学校预算方案。社区、家长、学生的教育发展需要得不到预算的关注。因此，义务教育阶段学校预算委员会应将社区、家长、学生代表纳入进来，让他们也参与讨论学校预算方案并监督预算执行过程。

（三）建立效益导向的绩效考核模式，对学校预算的执行过程和结果实行全面问责

1. 建立效益导向的学校预算绩效考核模式

中国义务教育阶段学校广泛实行的学校决算制度、财务公开制度、预算和决算审计制度虽然都强调对学校预算执行结果的问责和监督，但问责和监督的重心是预算的编制是否合理准确、预算的执行是否规范、预算和实际支出是否相符等内容，很少关注深层次的学校预算投入的成本效益问题。为了激励学校提高预算资金的利用效益，有必要逐步引入效益导向的绩效考核模式，对预算完成结果进行成本效益分析与评估，促使预算工作真正实现由"重投入"向"重效益"的转变。

2. 建立对学校预算全过程的动态监控机制

美国义务教育阶段学校预算问责制度设计重在预算编制和执行过程的问责和监督，而中国义务教育阶段学校预算问责制度设计重在预算执行结果的问责和监督，对预算编制和执行过程缺乏有效监督，结果导致学校编制的预算方案流于形式，不能被有效执行。因此，应建立对学校预算全过程的动态监控机制。可以采取如下措施：① 建立一套方便上级教育管理部门、审计部门和校长实时动态地检测本学校开支的会计系统；② 学区会计核算中心向辖区内每个校长发送双周预算报告，促使校长实时地检测本单位的预算执行情况。

3. 学校预算问责主体多元化，建立由下至上的预算问责机制

中国义务教育阶段学校预算问责的主体是上级教育行政部门和财政部门，比较单一，强调由上至下的问责和监督，结果不利于对学校预算过程和结果进行全面、有效问责。因此，应通过预算听证会等形式让学校预算所有利益相关者参与学校预算问责过程，建立由下至上的预算问责机制。

（四）细化预算收入和支出项目并建立会计基金体系

1. 细化预算收入和支出项目

美国中小学收入和支出预算科目比较细化（收入预算和支出预算科目均有100多项），非常具体，可理解性强，透明度高。我国中小学收入和支出预算科目设置相对较粗略，其内容不够具体，不利于对资金的审计和监督，因此应细化预算收入和支出项目。

2. 为来自不同层级政府的收入预算设置不同科目

中国中小学对来自不同层级政府的收入在预算科目上不进行区分，只有"来自上级拨款收入"一个预算科目，这样不能清晰地显示各级政府投入状况，无法明确各级政府的财政投入责任。建议学校为来自不同层级政府的收入预算设置不同科目，这样可以清晰地显示各级政府投入状况，有利于对各级政府的财政投入状况进行监督和问责。

3. 建立会计基金体系，设置一些固定化、限制性的收入和支出预算科目

美国中小学收入和支出预算科目中涉及九类会计基金，这九类会计基金有各自的编码，同时有固定的收入来源渠道和指定的支出对象和用途。这种会计基金体系有利于确保学校收入资金来源渠道稳定，同时明确专款专用。目前，我国中小学还没有建立这种会计基金体系，尽管也有一些限制性的收入和支出预算科目，但数量非常少，且没有固定化。建议我国中小学也建立类似会计基

金体系，设置一些固定化、限制性的收入和支出预算科目，如教师工资收入基金、公用经费基金、债务基金、校舍维修基金、助学基金、养老金基金等，明确这些基金项目专款专用。

（五）建立全国联网的学校预算数据库管理系统，对预算资金进行动态监测和管理

1. 统一预算编码格式，建立全国联网的学校预算数据库管理系统

美国中小学广泛使用统一的 NCES 预算编码格式，在此基础上建立起的全国联网的学校预算数据库管理系统。该学校预算数据库管理系统能为教育行政管理机构、学校以及校外机构等决策者提供详尽的财务信息，有利于教育行政管理机构、学校管理人员对学校预算资金进行动态的监测和管理。目前，我国中小学收入和支出预算科目与编码格式不统一，也未建立起全国联网的学校预算数据库管理系统。建议我国中小学统一收入和支出预算科目和编码格式，建立起全国联网的学校预算数据库管理系统，能方便地为教育行政管理机构和学校管理人员提供账号资金查询、监测和管理服务。

2. 建立专业的学校财务人员队伍，加大对学校财务人员的业务培训

目前我国义务教育阶段许多学校没有专业财务人员，大多靠教师或后勤人员兼任会计出纳，并且业务水平参差不齐，有的连会计分录也不会做，只会记简单的流水账，更谈不上使用学校预算数据库管理系统进行预算编制和管理了。为了提高学校预算工作的质量，必须建设专业的学校财务人员队伍，同时加大对学校财务人员的业务培训力度，使他们掌握基本的计算机软件技术、数据库管理技术、财务会计技术等。

（该文为提交北京大学中国教育财政科学研究所工作论文，2010 年第 1 期）

基于曼奎斯特（Malmquist）指数的中国义务教育阶段学校生产效率变动分析

薛海平　郭俞宏

An Empirical Research on School Production Efficiency Change
in Chinese Compulsory Education Based on Malmquist Index
Xue Haiping Guo Yuhong

一、引言

近年来，我国各级政府加大了对义务教育尤其是农村义务教育的投入力度，尤其是农村义务教育经费保障新机制政策的实施，表明了政府加大义务教育资源投入的努力决心。尽管我国政府为改善义务教育投入的不足作出了巨大的努力，但由于教育成本的增加以及人们对优质教育的追求，义务教育投入不足的问题还会长期存在。与此同时，学校作为非营利性组织，缺乏产权和利润驱动，资源配置决策客观上有成本最大化的倾向，这往往导致有限的资源利用效率低效问题。要使义务教育真正走出资源短缺的困境，不能光靠增加投入，更应注重提高资源利用效率，使义务教育从外延式发展转向内涵式发展，走科学发展道路。客观准确的评价我国义务教育阶段学校生产效率及其动态变化，可以为提高我国义务教育阶段学校资源利用效率提供科学理论依据，因此具有重要的理论和实践价值。本文将利用中国教育财政科学研究所 2007 年开展的"中国农村义务教育状况调查"数据，将学校视为多投入多产出的生产单元，运用 DEA 方法的曼奎斯特生产率指数分析我国义务教育阶段学校生产效率及其动态变化，提出有助于提升我国义务教育阶段学校生产效率的政策建议。本文结构安排如下：第二部分为国内外相关研究回顾；第三部分将简要介绍研究方法与数据来源；第四部分是实证结果与分析；第五部分是主要结论与政策建议。

二、国内外相关研究回顾

　　自从 1966 年美国的科尔曼报告提出学校的投入与产出之间缺乏密切联系的观点之后，对学校教育资源生产效率的关注就不曾停止。已有的义务教育阶段学校教育资源生产效率实证研究主要采用了教育生产函数方法。教育生产函数是把生产函数理论应用于教育，是教育投入与产出之间的一种统计关系，找出投入变量与产出变量的函数表达式。教育生产函数的一般性公式表示为：$At = f\ (Ft,\ Tt,\ OSt)$。[①] 教育生产函数研究在具体的计量过程中，又分为方差分析、OLS 回归（普通最小二乘法回归）、多层线形模型、DEA 等不同的计量方法。

　　从文献搜索来看，国外运用 DEA 方法评价义务教育阶段学校教育资源生产效率现状的文献较多，但应用 DEA 方法分析义务教育阶段学校教育生产效率动态变化的文献很少。国外早期相关研究主要围绕"学校办学效率是否存在差异"这一主题进行争论[②][③]。此后，随着模型的改进和完善，研究不断深入并得到了更多有价值的结论，例如有学者发现财政中立以及税收改革对学校效率存在积极影响[④]；另有学者采用面板数据进行动态效率研究，发现学校改革使得芝加哥公立小学办学效率有了显著提高，并对提升学校效率的手段进行了具体分析[⑤]。

　　我国学者胡咏梅和梁文艳较早地将曼奎斯特指数分析引入教育领域，她们运用该模型评价了我国 2000 年合并的 25 所高校 1999—2002 年的效率情况，发现技术进步与创新是提高我国高校科研生产率、推动科技能力进步的重要因素[⑥]。梁文艳和彭静运用曼奎斯特指数分析了 2000—2004 年教育部直属 27 所工科院校研究生培养效率，她们发现这 27 所工科院校在研究生扩招后研究生

　　①　Coleman J S, Campbell E Q, Hobson C J, McPartland J, Mood A M, Weinfield F D, York R L. "Equality of Opportunity" [M]. Washington, D. C.: US Government Printing Office, 1966: 51 – 68.

　　②　Bessent A M, Bessent E W, Charnes A, Cooper W W, Thorogood N C. Evaluation of Educational Program Proposals by Means of DEA [J]. Educational Administration Quarterly, 1983 (19): 82 – 107.

　　③　Ludwin W G, Guthrie T L. Assessing productivity with Data Envelopment Analysis [J]. Public Productivity Review, 1989, 12 (4): 172 – 361.

　　④　Chalos P, Cherian J. An Application of Data Envelopment Analysis to Public Sector Performance Measurement and Accountability [J]. Journal of Accounting and Public Police, 1995, 14 (2): 143 – 160.

　　⑤　Anderson L, Walberg H, Weinstein T. Efficiency and Effectiveness Analysis of Chicago Public Elementary School: 1989, 1991, 1993 [J]. Educational Administration Quarterly, 1998, 34 (4): 484 – 504.

　　⑥　胡咏梅，梁文艳. 高校合并前后科研生产率动态变化的 Malmquist 指数分析 [J]. 清华大学教育研究，2007 (1): 62 – 70.

培养效率整体较为乐观，尤其是在 2002—2003 学年，整体效率指数以及技术进步指数较大①。韩海彬和李全生运用省级面板数据，采用非参数曼奎斯特指数方法对 1999—2006 年中国高等教育生产率的变动情况进行了实证分析。研究表明，这一时期中国高等教育全要素生产率整体上呈现增长趋势，高等教育全要素生产率在东、中、西部地区均表现出上升的态势，其中东部地区的高等教育生产率增长居三大区域之首，中部次之，西部最低。研究还表明，无论是在全国范围，还是在东、中、西部区域，我国高等教育技术效率的增长差异正在逐渐缩小②。

从国内外已有研究来看，曼奎斯特指数在教育领域中的应用还只是集中在高等教育领域，目前为止，运用曼奎斯特指数分析义务教育生产效率动态变化的研究几乎没有。因此，针对已有研究的不足，本文将采用 DEA 的曼奎斯特指数研究我国义务教育阶段学校生产效率动态变化，并进一步探讨不同地区、城乡、不同类型学校效率变化差异，研究结论将为我国政府和义务教育阶段学校提高生产效率以及教育资源使用效率提供科学的理论依据。

三、研究方法与数据来源

（一）研究方法

曼奎斯特指数是由瑞典经济学家和统计学家曼奎斯特在 1953 年提出的，用来分析不同时期的消费变化。后来由费雅（Fare）、柯罗斯科夫（Grosskopf）和洛根（Logan）等人将曼奎斯特的思想用到了生产分析上③。1994 年，费雅、柯罗斯科夫、诺里斯（Norris）和张（Zhang）建立了用来考察全要素生产率增长（Total Factor Productivity Change）的曼奎斯特指数（TFP），并应用谢泼德距离函数（Shephard Distance Function）将 TFP 分解为技术变动（Technical Change）与技术效率变动（Technical Efficiency Change）④。费雅、柯罗斯科夫和洛根等人所定义的曼奎斯特生产率指数为：

① 梁文艳，彭静. 高校扩招后工科院校研究生培养效率的评价 [J]. 广东工业大学学报：社会科学版，2009（1）：30－35.

② 韩海彬，李全生. 中国高等教育生产率变动分析：基于 Malmquist 指数 [J]. 复旦教育论坛，2010（4）：58－62.

③ Fare R, Grosskopf S, Logan J. The Relative Performance of Publicly-owned and Privately-owned Electric Utilities [J]. Journal of Public Economics, 1985, 26: 89－106.

④ Fare R, Grosskopf S, Logan J, Zhang Z. Productivity, Growth, Technical Progress and Efficiency Change in Industrialized Countries [J]. American Economic Review, 1994, 84: 66－83.

$$TFP = \left[\frac{d^t(x_{t+1},y_{t+1})}{d^t(x_t,y_t)} \times \frac{d^{t+1}(x_{t+1},y_{t+1})}{d^{t+1}(x_t,y_t)}\right]^{\frac{1}{2}}$$

$d^t(x_{t+1},\ y_{t+1})$ 代表以第 t 期的技术表示（即以第 t 期的数据为参考集）的 $t+1$ 期技术效率水平；$d^t(x_t,\ y_t)$ 代表以第 t 期的技术表示的当期的技术效率水平；$d^{t+1}(x_{t+1},\ y_{t+1})$ 代表以第 $t+1$ 期的技术表示（即以第 $t+1$ 期的数据为参考集）的当期技术效率水平；$d^{t+1}(x_t,\ y_t)$ 代表以第 $t+1$ 期的技术表示第 t 期的技术效率水平。当 TFP >1，表示全要素生产率呈增长趋势；反之则为下降趋势。根据费雅、柯罗斯科夫、诺里斯和张的分析，全要素生产率变动（TFP）又可分解为技术变动（TECH）与技术效率变动（TE）的乘积，其定义如下[①]：

$$TFP = TECH \times TE$$

$$TECH = \left[\frac{d^t(x_{t+1},y_{t+1})}{d^{t+1}(x_{t+1},y_{t+1})} \times \frac{d^t(x_t,y_t)}{d^{t+1}(x_t,y_t)}\right]^{\frac{1}{2}}$$

$$TE = \frac{d^{t+1}(x_{t+1},y_{t+1})}{d^t(x_t,y_t)}$$

若 TECH >1 代表技术进步，TECH <1 代表技术退步；TE >1 代表效率改善，TE <1 代表无效率。全要素生产率变动指数（TFP）虽是针对固定规模报酬所分析，而综合技术效率变动指数（EC）可进一步分解以了解变动规模报酬（Variable Return to Scale，VRS）对效率的影响。综合技术效率变动指数可分解为纯技术变动指数（Pure Technical Efficiency Change，PTE）及规模效率变动指标（Scale Efficiency Change，SE）的乘积，即 EC = PTE × SE，数学公式如下：

$$PTE(VRS) = \frac{d^{t+1}(x_{t+1},y_{t+1}/VRS)}{d^t(x_t,y_t/CRS)}$$

$$SE(VRS) = \frac{d^{t+1}(x_{t+1},y_{t+1}/CRS)}{d^t(x_t,y_t/CRS)} \times \frac{d^t(x_t,y_t/VRS)}{d^{t+1}(x_{t+1},y_{t+1}/VRS)}$$

PTE 为变动规模效率的下两期效率之比，如果 PTE >1，表示效率改善；PTE <1，则表示效率恶化。相同地，SE >1，表示第 $t+1$ 期相对于 t 期而言，越来越接近固定规模报酬，或渐渐向长期最适规模逼近；如果 SE <1，表示第 $t+1$ 期相对于 t 期而言，偏离规模报酬越来越远。将上述生产率指数各公式以谢泼德距离函数表示，改写成产出导向 DEA 的先行规划公式，以求出 i 个决策评价单元不同基期下的 DEA 效率值，进一步计算出各项变动率。t 期距离函

① Fare R, Grosskopf S, Norris M, Zhang Z. Productivity, Growth, Technical Progress and Efficiency Change in Industrialized Countries [J]. American Economic Review, 1994, 84: 66-83.

数的线性规划模型：

$$
\begin{cases}
\left[d^t(x_t, y_t) \right]^{-1} = \max_{\theta, \lambda} \theta \\
s.\,t. \ -\theta y_{it} + Y_t \lambda \geq 0 \\
x_{it} - X_t \lambda \geq 0 \\
\lambda \geq 0
\end{cases}
$$

$t+1$ 期距离函数的线性规划模型：

$$
\begin{cases}
\left[d^{t+1}(x_{t+1}, y_{t+1}) \right]^{-1} = \max_{\theta, \lambda} \theta \\
s.\,t. \ -\theta y_{i,t+1} + Y_{t+1} \lambda \geq 0 \\
x_{i,t+1} - X_{t+1} \lambda \geq 0 \\
\lambda \geq 0
\end{cases}
$$

混合期 $d^t(x_{t+1}, y_{t+1})$ 的线性规划模型：

$$
\begin{cases}
\left[d^t(x_{t+1}, y_{t+1}) \right]^{-1} = \max_{\theta, \lambda} \theta \\
s.\,t. \ -\theta y_{i,t+1} + Y_t \lambda \geq 0 \\
x_{i,t+1} - X_t \lambda \geq 0 \\
\lambda \geq 0
\end{cases}
$$

混合期 $d^{t+1}(x_t, y_t)$ 的线性规划模型：

$$
\begin{cases}
\left[d^{t+1}(x_t, y_t) \right]^{-1} = \max_{\theta, \lambda} \theta \\
s.\,t. \ -\theta y_{i,t} + Y_{t+1} \lambda \geq 0 \\
x_{i,t} - X_{t+1} \lambda \geq 0 \\
\lambda \geq 0
\end{cases}
$$

其中，θ 表示目标 DMU 的效率值，t 为期别，X 为投入项向量矩阵，Y 为产出项向量矩阵，λ 是权重向量矩阵。曼奎斯特生产率指数可以辅助 CCR 和 BBC 模型之缺点，韦洛克（Wheelock）、威尔逊（Wilson）曾提到，静态 CCR 模型和 BCC 模型只能就同一期间的资料作水平式分析，因此并不能探讨无效率银行不同期间经营效率的变动，而曼奎斯特生产率指数是运用面板数据，辅以距离函数的概念，求出一个可以作为垂直比较分析的生产率指数，如此即可弥补静态 CCR 模型和 BCC 模型的缺点，让分析更为完整[①]。

（二）样本描述与指标选取

本研究采用的数据是中国教育财政科学研究所于 2007 年 5～7 月在代表东

---

① Wheelock D C, Wilson P W. Technical Progress, Inefficiency, and Productivity Change in US Banking. 1984—1993 [J]. Journal of Money, Credit and Banking, 1999, 31：212-234.

部江苏省和代表中部湖北省①进行的"中国农村义务教育状况调查"数据。调查人员采取了多阶段等距抽样（Equal-Distance Sampling）的方法对两省的义务教育阶段农村和城市学校进行了调查。调查内容包括学生个体特征、学生家庭社会经济背景、学生所在班级的教师素质背景、学校投入背景等。为了度量教育质量，调查还分别对接受调查的四年级学生和初二年级学生进行了统一的数学考试，试卷由考试专家参照 TMSS（国际数学和科学测评）试卷内容制定。调查人员向抽样学校的校长以及抽样班的全体学生和老师发放了问卷，接受此次调查的学校有 237 所，学生为 11523 名，教师为 1338 名。本研究的数据均来自于这些有效问卷中 2005—2007 年三年间的数据信息。由于 DEA 分析不允许各变量有缺失值，所以最后参与 DEA 建模的样本学校为183 所。

表1 学校样本分布

		样本量	占全体学校样本的比例
全体学校		183	100%
学校类别	城市小学或县直小学	22	12.0%
	乡镇中心小学	53	29.0%
	村完小	48	26.2%
	九年一贯制学校	8	4.4%
	市、区（县）直属独立初中	12	6.6%
	乡镇属独立初中	40	21.9%
学校所在地	农村（包括乡、镇）	144	78.7%
	城市	39	21.3%
学校阶段	小学	123	67.2%
	初中	60	32.8%
学校所在省份	东部江苏省	85	46.4%
	中部湖北省	98	53.6%

如果要评价义务教育阶段学校的教育生产效率，首先需要一套科学、客观以及操作性强的指标体系。由于 DEA 的输出结果对变量的选择具有敏感性，

① 胡咏梅，梁文艳. 数据包络分析方法在学校教育生产效率评价中的应用 [J]. 辽宁师范大学学报：社会科学版，2007（5）：60–63.

因此变量的选择对于模型的质量非常重要。基于以往诸多学者研究所使用的投入与产出变量①，以及在数据的可获得性基础上，本文从人力、财力和物力三方面初拟9个投入变量，但是由于指标体系中校均数学标准化测试成绩仅有2006年的数据，面板数据也缺乏升学率和教师产出方面的信息，因此为了利用曼奎斯特指数分析动态效率情况，这里产出变量就以在校学生数作为衡量，详见表2。

表2 义务教育阶段学校教育资源投入产出指标体系

指标类型	一级指标	二级指标
投入指标（X）	人力投入	专任教师生师比 专任教师具有教师高级职称所占比例 专任教师具有合格学历所占比例
	财力投入	生均人员经费支出（元） 生均公用经费支出（元）
	物力投入	生均校园面积 生均教室面积 生均图书册书 生均设备设施价值（元）
产出指标（Y）	产出数量	在校学生总数

通过相关分析发现，产出变量在校学生数［xues06］与专任教师生师比［azhteach06］、专任教师具有高级职称所占比例［gjbz06］、专任教师具有合格学历所占比例［jhgxl06］、生均校园面积［amj06］和生均教室面积［ajs06］显著相关，与其他变量关系不显著。帕斯特（Pastor）等人基于严密的数学论证和推导提出了在DEA研究中较为有效的筛选变量方法（记为帕斯特方法）②，国内学者仅梁文艳等在教育领域内尝试使用③，该方法类似于向前逐步回归法，目标是从拟选择的诸多变量中选出最具代表性的变量。本文以2006年的有效数据为例尝试使用帕斯特方法进行变量筛选，具体筛选过程如下：

① 胡咏梅，杜育红.中国西部农村小学资源配置效率评估［J］.教育与经济，2008（1）：1-6.
② Pastor J T, Ruiz J L, Sirvent L A. Statistical Test for Detecting Influential Observations in DEA［J］. European Journal of Operation Research，1999（115）：542-554.
③ 梁文艳，杜育红.基于DEA-Tobit模型的中国西部农村小学效率研究［J］.北京大学教育评论，2009（4）：22-33.

表 3　利用 Pastor 方法筛选指标的过程与结果

	Step 1								Step 2							Step 3				Step 4			
	M1	M2	M3	M4	M5	M6	M7	M8	M9	M10	M11	M12	M13	M14	M15	M16	M17	M18	M19	M20	M21	M22	M23
产出变量																							
xues06	*	*	*	*	*	*	*	*	*	*	*	*	*	*	*	*	*	*	*	*	*	*	*
投入变量																							
azhteach06	*	*	*	*	*	*	*	*	*	*	*	*	*	*	*	*	*	*	*	*	*	*	*
gjbz06	*	*	*	*	*	*	*		*	*	*	*	*	*	*	*	*	*	*	*	*	*	*
jhgxl06	*	*							*						*					*			
apr06		*	*				*		*	*			*		*					*	*	*	*
agy06										*				*		*			*	*	*		*
amj06					*						*												
ajs06						*						*					*	*					
abook06				*			*						*	*			*	*	*	*	*	*	*
afacility06								*											*				*
Percent	0.1	16.9	10.9	10.9	8.2	4.9	9.3	2.7	8.2	13.7	9.3	11.5	28.4	13.1	8.7	16.9	7.7	10.9	14.2	8.7	6.0	10.9	10.9

第一，选择相关性最强的投入变量（不大于 2 个）与产出变量（不大于 2 个）建立 Step 1 中的基础模型并计算效率。就本研究而言，在校学生数与教师因素存在显著相关，因此选择 2006 年的专任教师生师比和专任教师具有高级职称所占比作为投入变量，2006 年在校学生数作为产出变量建立基础模型，即 Model 1。

第二，Step 1 中以 Model 1 为基础模型，增加一个变量到基础模型中，重新计算每所学校的效率。定义 ϕ_i 为第 i 所学校在两个模型中效率变化百分比，若 ϕ_i 接近于 0，说明新变量没有对效率得分产生较大影响，按照帕斯特给定的判定标准，当 $|\phi_i| > 0.1$，新增变量对样本学校效率产生的影响不可忽略。按照这个准则，Step 1 在 Model 1 中依次引入剩下的 7 个投入变量建立 Model 2 – Model 8，与 Model 1 比较，计算每个模型中 $|\phi_i| > 0.1$ 的样本比重（即表 2 中 Percent），发现 Model 3 中样本效率改变比重最大，因此，Model 3 为 Step 2 中的基础模型。

第三，Step 2 中以 Model 4 为基础模型，重复前一步，发现引入生均图书册数的 Model 13 中样本效率改变比重最大，因此，Model 13 为 Step 3 中的基础模型。

第四，Step 3 中以 Model 13 为基础模型，重复前一步，发现引入生均公用经费的 Model 16 中样本效率改变比重最大，因此，Model 16 为 Step 4 中的基础模型。

第五，Step 4 中以 Model 16 为基础模型，重复前一步，发现专任教师合格学历所占比、生均校园面积、生均教室面积和生均设备设施价值引入模型后，学校样本 $|\phi_i| > 0.1$ 的样本比重分别为 8.7%、6.0%、10.9% 和 10.9%，按照帕斯特的判断标准，若不存在 15% 以上的学校样本效率得分变化大于 0.1，新增变量对模型产生的改变可以忽略，该变量不必添加在模型中，因此 Model 16 为本研究最终确定的模型。

四、实证结果与分析

（一）义务教育阶段学校生产效率变动趋势分析

本文使用 DEAP 2.1 来计算抽样的 183 所义务教育阶段学校在 2005—2007 年三年间教育投资的曼奎斯特效率指数及其分解的逐年变化情况，并分析生产率变化的根源。

表 4 列出了 183 所义务教育阶段学校 2005—2007 年三年的曼奎斯特生产率指数及其分解。TE、PTE 和 SE 提升的主要动力主要是教育管理和制度的变

革以及教育资源的重组，这样有利于提高学校教师的工作效率和教育资源的使用效率，提高教育资源配置效率，提升教育生产效率，使义务教育生产更接近生产前沿面，同时产生规模效益。从下表我们可以看出，2004—2005 年为基期，其 M 指数为 1。其后两年的全要素生产率指数分别为 0.923 和 1.089，均值为 1.003，这说明 2005—2006 年义务教育生产率出现了下滑，而在 2006—2007 年却表现出了较强的增长趋势。整体而言，尽管 2006—2007 年生产率指数出现了轻微下降，但是这 183 所义务教育阶段学校在 2005—2007 年三年间的教育生产效率整体较为乐观，全要素生产率均值为 1.003。从义务教育阶段学校 2005—2007 年三年来曼奎斯特生产率指数及其分解的变化趋势看，技术进步指数处于增长趋势，而技术效率变化指数、纯技术效率变化指数和规模效率变动指数都处于下滑趋势，全要素生产率则在 2006—2007 年略有下降后受到技术进步的带动而有所提升。

从全要素分解因素来看，我国义务教育阶段学校全要素生产率（TFP）主要得益于技术进步水平的提高，其平均增长率为 8.8%；而同期技术效率则为负增长，其平均增长率为 −7.9%，其中纯技术效率平均增长率为 −5.3%，规模效率平均增长率为 −2.7%。从最终的估计结果来看，技术效率下降在一定程度上抵消了技术进步水平提高的效果，表明在这一阶段我国义务教育阶段学校在技术效率方面是下滑的，且技术进步是推动我国义务教育阶段学校全要素生产率增长的主要动力，义务教育阶段学校的 TFP 对技术进步的依赖是显而易见的。

表4　义务教育阶段学校曼奎斯特指数及其分解（2005—2007）

年　份	全要素生产率指数 TFP	技术进步指数 TECH[1]	技术效率变化指数 TE[1]	纯技术效率变化指数 PTE[1]	规模效率改善指数 SE[1]
2004—2005	1	1	1	1	1
2005—2006	0.923	1.007	0.917	0.940	0.975
2006—2007	1.089	1.176	0.926	0.954	0.970
平均	1.003	1.088	0.921	0.947	0.973

具体来看，全要素生产率指数在 2005—2006 年的下降，主要原因来自技术效率的下降，均值为 0.917，技术进步虽然有所提高，但是没有技术效率下降影响明显。而在 2006—2007 年，全要素生产率指数和技术进步指数分别为 1.089 和 1.176，技术进步指数增长率为 17.6%，其对全要素生产率的影响要远远大于技术效率所带来的负影响。那么，整体上说，技术确实得到了进步，全要素生产率指数和技术进步指数都呈增长趋势，这说明各中小

学校经历了义务教育经费保障新机制政策的磨合期后，师资力量和办学设施都得到了相应的改善后，主要以"增长效应"带动教育生产效率的整体提升。

下面我们从各所学校的角度来看，由表4可以看出这183所中小学校的教育生产率呈增长趋势，均值为1.003。从图1还可以看出曼奎斯特生产率指数与技术进步指数有着较为一致的波动性。技术进步是整体义务教育生产效率提升的主要动力。因此，学校应该争取更多的教育财政经费和社会各界的捐赠与投资，配备先进的教学设备设施，提升教师素质和教学水平，推动我国义务教育内涵式发展。

从图1我们可以看到2005—2006年度的各学校全要素生产率指数较为稳定，基本都在1±0.5之间波动，技术效率变化指数变化稍大。相对来说，2006—2007年度的各学校全要素生产率指数波动范围稍大，大多数学校都处于递增趋势，而技术效率变化指数基本上都处于负增长，波动范围较小。通过纵向和横向比较，我们可以发现"水平效应"不明显。"水平效应"主要源于学校管理和制度的变革，以及资源的重组与整合，而我国义务教育阶段学校的管理体制相对较为集权，客观上不利于学校管理和制度的变革以及资源的重组与整合。因此，要提高义务教育阶段学校的教育生产效率，应鼓励学校管理和制度的变革以及闲散教育资源的重组与整合，使学校教育教学更接近于生产前沿面。

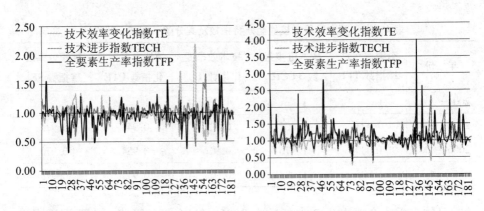

图1　2005—2006年度和2006—2007年度曼奎斯特指数（TFP）及其分解值折线图

（二）义务教育阶段学校生产效率变动差异分析

为了进一步分析我国义务教育阶段学校生产效率动态变化情况，本文将从区域、城乡、教育阶段和学校类型四个维度来分析我国义务教育阶段学校教育生产效率变动所存在的差异。

　　表5比较了不同地区义务教育阶段学校生产效率变动差异，东部和中部地区义务教育阶段学校全要素生产率在2005—2006年均小于1，但在2006—2007年均有明显增长，且增长后均大于1。东部和中部地区义务教育阶段学校全要素生产率增长存在差异，2005—2006年，东部地区义务教育阶段学校全要素生产率略高于中部地区，但在2006—2007年后，东部地区义务教育阶段学校全要素生产率变为略低于中部地区。影响中部和东部地区义务教育阶段学校全要素生产率增长的原因也不尽相同。东部地区义务教育阶段学校全要素生产率增长得益于技术进步指数增长，而技术进步指数增长又主要得益于规模效率改善。中部地区义务教育阶段学校全要素生产率增长也得益于技术进步指数增长。具体而言，从表5可以看出东部地区义务教育阶段学校的技术进步指数在2005—2006年的均值为1.041，"增长效应"表现明显，技术进步相比中部地区要快，而中部地区义务教育阶段学校的规模效率改善指数在2005—2006年的均值为1.125，"规模效应"表现明显，规模效率改善相比东部地区要好。中部地区义务教育阶段学校经历了2006年开始实施的农村义务教育经费保障新机制政策后，在2007年技术进步快速增长，甚至增长幅度超过了东部地区，尽管"规模效应"有所恶化，但仍以"增长效应"拉动了整体生产率的增长。从技术效率变化来看，中部地区和东部地区义务教育阶段学校在2005—2006年的下滑幅度基本一致，但是在2006—2007年中部地区的下滑幅度要大于东部地区。根据我国区域经济的发展水平，湖北省所在的中部地区属于中等发达地区，江苏省所在的东部地区属于发达地区，东部地区学校往往有着政府雄厚的资金支持，义务教育阶段学校设备设施比较先进，教师素质水平也较高，这说明各地区经济水平发展情况与义务教育阶段学校的全要素生产率变动有着密切关系。

表5　不同地区义务教育阶段学校平均曼奎斯特指数及其分解（2005—2007）

效率 地区	2005—2006				2006—2007			
	TFP	TECH	TE	SE	TFP	TECH	TE	SE
东部均值	0.958	1.041	0.944	0.980	1.125	1.175	0.970	1.129
中部均值	0.934	0.998	0.944	1.125	1.142	1.205	0.946	0.981

　　表6比较了城乡义务教育阶段学校生产效率变动差异，城市义务教育阶段学校全要素生产率在2005—2006年度和2006—2007年度均大于1，且在2006—2007年度有明显增长。农村义务教育阶段学校全要素生产率在2005—2006年度小于1，但在2006—2007年度有明显增长，增长后大于1。城乡义务

教育阶段学校全要素生产率增长存在差异，2005—2006 年，城市义务教育阶段学校全要素生产率明显高于农村义务教育阶段学校，但在 2006—2007 年后，农村义务教育阶段学校全要素生产率变为略高于城市义务教育阶段学校。影响城乡义务教育阶段学校全要素生产率增长的原因也不尽相同。城市义务教育阶段学校 2005—2006 年技术进步指数、技术效率变化指数、规模效率变化指数都存在较好的增长趋势，"增长效应"、"水平效应" 和 "规模效应" 均明显，2006—2007 年城市义务教育阶段学校尽管技术效率变化指数有明显降低，但依靠技术进步指数的明显增长，城市义务教育阶段学校全要素生产率仍保持明显增长。农村义务教育阶段学校 2005—2006 年技术进步指数和规模效率变化指数存在较好的增长趋势，"增长效应" 和 "规模效应" 明显，2006—2007 年农村义务教育阶段学校尽管规模效率变化指数有明显降低，但依靠技术进步指数和技术效率变化指数的明显增长，农村义务教育阶段学校全要素生产率仍保持明显增长。需要注意的是，农村学校技术效率变化指数在 2005—2006 年度和 2006—2007 年度均小于 1，表明农村学校配置效率较低。

表6　城乡义务教育阶段学校平均曼奎斯特生产率指数及其分解（2005—2007）

效率　　城乡	2005—2006				2006—2007			
	TFP	TECH	TE	SE	TFP	TECH	TE	SE
城市学校均值	1.075	1.051	1.031	1.026	1.118	1.119	1.001	1.099
农村学校均值	0.910	1.009	0.920	1.066	1.139	1.211	0.945	1.036

表7 比较了义务教育阶段初中和小学生产效率变动差异，初中和小学全要素生产率在 2005—2006 年均小于 1，但在 2006—2007 年均有明显增长，且增长后均大于 1。初中和小学全要素生产率增长存在差异，2005—2006 年，初中全要素生产率略高于小学，但在 2006—2007 年后，初中全要素生产率变为明显低于小学。影响初中和小学全要素生产率增长的原因比较相同。初中在 2005—2006 年技术进步指数和技术效率变化指数均呈负增长，增长率分别为 −1.7% 和 −2.0%，规模效率变化指数为正增长；到 2006—2007 年同样主要依靠技术进步指数增长的带动提升了整体生产效率，但技术效率变化指数仍是负增长，表明配置效率较低，没有明显改善。小学在 2005—2006 年技术进步指数和规模效率变化指数均呈正增长，技术效率变化指数均呈负增长；到 2006—2007 年主要在技术进步指数增长的带动下提升了整体生产效率，但配置效率同样较低，也没有明显改善。

表7 不同阶段义务教育阶段学校平均曼奎斯特生产率指数及其分解 (2005—2007)

效率 阶段	2005—2006				2006—2007			
	TFP	TECH	TE	SE	TFP	TECH	TE	SE
初中均值	0.966	0.983	0.980	1.017	1.057	1.088	0.966	1.037
小学均值	0.935	1.035	0.926	1.077	1.172	1.241	0.952	1.056

五、主要结论与政策建议

(一) 主要结论

本文采用 DEA 方法的曼奎斯特指数分析了我国中东部地区义务教育阶段学校生产效率动态变化情况，得出以下主要研究结论。

第一，我国中东部地区义务教育阶段学校全要素生产率在农村义务教育经费保障新机制改革后有较大幅度增长，且增长后的均值大于1。进一步的分析发现，技术进步指数的提高对中东部地区义务教育阶段学校全要素生产率的提升起主导作用，但是技术效率指数下降产生的负面影响也不容忽视，这表明中东部地区义务教育阶段学校生产效率提高对技术进步与创新的依赖较大，学校规模效率和配置效率整体较低。

第二，东部和中部地区义务教育阶段学校教育生产效率变动趋势存在着差异。中部地区义务教育阶段学校全要素生产率实现了从 2005—2006 年的负增长到 2006—2007 年的快速正增长转变，甚至赶超了东部地区义务教育阶段学校全要素生产率。东部和中部地区义务教育阶段学校全要素生产率变动分解发现，中部地区义务教育阶段学校技术进步指数增长的幅度要大于东部地区，但是中部地区义务教育阶段学校技术效率变化指数下滑的程度却要比东部地区学校严重。东部地区义务教育阶段学校规模效率指数在农村义务教育经费保障新机制改革后有较大幅度的增长，而中部地区义务教育阶段学校规模效率指数在改革后却有明显下降。无论东部和中部地区，义务教育阶段学校教育资源配置效率均较低。

第三，城乡义务教育阶段学校教育生产效率变动趋势存在差异。农村义务教育阶段学校全要素生产率实现了从 2005—2006 年的负增长到 2006—2007 年的快速正增长转变，甚至赶超了城市义务教育阶段学校全要素生产率。城乡义务教育阶段学校全要素生产率变动分解发现，农村义务教育阶段学校技术进步指数增长的幅度要大于城市学校，但是农村义务教育阶段学校技术效率变化指数下滑的程度却要比城市学校严重。城市义务教育阶段学校规模效率指数在农村义务教育经费保障新机制改革后有较大幅度增长，而农村义务教育阶段学校规模效率指数在改革后却有明显下降。无论城乡，义务教育阶段学校教育资源配置效率均较低。

第四，初中和小学的教育生产效率变动趋势存在着差异。小学整体生产率实现了从 2005—2006 年的负增长到 2006—2007 年的快速正增长转变，甚至赶超了初中学校的整体生产率。小学和初中全要素生产率变动分解发现，小学技术进步指数增长的幅度要大于初中学校，但是小学技术效率变化指数下滑的程度却要比初中学校严重。初中规模效率指数在农村义务教育经费保障新机制改革后有所增长，而小学规模效率指数在改革后却有所下降。无论小学和初中，教育资源配置效率均较低。

（二）政策建议

根据上述主要研究结论，本文为提高我国义务教育阶段学校生产效率提出如下可供参考的政策建议。

1. 推动义务教育阶段学校技术革新，通过"增长效应"稳步提升学校教育生产效率

本研究表明，技术进步指数增长是义务教育阶段学校生产效率增长的主要推动力，而教师能力的提升以及学校教学设备设施的改善等可以看做技术进步与创新的源泉。因此，我国政府可以加大对义务教育阶段学校的财政投入力度，鼓励义务教育阶段学校引进先进教学技术与设备，创新现代化的教学方式，提高教师素质和能力，推动学校生产前沿面向上移动，以"增长效应"稳步提升学校教育生产效率。

2. 注重提高义务教育阶段学校配置效率，通过"水平效应"稳步提升学校教育生产效率

本研究表明，义务教育阶段学校技术效率指数均小于 1，且一直处于下滑趋势，表明义务教育阶段学校教育资源配置效率较低。因此，我国政府和义务教育阶段学校应调整学校布局与规模，注重整合和优化资源配置，努力提高教育资源配置效率，使学校教育资源的生产更接近于当前生产前沿面，以"水平效应"稳步提升学校教育生产效率。

3. 促进中部、农村地区学校和小学技术效率的提升

本研究表明，不同地区、城乡和不同阶段的义务教育阶段学校教育生产效率变动趋势存在着差异，中部、农村地区学校以及小学技术效率变化指数下滑程度比较严重，这在很大程度上阻碍了这些学校教育生产效率的进一步提高，

因此中部、农村地区学校以及小学更应关注现有教育资源的整合和优化配置，提高教育资源管理利用水平，努力促进技术效率的提升。

　　[本文得到了国家自然科学基金委青年科学基金项目"义务教育生产效率研究"（项目批准号：71003071）的支持，在此对国家自然科学基金委的资助表示感谢。]

第七章　学校文化、品牌与经营

　　伴随着中国市场经济体制日趋成熟，教育市场自发形成，学校品牌化已经成为基础教育发展的重要趋势，品牌营销手段和策略开始融入到教育服务领域。学校品牌经营可以有效促进学校发展转型和整体质量提升，因此是扩大优质教育资源、促进基础教育均衡发展的重要举措。学校品牌是一种以课程服务为基础的优质教育服务组织品牌，具有多样化、优质性、独特性、高层次性、增值性等特点，并通过市场认同性、地位排他性、时间的长效性和效应的扩散性来体现。学校品牌发展不同于"重点学校"、"示范学校"的建设，反映的是市场和受众选择的结果，反映出市场经济条件下优质学校的本质特征。学校品牌经营是以教育消费者价值为导向、以校内外资源整合为基础、以自主创新为动力的学校整体发展的生态模式。学校品牌经营的基本流程是定位、形象设计、制度安排、形象传播、品牌管理、品牌扩张六个阶段。

论学校品牌经营

田汉族

On the Intension and Its Operating Strategy of Education Brand

Tian Hanzu

"品牌"竞争是现代经济社会的基本特征,品牌几乎是悄无声息地征服了地球村的每一个角落。随着我国市场经济的深化,随着我国加入 WTO 和对学校服务承诺,学校品牌竞争问题也日益凸现出来。学校只有充分认识到自己的品牌价值和意义,自觉树立品牌意识,有目的、有计划地去培育品牌,保护品牌,延伸品牌,充分发掘品牌的价值,发挥品牌的作用,才能在学校市场中立于不败之地。政府只有主动实施品牌战略,才能促进我国学校由"规模扩张"、"数量性增长"向"整体优化"、"内涵式发展"转型,引导学校公平竞争,不断满足公民对优质学校的需求。

学校品牌可以从其服务的品质、品位、品味三个方面来认识。学校服务的品质是学校品牌建立的前提和根本,学校服务的品位是学校品牌的社会地位,学校服务的品味是学校品牌的外在表现形式,三者构成学校品牌的基本要素。学校品牌具有品位独特性、品质的优质性、高品味性特征。

学校品牌经营就是办学组织对所拥有的品牌资源(物质资源、人力资源、社会资本等)和品牌资产(知名度、美誉度、忠诚度)进行有效运作,从而获得最大的经济利益和社会效益的管理行为过程。其本质是引进市场机制,发挥市场在学校资源配置中的作用,以学校服务产品为基础,对学校等组织与其公众之间的良好关系的经营。

学校品牌是由高质量学校和优质学校服务积淀而成的一笔宝贵的且可以经营的无形资产。树立学校品牌是学校特别是高校进入市场、优化学校资源的必然选择。在纷纭复杂的市场环境中,品牌可能会保值、升值或贬值。学校只有自始至终将品牌作为第一位的要素来经营,一切要素的聚合都应围绕着树立品牌、创立名牌来运作,才能确保品牌健康发展。学校品牌经营战略就是要使学校面向市场、面向未来、面向社会来确定自己的整体优势和特色,通过优秀人才、特色学科及知名教师等因素不断开拓市场,使学校的特色得到社会普遍认同,提高学校的育人效果和经济社会效益。学校品牌的经营具体包括学校品牌的培育、保护、扩张和延伸。

一、学校品牌的培育

学校品牌的培育主要是指按照市场经济的规则，结合学校市场的特殊规律，来经营学校，创造品牌。创立学校品牌的主要策略有以下几个方面。

（一）确立学校品牌意识

学校品牌意识是学校在发展过程中，通过学习、实践、内化提炼，逐渐形成自己的核心学校理念。它蕴藏在办学理念、学校的态度、管理的方式、学校教学方法之中，它指出了获得学校成功的唯一途径，又表达了一种健康、积极的学校关系和管理文化，体现了培育学校品牌的整体构思。如果没有品牌意识的注入，即使是具有一定的知名度的学校，也不会成为学校品牌。因此，培育学校品牌，首先要树立学校品牌意识。目前，学校创建学校品牌需要树立下列六种意识。

一是特色定位意识。"找准位置，鲜明个性，彰显特色"是一所普通学校成长为一流名校的三部曲。成都棕北中学1996年建校，短短7年就从8个班发展到一个办学集团，成功的重要因素就有对自身品牌的设计：品牌定位——全省一流的现代化初级中学。品牌价值观——面向未来，以人为本。品牌目标——促进学生全面发展，为其终生幸福奠定基础；促进教师专业发展，助其实现人生价值；全面推行素质学校，丰富其理论与实践。品牌核心竞争力——高品质的学校服务。几年间学校不断发展，理念在传播中有多种不同的表述，却从来没有出现过偏离。

二是服务意识。学校实际上是一种服务，这是市场经济背景下和学校买方市场建立后人们对学校的一种现代阐释。[①] 服务意识是对学校消费者权益的尊重，是以人为本的现代学校理念的具体体现，并已成为衡量学校质量的重要指标。因此，学校应充分了解学生和家长的需求，充分尊重学生和家长的需求，把充分满足学生和家长的合理需求作为学校工作努力追求的目标，并把这种服务意识渗透在学校管理工作、学校教学工作的全过程，真正为每个学生提供良好学校教学服务；让学生参与学校的建设和管理；给学生提供生活便利条件；为家长提供咨询服务。

三是团队意识。团队意识是组织成员在共同的愿景导引下的合作、共学、共创、共享意识。由于学校品牌的生产是以人的心灵的塑造为核心的，学校本

---

① 芮火才. 打造教育品牌需树立三种意识 [J]. 江苏教育, 2003 (2A): 11-12.

质上是一个协作生产组织，需要学校所有要素和结构功能的整合，因此，团队意识尤为重要。

四是创新意识。有人认为造就名牌学校的主要因素是：有专业基础好、事业心强、有自己的学校理想并坚持躬身实践的学校校长，有大批献身学校并在学校实践中形成自己独特性和创造性的教师。[1] 可见，培育学校品牌需要创新，创新是培育学校品牌的主要手段。创新就必须以科研为先导，因为只有学校科研才能为品牌培育提供智慧和动力。教师的科研与研究型教学结合、学生的研究型学习、探索型学习是培养创新意识的基本举措。

五是文化建设意识。文化底蕴反映了学校品牌深层特质。许多民办（私立）学校大起大落，无不与文化的缺失有关。目前，尽管许多学校开始重视文化建设，但大多是浅层次的、功利性的。主要表现在缺乏文化意蕴的建筑、利用率不高的硬件设施、形式化的校园环境布置、僵化的制度等。其实，学校文化建设涉及物态文化、制度文化、人际关系文化、文化心理等方面，它需要整体设计，需要在民主、和谐、开放的环境中进行积累和提炼、创新，需要在与人类优秀文化和兄弟学校优秀文化的碰撞中深化。

六是自我营销意识。由于受传统的计划经济思维模式的影响，学校自我宣传的意识不强、力度不大，更谈不上营销的策略，这极大地妨碍了名校的发展。在市场经济社会，学校要善于自我宣传，吸引大众注意力，如定期召开家长会、各种座谈会，向广大家长和社会各界宣传学校的办学目标、改革措施、办学成效；及时通过各种媒体向社会各界宣传学校改革举措和取得的成绩；请学校专家对学校的办学经验进行总结、提升，合理的包装学校的形象；请广告专家对学校的宣传方案进行科学策划，投入一定的资金，利用各种媒体，适时做好学校广告；提高学校在社会上的知名度和影响力；主动搜集学校市场的行情、竞争对手发展状况和宣传策略，不断调整宣传策略；重视发挥每一个成员对学校形象的传播。

（二）设计学校品牌形象

现在，虽然一些校长开始注意到学校品牌形象在学校的生存和发展过程中的功能和作用，但那只是一种朦胧的感受，缺乏理性的思考和系统的策划。[2] 良好的学校品牌形象对外容易获得社会的支持、家长的信任和师生的认同，可以优化和拓展学校生存的发展空间，盘活办学资源，为学校赢得更多的发展机遇；对内可以陶冶成员的心灵，使他们产生集体荣誉感和凝聚力，从而使品牌

---

[1] 徐仲安. 论教育品牌——名牌学校个案研究报告 ［J］. 中学教育，2003 (9)：5-9.
[2] 闫德明. CIS 与学校品牌形象策划 ［J］. 人民教育，2003 (23)：9-11.

发挥更大的效应。对学校品牌形象进行精心设计和策划是培育学校品牌的重要策略。

"CIS"（Corporate Identity System 的简称）是在"二战"后发展起来的培育企业品牌形象的有效策略。包括理念识别系统（MIS）、行为识别系统（BIS）以及视觉识别系统（VIS）三个系统。学校品牌，也有其特定的理念、行为和视觉识别系统。CIS 设计可以使学校品牌形象具有鲜明个性化、专有化的特征。学校的学校品牌可以利用 CIS 技术和方法，根据学校特有的个性和内涵等形象要素来进行整体设计。

1. 学校理念识别系统的提炼

学校理念识别系统是学校品牌的核心和灵魂，通过办学理念、培养目标、校风、校规等表现，标示着学校的社会定位、办学特色和行为标准。它来源于办学者对学校活动的理性思考、对学校情况的全面诊断和对学校发展的正确定位。上海建平中学根据浦东社会经济发展的特点来规划学校改革，并考虑到21 世纪对人才素质的要求，将学校的育人目标确立为"合格加特长"，并以此牵动学校全局改革，成为全国的特色名校。上海闸北八中原是一所基础比较差的薄弱学校，它以"成功学校"为突破口，让每一个学生以成功者的姿态走出校门，为学生一生的发展打下成功的基础。青岛恒星职业技术学院以它崭新的办学理念——"企业家的摇篮，经理人的学堂"，突出的办学特色，仅用两年的时间，就步入国家普通高校的行列。

2. 学校行为识别系统的建构

学校行为识别系统是学校品牌理念的外在的动态表现，包括学生的学习、生活和社会行为，教师的学校教学行为，校长和管理者的管理行为、学校的人际关系和学校组织的宣传、经营等行为。学校品牌的行为系统包括：学校章程建立，学校的办学行为规范；学生守则严格，学校人员的职责分明；学校的激励、规范、评价等制度健全；师生、生生、师师、学校领导与教师、学校与家长、校友、社区、政府、企业界、新闻界、同类学校、毕业生去向的学校以及招生对象所在的学校等的关系优化。为此，学校除了开展正常的学校教学和管理活动外，还必须有目的有计划地开展学校改革、学校科研活动，特别是专题型传播活动，如家长会、学校周年庆典活动、社区学校活动、捐赠仪式、运动会、艺术节、学校开放日、学校成果展等，主动创造机会，引导舆论，传播学校的良好品牌形象。

3. 学校视觉识别系统的设计

学校视觉识别系统是学校形象的可视化内容，主要包括学校名称、校徽、校门、校训、校服、用品（办公、通讯、宣传）规格与标志、学校建筑布局与主体色调、学校建筑和道路名称及式样、学校的文化设施、校园环境等。学校视觉识别系统生动地体现了办学理念、文化特质、行为规范等，静态地表象地展现学校独特的品牌形象。学校视觉识别系统的设计要注意承载理念、体现美感、展现个性。名牌学校一般给人以建筑布局和谐，程序井然，人际和谐，学校教学活动规范、有特色，学校生活充满生机和活力的视觉印象。在清华大学的校徽上，有毛泽东亲笔题写的校名和英文校名，有"厚德载物，自强不息"的校训，有建校年代"1911"，集悠久历史、办学理念、伟人关怀于一体。见到它，就给人庄重、崇高的感觉。

（三）提升学校教学质量

质量是品牌创立和发展的根本，学校品牌的内涵式发展道路就是提高质量。培育学校品牌，要树立科学的质量观，并使之贯穿于整个经营管理中。科学的学校质量观至少应包含以下两个层次：（1）学校质量主要是学校服务质量，这是一个整体的产品观念，包括学校服务设施、学校服务产品、学校科研产品、学校服务环境，其中学校服务产品是学校的核心产品，学校要想创立名牌，不仅保证学校服务设施一流和学校环境优化，而且关键要保证其核心产品——学校服务质量优势；（2）学校质量应以学校消费者满意为最高标准，传统的质量观主要由外部评价，主要评价教师的教学方法和学生的成绩，这当然是至关重要的，但是，随着市场经济的发展，随着家长和学生的学校选择性扩大，学校的质量意识要转变到通过提供优质的学校服务满足学生的兴趣、知识、智力和个性发展需求，让其完全满意上来。

学校要真正提高学校教学质量，涉及教师、课程、学校教学方法、学校教学评价方法、学校教学管理、学校教学科研等要素，但师资是关键。学校除了引进优秀教师外，还应引导教师体会学校事业的价值，以办学品位的提升为激励，使教师把学校发展与自己的专业成长、自己的人生境界提升紧密地联系在一起。学校管理应尊重教师劳动的独立性和创造性，从教师专业成长和生活水平提升的角度进行制度设计和评价。

课堂教学作为反映学校质量的主要指标，是学校品牌培育的主攻方向。上海育才中学的"八字"教学法，改变了以教师传授知识为中心的教学模式，使古老学校焕发出活力，也成为全国的中学品牌。课堂教学的价值不在于教师传授了多少知识，而在于课堂生活是否充满生命活力，是否提高了课堂的效率，是否引导学生关注更广阔的世界，是否为学生的可持续发展打下了坚实的基础。课堂教学的生命活力在于教师与学生的共建、共创、共感、共享活动。课堂教学改革关键在于教师教学方式与学生学习方式变革和师生关系的优化。

（四）积累品牌资产

品牌战略的本质靠的是重视品牌资产。构建和发展学校品牌也要重视"品牌资产"积累和经营，即品牌知名度、美誉度、忠诚度的建立和提高。

1. 学校品牌知名度的建立

知名度是学校名牌资产的最基本的构成要素。品牌知名度可以通过广告、公共宣传、促销、赞助体育比赛及各种社会公益活动等途径建立。密集的广告宣传虽然可以迅速地提高品牌的知名度，但只是其中的一条途径，建立知名度还只是品牌经营的第一步。现实中，许多民办学校通过炒作获得了表面的"繁荣"，但这种局面维持并不长久。要想获得长久的市场效果，学校品牌知名度的提高必须以学校服务的质量为根本，以促进美誉度，至少不损害美誉度为前提。

2. 学校品牌美誉度的建立

从品牌的形成过程来看，美誉度的建立是最为关键的一环，因此，美誉度的建立是品牌经营的关键。相对于学校知名度来说，美誉度的建立要复杂得多。根据美誉度的影响因素，学校美誉度的建立需从以下几个方面着手：一是切实提高学校教学质量，以学校业绩、学校实事和辐射效应来赢得美誉及信赖。二是大力宣传。学校产品的美誉度是由学校服务的特性与消费者的消费价值观共同决定的，学校教学质量高不一定会获得高美誉度，成为品牌。因此，必须重视品牌形象的传播，进行恰当的广告宣传。三是利用美誉度的迁移策略，即借助毕业生的良好声誉来提高品牌的美誉度。

3. 学校品牌忠诚度的建立

在上学之前，学生和家长会对学校产生一定的期望，如果在校达到甚至超出了人的预期期望值，会进一步加强对学校的积极评价，并将这种信息传递给学校的潜在求学对象，使学校的向往者、追求者越来越多。反之，期望值过高，或学校过度吹嘘，他就会对学校产生消极的印象，甚至想转学、退学。因此，在切实提高服务质量基础上，实事求是地广告宣传介绍学校，不至使学生产生过高期望值，将有助于维持与提高学校的美誉度，获得大量潜在的生源。为了了解学生、企业、政府对学校的期望，学校还必须认真研究家长和学生的心理，调查了解政府、企业的用人标准和需求、追踪调查毕业生的反馈信息。

二、学校品牌的维护

学校品牌的维护是指已拥有的学校品牌的名称的保护、形象的维护及其相关产品质量的保证。名称的保护涉及知识产权问题，形象的维护和相关产品质量的保证；涉及学校的学校教学创新和附加产品的质量问题。品牌维护包括自我维护和通过法律、宣传舆论等途径进行保护。

我国名牌学校的品牌保护意识普遍不强，在知名度的推广上往往不惜重金，可是在获得了一定的品牌知名度之后，却常常疏于品牌的维护，结果良好品牌形象受损。部分企业或者个人正是利用这点在学校名称、地址、办公楼、知名教师上打"算盘"，"湘潭大学"的简称"湘大"就被一家与其没有任何联系的饲料生产企业抢注，并使用至今。"湖大"，在湖南人心目中就是指湖南大学，然而，这一习惯称谓不久前却被人抢先注册为学校培训类商标，现处于争论期。此举在该校引起震动。[①] 国内高校在这方面意识较强的有浙江大学、北京大学和清华大学等。浙江大学花费 44 万元启动知识产权，保护申请注册了包括"浙大"、"浙江大学"等共 41 个类别的商标，涉及学校科研、水果蔬菜、钢筋水泥等类别。

学校品牌的保护除了通过法律注册相关商标、防止被别有用心的组织和个人盗用学校的名称、名义从事不法经营外，还要不断注意形象的创新，防止随着时间的推移和市场竞争的蚕食，而发生品牌形象的老化。学校品牌老化有多种原因，一是没有把握好品牌产品的生命周期，管理不善，导致品牌过早衰落。任何一个学校品牌在成熟后，都可能因为制度的完善而产生惰性，因暂时的辉煌而丧失进取精神，最后在学校市场竞争中失败。延伸学校品牌寿命的唯一办法就是创新，不断进行学校教学改革和管理创新，使学校服务及其环境更好地满足学生成长的需要。二是学校品牌形象落后于时代的发展，使品牌发展与社会脱节。许多名牌中小学是以加班加点提高升学率来赢得社会的青睐的，这是"应试学校"的产物。在大力推进素质学校的今天，这种品牌已经日益暗淡了其光辉。过去那种只重教学，不重科研和社会服务的大学也逐渐退出了高等学校的品牌市场。可见，随着社会的发展，学校品牌的形象要重塑，要注入时代精神。教师与学生是学校品牌形象的代言人，因此学校应重视师生的形象塑造与行为引导，以高度的专业精神、纯粹的职业形象作为教师的职业要求；以遵守公德、团结乐群、热心公益作为学生社会性培养目标。

三、学校品牌的扩张

学校品牌扩张指利用品牌的影响力进行低成本扩张，迅速扩大学校服务规

---

① 罗仲尤，汪建武. "湖大"商标险遭抢注，高校品牌亟待保护 [N]. 中国教育报，2004 - 05 - 24 (11).

模，扩大产品的市场占有率，从而使品牌的知名度更高。品牌扩张属于品牌兼容性经营，通过品牌繁殖，发挥知名品牌的放大效应。

实施品牌扩张战略是重点大学、省级重点中学向"优质学校品牌"转型的历史抉择。从学校自身发展而言，随着社会的发展，学校竞争加剧，许多老牌名校也面临着一些危机与阻碍：相对优势逐渐消失，学校格局狭小，学校管理趋于程式化，学校创新动力不足。从外部环境看，目前，民办学校的兴起和政府促进学校均衡发展策略的实施，特别是人事和身份制度的打破，教师的流动，家长和学生的选择性提高，"重点学校"生存和发展的社会和制度基础已经发生动摇。从公共治理的角度而言，名校实施学校品牌扩张战略是学校制度创新的需要。产生于特定历史时期的"重点学校"制度已经显示出明显的历史局限性：（1）少数"重点学校"满足不了社会对优质学校资源的需求；（2）学校资源配置上的倾斜政策加剧了学校的不均衡发展，公民享受社会学校资源的平等待遇受到了挑战；（3）强化了"选拔"与"应试"功能，阻碍了现代学校制度及其功能的转换。实施名校品牌扩张战略，扩大办学能力，有利于解决优质学校资源供求矛盾，使更多的学子享受到优质学校；借助名校学校品牌的知名度、美誉度和忠诚度，可以减少学校发展的社会成本，从而优化学校资源配置，促进优质学校资源的合理运用，促进各级学校的健康发展；增强社会各界对学校的信心，刺激社会各界的办学积极性，扩大优质学校资源的规模，并有利于形成正常的学校竞争局面，提高办学效率。事实上，为了促进大学和高中阶段学校的快速发展，一系列鼓励支持地方高校、高中优质学校资源扩张的政策已出台①，名校优质学校资源扩张的局面开始形成。

学校品牌的扩张需要凝聚理念，整体设计，抓住时机，稳步推进。具体来说，可以有以下策略。

（一）融资扩张策略

即利用名校的品牌效应，吸纳资金、人才等资源，进一步把学校规模做大。名校具有较强的影响力和信誉度，深度挖掘品牌及其资产的吸纳功能，多渠道融入学校资源和社会资金，是进一步增大品牌的含金量，壮大名校的核心竞争力，提升品牌形象的重要手段。2003 年，广州市第 41 中学扩大为两个校区，将成为 48 个教学班规模，占地面积达 2.5 万平方米的省一级完全中学。4 年实现了从普通中学跨进市一级再跨进省一级的跨越式发展学校，学校日渐成为人们心目中的名优学校。②

① 赖红英. 广州鼓励"品牌扩张"加快普通高中发展 [N]. 中国教育报, 2003 - 07 - 06 (1).
② 何树声. 走内涵发展之路, 造优质教育品牌 [J]. 教育导刊, 2003 (11 上): 16 - 18.

（二）合作办学策略

运用名校品牌，与大学、企业、科研机构等采取多种方式合作办学，加强与社会、企业的联系，进行资源整合，创建新型办学模式，可以进一步扩大品牌的影响力，保持品牌价值的可持续增长。巴黎高等师范学校的规模非常小，每年只招收 200 来名学生，却举办了 40 个学科，仅次于法国拥有学科门类最多的巴黎第六大学，共培养了 10 位诺贝尔奖得主、6 位菲立兹奖（数学领域的诺贝尔奖）获得者、一位总统、两位总理以及大量社会精英。巴黎高师的秘诀是什么？校长于杰认为主要有两条：一是与法国国家和企业的研究机构"联姻"，二是与法国其他大学建立密切的合作伙伴关系。

（三）兼并和收购策略

高中名校可以利用其品牌兼并、收购薄弱学校，将品牌输入薄弱学校进行改组、改造，达到以品牌无形资产调控有形资产的目的，利用其原有的校舍、设施、人员，使名校品牌进一步放大，将薄弱学校提升为优质学校资源。在实施过程中，不仅要输入先进的办学理念、管理方式，输入高质量的教师示范带动，而且要共享先进的学校教学设施，对原有教职员工进行培训，使管理水平、学校质量达到名校水平，并逐步办出特色与个性。

（四）连锁经营策略

名校可以利用自己的品牌，采用契约、合同、实行办学许可等方式输出品牌。这是市场经济中的常用手段。现在许多著名的学校、培训机构、学校集团都在采用连锁式的方式进行学校培训活动。例如华南师大附中通过与投资商合作，吸纳了近 4 亿元社会民间资金，没花政府一分钱，就开办了 3 所分校，创办的"品牌系列学校"。碧桂园集团在开办碧桂园学校后，传承学校品牌精神，又连续开办了凤凰城中英文学校、荔城碧桂园中英文幼儿园、碧桂花城学校；南洋学校集团以"集团投资、连锁办学、专家治校、滚动发展、适度产业化"的兴教模式，现已连锁开办"南洋"院校 9 所，并受到公众的关注。但是，采取这种方式需要特别注意的是在输出品牌的同时，一定要规范办学行为、管理方式、提高学校教学质量，加强考核和监督。

（五）托管策略

名校作为被委托方，在不改变原有财产归属的前提下，对委托学校法人以契约的形式让渡的部分或全部的财产权进行管理，较快地提高委托学校的学校质量和办学效益，从而延伸品牌效应，扩大优质学校资源。

（六）组建学校集团策略

以名校品牌为龙头，组建学校集团，采取企业集团的运作方式，进一步把学校品牌做大做强。如近几年出现的东方剑桥学校集团、北师大海威学校集团等，都取得了长足的发展。集团式扩张一般采用现代化、市场化的运作模式，成本低、效益高、品牌增值快，可以规避一些学校风险、增强核心竞争力，可以参与国际学校竞争，发展潜力大。随着《中华人民共和国民办学校促进法》和《中华人民共和国中外合作办学条例》颁布实施，集团式的发展道路显示了学校品牌产业化运作的优势。

（七）国际化策略

我国要提高品牌竞争力，必须走国际化道路。品牌国际能力是指品牌超越地理文化的能力。国际上一般认为，品牌的国际竞争力除与市场份额（Market Share）相关外，还有品牌的市场领导能力（Brand's Leadship）、品牌的稳定性（Stability）、国际化能力（Internationality）等方面的内涵。目前，一些名校已积累许多经验，如与其他国家和地区的优质学校建立姊妹学校关系，建立校际联盟；组织师生广泛参与国际交流，开展国际间的合作研究；建立"国际部"，与国际学校机构（集团）联合办学，甚至在国外开办分校，拓展学校品牌的国际市场等。MBA 学校是发达国家市场经济发展到一定阶段的产品，中国 MBA 主要是以国际化来促进 MBA 品牌的特色形成的。如上海交通大学与加拿大不列颠哥伦比亚大学（UBC）、法国马赛商学院（EUROMED）、新加坡南洋理工大学（UNT）等开展广泛合作，经过 10 多年的建设，其 MBA 学校品牌已经在上海及全国产生了很大反响。

以上几种品牌扩张的策略是密切联系在一起的。在实际工作中，要取得最佳的效果，可以多种途径综合运用。

学校品牌是可以经营的，精心设计、适当的宣传、吸引需要更多的资本投入和智慧投入、适度扩张，是市场经济条件下名牌学校的必然选择。然而，学校品牌不仅仅是一个简单动听的名字，它的培育既不是靠广告的狂轰滥炸，也不是靠自吹自播，更不是几个营销专家的"作秀"，一个学校品牌的培育必须植根于历史，在传承、创新本土文化中凸现自己的先进的学校理念，在学校实践中张扬自己的学校特色。

（该文发表于《教育与经济》，2005 年第 3 期）

创品牌：现代教育发展的战略选择

田汉族
Brand Strategy：A Kind of Necessary
Choice of Developing Education
Tian Hanzu

教育品牌战略是以市场为导向、以消费者的优质教育需求为出发点，运用教育策划、教育营销等手段，扩展优质教育资源、实现教育均衡发展和整体发展的一种发展教育战略。实施品牌战略，这是在我国经济转型期，教育由单一的"规模扩张"、"数量性增长"向"整体优化"、"内涵式发展"转型的一种历史的必然选择，也是学校自身发展的一种必然选择，也是促进教育均衡发展、教育与社会经济和谐发展的需要，还是主动迎接教育国际化的挑战，提高我国教育核心竞争力和整体实力的需要。

一、品牌策略是品牌经济时代教育发展的客观需要

（一）"品牌"竞争是现代市场经济社会的基本特征

品牌是市场经济发展到一定程度的结果。市场经济的本质是竞争，而市场竞争的本质也在不断变化：在市场经济的各个时期，其竞争内容也有所不同。第一阶段，生产"成本"竞争；第二阶段，产品"品质"的竞争；第三阶段，产品"品牌"的竞争；第四阶段，"企业品牌"和"产品品牌"的竞争。① 在手工业发展到一定程度时，民间家族式手工业企业为了突出自己的特色，开始为自己的产品取名称，创牌子，甚至出现了原始的"商标"。但由于市场经济不发达，品牌还只是处于萌芽和初步形成状态。第二次世界大战以后，特别是20世纪80年代以来，发达的市场经济国家在市场竞争和新技术革命的推动下，一大批新产品品牌脱颖而出，如飞利浦、松下、索尼、IBM、诺基亚、微软等。在经济全球化的今天，国际知名品牌或世界品牌层出不穷，品牌竞争演

---

① 曹效阳．品牌建设——国有企业的新课题 [J]．南方经济，1996（5）：28–29，32.

化成在发达的市场经济中的一种不可避免的普遍现象。"20 世纪 70 年代以后，名牌经济现象成为发达市场经济的一个基本标志。"① 名牌经济推动了经济运行质量的提高，经济增长方式的转变，充分体现了市场经济的基本功能和优胜劣汰的机制，最有利于市场经济的有序运行、劳动者素质的整体提高和经济社会的可持续发展。因此，名牌经济作为市场经济的精华，代表了市场经济本质和方向，也是推动市场经济发展的强大动力。有学者预言，"在 21 世纪，名牌经济不仅更加集中体现市场经济的基本特征和功能，而且将与高新技术、知识经济、环境保护、社会发展和进步更加有机地结合起来，成为经济发展和社会进步的巨大推动力量。"②

随着我国经济发展，消费者消费心理日趋成熟，品牌观念已悄然走进生活，消费者形成了理性购物、认牌购物的倾向，买方市场形成；产品的急剧增加，同业间和同质产品竞争越来越激烈，从产品质量战、广告战、促销战、价格战，到产品品牌竞争，产品的附加利益的竞争，服务竞争，最终走向服务品牌的竞争。市场竞争不仅是产品品牌的竞争而且是企业自身形象的竞争，企业与产品作为一体的品牌竞争，品牌战略使企业在市场竞争中发挥了不可替代的作用。根据《2002 年中国品牌价值报告》，自 1994 年以来的 8 年间，中国最有价值品牌的销售收入，平均每年递增约 25% 。市场进一步向有价值品牌集中，品牌成为资本扩张核心。

（二）教育品牌竞争是服务品牌竞争在教育领域的延伸和扩展

服务品牌是品牌竞争发展到一定阶段的产物。随着技术进步，出现产品同质化发展趋势，同业间竞争越来越激烈，为了在激烈的竞争中突出自己的形象，维护竞争地位，创造竞争优势，充分利用无形资产而采取的一种竞争战略。服务品牌是在以顾客满意为宗旨的具体服务中提炼而成的，是企业用来区别于其他企业服务的名称、符号、象征或设计。服务品牌不只是代表某个服务产品，而是代表整个企业的形象，是企业个性化服务标志，是社会认可的在消费者心目中有一定知名度、美誉度的品牌。它是一种特殊的品牌形式，也是品牌诉求的高级形态。

目前，服务品牌的营销手段和策略融入到商业服务、电信服务、金融服务等领域，也开始进入教育领域。"新东方"运用品牌策略，在外语培训市场上脱颖而出；成都市许多校长运用品牌战略，涌现出许多品牌学校。研究表明，我国公立学校的市场化程度，特别是义务教育的市场化程度，已经远远高于发

---

① 余鑫炎. 品牌战略与决策 ［M］. 大连：东北财经大学出版社，2001：9.

② 同①，第 12 页。

达的市场经济国家。① 这反映了教育服务的价值、服务的方式已经受到市场经济的影响，这为教育品牌提供了广阔的生长空间。

品牌对学校的生存和发展有着战略意义，树立学校品牌也是教育面向市场和优化教育资源配置的必然选择，如何培育优秀的教育服务品牌是摆在我们面前的新课题。"创建品牌、推崇品牌是市场经济社会竞争现象的一个表现。过去，人们习惯于把教育看做是上层建筑，重视教育的文化属性和公益属性，却很少谈及教育的经济属性。今天，学校教育显然无法离开中国社会转型的大趋势，创建学校名牌已经不是一个要不要的问题，而是历史的必然，现在需要考虑的是，如何认识教育品牌现象以及如何创建学校品牌"。②

二、品牌战略体现了现代教育本质和发展趋势

品牌战略与现代教育有着内在的必然联系，用品牌战略发展教育，可以体现和发展现代教育的本质。

第一，现代教育是竞争性教育，品牌战略是竞争的制高点。伴随社会主义市场经济的建立和逐渐完善特别是 WTO 的加入，中国的教育市场和教育环境也在发生重大的变革。例如，教育权力的下放、民办学校的兴办、国民对教育需求的提高、国外教育机构的冲击使得我国的教育市场面临前所未有的挑战，公立学校教育一枝独秀的局面已经打破，重点学校制度开始瓦解，学校之间的竞争由有形资源优势的竞争转化为有形资源和无形资源相结合的竞争。学校只有充分认识到自己的品牌价值和意义，自觉树立品牌意识，主动实施品牌战略，有目的、有计划地去打造品牌，保护品牌，延伸品牌，充分发掘品牌的价值，发挥品牌的作用，才能在教育市场中立于不败之地。

第二，现代教育是创新教育，品牌是创新教育的集中体现和强力杠杆。教育品牌不仅是一种先进理念的凝聚、一种资产价值的证明，更是一种服务创新的体现。教育服务属于高接触的服务形态，优质的教育服务体现为独到的办学理念，有特色的服务产品，无微不至、周到全面服务态度和能力。特色的灵魂是学校精神或办学理念，如帕夫雷什中学的"全面和谐发展"，洋思中学的"让每个学生合格"，建平中学的"合格加特长"，均因为社会和家长提供了优质而独特的教育服务，而成就了教育品牌。品牌的效应更多是通过服务的附加值来体现，学校服务特色就体现了这种附加值。创造了教育服务特色也就创造

---

① 袁连生. 论教育的产品属性、学校的市场化运作及教育市场化 [J]. 教育与经济, 2003 (1)：11 – 15.

② 朱小蔓. 我对学校品牌管理的三个主张 [J]. 教师博览, 2005 (5)：4 – 5.

了学校品牌。

第三，现代教育是高效率的教育，品牌是教育效率的源泉。教育的效率体现在教育资源的配置效率和教育机构的运行效率上。教育品牌在教育市场上起着优化教育资源配置效率的作用，如利用品牌扩张，低成本改造薄弱学校；品牌的信誉吸引民间资本进入教育领域；在教育机构内部，品牌所产生的文化力、凝聚力，对组织的成员起着持续的激励作用；品牌产生的扩散效应、凝聚效应，可以集中各种优质资源，使学校品牌升值。

第四，现代教育是消费者主权的教育，品牌是消费者青睐的对象。品牌战略是一种基于顾客价值的选择，品牌产品的功能性价值能满足顾客的多种需要，品牌还能满足顾客的情感需要和社会需要。20世纪90年代以来，以"消费者为中心"和"质量的持续提高"为核心观念的全面质量管理理念移植进学校。教育被看做一种"服务"，而学生则是学校教育的最主要"服务对象"，学校的各项工作就构成了一种服务链，最终由教师将一种优质的教育服务提供给学生。其实，"受教育是一种权利"、"教育是一种服务"的观念在国际上早已流行，并成为一种发展趋势。在日本、在韩国、在欧美一些国家，甚至提出了办"以客户为导向"的教育。过去我们过多地强调教育为社会服务，很少强调为每个人的全面发展服务，为发掘每个人的潜能和创造力服务，"以人为本"多少带有政治宣传和道德口号的色彩。品牌把"教育对象"变成"服务对象"，这是教育观念一个根本性的转变。事实上，品牌学校就是家长和学生喜欢的学校。

第五，现代教育是文化性产业，品牌体现并代表教育先进文化。教育是文化的重要组成部分，学校文化是社会文化的传播场所，还是创新文化的源泉。品牌学校在传播一种先进的文化。哈佛大学的校风有口皆碑——以柏拉图为友，以亚里士多德为友，但更要以真理为友；耶鲁大学鼓励学生追求"光明与真知"；普林斯顿大学把"富有想象力"作为培养目标；斯坦福大学在学生心里培植的信念是"呼唤未来"；哥伦比亚大学的学生说，"我有生以来所相信的一切，都在这里被质疑"；芝加哥大学的"理论比实践更重要"校训、清华大学的"厚德载物、自强不息"校训，北京师范大学的"学为人师，行为世范"校训等，都在传播着一种先进的办学理念、一种崇高的人生信仰、一种催人振奋的时代精神。教育品牌战略，就是为了塑造一种时代精神，传播一种先进的文化。

第六，现代教育是开放性教育，品牌彰显国家形象和教育国际竞争的实力。发达国家教育发展的成功经验是通过市场机制，打造教育品牌，让学校壮大和扩张。英国的牛津大学、剑桥大学、伊顿公学，美国的哈佛大学，法国的巴黎大学等都是教育名牌，英国的"示范学校"、美国的"优质学校"、"特许学校"计划，在一定意义上都是一种品牌战略。它们不仅仅代表一种教育，而且代表一种国家的文化，一个国家的形象。尽管我国于 2001 年 12 月 11 日加入世贸组织，并在《服务贸易总协定》（GATS）上签字，并对教育服务做了承诺。我国教育服务贸易额有所上升，但我国教育服务贸易总体竞争力不强，教育服务贸易逆差大，教育机构缺乏竞争力，国家教育安全、教育品牌竞争问题也日益凸现出来。目前，我国正在进行的"211"工程建设，示范高中建设，在某种意义上都是在打造教育的品牌。但这种品牌意识还不太明确，发展品牌的思路还不太清晰。因此，加强教育品牌研究，打造我国的教育服务品牌，对发展我国的教育服务贸易，提高我国教育的核心竞争力，直接推动我国教育的开放和国际化，扩大中国的文化影响力，树立良好的国家形象具有十分重要的意义。

三、品牌战略是促进教育有序、合理竞争的重要举措

现代企业的竞争由产品竞争逐渐演变为品牌竞争，市场化是基本前提。在中国的各项改革进程中，教育的主体性和市场地位一直没有有效地建立起来，因而也就谈不上实质性竞争，即使同类学校的所谓竞争也是受到行政、区域性等因素的影响。然而随着办学形式的多元化和各级各类学校生源情况的改变，对未来教育发展或者说学校教育的实质性竞争产生重大影响。学校不得不面对强大而残酷的市场力量，不得不研究复杂而多变的教育市场需求，并在市场上确定学校鲜明的市场定位。品牌战略可为学校发展赢得广阔的市场，成为激发学校全面加强质量建设的动力。虽然目前看来市场力量作用于学校的力量并不是十分强大，但在教育资源开始过剩、教育市场开放程度大的发达城市，即使是义务教育阶段的公办学校，学校感知并适应市场力量，已经是不容置疑的事实了。[1] 在学校产品、学校管理都趋于同质化的今天，许多有洞察力的校长、教育实业家，开始运用他们的市场经营智慧和策略，谋划学校的生存和发展之道。在实践第一线的教育工作者提出"学校要有品牌意识"，并清醒地认识到"在管理方式上，现代学校正经历着一个从学校管理到学校经营、再到品牌经营的过程。"[2]如成都市棕北中学办学 5 年运用品牌策略铸成一流名校，成都市玉林小学成功输出学校品牌。[3] 对民办学校而言，办学条件的优势并不是学校

---

[1]　郑杰. 为学校增值——校长的新追求 [J]. 江苏教育，2004（06A）：23 - 25.

[2]　姚杰. 学校要有品牌意识. 四川教育 [J]. 2003（6）：15 - 16.

[3]　刘仁富. 运用策划艺术，打造学校品牌——教育策划悄然进入中小学校园 [N]. 中国教育报，2002 - 05 - 01（2）.

的核心竞争力，只有将资源优势转化为质量优势、教育服务优势，才能在市场上站稳脚跟。面对教育改革的深化，国外教育机构对中国教育市场的冲击，以及被教育对象选择教育机构的多元化，在日趋激烈的教育市场的竞争中，如何扩大学校品牌资源，实现教育的均衡发展，如何吸引优秀生源、培养出受社会欢迎的学生，促进学校的竞争从办学条件、办学规模的竞争转化为质量竞争、特色竞争和品牌竞争，建设一批有竞争力的品牌学校已成为中国教育发展的重要课题。

四、品牌战略是实现学校发展转型和整体提升的时代需要

资金、办学条件、师资、生源、质量、信息等其要素在不同历史阶段曾经是学校在竞争中关注和追寻的焦点，谁更多地获得了这些要素，谁就在竞争中处于相对有利的位置。但在日趋成熟、规范的市场经济环境下，学生和家长在市场条件下的个性化教育需求已经成为一种强大的力量，这种需求最终转变成择校行为，学校的生存和发展面临越来越多的危机。学校单纯依靠对资金、师资、生源或信息等某一方面的长期垄断而制胜越来越不现实。学校间竞争的核心内容不再是某一具体要素，而是需要向市场展示学校在多方面优于竞争对手的综合性特质，这种特质集合了学校品牌的特点，是使消费者将学校（产品）区别于竞争对手的利器。随着我国市场经济体制的逐渐发育并日益成熟，教育市场化的程度日益提高，学校不得不面对强大而残酷的市场力量，不得不研究复杂而多变的教育市场需求，并在市场上确定学校鲜明的市场定位。一句话，学校发展必须转型。一些薄弱学校迫切需要借鉴品牌学校的经验，进行升级改造，跨入品牌学校的行列；一些老牌名校，需要进行学校品牌诊断，不断发展创新，做到与时俱进。

虽然目前看来市场力量作用于学校的力量并不是十分强大，但在教育资源开始过剩、教育市场开放程度大的发达城市，即使是义务教育阶段的公办学校，学校感知并适应市场力量，已经是不容置疑的事实了。那些只抓教育质量，不注意形象塑造、文化打造的学校，那些只强调办学条件，不注意师资队伍建设、教学质量管理的学校，那些只注意宣传和形象包装和高收费，不注意教师和学生管理的学校，在激烈的教育竞争面前，由于单一强调比较优势，不提高自己的竞争优势和整体优势，很快就发生了生存的危机。品牌经营是树立学校综合市场信誉、谋求学校长远发展的经营策略。现代学校必须树立品牌意识并认真审视其品牌塑造经营的策略。

五、品牌战略是扩大优质教育资源、促进区域教育均衡发展的最佳选择

优质教育资源不足、教育发展不均衡是我国教育发展中的突出问题。研究表明，未来几年间，各类高中在校生将比目前多出数倍，高中教育需求与可容纳能力之间的矛盾将变得非常严峻，教育资源短缺的现象将与日俱增。[①] 特别是由于区域经济和学校发展的不平衡，优质教育资源少，薄弱学校多，"择校"成为一个社会问题；农村基础教育，仍是教育工作的薄弱环节等。怎样才能扩大优质教育资源，促进教育积极、均衡、协调和持续发展呢？品牌策略是一种重要的战略选择。因为品牌战略的实施必然导致学校的优胜劣汰，使有限教育资源得到合理配置，使优质教育资源得到扩充。

事实上，许多地方政府开始运用品牌策略扩大优质教育资源。如 2002 年，上海利用优质教育资源新建 6 所初级中学，这 6 所初中都是借助重点高中的品牌效应和全方位"输血"而开办的。随着我国教育改革的不断深化以及市场机制、竞争机制、效益机制在教育领域发挥作用，我国的教育更加充满了生机和活力，竞争越来越激烈，教育的发展正在由规模数量型向质量效益型转变。品牌已经成为学校赢得家长、学生和求得生存发展的关键；已经成为拉动教育事业改革与发展的基本动力。多元办学，打破垄断，培育市场，引入竞争，培育和扩张学校品牌是激发中国教育活力，推进中国教育可持续发展的根本途径。

六、品牌战略是促进教育与社会经济协调发展的客观需要

1985 年以后，中国教育的发展经历了体制改革、规模扩充、质量提升几个阶段。这是一个从量变到质变的循环上升过程。教育改革更多是在教育内部进行的。应该说，这些改革都推进教育事业的发展。然而，教育与社会的政治、经济、文化、科技等方面的千丝万缕的联系和教育的多功能的特征，决定了教育改革的复杂性。任何单一的教育改革的短时效应都可能被其长期的效应抵消，教育改革应该立足于教育的可持续发展和教育经济社会的协调发展。当前我国教育改革不仅受到来自教育内部供求矛盾的影响，而且受到市场经济和国际教育竞争的真正挑战，主要表现为学生升学与就业的矛盾，同时派生出了教育观念、教育经费、教育资源配置、教育质量、民办学校与公办学校等方面

---

① 广少奎. 论我国高中教育的发展现状及其对策 [J]. 教育理论与实践, 2003 (9): 19-23.

的全面竞争。我国教育改革不仅面临制度困境，还面临教育规模、数量与质量、结构的尖锐矛盾，以及教育改革与社会整体发展的矛盾。如何准确把握我国教育在全面建设小康社会进程中所面临的新形势和新任务，科学认识教育发展的复杂性和特殊性？品牌战略是一种将体制内外优势整合起来，挖掘现有教育资源的潜力，扩大优质资源的明智选择，也是促进教育与经济社会协调、和谐发展的现实途径。许多学校使用教育策划等手段，实现了学校品牌的提升。许多地方已经开始使用品牌战略来促进区域教育的发展以及教育与区域经济社会的协调发展。江苏宝应县政府利用学校名牌来经营教育产生了多方面的效应①：如用名牌公办学校品牌，吸引投资逾两亿元，新增 3 所高品位的学校；优质教育资源放大，全县基础教育的办学层次得到大幅度提高，群众强烈的教育需求得到满足；稳定本地教师队伍，遏止名教师外流，吸引外地优秀人才加盟，使全县教师素质得到了整体提高；新建学校是宝应县城区最具特色的建筑群，这改善了宝应城市面貌，提升了宝应城市品位；放大了名牌学校的品牌效应，吸引了宝应周边地区学生到宝应就读，扩大了宝应县知名度等。

　　总之，品牌既是办学特色的体现，又是学校追求的境界和目标，是学校赢得家长和求得生存与发展的关键。在教育竞争不断加剧和教育供给方式日趋多元的态势下，教育品牌的竞争力已不容忽视。尽管我国教育品牌建设还不具备发达国家的社会、经济、文化等诸多条件，对国际教育市场的抢占还显得力不从心，但就教育品牌进行战略性思考，大力培育教育（学校）品牌、提升学校层次是非常必要的。当然，实施教育品牌战略是一个长期的艰巨的过程。

（该文发表于《现代大学教育科学》，2005 年第 5 期）

---

① 卢志文. 公办名校转制：从管理到经营［EB/OL］. （2003 - 09 - 22）［2004 - 12 - 25］.
http：//www. ep-china. net/content/president/c/20030922214918. htm.

论大学品牌战略及其经营管理策略

田汉族

On Strategies of Operation and Management of University Brand

Tian Hanzu

目前，我国大学发展模式正在由外延式发展（如大学合并、资源整合、扩大招生规模）向内涵式发展（如改革办学模式、提高办学质量等）转换。许多学者也围绕高校如何内涵式发展进行论证，然而，这种实践模式和思维模式看似正确，却暴露出明显不足，即将内涵发展和外延发展对立起来。笔者认为，要获得可持续发展，每所大学必须面向市场进行整体的战略设计，将内涵发展和外延发展结合起来，走品牌发展之路。本文试图对大学发展的品牌战略内涵、价值和管理策略进行初步探讨。

一、大学品牌与品牌战略的内涵

（一）大学品牌

品牌是经济学的概念，是一种名称、术语、标记、符号或图案，或是它们的相互组合，用以识别产品或服务，并使之与竞争对手的产品与服务相区别。品牌包含由名称、标记等构成的、与品牌的内涵相一致的品牌的表象信息，由品牌的价值定位、文化导向、个性特征、精神实质等构成的品牌的深度内涵，以及由品牌表象与内涵有机结合而成的品牌的特殊品格以及基于以消费者为中心而构建的消费者评价。大学品牌作为高校信誉、价值、文化的集中体现，同样反映了品牌的本质属性。

目前关于大学品牌概念认识，有以下几种观点：（1）美誉度说，认为大学的品牌是凝结在大学校名中并体现为大学教育服务产品质量的社会认可度与美誉度；[①]（2）认可度说，认为大学的品牌就是指一所大学在创建、发展过程

---

① 田伏虎. 刍论大学的品牌经营［J］. 理论导刊, 2006（8）: 82 – 84.

中逐渐积淀下来的凝结在一所大学中的跨越时间和空间的社会认可程度，① 大
学品牌是指大学在长期发展的过程中所形成的关于这所大学的办学水平、科研
水平、学科建设、教学质量等在人们心目中形成的知名度和美誉度，是凝结在
一所大学名称中的跨越时间和空间的社会认可程度②；（3） 要素说，认为大学
品牌、影响力大小主要由师生素质、一流学科、办学特色、科学管理、科学研
究、硬件设备质量、毕业生的声望和成就、学术声望、大学精神等 10 个方面
决定的③；（4） 结构说，认为大学品牌是由表象信息（名称、名词、标记或设
计）与深刻内涵（价值、内涵、个性和精神）的有机结合，使之与竞争对手
相区别，并得到消费者的认可。④ 我们认为，这些认识都在一定程度上揭示出
大学品牌的特点，但概括不全面。认可度和名誉度揭示了大学品牌的外部评价
维度，要素说揭示了影响大学品牌的因素，结构说揭示了大学品牌的形成要素
及其机制。

实际上，大学品牌可以从不同学科视角来理解。从哲学角度看，品牌是大
学发展的高级阶段和表现形式；从管理学角度看，品牌是大学核心竞争力的集
中体现；从经济学角度看，品牌是高等教育消费者对大学名称、声誉、实力、
服务质量的体验和感受，是能够满足高等教育消费者心理认可和精神需要的教
育服务的品位、格调、名声、档次，是大学最重要的无形资产；从法学角度
看，品牌是大学通过商标注册取得法律认定而具有排他性、专有性、保护性的
法律工具；从文化学角度看，品牌是蕴藏于教育服务中的独特的文化价值取向
及其精神。大学品牌是在长期的办学实践中逐渐形成的以校名、校徽等符号、
标识为标志的独特的视觉形象，和以学校组织形象、声誉、组织文化、特色专
业与学科等为个性特征的概括。大学品牌并不是绝对"一流"，体现的是大学
教育服务的市场定位、社会定位和文化内涵、大学教育服务的质量、消费者对
其的认知度与忠诚度以及大学的综合实力。

（二） 大学品牌战略

"战略"一词原指"在战争中利用军事手段达到战争目的的科学和艺
术"。⑤ 后来逐渐被借用来泛指对某一领域（系统）发展的重大的、全局性的

---

① 袁本涛，江崇廓. 论大学的品牌——兼论我国高校合并与创建世界一流大学的战略 [J]. 科技
导报，2000 (7)：27 – 31.

② 徐同文. 大学品牌战略 [M]. 北京：高等教育出版社，2008：148 – 149.

③ 王国平. 品牌战略——中国高等教育的必然选择 [J]. 高等工程教育研究，2004 (3)：37 – 40.

④ 张凤辉. 论大学的品牌战略 [J]. 河北师范大学学报：教育科学版，2005 (2)：103 – 108.

⑤ 编审委员会. 简明不列颠百科全书：第 9 卷 [M]. 北京：中国大百科全书出版社，1986：
367.

谋划。主要包括：确定战略目标、制定达到目标的战略措施及其实施程序、提出针对某些可能出现的问题所准备采取的相应对策等。战略具有外向性、未来性、全局性、层次性等特点，其中外向性是主要特点。

"战略管理是制定、实施和评价组织能够达到其目标的，跨功能决策的艺术与科学"。[①] 自20世纪60年代以来，西方企业运用战略管理取得了巨大的成功。受私人部门战略管理的示范性影响，公共部门也引进了战略管理思想，并出现了战略管理热。在这个背景下，战略规划逐渐成为大学管理中的一个热点问题，品牌战略越来越受到许多大学的重视。在英美等发达国家，品牌战略成为核心竞争力的重要组成部分。

1998年，大学品牌战略开始受到我国学者的关注[②]。随着我国经济的迅速发展，加入WTO，我国高等教育面临着空前的机遇与巨大的挑战。在经过合并或整合后，许多高校主动确立了品牌发展战略。近几年，大学品牌战略作为一个具有特定含义的术语开始流行，研究热情和实践兴趣正与日俱增。[③] 大学品牌战略是指"高校通过对目标市场、社会环境及自身优势的分析，确定学校的办学方向、办学特色，培养竞争优势，不断提高学校的知名度和美誉度，促进学校的健康发展。"[④] 实施大学品牌战略就是"要使高校面向市场、面向未来、面向社会来确定自己的整体优势和特色，通过优秀人才、特色学科及知名教授等因素不断开拓市场，讲究教育效益、经济效益，使学校的特色得到社会的普遍认同。"[⑤]

我们认为，大学品牌从表面看是由大学的校名、校徽、校旗、校歌、有特色的建筑等构成的形象；从实质看，是由公众对大学的办学水平、校园文化、教育理念、科研成果、教学质量、师资力量、科研质量等的总体评价和印象，即大学的知名度、美誉度和忠诚度。大学品牌战略是指大学组织通过对目标市场、社会环境及自身优势的分析，确定办学方向、办学特色，培养竞争优势，不断提高其知名度、美誉度和忠诚度，促进学校的整体发展和可持续发展的办学思维与管理行为。大学品牌战略管理就是大学组织围绕学校形象、质量、特色、品位等学校发展的全局性、重大问题进行决策与谋划活动。大学品牌战略的实施是一项复杂的系统工程，包括大学品牌设计和营销战略、教育服务质量战略、大学经营特色战略、大学品牌资源战略等。

---

① 弗雷德R. 戴维. 战略管理 [M]. 李克宁，译. 北京：经济科学出版社，2001：18.

② 张弘强. 试论高校建设的品牌意识与名牌发展战略 [J]. 哈尔滨金融高等专科学校学报，1998 (4)：66-68.

③ 张忠迪. 大学品牌战略的研究进展 [J]. 煤炭高等教育，2006 (2)：30-32.

④ 刘卫红. 论高等院校的品牌战略 [J]. 金融教学与研究，2004 (2)：53-54.

⑤ 齐义山. WTO与高校品牌战略 [J]. 北方经贸，2003 (1)：20-121.

二、现代大学发展品牌战略的必要性

品牌战略的提出是大学组织发展到一定阶段的产物。它既是社会发展的客观要求，也是高等教育发展的必然结果，还是大学组织发展的必然选择。

（一）大学品牌战略是我国经济社会转型的客观需要

品牌竞争是成熟的市场经济社会中的一种不可避免的普遍现象。随着社会主义市场经济体制的不断发展和完善，高等教育买方市场形成，中国高等教育的供给方式日趋多元化，大学之间的竞争由单一的资源竞争、体制竞争、质量竞争转化为整体的品牌竞争。学校生存和发展必须直面市场，直面消费者，实施品牌战略和品牌经营。"今天，学校教育显然无法离开中国社会转型的大趋势，创建学校名牌已经不是一个要不要的问题，而是历史的必然，现在需要考虑的是，如何认识教育品牌现象以及如何创建学校品牌。"① 事实上，伴随着中国市场经济体制日趋成熟，高等教育市场的自发形成，品牌营销手段和策略开始融入到高等教育服务领域，品牌竞争成为大学竞争的重要形式，品牌经营成为促进大学面向市场、持续发展的利器，品牌战略成为政府扩大优质高等教育资源、促进高等教育均衡发展、促进高等教育与社会经济协调发展的重要举措。

（二）大学品牌战略是我国高等教育发展的时代需要

在高等教育发展的不同阶段，由于社会背景变化影响，高等教育政策的变化，必然导致发展目标、发展原则与发展机制逐步调整，并最终促使战略调整。在计划经济时代，我国的高等教育战略规划是教育行政部门的事情，大学只需要执行上级决策即可，自身不需要制定发展战略规划。20 世纪 90 年代以来，接踵而来的高等教育管理体制改革、大学合并、扩招等一系列举措使我国高等教育进入了一个快速发展时期。其主要战略是规模扩张战略。这种策略推进了高等教育大众化的进程。但随着经济发展、社会转型和高等教育规模的迅速扩大，特别是"入世"后，国外一些名校将陆续进入中国，越来越多的大学面临着前所未有的竞争和巨大压力；出现了一些必须引起高度重视的问题：定位不清晰，缺乏办学特色和品牌意识，盲目追求大而全；教育质量整体下降，公众对大学的满意度降低；许多大学负债过多；大学之间的恶性竞争，珍贵的教育资源被大量滥用、闲置和浪费；大学国际竞争力不高。为了综合解决

---

① 朱小蔓. 我对学校品牌管理的三个主张 [J]. 教师博览, 2005 (5)：4 - 5.

高等教育发展的规模、质量、结构、效益问题以及与社会发展、区域发展协调的问题，我国大学发展提出了多种战略，如质量立校、效益领先、结构优化、特色取胜、管理创新、形象设计与塑造、依法治校等战略。但到目前为止，绝大多数高校的发展战略都是单一的、短期的、被动的，没有从整体的、长远的、生态的角度来设计。同时，由于缺乏对市场精细调研和对前景的科学预测，大学战略规划趋同化，大学发展战略缺乏个性和特色。大学品牌战略就是主动促进大学面向市场、面向未来，为学校整体发展和可持续发展而采取的有效拓展资源，优化专业学科结构，培育特色文化的系统化发展战略。它不仅有效扩大优质高等教育资源，整体提高高等教育质量，而且可以促进大学有特色地发展，满足高等教育多元化的社会需求和促进大学之间的有序竞争。

（三）品牌战略对大学发展具有重要的作用

品牌战略是一种基于已有优势、面向市场、致力于大学社会功能最大化和自身增值的、创新性的发展战略，对我国大学发展具有举足轻重的作用。

1. 品牌战略具有凝聚优质资源作用

从本质上说，大学品牌是高等教育服务与消费者之间的一种互动关系，它是大学教育服务质量、管理水平、形象、营销手段、校园文化等多方面因素与教育服务消费者的感受、体验、参与等相互作用的结果。它是建立在大学与大学生、政府、企业等消费群体之间的以诚信为基础的一种社会关系网络，即社会资本（Social Capital）。普特南（Putnam）认为，"社会资本是一种组织特点，如信任、规范和网络等，像其他的资本一样，社会资本是生产性的，它使得实现某种无它就不可能实现的目的成为可能"。① 大学品牌影响力可以通过社会资本赢得更多的办学资源：高质量的生源和教师、社会各界的投资等，并将学校所有资源凝聚在品牌的旗帜之下，从而促进大学资源的优化配置，促进大学发展的良性循环。

2. 品牌战略具有强激励作用

大学品牌代表学校发展的美好愿景和学校特色文化，它是学校发展的原动力，这种动力将学校发展与个人发展紧密联系在一起，持续激发大学全体教职员工和学生的建设热情，使大学组织真正成为以学习促进发展的学习型组织。

3. 品牌战略具有促进创新的作用

大学品牌代表了一种先进文化或产业、行列标准，大学要保持这种制高点，必须不断教育教学创新、经营管理创新，形成大学发展的灵活机制与开放体制。

---

① 黄锐，欧阳东. 社会资本理论的演进与争议［J］. 商业时代，2009（2）：4-6.

4. 品牌战略具有降低办学成本作用

从经济学意义来看，品牌是信用的凝结物。对经营者而言，品牌是信用的支出；对消费者而言，品牌是一种信用的购买，品牌的产生是双重作用的结果。[①] 大多数高校的变化是主要由外界因素引发的。实施战略管理的根本目的就是保持学校在变化的环境中能够获得稳定持续发展，使学校在现存条件下主动求发展。大学品牌战略可以减少市场中的信息不对称因素，降低宣传、营销费用，减少品牌输出、品牌创新中的风险，从而达到节省成本的目的。

（四）品牌战略成为当前国内外许多大学发展的核心战略

品牌战略成为大学组织的一项自发行动是大学组织发展到一定阶段的产物。以美国为例，早期的美国大学是一种游离于社会边缘的、规模小、结构简单的"象牙塔"组织，不需要战略规划工作。"二战"以后，政府在财政、政策上的大力支持以及充足的生源，使美国大学在规模和组织复杂化程度上有了很大发展。但由于生存压力较小，一般的计划工作足以维持学校的正常运作，战略规划工作还没有进入大学管理者的视野。进入 20 世纪 70 年代以后，美国大学生存和发展的外部环境发生了变化，来自财源和生源的双重危机使得美国高校感到前所未有的竞争压力。为了维持大学的生存和发展，越来越多的美国大学启动了战略规划工作。到了 2005 年，美国的 3800 所学院和大学中，有一半以上的学校已经制定了某种形式的战略规划，或者正在制定一系列战略运行重点。[②] 实践表明，"品牌建设是大学基于激烈的人才竞争、经费竞争、质量竞争的必然选择，是建设世界一流知名大学的核心战略之一"[③]；"品牌战略成为世界一流大学之为一流的重要内生机理"[④]。

随着中国教育供给方式的日趋多元化和家长对大学选择性的增加，品牌已经成为大学赢得优秀学生和求得生存与发展的关键。许多有洞察力的校长、教育实业家，开始运用市场经营智慧和策略，谋划学校的生存和发展之道。原华中理工大学在近 50 年的发展历程中，朱九思、杨叔子、周济三任校长，分别是以确立具有前瞻性的综合化、人文化、产业化办学理念与办学思路为基础，

---

① 白津夫. 信用经济与品牌竞争 [J]. 领导之友，2002 (6)：22 - 23.

② 李爱民，吕世彦. 大学战略规划工作：美国的经验及其启示 [J]. 中国高等教育，2006 (23)：62 - 63.

③ 益瑞涵. 美国大学的品牌管理及启示——以马里兰大学为例 [J]. 华南理工大学学报：社会科学版，2007 (2)：81 - 84.

④ 李明忠. 品牌战略：世界一流大学的成功经验及在中国的实践 [J]. 高等工程教育研究，2006 (1)：26 - 29.

实现了学校 3 次跨越式发展。① 近几年来，我国许多高校已或多或少地看到了品牌建设的重要性，并着手实施 UIS 战略，如暨南大学、云南大学、云南师范大学、北方工业大学、北京化工大学、武汉水利大学、湘潭大学、河南大学、青岛科技大学等高校，陆续启动了"形象设计和塑造工程"，呈现了焕然一新的面貌，为高校实施 UIS 战略积累了许多宝贵经验。②

总之，大学品牌代表着学校的教育质量，代表着学校的社会声誉，代表着毕业生的就业前景。那些只抓教育质量，不注意形象塑造、文化打造的学校；只强调办学条件，不注意师资队伍建设、教学质量管理的学校；只注意宣传和形象包装和高收费，不注意与教师和学生关系管理的学校；只强调比较优势，不提高自己的核心竞争力和整体优势的大学，很快就发生了生存的危机。没有品牌意识的大学是很难取得长足进步的。许多学者研究认为，品牌战略以其特殊功能日益受到重视，最终必将上升为大学管理的主导战略，对大学的经营管理产生革命性的影响。③

三、我国大学品牌战略的经营管理策略

大学品牌战略如何实施，国内许多学者提出了一系列有启发性的观点。有学者从现实缺失角度提出质量立校、建立和完善学习型组织、结构优化、形象设计与塑造、建设特色校园文化五点战略构想。④ 有的学者从管理要素角度提出学校要提炼和形成自己的品质和特性、要详细定义和阐释大学的使命和目标、确立学校员工成长与发展的优先地位、抓住和利用各界对学校发展的愿望、紧密与商业领袖们建立合作关系。⑤ 有的学者从品牌原理角度提出要进行大学品牌定位、培育大学品牌资本、塑大学品牌形象。⑥ 还有的人从名牌要素视角提出选择学校适合的细分市场、设计和塑造良好的社会形象、打造校长品

① 刘献君，张应强，沈红，别敦荣. 新世纪的高校发展战略规划 [J]. 高等教育研究，2001 (3)：39-47.

② 叶李娜，刘尧. UIS 战略及其在我国高校实施的现状与对策 [J]. 长春工业大学学报：高教研究版，2006 (2)：12-14.

③ 王国平. 品牌战略——中国高等教育的必然选择 [J]. 高等工程教育研究，2004 (3)：37；张凤辉. 论大学的品牌战略 [J]. 河北师范大学学报：教育科学版，2005 (2)：103-108；付荣霞，卢亚君，刘欣. 论大学的品牌战略 [J]. 河北科技师范学院学报：社会科学版，2009 (1)：28-31.

④ 刘宏蛟，张海明. 打造高校品牌战略研究 [J]. 中国科技信息，2005 (16)：25，27.

⑤ 益瑞涵. 美国大学的品牌管理及启示——以马里兰大学为例 [J]. 华南理工大学学报：社会科学版，2007 (2)：81-84.

⑥ 曲慧敏，牟宗荣. 大学品牌战略的实施研究 [J]. 青岛科技大学学报：社会科学版，2008 (1)：96-98，115.

牌、创建特色学科、力推知名教师、培养品牌学生以及加强校园文化等一系列实施品牌战略的具体措施。① 这些观点，无疑是有启发意义的。我们认为，大学品牌战略既有管理问题，也有经营问题。大学品牌建设，可以选择不同的战略管理策略。一般可以采取以下策略。

（一）科学定位，确立大学品牌的品位

品牌的定位（简称为品位）是大学品牌管理的首要问题。定位体现了品牌功能定位和服务范围，是向外部世界表达品牌的识别特征和个性。品牌定位实质上就是确定产品的特色并把它与其他竞争者有效区别。大学准确定位需要在市场调查的基础和 SWOT 分析上进行，定位包括办学层次、服务方向、学科与专业特色等方面的设计。很显然，普通高校、高职院校与研究型大学的定位是不一样的。同时，大学品牌定位与学校的资源、已有的优势也是分不开的。世界各国大学的学科建设都是基于其自身的历史文化、学术传统和学校资源状况而进行的。任何一所大学，即使是世界上顶尖的一流大学，也不可能在每个知识领域都拥有最好的资源，都居于领先的水平。因此，学科建设要从大学的实际出发，找到自己的比较优势，确定学科发展重点，大力发展特色学科、优势学科，培养核心竞争力。如云南素有"有色金属王国"、"植物王国"、"动物王国"的美誉，丰富而绚丽多彩的少数民族文化资源在全国独具特色。云南大学力争把这些资源优势转化为人才培养和科研优势，确定了民族学、高原山地生态与生物资源学两个重点学科，并按照追求"世界一流"的目标来建设这两个重点学科。

（二）成立专门组织，制定大学品牌战略发展规划

它是大学品牌战略制定过程中的书面表达，是大学品牌战略思想、品牌战略分析、品牌战略目标、品牌战略选择和战略规划及实施的进一步具体化。大学的品牌战略规划是一个覆盖全校各职能部门的综合系统的工作，需要多部门协同作用。在美国，这项工作是由战略规划委员会或校长提出，大学的院校研究部门提供论证信息和决策建议，由校董会审批后执行的。英国大学发展战略规划的一般程序由以下几个阶段组成：（1）咨询调研阶段，包括环境扫描、内情分析、形成思路、保障条件，多数英国高校都由校长任专职的规划领导，并带领其他管理人员完成咨询调研阶段的具体任务；（2）文件形成阶段，包括：使命与目标、战略规划、操作性行动计划、专项规划；（3）实施阶段，

---

① 付荣霞，卢亚君，刘欣．论大学的品牌战略［J］．河北科技师范学院学报：社会科学版，2009（1）：28 - 31．

英国大学发展战略规划在实施过程中采取了落实责任、项目管理、承担风险等措施和方法；（4）有效的监控，主要包括：关键领域（建筑工程、软件工程、海外活动等）监控、多层面监控（包括宏观层面监控、学术质量监控、管理层面监控、具体财务层面监控、资源层面监控等）、财政监控。①

根据我国的实际，大学品牌战略规划的制定可以包括以下步骤：（1）成立品牌战略管理组织，成立由大学校长为首的校务委员会作为大学品牌战略领导组织，成立专门的品牌策划及危机管理战略组；（2）分析内部和外部环境，总结对学校发展有利及不利因素，挖掘优势，进行战略可行性论证，由大学的高等教育研究机构承担大学市场专业调查、生源分析、学校竞争力报告和决策建议等；还可以设置项目，委托有关专业咨询或品牌设计公司提供论证方案；（3）确定战略目标，制订战略方案（包括中长期发展目标、实现目标的责任落实与时间跨度、对关键活动与资源的安排、可行性分析、实施过程中的监控等）。

（三）设计与塑造大学独特形象，提升大学品牌的文化品位

借助品牌形象可以强化核心竞争力，规范大学管理行为，构建优秀大学文化，增强大学的吸引力和品位，培育可持续发展动力源。它既是一种经营管理战略，也是一种文化战略。常用的方法就是运用 UIS（University Identity System）技术进行学校形象设计与塑造，包括三大组成部分：理念识别系统设计、行为识别系统设计和视觉识别系统设计。

1. 凝练理念识别系统，建构大学独特精神文化

大学理念识别系统是指大学特有的办学理念、目标、使命、行为准则、精神、品格等精神方面的认知和识别。大学理念集中体现了大学历史责任感、使命感和大学本质，是大学品牌文化塑造的核心部分。构建大学理念识别系统，首先，必须根植于历史文化、现实背景，从大学历史传统、民族文化和教职员工思想素材中开发大学价值理念；其次，除了要反映大学培养目标的共性以外，还必须提炼个性化的办学理念，体现学校愿景；再次，对办学宗旨、培养目标、治学主张、校风教风学风、管理风格、大学精神等整体设计，使其互补、和谐统一，有特点、有内涵、易记忆；最后，借助于有形的载体，如校训、校歌、校服、学校纪念品等，使大学精神文化更为具体化。

2. 完善行为识别系统，规范大学制度文化

大学行为识别系统是指在大学理念识别系统指导下的学校领导和全体师生

---

① 李建航，周洪利. 高校发展战略规划的制度化建设：英国大学的经验及启示 [J]. 国家教育行政学院学报，2008（9）：83－86，72.

员工的行为准则、精神状态表现，包括大学内部教职员工的行为和大学组织行为。大学行为识别系统是大学理念识别系统的主体化，是大学内部师生员工在教学、科研、管理、生活中所应遵循的行为准则，主要包括学校章程、教学管理制度、学籍管理制度、政治思想工作制度、科研管理制度、后勤及生活制度、财务管理制度、人事管理制度、设备管理制度、考试制度、奖惩制度、节日和各种活动（学术、科技、艺术等）制度、学校典礼仪式制度以及各种岗位责任制度等。要形成大学制度文化，首先，用大学理念统领各种制度，并使师生员工对大学理念达成共识；其次，大学制度要规范化、人本化、系统化；最后，通过学校的各种活动（教学、实践、科技、学术、文化、体育活动等），让制度转化成为教职工和大学组织的习惯与态度，形成优良的校风教风学风。

3. 创设视觉识别系统，塑造大学品牌形象

大学视觉识别系统是指为体现大学办学理念和扩大大学品牌联想而设计的统一性和标准化的符号和个性化的标示，它是大学形象的静态表现，也是大学文化的具体化、形象化的表达形式。基本要素包括大学名称、标准字、主体颜色、建筑风格和室内装饰风格等，应用于大学各种物质载体之中，包括校门、教学楼、实验楼、宿舍、礼堂、图书馆、体育场、食堂等建筑风格，校牌、校徽、校旗、校标、校歌、校色、校花、校服等标志物，及纪念碑、塑像、命名建筑等校内文物。要形成大学独特的品牌形象，首先，要根据大学理念和文化特色，运用感知规律与美学原理，对大学自身形象进行个性化塑造，突出自己的特色。其次，要对大学的各种标示，进行统一设计和统一管理，维护大学的品牌形象；再次，提高学校主要标示物的科技含量，并争取产权保护。比如复旦大学录取通知书上印有别致的"百年学府"的印章。该印章由 12 层纳米防伪图层组成，在识别器灯光的照耀下，不同角度可以显现 4 种不同的图案。这一防伪技术由复旦大学自行研发，已达到世界领先水平。而同济大学则是把百年校庆的喜庆色彩延续到了录取通知书中，正面是大红色的，背面则显现了全新的创意——暗藏着近百个浅色的"百年同济"水印。①

（四）提高教育服务质量，保证大学品牌的卓越品质

品牌价值大小和持久魅力在于品牌的品质。大学品牌的生命力在于其服务质量。这种服务主要体现为大学的大学教育服务产品——课程及其结构，大学教育服务的过程——课堂教学水平和师生关系，大学教育服务的环境——大学的教学、科研、管理氛围。衡量大学教育服务质量的标准首先是大学生及其家长作为教育服务的消费者的满意程度；其次是作为高等教育服务生产者的教师

---

① 赵思远，韩晓蓉. 录取通知书彰显高校品牌意识 [N]. 中国知识产权报，2007 – 08 – 08 (1).

和管理人员的满意程度；再次是作为高等教育服务的消费者——用人单位（政府、企业和其他社会组织）的评价。因此，要提高大学教育服务质量，第一，大学的专业和学科设置要合理，各学科专业的课程结构要合理，内容要新，体现社会发展需要和国际发展趋势；第二，要有高素质的教师队伍，大胆进行教学改革，提高课堂教学的吸引力和效率；第三，提高大学的管理水平，为教育教学提供优质服务；第四，提高大学的科研水平和社会服务能力，彰显现代大学的创新服务品质。

（五）有效运用营销策略，积累大学的品牌资本

品牌价值是在完成其社会功能和实现顾客价值中形成的。有效运用营销策略可以扩大大学的社会资本，提升学校的知名度、美誉度和忠诚度，积累大学的品牌资本，充分体现大学品牌价值。（1）建立统一的多样化的营销战略思路。大学品牌的形成过程就是大学品牌内涵不断充实的过程，需要靠一点一滴长时间的沉淀和积累，因此，大学品牌的营销要自始至终体现大学品牌的核心价值，如以人为本，科技与人文统一，追求卓越等，体现大学的精神追求。在大学品牌的营销策划上，不仅仅依赖广告，还可以采用新闻媒体营销、网络营销、口碑传播等多种手段。其中大学网页、网站无疑是最广泛的营销手段，口碑传播是经常性的最有效的营销手段。（2）重视内部营销。品牌资产的核心是顾客的忠诚度。一个大学教职工都没有忠诚感的品牌就不能在市场上赢得高等教育消费者的忠诚度。大学必须依靠教职工去充实品牌的属性，去宣传自己的品牌理念和开发大学品牌的价值。为此，大学管理者必须让教职工理解办学理念，建立共同的愿景；妥善处理与教职工的各种关系，培养他们"家"的感觉；重视建立良好的师生关系。（3）重视危机营销。所谓危机营销是指大学面对在日常和经营管理过程中可能发生或已发生的重大的不利影响的突发事件，采取特殊的营销措施，以期最大限度地减少危机给大学带来的负面影响，从而维护良好大学形象的营销战略。目前我国名牌高校的品牌保护意识普遍不强，高校知识产权被抢注的情况十分严重。仅浙江一地，现在挂"浙大"和"浙江大学"的企业就已经超过200家，而其中很大一部分并不是浙江大学的控股或参股企业。清华大学则更为严重，仅北京，挂"清华"名字的企业就有2万多家。湖南大学在遭到抢注之后，立刻一次性向湖南省工商局申请注册包括"湖大HUDA"，湖南大学及其校徽、"岳麓书院"、"千年学府"在内的共8个类别的26件商标。[①]

---

① 罗仲尤，汪建武."湖大"商标险遭抢注，高校品牌亟待保护 [N]. 人民日报，2004-05-24（11）.

当然，大学品牌也是有生长周期的，大学在品牌经营管理活动中应当依据各阶段品牌资产状况和内外环境的不同要求，采取相应的品牌战略，推动品牌的发展。

教育服务理论提出及其实践价值

田汉族

Education Service Theory: Conception, Sources
and Its Practical Values

Tian Hanzu

"教育服务"是目前教育改革中的一个崭新的理念。它的出现，有着广泛的文化基础和深刻的实践根源。对教育服务的观念产生过程及其内涵和运行机制的系统深入研究，不仅对教育经济学学科建设有着重要意义，而且有着重大的实践价值。

一、教育服务理论的基本内涵

从广义来看，教育服务是与教育有关的各种服务的简称，包括教育物质产品服务、教育信息服务、教育技术服务、教育（服务产品）服务。从狭义角度来看，教育服务是指教育作为一种精神活动产品的提供、生产和消费活动。由于教育物质产品、教育信息、教育技术进入市场后，其教育的性质隐退，其服务的商品性质与其他物质产品、信息、技术没有什么区别。"服务这个名词，一般地说，不过是指这种劳动所提供的特殊使用价值；但是这种劳动的特殊使用价值在这里取得了'服务'这个特殊名称，是因为劳动不是作为物而是作为活动提供服务的。"① 因此，教育服务作为一个科学概念，只能是从教育本身作为一种服务产品来理解。教育服务理论是以教育服务产品这一基本概

---

① 马克思. 剩余价值理论：第 1 册［M］. 中共中央马克思恩格斯列宁斯大林著作编译局，译. 北京：人民出版社，1975：453.

念为基础，以其提供、生产、消费、交换为基本逻辑框架构建的。其基本观点是：教育提供的非实物劳动成果也是一种产品——服务产品，这种产品具有非实物使用价值。只要它是为交换而生产的，就是商品，也就具有使用价值和价值二重性。其价值是教育服务产品的生产者（教师）的劳动力耗费的单纯凝结，是教育工作者劳动创造的，并非是从任何别的领域转移或再分配过来的。因为教育服务具有商品属性，所以，围绕教育服务发生的供求双方的交换关系形成了教育服务市场；在教育服务市场中交换双方的主体是学校（作为生产的组织及其生产者的教职员工）和学生及其家长，学校是教育服务产品的生产者和供给者，学生、家长、企业、政府则是教育服务产品的消费者和需求者，学校和学生之间的关系从经济学角度看是围绕教育服务产品所发生的商品交换关系；教育服务的生产是教育产业的核心，学校作为教育服务产业的主要生产机构，其基本功能就是提供优质教育服务。

有人认为教育产品就是指"每一位学生的认知、能力、素质和个性的培养，促进个人的发展不断地得到提高"，即"学校的毕业生和科研成果"。① 我们认为教育服务与教育服务消费的结果是不同的。教育服务的直接结果提高了受教育者"人力资本存量"或增加了其"知识资本"，间接的结果是提高了教育生产者（教师和管理人员）的生产能力，包括其教育教学能力、管理能力、学术能力，学校毕业生和科研成果只是教育服务结果的实体化形式。"在教育经济理论研究中，过去只是把教育产品解释为培养劳动力和专门人才，应该肯定这些观点没有错，但这只是强调了教育劳动的成果，没有说清楚教育活动本身。因此，理论阐述得不彻底、不科学，没有说到根本上。因为劳动力和专门人才的交易市场是在教育外部，在社会劳动力市场和人才市场上，没有在真正的教育市场内交易。而教育内部交易市场则是学校提供的，是教育服务商品，学校和教育者为教育市场提供的是教育服务消费品，而受教育者购买的是教育服务商品，这样才能在教育市场内进行真正交易活动，也才是教育市场交易的实质内容。"② 当然，教育服务产品是特殊的服务产品，还具有自己的特殊性：服务地位的基础性、服务主体的个体性、社会性与协作性、服务对象的差异性、服务活动的交互性、价值交换的商品性和增值性、服务方式的多样性与优化性、服务价值的多元性。

我国的教育服务基本上由政府提供和生产。究其原因，教育服务具有公共产品或准公共产品性质，由政府提供和生产教育服务比由纯粹的私人市场提供更有规模和效益，减少交易成本。然而，传统公立学校的治理模式，不能把既

---

① 吕卓超. 论教育服务产品的概念与特性 [J]. 教育探索，2000（8）：25－26.
② 靳希斌. 论教育服务及其价值 [J]. 教育研究，2003（1）：46.

有的资源和技术条件扩展到教育服务生产可能性边界，大量的官僚成本所致损失远大于内部节约交易成本。人们普遍感到了这种传统模式组织成本高、生产效率低、对服务对象需求的回应性明显不足。其实，教育服务作为一种公共产品或准公共产品，其提供和生产是可以分开的。公共部门和私人部门都可以作为教育服务的提供者和生产者。① "在公共领域，供给与生产的区分相当重要。"② 因为公益物品和服务的提供与其生产相区分，开启了最大的可能性，来重新界定其公共服务经济中的经济职能；有可能分化、利用和衡量市场，同时继续对公民消费者提供无差别的公益物品；也可能产生使地方政府变成等同于消费者协会的效应；增加对公共服务对象需求的回应性；减少实践中地方政治控制③。教育服务的提供和生产的适度分离，有利于政府合理配置教育资源、科学制定教育服务的标准、有效激活教育服务市场、正确引导教育服务质量的竞争和教育消费，从而提高我国教育的整体水平和教育服务贸易的国际竞争力、促进教育与社会整体发展的良性循环，全面实现教育服务的价值。发放"教育券"、"政府采购"④、"政策性金融"⑤、政府参股、委托代理等都被认为是政府提供教育服务的有效形式。

教育服务的生产是由教育机构（主要是学校）通过教育管理者和教师来完成的。"公立学校"是生产公共产品程度较高的教育服务生产组织。它的生产要素是：政府或私人投资建立的教育服务生产组织者（学校）、经营者（校长和书记）、生产者（教师）和协作生产者（学生及其家长）。校长和教职工是基本的生产要素。学校在运行中要消耗人力、物力等生产要素，这些生产要素是全部通过市场交易获得，还是部分通过市场交易获得，是反映学校市场化运作的重要标志。⑥ 学校组织的生产结构位于纳税人—地方政府—地方教育行政部门—学校校长—教职工的委托—代理链中。学校校长接受上一级委托人的委托并被授予一定的决策权行使校长职能；类似企业家的校长提供管理才能；普通教职工提供"教书育人"劳动及其他学校辅助劳动。校长的雇用与解聘；教师的雇用与解聘的制度安排反映了学校教育要素的契约关系。学校内的薪酬制度规定了教育生产要素契约各方的绩效考核方法、标准及与薪酬支付（包

---

① 郑秉文. 公共物品、公共选择理论中的教育 [J]. 世界经济与政治，2002（12）：73-78.

② 埃莉诺·奥斯特罗姆，拉里，苏珊·温. 制度激励与可持续发展 [M]. 陈幽泓，等，译. 上海：上海三联书店，2000：86.

③ 迈克尔·麦金尼斯. 多中心体制与地方公共经济 [M]. 毛寿龙，译. 上海：上海三联书店，2000：58-61.

④ 盛冰. 政府采购：探索政府与学校的新视角 [J]. 教育研究，2003（3）：36-41.

⑤ 张万朋. 试论政策性金融手段在教育融资中的作用 [J]. 教育研究，2003（3）：42-46.

⑥ 袁连生. 论教育的产品属性、学校的市场化运作及教育市场化 [J]. 教育与经济，2003（1）：13.

括奖励与惩罚规定）的关系。在此过程中，政府作为教育服务的主要购买方与学生及其家长作为次要购买方，形成一种共同购买和消费教育服务的财务安排，政府购买以拨款的方式支付给学校，学生以学杂费等方式支付给学校。当然，教育服务的提供与生产不同于私有品的生产，它涉及一个特别复杂的委托—代理问题。

从经济学意义上看，教育服务产品和市场存在，教育消费也必然存在。有人将教育服务分为广义和狭义两类。广义的教育消费的消费者包括国家、个人或家庭、企业等用人部门。狭义的教育消费仅指个人或家庭接受各级各类教育，消耗教育部门及与教育部门密切相关部门（如饮食、交通、住宅等）提供的各种服务，从而满足其知识、技能、能力增长需要的行为和过程。教育消费包括居民子女教育支出以及为提高自身业务竞争能力的培训及继续教育支出。① 教育消费是指人们对教育机构提供的各种服务的支出。它具有：投资性（建设性）、消费和生产同时性或不可分割性、教育消费者权利、责任和能力统一性等特征。20世纪90年代末期以来，由于我国经济持续增长、高校连续扩招、加上实施扩大内需的政策，教育消费已成为居民消费中的一个新热点。调查显示，2001年北京市居民家庭人均文化教育消费支出首次突破千元，达1203.57元，成为食品消费外的第二大消费。教育消费已占到人均全年总支出的15%，比前年增长13%。② 上海市统计局城乡调查队最新抽样调查表明，2003年居民家庭人均教育支出达937元，比上年增长14.1%。然而，教育消费并不是越多越好。研究表明，当居民投资于教育的钱超过家庭消费结构正常的比例，甚至是超过其实际的支付能力，即过度消费时，必然产生挤占效应和挤出效应③。教育消费所产生的乘数效应远不及住房消费、汽车消费等耐用消费品所带动的乘数效应，教育投资与经济增长未必一定呈正相关。理性的教育消费观是一种科学的风险投资意识。

在市场经济社会中，教育服务不仅仅是一种道德义务行为，更是一种经济行为，教育服务的价格高低可以通过市场来反映。因此，教育服务可以作为一种产业来经营。在市场经济的状态下，学校必须计算成本、节约成本，才会提高教育服务的效益，同时教育服务作为一种拥挤性的准公共产品，可以利用价格、用收费来调节，以保障教育服务供给的质量和水平。

教育服务作为一种准公共产品（或混合产品），其价格不能像私人产品价

---

① 靳希斌. 教育资本：规范与运作 [M]. 成都：四川教育出版社，2003：274.

② 王光辉，原琳. 北京：人均教育消费首次超千元 [N]. 京华时报，2002-05-24（A06）.

③ 丁小浩. 居民家庭高等教育开支及其挤占效应研究 [J]. 北京大学教育评论，2003（1）：95-98.

格那样由"成本加利润"构成，因为学校属非营利性机构，其收费价格不能包含"学校利润"，也不能等于或近似等于学校教育成本（即所谓的"准成本"）。因此，学校收费价格只能是对教育服务成本的适当补偿。由于教育服务产品的公益性，政府应成为成本负担主体；为了反映国家对教育的重视和教育服务产品价值的后效性，政府还应对教育创新成本进行投入。

二、教育服务理论提出的实践基础和文化背景

"教育服务"一词最早见于教育中介组织或网络名称，如"中国教育服务中心"、"中华教育服务网"，是指给求学者提供的留学、就业、考试、政策、课程、教学、科研等方面的咨询、资料、指导等。"教育服务"从日常经验的理解上升到独立的理论形态具有广泛的实践支持和坚实的理论基础。

（一）市场经济对教育的渗透与教育实践的主动回应：教育服务质量受到广泛关注

市场经济作为通过供求变化调节资源分配和引导经济运行的经济形态。迄今为止，人类的生产实践表明，市场经济是高效率的经济。市场经济对社会的整体发展具有巨大的作用，教育也不例外。市场经济体制的建立，在为教育发展提供越来越多的物质条件的同时，也对教育目的、教育体制、教育结构和教学内容等方面的改革提出了新的要求。市场经济较发达的国家为了确保教育水准，纷纷在教育领域引入了市场机制。20世纪80年代以来，在各国政府高等教育经费日渐紧张的形势下，美、英、日、法等发达国家的高等教育成功地将"企业主体地位原则"、"竞争原则"、"等价交换原则"、"效率最优原则"和"供需均衡原则"等市场经济的基本原则引入高等教育之中，推动了高等教育自身及整个社会经济和科学技术的进步与发展。[①] 在基础教育领域，美国极力推出了校本管理和家长自由选校计划（Parental Choice）计划，全力推进公立学校背景下的学校私营化，"特许学校"的出现就是这种自由办学的象征。英国也推行了学校地方管理（Local Management of Schools）措施，大幅度扩大家长选择学校的自由，按学校就学人数分配教育经费，学校的人事权由地方教育局大幅度移交给学校董事会，要求地方教育局提供辖区内成绩为家长择校提供依据。教育市场化的出现，意味着政府的放权、学校的自主，根本目的在于提高教育服务的质量和效益。

---

① 曲恒昌.引入市场经济原则，增强高等教育的生机与活力——美英日法等国高等教育透视[J].北京师范大学学报：人文社会科学版，2001（3）：93.

我国教育实践也对市场经济进行了主动的回应。"一切为了学生"、"以学生为本"、"学校要为教师和学生服务"、"政府要提高公共服务的质量和水平"成为教育界的普遍呼声。成都高新实验中学提出"为每一个学生的成长和发展服务"的办学理念，有的学校甚至提出"服务型学校"的目标。① 许多学校都在努力实践优质教育服务的理念，打造教育服务品牌，提高教育服务的质量和水平。

总之，教育从无偿到有偿，教育组织从非营利到营利，学校从公立到私立、民办，教师报酬从工资到奖金、学生从公费到缴费、学校从管理到经营等等，无不反映了教育市场化趋势。2000 年，我国教育经费总收入为 3627 亿元，其中财政资金占 61%。高等学校经费中，财政资金占 57%；义务教育经费中，财政资金占 66%②。我国公立学校市场化程度，特别是义务教育市场化程度，已经远远高于市场经济发达的国家。③ 这反映了教育服务的价值、服务的方式已经受到市场经济的影响。当然，"教育作为一项特殊的服务具有自身的规律和特性"。④

（二）外来知识对教育经济学的嵌入：教育服务获得理论的阐释力

"服务"作为一种知识，在我国通常是从政治或伦理道德的角度理解的。"教育要为社会主义建设服务"多少带有强制性的政治色彩或口号式的道德意蕴。教育服务的最初含义也缘此而生。真正将"教育服务"学理化、实体化的是在 WTO 规则、服务产品理论、服务劳动价值论、公共产品理论等大量介绍和引进后出现的。

1. WTO 规则

世界贸易组织按服务的部门（行业）划分，把全世界的服务贸易分为商业服务、通信服务、建筑及相关工程服务、分销服务、教育服务、环境服务、金融服务、健康与社会服务、旅游及与旅行相关的服务、娱乐文化与体育服务、运输服务、其他服务 12 类及 143 个服务项目。教育服务（Educational Services）属于其中的第 5 类。按各国公认的中心产品目录，又将其分为初等教育服务、中等教育服务、高等教育服务、成人教育服务及其他教育服务五类。WTO 服务贸易总协定第 13 条规定，除了由各国政府彻底资助的教学活动

---

① 新桥. 坚定实践教育服务新理念 [N]. 中国教育报，2003 – 04 – 27 (6).

② 教育部财政司，国家统计局社会与科技统计司. 中国教育经费统计年鉴 2001 [M]. 北京：中国统计出版社，2001：32 – 33.

③ 袁连生. 论教育的产品属性、学校的市场化运作及教育市场化 [J]. 教育与经济，2003 (1)：15.

④ 郑杰. 教育服务是一项特殊的服务 [J]. 全球教育展望，2003 (1)：70.

之外（核定例外领域），凡收取学费、带有商业性质的教学活动均属于教育贸易服务范畴。2001 年 12 月 11 日，我国正式加入世界贸易组织。这一重大事件对我国的教育服务提供模式乃至整个教育制度、教育服务技术变迁产生了深远的影响。目前，关于高等教育服务及其贸易的文章大多都从 WTO 规则引发的。①

2. 服务劳动价值论

服务活动也是生产性劳动。马克思在《资本论》及其他著作中，研究到服务领域时，曾多次明确指出，服务是"以劳动形式存在的消费品"，"服务本身有使用价值和一定的交换价值"。如"有一些服务是训练、保持劳动能力，使劳动能力改变形态等等的，总之，是使劳动能力具有专门性，或者仅仅使劳动能力保持下去的。例如学校教师服务（只要他是'产业上必要的'或有用的）、医生的服务（只要他能保持健康）保持一切价值的源泉即劳动能力本身——购买这些服务，也就是购买提供'可以出卖的商品等等'，即提供劳动能力本身来代替自己的服务，这些服务应加入劳动能力的生产费用或再生产费用。"② 有的学者更明确指出："服务劳动是生产性劳动，是社会财富和价值的源泉，这是服务价值论的新概念；服务的价值创造过程有其特殊性；生产劳动和劳动价值论从物质生产领域拓展到服务经济领域，是劳动价值论的深化，是经济学的一场革命。"③ 劳动价值论的拓展使教育服务价值得到理论提升。

3. 公共产品理论

公共产品理论最先由美国著名经济学家萨缪尔森在 1954 年系统论述，此后在经济分析（特别是公共选择和公共经济学领域）中被广泛运用。"公共产品是这样的物品，扩展其服务给新增消费者的成本为零，且无法排除人们享受的物品"。④ 按公共产品理论，全部社会产品可以划分为三类：公共产品、私人产品、准公共产品。不同的产品的提供与生产的主体不一样。国内许多学者

---

① 主要文献有：张伟江. 入世与高等教育服务产业 [N]. 科学时报，2001－11－15（B2）；刘俊学. 高等教育的服务质量观 [J]. 中国高教研究，2002（7）：29－30；覃壮才. 多边贸易体制原则与中国教育服务 [J]. 比较教育研究，2002（5）：56－60；覃壮才. 入世后中国教育服务的比较优势分析 [J]. 比较教育研究，2002（7）：47－53；蒋鸣和. 中国高等教育服务产业论纲 [J]. 高教探索，2001（4）：5－9；宋才发. WTO 规则与中国高等教育服务业的发展与保护 [J]. 贵州师范大学学报：社会科学版，2003（2）：99－103；靳希斌，等. 加入 WTO 与教育服务（笔谈）[J]. 河北师范大学学报：教育科学版，2003（2）：1－13；等等。

② 中共中央马克思格斯列宁斯大林著作编译局. 马克思恩格斯全集：第二十六卷第一册 [M]. 北京：人民出版社，1979：159.

③ 王述英. 服务劳动也是生产劳动 [J]. 经济学家，2002（1）：20.

④ 保罗 A. 萨缪尔森，威廉 D. 诺德豪斯. 经济学：英文影印版 [M]. 北京：机械工业出版社，1998：36.

都用公共产品理论来分析教育产品的性质。如厉以宁提出我国存在五类教育：具有纯公共产品性质的教育，基本具有公共产品性质的教育，具有准公共产品性质的教育，基本具有私人产品性质的教育，具有纯私人产品性质的教育。① 王善迈认为，义务教育属于公共产品，非义务教育属于准公共产品。② 郑秉文用公共物品、公共选择理论分析了教育服务的生产、消费等问题③。公共产品理论为教育服务的性质定位及其提供和生产奠定了理论基础。

4. 服务产品理论

服务生产、管理和营销理论是一门新学科，它在北美和欧洲等工业发达国家于20世纪90年代趋于成熟，在90年代中期服务理论传入我国。服务产品理论认为：第三产业（广义服务业）以提供非实物的服务产品（服务）为特征。它和提供实物产品的第一、第二产业一样都是生产性行业，同样创造商品的使用价值和价值。这一理论把生产的范围从生产实物产品的第一、第二产业扩展到生产非实物服务产品的第三产业，扩展了传统的生产观，也是对我国传统政治经济学的一个补充和完善。根据服务产品理论，教育作为第三产业，教师从事的劳动是生产教育服务产品的劳动。有学者就用服务生产理论分析高校培养过程④；有人用市场营销理论分析高等教育服务⑤；有的学者通过类比，得出"教育是一种特殊的服务"⑥ 的结论。将教育看做一种"服务"，学校各项工作就构成了服务链，最终由教师将一种优质的教育服务提供给学生。"教育是一种服务"的观念在国际上早已流行，并成为一种发展趋势。

5. 新制度经济学

新制度经济学的前提是制度是一种稀缺资源、经济增长的内在变量。它从产权、交易费用、信息不对称和契约不完备性出发，讨论不同的制度安排对资源配置和人的积极性调动的影响。将新制度经济学用于教育研究的代表人物有米尔顿·弗里德曼（Friedman，M）、F. A. 哈耶克（F. A. Hayek）等，他们提出教育服务提供的"学券"方案，并认为教育服务的生产者可以是私人组织。文森特·奥斯特罗姆（Vincent. Ostrom）、埃莉诺·奥斯特罗姆（Elinor. Ostrom），深入研究了公共服务的提供与生产的区别，并提出"获得公共服务的选择"的

① 厉以宁. 关于教育产品的性质和对教育的经营 [J]. 教育发展研究，1999（10）：9–14.

② 王善迈. 社会主义市场经济条件下的教育资源配置方式 [J]. 教育与经济，1997（3）：1–6.

③ 郑秉文. 公共物品、公共选择理论中的教育 [J]. 世界经济与政治，2002（12）：73.

④ 魏法杰，覃伯平. 服务生产理论及其对高校培养过程的描述框架 [J]. 北京航空航天大学学报，2003（4）：57–59.

⑤ 杨树才，吴萍. 市场营销理论在高等教育服务中的应用 [J]. 昆明理工大学学报：社会科学版，2003（3）：58–61.

⑥ 郑杰. 教育服务是一项特殊的服务 [J]. 全球教育展望，2003（1）：70–73.

制度安排。尽管他们的理论都是建立在发达的市场经济体制前提下的，并不完全适合于中国，但教育制度作为一种稀缺资源的价值已成为共识。国内学运用制度经济学审视教育服务的提供和生产，如在教育服务生产环节引进竞争[1]；教育资源配置方式需要从计划配置走向市场配置[2]，教育低效率的产生的最深层次的原因是教育产权与职责的模糊[3]，国有教育产权是可以有效运作的[4]，教育产权也具有不同于企业产权的特点[5]。这些都是用制度经济学观点来思考教育作为一种公共服务的制度安排问题。

（三）教育经济学理论的深化：教育服务理论凸现

从目前流行的几种《教育经济学》版本来看，其理论的主体部分包括"教育与经济的关系"、"教育需求与供给"、"教育的投入和产出"、"教育的成本和收益"。这种体系带有明显的经济学痕迹，教育经济学科独立性不强。其理论缺陷表现在：缺乏自己的概念体系，缺少学科的逻辑起点，简单借鉴传统经济学方法。特别是需求—供给、投入—产出、成本—收益是传统经济学研究的基本方法。这些方法主要是以"经济人"假设为前提，追求需求—供给、投入—产出、成本—收益之间的线性关系，而教育是一种复杂的社会实践活动，教育的供给、产出、收益受到许多相互联系的因素的制约。现有的教育经济理论无法解释"教育与社会经济协调发展"、"教育要以人为本"、教育的有效需求和供给 、学校教育的有效性、教育人力资本产权、学校经营、择校、教育收费、公校转制、教育储蓄、教育融资、高校的合并和重组、学校结构工资制、教师流动等现实问题。国内学者在反思中试图借用新制度经济学、劳动价值论、服务产品理论等来解释教育实践中出现的问题。有的学者开始研究高等教育服务的价值与价格[6]，有的提出义务教育公共服务的提供与管理问题[7]；张铁明教授对教育服务的概念和特点进行了具体分析，靳希斌教授对教育服务的理论和价值进行了系统阐述。这些努力使教育服务的理论构架更加清晰。

随着教育服务产业的不断拓展和教育经济学研究的不断深化，"教育服务"的观念经过了从政治伦理性的宏大描述、简单的知识移植到教育经济学

① 雷鸣强. 把市场机制合理引进基础教育的思考 [J]. 教育理论与实践, 1994 (6)：26 – 31.
② 杜育红. 论教育资源配置方式的选择 [J]. 教育与经济, 1998 (1)：39 – 42.
③ 范先佐. 教育的低效率与教育产权分析 [J]. 华中师范大学学报：人文社科版, 2002 (3)：5 – 10.
④ 张铁明. 论国有教育产权的运作及其特点 [J]. 教育评论, 1998 (2)：8.
⑤ 杨丽娟. 关于教育产权若干问题的探讨 [J]. 教育与经济, 2000 (1)：14.
⑥ 高新发. 高等教育服务的价格与教育质量关系初探 [J]. 江苏高教, 1999 (3)：37 – 40.
⑦ 李连宁. 努力做好义务教育公共服务的提供与管理 [J]. 人民教育, 2003 (1)：7 – 10.

科独立概念的生成过程。教育服务由"无偿服务"转化为"有偿服务",由精英教育模式下的"为少数人服务"转化为大众教育模式下的"为多数人服务",由"卖方市场"控制的"供给型教育服务"转化为"买方市场"主导的、反映教育消费者偏好的"需求型教育服务";由政府管制下的"垄断型教育服务"转化为市场引进、社会参与、学校自主经营相互制衡的"竞争型教育服务"。总之,教育产品即"教育服务"作为教育经济学科的基本概念和研究的逻辑起点,可以吸纳已有的教育经济学研究成果,并科学解释现实中出现的教育经济现象和预测教育发展的某些趋势;对教育服务的研究也有助于突破传统的经济学方法,并借鉴现代经济学、公共管理学、现代社会学等多学科方法。"教育服务"作为教育经济学的基本理论范畴已基本成熟。

三、教育服务理论的实践价值

教育服务是教育经济学的重要理论范畴,"确立教育服务产品概念对教育经济学学科理论建设具有重要的理论意义,真正找到了该学科的核心要点。在教育服务产品这一核心要点的基础上,再去研究教育商品、教育市场、教育竞争、教育消费、教育成本、教育产权,以及学校经营就有根基,就有了逻辑起点。"① 同时,教育服务观反映了教育实践发展的时代特色和未来发展趋势,确立教育服务观念具有重要的实践价值。

(一) 有利于树立教育服务生产观,促进教育服务产业的发展

服务业是市场经济的基础产业,服务业是否发达是判别一个国家现代化发展水平的一个重要标志,例如美国服务业产值占 GDP 比重达 75%,提供的就业岗位占 80%。发达国家在金融、航运、教育、卫生保健、科学技术、贸易、旅游等方面都有很强的实力,发达国家与发展中国家的经济差距与服务业的发展水平有很大关系。② 而教育是基础性、战略性服务产业。因为教育服务产品是一种既不同于物质生产领域,也不同于其他服务领域的产品,它具有更复杂的特性;它的生产、交换、消费属于人力资源生产领域;其产出不仅提高个人的收益率和就业机会,也为社会的物质生产部门和精神生产部门提供潜在的人力资本服务产品。教育服务劳动是一种独立于物质生产劳动和一般精神生产劳动的人类劳动形式,这种劳动是物质生产劳动和精神生产劳动的人力资源基

---

① 靳希斌. 论教育服务及其价值. 教育研究 [J]. 2003 (1): 46.
② 国家教育发展研究中心专题组. 关于 WTO 教育服务贸易的背景资料 [N]. 中国教育报, 2002 - 05 - 11 (1).

础。教育服务产业的发展不仅有利于调整经济结构，而且促进其他产业的可持续发展，促进社会的整体协调发展。教育服务产业的基础是教育服务的生产，即通过学校教育教学质量和水平的提高来生产优质的教育服务。

正因为如此，国外很早就注意到了教育服务的产业性，并提高教育服务的生产水平——教育质量。特别是教育规模扩大和教育的普及化程度提高以后，高等教育质量保障不再仅仅是政府的职责和大学的内部事务，而成为全社会共同关心的问题。20世纪90年代后，质量保障正在成为高等教育的一种制度为了使对教育质量的监控和评估能够稳定地开展下去，发达国家的政府和大学已经开始着手建立各种相关的机制。英国工党于1997年7月发表题为《学校中的卓越》的白皮书，规定：2002年之前，政府要致力于学生学习成绩标准的提高，实现教育机会均等，尤其要消除处于不利地位学生的厌学情绪及学习成绩低下的状况。制订教育行动区计划，将表现不好的学校与处于最不利地位的地区纳入到计划中，帮助那些教育标准低下的学校以及学习成绩不佳的学生摆脱困境。1998年，欧洲高等教育质量保障组织（ECQA）的理事会建议书提议各成员国建立起拥有质量保障自治机构，质量保障内外目标并重，各利益群体参与以及公布评估结果为共同特征的高等教育质量保障体系。为了迎接知识经济和国际竞争的挑战，提升学校教育品质，欧盟于2000年5月发表了"欧盟学校教育质量报告16项质量指标"。社会各界也纷纷参与到高等教育质量评估当中。德国在1994—1995年，建立了3个地区性评估机构和一个由非营利公司管理的大学教育质量保障网络。日本工程界的学术团体1999年共同组建了日本工程教育鉴定委员会（Japan Accreditation Board of Engineering Education），对大学毕业生进行工程师职业资格认证。世界各国对教育服务的产业性的重视，主要表现在：政府加大对教育的投入和质量监控，增加家长和学生对学校及其课程、专业的选择自由，改善教育服务的提供方式，改革公立学校的教育服务生产模式，提高教育服务质量，促进教育服务产品营销。这些措施都值得我们认真借鉴。

（二）促进现代学校制度的建立和教育体制改革

什么是现代学校制度，是社会转型时期教育经济学必须给予回答的一个问题。教育服务理论有利于现代学校进行准确的市场定位。在市场经济社会中，学校组织及其教育服务生产要素与市场有着千丝万缕的联系，教育服务产品必须适应市场需求并经过市场的检验，学校唯有以市场需要为导向，树立服务意识方可求得生存和发展。这就要求学校必须转变计划经济体制下消极适应学生和家长的学校办学观念和行为，积极主动地对学生及其家长的消费心理和消费需求进行研究，建立自己的教育服务品牌，形成教育服务优势和特色，并主动营销教育服务产品。同时，教育服务意识的建立，要求学校管理者和教师以教育消费者为中心，根据他们的消费心理的消费需求及时制订教育方案和调整教育行为，用优质服务质量赢得学校在市场上的更多选择优势。

教育服务理论也有利于学校在市场经济中进行现代教育功能定位。现代市场经济是以知识经济为核心的经济形态，现代学校从本质上说是知识的生产、传递、消费的学习型组织。学校教育服务的目的、内容和方式需要改革，即由传统的传授知识目的、陈旧的内容和单一的服务方式，转换为创新知识目的、现代的内容和安全的、智能性的、多样化的服务方式。

再次，教育服务观要求建立政府与学校的新型关系。政府的传统角色是教育服务的提供者和生产者，学校没有真正的自主权，学校教育服务的效率不高，对学生和家长消费服务的要求的回应性差。教育服务观要求政府更多成为教育服务的提供者，减少对学校的管制，在教育服务生产中合理引进市场机制。正如最早提出教育市场化观点的弗里德曼（Milton Friedman）所言："我相信，若要对我国教育体制动大手术，唯一的办法就是通过私有化之路，实现将整个教育服务中的相当大的部分交由私人企业个人经营。否则……也没有什么办法能给公立学校带来竞争，而只有竞争才能迫使公立学校按照顾客的意愿改革自身。"①

总之，教育服务是现代学校制度的核心观念，教育服务的提供、生产、消费反映了现代学校的运行机制，加强对这种机制的研究，有利于建立现代学校制度和促进教育体制的创新。

（三）促进教育市场的健康发育和国际教育服务贸易

教育服务作为一种可以交换的产品，必然存在教育服务市场和教育服务竞争。

教育服务市场不等于人才市场、技术市场，虽然教育服务市场与人才市场和技术市场密切相关。教育服务市场主要包括教育服务的生产要素市场，如资金市场、土地市场、师资市场、教育技术市场、生源市场，还包括教育服务产权市场、教育服务信用市场和教育服务产品市场等。教育服务的竞争主要是在以上几个市场中进行的，市场经济的一般规律要求教育服务的生产要素进入市场，并讲求供求规律、价值规律。但从本质上说，教育服务的竞争就是教育服务质量和水平的竞争、教育服务特色和服务品牌的竞争。将教育服务的竞争引导到提高教育服务的质量和效益竞争上来，是教育本质的回归。

---

① 罗伯特 G. 欧文斯. 教育组织行为学 ［M］. 窦卫霖，等，译. 上海：华东师范大学出版社，2001：488.

　　教育服务贸易是指教育服务交换活动，包括国内服务贸易和国际服务贸易。在《服务贸易总协定》中，服务贸易概念专指国际服务贸易，即国家间的服务输入与输出，不包括国内服务贸易。国内的教育服务连锁经营、学校的外地办学、吸引外地学生、网络教育等都属于国内教育服务贸易范畴。"对教育贸易来说，尽管在教育服务的生产过程中仍然遵循着相应的教育规律，单在经营上则是将教育服务看做一种商品，将教育当做完全的产业来运作。"① 我国已有学者提出了吸引外地生源可以拉动地区经济增长的观点。

　　目前，教育服务贸易已经成为服务贸易中的重要项目，在国际市场上逐渐成为有利可图的产业。世界各国都高度重视教育服务贸易发展，在澳大利亚、新西兰和美国，教育服务贸易分别是它们本国第三、第四和第五大出口业，它们的教育出口值占本国服务贸易总值的百分比分别达到 11.6%、4.9% 和 3.8%。② 我国已加入世贸组织，并在《服务贸易总协定》（GATS）上签字，并对教育服务作出了承诺。近几年来，教育服务贸易额有所增长。然而，我国教育服务贸易总体竞争力不强，教育服务贸易逆差大，教育机构缺乏竞争力。③ 因此，加强教育服务的研究，有利于发展我国的教育服务贸易，从而给教育服务的输出地（国）带来巨大的经济利益，促进教育服务的有序竞争，直接推动教育的开放和国际化。

　　教育服务研究是一项艰巨的理论创新任务，推动我国教育向优质服务产业方向发展是我国教育健康发展的必由之路。我们期待着有中国特色的教育服务理论和实践。

（该文发表于《现代大学教育科学》，2005 年第 5 期）

---

　　① 袁振国，等. 发展我国教育产业政策研究 [M]. 上海：华东师范大学出版社，2002：84.

　　② 林志华，孟鸿伟. 当今世界教育热点追踪 [EB/OL]. http：//data. sedu. org. cn/theory/thstuff/1023687195. shtml.

　　③ 张向丽. 中国国际教育服务贸易研究——基于教育机构持续竞争优势视角 [D]. 北京师范大学博士论文，2004：66 - 67.

承诺制：现代学校教育服务制度创新

田汉族　　廖浩然

Practice of Offering Guarantees: A New Kind of
Education Service Systems in Modern Schools
Tian Hanzu & Liao Haoran

　　服务承诺制是旨在转化政府职能、提高行政效率和服务水平的一项制度安排。英国是世界上最早实行社会服务承诺制的国家。烟台市借鉴了英国的经验，自1994年开始实行社会服务承诺制，取得了广泛的社会认同，使这一制度迅速推向全国。而后在商业部门、民航、旅游等部门普遍推进。加入WTO后，我国开始对教育服务承诺进行研究，但内容仅限于入世后我国教育服务承诺解读及其对国内教育的影响研究。在实践领域，北京、上海、广东的许多学校开始了学校教育服务承诺的探索，并取得了许多成效。我们认为，教育服务承诺是在教育改革不断深化的背景下，教育由数量型供给向需求型供给中的一项制度安排，也是以人为本的教育理念的制度化，是教师职业道德建设规范化的体现。在和谐社会建设过程中，研究学校教育服务承诺具有重要的理论意义和实践价值。

一、教育服务承诺制的概念阐释

　　"承诺"是指在合同的订立和履行过程中"受约人"向"要约人"作出的对合同完全同意的表示。[①]承诺的内容必须与"要约"的内容一致，并且须在要约有效期限内完成。它既可以是一个组织对与之有密切关系的其他组织之间的契约关系，也可以是组织内部的部门之间或上下级之间的契约关系。服务承诺制是指承诺者按照各自的职责，把自己应该承办的事情以及应达到的标准、办事程序、办事时限和承担的责任，向社会公开作出承诺，以社会契约的方式把行业服务的一系列服务环节及其道德要求具体化为有章可循、有章必循、违章必究的办事制度。服务承诺制度主要包括三个方面的内容：一是界定

---

　　① 常昌武. 论承诺制 [J]. 社会科学研究, 1997 (5): 10–13.

服务承诺的主体资格；二是规定服务承诺的主要内容，如制定明确、清晰的服务标准，说明服务的方式，公布服务的信息等；三是规定服务承诺的处理办法。社会服务承诺，无论是商业性的还是非商业性的，均具有道德和法律双重属性。[①]

教育服务承诺制是教育部门在政府和商业部门实行服务承诺后，提出的一种新的制度建设举措。广义的教育服务承诺制包括一切教育机构和其他的教育服务提供者与受教育者之间明确教育权利义务关系，如学校和其他教育机构与受教育者之间的教育承诺、培训机构与受教育者之间的培训承诺、家庭教师与受教育者之间的家教承诺等。狭义的教育服务承诺主要指教育行政机关与教育服务的生产机构的委托代理关系、教育服务的生产机构和教育服务的消费者之间的契约关系。学校教育服务承诺是学校作为教育服务的生产者与作为教育消费者的学生及其家长之间的契约关系和道德关系。它把作为原则、规范的教育质量和教师道德要求转变为准确、明白、具有可操作性的服务内容和程序，使教育服务内容细化、标准量化、奖罚措施硬化。

教育部门特别是学校的服务承诺制与政府部门、商业部门的服务承诺制既有联系，也有区别。其共同点是服务承诺的本质都反映一种服务的提供者或生产者和消费者之间的契约关系和道德关系，其功能指向双方关系改善和组织绩效的提高。但教育服务不同于政府服务（以信息服务和态度服务为主体），也不同于商业服务（以产品服务为核心），它是以全体学生的整体发展为目的的，特别需要教师智力投入和学生的参与、合作，教育服务的生产者之间广泛合作，还需要对教育消费者提出群体规范。因此，具有与其他服务承诺制不同特点：教育服务承诺目的的非功利性，教育服务承诺对象的协作性，教育服务承诺内容的全面性，教育服务承诺实施手段的人文性。

二、学校教育服务承诺的基本内容

学校教育服务承诺是以学生发展为中心的思想指导下学校对其教育环境条件及其过程的公开承诺。具体包括以下几方面。

（一）教育服务产品承诺

教育服务产品就是学校提供的各种课程及其活动。教育服务产品承诺是对教育消费者在教育教学过程中应该享受到的权利和资源的保证。教育服务产品质量直接关系着消费者的利益，只有坚持质量标准，才能保证消费者真正得到

---

① 毛亚敏. 社会服务承诺的法理思考 [J]. 杭州大学学报, 1997 (4)：17-19.

自己想得到的使用价值，也才能最终完成对消费者的服务承诺。现实中，教学水平低、质量差，教育信用危机，以致完成不了对消费者的承诺，根本原因就在于学校领导和教师缺乏基本的质量道德意识。为了保证教育服务产品的质量，教育服务生产者不仅要树立质量就是生命的意识，并把教育教学规范、课程教学的标准及教师的责任等各项要求量化为自己可以自觉履行的岗位责任条例及职业操作技能，并实行严格的奖惩机制和质量监督机制。这样才能促使教育服务的生产切实履行对服务对象的产品质量承诺，也才能在尊重学生的生命、教育消费权利的同时，促进学生健康成长。

（二）教育管理服务承诺

学校教育服务作为一种产品，其生产只有整体性、不可分割性。因此，学校管理作为给学生提供服务的一种形式，也必须向学生和家长承诺，使学校管理具有公平性、情感性、便利性、教育性等。如收费承诺、班级管理承诺、食堂承诺、宿舍管理承诺、心理管理承诺等。

（三）教育服务环境承诺

学校的教育环境包括学校的学习、活动的空间、教育实施、校园文化等。环境成为促进学生发展的重要资源和条件，是学校教育服务产品的构成要素，加上学生上学都缴纳了一定的学杂费，因此，学校必须提供良好的环境服务。首先，学校对学生和家长来说是安全的，包括人身安全、心理安全。这是环境服务的底线。其次，学校必须提供学生丰富的智力刺激和文化刺激，包括活动的多元化、图书资料足够、文化体育实施多元化等。再次，学校必须提供学生个性发展的舞台。

三、实施教育服务承诺制度的基本要求

教育服务比其他服务具有更丰富的内涵，教育服务承诺内容也很难标准化，这给教育服务承诺制的设计和实施造成了更大的障碍。因此，必须根据学校特点设计并谨慎推行承诺制，确定服务的内容、级别和形式，积极创造条件，尽早推行承诺制，在不断总结经验的基础上逐步完善承诺制度。

（一）加深对承诺制度的认识、理解和研究，避免设计和实施中的各种误区

教育服务承诺制是一种新的制度安排，承诺制并没有对学校提出过高的要求，也没有增加对学校的限制和约束，是学校走向规范化管理和不断创新的主要举措。因此，应避免以下缺失：（1）不愿意承诺或低承诺，一些学校把承

诺制度看成是对自己的约束和限制，不敢承诺，不愿承诺，还有一些学校认为承诺是一种市场行为，日前教育市场发育尚不成熟，教育不能市场化，加上教育服务提供短缺，承诺制度的条件还不具备；（2）空洞承诺，一些学校承诺制想尽办法使用一些模棱两可、抽象含糊不清的词句，打承诺的旗号，欺骗消费者。如"创一流学校"、"为了学生的一切"等，这些承诺虚无缥缈，无实质内容，其实，在承诺背后应该有"教育质量保证手册"、"教师教学责任制"、学校质量管理组织等；（3）有承诺，但无明确的违诺制约措施，如无投诉受理机构和电话；（4）承诺难兑现，承诺太多，不愿兑现或无法兑现。

（二）确定服务的项目和指标，把社会关心的热点问题作为承诺的主要内容

学校教育服务包括硬件和软件服务，硬件服务包括工作、学习、生活的场所、条件和环境，以及教育教学的辅助设备和设施；软件服务包括管理、师资、课程设置等。或者分为教育服务的条件指标、教育服务的过程指标、教育服务质量指标。社会关心的热点问题是教育服务承诺的重点。如收费问题、校园安全、网络文明、身体健康、心理卫生、师生关系等。学校对承诺的内容和具体细节应该既有定性要求，又有定量要求，并明确规定违诺必罚的内容和标准，改进的时间限制、改进的幅度。

（三）逐步建立学校的服务规范和标准

服务规范包括服务质量要求，以及与质量标准相关的一系列实体性和程序性的规章制度。如微笑教学服务、标准化教学管理服务和后勤服务规范、校园文化制度，等等。

（四）要把承诺转化为教职工的具体行动

教师是教育服务的直接生产者，学校教育服务承诺主要是通过教师来实现的，因此，只有把教育服务承诺转化为教师的服务观念、意识和行动，才能取得实效。主要措施有：树立服务质量意识，加强师德道德修养，改善服务态度；建立由上而下的承诺责任制，将承诺分解到人；提高与学生及其家长的交往能力；吸引学生有效地参与服务过程。

（五）建立健全各项配套的规章制度

教育服务承诺制只是学校教育服务一种制度，必须有配套的制度相辅佐，如（学校、教师）教育服务手册、岗位责任制、首问责任制、行政程序制、限时办结制、绩效考评制和责任追究制等。

（六）建立有效的监督制约机制，接受社会监督

一是多渠道向教育消费者公开承诺，把学校置于社会监督之中。二是建立现代学校内部教育服务的质量管理系统，包括检查制度、服务评价、质量监控、奖惩制度等内容。如成立教育服务质量管理小组，作为实施检查、评价和奖励的管理机构；在内容上严格按照服务质量标准的项目和指标进行检查；在时间上分为定期的和不定期的检查；在形式上考虑问卷、座谈、抽样、汇报等检查；接受学校党组织、教代会、工会的监督。三是认真受理社区、家长和学生的投诉，认真兑现承诺。四是要建立内外结合，上下结合，专兼结合的监督网络体系和配套的规章制度体系，实现社会约束和自我约束的同步运行。如家长—学校质量管理委员会。

四、实施学校教育服务承诺制的意义

实施学校教育服务承诺制具有多方面的意义。

（一）提高学校的教育教学质量和服务意识

承诺制度公开了教育服务内容、服务时限和违诺赔偿或补偿标准，学生和家长不但要依据承诺评判学校教育的服务质量，而且在得不到所承诺的服务时，要向服务者提出改进教育教学内容和方法要求，甚至索赔要求。承诺制度使学校全体教职工进一步明确了自己对学生应该履行的责任和义务，也产生了巨大的工作压力。为了兑现承诺，教育工作者就会自我约束，把注意力全部放在为提高教育服务水平和能力，提高教育教学质量和效率上。

（二）提高学校市场竞争力的有效途径

承诺是教育行业在教育消费者面前树起一面鲜艳的旗帜，在办学欺诈行为、形式主义教育教学仍然存在的情况下，必然会引起广大消费者的高度关注。那些承诺内容充分，承诺兑现较好的学校，自然会取得学生和家长的信赖和好感，树立良好的形象，从而在激烈的教育竞争中赢得广阔市场，取得较好的办学效益，成为品牌学校；"承诺制"的实施为教育内部推行规范化服务提供了一套自律的量化标准，进而，有利于打破教育垄断，促进学校的有序竞争。

（三）整体提高教职工素质

一个学校对教育消费者的服务承诺能否兑现，关键取决于广大教职工的素

质如何，"承诺制"把教职工必须严格承诺的内容具体量化为员工的职业义务和岗位责任等，并建立完善的考核机制，实行服务质量与奖惩挂钩。这种以明确的责任及相应的经济奖惩为支撑而建立起来的岗位责任制度，必将增强员工对其行为约束的自觉性，促使外在道德要求转化为教职工内在道德要求和自觉行为，从而有助于教师道德规范从他律向自律的转化，从而自觉主动地学习和研究，提高服务水平。

（四）促进教师职业道德建设和教育行业风气的根本好转

学校教育服务承诺制的性质和内容，决定了教师道德建设的特殊地位和价值。承诺制以契约的方式，在制度的基础上，强化了学校与服务对象之间的权利与义务关系；作为一种化道德规范为道德、经济、法律手段三者统一的道德约束机制，把一般的教育道德规范这种软性，约束转化为硬性的可以运作的一系列规章制度，既有定性的要求，也有定量的要求，具有较强的可操作性，弥补了过去教育道德规范软性约束的不足，这不仅强化了道德的约束力，也提高了教育道德规范在实践中的执行效果，为教师职业道德建设找到了一条从理论向实践转化的桥梁。另外，在长期为兑现承诺而从事的教育服务中，有利于从根本上治理教育行业的腐败问题和不正之风；有利于教职工养成遵章守纪、严肃认真、自觉主动的工作习惯和作风，也会使教职工不断增强"为学生服务"的职业意识，摆正自己与学生的关系，解决长期以来存在的师生关系错位等问题，使教育回归本质。

（该文发表于《中国成人教育》，2008 年第 1 期）

文化融合：大学与中小学深度
合作的重要基础

刘秀江

Culture Blend: the Important Foundation for Universities' Deep
Cooperation with Middle and Primary Schools

Liu Xiujiang

　　大学与中小学合作是当前教师教育改革的重要主题，是促进教师专业发展的重要策略。世界教师教育改革浪潮的冲击和我国教师专业发展的实践诉求，催生了 20 世纪 90 年代开始并持续到现在的以学校改进和教师专业发展为指向的大学与中小学合作。综观我国国内大学与中小学合作实践，大学与中小学合作建设历程在经过了最初的阶段后，探寻可持续的深度合作成为合作中面临的重要课题。大学与中小学的深度合作是实现可持续教师专业发展的保障，是实现学校促进教师专业发展功能性建设的重要基础。本文从实践哲学的视角，结合首都师范大学教师发展学校建设，[①] 探讨了大学与中小学深度合作的实践策略，认为文化融合是大学与中小学合作建设走向可持续发展的重要基础。

一、以面向实践本身走进合作

（一）面向事情本身：合作基本态度

　　面向事情本身是大学与中小学合作建设的基本态度。面向事情本身最早是由现象学家胡塞尔提出来的。所谓面向事情本身就是 "从一切先于观念的东西开始；从本身被直观给予和先于一切理论思维的东西的整个领域开始，从一切人们可以直接看到和把握到的东西开始。"[②] 面向事情本身基本含义体现在

────────────

　　① 教师发展学校是 2001 年首都师范大学与北京市丰台区教委合作建设项目。教师发展学校是在现行中小学建制内进行的功能性建设，即学校本身具有使教师获得持续有效的专业发展功能；教师发展学校是大学与中小学的合作建设，是在合作研究的实践中实现教师的专业发展。

　　② 胡塞尔. 纯粹现象学通论 [M]. 李幼蒸，译. 北京：商务印书馆，1997：79.

大学与中小学合作中，是指大学工作者走进中小学现实教育生活，不以原有的理论"眼镜"去看待教育现实，也不以事先预设好的实验方案在中小学实施，而是在真实教育情境中按照事情如其所是的本来样态去看、去感受、去体验、去合作、去研究。因为大学与中小学的合作不是做给别人看的表面形式，而是实实在在的以实践为取向的根本性建设，其目的是实现实践所需的中小学教师专业发展和教育理论的实践建构。坚持面向事情本身需要以悬置为基本条件。悬置一词的本来意思是"中止判断"。胡塞尔认为人们在认识对象时，总是处在外在文化、主观情绪等成见之中，这些成见影响着人们能否真正地认识对象，因此他主张中止判断，用加括号的方法将这些成见悬置起来，即对存在设定的有意识的、方法性的排斥，是还原事情本来样态的第一步。只有这样才能直达事情本身，通过悬置可以达到一个无先定假设与倾向的出发点。

（二）悬置：回到事情本身的重要方式

悬置是回到事情本身的重要手段。悬置作为现象学方法的重要因素，一个重要思路就是把我们以前的理论预设都搁置起来。胡塞尔认为悬置对于现象学的积极意义在于它是回到事情本身的必要手段和道路。胡塞尔指出，我们要回到事物本身，我们要在充分发展的直观处获得明证。"明证性不再是心理主义感觉论所说的清楚、明白，而是指明晰、直接地感知本身，指对真实事态的明察。明证性这个概念并不包含证明、论证的意思，因为'直观是不能论证的'。"[①] 按照胡塞尔的理解，明证是反思的显现及在其中被显现物意义而言的看和洞察，而不应该被理解为确定。这表明现象学的对象，即事物本身，只有在直观中才能显露，而这种直观必须是纯粹直接的，所谓纯粹直接就是摆脱一切理论和意欲的附加与假设。"理性和科学地判断事物就是朝向事物本身，或从言谈和意见返回事物本身，在其自身所与性中探索事物并摆脱不符合事物的成见。"[②] 没有悬置回到事情本身就是一个空洞的口号。

现象学的悬置方法对大学理论工作者进入中小学开展合作研究具有重要的启迪。它意味着理论工作者要把已有的理论和研究预设束之高阁、存而不论，以身处真实情境中的直观与感知走近教育生活，获得真实体验，展开基于实践的大学与中小学合作，并在实践中建构生成合作的方案。

教师发展学校是首都师范大学与中小学合作，在现有学校建制内展开的以促进教师专业发展为目标的建设。这项建设坚持实践取向，大学教师以无前设非实验的建设态度参与这一建设；以平等合作、去专家的合作者身份走进中小

---

① 倪梁康. 胡塞尔现象学概念通释 [M]. 北京：生活·读书·新知三联书店，1999：155.
② 胡塞尔. 纯粹现象学通论 [M]. 李幼蒸，译. 北京：商务印书馆，1997：75.

学；以建构生成的方式与中小学教师在真实的教育情境中开展合作研究。这种无前设、非实验、平等合作、在实践中建构生成的工作态度，表明大学与中小学合作正在回到它的本来状态，即合作研究回归教育实践本身。回到教育实践本身的合作建设是基于中小学教育发展实践的合作研究；是为了中小学教育发展实践的合作研究；是回到教育实践本身的合作研究。之所以采取这样的态度和方式开展大学与中小学合作是因为教育本身是实践的，教育实践有其内在法则与逻辑。实践决定教育研究与合作不能脱离教育生活情境，应该在实践领域展开，回归教育事情本身正是合作走进实践的必然选择。

以面向实践本身的态度开展大学与中小学的合作研究，它给大学理论工作者带来的是接近问题的态度和方式的改变，大学理论工作者获得了一种新的经验方式和真正的自由，由此实现教育理论的实践建构；它给中小学教师带来的是超越日常经验，回归基于日常教育生活本身的研究并获得一种新的生活方式，实现理论与实践的本然统一。

二、以文化融合实现深度合作

大学与中小学展开合作是起于教育改革与发展的实践诉求。合作目标是在实践取向下实现教师专业发展和学校的功能性建设。目标的达成需要双方展开深度的合作实践，深度合作需要双方在合作中有相交融的视域，有合作中建构生成的新的文化。视域融合是新的文化生成的前提，没有视域融合就没有文化融合，没有文化融合就没有深度合作的基础，所以文化融合是大学与中小学合作的坚实基础。

（一）视域：理解的先在条件

理解是人存在的方式，人的理解是一定视域中的理解，视域是理解的先在条件。这就是说人是从一定的视域来理解世界，并为思想和行动提供起点。视域有不同的哲学解释。现象学的"视域"是指主体性的人从其特殊的观点中所体验到的世界，具有主观性和相对性，与科学意义上的客观外在世界无关。对解释学的"视域"，伽达默尔作出了解释与说明。他认为"视域"与"处境"相通。"我们可以这样来规定处境概念，即它表现了一种限制视觉可能性的立足点。因此视域概念本质上就属于处境概念。视域就是看视的区域，这个区域囊括和包容了从某个立足点出发所能看到的一切。"① 在伽达默尔的认识

---

① 伽达默尔. 真理与方法：哲学诠释学的基本特征 上卷 [M]. 洪汉鼎，译. 上海：上海译文出版社，1999：388.

中，处境是解释学的处境，解释学的处境指一切解释所涉及的一切前提的整体和总和，包括人的前见、前理解结构，人对意义的期待等。视域是一定处境中的视域，理解是一定视域中的理解，理解的视域与处境密不可分。无论是现象学的视域还是解释学的视域，两者都强调视域是主体性的人在一定的社会情境中、在一定的经验中所看到和体验到的世界。

理解需要理解的视域。人在理解他者时，需要把自身移入到他者的社会历史处境中才能获得这种视域。我们应当看到，人在把自身置入他者处境之时，已经具有了一种视域，这种视域是由人所在的一定社会历史处境决定的，是这种处境中经验和传统不断增加和积淀的结果。它是理解的条件，是视域融合的先在条件，任何理解都是由此出发。

（二）主体间理解：文化融合的基础

大学教师与中小学教师是身处不同的社会历史情境的具有主体性的人，在大学与中小学合作的特殊场域中相遇，结成了合作伙伴关系并产生相互影响，他们之间的影响具有主体间性特征。由于身处不同的社会生活情境导致他们之间具有不同"惯习"，即一种历史生成的、持久的、社会的"潜在行为倾向系统"，一种先于个人存在并赋予个人以某种社会身份的文化系统和心理习惯。不同的关系折射出来的是不同的文化，不同的文化必然会带来合作中观念与行为的差异，从而产生双方合作中的分歧与碰撞。为了充分发挥合作双方的主体意识与主体精神，使合作顺乎情境、求根务本，因此需要合作双方拓展视域，体认对方。视域的拓展与融合需要不断地走近对方的生活，在真实的社会生活情境获得体验，由此达到与对方视域产生交集，产生在一定社会情境中的体验与理解，达到视域融合。

首先，深度合作需要文化理解。所谓文化理解就是了解一种文化生成的社会历史情境和文化特征，进而达到对一种文化的知其然和知其所以然。在大学与中小学合作的过程中，大学的理论工作者要理解中小学教师的文化，首先要了解他们生存的社会历史环境，了解他们在这种历史情境下的生活方式，为大学与中小学的深度合作奠定文化基础。了解中小学教师的生活方式必然涉及这样一些问题：他们是怎样生活和工作的？他们在日常教育生活中的经验与困惑是什么？他们教育教学行为背后的意图是什么？这些意图是如何支配他们的教育行动的？他们怎样理解教育？他们需要什么样的支持？只有深入了解了这些日常生活中的问题，才会对丰富多彩的中小学教育实践抱有充分的同情与尊重，才会对中小学文化产生理解与尊重。在理解与尊重中才能张开手臂拥抱对方，敞开心灵之门接纳对方，排除文化偏见展开深度对话。通过深度对话，了解教师的日常教育生活，了解他们的需求与困惑，分享他们的经验与快乐。在对话中，中小学教师也对大学教师的工作性质与生活、对大学文化与特点有了一定认识与理解。对日常工作与生活方式的彼此了解，加深了文化间的理解，因为"渗透于对话中的语言和理解总是超越于对话中的任何一方的理解而扩展着已表达的和未表达的无限可能的关联域。"①

其次，实现深度合作需要文化融合。合作需要理解，深度合作需要文化的融合，即一种新型的合作文化。大学文化与中小学文化是两种不同的文化，分属于不同社会生活领域，它们产生于不同的社会历史情境，具有不同的特质。大学文化在大学这个特殊场域中，具有学术性、开放性、前沿性、探索性，属于学术文化。中小学承担着基础教育的重任，培育人才是其根本使命，因此中小学文化与大学文化相比较，具有基础性、示范性、经验性、实践性，属于工作文化。这样两种性质不同的文化，在大学与中小学合作的真实场域中，相互影响并产生了融合，融合是合作双方在共同的教育生活情境中视域交融的结果。融合的文化不是大学文化与中小学文化的简单拼凑，而是带有两种文化特性的新型文化，融合的文化是大学与中小学合作建设与合作研究相匹配的新型文化，这种新型文化之新在于大学教师与中小学教师改变了原有专业生活方式，建构出一种新的专业生活方式，即回归教育实践本身的教育教学研究学习合一的生活方式。

最后，以对话实现文化融合。在大学与中小学合作建设中，对话既是大学教师与中小学教师交流思想和情感的重要方式，也是形成理解性合作关系、实现文化融合的重要途径。植根于教育合作实践的对话是大学教师的理论与中小学教师的实践经验的对话，是大学的学术文化与中小学工作文化的对话。"对话是真理的敞亮和思想本身的实现。对话以人和环境为内容，在对话中，可以发现所思之物的逻辑及存在的意义。"② 正是在对话中，合作双方去除遮蔽，敞开自身，使彼此看到一个真实的存在。在敞开的真实生活里，合作双方相互走近彼此的生活世界，调动一切感性的、理智的和想象的力量，相互共情，去感受与体验对方的文化，产生视域交融，形成合作情境中的文化融合。我们应该清醒地意识到，在对话过程中对话双方都有各自的文化，双方无须放弃自己的文化而置身于他者的文化，应该在坚守自身文化的同时张开双臂去拥抱他者文化，接纳对方，与不同意见和平共处，不因对方的社会地位、受教育程度、个性、说话习惯而产生排斥，否则理解就不可能发生。大学与中小学合作应坚持文化多元性，避免任何文化普遍主义的主张，倾听不同的声音，关注不同的文化，使我与他、我们与他们之间产生的对话是真正的对话而不是独白，达成

---

① 王岳川. 后现代主义文化研究 [M]. 北京：北京大学出版社，1992：33.
② 雅斯贝尔斯. 什么是教育 [M]. 邹进，译. 北京：生活·读书·新知三联书店，1991：12.

的理解是主体间的理解。

　　总之，文化融合是大学与中小学深度合作的坚实基础，文化融合给予双方新的经验和新的理解的可能性。没有文化融合大学与中小学的合作建设就会流于表面而成为被遗忘的角落。

后　　记

　　《多维视角下的学校发展》是近几年来首都师范大学教育学院教育经济与管理研究所在学校发展主题上取得的代表性成果，汇集了教育经济与管理研究所全体教师的集体智慧，他们是（按姓氏拼音排序）傅树京、李孔珍、刘秀江、孟繁华、田汉族、王寰安、徐玲、薛海平、张琦、张爽。

　　感谢以下为本书的出版作出重要贡献的人们：

　　感谢教育科学出版社对本书出版的大力支持！感谢教育科学出版社的出版工作人员对全书内容进行的仔细编审、校对，感谢参与论文撰写的其他学者，感谢在此书出版过程中给予我们支持、帮助的所有人员！

　　作为学校发展研究的一个阶段性成果，本书很多地方还很不成熟，希望得到学术界的批评指正，更多地起到抛砖引玉之功效。今后我们还将围绕学校发展这一主题继续进行探索，继续发表相关论文和出版相关著作，不断推动和深化学校发展研究。

教育经济与管理研究所

2011 年 4 月 9 日于北京

责任编辑　谭文明
版式设计　沈晓萌
责任校对　曲凤玲
责任印制　曲凤玲

图书在版编目（CIP）数据

多维视角下的学校发展／首都师范大学教育学院教
育经济与管理研究所编．—北京：教育科学出版社，
2011.6
　　ISBN 978 - 7 - 5041 - 5790 - 4

　　Ⅰ.①多…　Ⅱ.①首…　Ⅲ.①中小学—学校管理
Ⅳ.①G637

中国版本图书馆 CIP 数据核字（2011）第 081457 号

多维视角下的学校发展
DUOWEI SHIJIAO XIA DE XUEXIAO FAZHAN

出版发行	教育科学出版社		
社　　址	北京·朝阳区安慧北里安园甲 9 号	市场部电话	010 - 64989009
邮　　编	100101	编辑部电话	010 - 64981277
传　　真	010 - 64891796	网　　址	http://www.esph.com.cn
经　　销	各地新华书店		
制　　作	国民灰色图文中心		
印　　刷	保定市中画美凯印刷有限公司	版　　次	2011 年 6 月第 1 版
开　　本	169 毫米×239 毫米　16 开	印　　次	2011 年 6 月第 1 次印刷
印　　张	30	印　　数	1 - 3 000 册
字　　数	559 千	定　　价	48.00 元

如有印装质量问题，请到所购图书销售部门联系调换。